当代

中国马克思主义哲学
专题研究

MONOGRAPHIC STUDIES
ON CONTEMPORARY CHINESE
MARXIST PHILOSOPHY

吉林人民出版社

图书在版编目(CIP)数据

当代中国马克思主义哲学专题研究/孙正聿等著.
— 长春:吉林人民出版社,2009.12
ISBN 978-7-206-06401-2

Ⅰ.当… Ⅱ.孙… Ⅲ.马克思主义哲学—发展—研究—中国
Ⅳ.B27

中国版本图书馆 CIP 数据核字(2009)第 218627 号

当代中国马克思主义哲学专题研究

著　者:孙正聿等
责任编辑:刘思佳　谷艳秋　　　封面设计:张　娜　　　责任校对:陆　雨
吉林人民出版社出版 发行(长春市人民大街 7548 号　邮政编码:130022)
制　版:吉林人民出版社图文设计印务中心
印　刷:长春永恒印业有限公司
开　本:720mm×1000mm　　1/16
印　张:45.25　　　　　字　数:700 千字
标准书号:ISBN 978-7-206-06401-2
版　次:2010 年 1 月第 1 版　　　印　次:2010 年 1 月第 1 次印刷
印　数:1-4 000 册　　　　　定　价:88.00 元

国家『十一·五』重点图书

MONOGRAPHIC STUDIES
ON CONTEMPORARY CHINESE
MARXIST PHILOSOPHY

目 录
CONTENTS

导论 | 关于当代中国的马克思主义哲学研究

一、当代中国马克思主义哲学研究的历史与逻辑

哲学是思想中的现实。改革开放以来的我国哲学，是同改革开放的历史进程息息相关、密不可分的。从总体和主流上看，30 年来的我国哲学，是以理论的方式表征和推进中国特色社会主义伟大实践的哲学，是正在建设的具有中国特色、气派和风格的马克思主义哲学。

（一）伟大的实践与实践的哲学

改革开放是中国特色社会主义的伟大实践。自 1978 年改革开放以来，我国的经济生活、政治生活和整个社会生活，发生了举世瞩目的重大变革。作为这种重大变革的理论表达，哲学已经和正在经历着自身的变革。从哲学的最基本的理论框架去分析建国以来的哲学状况，大体可以划分为 20 世纪 80 年代以前的教科书哲学、80 年代的以反思教科书为主要内容的哲学改革和 90 年代以来的以现代性的反省为主要内容的后教科书哲学。进入新的世纪，在中央实施马克思主义理论研究和建设工程战略决策的指导下，建设具有中国特色、气派和风格的马克思主义哲学，成为中国哲学界共同的努力方向，并取得了一系列重要的研究成果。

把 20 世纪 80 年代以前的哲学从总体上界说为"教科书哲学"，其主要依据在于：一是把全国通行的哲学原理教科书作为标准的马克思主义哲学概念框架，以这个教科书模式去宣传、讲授、解释和研究马克思主义哲学，并以这个教科书模式为标准去区分马克思主义哲学与非马克思主义哲

学；二是以这个教科书模式作为最基本的哲学理论框架和解释原则，去建构包括中外哲学史、伦理学、宗教学、逻辑学、美学和科技哲学等在内的全部哲学学科，并用它去研究、评述和批判古今中外的各种哲学理论、哲学派别和哲学思潮；三是以这个教科书模式作为最高层次的真理体系，去规范自然科学和社会科学的研究以及文学艺术的创作，并用它去论证包括政治生活在内的全部社会生活中的各种重大举措，从而规范人们的精神生活和实践活动。

这种教科书哲学及其在全部社会生活中的重要地位和重大作用，从根本上说，是把社会主义归结为计划经济的产物。在这个意义上，80 年代以前的教科书哲学既有其历史的合理性，也蕴含着内在的否定性。随着 80 年代以来的改革开放，由计划经济转向市场经济，我国的哲学研究便合乎逻辑地由教科书哲学转向反思教科书的哲学改革。

在解放思想、改革开放的过程中，哲学原理界内部形成了以变革教科书体系为基本指向和主要任务的哲学改革的潮流。这场哲学改革的出发点和归宿，是重新理解和重新建构马克思主义哲学体系。其突出特点，是以实践为核心范畴，重新理解人与世界、思维与存在、主体与客体、主观性与客观性、历史规律与人的历史活动、自由与必然等哲学所探索的重大关系问题，并以这些重新理解的研究成果去重构马克思主义哲学体系。其重大意义，在于从当代人类社会实践、特别是当代中国改革开放的社会实践出发，变革人们的思维方式、价值观念、审美意识和行为方式，以适应和促进中国的改革开放和现代化进程。

在哲学原理界内部改革的同时，包括中外哲学史在内的各个哲学学科也出现了自身的改革，并从而深化了哲学原理界的教科书改革。西方哲学领域在翻译和评述西方传统哲学和现代西方哲学论著的基础上，逐步地从研究对象自身出发，把一系列新的哲学范畴、新的哲学问题和新的哲学提问方式渗透到哲学理论探索之中，并展开了马克思主义哲学与包括现代西方哲学在内的整个西方哲学的对话。中国哲学领域在反省其研究方法、研究态度的基础上，在学术交流中扩展了学术资源并拓宽了理论视野，对中国传统哲学乃至整个传统文化的利弊得失进行反思，探索"返本开新"、"融汇中西"的途径与意义。哲学界长期以来所进行的自然辩证法研究，在现代科学和现代西方科学主义思潮的背景下，展开了对现代科学技术以及现代西方科学哲学的研究，形成了我国科学技术哲学的雏形；伦理学、逻辑学、美学和宗教学提出并研究了一系列对学科建设具有重大意义的新问题和新课题。在整个 80 年代持续高涨的文化热，不仅构成了哲学原理与哲学各个分支学科的交接点，并把哲学改革的侧重点聚焦在中国现代化建设的文化模式和协调发展的问题上。

在我国的经济生活、政治生活、精神生活和整个日常生活发生重大变革的过程中，经济学、政治学、法学、社会学等社会科学，文学、史学、语言学、艺术学等人文学科，都在力图建构适应和推进社会主义市场经济的概念框架和解释原则，迫切要求哲学作出深层的理论解释和予以深层的理论支持。这就不仅推动了 80 年代以来的反思教科书的哲学改革，赋予哲学改革以新的理论课题和新的理论内容，并极大地拓宽了哲学的研究领域和学术视野。80 年代以来的"哲学论坛"比较集中地探讨了认识论的反映论与选择论的关系、辩证法的本体论与认识论的关系、价值论的理想主义与功利主义的关系、历史观的决定论与非决定论的关系、真理观的事实判断与价值判断的关系、唯物论的物质论与实践论的关系等一系列重大的理论问题。这些讨论，深刻地变革了以素朴实在论为代表的直观反映论的思维方式，变革了以机械决定论为代表的线性因果论的思维方式，变革了以抽象实体论为代表的本质还原论的思维方式，形成了具有丰富理论内容的世界观、历史观、人生观和价值观。回顾和总结 80 年代的哲学改革，可以比较清楚地看到，这场哲学改革是在面向改革开放的现实和重新理解马克思的两个维度的交接点上，聚焦于对教科书哲学的反思。进入 90 年代，中国哲学界开始超越对教科书哲学的反思，从"体系意识"转向"问题意识"，以"问题"作为哲学研究的根本出发点，比较集中地探索了"哲学观"问题、"人的存在方式"问题、"发展"问题、"两大哲学思潮"问题和"中西文化比较"问题，从而展现出更为广阔和更为深化的研究前景。

进入 21 世纪，在中央实施马克思主义理论研究和建设工程的战略决策的指导下，以科学发展观为指导的构建社会主义和谐社会的问题成为哲学研究的新的聚焦点。"以人为本"的哲学理念，"全面、协调、可持续发展"的战略思想，"统筹兼顾"的方法论，构建和谐社会的公平、正义问题，社会主义核心价值观和人的精神家园建设等问题，特别是建设具有中国特色、气派和风格的马克思主义哲学问题，成为 21 世纪初我国哲学研究中的主要问题，并已经和正在取得重要的研究成果。

（二）解放思想的哲学与哲学的思想解放

改革开放的历史性起点，是 1978 年党的十一届三中全会确立的解放思想、实事求是的思想路线。这一思想路线的哲学基础，是把实践确立为检验认识的真理性的唯一标准；这一思想路线的现实意义，是把人们的思想从"两个凡是"的思想禁锢中解放出来，为建设中国特色社会主义开辟道路。因此，解放思想首先是一场深刻的思想革命，一场深刻的哲学革命。在这场深刻的思想革命和哲学革命的过程中，我国哲学承担起相辅相成的双重使命：推进社会的解放思想和实现哲学自身的思想解放。

"两个凡是"的实质是把思想作为实践的根据和标准，即：凡是符合某种思想的行为就是不容置疑和不可变易的；凡是不符合某种思想的行为就是离经叛道和必须否定的。这就完全颠倒了理论与实践的真实关系，彻底背离了实事求是的唯物主义基础，根本阉割了马克思主义哲学的世界观。冲破"两个凡是"的思想禁锢，重新确立检验真理的实践标准，这是以解放思想为旗帜的中国特色社会主义伟大实践的历史任务，也是推进整个社会解放思想的当代中国马克思主义哲学的历史任务。

以检验真理的实践标准为突破口的思想解放，蕴含着一系列深层的哲学问题。这首先是针对"两个凡是"所造成的哲学思想的混乱，重新理解马克思主义哲学的问题。翻阅 20 世纪 80 年代以来的中国马克思主义哲学论著，可以发现一个耐人寻味和发人深省的现象：不计其数的哲学论著，均以马克思的《关于费尔巴哈的提纲》、马克思恩格斯的《德意志意识形态》等经典论著关于"实践"的论述为立足点和出发点，重新理解和阐释马克思主义哲学，并形成了关于"实践的唯物主义"的基本理念。

以"实践"的观点重新理解和阐释马克思主义哲学，以"实践的唯物主义"概括和表达马克思主义哲学的特征和本质，这决不仅仅是关系到马克思主义哲学的"解释路径"问题，也决不仅仅是关系到马克思主义哲学

"如何称谓"问题，而是集中地表现了对马克思主义哲学的根本性理解，深刻地昭示了如何在中国特色社会主义伟大实践中坚持和发展马克思主义的哲学道路问题。

"实践的唯物主义"的哲学理念，在 20 世纪 80 年代以来的马克思主义哲学研究中，获得了越来越丰富、越来越深刻的思想内涵，从而也在越来越广阔、越来越深刻的思想解放中发挥了哲学的作用。从改革开放以来中国马克思主义哲学研究的历史与逻辑的统一上看，在关于"实践的唯物主义"的哲学研究中，主要是形成了下述重要理论成果：一是在关于真理的检验标准的讨论中，从理论上确立了检验真理的实践标准，为解放思想、实事求是的思想路线奠定哲学基础，并为重新理解和阐释马克思主义哲学奠定了重要的思想前提；二是在从理论上确立检验真理的实践标准的基础上，以实践观点重新理解马克思主义的能动的反映论，从主体对客体的能动反映出发，探索人的认识活动中的反映与创造、选择与建构、思想与反思的关系，凸显了哲学理论研究中的主体与客体关系问题；三是在对主客体关系的研究中，揭示出以实践为基础的主体对客体的认知关系、价值关系、审美关系以及作为特殊的主客体关系的"主体间关系"，以人的主动性、创造性和丰富性为基本内涵的"主体性"问题成为哲学思考的聚焦点；四是以人的主体性为基础，反思人的历史活动与历史的发展规律的关系，在回应"非历史决定论"对历史唯物论的挑战中，深化对历史及其发展规律的理解；五是以"历史"为核心范畴重新理解人与世界的关系，即从"现实的人及其历史发展"出发重新理解人与世界的关系，变革对"世界观"及其理论形态的非历史的或超历史的理解；六是在"世界观革命"的意义上重新理解马克思主义哲学，反对把马克思主义哲学当做某种僵化模式和"终极真理"，真正确立在实践中坚持和发展马克思主义哲学的基本理念。

提出和探索"实践的唯物主义"，并进而形成"实践的唯物主义"的基本理念，这既是一个艰难的理论进程，也是一个以理论的方式表征和推进中国特色社会主义伟大实践的历史进程。因此，在"历史"的意义上理解"实践的唯物主义"及其对马克思主义哲学的"定位"，就必须诉诸于中国改革开放的历史进程。

改革开放 30 年的理论与实践表明，"实践的唯物主义"的理论成果，是来源于并服务于中国特色社会主义伟大实践的理论成果：其一，提出和探索"实践的唯物主义"的现实基础和理论前提是关于"实践是检验真理的唯一标准"的大讨论，而研究和论证"实践的唯物主义"则在理论层面上深化了这个大讨论并从而推进了全社会的解放思想；其二，以"实践的唯物主义"的基本理念重新理解和阐释马克思主义哲学的能动的反映论，以实践观点的思维方式理解和阐释人与世界、主体与客体的关系，这既是源于改革开放所要求的批判精神和探索精神，又是为这种批判精神和探索精神提供重要的理论支撑；其三，"实践的唯物主义"所凸显的"主体性"问题和"主体间性"问题，以及由此而凸显的"交往实践"问题，不仅从理论上论证和阐扬了改革开放所要求的人的积极性、主动性和创造性，而且从理论上探索和回答了"经济全球化"过程中的人的实践问题；其四，"实践的唯物主义"所提出的人的历史活动与历史的发展规律的关系问题，是从理论上回答历史发展的必然性与偶然性、现实性与可能性、趋向性与选择性等一系列重大问题，从而为从历史发展规律上探索中国特色社会主义道路提供深层次的哲学思想；其五，"实践的唯物主义"是从"现实的人及其历史发展"出发去理解人与世界的关系，"历史"地理解人与自然、人与社会以及人与自我的关系，因而既是以"发展"的观点和"变革"的理念去回应社会生活提出的全部问题，又是对"发展"本身的哲学反思，从而为科学发展观提供了重要的理论资源；其六，"实践的唯物主义"深入地探索和回答了马克思主义哲学是"改变世界"的"世界观"这个最为根本的理论问题，从而在哲学世界观上为坚定不移地继续解放思想、坚定不移地继续改革开放提供了最为根本的理论支撑。

从"现实的人及其历史发展"出发的"实践的唯物主义"的核心理念是：人的存在方式是历史性变革的，人对世界的现实关系是历史性变革的，人的世界图景是历史性变革的，人对自己与世界的关系的自我意识是历史性变革的，因此，马克思主义哲学必须提出和回答自己时代的世界观问题：以人的当代的实践活动为基础的人对世界的当代关系是怎样的？以当代科学为中介的人的当代世界图景是怎样的？以人的当代社会生活为基础的当代人的思维方式、价值观念、审美意识和终极关怀是怎样的？如何以科学的发展观实现当代社会的进步和推进人的全面发展？这表明，"实践的唯物主义"既赋予哲学以时代的目光和世界的视野，又把当代中国的马克思主义哲学研究聚焦于建设中国特色社会主义的最为重大的理论问题和现实问题。"问题"是"实践的唯物主义"的"最实际的呼声"。

马克思说："任何真正的哲学都是自己时代的精神上的精华"，它"不仅在内部通过自己的内容，而且在外部通过自己的表现，同自己时代的现实世界接触并相互作用"①。"实践的唯物主义"正是"不仅在内部通过自己的内容，而且在外部通过自己的表现"，与中国特色社会主义的伟大实践、与当代中国的改革开放息息相关。

（三）哲学中的问题与问题中的哲学

20 世纪 80 年代的哲学改革，从其根本的指向性上看，是以新的教科书体系取代旧的教科书体系，也就是重构教科书体系。进入 90 年代的中国哲学界，则在理论探索中出现了较为明显的转向，这就是从"体系意识"转向"问题意识"，形成了"哲学中的问题"与"问题中的哲学"的互动，并出现了"开拓性哲学"、"准原理哲学"和"专门化哲学"的萌芽。

整个 80 年代的哲学任务，是以变革通行的哲学原理教科书为出发点，在重新理解马克思主义哲学的进程中重建它的理论体系。"体系意识"是整个 80 年代中国哲学界的"主流意识"、"主导意识"。所谓的"热点"问题或"焦点"问题，无不与重构体系的"体系意识"密切相关。最为显著的标志是，80 年代作为"热点"或"焦点"问题的"物质本休论"与"实践本体论"问题、"反映论"与"选择论"问题、"辩证法"与"系统论"问题、"历史决定论"与"非历史决定论"问题，恰恰是作为"体系"的"四大部分"即"世界观"、"认识论"、"辩证法"和"历史观"中的核心问题而展开激烈论争的。具有"称谓"和"定位"马克思主义哲学意义的"实践唯物主义"，更恰恰是作为重建马克思主义哲学体系的"解释原则"而提出的。然而，这种重建马克思主义哲学体系的急迫的"体系意识"，在改革开放初期并不具备现实的可能性。重建马克思主义哲学体系，

---

①　《马克思恩格斯全集》第 1 卷，人民出版社 1995 年版，第 220 页。

除去应有的历史前提，还必须至少具备三个重要的理论前提，即：占有充分的"理论资源"，发现真正的"理论困境"，形成创新的"理论思路"。

从"理论资源"上说，由于哲学总是以时代性的内容、民族性的特色和个体性的风格去求索人类性问题，因此就不仅需要重新理解马克思主义哲学，而且需要重新研究西方哲学（特别是现代西方哲学）和中国哲学（包括现代新儒家哲学）及其与马克思主义哲学的关系。在 80 年代，中国哲学界虽然比较集中地讨论了马克思的"手稿"和"提纲"以及列宁的"笔记"，并围绕"马克思主义与人道主义"、"辩证法就是认识论"、"实践唯物主义与辩证唯物主义和历史唯物主义"等问题展开过较为深入的讨论，但无论是对马克思主义"文本"还是对当今的时代都缺乏系统的理论研究。在 80 年代，汹涌而入的现代西方哲学的各种思潮，曾经从多方面引发中国哲学界的思考，但是，无论是对"分析"哲学还是"解释"哲学，无论是对"结构主义"还是"存在主义"，都还处于"引进"、"评述"而非"反思"、"消化"的阶段。对于中国传统哲学，80 年代的哲学界基本上是局限于对中国哲学史自身的研究，而极少触及它与马克思主义哲学的关系。至于力图"返本开新"的现代新儒家哲学，虽然引发了哲学界的某种"激情"或"热情"，但主要是作为一种特定的对象而被学界的一些人予以研究。缺少对"文本"的系统研究，缺少马、中、西的沟通与交流，这就是 80 年代的中国哲学界在重建马克思主义哲学体系时的"理论资源"不足。

从发现"理论困境"和创新"理论思路"上说，主要是存在理论深度不够和难以取得共识这两个方面。通行的哲学教科书的根本性的理论问题究竟是什么？重建马克思主义哲学体系的真正的理论困难究竟是什么？在 80 年代的较长时间里，人们还主要是盯住"体系"本身做文章，提出或形成了一些互有差别的新体系，诸如"一总三分"或"一总四分"的方案。当着超越对"体系"的构造而触及"内容"的时候，难以弥合的分歧造成了难以深入的争论，其中最为关键的问题是：究竟怎样理解"实践"在马克思主义哲学体系中的地位和作用？把"实践观"作为"解释原则"将构成怎样的马克思主义哲学"范式"？离开对这个根本性问题的讨论，既不能找到真正的"理论困境"，也不可能形成真正的"理论思路"。

80 年代的中国哲学界在"体系"上陷入的困境，只能是从"体系意识"的自我超越中获得新的出路。这就是 90 年代的从"体系意识"到"问题意识"的历史性转换。由于重构马克思主义哲学体系所面对的最重要的"问题"是"理论资源"贮备不足、"理论困境"捕捉不准、"理论思路"深度不够的问题，因此，90 年代的中国哲学的"问题意识"主要是表现在对这三大根本性"问题"的探索之中。所谓"理论资源"不足，既是由于人们缺乏对马克思主义哲学"文本"的系统研究，又是因为人们把研究的视野仅仅局限在马克思主义哲学"文本"之中。如何理解马克思主义哲学，它的重要前提是如何理解哲学；正是因为人们对"哲学"有着相距甚远乃至截然不同的理解，才无法形成对马克思主义哲学的统一性理解；因此，重构马克思主义哲学的首要任务，应当是在当代的背景下进行哲学的自我理解。这表明，进入 90 年代的中国哲学界逐渐地"聚焦"于哲学的自我理解，即"元哲学"问题，并非偶然。

哲学的自我理解，既不是自我封闭的苦思冥想，也不是固执己见的自我认同，而是以广阔的哲学视野为背景，以开放的哲学意识为基点，在各种各样的哲学观、特别是当代的各异其是的哲学观的比较鉴别中，深化对"哲学"的理解。正是由于 90 年代的中国哲学界以"哲学观"为"聚焦点"，才逐步"激活"了包括各种各样的哲学思潮、哲学流派、哲学观点在内的各种哲学问题。其中，首先是"激活"了对马克思主义哲学、中国哲学和西方哲学的比较研究，试图从这种比较研究中，深化对"哲学"的理解。其次是"激活"了对"两大思潮"即科学主义思潮与人本主义思潮的比较研究，试图从这种比较研究中寻找到"超越"这两大思潮的"思路"。再次是"激活"了对"两种文化"即中国文化与西方文化的比较研究，试图从这种比较研究中为"哲学"奠定深厚的文化底蕴，特别是从中国传统文化中获得具有现代意义的"东方智慧"。

以"哲学观"问题为"聚焦点"而"激活"对马克思主义哲学、中国传统哲学和西方哲学的研究，这就是"一个问题"与"所有问题"的"共振"。这种"共振"，以"开拓性哲学"、"准原理哲学"、"分支哲学"和"部门哲学"兴起的方式实现了 90 年代的哲学繁荣。20 世纪最后 10 年的当代中国哲学的繁荣，为跨世纪的中国马克思主义哲学的大发展奠定了坚实的理论基础。

从"体系意识"转向"问题意识",这突出地表现在,不是以争论教科书的利弊得失和如何重构教科书体系为研究的出发点,而是把教科书作为某种退入背景的理论框架,从现实生活或现代哲学中提出问题,并且注重提问方式的转换,从而形成了所谓"开拓性哲学"。仅就哲学原理界来看,90年代以来比较集中地提出和探讨了理想主义与功利主义的关系问题,效率与公平的关系问题,真理与价值的关系问题,实践理解论问题,交往实践和语言的实践基础问题,现代化与现代性的反思问题,社会认识论问题和人类活动论问题等等。这些源于现代社会生活的哲学问题,不断地开拓了哲学研究的新领域,从而为马克思主义哲学的当代研究注入了生机和活力。

90年代哲学研究的"问题意识",明显地表现为"准原理哲学"的兴起。这里所说的"准原理哲学",指的是哲学原理与哲学各分支学科的双向融合。80年代以前,哲学的各个学科处于界限分明、壁垒森严、互不介入的状态。在80年代反思教科书的哲学改革过程中,这种状况虽有所改变,但仍然是以各自的"研究领域"为对象。进入20世纪90年代,某些共同的"问题"开始成为哲学研究的出发点,从而形成了一种双向融合的趋向:一是哲学原理界在探索现代社会生活和现代哲学提出的重大理论问题的过程中,显著地拓宽了自己的研究视野和背景知识,不仅注重于哲学理论与哲学史的史论结合以及哲学原理与具体科学的结合,而且注重于从文化哲学、科学哲学、语言哲学、逻辑哲学以及伦理学、心理学、宗教学、逻辑学和美学等多重视角去讨论问题,并且融注了这些学科的研究成果,从而改变了哲学原理的研究方式和自身形象;二是哲学史和哲学的各个分支学科强化了自身的"原理意识",在探索某些共同问题的过程中,力求在"原理"的意义上形成某种哲学思想。这在中国哲学和西方哲学的研究领域中,以中西哲学比较研究的方式,表现得尤为突出。这种"准原理哲学"的兴起,更加明显地凸现了90年代哲学研究的"问题意识"。

"体系意识"的弱化与"问题意识"的强化,还表现在"专门化哲学"的兴起。这里所说的"专门化研究",主要是指这样两种趋向:一是注重研究人类文化的某个成分或某个侧面,并从这种研究中寻求当代哲学的生长点。这种研究趋向的突出特征，是在汲取现代西方哲学积极成果的基础上，通过对语言、逻辑、观念、科学、技术、艺术、宗教、伦理、政治、法律、经济等的哲学探索，形成马克思主义的语言哲学、逻辑哲学、科学哲学、艺术哲学、政治哲学、经济哲学和法哲学等等。二是注重研究现代哲学的各种流派及其所提供的方法论，其中主要是深化了对胡塞尔的现象学、索绪尔的结构主义、海德格尔的存在主义、维特根斯坦的日常语言分析、伽达默尔的解释学、罗蒂的新实用主义、德里达的解构主义以及包括卢卡奇、葛兰西、马尔库塞、哈贝马斯、阿多诺等在内的国外马克思主义的研究。哲学研究的"专门化"，强化了哲学研究的职业化和学术化，从而突出了各种"具体问题"在哲学研究中的地位。这种"专门化哲学"的兴起，为中国哲学界走出简单、抽象、空洞的哲学论争，在坚实的哲学研究的基础上形成更富于创造性和启发性的世界观理论，提供了必要的理论准备。

90年代中国的哲学研究从"体系意识"转向"问题意识"，在总体趋向上，主要是集中研究五个大问题，即"元哲学问题"、"人的存在方式问题"、"发展问题"、"两大思潮问题"和"中西文化问题"。蕴含在这些问题之中的根本问题，则是现代化的反思。

20世纪70年代末、80年代初的改革开放，从其根本的目标和目的上看，就是使中国从前现代化的发展中国家变为现代化的发达国家。而实现这一目标和目的的基本途径和手段，则是建立社会主义市场经济。这种目标和目的、途径和手段，既蕴含着世界性的共同问题——现代化和市场经济问题，又表现为当代中国所要解决的特殊问题——从发展中国家变为发达国家和建立社会主义市场经济的问题。由此便决定了中国哲学界所面对的两大课题：一是世界性的现代化问题，二是中国实现现代化的问题。正是这种重大的时代性课题和民族性课题，要求中国哲学界从理想化的"体系意识"转向现实性的"问题意识"，从传统的教科书哲学转向90年代的以现代性的反省为主要内容的后教科书哲学。

世界性的现代化问题，构成了当代哲学的宏观时代背景和社会生活基础。以建立发达的市场经济为标志的现代化过程，既是一个空前的自然人化过程——用现代的科学技术征服自然的过程，又是一个空前的个体社会化过程——以等价交换的原则实现人的全部社会关系的过程。由此便构成了"现代化"的双重性矛盾，以及理论地反思这种双重性矛盾的当代哲学课题。现代化所实现的空前的自然人化过程，为人类的生存和发展创造了前所未有的物质财富，也造成了包括人口膨胀、环境污染、生态失衡、能源紧张等在内的"全球问题"。而市场经济所实现的"以物的依赖性为基础的人的独立性"，既挺立了个人的主体性和独立性，又造成了人的物化状态。这就是人与自然、人与社会的双重性矛盾所构成的"现代化问题"。

面对现代化的双重性矛盾，现代西方哲学思潮把现代化所实现的自然的人化即自然的隐退，视为哲学一向所寻求的绝对性、确定性和终极性的消解。真理观的多元论、价值观的相对论、历史观的非决定论，构成了现代西方哲学的主导性解释原则。由此便形成了当代哲学的形上与形下、科学主义与人本主义、理想主义与实用主义、道德主义与功利主义、终极关怀与"消极哲学"的尖锐冲突。

这种世界性的"现代化问题"及其在哲学层面上的理论思潮，不能不引起现代化进程中的中国哲学界的强烈反应，并把这种强烈反应聚焦在中国如何实现现代化的问题上，以及如何建立社会主义市场经济的问题上。以现代化的反思为核心问题，90年代中国的哲学主流，理所当然地把哲学研究的视野集中在如下的问题上：当代哲学的功能和使命是什么？这就是"元哲学问题"；当代哲学怎样理解人的存在？这就是"人的存在方式问题"；当代哲学怎样评价现代化的利弊得失？这就是"发展问题"；怎样看待现代化进程中的科学主义思潮和人本主义思潮及其相互关系？这就是"两大思潮问题"；如何在现代化进程中实现中国传统文化与现代西方文明的沟通？这就是"中西融合问题"。

"元哲学问题"，即哲学在各个历史时代的自我反思和自我理解问题，在80年代中期就已经成为国内哲学界讨论的热点问题之一。但是，从《哲学研究》1987年第8期所组织的"哲学的特点和功能"讨论专辑来看，国内哲学界还主要是从特殊与普遍、思想与反思等角度去辨析科学与哲学的关系，从而界说哲学的特点与功能。1989年《中国哲学年鉴》所整理的"关于元哲学的讨论"，则主要是集中于探讨"究竟什么是元哲学"，以及"元哲学与哲学"的关系问题。这些讨论推进了国内哲学界对哲学的反思和理解，但还没有从"现代化"这个时代课题出发去探索当代哲学的特点、功能和使命。进入 90 年代，国内哲学界关于元哲学的讨论，则明显地突出了对哲学的当代反思，特别是突出了对哲学与当代人类存在方式的反思。有的论者从哲学表达的实质是人从自己的观点出发，把传统哲学向现代哲学的根本性转变归结为从抽象的人转向现实的人，从远离生活的彼岸世界回到现实的人间世界，因而把当代哲学的使命确认为对当代人类存在方式及其内在矛盾的哲学思考。有的论者提出，哲学就是每个时代的人们对自己生存状况的根本性、整体性问题的思考，是关于人的生命活动在某一时代的总体特征、全面情势和基本发展趋向的问题。显而易见，这些元哲学思考都把当代哲学聚焦于当代人类的存在方式上。

"人的存在方式问题"，对于国内哲学界来说，首先是人的实践活动问题。80 年代反思教科书的哲学改革，其实质内容就是用实践观点重新理解马克思主义哲学和重新建构马克思主义哲学体系。进入 90 年代，则是把实践作为人的存在方式，具体地探索实践与人的主体性、实践与交往、实践与语言、实践与理解、实践与日常生活、实践与真理和价值等问题。在现代化的反思中，哲学界开始注重从当代实践的特点出发去研究当代人类的存在方式，特别是在社会主义市场经济条件下的人的存在方式问题。建立社会主义市场经济，这并不仅仅是资源配置方式的选择，而是深层地表现为以经济关系为基础的人的存在方式的变革。市场经济的建立，弱化了计划经济模式下个体对"单位"这个"小社会"的依赖，既强化了个体的独立性，又强化了个体的社会性，从而使个体的思维方式、价值观念、消费方式、享受方式、交往方式和整个生活方式都发生了深刻变化。哲学界正在透过市场经济条件下人的存在方式的变革，重新理解人与社会、人与文化、人与人以及人与自我之间的关系，探寻人的全面发展的现实之路。

"发展问题"是现代化思潮与反现代化思潮争论的焦点。进入 90 年代，国内哲学界比较集中地讨论了发展的价值基础、合理性目标以及发展的代价等问题。有的论者提出，发展从来就不是客观的中性的纯粹的经济增长过程，也不仅仅是人们的物质生活状况的逐步改善过程，更重要的是各种文化价值在经济增长中起着根本性的作用，它决定增长作为一种目标的合理性。"代价"是发展过程中的一种被否定和牺牲的替代性价值，即主导价值趋向对其他价值形态的抑制、否定和牺牲。还有的论者提出，价值观的主导范式具有强烈的时间效应，价值观自身不能先验地确定自身的合理性，对于当代中国而言，首要的是立足现代化对前现代化价值观的反思，而不是立足后现代化对现代化价值观予以反思。关于"发展问题"的这种哲学思考，从理论上支持了当代中国对现代化目标和社会主义市场经济的选择。进入21世纪，关于科学发展观的研究，大大地推进了关于发展本身的研究。

"两大哲学思潮"是指盛行于现代西方哲学之中的科学主义思潮和人本主义思潮，它们的形成、演化及其相互关系的变化，理论地表达了现代发达国家的人与自然、人与社会、人与他人、人与自我的深层矛盾。所谓"两大思潮问题"，就是国内哲学界对这两大思潮及其相互关系的哲学反思，其深层的理论内涵，则是对"现代化"的哲学反思。80年代，国内哲学界主要是注重对这两大思潮的各种流派及其理论观点的介绍与评述。进入90年代，则使深层的"现代化"问题上升为探索两大思潮及其相互关系的主导思想。许多论者提出，学术研究在任何时候都标志了一定人生选择的内涵。两大思潮的对立与融合，表现了现代社会的个人自由与社会模式化的紧张关系以及要求在二者之间保持必要的张力的时代潮流。

"现代化"既不是抽象的普遍性，也不是与历史传统的断裂，它的实现和表现形式，必然具有民族的特色和保持与传统文化的联系。所谓"中西文化问题"，即是探讨一种以中西文化对话为方向的现代民族文化的可能。这种讨论的热点之一，是儒家文化与现代化的关系问题。进入90年代以后，许多学者深刻地反省了探讨"中西融合问题"的出发点和立足点。有的论者提出：在讨论这个问题时，我们是否在感情上依恋于作为母体的儒家文化，而在理性上又以欧洲模式为基准？现代化应当具有多元模式，我们是否应当和能够超越这种"依恋"和"基准"去思考中国的现代化问题？文化的世界性与民族性、文化的时代性与多样性，构成在新的世纪建设具有中国特色、气派和风格的马克思主义哲学的重要学术问题。

20世纪90年代我国哲学界所探讨的五大问题，显然不能全面地反映当代中国的哲学思考。但是，以探讨这些重大问题为主要内容的现代化反思，却标志着 90 年代中国的哲学研究已形成了从"体系意识"到"问题意识"的转化，形成了"哲学中的问题"与"问题中的哲学"的互动，标志着当代中国的哲学研究在现代化的反思中展现了广阔的前景。

（四）科学发展与关于发展的哲学

"发展才是硬道理"。这是当代中国改革开放和建设中国特色社会主义的基本理念。这个基本理念改变了中国，使中国实现了举世瞩目的发展。正是在发展的过程中，面对各种新的机遇和挑战，不断地深化了对发展的认识，形成了指导全部工作的科学发展观。"科学发展观"的第一要义是发展，核心是以人为本，基本要求是全面协调可持续，根本方法是统筹兼顾。这是建设中国特色社会主义的伟大的战略思想。以"实践的唯物主义"为基本理念的当代中国哲学，在新的世纪所展开的关于"发展"的哲学研究中，为深入理解和贯彻落实科学发展观，提供了重要的理论支持。

在哲学的层面上研究"发展"，"实践的唯物主义"首先关切的是"发展观"。"发展"，这并不只是对人与社会的存在状态和存在过程的描述，而且是对人与社会的存在状态和存在过程的评价。"发展"与"发展观"是密不可分的。"发展观"，是基于对"发展"的评价标准而构成的在实践中作出顺序性选择与安排的关于发展的思想理论。因此，"发展观"总是与"发展"的状况和水平密不可分的。

在集中地阐述人类社会发展规律的时候，马克思明确地提出，"人类始终只提出自己能够解决的任务，因为只要仔细考察就可以发现，任务本身，只有在解决它的物质条件已经存在或者至少是在生成过程中的时候，才会产生。"① 建设中国特色的社会主义的伟大实践是前无古人的，我们是"摸着石头过河"的。在百废待兴的改革开放之初，我们对"发展"的要求，首先必须是"加速发展"。正是在"加速发展"的过程中，不仅为"又好又快"地发展奠定了坚实的物质基础，也为形成"又好又快"的发展理念奠定了坚实的思想基础。我们今天所形成的科学发展观，我们所提出的以人为本，全面、协调、可持续发展的历史任务，是以当代中国的现实为依据的。改革开放以来的中国取得了前所未有的巨大的历史进步。正

---

① 《马克思恩格斯选集》第 2 卷，人民出版社 1995 年版，第 33 页。

因为中国的经济发展到了现在的规模、程度和水平，才能凝炼出以人为本的科学发展观，提出全面、协调、可持续发展的历史任务。

进入 21 世纪，中国站在新的历史起点上，这不仅标志中国社会的巨大进步，也意味着跨入新世纪的中国面对新的问题。20 世纪 80 年代，中国经济社会的基本特点是，经济的发展比较自然地带来了社会的进步，经济与社会的发展大体上是同步的。从 20 世纪 90 年代以来，中国开始面对经济与社会发展的不平衡，东西的差距拉大了，城乡的差距拉大了，贫富的差距拉大了，这意味着经济的发展并不必然地、并不自然地带来社会的全面进步和人的全面发展。经济与社会的全面协调可持续发展成为最严峻的迫切问题。

以理论的方式面对现实，中国哲学界以"实践的唯物主义"的基本理念思考社会发展中的深层次矛盾，更为深入地探索了历史的发展规律。人类历史的一个突出特征在于，"片面性"是它的"发展形式"，即历史总是以某种"退步"的形式而实现自身的"进步"。历史过程中的任何进步都要付出相应的"代价"，任何"正面效应"都会伴生相应的"负面效应"，任何"整体利益"的实现都意味着某些"局部利益"的牺牲，任何"长远利益"的追求都意味着某些"暂时利益"的舍弃，由此便造成了反观历史的"大尺度"与"小尺度"的矛盾。历史的"大尺度"，就是以人的"根本利益"、"长远利益"、"整体利益"为出发点的反观历史的尺度；与此相对应，历史的"小尺度"，则是以人的"非根本利益"、"暂时利益"、"局部利益"为出发点的规范人的历史活动的尺度。因此，在推进当代中国历史发展的过程中，需要深刻地理解以人为本的科学发展观所蕴含的历史尺度，在历史的"大尺度"与"小尺度"之间保持必要的张力并实现微妙的平衡，从而自觉地促进当代中国的全面、协调和可持续发展，并为实现人的全面发展创造新的历史条件。

科学发展观不仅是从中国与世界的现实出发的，而且是以对人与世界关系的哲学反思为基础的。从人与自然的关系说，恩格斯早就警告我们，"不要过分陶醉于我们人类对自然界的胜利。对于每一次这样的胜利，自然界都对我们进行报复。每一次胜利，起初确实取得了我们预期的结果，但是往后和再往后却发生完全不同的、出乎预料的影响，常常把最初的结果又消除了。"① 破坏人类赖以生存的家园，就必然威胁人类自身的生存与发展。如何协调人与自然的关系，实现可持续发展，已经成为"发展"的最为严峻的迫切问题。从人与社会的关系说，马克思曾把市场经济概括为"以物的依赖性为基础的人的独立性"。在体制的意义上，经济全球化首先是市场经济及其原则的全球化。市场经济按照自己的要求去塑造全部的社会生活，也就把市场经济的等价交换、优胜劣汰的原则融入整个社会生活，这不仅塑造了人的"独立性"，而且构成了人对"物"的依赖关系。利益最大化的逻辑，构成了现代社会的生存逻辑。世界各国在现代化的过程中，都出现了严峻的问题，突出地表现为经济的增长并不必然地带来社会的全面的进步，而且还表现为以巨大的社会代价和生态的破坏来换取经济的增长，因此自 20 世纪中叶以来，随着发展问题日益成为人类社会面临的重大而迫切的问题，形成了各种形态的社会发展理论，对发展的哲学反思和科学研究，已经成为哲学和科学的"显学"。

　　"发展"问题蕴含着一对根本性的矛盾，这就是发展的"标准"与"选择"问题。"以人为本"和"又好又快"的发展理念的理论意义和实践意义，在于它为发展确立了明确的标准，为发展中的思想和行为的选择提供了最根本的依据，即：我们的"发展"必须是以人为本的"又好又快"的发展，必须是"全面、协调、可持续"的发展。这个发展理念的实践意义是巨大的。人的实践活动，是把人的目的性要求变为现实的活动；目的性，是实践活动的灵魂。对人来说，发展并不是一个单纯的事实判断，而是某种目的、理想、价值的实现。发展是实现了的目的、理想和价值。正因如此，确立发展的标准，并依据发展的标准而确认实践中的价值排序和行为选择，就具有不容回避和不可忽视的巨大的实践意义。

　　理论不仅是"指导"实践的，也是"反驳"实践的，即：理论不仅规范和引导人们"做什么"，而且规范和引导人们"不做什么"。现代科学和现代哲学有一个认识论上的共识，就是"观察渗透理论"。这个共识告诉我们，人们总是以某种理论、观念去观察现实，并用这种理论、观念规范自己所要解决的问题以及解决问题的途径与方式。因此，建设中国特色社

---

① 《马克思恩格斯选集》第 4 卷，人民出版社 1995 年版，第 383 页。

会主义，既要求我们面向现实，深入实际，切实解决问题，又要求我们树立科学的发展观，用科学发展观去观察现实和解决现实问题。这就需要全面地理解理论与实践的关系。科学发展观的重大意义，就在于它为错综复杂的社会实践活动作出顺序性的选择和制度性的安排，并为这种选择和安排提供赢得人民支持的理论支撑。以人为本的科学发展观，就是要"反驳"违背人民利益的实践，"反驳"阻碍社会全面进步的实践，"反驳"各种"形象工程"的实践，"反驳"威胁可持续发展的实践。因此，在全面建设小康社会的过程中，必须用科学的发展观推进符合最广大人民群众的根本利益的实践，推进实现人的全面发展和社会的全面进步的实践。

（五）建设具有中国特色、气派和风格的马克思主义哲学

在领导中国革命和建设的伟大实践中，毛泽东曾一再强调地指出，"马克思列宁主义的伟大力量，就在于它是和各个国家具体的革命实践相联系的"，"离开中国特点来谈马克思主义，只是抽象的空洞的马克思主义。因此，使马克思主义在中国具体化，使之在其每一表现中带有必须有的中国的特性，即是说，按照中国的特点去应用它，成为全党亟待了解并亟待解决的问题。"① 建设具有中国特色、气派和风格的马克思主义哲学，是马克思主义中国化的重要内容，也是我国哲学界的共同使命。

改革开放以来，我国的哲学学科建设取得了丰硕成果，这为建设具有中国特色、气派和风格的马克思主义哲学奠定了坚实基础。进入 21 世纪，我国的哲学学科建设和哲学教育改革获得了新的体制性支持。一批高校的哲学学科被确定为国家重点学科，一批高校的哲学研究机构被确定为教育部人文社会科学重点研究基地，一批高校的哲学研究基地被确定为"985工程"国家哲学社会科学创新基地，一批高校哲学院系的申报研究课题被确定为国家社科基金和教育部社科基金的重大或重点项目。教育部先后聘任专家组成学科教学指导委员会、社会科学委员会及学风建设委员会，有力地推进了我国高校哲学社会科学的教学与研究。尤为重要的是，中央实施马克思主义理论研究和建设工程，把编写马克思主义哲学教材列为首批重点建设项目，并先后把马克思主义哲学史、中国哲学史、西方哲学史、

---

① 《毛泽东选集》第 2 卷，人民出版社 1991 年版，第 16 页。

伦理学、宗教学等教材列为重点建设项目。改革开放 30 年来，哲学各个学科专业召开了数以千计的各类学术研讨会，在学术争鸣中推进了哲学的学术研究。其中，自 2001 年至 2007 年，连续七届的"马克思哲学论坛"，深入地探索了马克思主义哲学的当代价值、马克思主义哲学的本体论、当代西方马克思主义哲学研究、马克思主义哲学与现代化的反思、构建当代形态的马克思主义哲学体系、马克思主义政治哲学、马克思主义哲学研究范式等重大问题。关于马克思主义哲学的学术研讨，进而延伸为中国哲学、西方哲学与马克思主义哲学的"对话"研究，特别把建构具有中国特色、气派和风格的马克思主义哲学作为中国哲学界的共同使命。探索马克思主义哲学中国化，取得了越来越广泛的共识，并取得了越来越丰富的研究成果。

总结和继承中国传统文化，是建设具有中国特色、气派和风格的马克思主义哲学的重要内容。毛泽东说："我们这个民族有数千年的历史，有它的特点，有它的许多珍贵品。……今天的中国是历史的中国的一个发展；我们是马克思主义的历史主义者，我们不应当割断历史。从孔夫子到孙中山，我们应当给以总结，承继这一份珍贵的遗产。"① 中华民族是富于哲学智慧的民族。中国哲学在长期的发展过程中，形成了自己的独特风格和特有的概念体系与表达方式，并形成了集中地体现中华文明的中国哲学精神。我国当代学者在总结和概括中国哲学的基础上提出，中国哲学精神，这主要是天人合一的宇宙观、革故鼎新的发展观、自强不息的人生观、知行合一的实践观、社会和谐的理想观。中国哲学凝聚了中华民族对世界和生命的认知和感受，积淀了中华民族的精神追求和行为准则，形成了中国哲学的恢宏气派和独特风格。中华民族在漫长历史发展中形成的独具特色的文化传统，深深影响了古代中国，也深深影响着当代中国。现时代中国强调的以人为本、与时俱进、社会和谐、和平发展等，既有着中华文明的深厚根基，又体现了时代发展的进步精神。中国传统哲学的肥壤沃土，为中国化的马克思主义哲学提供了丰富的思想资源。

面向中国特色社会主义的伟大实践，总结和升华这一伟大实践的基本

---

① 《毛泽东选集》第 2 卷，人民出版社 1991 年版，第 533—534 页。

经验，是建设具有中国特色、气派和风格的马克思主义哲学的更为重要的内容。自 1978 年以来，中国进入了全方位改革开放的新时期。"新时期最鲜明的特点是改革开放"，"事实雄辩地证明，改革开放是决定当代中国命运的关键抉择，是发展中国特色社会主义、实现中华民族伟大复兴的必由之路；只有社会主义才能救中国，只有改革开放，才能发展中国、发展社会主义、发展马克思主义。"① 中国哲学界已经自觉到，改革开放是当代中国实践最鲜明的主题和当代中国最大的具体实际。坚持把马克思主义哲学与当代中国的具体实际、特别是与当代中国的改革开放实践相结合，当代中国的马克思主义哲学研究才能成为名副其实的"当代中国的"马克思主义哲学研究。建设社会主义核心价值体系，增强社会主义意识形态的吸引力和凝聚力；建设和谐文化，培育文明风尚；弘扬中华文化，建设中华民族共有精神家园；推进文化创新，增强文化发展活动；这既是我国社会主义文化大发展大繁荣的历史任务，也是我国哲学大发展大繁荣的根本内容。

建设具有中国特色、气派和风格的马克思主义哲学，一个重要内容是哲学的教育和普及工作。在推进学科建设的同时，教育部采取各种重大举措以推进高等教育的改革与发展。进入新的世纪以来，一批"面向 21 世纪的课程和教材"在哲学教育改革中发挥了重要作用。一批高校哲学教师获得了国家级教学名师奖，一批哲学课程被评审为国家级精品课程，一批哲学教学成果获得国家级教学成果奖，一些哲学学科教学团队被评审为国家级教学团队。这些成果切实地推进了我国的哲学教育改革，强化了我国的哲学学科建设。在高等教育大众化的进程中，培养"人"的哲学教育不仅直接提升大学生的人文教养，而且间接地提升了全体公民的人文教养和整个中华民族的人文教养。近年来，我国哲学工作者以撰写和出版哲学普及读物等方式，直接地向社会公众宣讲哲学。例如，2004 年北京大学出版社出版的"名家通识讲座"丛书，先后出版了《西方哲学十五讲》、《现代西方哲学十五讲》、《哲学修养十五讲》、《文化哲学十五讲》、《美学十五讲》、《宗教学基础十五讲》等著作，并成为 2004 年度畅销书，对普及哲

---

① 胡锦涛：《高举中国特色社会主义伟大旗帜，为夺取全面建设小康社会新胜利而奋斗——在中国共产党第十七次全国代表大会上的报告》，人民出版社 2007 年版。

学知识和推进人文素质教育发挥了重要作用。

建设具有中国特色、气派和风格的马克思主义哲学，为构建社会主义核心价值体系奠定坚实的理论基础，已成为我国社会发展，尤其是文化发展的一项重大任务。"当今时代，文化越来越成为民族凝聚力和创造力的重要源泉、越来越成为综合国力竞争的重要因素，丰富精神文化生活越来越成为我国人民的热切愿望。要坚持社会主义先进文化前进方向，兴起社会主义文化建设新高潮，激发全民族文化创造活力，提高国家文化软实力，使人民基本文化权益得到更好保障，使社会文化生活更加丰富多彩，使人民精神风貌更加昂扬向上。"[1] 哲学作为文化的核心部分，对于提高和扩大我国文化的"思想力"、"软实力"在国际社会中的地位和影响，具有不可或缺的重大作用。哲学界清醒地意识到了这一问题的重要性和迫切性。改革开放 30 年来，特别是进入新世纪以来，无论是关于中国哲学、马克思主义哲学和西方哲学的会通和融合的讨论，还是中国哲学合法性的反思和重建；无论是建构中国化的马克思主义哲学形态的呼声，还是让西方哲学"说汉语"的努力，都体现了学者们对此的自觉意识。实现这一历史任务，需要我国哲学界真正地面向世界与未来，立足于我们已有的文化传统，创造出有个性的、原创性的、具有典范性的伟大哲学作品，从而在世界哲学领域发挥其影响力，赢得世界哲学界的关注和承认。

恩格斯说："我们的理论是发展着的理论，而不是必须背得烂熟并机械地加以重复的教条。"[2] 以理论的方式表征和推进中国特色社会主义伟大实践的哲学，是解放思想、实事求是、与时俱进的哲学，是反思传统、面向现实、开拓未来的哲学。坚定不移地继续解放思想，坚定不移地继续改革开放，这是中华民族的伟大复兴之路，也是当代中国哲学的无限光明的发展之路。

二、对作为"范式"的哲学教科书的检讨与反思

20 世纪 80 年代以来的中国马克思主义哲学研究，是同改革通行的哲

---

① 胡锦涛：《高举中国特色社会主义伟大旗帜，为夺取全面建设小康社会新胜利而奋斗——在中国共产党第十七次全国代表大会上的报告》，人民出版社 2007 年版。

② 《马克思恩格斯选集》第 4 卷，人民出版社 1995 年版，第 681 页。

学原理教科书密不可分的。深入研究作为"范式"的哲学教科书，从而揭示其深层的理论困难，不仅关系到"哲学讲坛"能否贴近我们的时代，而且关系到"哲学论坛"能否实现真正的理论创新。对哲学教科书的研究范式的深入检讨，是一个并未完成的重大的理论任务。

（一）哲学教科书的"叙述体系"即"显性逻辑"

检讨通行的哲学教科书体系，一个重要的方法论前提，是由对教科书的叙述逻辑的考察，深入到对其研究范式的反思。一部著作或教材的"叙述"体系，与形成该部著作或教材的理论"研究"活动，是两个不同的过程。"研究"既是"叙述"的前提和基础，又被"叙述"体系所掩盖或"遮蔽"。因此，探讨任何一部著作或教材，既需要阐释其"叙述"体系，更必须揭示其蕴含的"研究范式"。我把"叙述体系"称作"显性逻辑"，而把"研究范式"称作"隐性逻辑"，并以这两种逻辑作为对象来检讨通行的哲学教科书体系。

我们首先考察通行哲学教科书体系的"显性逻辑"。

通行哲学教科书的"显性逻辑"，就是人们通常所接受的"哲学原理"。这个"显性逻辑"所构成的"哲学原理"，其根本理念是把"哲学"定义为"关于世界观的学问"，并把"世界观"以定义的方式解释为"关于整个世界的根本观点和看法"，因此"哲学"就是关于"整个世界的最根本的观点的学问"。

关于"哲学"的定义，或者说，关于"哲学"的根本理念，直接地规定了哲学的研究对象。教科书提出，"哲学和其他科学都以现实世界作为自己的研究对象。不过，各种具体的知识部门只研究世界的某一领域、某一方面或某一事物及其过程"。"哲学则不同，它的对象是包括自然界、人类社会和人类思维在内的整个世界。"①

教科书关于"哲学"的定义，以及由此构成的关于哲学"研究对象"的规定，既构成了教科书的完整的"基本理念"，也构成了教科书作为叙述体系的"逻辑起点"，而这个"基本理念"和"逻辑起点"则规定了整部教科书的"叙述体系"。正因如此，尽管自 20 世纪 60 年代以来出版了

① 李秀林等：《辩证唯物主义和历史唯物主义原理》，中国人民大学出版社 1982 年版，第 2、3 页。

各种版本的马克思主义哲学教材，却总是给人以"千部一面"的深刻
烙印。

在教科书的叙述体系中，哲学作为"关于世界观的学问"，是以"整
个世界为对象"，因而哲学所要探讨和回答的首要问题，合乎逻辑地就是
"世界的本质"问题，因此教科书总是以"世界的物质性"作为其理论内
容的逻辑开端。在这个逻辑开端中，对"物质"及其存在方式的解释构成
其基本内容，这就是"世界的物质统一性"这一开端部分所叙述的"物
质"、"运动"、"时空"以及物质运动的"规律性"。

以"物质"范畴作为理论内容的逻辑开端，在教科书叙述体系中构成
4条基本线索，并形成4部分理论内容：其一，物质与意识的关系，即意
识对物质的派生性，这构成教科书体系的唯物论部分；其二，物质的运动
规律，即对立统一规律、质量互变规律和否定之否定规律，这构成教科书
体系的辩证法部分；其三，物质及其运动的观念反映，即能动的反映论，
这构成教科书体系的认识论部分；其四，作为一种物质运动形式的社会运
动方式及其观念反映，即生产力与生产关系、经济基础与上层建筑的矛盾
运动，以及诸种社会意识形式构成的矛盾运动，这成为教科书体系的历史
唯物主义部分。在通常的叙述体系中，前三部分被称之为"辩证唯物主
义"，而后一部分则被解释为"辩证唯物主义"在社会历史领域的应用即
"历史唯物主义"，因而这个一总二分的叙述体系通常被称作"辩证唯物主
义和历史唯物主义"。这就是教科书体系的理论内容与其形式结构的统一，
也就是通行哲学教科书体系直接呈现给我们的"显性逻辑"。

（二）哲学教科书的"隐性逻辑"中的"哲学观"问题

所谓"隐性逻辑"，就是构成"显性逻辑"的研究思路和理论根据。
具体言之，为什么教科书的"基本理念"是把哲学规定为"关于整个世界
的根本观点"的学问？为什么教科书的"逻辑开端"是"世界的物质性"
即"物质"范畴？为什么教科书把马克思主义哲学基本理论"叙述"为唯
物论、辩证法、认识论和唯物史观这样的体系结构？这就是教科书体系的
"隐性逻辑"。

在教科书的"隐性逻辑"中，最根本的问题是"哲学观"即对"哲

学"自身的理解问题。对"哲学"自身的理解，这不是哲学中的一个问题，而是全部哲学的根本问题，是决定如何理解和解释其他所有哲学问题的根本问题，它规定着对哲学的理论性质、研究对象、基本观点、体系结构和社会功能等全部哲学问题的理解。教科书哲学要构建自己的叙述体系，也必须首先回答"哲学究竟是什么"这个根本问题，并确认自己的关于哲学的基本理念。那么，教科书是依据怎样的研究思路而形成和提出关于"哲学"的定义？这是教科书体系的根本的解释原则即研究范式。

教科书哲学的基本思路，是从哲学与科学的相互关系出发，在对哲学与科学的区分中定义"哲学"。因此，对通行教科书哲学体系的检讨与批评，不能不首先集中在对哲学与科学相互关系的反省。教科书提出，"现实世界"是"哲学和其他科学"的"研究对象"，这是哲学与科学的共同之处；哲学与科学的区别则在于，各门具体科学只是"研究世界的某一领域、某一方面或某一事物及其过程"，而哲学则是把"包括自然界、人类社会和人类思维在内的整个世界"作为研究对象；由于各门具体科学以世界的某种特殊性为对象，因而为人类提供关于世界的特殊规律；由于关于整个世界的普遍规律的认识只能是源于关于世界的各种特殊规律的认识，因此哲学是对各门知识（各门科学）的概括和总结。

检讨教科书对哲学与科学关系的理解，我们可以发现，教科书所理解的哲学与科学的关系，是一种普遍性与特殊性的关系，或者说是普遍性的不同层次、不同等级的关系，即：哲学是关于整个世界的普遍规律的科学，而各门具体科学则是关于世界的某个领域、某个方面的普遍规律的科学，因此，哲学和科学并不是具有性质区别的人类活动，而是属于同一性质的人类活动；哲学思维与科学思维并不是两种不同性质的思维方式，而是属于同一性质的思维方式；在解释世界的普遍性的不同层次或不同程度的意义上，哲学只不过是科学的逻辑延伸，即哲学是具有最大普遍性的科学。对哲学与科学关系的这种理解，由这种理解而形成的对哲学的解释，是最值得关切和深入探讨的根本问题。

检讨教科书的"隐性逻辑"，我们可以发现，教科书正是从哲学与科学的区别定义哲学，把"哲学"定义为关于"整个世界"的根本观点的世界观理论。这表明，哲学与科学的二元关系，是教科书的"隐性逻辑"的

"逻辑开端"，也是构成整个教科书体系的理论依据。因此，对教科书的批评，从学理上看，最重要的是重新理解哲学与科学之间的关系。对此，需要提出的主要问题是：哲学与科学是人类把握世界的两种基本方式，还是一种基本方式？哲学思维与科学思维是人类理论思维的两种方式还是一种方式？哲学的演化与发展是仅仅与科学相关联，还是与人类把握世界的各种基本方式——艺术、宗教和科学——相关联？怎样从哲学的基本问题重新理解哲学与科学的关系？

（三）哲学教科书"隐性逻辑"中的"哲学基本问题"

教科书把哲学解释为"关于整个世界的根本观点的学问"，因而合乎逻辑地把世界的"本质"和"本原"问题视为哲学的首要问题和基本问题。然而，这个逻辑起点和核心范畴的设定与承诺，既没有考虑作为哲学基本问题的"思维和存在的关系问题"，也没有考虑哲学史上已经实现的近代哲学的"认识论转向"，更没有体现马克思主义哲学已经实现的"实践转向"。因此，如何理解哲学的基本问题，怎样理解世界的"本原"问题与哲学基本问题的关系，是值得深入研究的重大问题。

关于哲学基本问题，恩格斯的论断非常明确："全部哲学，特别是近代哲学的重大的基本问题，是思维和存在的关系问题"[①]这个论断明确地告诉我们：哲学的重大的基本问题是"思维和存在"的"关系问题"，而不是"思维"和"存在"的问题。这就是说：哲学不是以"思维"和"存在"为研究对象，更不是以教科书所解释的"物质现象"和"精神现象"为研究对象，去形成关于"思维"和"存在"、"物质现象"和"精神现象"的某种知识，而是把"思维和存在的关系"作为"问题"来研究，考察和追究"思维和存在"的关系问题。这种区别的意义是十分重大的。它直接地决定着人们能否以哲学的思维方式思考哲学，或者说，它直接地决定着人们能否形成哲学的思维方式。

值得深思的是，在通行教科书关于哲学及其基本问题的解释中，把哲学解释为"关于整个世界的学说"，正是把研究"思维和存在"（自然、社会和思维）当成哲学的基本问题，而不是把思维存在的"关系问题"作为

----

① 《马克思恩格斯选集》第 4 卷，人民出版社 1995 年版，第 223 页。

哲学的基本问题。这种解释的结果，就把哲学归结为关于"整个世界"的知识了。与此相反，恩格斯强调指出的是，哲学的基本问题是"思维对存在"的关系问题。为了使人们深刻地理解这个问题，特别是理解这个问题的真正的哲学内涵，恩格斯还作出重要的提示：作为哲学基本问题的"思维和存在的关系问题"，"只是"在近代哲学中才被"十分清楚"地提了出来并获得了"完全的意义"①。这就告诉人们，考察近代哲学如何提出和探讨"思维和存在的关系问题"，把握近代哲学已经实现的"认识论转向"，是理解"哲学的重大的基本问题"的必要前提。或者反过来说，离开哲学史，特别是离开近代哲学所形成的哲学思维的理论自觉，就无法达到对哲学及其基本问题的哲学理解。

在人们的经验常识和科学活动中，"思维和存在的关系"并不是"问题"。这正如恩格斯深刻指出的："我们的主观的思维和客观的世界服从于同样的规律，因而二者在自己的结果中不能互相矛盾，而必须彼此一致，这个事实绝对地统治着我们的理论思维，它是我们的理论思维的不自觉的和无条件的前提"②。人们在自己的经验常识和科学活动中，都是把思维和存在的统一当做"不自觉的和无条件的前提"，只有在哲学"反思"的意义上，思维把"思维和存在的关系"当做"问题"反过来而思之，才会提出哲学意义上的"思维和存在的关系问题"。"科学"与"哲学"的根本区别，就在于前者把"思维和存在"的统一当做"不自觉的和无条件的前提"，而去构成关于世界的思想，后者则是把这个"不自觉的和无条件的前提"作为自己的研究对象，批判地反思人类关于世界的全部思想。科学是构成思想，哲学则是对思想的反思。这表明，提出和探索"思维和存在的关系问题"，是以反思的哲学思维为前提的。全部的哲学问题，只有在哲学的反思活动中才会被真正地提出来；离开哲学的反思活动，就会把哲学问题视为构成思想的常识问题或科学问题。

从哲学史上看，古代哲学离开对人类意识及其与世界相互关系的认识论反省，单纯地从对象世界本身去寻求世界的统一性，并直接断言世界本身，而没有自觉到在这种断言中所蕴含的"思维和存在的关系问题"。近

---

① 参见《马克思恩格斯选集》第4卷，人民出版社1995年版，第224页。
② 《马克思恩格斯选集》第3卷，第564页。

代哲学之所以被称为"认识论转向",是因为它以反省人类意识及其与世界的相互关系为出发点,在思维和存在的关系中寻求二者的统一性。在这种认识论反省中,"思维和存在的关系问题"被明确地提了出来,并获得了完全的意义。18世纪末到19世纪初的德国古典哲学,又把这种认识论转向发展为对"思维和存在的关系问题"的逻辑学反思,即以概念辩证运动的形式描述思维和存在规律层面上的统一。正是从哲学史出发,列宁在《哲学笔记》中尖锐地指出:"辩证法也就是(黑格尔和)马克思主义的认识论:正是问题的这一'方面'(这不是问题的一个'方面',而是问题的本质)普列汉诺夫没有注意到,至于其他的马克思主义者就更不用说了。"①连著名的马克思主义理论家和宣传家普列汉诺夫都没有理解辩证法是关于思维和存在关系问题的认识论,这表明,真正在哲学的意义上理解和把握作为哲学基本问题的"思维和存在的关系问题"是十分艰难的。然而,达不到这种哲学意义上的理解和把握,就会把哲学反思构成的全部哲学问题经验化、常识化、庸俗化。哲学失去了反思特性,就变成了常识或科学的逻辑延伸,而不是超越常识和科学的哲学。

哲学的历史,是反思"思维和存在的关系问题"的历史;如何提出和回答"思维和存在的关系问题",是区别各种哲学的基本标志。马克思主义的哲学革命,最根本的标志,就在于它从人的实践活动出发提出和回答"思维和存在的关系问题",把"实践"作为回答全部哲学问题的逻辑起点和核心范畴。教科书离开人的实践活动而把"物质"范畴作为其逻辑起点和核心范畴,最根本的问题就在于,它不是在哲学反思的层面上提出问题,不是在作为哲学基本问题的"思维和存在的关系问题"的意义上提出问题,不是在近代哲学已经完成了的"认识论转向"的基础上提出问题,更不是在马克思主义哲学所实现的"实践论转向"的基础上提出问题,恰恰相反,它是在非反思的经验常识的意义上提出问题,在近代哲学已经超越的直接断言世界的古代哲学的水平上提出问题,在把马克思主义哲学等同于素朴实在论的意义上提出问题,因此,以"物质"范畴为"逻辑起点"和"核心范畴"的教科书哲学,并没有形成恩格斯所说的"建立在通

---

① 列宁:《哲学笔记》,人民出版社1974年版,第410页。

晓思维的历史和成就的基础上的理论思维",因而也就无法体现马克思主义哲学在哲学史上已经实现的哲学革命,更无法为新世纪的马克思主义哲学教材提供合理的研究范式和叙述体系。

(四)哲学教科书"隐性逻辑"中的背景、视野与思路

教科书从哲学与科学之间的二元关系定义哲学,这不是偶然的,而是具有深刻的时代性背景。

从世界性的哲学思潮说,自 19 世纪中叶以来,随着现代科学和技术在人类社会生活中的作用的日益增强,随着自然科学、社会科学和思维科学日益迅速地从哲学母体中分化出去,以自然科学的理论和方法改造哲学的科学主义思潮逐渐成为占有统治地位的哲学思潮。德国逻辑经验主义的代表人物之一赖欣巴哈在其《科学哲学的兴起》一书中,就明确地提出:"本书认为,哲学思辨是一种过渡阶段的产物,发生在哲学问题被提出,但还不具备逻辑手段来解答它们的时候。它认为,一种对哲学进行科学研究的方法,不仅现在有,而且一直就有。本书想指出,从这个基础上已出现了一种科学哲学,这种哲学在我们时代的科学里已找到了工具去解决那些在早先只是猜测对象的问题。简言之,写作本书的目的是要指出,哲学已从思辨进展而为科学了。"[1]

从现代中国的哲学思潮说,早在 20 世纪初,胡适就提出,"这三十年来,有一个名词在国内几乎做到了无上尊严的地位;无论懂与不懂的人,无论守旧和维新的人,都不敢公然对他表示轻视或戏侮的态度。那个名词就是'科学'。这样几乎全国一致的崇信,究竟有无价值,那是另一问题。我们至少可以说,自从中国讲变法维新以来,没有一个自命为新人物的人敢公然毁谤'科学'的……"[2] 傅斯年也提出,"哲学不是离开科学而存在的哲学,是一切科学的总积"(傅斯年:《对于中国今日谈哲学者之感念》,《新潮》1 卷 5 号)。"科学"是以发现"规律"为使命的,因此艾思奇在40 年代就提出,"哲学,首先是关于世界全体的一般规律的学问。研究哲

---

① 赖欣巴哈:《科学哲学的兴起》,商务印书馆 1983 年版,第 3 页。
② 胡适:《〈科学与人生观〉序》(1923 年),《胡适文存》二集,上海亚东图书馆 1924 年版,第 2 卷,第 2 页。

学的结果，是使我们对于整个世界（包括自然、社会和人类的思想认识）的规律性，获得一个总的认识和理解，简单地说，就是使我们掌握一定的世界观。"① 从某种意义上说，20 世纪 60 年代出版的艾思奇主编的《辩证唯物主义历史唯物主义》，它作为通行的哲学教科书体系所表达的哲学与科学之间的关系，以及由此而形成的哲学理念，只不过是半个世纪以来的现代中国哲学思潮的体系化表达而已。

　　由此，我们首先提出的问题是，仅仅从哲学与科学的关系理解哲学会导致怎样的后果？哲学和科学是人类以理论的方式把握世界的两种基本方式，因而二者之间具有极为深刻的渊源关系。在人类认识史上，哲学曾以"包罗万象的知识总汇"的方式而充任一切科学的母体，并在科学不断地从哲学这个母体当中分化出去的背景下试图充任凌驾于科学之上的"科学的科学"，又在科学"当心形而上学"并"吓唬"哲学的背景下而陷入"无家可归"、"无地自容"的窘境。作为现代哲学思潮的科学主义思潮，正是在"科学"把"哲学"不断地"驱逐"出其世袭领地——自然、社会和思维——的背景下，以"拒斥形而上学"为旗帜，试图以科学（自然科学）的理论和方法改造哲学，迫使哲学从凌驾于科学之上的"科学之科学"屈就为"关于科学的哲学"。这就是作为科学主义思潮的现代西方科学哲学。对于现代哲学陷入的"无家可归"和"无地自容"的窘境的另一种反应，则是把哲学的存在方式视为"对科学的概括和总结"，试图通过对科学成果、科学范畴、科学原理的"转化"和"升华"而构成具有最高的概括性（最大的普遍性）和最高的解释性（最大的普适性）的"科学"，也就把哲学变成"关于普遍规律"的"科学"。这就是通行的哲学教科书的逻辑。我把这种以哲学科学化为基本理念的逻辑称作"哲学知识论立场"的逻辑。从根本上说，对教科书"隐性逻辑"或"研究范式"的批评，就是对这种"哲学知识论立场"的批评，就是对"哲学科学化"的思维逻辑的批评。

　　把哲学视为具有最大普遍性和最大普适性的知识，把哲学视为对世界作出统一性解释的基础，把科学化视为哲学的合理趋向与最终期待，表明

---

① 艾思奇：《关于研究哲学应注意的问题》，《解放》第 127 期，1941 年 4 月。

哲学的知识论立场本质上是科学主义的，它对西方科学主义思潮的任何反驳，都只不过是以新的方式强化对哲学的科学主义要求——使哲学科学化。对于这种根深蒂固的哲学知识论立场和无法割舍的哲学科学化要求，不能不迫使我们提出如下问题：在人类实现自我发展的历史活动和历史过程中，"科学"是否是唯一有意义的活动方式？"哲学"是否只有跻身于"科学"才有意义？趋向于或囊括于科学之中的哲学还有什么独立存在的价值？使哲学科学化的企图与努力是不是对哲学本身及其价值的遗忘？能否跳出哲学与科学的二元关系而重新理解哲学？

社会存在决定社会意识。任何一种对哲学的理解，都与时代性的人类生活密不可分。教科书哲学之所以仅仅从哲学与科学的二元关系去理解和解释哲学，一个重要的原因是以现代科学技术的巨大作用为基础的科学主义思潮所造成的自我禁锢，这就是：如果人类有效地解释世界的方式只能是科学，如果人类的现代世界图景只能是科学的现代图景，如果人类满足自己需要的实践活动只能用科学来指导，那么，具有现代生存权力的哲学不就只能是"哲学科学"吗？哲学的唯一的生存之路不就是"哲学科学化"吗？

然而，当代人类所面对的全球问题，当代人类所自觉到的生存困境，当代人类所期待的和平与发展，要求人们跳出哲学与科学的二元关系的理论视野，超越"哲学的知识论立场"，敞开哲学自我理解的视野，形成理解和解释哲学的新的思路，这就是马克思所提示的人类把握世界的各种基本方式之间的多向、多元关系。人类是以包括哲学和科学在内的多种基本方式把握世界。人类把握世界的任何一种基本方式——无论是常识的还是科学的，艺术的还是伦理的，宗教的还是哲学的——其存在的最终根据都是因为它们对于构成人的世界和促进人的发展具有不可或缺的独特价值，并且各自的独特价值是不可替代的。由此我认为，在当代哲学的自我理解和自我辩护中，应当超越单纯的哲学与科学的二元关系，从人与世界的现实关系中以及人类把握世界各种基本方式的相互关系中提出这样的问题：哲学对于构成人的世界和促进人的发展的不可或缺和不可替代的独特价值是什么？

人的世界，是人类的全部活动历史性创造的有意义的生活世界；人与世界的相互关系，人类把握世界的各种基本方式，都应当从人类创造的有意义的生活世界去理解。人对世界的关系，不是单纯的认知关系，而是以人的实践活动为基础的认知关系、价值关系和审美关系的统一。作为"人的本质力量"及"社会的器官"的人类把握世界的全部方式，在其现实性上，就是创造人的生活意义、实现人的自我发展的方式，也就是创造人类特有的生活世界的方式。因此，哲学对于构成人的世界的不可或缺和不可替代的独特价值的问题就获得了确定的思想内涵，这就是：在人类创造自己的生活世界并实现人的自我发展的各种基本方式中，哲学的不可或缺和不可替代的价值是什么？这种思路，把我们引向哲学与常识、哲学与神话、哲学与宗教、哲学与艺术、哲学与伦理以及哲学与科学的多向、多元关系。由此我们可以发现，哲学作为人类把握世界的一种基本方式，它并不是以"世界"为对象而构成关于世界的思想，恰恰相反，它是把人类以常识的、神话的、宗教的、艺术的、伦理的和科学的方式所构成的"常识的世界"、"神话的世界"、"宗教的世界"、"艺术的世界"、"伦理的世界"和"科学的世界"作为自己的批判、反思的对象，也就是以人类把握世界的各种方式所构成的关于世界的各种思想作为对象反过来而思之。"反思"，才是哲学的思维方式；"反思"，才是哲学的存在方式；"反思"，才是哲学创造人的生活世界和促进人的发展的不可或缺和不可替代的独特价值。

（五）哲学教科书诠释"世界观"的"知识论立场"

教科书从哲学与科学的二元关系定义哲学，并站在哲学知识论立场上把哲学理解和解释成具有最大普遍性和最大普适性的"科学"，这既同现代的科学主义思潮密切相关，又根源于其自身的难以超越的素朴实在论的思维方式。这种素朴实在论的思维方式集中地表现在教科书对"世界观"的哲学理解。

在教科书看来，"世界观"就是把"整个世界"作为对象所形成的"一般观点"或"根本观点"。在对"世界观"的这种理解中，蕴含着的是一种素朴实在论的思维方式："世界"在"人"之外而构成"人"的"认识对象"，"人"通过自己的认识而形成关于"世界"的"根本观点"，就是"世界观"。在这种"世界观"中，被认识的是"人"之外的"世界"，而不是人与世界之间的"关系"；需要解决的任务，是对"世界"的认识和解释，而不是对人与世界之间的"关系"的理解与协调。这种区别的意义具有原则性。对"世界"的认识和解释，是关于世界的"思想"；对人与世界之间"关系"的理解与协调，则是对这种"关系"的"反思"。前者是"观世界"，后者才是"世界观"；前者是"科学"，后者才是"哲学"。

哲学作为人类把握世界的一种基本方式，它与科学的根本区别，在于它不是把"整个世界"作为对象而"解释世界"，恰恰相反，它是把"思维和存在的关系"当做自己的"重大的基本问题"，揭示"思维与存在"、"人与世界"之间的无限丰富的矛盾关系，从而引导人们"改变世界"。

如果"世界观理论"是人站在世界之外"观"世界而形成的关于"整个世界"的理论，如果这种"世界观理论"是为了让人们对"整个世界"作出具有"最大普遍性"和"最大普适性"的解释，那么，这样的"世界观理论"就不是以"思维和存在的关系问题"作为自己的"重大的基本问题"，而是以"世界"本身及其运动规律作为自己的研究对象和"基本问题"。这样理解"世界观理论"的理论后果和实践后果，必然是混淆"哲学"与"科学"的区别，乃至于仍然把"哲学"当成是凌驾于一切科学之上的"科学的科学"；不仅如此，这样理解的后果，还必然混淆马克思关于"解释世界"与"改变世界"的区分，以至于把"改变世界"的马克思主义哲学混同于"解释世界"的旧哲学。

哲学对自己的"重大的基本问题"的自觉是一个漫长的过程，与此相适应，哲学对自己的"改变世界"的使命的自觉同样是一个漫长的过程。只有在近代哲学的"认识论转向"的基础上所实现的"实践论转向"，才把"解释世界"的传统哲学变革为"改变世界"的马克思主义哲学，因而才出现了真正是"世界观理论"的"哲学"。

"解释世界"的传统哲学，从根本上说，是以科学与哲学尚未完全分化为前提的哲学，也就是把哲学当做凌驾于全部科学之上的"科学的科学"。与此相反，"改变世界"的哲学则是以科学与哲学的高度分化为前提的哲学，也就是摆脱了把哲学视为"科学的科学"。对此，恩格斯曾经指出，由于自然科学的巨大进步，"我们现在不仅能够说明自然界中各个领域内的过程之间的联系，而且总的说来也能说明各个领域之间的联系了，这样，我们就能够依靠经验自然科学本身所提供的事实，以近乎系统的形式描绘出一幅自然界联系的清晰图画。"在这种科学背景下，那种"用观念的、幻想的联系来代替尚未知道的现实的联系"的"自然哲学就最终被清除了。任何使它复活的企图不仅是多余的，而且是倒退"。① 恩格斯还指出，由于马克思的历史观终结了历史领域内的哲学，所以，"现在无论在哪一个领域，都不再要从头脑中想出联系，而要从事实中发现联系了"②。这表明，马克思主义哲学在哲学史上的革命变革，首先就是以 19 世纪科学的巨大发展为背景，变革了充当"科学的科学"的传统哲学。因此，这种"改变世界"的新哲学并不是企图对世界作出某种永恒的终极性解释，而是不断地为人们提供理解和协调人与世界相互关系的"世界观理论"。正因如此，恩格斯曾经强调地指出，这种"改变世界"的马克思主义哲学已经不再是"哲学"，而只是"世界观"。③

马克思通过全部旧哲学的批判所得出的基本结论是："全部社会生活在本质上是实践的。凡是把理论引向神秘主义的神秘东西，都能在人的实践中以及对这个实践的理解中得到合理的解决。"④ 正是从人的实践活动出发去理解人与世界、思维与存在的关系，马克思既深刻地批判了旧唯物主义的客体的或直观的世界观，又深刻地批判了唯心主义的抽象的能动的世界观，实现了从"解释世界"到"改变世界"的哲学革命，把追究"世界何以可能"的"哲学"变革为追寻"解放何以可能"的"世界观"。

对"世界观"与"观世界"的反思表明，教科书之所以把哲学的"世界观"理解为知识性的"观世界"，之所以把哲学对科学的反思关系理解为哲学对科学的逻辑延伸，从根本上说，在于教科书是以素朴实在论的思维方式而不是实践论的思维方式去理解"世界观"问题。"世界观"问题，是教科书的根本问题；不在"世界观"的意义上批评教科书，就不可能超

---

① 《马克思恩格斯选集》，人民出版社 1995 年版，第 246 页。
② 参见《马克思恩格斯选集》第 4 卷，人民出版社 1995 年版，第 257 页。
③ 参见《马克思恩格斯选集》第 3 卷，人民出版社 1995 年版，第 481 页。
④ 《马克思恩格斯选集》第 1 卷，人民出版社 1995 年版，第 56 页。

越教科书而真正推进马克思主义哲学研究。用实践论的世界观研究和讲授哲学，需要我们更为深入地检讨和反思通行哲学教科书体系所隐含的世界观问题。

三、提出和探索马克思主义哲学研究中的重大理论问题

当代中国学者在马克思主义哲学研究中，提出和探索了一系列重大的理论问题。陈先达的《哲学中的问题与问题中的哲学》、叶汝贤的《每个人的自由发展是一切人的自由发展的条件》、张曙光的《马克思主义哲学研究应有的现实性与超越性》和俞吾金的《论马克思对德国古典哲学遗产的解读》等论文就提出和探索了马克思主义哲学研究中的一系列重大理论问题。

（一）新世界与新哲学

坚持和发展马克思主义哲学的首要前提，是准确地和深刻地理解马克思主义哲学。这包括：怎样理解马克思主义哲学实现了哲学史上的伟大革命？马克思主义开辟了什么样的哲学道路？这条道路要求其后继者如何坚持和发展马克思主义哲学？

陈先达的文章（以下简称"陈文"）开宗明义，提出马克思主义哲学既是"哲学的变革"，又是"变革的哲学"；它不仅重视"哲学中的问题"，更重视"问题中的哲学"。这两个基本命题的概括具有丰富的思想内涵。前者，是对马克思主义的哲学革命的基本含义的概括；后者，则是对马克思主义开辟的哲学道路的根本性理解。也许正因如此，"陈文"的标题是《哲学中的问题与问题中的哲学》。

关于马克思的哲学革命，"陈文"明确提出，马克思的"哲学的变革"，源于他所创建的"变革的哲学"，即：马克思的哲学是为"变革现实资本主义，为人类解放宗旨的需要而产生的哲学"，"为创立新的世界而奋斗的哲学"。在马克思这里，创建"新哲学"，与创立"新世界"是一致的；更为准确地说，创立"新世界"，才是马克思创建"新哲学"的根据和目的。从创建"新世界"出发论述马克思的"哲学的变革"，这是"陈

文"探索马克思的"哲学的变革"的立足点和出发点。

在关于马克思的"哲学的变革"的论述中，"陈文"提出了三个层次的基本观点：其一，马克思主义哲学是"改变世界"的"世界观"，而不是"为各门科学提供最终的解释权"的"哲学"，这是新哲学与旧哲学的根本区别；其二，马克思和恩格斯是为创建"新世界"而奋斗的"另一种类型的哲学家"，而不是以"解释世界"为目的的"经院哲学家"，这是两种类型的哲学家的根本区别；其三，马克思主义哲学研究者应该把哲学研究作为"参与实际活动的一个不可分割的组成部分"，而不能"走经院哲学家的道路"，这是两条哲学道路的根本区别。

在当代中国的哲学研究中，关于马克思主义哲学与传统哲学、现代西方哲学的关系，长期以来存在两种倾向：一是以从总体上否定传统哲学和现代西方哲学为前提，把马克思主义哲学描述成离开人类文明发展大道的宗派主义；二是以从总体上否定马克思主义的哲学世界观及其所开辟的哲学道路为前提，把传统哲学或现代西方哲学视为哲学的"正路"。其中蕴含的一个重大问题，就是"陈文"所提出的"哲学中的问题"与"问题中的哲学"及其相互关系。针对上述两种倾向，以"陈文"所提出的这个重大问题为聚焦点，有三个问题需要深入讨论。

第一，如何看待"哲学中的问题"以及哲学家们对"哲学中的问题"的研究。

"哲学中的问题"作为"哲学研究范畴的问题"，作为"真正形而上的问题"，是"具有普遍性的哲学问题"。按照这种解释，"真正"的哲学研究，就应当是对"哲学中的问题"的研究。如果应当这样看待"哲学中的问题"以及哲学家对"哲学中的问题"的研究，那么，就需要澄清下述几个问题：其一，充分肯定哲学史上中、外哲学家们关于"哲学中的问题"的研究工作及其所获得的成果，而不是简单地以"经院哲学"之名而笼统地予以否定；其二，充分肯定这些研究成果所具有的独立的理论意义和学术价值，并在相对独立的意义上继续相关的研究工作；其三，鼓励和引导当代中国的哲学工作者从"问题中的哲学"升华为"哲学中的问题"，但并不排斥某些哲学工作者注重研究"哲学中的问题"，专注于"真正形而上的问题"。"哲学中的问题"研究的重要性在于，为我们从"问题中的哲学"升华为"哲学中的问题",并进而深化对"哲学中的问题"的研究,提供了不可或缺的理论资源。这些理论资源是哲学家以哲学方式面向现实的基本前提。

第二,如何看待"问题中的哲学"以及哲学家们对"问题中的哲学"的研究。

关于"问题中的哲学","陈文"认为"这不是直接的哲学问题,而是形而下的问题,是需要哲学家从中捕捉的问题"。从当代中国的哲学研究的状况看,也存在两种倾向:一是"陈文"指出并深刻剖析的"重视哲学中的问题而轻视问题中的哲学";二是缺乏应有的"哲学中的问题"的问题意识,缺乏应有的关于"哲学中的问题"的理论资源,因而造成同样值得关切的一种较为普遍的现象,即以研究"问题中的哲学"之名,实际上是在非哲学的层次上提出问题和分析问题。缺乏对"哲学中的问题"的真正的理论兴趣和艰苦的理论探索,在相当程度上阻滞了对"问题中的哲学"的拓展与深化。

第三,如何看待"哲学中的问题"与"问题中的哲学"的相互关系,以及与此相关联的马克思主义哲学与传统哲学和现代西方哲学的相互关系。

"哲学中的问题"归根结底是源于"问题中的哲学",因此,注重"哲学中的问题"的哲学家,只能在"历史视野"与"时代状况"的撞击中研究"哲学中的问题",只能以自己时代的生存状况和生活体验为背景来研究"哲学中的问题",而不可能是脱离时代的纯粹的玄思和遐想。哲学理论和哲学思维的时代性,对于我们理解"哲学中的问题"与"问题中的哲学"的相互关系,并由此理解马克思主义哲学与传统哲学和现代西方哲学的相互关系,具有重要的启示作用:其一,任何一种真正的哲学理论,从根本上说,都不可能是单纯地形成于"哲学中的问题",而总是不同程度地形成于"问题中的哲学",因此,哲学研究的一个重要的方法论原则,应当是自觉地探索、澄明"哲学中的问题"所隐含的"问题中的哲学"。在何种程度上挖掘出"哲学中的问题"所隐含的"问题中的哲学",才能在何种程度上把握到"哲学中的问题"。其二,正是由于"哲学中的问题"总是隐含着特定的"问题中的哲学",因此,每个时代的哲学都具有某种广泛而深刻的一致性。如何以"哲学中的问题"与"问题中的哲学"来区分马克思主义哲学与传统哲学和现代西方哲学，是一个需要进一步探讨的问题。其三，马克思主义哲学与现代西方哲学的原则性分歧，从根本上说，在于关注什么样的"问题中的哲学"，怎样关注"问题中的哲学"，以及如何回答"问题中的哲学"。马克思和恩格斯所关注的"问题中的哲学"，是"变革现实资本主义"问题，是"人类解放"问题，是"创立新的世界"问题。这应当是马克思主义哲学与现代西方哲学的原则区别，因而也是坚持和发展马克思主义哲学的立足点和出发点。

（二）核心主题与核心命题

马克思所要创建的"新世界"究竟是一个什么样的世界？这不仅关系到对"新世界"的理解，而且关系到对"新哲学"的理解。叶汝贤的文章（以下简称"叶文"）从探索马克思的"核心主题"和《共产党宣言》关于未来社会即"新世界"的"核心命题"入手，讨论了"新世界"与"新哲学"的关系。"叶文"提出，马克思终生探索的"核心主题"就是"每个人的自由发展是一切人的自由发展的条件"；而《共产党宣言》关于未来社会的"核心命题"，正是马克思的"核心主题"。

关于马克思终生探索的"核心主题"和《共产党宣言》的"核心命题"，"叶文"提出和探索了一系列重要的理论问题，其中最为重要的问题是："每个人的自由发展"与"一切人的自由发展"，究竟谁是谁的条件？这是一个关系到社会主义和整个共产主义运动的本质的问题，但又是一个长期以来理论界未予深入讨论的问题。这种状况既影响了对最根本的"哲学中的问题"即马克思主义世界观的研究，也影响了对最重大的"问题中的哲学"即社会主义本质的研究。"叶文"提出，"《宣言》以'每个人的自由发展'来界定社会主义，深刻地表明了社会主义的本质特征，从根本上把社会主义同一切旧社会区别开来"。对此，我深以为然。

"每个人的自由发展是一切人的自由发展的条件"，这个命题所内蕴的深刻的历史内涵在于，它表明了人在两种不同性质的"共同体"中的存在方式，以及两种不同性质的"共同体"所决定的人的发展状况。这两种不同性质的共同体，就是马克思所说的"虚假的共同体"与"真正的共同体"。社会主义是以"作为个人的个人"所构成的"真正的共同体"去代替"作为阶级的成员"的"虚假的共同体"。①"虚假的共同体"是凌驾于个人之上的，因而不可能实现"每个人的自由发展"；而"真正的共同体"是个人发展的形式，个人是发展的主体，因而才能实现"每个人的自由发展"，并从而实现"一切人的自由发展"。

"叶文"对于深刻理解马克思的"核心主题"和《宣言》的"核心命题"，以及深入理解和落实"以人为本"的科学发展观，都富于启发性和建设性的意义。但是，无论是从"哲学中的问题"的角度，还是从"问题中的哲学"的角度，对于"每个人的自由发展是一切人的自由发展的条件"这个"核心命题"、对于"以人为本"这个"核心理念"，学术界仍有广阔的理论探讨的空间。

从"哲学中的问题"看，究竟是什么样的理论困难阻碍我们对"每个人"与"一切人"的相互关系的马克思主义的理解？为什么人们往往把"一切人的自由发展"视为"每个人的自由发展"的条件，而不是"把每个人的自由发展"视为"一切人的自由发展"的条件？这是否需要我们重新理解和阐释"人"、"历史"、"社会"、"文化"、"发展"这些最基本的哲学范畴？在"每个人"与"一切人"的关系中，既包含着个人与个人、个人与共同体、个人与一切人的关系，也包含着个人与历史、个人与文化、个人的独立性与依存性等更为深层的矛盾关系。人作为历史的、文化的存在，总是被历史、文化所规范的，而"文化"的突出特征之一是它对个人的"偏离"，即以普遍性的方式"消解"其个性。在对历史的文化内涵的反思中，我们会更深刻地理解，为什么马克思提出"真理的彼岸世界消逝以后，历史的任务就是确立此岸世界的真理。人的自我异化的神圣形象被揭穿以后，揭露具有非神圣形象的自我异化，就成了为历史服务的哲学的迫切任务"②。在我看来，正是从实现"每个人的自由发展"出发，马克思把他的哲学批判从"揭穿""人的自我异化的神圣形象"，转向"揭露具有非神圣形象的自我异化"，深切地展开了他对"法"和"政治"的批判，也就是对资本主义的批判。马克思的哲学批判，是要把"资本"的独立性

---

① 参见《马克思恩格斯选集》第 1 卷，人民出版社 1995 年版，第 119 页。
② 《马克思恩格斯选集》第 1 卷，人民出版社 1995 年版，第 2 页。

和个性变成人的独立性和个性，也就是实现"每个人的自由发展"。这是马克思的"核心主题"的具体体现。

　　在当代诠释马克思的"核心主题"和《宣言》的"核心命题"，无法回避的最为重大的"问题中的哲学"是市场经济和现代化问题。市场经济并非仅仅是一种经济学意义上的资源配置方式，更是一种哲学意义上的人的存在方式。这就是马克思所说的人的存在的第二种历史形态，即"以物的依赖性为基础的人的独立性"的存在方式。人的这种存在方式显示了自身的二重性：人从"依附性"的存在而实现了"独立性"的存在，然而，人的这种"独立性"又是"以物的依赖性为基础"的，以至于学者们以"物化的时代"来概括当代人的存在方式；人的真正的独立性即"每个人的自由发展"，既要现实地超越"以物的依赖性为基础"的生存状态，又必须以马克思所说的"第二大形态"所形成的"普遍的社会物质变换、全面的关系、多方面的需要以及全面的能力的体系"为基础。同样，人在现代化的过程中，人的"一切社会关系"获得了现实性，但又造成了国内外学者在现代化的反省中所确认的人与他人、人与社会、人与自然、人与自我的"疏离"。这表明，针对市场经济和现代化进程所产生的严峻问题而提出的"以人为本"的科学发展观，就其所内蕴的"每个人的自由发展是一切人的自由发展的条件"而言，远不止是具体的政策性问题，而且包括既推进市场经济又超越市场经济、既推进现代化又反省现代化的哲学理念问题。由此，"问题中的哲学"就升华为"哲学中的问题"：我们现在究竟需要什么样的哲学理念？这是当代中国的根本性的价值选择和价值排序问题，因而也是当代中国的最根本的实践理念问题。

　　（三）现实性与超越性

　　由"每个人的自由发展是一切人的自由发展的条件"这个"核心主题"所展开的整个马克思主义哲学，不仅具有真实的"现实性"，而且具有不容否认和不容忽视的"超越性"。那么，为什么"较长时间以来，在中国的马克思主义哲学研究中，一直存在着这样一种强势的观念，即认定马克思哲学的性质是现实的而非超越的"呢？这是张曙光的文章（以下简称"张文"）所提出和探索的问题。

从实践的观点看马克思主义哲学的超越性，首先需要回答究竟如何理解马克思主义哲学的"实践"范畴。"张文"的最富启发性的观点在于，他认为马克思"把人类生存的永恒事实给予了历史性的理解，这种历史性的理解是现实的，也是超越的，因为它们就是人的历史性实践活动本身的两重性；这两重性既不可分割地联系在一起，而又能够相对地分化开来并呈现出极大的张力。所以，我们看到，当马克思以此为自己的思想方法展开其理论研究时，他的思想的运思，便一直在人们具体特殊的实践活动方式与人类生成发展的总体性的历史这两个向度之间反复展开；它不断地深入到人类历史的过去和未来之中，又从过去和未来返回到当下的历史境遇，从而不断地深化着对于人类命运问题，尤其是现代人命运问题的认识和解答"。在"张文"的这种解释中，"实践"已经不仅仅是某种被解释的对象，而且被升华为某种特殊的解释原则，即以实践的观点去解释马克思主义哲学的超越性。在我看来，实践观点作为解释原则，应当具有更为重大、更为基础和更为广泛的地位和作用——它应当是马克思主义哲学的世界观，即：马克思主义哲学是以实践论的世界观去看待人与世界的关系，从而把人与世界的关系理解为否定性的统一关系。正是这种关系构成了马克思主义哲学的现实性与超越性相统一的实践基础。

从实践的观点看马克思主义哲学的超越性，还必须回答作为理论的哲学与实践之间究竟是何关系？在通常的解释中，总是把理论的功能归结为对实践的"指导"作用；而理论之所以能够"指导"实践，则在于理论正确地反映了客观事物及其规律。在这种解释中，理论的根本特性就在于其"现实性"（正确地反映了客观事物及其规律）；理论的根本功能则在于其"指导"作用（以合乎规律的认识指导人的实践活动）。应当说，正是由于仅仅把理论对实践的关系归结为"指导"作用，造成了"张文"所指认的那种普遍现象——只承认马克思主义哲学的现实性，而否认马克思主义哲学的超越性。

在对理论与实践的相互关系的理解中，最主要的问题是忽视甚至无视理论的批判功能，而这恰恰是作为理论的马克思主义哲学的最根本的特性。马克思一再强调，辩证法在本质上是批判的、革命的，他的理论是"对现存的一切进行无情的批判"。理论与实践的相互关系，不仅仅是理论对实践的"指导"作用，更为重要的是理论对实践的"批判"作用。伽达默尔在其《赞美理论》一文中突出地强调，"理论是实践的反义词"，"理论就是对实践的反驳"。理论作为实践的"反义词"，它对实践的关系，是一种否定性的统一关系，因而是对实践的"反驳"。这才是理论的最根本的"超越性"。

理论的这种"超越性"，从根本上说，仍然是源于理论自身的基础——实践——的超越性。实践作为人对世界的否定性的统一活动，它要把现实变为非现实，把非现实（理想）变为现实。这就是实践的目的性要求，也就是实践的超越性。源于实践的理论，集中地体现了实践的目的性、理想性要求，因而理论总是否定既有的实践，在对实践的"反驳"中把人类的实践活动推向新的领域和新的层次。

理论对实践的"反驳"，从根本上说，是对实践活动的价值排序，也就是对实践的"选优"活动。现代哲学的具有革命性的根本特征，就在于它从"层级性的追求"，转向了"顺序性选择"。在传统哲学的层级性追求中，作为理论的哲学，就成为"陈文"所指出的凌驾于科学之上的"永恒不变的抽象原则"；而在现代哲学的顺序性选择中，作为理论的哲学就构成了对实践的"反驳"，也就是以价值排序的方式对实践进行选择。"为创立新的世界而奋斗"的马克思主义哲学，正是以"每个人的自由发展是一切人的自由发展的条件"为根本的出发点，对人们的诸种实践活动进行批判性的反思，并进而为实现这一"核心主题"的理想目标而作出最为合理的顺序性选择和安排。在我看来，这是马克思主义哲学的"超越性"的最深层的依据。

（四）重新解读与重新领悟

长期以来，我们一直肯定"德国古典哲学是马克思主义哲学的直接理论来源"。但是，究竟何谓"德国古典哲学"？德国古典哲学之于马克思主义哲学的真实意义究竟是什么？马克思主义创始人究竟如何"解读"德国古典哲学？这些具有重大意义的理论问题，虽然一直得到人们的关注，但在一些关键问题上，尚缺少令人信服和富于启发性的研究成果。俞吾金的文章（以下简称"俞文"）的出发点是："对德国古典哲学遗产的重新解读将会导致对马克思主义哲学的本真精神的重新领悟"。通过"重新解读"德国古典哲学遗产而"重新领悟"马克思主义哲学的本真精神，这个主旨本身就是重大的、深刻的，因而是一项长期的理论研究工作。

"俞文"的切入点是德国古典哲学"范围"的界定问题，具体言之，就是费尔巴哈哲学是否属于"德国古典哲学的问题"。"俞文"在考证和分析恩格斯的有关论述的基础上提出："在恩格斯的语境中，德国古典哲学指称的是康德、费希特、谢林和黑格尔的哲学，费尔巴哈的哲学不包括在里面。"这个结论向马克思主义哲学的研究者提出两个重大问题：其一，"既然费尔巴哈哲学不包括在德国古典哲学范畴中，那究竟如何准确评价费尔巴哈哲学在马克思恩格斯哲学思想形成发展中的历史作用呢"？其二，不包含费尔巴哈的德国古典哲学对于马克思恩格斯所创立的新哲学的主要意义在哪里？究竟应该怎样概括和表述以德国古典哲学为主要理论来源的马克思主义哲学？

这里首先讨论"如何准确评价费尔巴哈哲学在马克思恩格斯哲学思想形成中的历史作用"问题。"俞文"突出强调的是，"费尔巴哈的唯物主义并不是通向马克思的历史唯物主义的路径"，在马克思的"思想发展历程中，并不存在着他接受费尔巴哈的唯物主义影响后，从对自然的研究转向对社会历史研究，或从唯物主义辩证法转向历史唯物主义的过程"，"用费尔巴哈式的唯物主义去改造和提升黑格尔式的辩证法是不可能的"，"在马克思自己的解释路径中，费尔巴哈唯物主义的作用并不是根本性的、决定性的"。

"俞文"的这些基本认识，对于深入探讨费尔巴哈与马克思恩格斯的关系，提出了一系列重要的理论问题：一是能否从费尔巴哈的唯物主义通向马克思的历史唯物主义，二是能否从费尔巴哈的唯物主义而改造和提升黑格尔的辩证法，三是费尔巴哈的唯物主义对于马克思恩格斯创立的新哲学是否具有根本性的、决定性的作用。显而易见，"俞文"对这些问题的回答是否定的。但是，究竟如何评价费尔巴哈的"历史作用"？这仍然是一个需要探讨的问题。

如果借用"俞文"的"后德国古典哲学"的提法来探讨费尔巴哈的"历史作用"，我们可以比较明确地讨论一个具有重大意义的理论问题，即：在从康德到黑格尔的"整个运动的完成"之后，"费尔巴哈哲学在马克思恩格斯哲学思想形成发展中的历史作用"究竟是什么？在我看来，恩格斯在他的《路德维希·费尔巴哈和德国古典哲学的终结》中已经给出了系统的、明确的回答。恩格斯提出，费尔巴哈"在好些方面是黑格尔哲学和我们观点之间的中间环节"，"在我们的狂飙时期，费尔巴哈给我们的影响比黑格尔以后任何其他哲学家都大"。① 那么，这个"中间环节"的"历史作用"是什么？为什么费尔巴哈比"任何其他哲学家"对马克思恩格斯的影响"都大"？恩格斯认为，"作为从康德以来的整个运动的完成的哲学"，黑格尔哲学的真实意义和革命性，"在于全面彻底否定了关于人的思维和行为的一切结果具有最终性质的看法"。这应当是整个德国古典哲学的最根本的哲学意义。然而，"为什么彻底革命的思维方法竟产生了极其温和的政治结论"？这又应当是整个德国古典哲学的最根本的问题。正是从这个最根本的问题出发，恩格斯阐述了费尔巴哈哲学这个"中间环节"的"历史作用"。恩格斯指出，"在当时的理论的德国，有实践意义的首先是两种东西：宗教和政治"。正是"对现存宗教进行斗争的实践要求，把大批坚决的青年黑格尔分子推回到英国和法国的唯物主义"。恩格斯说，"这时，费尔巴哈的《基督教的本质》出版了。它直截了当地使唯物主义重新登上宝座"，因而起到了巨大的"解放作用"，也就是它在马克思恩格斯"脱离"黑格尔哲学中的作用。

　　恩格斯在充分肯定费尔巴哈哲学的"解放作用"的同时，尖锐地提出一个问题，即："费尔巴哈所提供的强大推动力怎么能对他本人毫无结果呢？"恩格斯说，"理由很简单，因为费尔巴哈不能找到从他自己所极端憎恶的抽象王国通向活生生的现实世界的道路。他紧紧地抓住自然界和人；但是，在他那里，自然界和人都只是空话。无论关于现实的自然界或关于现实的人，他都不能对我们说出任何确定的东西。"② 因此，我赞同"俞文"的这个观点：从费尔巴哈的唯物主义既不能直接走向马克思创立的历史唯物主义，也不直接从黑格尔的辩证法走向马克思创立的以历史唯物主义为根基和内涵的辩证法。马克思所创立的历史唯物主义，不是源于唯物

　　① 《马克思恩格斯选集》第 4 卷，人民出版社 1995 年版，第 211－212 页。
　　② 《马克思恩格斯选集》第 4 卷，人民出版社 1995 年版，第 240 页。

主义的费尔巴哈哲学，反而是源于唯心主义的从康德到黑格尔的德国古典哲学。这其中的奥妙就在于，从康德到黑格尔的德国古典哲学，并不是超然世外的玄思和遐想，而是源于他们所处的时代的最重大的时代性问题。由此我们可以讨论，马克思在"从康德到黑格尔的德国古典哲学中究竟汲取了什么？"

"俞文"认为，从康德到黑格尔的德国古典哲学，引起马克思关注的主要有六个问题："人"的问题，"市民社会"问题，"实践"问题，"自在之物"问题，"历史意识"问题和"自由"问题。毫无疑问，"俞文"所概括的正是德国古典哲学所面对的最为重大的"问题中的哲学"。但是，究竟如何看待马克思从德国古典哲学、特别是黑格尔哲学中所继承的辩证法的理论遗产，还是一个需要深入讨论的问题。"俞文"集中地在"历史意识"的"平台"上来论述马克思对德国古典哲学的辩证法思想的解读，这不仅是富有新意的，而且是触及实质的。在黑格尔看来，他所构建的内容与形式相统一的绝对精神的自我运动和自我认识的辩证法，并不是某种抽象的思维的自我运动，而是个体理性认同普遍理性的精神历程，是"全体的自由性"与"各个环节的必然性"的统一过程，因而是个体实现自由的过程。这不是人们通常所解释的"概念辩证法"，而是以人类思想运动的逻辑而展现的人类寻求自由的逻辑，是一种在人类思想史上具有里程碑意义的"历史意识"的内涵逻辑。马克思从德国古典哲学、特别是黑格尔哲学的辩证法思想中，最重要的是汲取了这种具有"历史意识"的内涵逻辑，并将其改造为"历史唯物主义"的内涵逻辑——以"现实的人及其历史发展"为其理论内涵的逻辑。这才是马克思恩格斯所创建的本体论、认识论和辩证法"三者一致"的内涵逻辑，即作为历史的内涵逻辑的历史唯物主义。这种历史唯物主义，也就是具有丰富的历史内涵的辩证法。

探索"俞文"所讨论的马克思对德国古典哲学遗产的解读问题，给予我们的最重要的启示是，研究哲学，既需要切实地考证和分析"哲学中的问题"，更需要揭示"哲学中的问题"所隐含的"问题中的哲学"。从康德到黑格尔的德国古典哲学之所以能够为马克思创立历史唯物主义提供丰富的理论资源，从根本上说，就在于德国古典哲学是"法国革命的德国理论"，就在于它以"最抽象"的形式表达了"最现实"的人类生存状况。

抛开德国古典哲学所隐含的"问题中的哲学",仅仅把它看成"哲学中的问题",就不可能真正理解德国古典哲学及其真实意义。同样,作为"后德国古典哲学"的费尔巴哈哲学,它之所以能够对马克思恩格斯创立新哲学产生巨大的"解放作用",就在于它引发了马克思恩格斯对"思想观念统治着现存世界"的西方主流思想的"颠覆性的破除"。"俞文"的重要价值在于,它实质上是揭示了德国古典哲学所隐含的"问题中的哲学",并进而论证了德国古典哲学对马克思主义哲学的真实意义。不仅仅是从"问题中的哲学"升华为"哲学中的问题",而且从"哲学中的问题"揭示出"问题中的哲学",这应当是哲学研究、特别是马克思主义哲学研究的重要的方法论原则。

四、以哲学的工作方式推进马克思主义哲学研究

我曾把哲学概括为"以时代性内容、民族性形式和个体性风格求索人类性问题",并提出哲学是以"表征"的方式构成"理论形态的人类自我意识"。依据对哲学的这种理解,我把哲学的工作方式概括为"时代精神主题化、现实存在间距化、流行观念陌生化和基本理念概念化",并力图以这种工作方式推进马克思主义哲学研究。

（一）时代精神主题化与马克思主义哲学的聚焦点

哲学源于生活,源于对"时代的迫切问题"的理论自觉。每个时代的人类都有自己的时代性的生存困境,因而也都有自己的时代性的迫切问题。真正的哲学之所以成为"自己时代的精神上的精华",就在于它自觉地捕捉到自己时代的迫切问题,并使其凝炼和升华为理论形态的人类自我意识。时代精神主题化,这是任何"真正的哲学"首要的工作方式。

诉诸哲学史,我们可以看到,不管每个时代的哲学具有怎样众多的流派和怎样纷繁的思潮,但就其真实的理论内容而言,都是以理论的方式表征了自己时代的人类自我意识。按照马克思的看法,西方近代以前的哲学是以各种方式表征了人在"神圣形象"中的自我异化;近代哲学的根本任务是揭露人在"神圣形象"中的自我异化即实现"上帝的人本化",而现代哲学的使命则是揭露人在"非神圣形象"中的自我异化即实现从"虚假

共同体"到"真正共同体"的转化。在马克思看来，这三种基本形态的哲学，实质上是以理论的方式表征了人的三种最基本的存在形态及其自我意识，即：人对人的依附性存在，以及确立"神圣形象"的自我意识；"以物的依赖性为基础的人的独立性"的存在，以及消解"神圣形象"和确立"非神圣形象"的自我意识；变革"以物的依赖性为基础"的存在方式，以及消解"非神圣形象"的自我意识，即实现人的独立性和个性的自我意识。因此，对于当代的马克思主义哲学来说，所谓"时代精神主题化"，就是塑造和引导一种新的时代精神——把人从"抽象"的"普遍理性"中解放出来，把人从"物"的普遍统治中解放出来，把"资本"的独立性和个性变为人的独立性和个性，从而推进以每个人的自由发展为条件的一切人的自由发展的人类解放事业。

每个时代的人类自我意识即时代精神，总是直接地体现为该时代的社会思潮。如果作一个最宏观的概括，我们可以把自然经济中的社会思潮概括为一种"没有选择的标准的生命中不堪忍受之重的本质主义的肆虐"，市场经济中的社会思潮则是一种"弱化了标准的选择的生命中不能承受之轻的存在主义的焦虑"。前者所表现的是"人对人的依附性存在"，也就是人在"神圣形象"中的自我异化；后者所表现的则是"以物的依赖性为基础的人的独立性"，也就是人在"非神圣形象"中的自我异化。这两种社会思潮，直接地表现了自然经济和市场经济中的人类自我意识。近代以来的哲学，它作为理论形态的人类自我意识，正是以揭露人在"神圣形象"和"非神圣形象"中的自我异化的方式，构成"自己时代的精神上的精华"。马克思主义哲学则不仅是以理论的方式表征人类的自我意识，而且是把"人民的最美好、最珍贵、最隐蔽的精髓"都汇集在自己的哲学思想里，从而理论地表达一种基于现实的理想性要求——以每个人的自由发展为条件的一切人的自由发展。这就是马克思主义哲学所实现的时代精神主题化。

（二）现实存在间距化与马克思主义哲学的超越性

源于现实生活的哲学，并不是对现实生活的经验描述，而是对现实生活的批判性反思和理想性引导。作为哲学思维的理论自觉，黑格尔不仅把

"现实"解释为蕴含着必然性的存在，而且拒斥把哲学变为"思想沉入内容而不能自拔"的表象思维。哲学作为"思想中的时代"，它的"现实性"并不是"表象"或"再现"现实，而是对时代精神的整体性把握、批判性反思和理想性引导。这就要求哲学研究中的"现实存在间距化"，也就是超越感觉的杂多性、表象的流变性、情感的狭隘性和意愿的主观性，从而全面地反映现实、深层地透视现实、理智地反观现实和理想地引导现实。

对于哲学研究来说，现实存在间距化，是因为作为理论形态的人类自我意识的哲学，它并不是个人的自我意识的理论形态，而是社会的自我意识的理论形态，是以哲学家个人的理论形态所表征的人类（社会）的自我意识。个体性的关于生活的自我意识，在其直接性上，总是呈现出不可穷尽的差别性和难以捕捉的任意性；然而，在个体性的自我意识的现实性中，则不可逃避地蕴含着作为社会自我意识的普遍性和规范性。这主要表现在三个方面：一是个体的自我意识总是具有社会内容的人生价值、社会正义、伦理道德、法律规范、历史规律和人类未来等问题，二是个体的自我意识中总是蕴含着具有社会性质的真理标准、价值尺度、审美原则和人性根据，三是个体的自我意识总是以具有社会性的社会意识形式（神话、宗教、艺术、科学和哲学）而形成其稳定性、自觉性、系统性、可解释性和可批判性。个体自我意识的社会内容、社会性质和社会形式，构成哲学反思的对象，并形成作为社会的自我意识的理论形态的哲学。正是在这个意义上，哲学既是哲学家以个人的名义讲述人类的故事，又是哲学家以人类的名义讲述个人的故事——以个性化的理论形态表征人类（社会）的自我意识。

作为理论形态的人类自我意识的马克思主义哲学，它的理论力量和当代意义，不仅在于它自觉地把"人民的最美好、最珍贵、最隐蔽的精髓"汇集在自己的哲学思想里，而且在于它总是以"历史的大尺度"即实现人类解放和人的全面发展的价值理想去反观现实和批判现实，从而引导人类不断地把现实变成理想的现实。这是马克思主义哲学的超越性，也是由这种超越性所构成的马克思主义哲学研究中不可或缺的"现实存在间距化"的研究方法——不仅仅是"反映和表达"现实，而且要"反思和批判"现实，从而"塑造和引导"新的时代精神。

（三）流行观念陌生化与马克思主义哲学的批判性

塑造和引导时代精神，首先必然是对自己时代的批判性反思。哲学"创新"，就是哲学家以新的哲学理念和新的思维方式为人类展现新的世界，提示新的理想。哲学"创新"内涵着以否定性的思维去对待人类的现实，揭示现实所蕴涵的多种可能性；以否定性的思维去检讨各种理论的前提，揭示理论前提的多种可能性；在现实与理论多种可能性的某种交错点上，揭示人与世界之间的新的意义，提示可供人们反省和选择的新的理想。对哲学来说，人类所形成的全部思想，特别是这些思想所隐含着的诸种"前提"，即全部的"流行观念"，从来都不是现成接受的对象，而永远是批判反思的对象。作为人类所特有的批判性追问的自我意识。哲学追究生活信念的准则，探寻经验常识的根据，讯问真善美的标准，反思理论思维的前提。它反对人们对流行的思维方式、时髦的价值观念、既定的科学理论采取现成接受的态度，反对人们躺在无人质疑的温床上睡大觉，反对人们在思想观念和现实行为中采取非批判的实证主义态度。它通过自己的批判性反思，向人类已经获得的全部假定的确定性不断地提出新的挑战，并把这种批判意识逐步变成全人类自觉的自我意识。

哲学的批判，是以"清理地基"的方式进行的，是以"对自明性的分析"实现的，也就是以"流行观念陌生化"的方式实现的。把人们习以为常的观念"陌生化"，特别是把人们习以为常的哲学观念"陌生化"，从而实现对各种流行观念、特别是流行的哲学观念的批判性反思，这是哲学的基本的工作方式。这种"流行观念陌生化"的哲学工作方式，既包括传统观念的陌生化（如对"神圣形象"的反思）、时髦观念的陌生化（如对"发展"的反思）、日常观念的陌生化（如对"科学"的反思），更包括哲学观念的陌生化（如对"真理"、"规律"的反思，其中最重要的是对"哲学"本身的批判性反思）。这种"流行观念的陌生化"，对于近代哲学而言主要是追究"认识何以可能"及其所蕴含的"自由何以可能"，对于现代西方哲学而言主要是"从时代的话语方式中突围"，对于马克思主义哲学而言则是"对现存的一切进行无情的批判"。

马克思主义哲学不是自我封闭的宗派主义，不是随波逐流的机会主义，不是随意套用的教条主义，而是通过"对现存的一切进行无情的批判"而实现人类解放的哲学。对于马克思主义哲学来说，它所要批判的"流行观念"具有最深层的人类生存意义。在马克思恩格斯的哲学思想中，被"陌生化"的"流行观念"，首先是关于"人"的观念——"人的本质不是单个人所固有的抽象物。在其现实性上，它是一切社会关系的总和"①；其次是关于"历史"的观念——"历史不过是追求着自己的目的的人的活动而已"②；最重要的是关于"实践"的观念——"全部社会生活在本质上是实践的。凡是把理论引向神秘主义的神秘东西，都能在人的实践中以及对这个实践的理解中得到合理的解决"③。以这种"实践"观念为基础的马克思主义哲学，正如恩格斯所说，它已经不再是"哲学"，而只是"世界观"——"哲学家们只是用不同的方式解释世界，问题在于改变世界"④。沿着马克思恩格斯所开辟的"改变世界"的道路前进，才能在批判性地反思具有最深层的人类生存意义的"流行观念"的过程中发展马克思主义哲学。

（四）基本理念概念化与马克思主义哲学的逻辑力量

作为理论形态的人类自我意识，哲学力量是理论力量即逻辑力量。对此，马克思具有充分的理论自觉："理论只要说服人，就能掌握群众；而理论只要彻底，就能说服人。所谓彻底，就是抓住事物的根本。但是人的根本就是人本身。"⑤ 在这里，马克思表达了关于理论力量的三重内涵：其一，理论力量是说服力即逻辑力量；其二，理论的逻辑力量在于理论的彻底性；其三，理论的彻底性在于抓住事物的根本即人本身。深入思考理论力量的这三重内涵，关于推进马克思主义哲学研究，我们可以得出两个基本结论：一是必须把"人本身"作为马克思主义哲学的"基本理念"，二是必须把这个"基本理念"展现为关于"现实的人及其历史发展"的逻辑化的概念体系。这就是马克思主义哲学研究中的"基本理念概念化"。

---

① 《马克思恩格斯选集》，第 1 卷，人民出版社 1995 年版，第 56 页。
② 《马克思恩格斯全集》，第 2 卷，人民出版社 1995 年版，第 118—119 页。
③ 《马克思恩格斯选集》第 1 卷，人民出版社 1995 年版，第 56 页。
④ 《马克思恩格斯选集》第 1 卷，人民出版社 1995 年版，第 57 页。
⑤ 《马克思恩格斯选集》第 1 卷，人民出版社 1995 年版，第 9 页。

对于马克思主义哲学而言，"人本身"并不是某种抽象的"人性"，而是"现实的人及其历史发展"。人的现实性在于人的历史性，"历史"是"人本身"的真实内涵，因此，"历史"构成马克思主义哲学的"基本理念"。马克思恩格斯所创建的"历史唯物主义"，是把"历史"作为解释原则的唯物主义，而不仅仅是把"历史"作为解释对象的唯物主义。"历史"作为"追求自己的目的的人的活动过程"，是实现人对世界的否定性统一的活动过程，是把人的理想变为现实的活动过程，也就是实现人类自身的解放和人的全面发展的活动过程。马克思主义哲学所实现的"辩证法"与"唯物主义"的统一，既不是在旧唯物主义的基础上"引进"了辩证法，也不是把唯心主义的辩证法"建立"在旧唯物主义的基础上，而是由"人本身"即"现实的人及其历史发展"所构成的辩证法与唯物主义的统一，即"历史唯物主义"所实现的辩证法与唯物主义的统一。这就是关于人类解放的哲学即马克思主义哲学的"基本理念"。

马克思主义哲学"基本理念"的"概念化"，从根本上说，就是构建存在论、真理论和价值论相统一的"历史的内涵逻辑"。作为马克思主义哲学直接理论来源的德国古典哲学，特别是黑格尔的辩证法理论，为人类提供了一种以人类思想运动的逻辑而展现的人类寻求自由的逻辑，因而是"法国革命的德国理论"。马克思主义哲学则把这种"法国革命的德国理论"革命性地改造为关于"现实的人及其历史发展"的哲学理论，"发现了人类历史的发展规律"和"现代资本主义生产方式和它所产生的资产阶级社会的特殊的运动规律"。正因如此，列宁曾深刻地指出，马克思的《资本论》是一部"唯物主义的逻辑、辩证法和认识论"相统一的"大写字母"的"逻辑"。这就是马克思主义哲学的历史的内涵逻辑。它向我们展现了"人们自己创造自己的历史"与"历史的发展规律"、历史的"前提"与"结果"、"现实的人"及其"历史发展"的极其丰富的思想内涵。以当代人类的生存状况及其自我意识作为批判性的反思对象，以新的哲学概念、范畴揭示和展现当代人类的自我意识，从而塑造和引导新的时代精神，这就是马克思主义哲学的人类解放的"基本理念"在当代的"概念化"。马克思说，"光是思想力求成为现实是不够的，现实本身应当力求趋向思想"①。引导现实"趋向"于人类解放和人的全面发展的"思想",这乃是当代马克思主义哲学的根本使命。

(五) 作为"一整块钢铁"的"超学科"研究

马克思主义创新,不是一般意义的理论创新,而是特指对马克思主义的理论创新,由此提出一个值得深入思考的前提性问题,即把马克思主义作为"一整块钢铁"的"超学科"研究问题。

马克思主义研究,有两种基本路径:一是把马克思主义分解为若干学科,在进行各学科研究的基础上,从各自学科的角度展开对某些共同问题的研究;二是对马克思主义进行总体性研究,并把这种总体性研究聚焦于马克思主义自身的根本性问题的研究。前一种研究路径,可以称之为"跨学科"研究;后一种研究路径,则可以称为"超学科"研究。在学院式的或学科化的研究中,通常是采取"跨学科"的研究路径,而不是"超学科"的研究路径。直面这种研究状况,需要我们认真思考什么是作为"一整块钢铁"的马克思主义,以及怎样把马克思主义作为"一整块钢铁"进行"超学科"研究。

把马克思主义作为"一整块钢铁"进行"超学科"研究,首先是因为马克思主义本身是"一整块钢铁"而不是各个学科体系的组合,是"超学科"的理论体系而不是"分学科"的概念系统。这主要体现在两个方面:其一,马克思主义创始人作为"最伟大的思想家"并不是学院化的学者,而是"为全人类而工作"的革命家。恩格斯在《马克思墓前的讲话》中,对这位"最伟大的思想家"的评价是,"马克思首先是革命家"。"革命家",对于马克思具有"首要性",因而也应当是我们理解、研究、阐释和创新马克思主义的根本出发点。反之,如果离开这个具有"首要性"的根本出发点,对于马克思主义的理解、研究、阐释和创新,就会本末倒置或不得要领;其二,马克思恩格斯所开创的马克思主义,并不是创建某些学科的理论体系,而是以"为全人类而工作"的历史使命去创建关于人类解放的学说。这正如恩格斯所说,马克思"毕生的真正的使命,就是以这种或那种方式参加推翻资本主义社会及其所建立的国家设施的事业,参加现

---

① 《马克思恩格斯选集》第1卷,人民出版社1995年版,第11页。

代无产阶级的解放事业，正是他第一次使现代无产阶级意识到自身的地位和需要，意识到自身解放的条件"。马克思主义创始人及其所开创的马克思主义向我们表明，既不能简单地以学院化的学科角度去理解马克思主义，也不能简单地以学院化的学科角度去"创新"马克思主义。马克思主义创新，必须是沿着马克思创始人所承担的历史使命及其开辟的理论道路去创新马克思主义。

在《马克思墓前的讲话》中，恩格斯对马克思的思想及其贡献，作出两个方面的概括：其一，马克思一生有"两大发现"，即"发现了人类历史的发展规律"和"发现了现代资本主义生产方式和它所产生的资产阶级社会的特殊的运动规律"；其二，"马克思在他所研究的每一个领域""都有独到的发现"，"而且其中任何一个领域他都不是浅尝辄止"。恩格斯的概括，对于研究、阐释和创新马克思主义，具有极为重要的指导意义。首先，就马克思主义的根本内容说，马克思主义就是关于"人类历史的发展规律"、特别是关于"资产阶级社会的特殊的运动规律"的理论；而这个理论的宗旨则是"使无产阶级意识到自身的地位和需要，意识到自身解放的条件"。这就是作为"一整块钢铁"的、"超学科"的马克思主义。因此，马克思主义创新，从根本上说，就是推进和深化对人类历史的发展规律的研究，推进和深化对资本主义的发展规律的研究，推进和深化对社会主义、特别是中国特色社会主义的研究。其次，马克思主义并不是离开人类文明发展大道的宗派主义，而是人类文明的结晶，作为"一整块钢铁"的马克思主义"学说"又是作为人类文明的伟大的"学术"成果而存在的。这具体地表现在马克思主义在各个"领域"中所形成的"独到的发现"，也就是在"学科"意义上所形成的"学术"成果。因此，马克思主义创新，又必须诉诸于"学科"意义上的"学术"研究，推进和深化马克思主义学说的"学术"内涵。

在马克思那里，"发现人类历史的发展规律"与在各个领域的"独到的发现"，并不是相互割裂的，而是融为一体的，即：马克思的全部研究工作都是为了"发现人类历史的发展规律"，特别是"资产阶级社会的特殊的运动规律"；而为了"发现人类历史的发展规律"，马克思又在各个领域进行了"都不是浅尝辄止"的研究，并因而"在他所研究的每一个领域""都有独到的发现"。马克思的著作中，人们通常所指认的三个组成部分——哲学、政治经济学和科学社会主义，并不是作为三个不同的学科体系存在的，而是作为三大批判——哲学批判、政治经济学批判和空想社会主义批判——所指向的"对现存的一切进行无情的批判"而存在的。从《1844年经济学哲学手稿》到《资本论》，马克思的全部著作都融汇着这三大批判，而且都是把批判的矛头指向"现实的历史"即资本主义社会，并由此构成"超学科"的、作为"一整块钢铁"而存在的马克思主义。

马克思为之付出毕生心血的《资本论》，是他的三大批判——哲学批判、政治经济学批判和空想社会主义批判的结晶，并真正地实现了哲学、政治经济学和社会主义理论的革命性变革。首先，《资本论》不仅是贯穿着"对现存的一切进行无情的批判"的辩证法，而且是变革了"把理论引向神秘主义"的全部的"独立的哲学"。马克思说："对现实的描述会使独立的哲学失去生存环境，能够取而代之的充其量不过是从对人类历史发展的考察中抽象出来的最一般的结果的概括。这些抽象本身离开了现实的历史就没有任何价值"。正是"对现实的描述"的《资本论》，以商品的使用价值与交换价值的二重性而现实地揭示了人的自然性与社会性的二重性，以货币的等价性而现实地揭示了人的"以物的依赖性为基础的独立性"，以资本运动的逻辑而现实地揭示了人的"全部社会关系"。因此，《资本论》不只是关于资本的"资本论"，而且是关于人的存在的"存在论"。其次，《资本论》既不是"把人变成帽子"的英国古典政治经济学，也不是"把帽子变成了观念"的德国古典哲学，而是从"物与物的关系"中揭示"人与人的关系"，也就是在资本运动的逻辑中揭示历史运动的逻辑，因而是历史唯物主义的政治经济学、政治经济学的历史唯物主义。《资本论》不仅是哲学批判与政治经济学批判的统一，而且是破解"资本"的秘密与破解"存在"的秘密的统一，因此它既是经济学巨著又是哲学巨著。再次，《资本论》"对现实的描述"即揭露资本运动的逻辑，构成马克思的以资本主义批判为基本内涵的科学社会主义理论。它把空想社会主义的对"现实的不合理"的揭露和批判，变革为对"不合理的现实"的揭露与批判，从而展现了实现人类解放和人的全面发展的现实道路，因此"资本论"又不仅仅是马克思的经济学巨著和哲学巨著，而且是马克思的科学社会主义的理论巨著。《资本论》表明：马克思主义的哲学、政治经济学和科学社会主义，是作为"超学科"的"一整块钢铁"而存在的；马克思在每个领域的精湛研究和"独到的发现"，结晶为他的全部研究工作的"总的结果"，这就是关于人类历史发展规律和人类解放的马克思主义。而这个"总的结果"的理论内容就集中地体现为《资本论》。

历史是"人们的现实生活过程"，"现实的历史"总是集中地体现为时代的特征、世界的潮流和创新的实践。恩格斯说："我们的理论是发展着的理论，而不是必须背得烂熟并机械地加以重复的教条。"当今的世界和中国正在发生广泛而深刻的变革，人类的文明形态、人们的生存方式和社会的思想潮流与创立马克思主义的19世纪中叶相比都发生了翻天覆地的变化。特别是建设中国特色社会主义的理论与实践，为我们深化对人类历史发展规律的认识，深化对资本主义和社会主义发展规律的认识，提供了新的条件，也提出了新的任务。沿着马克思开辟的理论道路而创新马克思主义，首先必须把马克思主义作为"一整块钢铁"，以"超学科"的视野和气魄，推进和深化马克思主义关于人类历史发展规律的理论，特别是推进和深化马克思主义关于资本主义和社会主义发展规律的理论。离开这种使命、视野和气魄，就谈不上马克思主义创新；而为了实现这种创新，又必须像马克思那样，在所有的研究领域"都不是浅尝辄止"。建设马克思主义的哲学、经济学、政治学、社会学、新闻学、法学、文学、史学等人文社会科学，在马克思主义的理论创新中具有双重意义。一是在学科建设的意义上体现和深化马克思主义的关于历史发展规律的理论，并从而改革和推进这些学科的学科建设；二是这些学科的学科建设为创新马克思主义提供具有时代内涵的新的学术成果，并从而为以"超学科"的使命、视野和气魄去研究作为"一整块钢铁"的马克思主义奠定新的学术基础。在马克思主义的学科建设中，强化把马克思主义作为"一整块钢铁"而进行"超学科"研究的自觉意识，是马克思主义创新的重要前提。

五、当前我国马克思主义哲学教育中的若干问题

进入21世纪，我国的马克思主义哲学教育有三个亟待解决的重要问

题：一是"贴近"问题，二是"讲理"问题，三是理论难点问题。

（一）"贴近"问题

哲学是在思想中所把握到的时代。贴近时代，贴近生活，贴近学生，这是马克思主义哲学教育的内在要求。对此，马克思本人曾经明确地指出："理论在一个国家实现的程度，总是决定于理论满足这个国家的需要的程度。"① 我们国家所需要的哲学，是能够回答当代中国与世界的重大的现实问题和理论问题的当代中国的马克思主义哲学；只有这种当代中国的马克思主义哲学，才能贴近我们所生活的时代，才能贴近学生的思想实际，才能引导学生树立马克思主义的世界观和人生观。因此，马克思主义哲学教育的出发点，不应当是某些抽象原则，而应当是时代向理论提出的重大问题。

作为世界观理论的哲学，时代向它提出的首要问题，是人与世界关系的时代性变革问题，也就是人的实践的存在方式的时代性变革问题。人对世界的关系，不是动物式的本能地适应自然的关系，而是以自己的实践活动改变人与世界的关系，把理想变为现实的过程，也就是实现人对世界的否定性统一的过程。实践是人的存在方式，由实践构成的人对世界的关系，是一种否定性的统一关系，因而是一种真正的历史的关系。这包括：人的存在方式是历史性变革的，人的世界图景是历史性变革的，人对自己与世界的关系的自我意识是历史性变革的，人们的思维方式、价值观念、审美意识和终极关系是历史性变革的。肯定人对世界关系的历史性，我们的马克思主义哲学教育的出发点就应当是：以人的当代的实践活动为基础的人对世界的当代关系是怎样的？以当代科学为中介的人的当代世界图景是怎样的？以人的当代社会生活为基础的当代人的思维方式、价值观念、审美意识和终极关怀是怎样的？其中，最为重要的是，市场经济所构成的"以物的依赖性为基础的人的独立性"的存在方式，在当代人的世界观、人生观、价值观中具有什么样的地位和作用？在建设社会主义市场经济的过程中怎样追求和实现人的全面发展？这是时代向哲学提出的问题，是生活向哲学提出的问题，也是学生向哲学提出的问题。积极地、主动地回应

---

① 《马克思恩格斯选集》第 1 卷，人民出版社 1995 年版，第 11 页。

现实向理论提出的这些当代世界观、人生观和价值观的重大问题，我们的马克思主义哲学教育才有蓬勃的生命力。

（二）"讲理"问题

作为理论化、系统化的世界观，哲学的力量在于理论的说服力。这正如马克思所说："理论只要说服人，就能掌握群众；而理论只要彻底，就能说服人。"① 马克思主义哲学教育的根本问题，说到底就是两个字——讲理。

马克思主义哲学既不是离开人类文明发展大道的宗派主义，也不是固步自封的教条主义，更不是随机应变的机会主义，恰恰相反，马克思主义哲学是"一种建立在通晓思维的历史和成就的基础上的理论思维"，是"时代精神的精华"和"文明的活的灵魂"，是一种最为"有理"和最为"讲理"的哲学，因而是人类思想史上最具理论说服力的哲学。然而，在实际的教学过程中，却普遍地存在着把马克思主义哲学当做枯燥的条文和现成的结论而进行空洞的说教的现象，从而使得马克思主义哲学失去了自己的巨大的理论说服力。如何"讲理"，这是需要严肃对待和深入研究的重大问题。

"讲理"的前提是"有理"，而"有理"的基础则是"研究"，因此，改进马克思主义哲学教育直接面对的一个重要问题，是如何把"论坛"的研究成果转化为"讲坛"的教学内容的问题。改革开放以来，我国的马克思主义哲学研究在推进社会的解放思想的过程中，实现了自身的思想解放，这具体地表现在：从两极对立的思维方式当中解放出来，从唯上唯书的教条主义的研究方式当中解放出来，从简单枯燥的话语方式当中解放出来，几乎在哲学研究的每个领域都展开了日益深入的讨论并取得了相应的重要成果。其中，最为重要的是拓展和深化了如下几方面的研究：一是拓展和深化了对马克思主义哲学的"文本"研究，二是拓展和深化了对马克思主义哲学的"原理"研究，三是拓展和深化了关于马克思主义"部门哲学"研究（如方兴未艾的马克思主义科学哲学、文化哲学、社会哲学、政治哲学、经济哲学和价值哲学研究）。与活跃的哲学"论坛"相比，哲学

---

① 《马克思恩格斯选集》第 1 卷，人民出版社 1995 年版，第 9 页。

"讲坛"则存在看似截然相反的两种现象：其一是仍然以"原理加实例"的方式解说马克思主义哲学，其二则是以"自行其是"的方式讲述马克思主义哲学。而这二者的深层共同之处则在于，都没有实现把"论坛"的积极成果转化为"讲坛"的教学内容。因此，要在马克思主义哲学教育中"讲理"，突出的重大问题是如何对待"论坛"成果的问题，以及如何把"论坛"成果转化为"讲坛"内容的问题。2004年以来，在中央实施的马克思主义理论研究与建设工程中，重新编写《马克思主义哲学》教材是其重点项目之一。认真地概括和总结改革开放以来我国马克思主义哲学研究的主要成果，切实地实现"论坛"成果向"讲坛"内容的转化，从而使得我们的马克思主义哲学教材和教学真正讲出马克思主义的世界观和人生观之理，应当是新编教材的重要使命。

"讲理"的前提是"有理"，而"有理"的根据则是回答现实的重大问题，因此，"讲理"与"贴近"是密不可分的。问题在于，作为世界观理论的哲学，它是以"理论"的方式"贴近"现实，以"理论"的方式回答现实问题，既不是简单地用新的实例来论证既有的理论，也不是简单地用既有的理论来解说新的现实。这就必须深入思考和重新理解哲学的基本功能。作为世界观理论的哲学，它不仅具有解释和规范的功能，而且具有批判和引导的功能。马克思曾强调地指出，辩证法的本质是批判的和革命的。哲学理论的批判性，对于人类的实践活动的重大意义，在于它是一种理论上的"选优"活动，也就是价值排序活动。马克思主义哲学以人的全面发展的"历史的大尺度"反思人类的实践活动，引导我们作出最佳的实践选择。它为我们深刻理解和自觉地贯彻"以人为本"的科学发展观提供了最深层的哲学依据。以理论的方式"贴近"现实，我们才能在讲述马克思主义哲学之理的过程中回答现实中的重大问题，又在回答现实问题的过程中讲清马克思主义哲学之理。

"讲理"的前提是"有理"，而"有理"和"讲理"的主体则是教师，因此，改革马克思主义哲学教学，关键在于造就"有理"、"讲理"的马克思主义哲学师资队伍。一名合格的马克思主义哲学教师，需要具备三方面的基本素质：一是"讲理"的能力，即在系统地、深入地研究马克思主义哲学的基础上，"有理"有据地讲授马克思主义之理的能力；二是"贴近"

的能力，即以马克思主义之理"有理"有据地分析和回答现实问题的能力；三是"人格"的魅力，即以融理想、信念、情操和教养于一身的强烈的人格力量去讲述马克思主义之理。这三个方面，对于马克思主义哲学教师来说，是缺一不可的。但是，从现有的马克思主义哲学师资队伍来看，这三个方面均存在严重问题：其一，虽然近年来一大批获得硕士乃至博士学位的青年教师走上马克思主义哲学教学岗位，但是真正致力于马克思主义哲学研究并取得切实研究成果的人仍然为数不多；其二，以理论的方式关切现实并对现实作出深切理论分析的教师，恐怕更是为数甚少；其三，尤为重要的是，能否真正地感受到马克思主义哲学是最为"合情合理"的哲学、最为"亲近我们"的哲学，从而真正讲出马克思主义哲学的气势恢宏、博大精深、睿智通达的理论境界，这更是马克思主义哲学师资队伍建设中的根本性问题。就此而言，改进马克思主义哲学教育，决非一朝一夕之事，而是一项长期的艰巨任务。

（三）理论难点问题

讲述马克思主义哲学之理，在长期以来的马克思主义哲学教学中一直存在许多关键性的理论难点问题。不是回避这些理论难点问题，而是积极回应和深入探索这些问题，才能更为深切地体现马克思主义哲学之理的"彻底"性，才能更为切实地发挥马克思主义哲学之理的"说服"力。这里，只提出一个"首要"问题：什么是马克思主义哲学？

讲述马克思主义哲学，首要的问题是回答什么是"马克思主义哲学"。然而，正是在这个"首要"问题上，长期以来一直存在着以某种"普遍"的"哲学"概念框架来构建"马克思主义哲学"范畴体系的重大问题，以至于在我们的教材体系中并没有真正体现马克思主义哲学在人类思想史和哲学发展史上所实现的伟大革命，也就是并没有真正地讲授"马克思主义哲学"。

关于马克思主义的哲学革命，用马克思自己的话说，是以"改变世界"的哲学代替了"解释世界"的哲学；用恩格斯的话说，马克思所创建的哲学已经根本不再是"哲学"而只是"世界观"。马克思和恩格斯的论断清楚地表明，必须在真正的"哲学革命"的意义上来理解和讲授"马克思主义哲学"，而不能是以某种"普遍的"哲学概念框架来讲授"马克思主义哲学"，因此，我们必须重新提出这样的追问：究竟什么是马克思主义哲学？

　　首先，马克思和恩格斯变革了哲学的主题。恩格斯在马克思的墓前讲话中说，马克思首先是一位"革命家"，因而他所创建的哲学是为创立新世界而奋斗的哲学。马克思主义哲学之所以不再是"解释世界"的旧哲学，而是"改变世界"的新哲学，并不在于人们所争论的马克思主义哲学是否"解释世界"，而在于马克思和恩格斯改变了哲学的主题：不再把哲学当做永恒不变的抽象原则，而把哲学作为变革世界的思想武器。这具体地表现在：马克思主义以前的哲学总是追问"世界何以可能"（包括西方近代以来的哲学追问"认识何以可能"），马克思主义哲学则把对"世界何以可能"的追问变革为对"解放何以可能"的追问，无产阶级和全人类的解放，这才是马克思主义哲学的主题。

　　其次，马克思和恩格斯变革了哲学的"研究范式"和"解释原则"。"从前的一切唯物主义"只是从"客体的或者直观的形式"去看待人与世界的关系，而"唯心主义"则只是"抽象地发展了"人的"能动的方面"，二者的共同之处就在于都不了解"革命的"、"实践批判的"活动的意义，也就是都不了解人对世界的真实关系。正是针对全部旧哲学的"研究范式"和"解释原则"，马克思在他的"包含天才世界观萌芽的第一个文件"即《关于费尔巴哈的提纲》中明确地提出："社会生活在本质上是实践的。凡是把理论导致神秘主义的神秘东西，都能在人的实践中以及对这个实践的理解中得到合理的解决。"① 这表明："实践"不仅是马克思主义认识论的核心范畴，也不仅是马克思主义历史观的核心范畴，而是全部马克思主义哲学的核心范畴——它是马克思主义哲学探索和回答人与世界关系的"研究范式"和"解释原则"。马克思主义哲学是从"实践"出发来看待人与世界的关系——这是实践论的世界观；马克思主义哲学是从"实践"出发来看待人的认识活动——这是实践论的认识论；马克思主义哲学是从"实践"出发来看待人类的历史——这是实践论的历史观。马克思主义正

---

① 《马克思恩格斯选集》第 1 卷，人民出版社 1995 年版，第 60 页。

是以"实践"范畴作为"解释原则"而变革了全部旧哲学。

再次，马克思和恩格斯变革了哲学的"理论体系"和"叙述方式"。以"实践"范畴为"解释原则"的马克思主义哲学，是以"现实的人"作为出发点的哲学，是以"现实的人及其历史发展"作为理论内容的哲学，是以"人类解放"和"人的全面发展"作为价值理想的哲学，因此，马克思主义哲学具有自己的"理论体系"和"叙述方式"。"现实的人"即人的"实践"活动是马克思主义哲学的"逻辑起点"；人的"实践"活动的内在矛盾，即"实践"所蕴含的人与自然、人与社会、人与他人、人与自我的矛盾，"实践"所蕴含的"人的尺度"与"物的尺度"、"合目的性"与"合规律性"、"普遍性"与"特殊性"、"理想性"与"现实性"、"渐进性"与"飞跃性"的矛盾，构成马克思主义哲学的"由抽象到具体"的"叙述方式"；人的"实践"活动所指向的"人类解放"和"人的全面发展"，则构成马克思主义哲学的"最具体"的"哲学理念"。在这个范畴体系和叙述方式中，马克思主义哲学既不是被分述为"辩证唯物主义"和"历史唯物主义"，也不是被分述为"本体论"、"认识论"、"辩证法"和"历史观"，而是被叙述为以"人类解放"为主题、以"实践"范畴为解释原则、以"现实的人及其历史发展"为理论内容的唯物论和辩证法相统一的哲学——在哲学史上实现了伟大革命的马克思主义哲学、具有真正的理论彻底性的马克思主义哲学。

具有真正的理论彻底性的马克思主义哲学，充分地体现了人类哲学思想的精华。马克思主义哲学以"实践"的观点回答了哲学的基本问题——思维和存在的关系问题；以"实践"的观点论证了人对世界的真实关系——人在自己的实践活动及其历史发展中所实现的人对世界的否定性统一；以"实践"的观点最深切地体现了哲学的反思的、批判的本质——在揭示实践活动所蕴含的诸种矛盾中展现人与自然、人与社会、人与他人、人与自我的辩证法；以"实践"的观点升华了哲学对自由和崇高的追求——历史作为"追求自己的目的的人的活动过程"所指向的"人类解放"和"人的全面发展"的崇高理想。马克思主义哲学的深厚的历史感、强烈的现实感、巨大的逻辑感和博大的境界感，体现在具有理论彻底性的马克思主义哲学体系之中。

　　毫无疑问，深刻地理解和把握马克思主义哲学，是极其艰难的。这正如列宁所说："辩证法也就是（黑格尔和）马克思主义的认识论：正是问题的这一'方面'（这不是问题的一个'方面'，而是问题的本质）普列汉诺夫没有注意到，至于其他的马克思主义者就更不用说了。"① 然而，只有深刻地理解和把握马克思主义哲学，"贴近"和"讲理"才有真正的理论根基。这表明，认真地总结和升华改革开放以来的我国马克思主义哲学研究的理论成果，在重大的理论难点问题上达成深刻的理论共识，是推进马克思主义哲学教育的不可或缺的基本前提。

---

　　① 《列宁选集》第 2 卷，人民出版社 1995 年版，第 559 页。

第一章 | 马克思主义哲学研究的范式转换

在上个世纪临近结束之际，中国哲学界特别是马克思主义哲学界出现了一阵回顾与展望的持续性热潮。这一热潮主要内容是要对几十年的哲学研究作一回顾、反思，并试图通过反思，总结经验，以更好地规划新世纪的哲学研究方向。大概从 1995 年开始，各种以"世纪之交的马克思主义哲学"之类题目为名的研讨会便接连召开，一直持续到新世纪初。在此期间，各种以"世纪之交"为名目发表的文章，据不完全统计，更是有数百篇之多。甚至到了 2006 年，还有人热情不减，仍以"世纪之交"为题，要搭上这趟末班车。这一热潮并非单纯是对于世纪之交这一时间节点的某种情怀，而是更包含着人们对于哲学研究方式转变的期待。换言之，人们认为，世纪之交并非单纯新旧世纪之交替，同时也是不同的哲学研究方式之交替。也正是在这一时期，中国马克思主义哲学界提出了哲学研究的范式转换问题，不仅寻求哲学研究范式的转换，而且试图从马克思主义哲学发展的历史上，进而从整个哲学发展的历史上为范式转换的可能性和必要性作论证，而这就涉及到了哲学上的一系列根本性的重大问题。尽管由于受知识储备及时间局促等条件限制，这些讨论尚欠深入，但无论如何，中国马克思主义哲学研究范式的转换仍不失为一个重大的理论问题，对此问题作一番考察和评论亦有重要的意义。

一、国内学界对哲学范式转换的研究

（一）哲学范式转换问题研究的简单回顾

中国哲学界对研究范式或思维范式的讨论，大体上可以分为三个阶段。第一个阶段是在上个世纪 80 年代初步提出哲学研究的范式问题，第二个阶段是在世纪之交明确地提出马克思主义哲学研究的范式转换问题，第三个阶段则是在近一时期对这一问题所作的新的反思。

在第一个阶段，中国哲学界从库恩的《科学革命的结构》一书中借来了"范式"这一概念，并将之用于对思维方式及其转换的描述。这一时期哲学界虽然进行过对于研究范式问题的论说，但一般而言并不是关于整个哲学思维方式的。例如，于文军在 1989 年撰文指出："历史唯物主义作为一门科学，它的突破与进展当然也首先要取决于新研究范式的确立"，而此处所说的"新的研究范式的主要内涵是从主体的实践角度，探讨历史主体对社会历史过程的超越问题"①。此外，人们也在中西哲学比较、不同哲学家思想方式比较的意义上使用范式一词。如姜澄清的《〈易〉的思维范式与东方审美思维》一文便是前一种意义上使用范式一词的，而译文《康德之后的两种思维范式——谢林与费希特的对立》（泽迈克著），则是在后一种意义上使用这一概念的。②

第二个阶段始于 1998 年。这一年，国内哲学界正式提出研究范式转换问题的。最早论述这一问题的，据笔者考察，应该是王书明、耿明友、陶志刚等三人发表于 1998 年的《困惑中的进步——浅谈马克思主义哲学思维范式的当代转型》一文。在该文中，他们明确提出了以下论点："在向市场经济转型的过程中，马克思主义哲学也在困惑中开始了思维转型，即经历了从本体论范式向认识范式，再向人学范式的转换。"③ 在这一年，高清海、徐长福二人也发表了《力求哲学范式的及早转换——对世纪之

---

① 于文军：《现代历史唯物主义的研究范式》，《长白学刊》1989 年第 5 期。

② 参见姜澄清：《〈易〉的思维范式与东方审美思维》，《贵州文史丛刊》1994 年第 3 期；〔波〕M. J. 泽迈克：《康德之后的两种思维范式——谢林与费希特的对立》，《世界哲学》1988 年第 6 期。

③ 王书明、耿明友、陶志刚：《困惑中的进步——浅谈马克思主义哲学思维范式的当代转型》，《佳木斯大学社会科学学报》1998 年第 1 期。

交哲学发展的主张》，一文，提出了"哲学范式转换是指哲学的思维方式、观念系统、理论格局、社会功能的总体性变迁"，而"哲学范式转换在其内在方面的含义是从'物'转向'人'，在其外在方面的含义是从'一'转向'多'，并且二者不可分割"。① 随后，在1999年，王南湜发表了《启蒙及其超越》、《论哲学思维的三种范式》，高飞乐发表了《百年历程：哲学的价值论转向》，② 对哲学范式转换问题作了进一步的讨论。在进入新世纪的最初几年间，还有一批相关论文问世，深化了这一讨论，主要有：衣俊卿的《论世纪之交中国哲学理性的走向》，徐长福的《新时期马克思主义哲学的演进态势》，邹诗鹏的《生存论转向与马克思的实践哲学》，刘怀玉的《论马克思的现代哲学范式革命》，仰海峰的《生产理论与马克思哲学范式的新探索》。③

第三个阶段集中于2008年。在这一年，对这一问题的研究在沉寂了一段时间之后，随着纪念十一届三中全会召开30周年，又年掀起了一个不小的高潮，关于这一问题发表了相当数量的一批文章。这些文章主要有：孙正聿的《对作为"范式"的哲学教科书的检讨与反思》、《伟大的实践与实践的哲学——改革开放以来的中国马克思主义哲学》，汪信砚的《当代中国马克思主义哲学的研究范式》，郭湛的《从主体性到公共性——当代中国马克思主义哲学的走向》，孙利天的《马克思主义哲学研究认识论转向的意义——纪念改革开放30周年》，李成旺的《西方逻各斯中心主义传统与马克思哲学的革命》，胡梅叶的《从实践唯物主义到生存论——我国马克思主义哲学研究范式演变的回顾与反思》，何中华的《论改革开放新时期马克思主义哲学研究范式的重建和变革》，张再林的《"殷鉴不

---

① 高清海、徐长福：《力求哲学范式的及早转换——对世纪之交哲学发展的主张》，《哲学动态》1998年第12期。

② 王南湜：《启蒙及其超越》，《天津社会科学》1999年第3期；《论哲学思维的三种范式》，《江海学刊》1999年第5期；高飞乐：《百年历程：哲学的价值论转向》，《中共福建省委党校学报》1999年第4期。

③ 衣俊卿：《论世纪之交中国哲学理性的走向》，《求实》2001年第1期；徐长福：《新时期马克思主义哲学的演进态势》，《学术月刊》2001年第2期；邹诗鹏：《生存论转向与马克思的实践哲学》，《现代哲学》2002年第1期；刘怀玉：《论马克思的现代哲学范式革命》，《哲学动态》2003年第9期；仰海峰：《生产理论与马克思哲学范式的新探索》，《中国社会科学》2004年第4期。

远"：当代中国的哲学建设必须直面由现代范式向后现代范式的理论转型》等。① 在这些文章中，人们对思维范式转换问题又从新的理论立场作了审视，在很大程度上拓展了这一问题的研究视域。

（二）"范式"与"范式转换"概念使用的分析

虽然国内学界所使用来描述哲学研究方式变化的"范式"一语都源于库恩的《科学革命的结构》，且这二十多年来有这么多的学者撰文讨论哲学研究范式以及范式转换，但"范式"这一概念却没有一个为人们所共同肯定的明确定义，人们往往是在相当不同的意义上使用着这一概念。为了使下面的论述具有比较确定的含义，我们需要对学界使用"范式"及"范式转换"概念的使用略加辨析。

粗略的梳理一下二十多年来国内学界对"范式"及"范式转换"概念的使用，大致上可分为四种情况：

第一类是在"哲学的基本思维方式"的意义上使用的。如王书明等所说的"从本体论范式向认识范式，再向人学范式的转换，"② 高飞乐所说的"从本体论哲学范式到认识论哲学范式再到价值论哲学范式的变革"③，徐长福所说的从"物"的哲学范式向"人"的哲学范式转换④，凌新所说的"由哲学范式向科学范式的转变"⑤，衣俊卿所说的"在西方哲学史上一直存在着两种不同的哲学范式，一种是追求普遍性知识的、思辨的理论哲学

①　孙正聿：《对作为"范式"的哲学教科书的检讨与反思》，《河北学刊》2008 年第 2 期；《伟大的实践与实践的哲学——改革开放以来的中国马克思主义哲学》，《社会科学战线》2008 年第 5 期；汪信砚：《当代中国马克思主义哲学的研究范式》，《中国社会科学》2008 年第 2 期；李成旺：《西方逻各斯中心主义传统与马克思哲学的革命》，《学术月刊》2008 年第 4 期；孙利天：《马克思主义哲学研究认识论转向的意义——纪念改革开放 30 周年》，《江苏社会科学》2008 年第 4 期；郭湛：《从主体性到公共性——当代中国马克思主义哲学的走向》，《中国社会科学》2008 年第 4 期；胡梅叶：《从实践唯物主义到生存论——我国马克思主义哲学研究范式演变的回顾与反思》，《社会科学战线》2008 年第 7 期；何中华：《论改革开放新时期马克思主义哲学研究范式的重建和变革》，《理论学刊》2008 年第 11 期；张再林：《"殷鉴不远"：当代中国的哲学建设必须直面由现代范式向后现代范式的理论转型》，《人文杂志》2009 年第 1 期。

②　王书明、耿明友、陶志刚：《困惑中的进步——浅谈马克思主义哲学思维范式的当代转型》，《佳木斯大学社会科学学报》1998 年第 1 期。

③　高飞乐：《百年历程：哲学的价值论转向》，《中共福建省委党校学报》1999 年第 4 期。

④　徐长福：《新时期马克思主义哲学的演进态势》，《学术月刊》2001 年第 2 期。

⑤　凌新：《试论马克思理论范式的转变——从阿尔都塞的"总问题"概念谈起》，《江汉论坛》2003 年第 10 期。

或意识哲学范式，另一种是关注生命的价值和意义的实践哲学或文化哲学范式"①，冯平所说的"看世界的哲学"与"改造世界的哲学"②，孙正聿所说的"由朴素实在论思维方式向实践论思维方式的转换"，③汪信砚所说的"以马克思主义哲学中国化为范式开展当代中国马克思主义哲学研究"④，何中华所说的"马克思主义哲学研究发生了两大转变：一是由知识论向本体论的过渡，一是由本体论向存在论的过渡"⑤，以及笔者所说的范式转换，所论及的"范式"一语大体上都是指"哲学的基本思维方式"。

第二类是在研究进路或侧重点意义上使用的。如金民卿所说的"重读马克思哲学的基本理论范式大致可以概括为五种，即实践唯物主义解读、实践人道主义解读、人学解读、文本解读、文化解读"⑥，王素瑛所说的"文本的解释性对话与时代的问题式对话是马克思主义哲学研究中的两种不同的对话范式"⑦，袁凌新所说的"教科书体系的马克思主义哲学"与"学术化的马克思主义哲学"⑧，张华所说的"研究范式上由体系研究向问题研究转变，"⑨韩庆祥所说的"文本解读"、"对话比较"、"中国化取向"等三种创新范式⑩，吴元梁所说的"可以把马克思主义哲学界已经出现的研究范式分为问题研究范式、文本研究和解释范式、比较与对话范式"⑪等，所说的"范式"大致上都是在研究路径或侧重点一类意义上使用的。

第三类是在笼统的研究风格之类意义上使用"范式"概念的。如贺善侃所说的"现代哲学研究范式……在研究方向上，要强化面对现实生活的研究；在研究方法上，要倡导对话型研究方式；在研究视野上，要确立先

① 衣俊卿：《马克思主义哲学演化的内在机制研究》，《哲学研究》2005 年第 8 期。

② 冯平：《面向中国问题的哲学》，《中国社会科学》2006 年第 6 期。

③ 孙正聿：《对作为"范式"的哲学教科书的检讨与反思》，《河北学刊》2008 年第 2 期。

④ 汪信砚：《当代中国马克思主义哲学的研究范式》，《中国社会科学》2008 年第 2 期。

⑤ 何中华：《论改革开放新时期马克思主义哲学研究范式的重建和变革》，《理论学刊》2008 年第 11 期。

⑥ 金民卿：《国内马克思哲学研究的几种理论范式》，《理论前沿》2000 年第 1 期。

⑦ 王素瑛：《文本关注与时代关注——马克思哲学研究中两种对话范式比较》，《重庆职业技术学院学报》2007 年第 3 期。

⑧ 袁凌新：《马克思主义哲学研究范式检讨》，《理论导刊》2008 年第 5 期。

⑨ 张华：《马克思主义哲学面向未来的发展机制——马克思主义从冲突到和谐的转化机制研究》，《徐州师范大学学报（哲学社会科学版）》2008 年第 4 期。

⑩ 韩庆祥：《回到马克思哲学本性的基地上探寻哲学发展之路》，《哲学动态》2008 年第 5 期。

⑪ 吴元梁：《马克思主义哲学研究范式的争鸣与反思》，《江海学刊》2008 年第 1 期。

导性研究目标"①，张定鑫所说的"提倡个性化研究范式"②，便是在一种比较笼统的研究风格之类意义上使用的。

第四类是在以重大问题为研究对象的意义上使用的，如吴宁所说的"马克思主义哲学研究的生态范式"："马克思主义哲学蕴涵着丰富的生态思想，马克思主义哲学研究的生态范式必然开启马克思主义哲学的生态视阈，有利于建设社会主义生态文明"③。

在第一类意义上使用"范式"概念者，人数较多，甚至可以说，大多数学者提到"范式"概念时，都是在这一意义上使用的。在第二种意义上使用"范式"概念的研究者人数也不少。相比较而言，在第三、四种意义上使用"范式"概念的研究者就只有很少人了。

（三）"范式"及"范式转换"概念使用的合法性问题

事实上，可能是由于"范式"及"范式转换"概念使用上的多义化甚至随意化，引起了一些学者的疑虑，并进而质疑这一组概念使用的合法性。这使得我们也不能不对这一问题作一些简单的辨析。

有代表性的质疑是卜祥记在《马克思主义哲学研究范式辨误》一文中提出来的。在这篇文章中，他把国内哲学界借用库恩的范式概念的情况归纳为三类："其一，在一般的但也是空泛的意义上把'范式'理解为'代表着一个特定共同体的成员所共有的信念、价值、技术等构成的整体'。""其二，在比较通俗易懂的意义上把'范式'理解为特定的世界观。""其三，在比较稳妥安全的意义上把'范式'理解为特定的方法论，即库恩所说的'技术'因素。"对这三类使用情况，他逐一进行了质疑。④

笔者以为，如我们前面所指出的那样，卜祥记所说的"范式"概念使用上的宽泛化现象的确是存在的，且如此宽泛的使用易使这一概念失去确定性，因而对之进行批评是有意义的。但我们也不能因为人们的宽泛使用

---

① 贺善侃：《论哲学创新及研究范式的转换》，《上海师范大学学报（哲学社会科学版）》2005年第6期。
② 张定鑫：《提倡个性化研究范式——对推进马克思主义哲学当代形态建构的一些思考》，《江西财经大学学报》2004年第2期。
③ 吴宁：《当代马克思主义哲学研究的生态范式》，《学术研究》2008年第9期。
④ 参见卜祥记：《马克思主义哲学研究范式辨误》，《学术月刊》2009年第4期。

而否定继续使用这一概念的合法性。而且，我们也不能简单地责怪中国学者错用了这一概念。事实上，这一概念使用上的含混性，库恩自己要负很大的责任。正如一位学者所指出的那样，"范式"一词在其《科学革命的结构》中的含义就多达 21 种①，且其后期又对"范式"概念做了某种修改或再解释。② 既然库恩自己对"范式"概念的使用就存在着极大的含混性，后来的研究者在借用这一概念时也就很难以一种清晰的方式使用了。况且，笔者以为，尽管国内学界在这一概念的使用上存在着某种程度的含混性，但总体上仍有某种确定性，即大部分学者都是在"哲学的基本思维方式"这一意义上使用这一概念的。更重要的是，这种意义的"范式"及"范式转换"概念的确能够比较好地描述几十年来中国马克思主义哲学所发生的重大变化。因此，我们所要做的不是抛弃这一概念，而是尽可能在一种确定的意义上使用。在本文下面的论述中，我们将"范式"概念限定在"哲学的基本思维方式"的意义上，而不采用其他意义上的使用方式。

在上节对范式转换概念等问题的做了必要的描述与辨析之后，本节将进一步具体地对当代中国马克思主义哲学研究的范式转换问题进行考察。这一考察将从四个层面递进地展开：首先，宏观地考察当代中国马克思主义哲学之从理论哲学到实践哲学的范式转换，其次，从辨析实践观念的不同进一步规定这一范式转换的含义，再次，在辨析实践哲学不同含义的基础上界定马克思的实践哲学，最后，在对马克思哲学阐释中的黑格尔主义传统剖析的基础上，对超越黑格尔主义思辨的实践哲学的必要性作一讨论。

二、范式转换：从理论哲学到实践哲学

这里试图对大半个世纪以来中国马克思主义哲学的流变或演变进行一番考察。这一考察包含两项任务，一是对这一演变过程做一直观的描述，另一则是进一步对这一演变的逻辑或必然性做一分析。这一分析又分为两

---

① 参见拉卡托斯等编：《批判与知识的增长》，华夏出版社 1987 年版，第 77 页。

② 参见孟强：《从表象到介入——科学实践的哲学研究》，中国社会科学出版社 2008 年版，第 79—83 页。

个层面，一是从哲学思维方式或思维范式演变的内在逻辑方面看，一是从哲学思维范式与社会生活方式或人类实践方式的匹配性关联方面看。

（一）中国马克思主义哲学思维范式演变的轨迹

我们先从直观地描述中国马克思主义哲学在大半个世纪的形态演变开始。

一般而言，我们可以把中国马克思主义哲学在大半个世纪形态变化的历史，描述成一个从本体论思维范式到认识论思维范式再到人类学思维范式的演变过程。如果我们把本体论思维范式和认识论思维范式归结为理论哲学的思维范式，而将人类学思维范式理解为实践哲学的思维范式的话，那么，这一过程也就是从理论哲学到实践哲学的演变过程。下面我们对各个流变阶段的主要特征进行简要的描述。

中国马克思主义哲学的第一种存在形态是本体论思维范式的哲学或曰实体性哲学。这种哲学形态主要存在于改革开放前的计划经济年代，当以各种版本的马克思主义哲学教科书为其典型代表。这一哲学的最突出特征是对人的能动性或主体性的抹杀，而表现方式则是将人类历史或社会生活自然化，也就是说，表现为抹平自然观与历史观的区别，把历史观化归为自然观之推广或扩展。这一自然化方式的始作俑者并不是中国人，而是苏联人。但由于中国人是通过俄国人接受马克思主义的，因而苏联人的处理方式也就一并被接受了下来，中国的马克思主义哲学教科书从根本上说也就只是苏联版本的翻版。这种自然化的典范是斯大林的《辩证唯物主义和历史唯物主义》，在那里，他将马克思主义哲学规定为"辩证唯物主义和历史唯物主义"，并认为辩证唯物主义是马克思主义哲学的自然观，而作为历史观的历史唯物主义则是作为自然观的辩证唯物主义的推广。

但斯大林只说了历史唯物主义是辩证唯物主义的推广，而没有说如何推广，因而就给教科书的编写者们造成了极大困难。因为历史与自然有明显的不同，自然界是盲目的无意识的运动，而历史则是人类有目的的活动所创造出来的。既然两个领域显然是十分不同的，既然自然界没有人类所特有的能动性、目的性、意识性，那么，要使推广之说成立，就只能抹杀人的能动性、意识性。但又不能说人是没有意识的，于是就只能说尽管人是有意识、有目的的，但那只是表面现象，实际结果跟没有意识的自然界并无两样。较为流行的说法有两种。一是说，人类社会的决定性因素是生产力或经济基础，而生产力或经济基础是客观的物质力量，是不依人的意志为转移的，故，人虽然是有目的、有意识的，但仍然与没有一样，人的目的性、有意识性并不能改变生产力的客观性这一事实。这种说法的荒谬之处是明显的，因为人虽然不能任意地改变生产力，但非任意的改变却是可能的。生产力虽然具有客观性，但它并不是人之外的一个事物，而就是人们改变自然形态的活动能力。其实，马克思在说到生产力的时候，总是说人们的生产力，而后来的论者则将其简化为"生产力"，便暗示着它是人之外的东西。这里的问题在于如何说明人的目的、意志与客观条件之间的关系。马克思说人是在既定的条件下能动地表现自己的，教科书体系既然抹杀了人的能动性，把人归结为自然物，那它就根本是站不住脚的。

另一种说法是所谓的"历史合力论"。这是在曲解恩格斯的"历史合力论"基础上的一种抹平自然观与历史观的说法。本来恩格斯的"历史合力论"是用来说明历史过程在经济的决定作用的前提下所表现出来的偶然性的，而不是为了论证人的意志、目的的无效性的，但现在却被用来论证由于人们意志的相互冲突而导致了一种与自然过程相同的客观性。显然，这种说法也是行不通的。

中国马克思主义哲学的第二种存在样态是一种认识论范式的哲学或曰主体性哲学。20世纪80年代，中国社会进入改革开放阶段，哲学体系的改革也提上了议事日程。这一阶段的特点是对马克思主义哲学做认识论的解释，是一种认识论范式的哲学。说它是一种认识论范式的哲学有两个方面的含义：一是说认识论研究成了80年代哲学研究的中心问题，另一则是说这一阶段研究问题的方式都是以认识论为典范的，或者说，是一认识论思维范式。何谓认识论思维范式呢？简单地说来，即是在主客体对立的框架中进行思考。在80年代之前，哲学论著中很少见到主体、客体这些名词，至多只用主观、客观这类概念。而至80年代，主体、客体、建构、选择等一类名词便到处可见。至于为何舍"主观"而用"主体"，可能是由于"主观"一词往往带有贬义，而"主体"一词则似乎避免了那些不好的意思。有一件事情可以表明两个时期在概念使用上的不同：马克思的

《关于费尔巴哈的提纲》中有"subjective"一词，以往一直译为"主观的"，而在 80 年代，著名美学家朱光潜先生却写了一篇长文，论证应当译为"主体的"。在本体论哲学中，由于尚未达到对于自我意识或主体的自觉，尚未自觉到思维的中介作用，故而主体、客体这类概念无有其用。当然，在本体论哲学中也讲认识，但那是将认识也当做一种存在去描绘的，是从本体论的角度去看认识现象的。而在认识论哲学中，则是从认识论视角出发去看待一切的。本体论研究问题的方式总是独断的，而认识论则力求从思想的确定性出发去确立知识的有效性。

说 80 年代的中国马克思主义哲学构成了一个认识论或主体性哲学阶段，并不是说所有的马克思主义哲学研究都认识论化了，而是说当时的主导性倾向是以认识论思维范式去从事研究。事实上，由于马克思主义哲学的意识形态地位，这一思维范式的转向还是引起长期争论的根源。而且，由于教科书编写上的滞后性，这一转变在 80 年代所出版的大多数教科书上并未得到反映。但有几件事情可以视作为这一转向的标示：

一是吉林大学高清海教授主编的《马克思主义哲学基础》在 1981 年获准作为教育部认可的一种教材进入编写之中（该书上册于 1986 年出版，下册于 1988 年出版）。该书的基本结构便是：客体——主体——主客体的统一。这显然是一种认识论范式。

二是在 80 年代至少有两部西方哲学史著作是以"客体——主体——主客体的统一"这一线索编排其整体结构的。一部是华南师范大学张尚仁教授所著的《欧洲认识史纲要》，另一部是北京大学朱德生教授等人所著的《西方认识论史纲》。这种结构安排无疑也是认识论范式的一种体现。

三是 80 年代在中国兴起的价值论研究中，主导性的思维范式便是一种认识论范式，即价值论的研究者们大多采取了一种在主客体关系之中去规定价值的本质的方式。如很多论者把价值规定为客体对于主体的效用。

中国马克思主义哲学的第三种存在样态可以称之为一种人类学思维范式或实践哲学思维范式。这种思维范式兴起于 20 世纪 90 年代初期。认识论是 90 年代学界研究的热点，但至 90 年代则渐至无人问津之境况。某哲学系一位博士研究生在 90 年代中期选择了一个认识论课题，竟然发现，自进入 90 年代以来，刊物上就几乎没有了这方面的参考文献。从中可见其冷落之状况。与认识论研究的冷落状况相对照，则是各种名义的人类学或实践哲学思维范式的兴起。所谓人类学或实践哲学思维范式，我指的是这样一种哲学研究方式：它既不是像本体论思维范式那样，从一个设定的客观的本体（精神的或物质的）出发，亦不是从主体自身的确定性出发，去解决哲学问题，而是从人的存在出发，从人的生活和实践出发，去理解和解决哲学问题。这一范式的兴起，可举出以下几个例证：

一是"人学"研究在20世纪90年代兴起，哲学界有相当数量的人员有兴趣于这一研究。人们不仅发表了大量的论文论著，而且还成立了"人学研究会"。虽然"人学"这一名称过于宽泛，其中包含了种种倾向和不同学科的内容，但它无论如何标志着人们理论兴趣的一种变化。

二是吉林大学高清海教授在90年代初提出了"人是哲学的奥秘"、"必须把人提到哲学的中心地位"、"以人为哲学的中心主题"等命题，后来更在此基础上提出了一种"类哲学"理论。我以为这是高清海先生在思维范式上的一个转折，他本人也在有关文字中谈到了这一点（"进入90年代以后，我自己觉得思想又发生了一次重要的变化"①）。变化的结果就是现在认为："哲学作为'世界观'理论，面对的虽然是外部世界，表达的却是对人自己的观点。所谓哲学表达的实质上是人对自己的观点，这不只是说，人总是从人出发去看待世界、为了人的目的才去研究世界的；而主要是说，哲学对世界的认识实际不过就是对人自己的认识，它是通过对世界的认识以理解人自身的存在及其活动的性质、意义和价值的。当然，这句话反过来也就意味着，人也总是从对自己的理解中去认识和把握外部世界。所以，在哲学史上就形成了这样的情况，哲学是怎样理解人的，它也就怎样去理解世界；哲学关于世界的那些观点，从本质上说，表现的同时就是人对自身的看法。"②

三是如前所述，有不少学者从90年代末以来明确提出了马克思主义哲学思维范式转换问题，主张转向人学范式、人类学或实践哲学范式、价值论范式、生存论范式等。

---

① 高清海：《高清海哲学文存》第4卷，吉林人民出版社1997年版，"前言"第2页。
② 高清海：《高清海哲学文存》第4卷，吉林人民出版社1997年版，第3页。

(二) 哲学思维范式演变的内在逻辑

以上我们对中国马克思主义哲学大半个世纪存在形态特别是思维范式的变化进行了一种直观的描述。这一描述虽然是非常粗略的，但却大致上刻画出了大半个世纪以来中国马克思主义哲学存在形态变化的轨迹，而且也有足够的经验材料的支持，因而应该说是能够站得住脚的。由此，则存在一个问题：这一变化是如何可能的？或者说，我们应当如何理解这一发展或变化？

哲学作为整体性的人类生活的一个组成部分，其发展变化虽然必不可免地要受制约于人类生活的其他部分，与之保持一种匹配关系，但哲学作为一种独特的理论活动，其发展变化又必有其内在的逻辑根据。因此，对于任何一种哲学存在形态变化的理解，便须首先从哲学发展的内在逻辑考察哲学思维范式发展变化的一般顺序。

中国马克思主义哲学是一种特定时空条件下的特定的哲学存在形态，为理解这一特殊的存在，我们必须先行理解哲学发展的一般形式。

哲学的发展有其内在的逻辑。虽然哲学的现实存在形态千差万别，难于穷尽，但我们下面将表明，哲学就其最基本的思维方式或思维范式而言，却只有有限的三种。哲学思维范式的有限性取决于作为哲学思维之前提的理性形态的有限性。一般而言，哲学思维的最基本特征可以说是一种理性的终极关怀。任何哲学最终都不可避免地要指向一个目标，那就是澄明人生的终极意义或终极价值，为人们指明安身立命之本。此即所谓终极关怀。但探究人生的终极意义、终极价值的却并不仅仅是哲学，艺术与宗教亦指向此一目标。哲学不同于宗教、艺术之处便是它是以理性的方式去探求终极实在，从而指明终极价值的。这里所说的理性活动是指哲学思维自身，而不是哲学家们所主张的观点。一种哲学可以是非理性主义的，但其哲学主张却必定要通过理性的方式表达，否则，便不是哲学，而只是文学。因此，我们可以说，理性乃是所有哲学思维的一般前提。进而，哲学思维范式的区别也就必然根源于不同范式对于理性之根据、根源的预设。知识发生于主体与客体的对立，或者说自我与外部世界的对立。这样，关于理性之根源便有三种可能的回答：(一) 源于世界自身，是所谓的世界理性、宇宙理性、上帝理性等等客观理性；（二）源于主体、自我、自我意识等等主观理性；（三）源于作为主客体之未分化或自我与世界未分化的人类存在或人类世界本身的人类理性、实践理性。这就决定了理性的三种形态。三种理性观也就是对思维据以出发的三种阿基米德点的预先确认，而这种出发点是被视为自明的，无以证明亦无须证明的。哲学要理性地把握终极实在，获得一种终极知识，它便不能像其他知识门类那样诉诸某种特殊经验，诉诸其他学科，而必须从一个自明的，至少被认为是自明的基点出发，去建立全部哲学观念大厦。三种理性形态其实便是对于三种自明的出发点的预先设定，由之而构成了三种基本的哲学思维范式，即本体论或实体性思维范式，认识论或主体性思维范式，人类学或实践哲学思维范式。

我们下面进一步考虑三种理性之间的逻辑关系。

思想从直接性意识开始。本体论思维范式作为一种非反思的直接性思维范式，因而便是第一种可能的哲学思维范式。各种传统的本体论哲学，或一般而言各种形而上学都属于这种思维范式。这类哲学当以柏拉图哲学为原型。这种思维范式所必须回答的问题是，那种客观的理性是如何给予有限的人的。柏拉图的解决方式是回忆说，即认为人的灵魂先天地赋有作为世界之原型的理念，而在感性世界里则被遮蔽了或被遗忘了，故学习便是一种回忆。柏拉图的这种解决方式具有典范性的意义，后来的唯理论的天赋观念论亦属此类。这种范式的困难在于由于否定了人类的现实生活，否定了任何感性直接性，把知识完全看成是天赋的，因而与人们的直觉相去甚远。且关于不同于现实世界的理念世界的说法亦属独断：既然哲学家也是现实世界中的一员，那么，他是如何超越现实世界而突入到芸芸众生对之一无所知的理念世界中去的呢？答案只能是神秘主义的。主体性意识是对直接性意识的意识，故认识论或主体性思维范式作为一种意识到了思维作用的思维范式，是第二种可能的思维范式。这一范式从意识出发，要在意识中构造起对象来。主体性范式根源于自我与外部世界对立的明确化。在自我与外部世界对立的情况下，当人们说一事物存在时，便可能有两种意义，一是指存在于意识之外，另一则是指存在于意识之内。在这种范式中，意识之外的存在成了一个大问题。从自我意识的角度出发，我所知道的只能是意识之内的存在，对于其外，则无法说什么。这一范式的困难恰与前一范式的相反，其根本问题是如何确证我们关于外部世界的知识的客观有效性。从其出发点走下去，必定会或者导向唯我论，或者导向折衷的二元论，或者导向怀疑论。前两种范式的缺陷都在于抽象化，即把活生生的人和人的世界从其生活世界中抽象出去，看做为抽象的世界或自我，从而不能不陷入困境。对于这种抽象化的克服，便来到了第三种可能的思维范式，即人类学或实践哲学思维范式，这一范式认为，理性根源于人类生活，或者说，理性乃生活形式的构成部分，因而此种理性必是一种生活理性、实践理性。理性之普遍性并不在于其超越于人类生活，而在于这种生活形式的普遍性。前两种范式的根本问题是，若从客观世界出发，便无以合理地通达于自我，而若从自我出发，则又无以合理地通达客观存在。人类学或实践哲学思维范式对此问题的解决首先是改变了问题的提法。这种思维范式的一个基本方法论原则，就是把理论问题还原于实践，还原于人类生活本身，从人类生活本身引申出那些抽象的理论问题，从而说明之。具体地说，就是把意识与物、主体与客体的对立视为人类生活本身或此在之生存的一种派生状态。人或此在在其生存或生活中对其生存或生活就有一种领会，这种领会比之以主客体对立为前提的认识更为原始、更为基本。这样，客观理性如何赋予有限的人和自我如何通达于客观世界的问题，在人类学思维范式中是不存在的，是一个伪问题。因此，既然人类学范式合理地解决了前两种范式的问题，是更为合理的范式，那么，从实体性范式到主体性范式再到人类学或实践哲学范式，便具有一种逻辑上的必然性。

　　既然从实体性范式到主体性范式再到人类学范式在逻辑必然性层面上构成了哲学存在形态或思维范式发展的一般程序或规律，那么，作为根源于西方哲学之一种特定存在形态的马克思主义哲学的中国马克思主义哲学的发展便亦不能不遵循这一程序：即不能不首先表现为一种以旧教科书为代表的实体性哲学；尔后从 20 世纪 80 年代以来又表现为高扬主体性、倡导实践唯物主义、以主客体关系为主题的主体性哲学；再至 90 年代初以来则更表现为主张人是哲学的奥秘、重建人类学思维范式、回归生活世界等方式的实践哲学。

（三）从与社会实践方式的匹配性看哲学思维范式的演变

以上对于哲学思维范式内在逻辑的分析，只是说明了哲学思维范式演变的可能性，即只是说明了，如果哲学演变的话，会按照其内在的逻辑顺序去变化，但这种逻辑顺序并不能说明现实的历史中哲学为什么会如此变化，不能说明为什么中国的马克思主义哲学会在 50 年间发生了这样的变化。要说明现实的变化，还需要进一步的条件。这是因为，哲学并不仅仅是一种纯粹的逻辑思辨，而同时也是人类生活的一个最深沉的方面。认识到这一点非常重要。以往人们往往将哲学看成为一种与生活无关的纯粹思辨，看成为一种纯粹的理论兴趣，看不到它的生活性。这应该被看做是以往哲学观的一个重大缺陷。但哲学并非如此。哲学本身就是一种生活。因此，只有逻辑上的必然性并不能决定现实的哲学以何种形态存在，要说明现实历史中哲学的发展变化，还必须将哲学置回人类生活整体之中，从哲学与人类现实生活的关联中考察之。这种考察方法即是一种源于实践哲学传统的方法，一种视实践比理论更为根本的哲学立场，一种理论与生活实践相统一的方法。虽然这一方法论是马克思主义哲学的一个基本的原则，但长期以来这一原则却被解释者们极大地肤浅化、简单化了。人们一般只从认识论意义上去理解这一原则，即二者的统一被理解为要使认识一致于实践，要注重实践，不尚空谈。但理论与实践的统一决不仅限于认识论之中，而首先是一个人类世界存在论或人类存在本体论原则。从人类存在论上看问题，理论与实践的一致在深层上并不仅仅是我们的一种主观努力的目标，而首先是一种客观的存在状态，一种人类生活中不能逃避的状态。换言之，由于生活实践对于理论的根本性，由于实践活动与理论活动同为人类生活的两个方面，因而在一定的历史时代，理论与实践两个方面必定是相互映照的，一个时代的理论活动的基本方式即思维方式或思维范式必定是对于实践方式的表达，反之亦然。至于认识论意义上的理论与实践的一致，所要求的其实只是一种狭义的一致，即要求特定的理论活动结合于或服务于特定的实践目的。不言而喻，这种狭义的一致只有在深层一致的基础上才是可能的。

理论与实践的这种深层一致，具有极其重要的方法论意义，它使得我们能够借助于理论与实践的相互关联而考察理论的发展趋势。实践活动由于是一种实在的活动，是一种与人的生命存在紧密的联结在一起的活动，因而一个正常存在的社会中，人们的实践活动便不能不具有受制于生命存在条件限制的客观确定性。由于实践活动的这种客观确定性以及理论与实践在深层上的同构性，就使得理论活动也连带地获得了某种客观的确定性，从而人们就能够通过对于实践活动基本方式的考察而在深层上较为确切地把握理论的基本方式或思维范式，亦即理论活动的一般发展趋势。对于哲学理论而言，这意味着，虽然我们不能断言一个时代将会出现何种具体的理论，但却能够在思维方式或思维范式的层面上估计一个时代哲学理论的可能发展趋势。

依据上述理论与实践相统一的原则，决定哲学思维范式在现实历史中变化的，正是思维方式与实践方式的匹配关系。实践方式亦即"做"的方式。"做"有两个方面，一是"做事"，涉及人与物的关系；一是"做人"，涉及人与人之间的关系。做事的产物为物品，而做人的产物则为社会交往关系或社会组织。自进入文明时代以来，在最基本的层面上，人类有两种可能的"做"或实践的方式，一是有机性或笼统性之做，另一则是无机性或构造性之做。有机性地做事之典型是农业生产，做人之典型则是基于自然血缘关系或拟血缘关系的共同体交往，合起来就是以自然经济为基础的实践方式。在这种做事做人方式中，人的活动一般并不从根本上改造对象，而是顺应对象的存在规律，从外部予以照料、改善。在这种情况下，人所生活于其中的世界对人而言便必定显现为一种现成的存在，即一种超乎人力的"实体"或"本体"。与此种做事做人方式相匹配，人们的思维方式自然就一般是一种有机的、笼统的、顺应的方式，亦即一种"实体性"或"本体论"的思维方式。无机性地或构造性地做事之典型是工业生产，做人之典型则是基于自觉的利益关系的联合体交往，合起来也就是以工商或市场经济为基础的实践方式。在这种做事做人方式中，人的活动不仅触及了对象自身，而且一般地按照人的目的重新构造了对象。在这种情况下，人所生活于其中的世界对人而言便不可避免地显现为一种人为的、构成性之存在，即作为活动主体之产物的存在。与此种做事做人方式相匹配，人们的思维方式也就自然地会是一种无机的、构成性的方式，亦即一种"主体性"的思维方式。显然，古代哲学之为一种实体性哲学，之以本体论为中心，正是因为这种哲学是与古代的实践方式或做事做人方式相匹配的；而近代哲学之所以是一种"主体性"哲学，之所以以认识论为中心，亦正是由于这种哲学是与近代以来的实践方式相适应的。近代哲学革命的实质，就是从实体性思维方式向主体性思维方式的转变，从本体论范式向认识论范式的转变。

近代以工商经济为基础的实践方式虽然一般而言改善了人类的生存状况，但却也带来了一系列严重的问题，启蒙所承诺的华美约言并未实现，主体性的高扬带来了主体的异化。这就促使人们去寻求一种能够克服近代实践方式之弊端的新的实践方式。与对这种实践方式探求相呼应，便产生了各种各样的现代哲学。近代以来的工商业实践方式最为显著的特征是提高了人类对于外部自然的控制能力。这既是这一实践方式的优越之处，也是其缺陷之处。一方面，人类物质生活水平的大幅度提高，另一方面，人类所面临的各种困境，诸如生态失衡、能源枯竭、人口爆炸、核战威胁等等，都与之相关。与之相对应，近代哲学思维范式的优缺点也都集中于主体性问题上。近代哲学所高扬的主体性，其实只是一种抽象的关于人类存在的观点，即将人类存在视为一种抽象的主体性存在，一种抽象的自我意识。这种思维范式亦可以称之为一种唯理智主义，即把理智看做为人的本质。这显然是一种忽视了人类生活的全面性、丰富性的片面观点。各种流派的现代哲学虽然主张各异，但在力求克服近代主体性哲学或认识论思维范式的唯理智主义的弊端这一点上，却有着高度的一致性。这种一致性体现在现代各家哲学以不同方式向人类生活本身的回归上，亦即人类学或实践哲学范式构成了现代哲学的主流。这一趋势可以说开始于马克思的实践哲学，至 20 世纪则蔚为大观，诸如海德格尔、杜威、晚期维特根斯坦、卢卡奇、哈贝马斯等人的哲学，都可以归结在这一思维范式之下。

以上考察表明，哲学思维范式从实体性到主体性再到实践哲学的逻辑必然性，通过与人类现实实践的匹配性关联而实现为现实的发展程序，是哲学（主要指西方哲学）存在形态在现实历史中发展的一般规律。那么，作为特定哲学形态的中国马克思主义哲学从实体性到主体性再到实践哲学的发展，亦必然是为这一历史阶段内中国人实践方式的变化所规定的，或者说是与国人实践方式的变化相匹配的。中国的马克思主义哲学之所以在短短的几十年内急速地走过了西方哲学用了数千年才跨过的理论空间，其原因不是别的，正是实践方式的变化，正是在短短几十年内中国人实践方式的急速变化。就实质而言，中国几十年来所实行的计划经济活动方式与其说是一种现代性的工业经济的实践方式，还不如说是一种更为类似于自然经济的实践方式。在这种实践条件下，虽然"做事"的方式在工业化的城市之中有了某些改变，但"做人"的方式却仍然基本上是传统的：在占人口绝大多数的农村，社会的基本组织虽然发生了变化，如从形式上消灭了传统的血缘共同体即宗族组织，但生产队本质上仍是一种血缘共同体和地缘共同体的混合物，仍然是一种传统共同体之变体；城市之中的社会基本组织"单位"，虽然脱离了血缘和地缘的根基，但却仍是另一种传统共同体即职缘共同体的变体，"单位"对于其职工仍有如家族之对于其成员。在这种条件下，与之相匹配的思维方式就一般只能是实体性的，在哲学上，便只能是一种本体论范式或实体性哲学。作为这种范式之体现的旧的哲学教科书体系，统一地写着哲学是关于自然、社会和思维的一般规律的理论或科学这样的本体论命题，自然是毫不奇怪的。在 20 世纪 80 年代，随着市场经济在中国大地上的兴起，人们的实践方式发生了巨大的变化。如果说"做事"方式的变化虽然急剧，但还不是质上的变化的话，那么，"做人"方式的变化则是突变性的。两代人之间的"代沟"之鲜明，价值观念差异之深刻，都令人们惊诧不已。旧墙上"政治挂帅，思想领先"的口号尚未脱落，新建筑上就大书着"时间就是金钱，效率就是生命"的巨幅标语。与现实中的变化同时，哲学则急剧地转向一种主体性哲学或认识论思维范式，认识论一时间成了哲学研究的中心，其他哲学领域（如价值论、历史观等）也不能不深受认识论研究方法的影响。哲学上的这种变化，有时甚至超越了现实变化的进程。然而，到了 90 年代，认识论研究却在急速地衰落下去，这一思维范式也越来越受到人们的质疑。这种情况说明了，随着市场经济的日渐建成，其弊端也日渐显露，从而对其进行批判性考察以便能够对其负面后果有所限制或改变的任务也提上了议事日程。但在认识论范式或主体性哲学条件下，由于这种范式与市场经济实践方式的肯定的匹配性，要进行这种批判却是不能够的。因此，与之同时，建立新的思维范式的任务也就提上了哲学的议事日程。这新的思维范式不是别的，正是一种作为对于认识论思维范式之扬弃的人类学或实践哲学思维范式。实践哲学范式在中国马克思主义哲学研究中的兴起，虽然不能排除当代西方哲学范式的影响，特别是随着研究的深化，海德格尔、维特根斯坦、哈贝马斯等哲学家思想的影响，但更为重要的还是中国马克思主义哲学的内在逻辑的要求和中国社会生活变化对于哲学思维的匹配性的要求。

（四）回归马克思主义哲学的原本精神

前面的分析表明，中国马克思主义哲学思维范式的这种从本体论到认识论再到人类学的变化，或者说从理论哲学到实践哲学的变化，既是一种逻辑上的合理化进展，同时又是一种适应于社会生活变化需要的匹配性进展。因此这种进展本身就是有着极其重要的意义的。但它的意义还不仅仅是马克思主义哲学自身形态的变化，而且还在于它是向着马克思主义哲学原本形态的恢复。其实，前面的分析已经蕴含了马克思主义哲学的原本形态即是一种人类学思维范式或实践哲学的意思。因而，向人类学范式发展，也就是向马克思本人的回归。即便是从最为直观的立场上看，即无论是从马克思主义哲学原初形态所处的理论史位置看，还是从它所处的现实历史位置看，这样一种与试图超越近代实践方式的社会运动联系在一起的哲学若不采取一种全新的思维范式，都是不可想象的。事实上，马克思本人正是实践哲学的开创者。作一简单的理论史回顾即可证明这点。我们说过，人类学思维范式或实践哲学的要点是一反实体性范式和主体性范式的抽象性，而将哲学置回人类生活之中。这种将哲学向人类生活的置回，正是马克思在哲学史上首先提出来的。在马克思看来，一种哲学，无论看起来多么超凡绝俗，多么晦涩抽象，都是深深地植根于人类现实生活的。马克思哲学的基本概念实践（praxis 而非认识论意义上的 practice）其实可以理解为人类生活或人类活动的同义语。我们可以看看马克思是怎样论述他的新的思维范式的。在《关于费尔巴哈的提纲》中，马克思指出，"我们的思维是否具有客观的真理性，这并不是一个理论的问题，而是一个实践的问题。人应该在实践中证明自己思维的真理性，即自己思维的现实性和力量，亦即自己思维的此岸性。关于思维——离开实践的思维——是否具有现实性的争论，是一个纯粹经院哲学的问题。"①他还指出，"全部社会生活在本质上是实践的。凡是把理论引向神秘主义的神秘东西，都能在人的实践以及对这个实践的理解中得到合理的解决。"② 马克思在这里揭示出了人类学思维范式的一个基本方法论原则，那就是把理论问题还原于实践，还原于人类生活本身，从人类生活本身引申出那些抽象的理论问题，从而予以现实的说明。在《1844年经济学－哲学手稿》中，马克思已经运用实践哲学思维范式将黑格尔的自我意识还原成了人。在那里，他主张："撇开黑格尔的抽象而用人的自我意识来代替自我意识"③。在《神圣家族》中，马克思则写下了这样一段极可注意的话："在黑格尔哲学中有三个因素：斯宾诺莎的实体、费希特的自我意识以及前两个因素在黑格尔那里必然的矛盾的统一，即绝对精神。第一个因素是形而上学地改了装的、脱离的人的自然。第二个因素是形而上学地改了装的、脱离了自然的精神。第三个因素是形而上学地改了装的以上两个因素的统一，即现实的人和现实的人类。"④ 显然，马克思认为，实体、自我意识、绝对精神之类东西都不过是对人类生活的一种抽象而已。在《德意志意识形态》中，马克思更是明确地把"实体"等抽象的概念还原为了社会生活。他写道，"每个个人和每一代所遇到的现成的东西：生产力、资金和社会交往形式的总和，是哲学家们想象为'实体'和'人的本质'东西的现实基础，是他们神化了的并与之作斗争的东西的现实基础。"⑤ 在马克思看来，哲学中主客体的对立和分裂，根源于现实生活的分裂，而其解决则有待于现实生活中对立和分裂的解决。毋庸置疑，这里表达的是一种全新的思维范式。

既然马克思主义哲学的原本形态为一种人类学或实践哲学范式，则意味着马克思主义哲学的实体性解释形态和主体性解释形态便是马克思主义哲学原本形态的一种变体。从理论与实践的一致性来看，实体性解释这种变体乃是为了与计划经济这样一种类自然经济的实践方式相匹配。因为一

---

① 《马克思恩格斯选集》，第1卷，人民出版社1972年版，第16页。
② 《马克思恩格斯选集》，第1卷，人民出版社1972年版，第18页。
③ 《马克思恩格斯全集》，第42卷，人民出版社1979年版，第171页。
④ 马克思、恩格斯：《神圣家族》，人民出版社1972年版，第177页。
⑤ 《马克思恩格斯选集》，第1卷，人民出版社1972年版，第43页。

种类自然经济的实践方式，若无相应的思维方式作为精神支撑，是不可能正常存在的。对于类自然经济实践方式而言，非实体性思维范式是与之格格不入的，从而是有碍于其正常存在的。因此，在类自然经济实践方式具有历史合理性的条件下，对于这种实践方式而言，将马克思主义哲学实体化，在某种意义上不仅是必然的，而且也是有其合理性的。在此意义上，也是可以将这种实体化的马克思主义哲学解释体系视为马克思主义哲学的一种存在形态的。而主体性解释这种变体则是为了匹配于市场经济的实践方式，特别是为了在市场经济发生之初为之提供一种合理性论证。这种解释在市场经济是一种合理存在的意义上，自然亦具有其合理性，从而亦是可以视为马克思主义哲学的又一种存在形态的。但是，既然马克思主义哲学的原本形态属于人类学或实践哲学范式，既然它既不是匹配于自然经济或类自然经济，亦不是肯定性地匹配于市场经济，而是一种批判市场经济社会弊端并试图超越这一社会形态的进路，则无论实体性解释和主体性解释具有多少历史合理性，在实质上都是离开了马克思主义哲学的真精神的。而且，这种离开不仅仅是在纯粹理论层面上的离开，更为重要的是在社会生活这一根本性向度上的离开，其结果便是非实践哲学的解释不能在社会功能上承继马克思主义哲学的真精神，而这一点，在最为直接的现实性意义上，却恰恰是市场经济的健康发展所要求于哲学理论的。任何社会的健康发展都不能没有一种校正机制。但市场经济社会所要求的校正机制却不同于自然经济或类自然经济社会，这是因为非市场经济社会的基本结构是一种以政治为中心的经济、政治、精神文化三大活动领域合一，而市场经济社会中三大领域则趋于分离。① 在领域合一情况下，由于各领域的互相渗透、合为一体，因而其批评校正机制便是内在的，即理想性的精神文化价值的范导作用是内在地渗透于经济、政治活动之中，与现实性的经济价值、政治价值折衷为一个综合性的价值，从而统一地规范人们的活动的。而在领域分离的情况下，各领域的价值亦趋于分离，理想性的精神文化价值对于现实生活的规范或校正便亦只能从其外部分离地进行，其方式主要就是一种对于现实社会生活之弊端的批判，通过批判，使社会得以健

---

① 参见王南湜：《从领域合一到领域分离》，山西教育出版社 1998 年版。

康地发展。哲学作为精神文化的核心部分，在这种社会校正机制中，自然具有一种中心的作用。一位西方学者曾断言，马克思主义哲学诞生一百多年以来，其对于人类历史的一个伟大贡献，便是通过社会批判推动了社会生活的健康化。这一点也说明了马克思主义哲学之所以在社会主义运动遭到了严重挫折之后，仍然有生命力的原因。不言而喻，中国市场经济社会的健康发展，亦不能没有哲学的校正作用。而对于中国马克思主义哲学而言，由于它所源出的本原形态的马克思主义哲学所具有的批判传统，它就有可能通过向马克思本人的回归而担当起这一事关民族前途的重任。就此而言，中国马克思主义哲学向着马克思主义哲学之原本形态的人类学或实践哲学范式的回归，便同时是向着其批判传统的回归，是马克思主义哲学的这一伟大传统的复兴。

总的来说，中国马克思主义哲学的思维范式大半个世纪来从理论哲学到实践哲学的转变，乃是为哲学发展的内在逻辑和人类生活诸领域间的匹配性关联的历史必然性所引导的，且这种转变亦是健康的现实生活所要求的。

三、从实践观的变迁看哲学范式的转换

由于实践概念在马克思主义哲学中的特殊地位，也由于受现代哲学对于实践的普遍诉求的影响，虽然人们对于实践概念的实际理解上存在着巨大的差异，但却往往在字面上抹杀了这种差异，因而在赞同实践唯物主义、实践哲学或哲学的实践转向这一口号的名义下，在实际上却可能意味着完全不同的东西。因此，一方面为了使哲学的实践转向能落到实处，至少能使真正的实践转向与其他名义上的实践哲学区别开来，便有必要对实践哲学或哲学的实践转向的关键词"实践"概念及其在一种哲学理论中的地位，简言之，哲学的实践观，进行一番考察，进而在此基础上，明确哲学的实践转向或实践哲学的真切含义。

（一）三种实践观

国内哲学界实践观的差异与变迁，以及由此而涉及到的对于实践哲学、实践唯物主义等概念内涵理解上的差别，人们早已有察知。但为理论

讨论的方便，还有必要将这些人们已察知的不同的理解划分为几种类型。关于划分实践观类型的标准，或者说对于不同类型实践观的辨识，可从其对于实践本身内容的规定和实践活动与哲学理论体系的关系两个方面去看。按照这一划分标准来看中国马克思主义哲学界对于实践概念的使用和理解，我们可以发现，大致上说来存在三种类型的实践观。

第一种实践观把实践规定为主观见之于客观的活动，在实践内容方面，一般把实践理解为物质性生产活动，而对于实践与理论的关系，虽然特别强调把理论付诸实际，强调"干"的重要性，但对于实践在理论体系中的地位，却只限于把实践视为认识活动中获取感性材料之手段和事后验证认识之手段。在这样一种理解中，实践活动与理论活动处在两个不同的系列上，实践自是实践，理论自是理论，其间只有一些外在的关联，并无内在之关系。这样一种理解事实上是在所预设的物质和意识两大根本对立存在的本体论构架下进行的，实践被归结为客观的物质系列，而理论则被归结为主观的意识系列。一旦预设了这一对立，任何关于理论与实践之间内在关系的规定便成为不可能，而且，它甚至强制性地要求哲学思维划清实践与理论之间的界限。20 世纪 80 年代初有人提出的关于要将意识从对于实践范畴的规定中清除出去的所谓"净化实践概念"说，便是在这一预设强制下的一种理论上彻底化意图。

第二种实践观在肯定实践是主观见之于客观的活动的基础上，进一步把实践理解人的特殊的存在方式，特别地强调了实践的存在论或本体论意义，在实践内容方面，除了把实践规定为物质性生产活动之外，还特别强调了交往活动的意义；而对于实践与理论的关系，则视实践概念为马克思主义哲学之第一的概念，是全部马克思主义哲学的基石，而不仅仅是认识的基础，不仅仅是认识论的首要范畴，换言之，可将全部马克思主义范畴体系建立在实践概念之上。在这种理解中，实践被提升为马克思主义哲学体系中的一个奠基性范畴，一切其他范畴都可从中推衍出来，类似于实体范畴在实体性哲学中的地位。但要注意的是，在这种实践观理解中，本体论上的预设已发生了某种变化。在这里，人们已经不倾向于在物质与意识截然对立的预设中思考问题，而是从人类存在的独特性，从人类存在、人类活动的直接实在性来思考问题。这样，理论与实践便不再被归结为物质与意识两大系列的存在，而是被直接地理解为人类存在的两种方式，理解为人的两种活动方式。但是，将实践理解为哲学体系中能够推衍出所有其他范畴的奠基性范畴，是否便是对于实践优先性的真正肯定呢？自然，直接地看上去这是以实践活动为模板来建构理论体系，但是，将实践设想为一种可在理论中全然建构起来的东西，便意味着对理论与实践的关系作了某种预设，即预设了理论活动对于实践活动的更为根本的奠基性：虽然实践构成了理论的内容，但实践的形式却是理论的，即是以理论的方式构建起来的。事实上，人们长久以来便是基于理论活动来理解实践活动的，例如，人们一般地把实践规定为理论指导下的活动。这里的关键是我们如何理解实践，是以理论的方式规定实践呢，还是以其自身的方式理解实践。这涉及到理论活动所具有的、从而从根本上区别于实践活动的最高程度的自觉性。在理论活动中，理论主体或自我的优先性是不言而喻的，甚至是必然的，一种无意识的理论活动是不可想象的；而实践活动则不然，至少并不必然以有意识的自我自觉为前提。因而，以理论活动的模式建构实践活动，便不可避免地预设了笛卡尔式的意识或理论自我的优先性：理论自我是自明的，而实践则有待于理论活动的建构，或者说，这里所理解的实践完全是按照理论的方式进行的，是理论活动方式的一种投射，是一种物质性的或对象化了的理论活动。这样，实践活动的优先性在这种方式中便不知不觉地转变成了自我的优先性、主体的优先性，从而实践哲学也就成了一种主体性哲学，当然是一种特殊的强调主体活动而不是静观的主体性哲学。总之，在这种实践观中，与第一种理解中对于实践与理论关系的外在性预设不同，实践与理论的关系是内在的，但是内在于理论体系之中的，即实践现在是作为理论体系内的一个奠基性范畴使用的，而不是指作为理论活动之外的一种现实的存在。

第三种实践观在把实践理解为人的特殊存在方式方面，与第二种实践观没有太大区别，当然，实践的内容在这里更为广泛了，包括人的一切实际活动，与生活成了同义语。但与第二种理解不同的是，在实践与理论的关系上，这里强调的是作为一种实际活动的实践对于理论活动的奠基作用。在这种实践观看来，实践或生活自身是自足的，在理论活动介入之先，实践或生活中的人们对于自身的活动便有一种"知"或海德格尔所说的"领会"。这种实践性的"知"或"领会"并不有赖于理论意识的建构，而是相反，它构成了理论活动的基础。这正如加塞尔所言："唯一无可怀疑的实在是'我的生活'。在这个意义上，没有任何事物比它更基本、能走在它前头了。就是思想也不能先于生活，因为思想也不过是生活的一个片断、一项具体活动。为了寻找无可怀疑的实在而进行思考，也不过是因为我在生活、我要生活；它不是为思考而思考。寻求实在的哲学活动也是生活的一部分，也是基于生命之所需而进行的。"① 换言之，实践或生活自身具有绝对的优先性，理论自身并无独立的基础，意识或理论自我也并不具有一种优先性或自明性，笛卡尔式的绝对优先、自明的自我并不存在，有的只是基于特定处境的理论主体，从而也就只有基于特定视角意义上的理论体系。这样，理论便只可能在一特定的视域中重构实践，而这样的重构便必然是有限的、不具独立性的，从而只能是实践的一个衍生物或构成部分。这样理解理论与实践的关系，实际上是将理论活动视为了一种特殊的实践活动。于是在这种理解中，理论与实践的关系虽然像在第二种实践观中一样，是内在的，但不是内在于理论体系之中，而是内在于实际的生活实践之中。

就三种实践观对于实践内容的规定来看，虽然第一种较为强调实践为物质性生产活动，在较为狭窄的意义上使用这一概念，而第二种、第三种在更为广泛的意义上理解实践概念，但无论如何，物质性生产活动总是实践概念的基本含义。因而，三种实践观的根本区别并不在于对于实践内容的规定上面，而在于各自对于理论与实践关系的理解，以及在这种理解中所做的本体论预设。在第一种实践观之中，理论与实践之间只有一种外在的关联，即只是获取感性材料和验证认识真理性的手段，而在后两种实践观之中，这一关系则是内在的。但同为内在关系，却又根本不同，一是内在于理论体系之中，另一则是内在于同为实际活动的理论与实践之中。如果我们把理论也理解为一种特殊的实践活动，即一种理论实践的话，那么，在第二种实践观中，理论与实践的统一是基于理论的统一，而在第三种实践观中，理论与实践的统一则是基于实践的统一，是统一于实践。换

---

① 加塞尔：《什么是哲学》，商务印书馆 1994 年版，第 124 页。

个角度看，在第二种实践观中，实践实际上已经被理论化了，已成了理论体系中的一个要素，当然是一个基本要素；而在第三种实践观中，理论活动则被视为实践活动的一个要素，理论被还原为了一种特别的实践活动。当然，这些不同的理解是基于不同的本体论预设的。我们将会看到，这种不同对于理解实践哲学有着非常根本性的意义。

（二）三种实践观中的实践转向的意义

如果我们把马克思哲学理解为一种现代实践哲学，或者说，认为从马克思开始，哲学发生了一种"实践的转向"的话，那么，基于不同的实践观，对于实践哲学或哲学的实践转向的理解便不可避免地会极为不同。

按照第一种实践观去理解实践哲学，既然实践与理论之间只有一种外在的关联，那么，所谓实践哲学便只能是一种对于把理论应用于实践的人生态度的强调，对于"实干"的重视，即所谓要注重实践，不尚空谈，不能像天桥的把式，光说不练。某部电影中的一位主人公说过这么一句话："不干，半点马克思主义都没有"，大概最能体现这种人生态度。如果说这种对于实干的重视也是一种实践哲学的话，那么，这种实践哲学可以说与马克思的实践哲学没有任何内在的关系。因为这种对于实干的重视可以与任何一种哲学理论并存。但遗憾的是，很长一段时间内，我们对于实践哲学便是这样理解的；而且，这种理解时至今日还不能说已经完全没有了市场。

近20年来，在中国马克思主义哲学理论界最有影响的是第二种实践观。这种影响力是与主体性哲学在中国大地上的兴起密切相关的。事实上，这种实践观正是主体性哲学的理论基础。这种实践观的关键之处是把实践理解为马克思主义哲学理论体系的奠基性范畴，认为必须在实践概念的基础上建立起全部马克思主义哲学的范畴体系。用一种比较明确的说法，便叫做实践本体论。但这种理解有什么不对头的地方吗？初看起来，这种理解对于实践的强调已达到了无以复加的地步，怎么能说它不对头呢？但是，正是这种对于作为理论范畴的实践的极端强调，表明了这种哲学实践观从根本上说来仍然停留于理论哲学的范围之内，而并未真正达到实践哲学。这里的关键在于理论哲学与实践哲学的分野。人们进行哲学思维的理路,大致上可划分为理论哲学和实践哲学两种。这两种可能的哲学理路是由理论与生活实践的关系所决定的。一种哲学理路,如果认为理论思维为生活实践的一个构成部分,理论思维并不能从根本上超出生活,并不能在生活之外找到立足点,认为理论理性从属于实践理性,它就是实践哲学的理路;一种哲学理路,如果认为理论理性可以超越于生活,在生活之外找到理论赖以建立的阿基米德点,认为理论理性高于实践理性,它就是理论哲学的理路。显然,根据这一划分标准,第二种实践观以及基于这种实践观的主体性哲学,便都属于理论哲学之理路,而非属于实践哲学之理路。

这样,从根本上说来,便只有第三种实践观能构成现代实践哲学的基础。但这一基础不是在理论体系内充作一个最基本的概念,而是从根本上说来是把理论视为实践的一种特别样式,即承认理论理性的有限性,承认实践活动对于理论活动具有一种奠基作用,承认实践活动具有其自足性,而理论活动则只能奠基于实践活动之上,不具有自足性。而这一点正是实践哲学区别于理论哲学的根本之处。理论哲学的要害正在于预设了理论理性的自足性、无限性,认为一切存在皆为对于理性主体的出现。"现在,人获悉自身已从自然的存在秩序中超拔出来,在某种程度上成为唯一坚持到底的,成为一切存在者的关系的基础。一切存在者从与主体的单纯的'对峙'而得到自己的地位,成为对象,因而失去了自己的独立性和自为存在。人因而在其他存在者面前得到了优等的地位;现在,它不再把自己看做存在者中的存在者,而看做与他的客体相对的主体。"① 显然,主体性哲学的实践观或者说实践本体论一类理论,虽然从形式上看把实践的重要性抬到了极致,但这种抬高事实上只是对于实践概念的抬高,而非对于现实实践的抬高,在这类理论中,实践无论如何处于高位,也只是理论体系中的一个因素,从总体上仍然服从于理论,因而并非真正的对于实践活动的重视;而只有承认理论性的有限性,承认实践不可能全然归结为理论,或者理论不可能完全地把握住实践,为实践留下理论之外的存在空间,才是真正的对于实践活动之地位的重视,从而才是真正的实践哲学。

---

① 绍伊博尔德:《海德格尔分析新时代的技术》,中国社会科学出版社1993年版,第44页。

三种不同类型的实践观，当然并不只是一种逻辑上可能的观念，而且是一种现实的观念存在，一种在中国马克思主义哲学五十多年的发展中，在时间序列中依次存在过的观念。换言之，三种实践观类型正是中国马克思主义哲学实践观变迁的三个阶段。而实践观的这种变迁与中国马克思主义哲学理论范式的变迁有着内在的关联，甚至可以说，实践观的变迁构成了哲学理论范式变迁的基础。前已阐明，中国马克思主义哲学的发展，经历了三种理论范式，即本体论哲学或实体性哲学范式，认识论哲学或主体性哲学范式，现代实践哲学或人类学哲学思维范式。这里我们也不难表明，三种理论范式与三种实践观之间存在着一种对应或匹配关系。第一种实践观在本体论上预设了物质与意识的基本对立，并力图将理论与实践的关系归结为物质与意识的关系，显然是一种实体性哲学或本体论哲学，当然，是一种唯物主义的本体论或实体性哲学。第二种实践观预设了理论活动对于实践活动的自明性，预设了理论自我或意识的优先性，并在理论中以理论活动的方式建构实践活动，则无疑是一种主体性哲学，属于一种认识论思维范式。而第三种实践观对于实践活动之绝对优先性和对于理论活动有限性的强调，表明了它是一种实践哲学的理路。因而，三种实践观便可分别命名为实体性哲学或本体论哲学的实践观，主体性哲学或认识论哲学的实践观，以及现代实践哲学的实践观。由此，我们便可以明了，实践观的转变对于中国马克思主义哲学发展的意义，如若在理论上不能达到第三种实践观，则无论我们如何主张实践哲学，哲学的实践转向都是不可能真正实现的。

（三）马克思哲学在何种意义上是一种实践哲学

在当今国内哲学界，将马克思哲学理解为一种实践哲学已为众多学者所赞同。但这并不意味着人们对于实践哲学的含义有着相同的理解，从而能够在某种共识的基础上展开对于实践哲学特别是马克思实践哲学的讨论。一般而言，实践哲学一语至少被人们在三种极为不同的意义上使用，即以实践为研究对象的意义上的实践哲学，将人的实践活动视为第一活动或最基本活动方式、亦即将实践哲学视为第一哲学意义上的实践哲学，以及最为根本的作为思维范式的实践哲学。这里所进行的辨析也就是要从这三个方面来看马克思实践哲学的确实含义，并进一步考察如此理解马克思哲学对于当今中国哲学的发展有何意义。

1. 以实践为研究对象的实践哲学

作为以实践为研究对象意义上的实践哲学，可以说是实践哲学最为原始的含义。人们对于实践哲学的讨论，一般说来正是在这一意义上进行的。这一意义上的实践哲学，以研究对象来界定，其含义似乎应该是十分确定的，从而在这一意义上说马克思哲学是否为一种实践哲学便也似乎应该是十分确定的。但是，由于实践这一概念的古今变迁，因而其所指也并非是完全确定的，从而实践哲学的含义便也并非是完全确定的。

以实践为研究对象意义上的实践哲学源于亚里士多德对于人类活动领域的划分。在亚里士多德哲学中，人类活动被划分为理论、实践和创制三种基本方式。理论的对象是"出于必然而无条件存在的东西"，即"永恒的东西"；而"创制和实践两者都以可变事物为对象"①。亚里士多德这里尽管从其对象是为永恒必然还是可变事物将创制和实践与理论活动严格地区别了开来，将理论视为一类，而将创制与实践视为一类，但他又在以可变事物为对象的两类活动中，特别强调了实践与创制的区别。这一区别便是，实践是一种自身构成目的的活动，而创制的目的则在活动之外。而若按目的是否在活动自身之内，则由于理论自身便是理论的目的，因而在此意义上，理论与实践是一类活动，而创制则是另一类活动。包括理论在内的实践由于目的在自身之内，因而是一种自由的活动，而创制由于其目的在活动之外，便不是自由的活动。在这里，目的是否在自身之内，即是否为自由的活动，是将创制与实践和理论区分开的根本性标准。正是这后一区分标准，埋下了后世关于实践概念之争的伏笔。

这里最为重要的是对于亚里士多德视为不自由的活动的创制的不同理解。在亚里士多德看来，创制活动虽为人类存在所必需，但不是自由的活动，因而是一种不得已而为之的活动。这种活动或则应由奴隶来承担，或则若有可能的话可由自动的工具来承担，以便雅典公民能够从事自由的活动。但对于创制即生产劳动的这种否定的看法，正如许多论者所指出的那

---

① 亚里士多德：《尼各马科伦理学》，中国社会科学出版社 1990 年版，第 117、118 页。

样，是和希腊社会中生产活动主要是由奴隶承担这一事实密切相关的。[①]但是，随着基督教的兴起，人们的生产观也在发生变化。基督教改变了希腊人对生产劳动的鄙薄态度。在修道院中，由于人人必须从事体力劳动，"奴隶式劳动与自由闲逸之间的旧式古典对立已不复存在"[②]。这就为近代进一步崇尚劳动的创造意义做好了铺垫。在马克思之前，英国的哲学家与经济学家们已将劳动视为财富的唯一源泉，而黑格尔则进一步对生产劳动的积极意义给予了高度重视，他将利用工具的生产活动称之为"理性的机巧"[③]。至于他在《精神现象学》主奴辩证法部分中对于劳动的意义的肯定，更是众所周知的。[④] 在这样一种观念背景下，马克思在《1844 年经济学—哲学手稿》中再推进一步，把生产劳动视为"自由自觉的活动"，把劳动对象视为"人的类生活的对象化"，认为通过劳动，人在"他所创造的世界中直观自身"，甚至"整个所谓世界历史不外是人通过人的劳动而诞生的过程"，便不难理解了。既然生产劳动是"自由自觉的活动"，将其作为实践的基本内容也就是顺理成章之事了。

我们看到，从亚里士多德到马克思，实践概念的含义发生了重大的变化。一方面，实践概念的内涵从伦理交往活动被扩展到了生产劳动或创制。在马克思这里，生产劳动或创制不仅不再被排斥于实践之外，而且还成为了最为重要的人类活动，成为了实践的基础性内容，而伦理交往活动则成为了为生产劳动的方式所决定的社会形式方面。另一方面，更为重要的是，原先被亚里士多德视为不自由的活动的创制或生产劳动，经过中世纪、近代，到马克思这里却被理解为一种本质上是自由的活动。这样一来，当我们将实践哲学规定为对于实践的研究之时，则其含义便不能不发生根本性的变化。

在马克思哲学中实践概念所发生的这些变化，长期以来并未成为一个主题化的论域。但在亚里士多德传统意义上实践哲学复兴的现代潮流中，则有人对此概念提出了质疑。有不少人将马克思的实践概念理解为一种功

---

① 尽管阿伦特认为这一看法有失偏颇，但她的分工说似乎与此说并无多大分别。参见其《人的条件》，上海人民出版社 1999 年版，第 81 页。

② 道森：《宗教与西方文化的兴起》，四川人民出版社 1989 年版，第 45 页。

③ 黑格尔：《小逻辑》，商务印书馆 1980 年版，第 394 页。

④ 参见黑格尔：《精神现象学》上卷，商务印书馆 1979 年版，第 122—132 页。

利主义的技术活动概念而加以批评。而这当中，最为重要的批评则是阿伦特和哈贝马斯对马克思劳动概念的批评。阿伦特基于亚里士多德关于人类活动的三分，亦将人类活动一分为三：劳动、工作和行动。阿伦特一方面将马克思称为"最伟大的现代劳动理论家"，认为正是马克思继承洛克等人的观点，使"劳动从社会中最低下、最为人看不起的位置一下子上升为一种人类最值得尊敬的活动"，"使劳动达到至高无上的地位"；另方面却又将马克思关于劳动的理解限定在"生理学角度"，即将劳动定义为"人与自然的新陈代谢"，并进而在亚里士多德的立场上，认为"劳动本身除了生命过程和维持生计外，什么也不关心"，"劳动之所以有快乐，或成为一件人生乐事，在于人们以其独特方式感到自己活着的巨大幸福，就同所有生物一样。""一个劳动大众社会是由人类中那些出世的怪人构成的，不管他们是被其他人用暴力驱使做苦役的家奴，还是那些随心所欲地执行他们任务的自由人。"[①] 生产劳动在三类人类活动中只占据一个比较低级的位置，那么马克思将其推崇为最高的存在形式，便不能不是一种偏颇了。至于哈贝马斯对于马克思生产劳动概念的批评，则已是众所周知的。他认为"生产范式"已是一种"失去了活力的""过时的"东西，因为"生产范式所揭示的交换模式，与取代它而出现的系统—环境模式一样缺乏规范性内涵"，而哈贝马斯本人则致力于"从生产活动向交往行为的范式转换"[②]。

关于阿伦特、哈贝马斯等人对于马克思实践哲学的批评，这里不可能进行回应。而且这里提及也并非是要对之进行辩驳，当然更不是认同，而是为了表明即便在现今，关于实践哲学仍有着基于对于实践概念不同理解而来的非常不同的理解。那么，我们应该如何面对这种关于实践概念以及实践哲学概念的歧异状态呢？依笔者之见，既然从亚里士多德时代以来，人们并没有能力将各种不同的实践活动概念统一在一种具有基础性的实践方式概念之中，而且关于何种实践活动方式更为优越的问题，也可能是一个受时代精神之方向制约的问题，那么，我们所能够做的便既不是混淆实践概念与实践哲学的不同含义，也不是试图将不同的实践概念统一起来，形成一种综合的实践概念，而是认识到，一种可能的方式便是在承认实践

---

① 阿伦特：《人的条件》，上海人民出版社 1999 年版，第 87、91、93、95 页。

② 哈贝马斯：《现代性的哲学话语》，译林出版社 2004 年版，第 87、94 页。

概念含义多元性的基础上，承认实践哲学的多元性。就此而言，首要的问题便是在区分不同实践概念范式的基础上区分实践哲学的不同范式。当然，何种范式是更为优越的范式的问题，还是可争论的，但只有在此种区分的基础上，不同范式之间才有可能就何种范式更为优越的问题展开有意义的论辩。

从哲学史上看，大致说来，关于实践概念有三种基本的理解类型。首先自然是亚里士多德的伦理—行为的理解类型，关于这一理解的歧义不大。马克思的实践概念无疑构成了另一种理解的范型。但如何理解这一范型，则有着争议。前已提及，人们常常把马克思归结为功利主义的实践观，或如阿伦特那样对马克思的生产劳动概念作一种相当狭窄的解释，但这类解释如笔者曾说明的那样，并不符合马克思的思想。① 马克思的实践概念，笔者以为哈贝马斯认为在马克思的"实践哲学看来，构成现代性原则的不是自我意识，而是劳动"，且"青年马克思把劳动比作艺术家的创造性生产"的基础上，将之名为"审美性生产"的实践概念，较为贴切，尽管哈贝马斯是批评这一范式的。② 我们可将之称为"艺术—生产范式"。而近代以来从洛克、斯密到功利主义、实用主义的对于生产劳动的理解，则明显是一种继承了亚里士多德对于创制或生产概念的理解的范式。可将此种理解称之为技术—功利主义理解。这样，我们就有关于实践概念的三种范式：伦理—行为范式、艺术—生产范式和技术—功利主义范式，从而也就相应地有了实践哲学的三种范式。

2. 作为第一哲学的实践哲学

虽然实践哲学的传统可以追溯到亚里士多德那里，但在将人的实践活动视为第一活动或最基本活动方式、亦即将实践哲学视为第一哲学意义上的实践哲学，在西方哲学传统中只是现代的产物，而在古代及近代哲学中是不存在的。亚里士多德虽然将人类活动三分，肯定了实践与创制亦为人类活动之构成部分，但并未给予实践与创制以最高的地位。从他将理论的对象规定为是"出于必然而无条件存在的东西"，即"永恒的东西"，而创

---

① 王南湜：《实践、艺术与自由》，《哲学动态》2003 年第 6 期。
② 哈贝马斯：《现代性的哲学话语》，译林出版社 2004 年版，第 73—74 页。

制和实践则不过是"以可变事物为对象",①便可见出其间的等级差别来。在希腊人眼中,"出于必然而无条件存在的东西"、"永恒的东西",无疑是神圣的东西,而可变的事物则必定是低级的东西。因此,人的理论活动便是最接近神性的活动,而实践,特别是创制,则是次级的活动。从而表现于知识中,具有最高确定性的理论知识亦便是最高级的知识,而关于实践与创制的知识则是不能与之比拟的。在这种意义上,实践哲学便决不可能被视为第一哲学,第一哲学只能是一种最高的理论,即研究存在之为存在的理论。这种第一哲学后来被称为形而上学,也就是本文所说的理论哲学。

这样一种形而上学或理论哲学理路贯穿于西方从古代到近代的哲学之中,直到 19 世纪在黑格尔哲学中达到登峰造极之后,才受到认真的挑战。而既然理论哲学与实践哲学是两种可能的哲学理路,那么,对于形而上学或理论哲学理路的挑战,便只能是来自于实践哲学。这一点诚如倪梁康所说的那样,"实际上黑格尔以后的现代哲学,在总体上是某种意义上的实践哲学,也是在这个意义上的反形而上学"②。也就是说,在黑格尔之后,西方哲学发生了一次具有根本意义的转向,而"这一转向,若追溯其源头,则非马克思莫属。或者说,马克思是西方现代实践哲学的奠基者"③。这样,作为反形而上学理解的实践哲学,便包含了一个相当宽广的系谱,即如哈贝马斯所言,这样的实践哲学,"不只是指可以追溯到葛兰西和卢卡奇的西方马克思主义的观点(如批判理论和布达佩斯学派,萨特、梅洛一庞蒂以及卡斯托里亚迪斯等人的存在主义,恩佐·帕奇到南斯拉夫实践哲学家的现象学),也包括主张激进民主的美国实用主义(米德和杜威)以及分析哲学(泰勒)"④。以伯恩斯坦之见,这个系谱中甚至还可以包括像克尔凯郭尔这样的哲学家的思想。这是因为,"克尔凯郭尔基本目标不是要发展一种新的哲学观点……像马克思一样,但以一种极其不同的方式,克尔凯郭尔要求我们'超越'哲学。克尔凯郭尔会同意马克思关于哲

---

① 亚里士多德:《尼各马科伦理学》,中国社会科学出版社 1990 年版,第 117、118 页。
② 倪梁康:《欧陆哲学的总体思考:海德格尔思想比较研究·主持人话语》,《求是学刊》2005 年第 6 期。
③ 参见王南湜:《马克思哲学当代性的三重意蕴》,《中国社会科学》2001 年第 5 期。
④ 哈贝马斯:《现代性的哲学话语》,译林出版社 2004 年版,第 72 页。

学家们只是解释了世界的说法，但他将会加上，对于我们每个作为独一无二的个体来说，关键在于改变自己。"①

　　显然，在这样一种宽泛的将实践视为第一性的活动、将实践哲学视为第一哲学的意义上的实践哲学，构成了现代哲学的主潮流。这样理解的实践哲学首先是与作为形而上学的理论哲学对立的。其次，它也是与亚里士多德意义上的实践哲学极为不同的。在亚里士多德那里，与其人类活动与人类知识的分类相应，实践哲学只是其哲学体系的一个构成部分，而且实践哲学还不是其最重要的部分，更非能够居有第一哲学之崇高位置。而在现代实践哲学中，与将广义的实践视为第一性的活动相应，实践哲学亦居有了基础性的地位或第一哲学的位置。

　　当然，在都将实践作为哲学研究对象的意义上，这里所说的作为第一哲学意义上的即第二种意义上的实践哲学与前述第一种意义上的实践哲学，是有着共同之处的，即二者在以实践为研究对象的意义上是同样地区别于理论哲学的。其不同之处只在于实践活动作为第一种意义上的实践哲学的研究对象只是人类活动的一个部分，而且还是一个相对并非最高级的部分，而实践活动作为第二种意义上的实践哲学的研究对象，则在理论活动是实践活动的一个派生样式的意义上构成了哲学研究对象的全部；从而第一种意义上的实践哲学只是全部哲学的一个构成部分，而且还是一个并非最重要的部分；而第二种意义上的实践哲学则构成了全部哲学，至少构成了作为全部哲学之基础的第一哲学。因此，尽管第二种意义上的实践哲学似乎只是第一种意义上的实践哲学在研究领域上的一种扩展，但这一从部分到全局的扩展却引起了哲学形态的根本性转变，带来了哲学中革命性的变化。

　　在如此宽广的现代实践哲学系谱中，各种实践哲学之间显然也是存在着重大差异的。就马克思的实践哲学而言，其独特之处何在呢？这就又回到我们在前面的关于实践哲学范式的讨论，这就是，马克思实践概念的根本特征既然是以艺术为自由活动之典范，因而从根本上说来是一种艺术—生产范式，从而马克思的实践哲学也便只能是一种艺术—生产型的实践哲

---

① Bernstein, Richard J, Praxis and Action, University of Pennsylvania Press, Philadelphia, 1971, p123.

学范式。基于这样一种将生产劳动理解为最根本性的人类活动的观念，我们就能够在作为第一哲学的实践哲学的层面上把马克思实践哲学与其他各种实践哲学区分开来。

3. 作为哲学思维范式的实践哲学

在以实践为研究对象的意义上以及将实践哲学视为第一哲学意义上，对实践哲学与理论哲学，以及对各种不同意义上的实践哲学进行了区分之后，若考诸哲学史，便会发现在实践哲学中还有一些根本性的差别未能得到揭示。例如，在同为以实践为研究对象意义上的实践哲学中，亚里士多德的实践哲学与康德的实践哲学便有着根本性的差别。而在将实践哲学视为第一哲学的意义上的实践哲学中，也仍然有一些重大的差别未得到说明。即便在马克思实践哲学传统内部，亦存在着必须辨明的关键性差异。这些未得到解释的差别提示我们还需要从一个更为深入的层面上去理解实践哲学的真正含义。这个层面便是作为最一般的哲学方法论层面或哲学思维范式层面。

作为最一般的哲学思维范式意义上的实践哲学，所要面对的问题仍是实践哲学的根本性问题即理论与实践的关系问题，但这里所要解决的不是在存在论层面上是否将实践活动视为第一性的人类活动的问题，而是在方法论层面上是否承认理论活动的有限性的问题。换言之，在承认实践活动为第一性的人类活动的前提下，仍然有可能以完全不同的方式去从事对于实践的研究。一种方式是承认理论本身的有限性，包括研究者本身理论的有限性，即不认为理论活动能够将人类生活实践全然作为理论的对象而使之理论化，在理论世界中将生活世界全然构造起来，从而只将理论活动视为生活实践的一个构成环节，一个组成部分。另一种方式则是虽然承认实践活动对于理论活动的优先性，承认实践活动的第一性地位，但在方法论上却认为理论将能够完全地把握实践活动，把握生活世界，将实践活动或生活世界在理论中完全地构建起来。在第一种方式中，其方法论与存在论是一致的，即无论在存在论层面还是在方法论层面都承认实践活动的第一性、无限性和理论的第二性、有限性。而在第二种方式中，其方法论与存在论则是不一致的，虽然在存在论上肯定了实践活动的第一性，但却在方法论层面上背离了这一点，或明或暗地承认了理论对于实践的独立性，承认了理论能够在实践活动之外具有自己的阿基米德点，能够据此将实践活动完全地在理论中构建起来，或者说，至少暗中预设了研究者自身理论的非有限性、对于实践的独立性。但承认了理论对于实践的独立性，在方法论上就已经背离了实践哲学，事实上是以一种理论哲学的方法在从事实践哲学研究。在西方哲学史上，从巴门尼德的关于真理之路与意见之路的划分开始，中经芝诺、苏格拉底对辩证法的初步探讨，至柏拉图的辩证法，就已经发展出了一种贬低并试图脱离生活世界、脱离实践和经验的思辨方法去掌握真理。经过两千多年的发展，这在西方哲学中已形成一种极其强大的传统，强大到即使与之完全对立的实践哲学也往往无法完全摆脱它，往往不知不觉中在其支配下从事哲学研究。如果我们把理论哲学或形而上学的方法称之为一种思辨的方法的话，那么，受这种方法支配而从事实践哲学的研究，便可称之为一种思辨的实践哲学。而与之相对立，在方法论上也坚持理论的有限性，坚持理论为现实生活世界之一构成部分的实践哲学研究便可称之为一种现实的实践哲学。

从思辨的实践哲学与现实的实践哲学的区分出发，我们便可清楚地看到各种实践哲学之间的进一步的差别之所在。如在亚里士多德与康德实践哲学之间，我们看到，在亚里士多德那里，在其实践哲学研究中他使用的方法完全不同于在其理论哲学即第一哲学中的方法。在亚里士多德那里，作为对于实践之把握的实践智慧便大不同于哲学智慧或理论智慧，这不仅在于理论智慧的对象是永恒不变的，因而是非凡的神圣的知识，而实践智慧的对象是可变的，因而只是关于某人或某些人自身的知识，而且还在于实践智慧不只是有关于普遍的，它必须能够认识特殊的，因为实践总是和特殊事情有关的。"明智不只是对普遍者的知识，而且还应该通晓个别事物。因为明智涉及行为，而只有对个别事物的行为才是可行的。"[1] 由于实践智慧是关于特殊事物的，所以经验对于实践智慧便非常重要。亚里士多德举例说，青年人可以通晓几何、算术，在这方面成为智慧者，但却不能成为有实践智慧者，因为实践智慧是对特殊事物的，这必须通过经验才能熟练，而青年人缺少的正是经验。[2] 而在近代哲学中，亚里士多德的这种

---

[1]　亚里士多德：《尼各马科伦理学》，中国社会科学出版社1990年版，第123页。
[2]　参见亚里士多德：《尼各马科伦理学》，中国社会科学出版社1990年版，第124页。

实践概念已逐步被抛弃了，近代哲学中关于实践活动的知识是不具有独立地位的，或者说是被理论所构造的。康德的实践哲学事实上是不涉及具体的人的活动的，因为任何经验性的东西都归入理论和必然的领域了，所以其实践哲学所涉及的无非是无条件命令的规律的总体。不难看出，亚里士多德的实践哲学是一种现实的实践哲学，而康德的实践哲学则是一种思辨的实践哲学。亚里士多德实践哲学与近代实践哲学在方法论上的对立在关于实践推理三段论问题上表现得尤为突出。在亚里士多德那里，实践三段论是"一种始于普遍伦理前提而止于行动的关于实践理性的推论"，"在那里，行为本身被视为结论"，而这一点恰"与现代思维相反，亚里士多德坚持说，结论不是一个做什么的命令，而是行为自身。他认为，如果一个人得到一个命令可又不进一步去做它，这就不是实践理性"①。

在马克思主义实践哲学传统内，事实上也存在着思辨的实践哲学与现实的实践哲学之间的不同取向。例如卢卡奇与萨特的哲学，虽然都以反对抽象性，追求具体性、总体性为出发点，但在最终却都无例外地走向了一种抽象性的理论，而不是具体的实践。究其原因，就在于无论是卢卡奇还是萨特，都在有意无意之间预设了理论的全能性，预设了自身的理论能够全然把握现实实践总体，即都以在理论中将现实实践整体构建起来作为其理论的目标。此二人的理论在最后都崩坏于种种困难之中，不能不说是根源于其不知不觉间仍受制于传统的思辨哲学方法，从而不能不走向一种思辨的实践哲学之路。作为一个对比，可以提及另一位西方马克思主义哲学家，即作为意共领导人的葛兰西。不同于基本上是理论家的卢卡奇和萨特，葛兰西作为一名政治领袖必须考虑理论的后果，考虑理论如何贯彻于政治实践，再加上意大利文化重实践轻思辨的传统之影响，使其实践哲学别具一格。其对于文化领导权的思考，对于有机知识分子的思考，无不是以他所处身于其中的意大利政治实践为归宿的。

但依据对待理论与实践关系的不同态度，在现实的实践哲学之中还可再作进一步的区分。在方法论上肯定理论有限性的前提下，对于理论活动本身，仍然有可能采取两种不同的立场：一种是全然否定理论的任何独立

---

① 参见尼古拉斯·布宁、余纪元编著：《西方哲学英汉对照词典》，人民出版社 2001 年版，第 786 页。

性，将理论全然归结为实践的工具，另一种则是在否定理论绝对的独立性的前提下，承认理论的相对独立性。如果一种哲学全然否定了理论的相对独立性，那么，理论便只有一种工具的作用，判别一种理论是否正确的标准也便只能诉诸实践活动，诉诸实践中的其功效，而在理论活动本身，则全然没有任何判别标准。这样一种实践哲学，可称之为实用主义或功利主义的实践哲学。而如果一种实践哲学承认理论的相对独立性，则由于实践哲学一般的肯定理论对于实践的从属性，这一相对独立性便不能是对于人类实践总体的独立性，而只能是相对于具体时空中个别实践活动的独立性。于是，这种相对独立性的依据便在于理论思维所据以进行的逻辑规律根源于人类实践之总体，这一总体性实践是超越于具体时空中的个别实践活动的。这样一种实践哲学，由于肯定了理论的相对独立性，亦即相对于思辨的实践哲学对于理论理性的绝对肯定，肯定了理论理性的相对独立性或有限存在，故可称之为有限理性论的实践哲学。至此，我们便有了三种实践哲学，即思辨的实践哲学，实用主义或功利主义的实践哲学，有限理性论的实践哲学。

实用主义或功利主义的实践哲学的代表自然是实用主义哲学。在实用主义看来，理论不是与实践完全分离的，而是实践的一个环节。杜威写道："按照这个理论来说，概念是当我们对存在采取行动时在理智上所运用的工具。"① 这样一来，"理论上的确定性和实际上的确定性合二为一了，和安全、和相信使用工具的操作的可靠性合而为一了"②。据此，杜威批评希腊哲学把理论与实践完全分割了开来："理性的与必然的知识是亚里士多德所推崇的，认为这种知识乃是自创自行的活动的一种最后的、自足的、自包的形式。它是理想的和永恒的，独立于变迁之外，因而也独立于人们生活的世界，独立于我们感知经验和实际经验的世界之外的。"而"实践动作，不同于自我旋转的理性的自我活动，是属于有生有灭的境界的，在价值上是低于'实有'的"③。而实用主义在哲学上的革命，就是要废除主知主义的错误，改变这种理论与实践相分离的状况。

---

① 杜威：《确定性的寻求》，上海人民出版社 2004 年版，第 110 页。
② 杜威：《确定性的寻求》，上海人民出版社 2004 年版，第 127 页。
③ 杜威：《确定性的寻求》，上海人民出版社 2004 年版，第 15、17 页。

无疑，有限理性论的实践哲学当以马克思哲学为典范。这首先是因为马克思从其哲学活动开始，就致力于反对肯定理论绝对独立性的形而上学或理论哲学。早在《〈黑格尔法哲学批判〉导言》中，马克思就批判青年黑格尔派"没有想到迄今为止的哲学本身就属于这个世界，而且是这个世界的补充，虽然只是观念的补充"①。在《1844 年经济学哲学手稿》中，马克思认为"理论的对立本身的解决，只有通过实践方式，只有借助于人的实践力量，才是可能的；因此，这种对立的解决绝不是认识的任务，而是一个现实生活的任务，而哲学未能解决这个任务，正因为哲学把这仅仅看做是理论的任务"②。《在关于费尔巴哈的提纲》中，马克思则进一步指出，"全部社会生活在本质上是实践的。凡是把理论引向神秘主义的神秘的东西，都能在人的实践中以及对这个实践的理解中得到合理的解决。"③"哲学家们只是用不同的方式解释世界，问题在于改变世界。"④在《哲学的贫困》中，马克思进而指出，"经济范畴只不过是生产的社会关系的理论表现，即其抽象"；"人们按照自己的物质生产率建立相应的社会关系，正是这些人又按照自己的社会关系创造了相应的原理、观念和范畴"，"所以，这些观念、范畴也同它们所表现的关系一样，不是永恒的。它们是历史的、暂时的产物"⑤。马克思进一步的结论是，"每个原理都有其出现的世纪"⑥。这些话语清楚地表明，马克思哲学是一种将理论从属于实践的现实的实践哲学，而决非一种思辨的实践哲学。

但是，马克思哲学又是与实用主义的实践哲学有着根本性区别的实践哲学，这种区别就在于马克思并未像实用主义那样否定理论的相对独立性，而是对理论活动的相对独立性给予了充分的肯定。这种肯定也就是对于理论对于具体的个别实践活动超越性的肯定。而在马克思哲学中，这种超越性的根据就在于理论思维与直接关联于外部物质世界的工具性生产劳动的关联性。马克思哲学把工具性生产劳动视为人的第一个历史性活动是

---

① 《马克思恩格斯选集》第 1 卷，人民出版社 1995 年版，第 8 页。
② 《马克思恩格斯全集》第 42 卷，人民出版社 1979 年版，第 127 页。
③ 《马克思恩格斯选集》第 1 卷，人民出版社 1995 年版，第 56 页。
④ 《马克思恩格斯选集》第 1 卷，人民出版社 1995 年版，第 57 页。
⑤ 《马克思恩格斯选集》第 1 卷，人民出版社 1995 年版，第 141、142 页。
⑥ 《马克思恩格斯选集》第 1 卷，人民出版社 1995 年版，第 146 页。

众所周知的。正是在工具性劳动的基础上，理论活动才可能发展起来。这当中的缘由在于，一方面，"一个有效的、能达于目的的工具或工具体系，是单义地指向特定目的的工具，或一义性的工具。这种一义性即是一种活动的确定性，即从手段引导出目的的确定性"；另一方面，工具性活动由工具的规定所决定的共时群体之中的共同性和世代之间的传承性，使得这种最为基本的实践活动具有一种超出当下个别实践活动的人类总体实践之特征。这样，工具一方面就具有一种将目的与手段单义地联系起来的客观的确定性，另方面，工具同时亦具有超出当下特殊使用的普遍性，它体现着人类活动中最为深层最为稳定的普遍性因素。而"理论活动作为工具性技术活动的象征性表达，是通过将物质性工具代之以语言符号而实现的"①这就使得理论活动不同于其他人类活动而亦因之具有了工具性生产活动所特有的客观确定性和普遍性。理论活动的这种客观确定性和普遍性特征在近代科学的因果观念中可以最清楚地看出来，这就是伯特所指出的：近代机械论因果观念与古代目的论因果观念的一个根本不同之处，"那就是把一个有待说明的事件分析成为比较简单的（而且往往是预先存在的）构件，以及以原因为手段对结果进行预言和控制"②。这种"以原因为手段对结果进行预言和控制"，显然正是工具性劳动方式的一种在观念中的自然延伸，一种"观念中的构造物"。正是基于工具性劳动中所特有的以原因为手段对结果进行控制的因果关系，人们才进而构成了科学的理论世界中因果关系："由于人的活动，就建立了因果观念的基础，这个观念是：一个运动是另一个运动的原因。"③ 显然，这种建基于因果观念的理论活动是超越于具体的个别实践活动的。

　　根据上述区分，我们可将马克思哲学与杜威等人的实用主义哲学区别开来。是否承认理论活动的相对独立性，这是马克思哲学与实用主义哲学之间的根本性区别。忽视了这一区别，就不可能把两种哲学区别开来。事实上，以往理论界虽然在不遗余力地批判实用主义，但在理论上总是难于与其划清界限。若不基于是否肯定理论的相对独立性而揭示出二者之间的

---

① 王南湜：《社会哲学》，云南人民出版社 2001 年版，第 82、84 页。
② 伯特：《近代物理科学的形而上学基础》，北京大学出版社 2003 年版，第 265 页。
③ 恩格斯：《自然辩证法》，人民出版社 1971 年版，第 208 页。

根本性差别，我们就很难在实践是检验真理的唯一标准与实用主义的真理效用论之间作出区分。

4. 马克思实践哲学的优越性

在从是否以实践为研究对象、是否将实践视为第一性人类活动以及思维方式三个方面对实践哲学概念进行了上述辨析之后，我们便能够从中引出一些结论来了。

首先，我们必须承认的一个前提是，实践哲学在现今并非如葛兰西用作马克思哲学的代名词那样，为马克思主义所独有，而是现代哲学的一种主导性潮流，它具有一种极为宽泛的谱系，包括了几乎一切反形而上学而主张回归现实生活的哲学流派。面对这样一种宽泛至极的概念，便非常有必要对之进行辨析，以便能够分辨出在实践哲学这同一名称下的不同哲学旨趣，特别是辨别出马克思哲学在何种意义上是一种实践哲学。否则，笼统地谈论实践哲学便很可能将极其不同的现代哲学思想混为一谈。既然同为现代实践哲学，其简便必定有非常不同于其所反对的理论哲学或形而上学的共同基础，因而在现代实践哲学家之间，如在马克思和海德格尔之间，找出共同之处是极其容易的事情，但更为重要的是，要在这共同理论前提的前提下去找出其间的根本性差异，特别是马克思的实践哲学与其他各种实践哲学之间的根本性差别。如果说，在理论界实践哲学的转向之初，人们在与理论哲学或形而上学对立的意义上，将各种实践哲学视为一个笼统的整体性存在，而无暇顾及其间的差别，以便在互相发明之中理解实践哲学之实质，还有其合理之处的话，那么，在实践哲学已成为一种强劲的思想潮流的现今，是到了辨析各种实践哲学的差别的时候了。不然我们就只能不断地谈论实践的转向，而不可能使这一转向深入下去，以真正推动实践哲学的进展。

其次，根据以上划分，我们得出的结论是，马克思实践哲学之区别于其他实践哲学的根本之处，是在马克思那里物质生产劳动是最为基本的实践活动，而其实践概念的根本特征是以艺术为自由活动之典范，因而其实践概念从根本上说来是一种艺术—生产范式，而非技术—功利主义范式，从而马克思的实践哲学也便只能是一种艺术—生产型的实践哲学范式。这一范式与其他范式显然有着根本性的不同。毋庸讳言，这一实践概念作为一种单一的透视角度，与其他实践概念一样，亦自必有其不足之处。例如，马克思虽未如哈贝马斯等人所批评的那样，把人们之间的交往关系归属于劳动，但在马克思将生产劳动作为实践之范型的基础上，的确无法对于不同于劳动的交往活动或阿伦特所说的行动予以基础性的地位。但这并不意味着马克思不重视人们的政治行动，而只是说从其基础理论出发，不能够给予交往行为以一种基础性的地位。但是，首先需要指出的是，任何一种理论作为基于单一视点的透视，都不可能是没有盲点的全方位的，全能的理论只能在上帝那里去寻找。因此，一般地责备一种理论存在盲点，是没有意义的。当然，这不是说，所有的理论视角都是等价的，都具有同样的理论与实践价值，无高下之分的，而是说，在对理论视角的价值高下进行比较时，不要忘记任何理论视角都不可能是全方位的。在这一前提下进行比较，我们不难看出，马克思实践哲学的视角虽有其不足之处，但其最为显著的优越之处，则在于它一方面充分表达了生产劳动不仅一般而言在构建人类社会中的基础性作用，而且对于现代社会而言，它亦具有一种基础性的革命作用；另方面则在于，从工具性生产劳动在人类生活中的首要地位，引申出的既反对形而上的理论至上观即对于理论无限性的否定，亦反对实用主义之理论与实践的完全合一观即对于理论活动相对独立性的肯定。由此可进一步引申出，既然人类社会一般地奠基于生产劳动之上，而且一个社会中的大多数人甚至绝大多数人不得不直接或间接地从事生产劳动以便社会能够存在下去，那么，生产劳动的解放就不可避免地构成了全部社会理想的最深刻的基准。因此，基于这一社会理想基准而对于现实的批判，便必然是比之任何其他视角的批判更为深刻得多的批判。马克思不可取代的无与伦比的典范意义也正在于此。而基于工具性生产劳动的首要地位对于理论绝对独立性的否定和对于其相对独立性的肯定，亦使得我们有可能避免形而上学和实用主义的偏颇，在理论与实践之间保持一种必要的张力，以便使二者能够互相校正，避免单纯理论的独断和单纯实践的盲目。不言而喻，马克思实践哲学理论视角的不足是需要弥补的，但这弥补不应是增加一些无法从马克思的理论基点引出的更多的视角从而导致理论多元性而破坏理论单一视角的本质特征，成为折中主义的理论杂烩，而只能是基于马克思的基本理论立场既保持其理论视角单一的前提下而扩展其理论视角的视野，使之具有更宽广的包容性。

四、超越黑格尔主义的思辨的实践哲学

黑格尔哲学是马克思哲学的直接理论来源，这两种哲学体系之间不可避免地存在着千丝万缕的联系，后世人们在对马克思哲学进行阐释的时候，也不可避免地要表明对黑格尔哲学的态度，以及以不同方式援引黑格尔哲学来作为理解马克思哲学的前提。因此之故，黑格尔哲学在马克思主义哲学阐释中的地位和作用也就成了一种理论研究范式变化的指示器，从一个并非不重要的方面标示出了马克思主义哲学在不同研究范式中的基本特征。因而从这一方面入手对中国马克思主义哲学半个多世纪以来的发展进路作一透视，当能对这一理论发展过程中各种处理这两种哲学体系之间关系的方式的利弊得失有所揭示。为了简单起见，这里将半个多世纪以来中国马克思主义哲学的发展划分为实体性哲学、主体性哲学和实践哲学三种基本范式的概念框架，对这三种范式中黑格尔哲学在马克思哲学阐释中的地位和作用作简要的批判性考察，最后试图由这种考察引出一些展望性的看法。

（一）黑格尔哲学的总体特征

为了方便论述，我们有必要先对黑格尔哲学的总体特征作一简单的勾画。大体上说来，黑格尔哲学可归结为三个密切关联的方面：

1. 对精神活动性的强调。黑格尔认为，传统哲学把"精神看做是一个物"，看做是一个凝固的实体，而他则认为，从本性上说"精神不是一个静止的东西，而宁可是绝对不静止的东西、纯粹的活动，一切不变的知性规定的否定或观念性；不是一个在其显现以前就已经完成的、躲藏在重重现象背后的本质，而是只有通过其必然自我显示的种种确定形态才是真正现实的，而且不是如理性心理学所臆想的那样，一个与身体处于外在联系中的灵魂物，而是由于概念的统一性而与身体内在地联结在一起的"。①

2. 基于对精神活动性的强调而对于哲学基本问题即思维与存在关系

---

① 黑格尔：《精神哲学》，人民出版社 2005 年版，第 4 页。

问题的唯心主义解决方式，即对于思维与存在同一性的绝对肯定。在黑格尔看来，"思维不是主体的私有的特殊状态或行动，而是摆脱了一切特殊性、任何特质、情况等等抽象的自我意识，并且只是让普遍的东西在活动，在这种活动里，思维只是和一切个体相同一。"于是，"思想，按照这样的规定，可以叫做客观的思想"①。换言之，"理性是世界的灵魂，理性居住在世界中，理性构成世界的内在的、固有的、深邃的本性，或者说，理性是世界的共性"②。为此，黑格尔特别严厉地批判了"康德否认思维范畴，如因与果，具有刚才所说的客观性的意义"，认为"思想的真正客观性应该是：思想不仅是我们的思想，同时又是事物的自身，或对象性的东西的本质"③。据此，在黑格尔看来，康德所说的"我们所知道的事物只是对我们来说是现象，而这些事物的自身却总是我们所不能达到的彼岸"，便是完全错误的，因为"再也没有比物自体更容易知道的东西"④ 了。

3. 以"否定之否定"的辩证法方式对于思维与存在同一性问题的解决。尽管黑格尔批判了康德的二元论思想，甚至认为"康德以前的形而上学认为思维的规定即是事物的基本规定……其立脚点好像比稍后的批判哲学还更高深一些"⑤，但黑格尔还是坚决反对"直接知识"的哲学立场，认为必须通过一种辩证的方法，扬弃思想与事物之间的对立，经过否定，走向否定之否定。这种否定之否定，就是将思维与存在的同一看做是一个过程，一种精神或思想的劳作过程，通过精神或思想的这种劳作，精神或思想克服了事物的外在性，达到"实体在本质上即是主体"的意识⑥。这样，"那最后达到的见解就是：构成理念的内容和意义的，乃是整个展开的过程。"⑦ 在这种方式中，历史性便具有了一种特别重要的意义，构成了思维与存在同一性的载体。

黑格尔哲学的这三个基本特征在中国马克思主义哲学的不同研究范式

---

① 黑格尔：《小逻辑》，商务印书馆 1980 年版，第 78、79 页。
② 黑格尔：《小逻辑》，商务印书馆 1980 年版，第 80 页。
③ 黑格尔：《小逻辑》，商务印书馆 1980 年版，第 119、120 页。
④ 黑格尔：《小逻辑》，商务印书馆 1980 年版，第 126、127 页。
⑤ 黑格尔：《小逻辑》，商务印书馆 1980 年版，第 95 页。
⑥ 黑格尔：《精神现象学》上册，商务印书馆 1979 年版，第 15 页。
⑦ 黑格尔：《小逻辑》，商务印书馆 1980 年版，第 423 页。

中具有不同的地位和表现方式。

（二）理论哲学范式中的黑格尔主义

在中国马克思主义哲学研究中曾长期居于支配地位的范式是实体性哲学，这当以传统教科书为典范。在这一哲学范式中，黑格尔哲学处于一种非常微妙的状态之中。由于这种哲学从本质上说是一种类似于18世纪机械论唯物主义的学说，因而，不言而喻，在黑格尔哲学中得到特别强调的精神的能动性，在这种范式中被视作是唯心主义的东西而遭到了放逐。思维与存在的同一性则以颠倒过来的方式得到了肯定，即与在黑格尔哲学以精神或思维作为思维与存在同一性的基础不同，在这里，同一性的基础被移到了物质存在上，即思维或精神被视为是物质世界发展的产物，人对外部世界的认识被视为是物质世界的自我认识。至于否定之否定的辩证法，则被看做是物质世界的波浪式发展或螺旋式上升的客观规律。

不难看出，由于精神的活动性这一黑格尔哲学的本质性因素的消除，在教科书体系中，德国思辨哲学中的那种对于18世纪法国唯物主义而言的"胜利的和富有内容的复辟"，就完全被忽视了。我们知道，在《1844年经济学哲学手稿》中，尽管马克思严厉地批判了黑格尔基本立场上的唯心主义，认为"黑格尔唯一知道并承认的劳动是抽象的精神的劳动"[①]，但马克思对黑格尔的活动性的精神概念还是予以了高度评价，认为"黑格尔把人的自我产生看做一个过程，把对象化看做失去对象，看做外化和这种外化的扬弃；因而，他抓住了劳动的本质，把对象性的人、现实的因而是真正的人理解为他自己的劳动的结果"[②]。马克思对于人的能动的对象性活动的强调，正是对于黑格尔关于精神的活动性施以唯物主义改造的最为重要的成果。在《德意志意识形态》中，马克思进一步认为，"这种活动、这种连续不断的感性劳动和创造、这种生产，正是整个现存感性世界的基础"[③]。传统教科书体系由于不理解马克思对于黑格尔精神活动性思想的批判性改造，从而也就不能理解马克思哲学变革的奠基性概念即实践概念，

---

① 《马克思恩格斯全集》，中文1版，第42卷，人民出版社1979年版，第178页。
② 《马克思恩格斯全集》，中文1版，第42卷，人民出版社1979年版，第163页。
③ 《马克思恩格斯选集》，中文2版，第1卷，人民出版社1995年版，第76—77页。

而只在认识论中给了实践一种事先收集感性材料，事后检验认识真理性的作用。不言而喻，传统教科书体系中种种理论上的困难从根本上说都是根源于此的。

在 20 世纪 80 年代，与市场经济大潮的涌动相匹配，中国马克思主义哲学的研究范式也迅速地转向了主体性哲学。

与近代西方的主体性哲学相似，这种主体性哲学也以认识论作为主要内容，因而黑格尔哲学所强调的精神的活动性也就主要的表现于认识论研究之中。与在实体性哲学中的情况不同，认识主体的能动性得到了强调。这种强调主要表现在对认识主体在认识活动中对于认识对象的选择作用，特别是建构作用的突出上。教科书体系的认识论强调的是反映论，虽然也指明是一种能动的反映论，但如何体现能动作用，在不承认认识主体对于认识对象的能动作用的情况下，却往往无法说明。而在主体性哲学中，认识的能动性则以认识主体对于认识对象的选择和建构作用的肯定而明确地表现了出来。

这一阶段对于主体的能动性的肯定还基本上只停留于认识活动领域，因而在对于思维与存在关系问题的处理上，也往往只从认识关系着眼。这样，思维与存在的关系问题也便被理解为一种思维与外部世界的认知关系问题。即便涉及到实践主体与实践客体的关系，一般的也是按照认识关系来处理的。因为这一时期所说的实践一般而言仍然是指在理论指导下的活动，理论对于实践的优先地位是不言而喻的。即使当人们强调实践是检验认识真理性的唯一标准之时，也是首先假定了真理的标准是客观事物，而实践中的成功只是对于真理性的认识符合于客观事物的一种证明而已，亦即实践只是检验认识真理性的标准，而非真理的标准本身。因此，当这一时期的理论一般地把人与世界的关系作为哲学的对象时，所说的关系便主要地只是认识关系。这样，黑格尔的思维与存在同一性问题，便成为了一种认知关系上的同一性问题，亦即认识主体在何种程度上认识外部世界的问题。

与以人与世界的认识关系作为哲学的对象相关，黑格尔的辩证法也就只能被纳入认识论范围内，作为一种认识关系来处理。作为认识关系的辩证法，也就是思维的辩证法。这时，原先在教科书体系中作为客观世界之发展规律的辩证法，便被解释为思维发展的辩证法。在传统教科书体系中被割裂开来的辩证法三大规律和诸范畴，现时也被从认识发展规律的角度进行了解释，并以此对规律和范畴的排列顺序作了新的解释。

显然，在这一阶段，黑格尔哲学在马克思哲学的阐释中的因素得到了加强，虽然主要的仍局限于认识论，但毕竟引入了主体的能动性问题。但这一阶段的问题仍在于未能理解马克思实践概念的存在论意义，没有从存在论的层面去把握马克思对黑格尔哲学的改造。

（三）实践哲学范式中的黑格尔主义

从 20 世纪 90 年代以来，中国马克思主义哲学逐渐转向一种广义的实践哲学范式阶段。关于这一阶段的研究范式，人们有过不同的称谓，诸如人学范式、人类学范式、生存论范式等等，但为论述简便起见，将之统称为广义的实践哲学应该大体上不差。这一阶段不同于上一阶段的特点，是超出了认识论眼界，从存在论的层面上来理解实践活动，即不再把实践仅仅看做是一种发生在人与外部世界之间的一种不具有存在论意义的"关系"，而是看做为具有某种实在性的人的根本性的存在方式。这就回到了马克思对于黑格尔哲学改造的本质之点上。马克思在《关于费尔巴哈的提纲》中所提出的，"对对象、现实、感性"，不应当"只是从客体的或直观的形式去理解"，而是应当"把它们当做感性的人的活动，当做实践去理解"，特别是对于"改变世界"的实践对于"解释世界"的理论的优位性的强调，① 便在某种程度上得到了落实。

现在，既然实践已被视为具有存在论意义的东西，那么，黑格尔哲学中精神的活动性问题便转变成了人的实践的能动性问题，或者说，黑格尔的本质上的精神性劳动现在转变为了改造对象世界的物质性活动。这样一来，这种活动的意义便不再只是对于思维的内在世界的改变，而是首先是对于外部世界的改变。于是，在对马克思哲学的阐释中，人的实践的能动性便具有了存在论的意义。这种能动地改变外部世界的结果，便是人对自身周围世界的建构。马克思《德意志意识形态》的命题，"这种活动、这种连续不断的感性劳动和创造、这种生产，正是整个现存感性世界的基

---

① 《马克思恩格斯选集》，中文 2 版，第 1 卷，人民出版社 1995 年版，第 54、57 页。

础"，先前很少受到注意，现在则被人们频繁地引用。

由于人的能动性具有了存在论的意义，思维与存在的关系问题也就不再仅限于认识关系，而是也具有了存在论的意义。黑格尔关于思维与存在的同一性，现在被从存在论上理解为一种实在性的同一关系。与在前一阶段中把这一关系只看做单向的认识关系不同，这种具有存在论意义的实践活动既然改造了客观世界，使之在某种意义上符合于主体的目的，那么，思维与存在的同一性不仅是单向的主体同一于客体，人同一于世界，而是变成了一种双向的关系。一方面，人的实践必须顺应于外部世界，另一方面，又不可避免地要超越于外部世界，要在外部世界中实现人的目的。这也就体现了马克思所说的，"光是思想力求成为现实是不够的，现实本身应当力求趋向思想"①。马克思所强调的，通过改造外部世界的实践活动，才形成了"人和自然的统一"，"而且这种统一在每一个时代都随着工业或慢或快的发展而不断改变"，② 现在被理解为对于黑格尔思维与存在同一性的唯物主义改造。

既然基于人的现实实践，主体的能动性以及思维与存在的同一性都具有了存在论意义，那么，否定之否定的辩证法作为黑格尔解决思维与存在关系问题的方法论原则，也便具有了一种存在论的意义。前面曾指出过，黑格尔否定之否定辩证法，就是将思维与存在的同一看做是一个过程，一种精神或思想的劳作过程，在这种进展过程中，历史性具有了一种特别重要的意义。在基于实践的主体能动性和思维与存在的关系具有了存在论意义的情况下，黑格尔的否定之否定作为一种精神发展的历史过程，便也转变成了实际的人类历史的发展过程。所谓否定之否定，现在便被理解为人类实践活动或生产劳动的异化和异化的扬弃的历史过程。

大致上说来，上述对于马克思哲学的阐释至少代表了目下国内马克思主义哲学界较为主流的观点。近些年来，一些更为年轻一代的学者从现象学、生存论哲学、解释学等流派那里借用学术资源，如借助"生活世界"、"在世"、"上手状态"、"视界的融合"等等，试图对实践概念的内涵予以扩展或转换，以便给出马克思哲学一个更为现代的形象。虽然这些探讨在

---

① 《马克思恩格斯选集》，中文 2 版，第 1 卷，人民出版社 1995 年版，第 11 页。
② 《马克思恩格斯选集》，中文 2 版，第 1 卷，人民出版社 1995 年版，第 76—77 页。

相当程度上深化了对马克思实践哲学的阐释,但依笔者之见,由于客观上受到马克思哲学文本中既有理论原则的限制,主观上受到对于马克思哲学和这些现代哲学理解深度的限制,这些工作似乎并未从根本上走出黑格尔主义的理论框架,而只是或多或少地给黑格尔涂上了现代哲学的色彩。

(四)超越思辨的实践哲学

回顾黑格尔哲学在中国马克思主义哲学研究三种不同范式中的作用,不难看出,这种作用有一种逐渐加大和加深的趋势。具体说来,一方面体现于对于黑格尔哲学肯定性地援引的成分越来越多,另一方面则体现于,在对马克思哲学的阐释中,黑格尔哲学三大基本元素之间越来越多地具有了内在一致性。

我们记得,在教科书体系中,黑格尔哲学基本上是一种唯心主义的因而是负面的因素,能动性因素受到了排斥,思维与存在的同一性、否定之否定的辩证法则只有在颠倒过来后才能予以有限的接受。不言而喻,由于彻底抛弃了作为前提的精神的活动性因素,这三种元素之间是不可能存在内在关联或一致性的。而在主体性哲学范式中,则在认识论范围内肯定了主体的能动性,且由于这种肯定,在认识论范围内,思维与存在的同一性以及否定之否定的辩证法也得到了某种程度的肯定。同时,这三种元素也在认识主体能动性的基础上具有了某种一致性。

但在马克思哲学阐释中黑格尔哲学元素达到最为重大、最为深入的作用的,还是在第三种研究范式中。此时,不仅黑格尔哲学的三种基本元素以人的能动性为基础在存在论层面上得到了充分的肯定,而且,更为重要的是,到此为止,黑格尔哲学中的精神的活动性、思维与存在的同一性以及否定之否定的辩证法这三种密切关联的基本元素,在对马克思哲学的阐释中又重新达成了一种统一。当然,这种统一的基础不再是黑格尔的精神的活动性,而是人的实践活动的能动性,思维与存在的同一性也不再是精神、思维等于作为自身之外化的存在的统一,而是人与自然、历史与自然的统一。作为否定之否定辩证运动的主体也不再是精神、自我意识等,而是现实的人,历史的人。这样一来,也就可以说,在马克思哲学阐释中,真正形成了一个黑格尔主义的传统。

　　对于中国马克思哲学阐释中黑格尔哲学元素作用的变迁，还可从这一阐释的不同范式中对于西方哲学援引的对象的变化来看。在教科书体系中，人们援引的著作主要是马克思主义哲学创始人以及被列为理论继承人的著作，其中最为基本的是恩格斯的《反杜林论》和列宁的《唯物主义和经验批判主义》这两本论战性的著作。而在主体性哲学阶段，人们援引的对象发生了很大的变化，一些西方当代认识论学者如皮亚杰、波普、库恩等人的著作成了最为经常的援引对象。这个中的缘由，在于这些学者对于认识主体的建构作用、选择作用给予了系统的肯定性论述。而在第三阶段，援引的对象则更多地转向了卢卡奇等西方马克思主义者的著作，特别是卢卡奇的《历史与阶级意识》一书。在稍后一些，海德格尔也加进了这一被援引行列。

　　这一援引对象的变迁，从一个方面表明了马克思哲学阐释中黑格尔主义因素的系统性增长。在教科书体系所援引的著作中，黑格尔哲学基本上是负面的东西。在第二阶段援引的著作中，黑格尔哲学一般也是受批判的对象。而只有在第三阶段所援引的著作中，黑格尔哲学才真正得到了正面的高度评价。特别是在卢卡奇的《历史与阶级意识》中，黑格尔哲学更是被给予了一种几与马克思哲学无别，至少是相去不远的理论形象。思想史家马丁·杰伊在其《马克思主义与总体性》一书中将卢卡奇、科尔施、葛兰西、布洛赫等第一代西方马克思主义者归之为黑格尔主义的马克思主义，认为只是到了霍克海默才开始了从黑格尔主义的马克思主义的"退却"或"撤退"，[①] 应该说是大体不差的。因此，卢卡奇等黑格尔主义的马克思主义成为被援引的主要对象，就从一个方面表明了黑格尔主义在中国马克思主义哲学阐释中的重大作用。稍后一些海德格尔影响的加大，事实上并未改变黑格尔主义的主导性影响。这是因为，一方面，以戈德曼之见，海德格尔哲学与卢卡奇哲学之间本身就有着相通之处[②]；另一方面，在对马克思哲学的阐释中，人们往往有意无意地将海德格尔哲学做了某种

---

　　① 参见马丁·杰伊：《马克思主义与总体性》（英文版），剑桥，Polity Press，1984 年版，第 2—7 页。
　　② 参见戈德曼：《卢卡奇与海德格尔》（英文版），伦敦，Routledge & Kegan Paul Ltd，1977 年版，第 1—24 页。

改造，使之更像或更接近于卢卡奇的黑格尔主义的马克思主义。

对于当代中国马克思哲学阐释中的黑格尔主义的作用，笔者以为，应该给予充分的肯定。这是因为，马克思哲学的直接理论来源就是黑格尔哲学，正是通过对于黑格尔哲学的批判性改造，马克思哲学才得以成立。作为直接的理论来源，马克思在创立其哲学中不可避免地吸收了黑格尔哲学的因素，或者说，黑格尔哲学的基本论断都以被唯物主义地改造了的方式保留在了马克思哲学之中，构成了马克思哲学不可或缺的组成部分。不能想象，如果从中将黑格尔哲学的成分全部清除掉，马克思哲学将会变成什么样子。人们之所以把传统教科书体系视为一种旧唯物主义范式，正是因为在其黑格尔哲学的基本元素全然被放逐了。而从主体性哲学阶段开始，黑格尔哲学的元素则逐渐得到了肯定。最后直到当今的实践哲学范式中，黑格尔哲学的诸元素的作用，得到了最为充分的阐发。可以说，在当代中国马克思哲学研究中，如果没有黑格尔哲学诸元素的不断增长的作用，就不会有马克思哲学阐释范式的发展变迁，就不会有这一理论本身的发展。从某种意义上说，当人们在上个世纪提出回到马克思的时候，其实际上的意义是与回到黑格尔同一的。在那一理论背景下，如果不回到黑格尔，就不能回到马克思。

这里尤其值得一提的是卢卡奇的哲学。在《历史与阶级意识》中，他通过将历史设想为一个包含自然在内的总体，"将无产阶级看做真正人类历史的同一的主体一客体"，"创世的'我们'"①，而在最大程度上吸收了黑格尔的精神活动性的元素，并通过物化和物化意识的分析，解释了现代社会矛盾对立的发生，以及人们陷入对物化现象直观意识的原因，特别是探讨了无产阶级在哲学上如何超越资产阶级思想之二律背反的物化意识的可能性。就对马克思哲学阐释而言，卢卡奇的哲学可以说是达到了黑格尔主义的极致。在历史上，卢卡奇哲学对于纠正第二国际理论家对于马克思哲学的机械论解释和新康德主义解释，是产生过巨大的积极作用的。在当代中国，对于超越教科书体系和主体性哲学，亦是有着重要意义的。因而，在黑格尔主义对马克思哲学阐释所作贡献的意义上，卢卡奇是功不可

---

① 卢卡奇：《历史与阶级意识》，商务印书馆1992年版，第228、275、318页。

没的。①

但对于当代中国马克思哲学阐释中的黑格尔主义的作用应给予充分的肯定，并不意味着对马克思哲学的这种黑格尔主义的阐释就是没有问题的，无需改变的。恰恰相反，就当下中国马克思主义哲学研究而言，正是这种黑格尔主义构成了理论进一步发展的一种障碍，因而必须突破黑格尔主义的束缚，走向对于马克思哲学更为确当的把握。

突破黑格尔主义的阐释范式之所以必要，首先在于，无论如何，马克思哲学是通过批判地改造黑格尔哲学而形成的，而且这种改造并非细枝末节的修补，而是根本原则上的变革，是在根本性原则上超越了黑格尔哲学的，因而在学理上绝不可以将马克思哲学按照黑格尔主义的方式或某种变相的黑格尔主义的方式去加以理解。这里最为根本的区别，便在于黑格尔哲学的主体是绝对精神、理念、理想之类的东西或存在物，而马克思哲学的主体则是现实的个人。显而易见，前者是无限性的，而后者则是有限的存在物。这种主体的无限与有限的区别，决定了其能动性的限度。在黑格尔，精神的活动性或能动性是无限制的，而在马克思，主体既然是现实的人，其能动性便不可避免地是有限制的。在黑格尔，基于精神活动性的无限性，思维与存在便能够达到一种无限制的同一性，即主体与客体、思维与存在、精神与自然、自由与必然之间对立与矛盾的绝对的解决。而在马克思，这些矛盾与对立的解决在有限的历史中只能在有限的范围内得到有限的解决。进而，作为矛盾对立之解决方法的否定之否定的辩证法，在黑格尔那里便是一种绝对的方法，即一种从主体出发，能够最终回到主体的辩证方法。而在马克思，由于主体的有限性，由于外部自然的优先性，人与自然对立完全克服的不可能性，这种方法便只能是一种有限的方法，即不可能从主体出发回到主体，达成主客体的完满统一。

就卢卡奇而言，他以无产阶级作为"人类历史的同一的主体－客体"，似乎与黑格尔的绝对精神之类主体相比，是一种现实的主体。但二人的这种差别只是表面上的。如果卢卡奇把无产阶级视为"创世的'我们'"，那么，就与黑格尔的绝对精神没有什么区别。这是比之马克思早期著作中的

---

① 笔者以为，在国内学界，卢卡奇对于马克思主义哲学的发展所作的巨大的贡献，至今并未得到较为深入的研究和公正的评价。

"类本质"更为黑格尔化的，甚至在某种意义上，比之黑格尔更有过之而无不及。此点卢卡奇自己后来也认识到了："将无产阶级看做真正人类历史的同一的主体一客体并不是一种克服唯心主义体系的唯物主义实现，而是一种想比黑格尔更加黑格尔的尝试，是大胆地凌驾于一切现实之上，在客观上试图超越大师本身。"①

从主体的有限性与无限性的差别，还进一步派生出马克思哲学与黑格尔哲学或黑格尔主义的马克思主义阐释的一系列差别或对立，诸如理论与实践的有限同一性与无限同一性的差别与对立，在理想性与现实性之间的有限同一性与无限同一性的差别与对立，理论对象与实践对象或实在的有限同一性与无限统一性的差别与对立，历史与自然的有限同一性与无限同一性的差别与对立，等等。而这些差别与对立又会导致实践上的种种根本性的差别与对立。例如，如果像卢卡奇那样，认为理论与实践之间的同一性是无限的，那就不可避免地要否认理论之外的实践的独立性，否认实践对于理论的优位性。再如，如果认为理想性与现实性之间能够通过某种历史过程达成同一，即将理想完全地实现出来，则人们对于现实与理想之间的实质性差异便会视而不见，便会将现实视为实现理想的一个过渡性环节，便不会建构现实性的行为规范。这方面的一个实例，就是社会主义国家建立半个多世纪之后，还没有人试图建立一种能够对社会主义现实政治生活规范进行理论考察的马克思主义的现实性政治哲学。显然，这些问题的存在也要求我们超越以卢卡奇为典范的黑格尔主义阐释范式。

超越黑格尔主义的阐释范式，并非意味着由此又走向一种康德主义的阐释范式。当然，在德国古典哲学的语境中，如康普·斯密所言，黑格尔哲学与康德哲学在是否"致力于建成一种理智一元论"这一根本问题上，是延续了古代柏拉图哲学和亚里士多德哲学的对立的。② 因而，对黑格尔哲学的背离，在某种意义上也可以说是对于康德哲学的接近。而且，如果我们承认马克思哲学是对于德国古典哲学的批判继承，而德国古典哲学不仅仅是黑格尔哲学，也包含康德哲学在内，那么，说马克思哲学中包含有对康德哲学的批判继承也是题中应有之义。但是，无论有什么样的接近，

---

① 卢卡奇：《历史与阶级意识》，"新版序言（1967）"，第 18 页。
② 参见康普·斯密：《康德〈纯粹理性批判〉解义》，华中师范大学出版社 2000 年版，第 28 页。

无论有什么样的继承，我们也不能把马克思哲学归结为先前的任何一种哲学。马克思哲学就是马克思哲学，它既不是黑格尔哲学的简单延续，也不是康德哲学的简单延续。我们不能因为以卢卡奇为典范的黑格尔主义阐释范式的存在，就把任何试图超越这一范式的努力都看成是康德主义的。我们的努力的目标应该是将马克思哲学与康德哲学、黑格尔哲学的实质性区分界划清楚，将马克思在哲学上所实现变革的革命性意义充分地揭示出来。

最后，需要说明的是，这里把以卢卡奇为典范的黑格尔主义阐释作为实践哲学研究范式的表现而欲超越之，并不意味着对于实践哲学这一研究范式本身的超越。如前所述，实践哲学是一个范围极广的概念，包含了一个相当宽广的系谱，显然，这样一种宽泛地将实践视为第一性的活动、将实践哲学视为第一哲学的意义上的实践哲学，是不可能被超越的。这里所要超越的只是像卢卡奇以及萨特这样的思辨的实践哲学。称其为思辨的实践哲学，是因为卢卡奇和萨特都在有意无意间预设了理论的全能性，预设了自身的理论能够全然把握现实实践总体，即都以在理论中将现实实践整体构建起来作为其理论的目标，从而在暗中预设了思维对于存在的优越性，从而在实际上取消了实践活动的第一性，背离了唯物主义而滑向了唯心主义。因此，超越卢卡奇等人的黑格尔主义的实践哲学范式，并非超越实践哲学，而只是超越那种具有唯心主义倾向的思辨的实践哲学，而走向一种前文所说的"有限理性论"的实践哲学。

五、当代中国马克思主义哲学研究范式发展之展望

从理论哲学到实践哲学的范式转换，是哲学思维方式的一种根本性转换。如前所述，在西方世界，这种转换是在两千多年的历史中完成的，而在中国，则由于种种原因，这一转换过程被压缩在短短的半个多世纪之中。如此急速的观念变迁，不可避免地是极其粗线条的。这种急速的粗线条转变的结果，便是会留下许多问题需要人们去逐步消化。这些问题大致上可分为两个方面的：一是总体上如何对马克思主义哲学及其思维范式转型的理解问题给出清晰而系统规定，另一是如何在实践哲学范式的视域

中，重构一系列任何一种哲学都不可避免地要给予某种解答的重要问题。因此，如果我们前面描述的范式转换说能够成立，那么，对这些问题的解决将会构成中国马克思主义哲学范式转换之深入发展趋向或理论空间。

哲学范式转换所带来的问题首先是总体上的问题，主要包括相互关联的两个方面的问题。一是如何规定实践哲学思维范式，另一是如何理解马克思实践哲学的独特性。

关于如何规定实践哲学思维范式。在前文中我们对诸种实践哲学的含义做了一些辨析，在那里曾指出，在作为第一哲学和思维范式的意义上，马克思哲学与其他现代哲学有着根本性的不同。这种提问题的方式包含着一个前提，那就是我们能够用实践哲学来涵括现代哲学，或者说，用转向实践哲学来表达哲学思维范式的转变。但是，由于实践哲学一语的含混性以及人们使用中的多义性，学界似乎至今还未达成一种对于哲学范式转型如何规定的共识。有不少论者在谈及实践哲学时，似乎往往不是在本文所理解的意义上，而是对之作一种比较随意的理解。于是乎，许多超越实践哲学范式的主张便被不断地提了出来。例如，已有人提出一种"后实践哲学"的主张。尽管这种主张在哲学界尚不响亮，但在美学界，一种"后实践美学"的主张却似乎要势头大得多。这里并不是说人们不能此外再提出"转向"问题，而是说，人们应该沉下来对所使用的概念作一些澄清，尽量能够在共同的含义上使用这些基本概念，否则，只是自话自说，恐怕就很难推进思想的深化。另外，还有"人学转向"、"价值论转向"、"生存论转向"，甚至"解放的转向"等等说法，到底如何与实践哲学相区别，也是亟待清晰化的。

关于如何理解马克思实践哲学的独特性。虽然本文对马克思哲学在何种意义上是一种实践哲学作了一些辨析，但这一工作毕竟是十分简单的。如果我们肯定哲学从马克思以来发生了一种从理论哲学到实践哲学的转换，且马克思哲学是一种实践哲学，那么，实践哲学便不是像葛兰西所说的那样是马克思哲学的别名，而是一种共名，从而在同为实践哲学的基础上，如何区别马克思哲学和其他实践哲学便成为一个重大的基本问题。前面曾指出过，实践哲学有着一个极为广泛的谱系，包括如倪梁康先生所说的"黑格尔以后的现代哲学"，包括卢卡奇、葛兰西、批判理论、布达佩斯学派、萨特、梅洛—庞蒂以及南斯拉夫实践派，也包括美国实用主义，甚至包括像克尔凯郭尔这样的哲学家的思想。面对如此庞大的哲学家群，如何将马克思哲学从中区分出来，显然是一项极为复杂、繁难的工作。但这一工作又是极其必要的。如果说人们以往往往用一种极为简单的方式将马克思哲学与其他哲学区分开来，那么，在实践哲学范式中，这种简单的方法已不存在。在实体性哲学范式中，人们可以一方面用"唯物主义的"将马克思哲学与唯心主义哲学区别开来，另一方面用"辩证的"将马克思哲学与旧唯物主义哲学区别开来。在主体性哲学范式中，人们则用"实践的"一语将马克思哲学与以往各种哲学区别开来。但在实践哲学范式中，这些简单的区分方式不再有效，因而我们必须通过具体的研究寻找其间的实质性区别。

思维范式的转换，是哲学思想中根本性的变化，因而不可避免地要对所处理的诸问题产生根本性的影响。对于哲学中的诸问题而言，思维范式犹如马克思所说的，"这是一种普照的光，它掩盖了一切其他色彩，改变着它们的特点。这是一种特殊的以太，它决定着它里面显露出来的一切存在的比重。"[1] 下面择其要者略举几例。

关于实践哲学的基本问题。哲学思维范式的转换也必然代哲学基本问题的变化。黑格尔认为，"近代哲学的原则并不是纯朴的思维，而是面对着思维与自然的对立"，"这种最高的分裂，就是思维与存在的对立"，而近代哲学的"全部兴趣仅仅在于和解这一对立，把握住最高度的和解，也就是说把握住最抽象的两极之间的和解"[2]。恩格斯也指出，"全部哲学，特别是近代哲学的重大基本问题，是思维和存在的关系问题。"并认为，虽然这一问题"其根源在于蒙昧时代的愚昧无知的观念"，"但是，这个问题，只是在欧洲人从基督教中世纪的长冬眠中觉醒以后，才被十分清楚地提了出来，才获得了他的完全的意义"[3]。这也就是说，古代哲学，依汪子嵩、朱德生等人之见，之表现为一般与个别事物之关系问题，[4] 是由于其

---

[1] 《马克思恩格斯选集》中文 2 版，第 2 卷，人民出版社 1995 年版，第 24 页。

[2] 黑格尔：《哲学史讲演录》第 4 卷，人民出版社 1978 年版，第 6、7 页。

[3] 《马克思恩格斯选集》第 4 卷，人民出版社 1995 年版，第 223、224 页。

[4] 参见汪子嵩：《亚里士多德关于本体的学说》，人民出版社 1983 年版；朱德生等：《西方认识论史纲》，江苏人民出版社 1983 年版。

自我意识尚未觉醒，尽管一般之物只能是思维的产物，但却被当成了与个别事物一样的存在者。因此，古代哲学基本问题与近代哲学基本问题之差异只在于自我意识觉醒与否，一般与个别的关系其实只是思维与存在关系问题的一种未自觉的表现形式而已。无疑，哲学基本问题的这种变化是与哲学思维范式的转换内在相关的。古代哲学的实体性思维范式决定了其基本问题只能是一般与个别之关系问题，而近代的主体性思维范式则决定了其基本问题为思维与存在之关系问题。但无论是实体性哲学思维范式，还是主体性哲学思维范式，都属于理论哲学的思维范式，因而哲学基本问题具有内在的类似性。但实践哲学与理论哲学是截然相反的哲学进路，则一旦哲学思维范式转换为实践哲学，则亦必须导致基本问题的重大转换。事实上，在理论哲学之中，无论是实体性哲学还是主体性哲学，其基本问题实质上都是思维与存在之间的二元关系。而在实践哲学之中，如果我们把理论与实践理解为人的两种基本活动方式的话，则理论哲学中的二元性关系转变为理论、实践与实在之间的三元性关系。在这种三元性关系中，"实在"的含义大致上接近于二元关系中"存在"的含义，表示一种与思维不同的东西；而"理论"则比二元关系中的"思维"更少一些抽象性，大致上意指用语言表达出来的思想。其间多出来的一元是"实践"，其含义为人的一切实际性活动。如何解决这种三元性关系，就构成了实践哲学必须持续探讨的问题。

此外还有实践哲学中唯物主义的意蕴、辩证法问题、真理问题等等。如果实践哲学范式中哲学基本问题发生了相应的转换，从思维与存在的二元性关系转变成了一种理论、实践与实在的三元性关系，则唯物主义与唯心主义的含义必然要重新界定。这一转变，同样也必然会导致辩证法、真理等问题内涵的改变。

第二章 马克思主义哲学经典著作研究

一、研究状况综述

建国前，在特殊的历史条件下，国内已有一部分知识分子开始零星翻译和研究马克思主义经典著作，特别是马克思和恩格斯的著作。建国后，我国开始系统组织翻译出版马克思主义经典作家的《全集》及《选集》，并出版了经典作家以及包括考茨基、梅林、普列汉诺夫、拉布里奥拉等在内的著名马克思主义者的哲学著作单行本。这些著作对于党员干部、知识分子以及青年学生学习和把握马克思主义哲学基本理论，对于推进马克思主义哲学的中国化及大众化，发挥了至关重要的作用。与此同时，结合马克思主义中国化及其在中国社会主义革命和建设中的理论任务，学界也开展了马克思主义经典著作的研究，并随同苏联哲学教科书的引进，进行马克思主义哲学原理以及马克思主义哲学史方面的研究与探索，形成了对马克思主义哲学的传统阐释框架以及马克思主义哲学原理体系。

无疑，改革开放前30年的马克思主义哲学原著研究以及整个马克思主义哲学研究，受到了极左路线、特别是十年文革的严重干扰。而新时期以来解放思想的现实要求、日益开放的国际视野以及学科建设任务，则为认真研究马克思主义哲学原著并推进马克思主义哲学理论的研究与创新提供了可能。在这一时期的开端，马克思主义哲学研究创新的主要困扰来自于苏联哲学教科书——它具有抽象的和教条主义的性质，不仅疏离了当代人类的历史性实践，无法切中当代社会问题的核心，而且束缚了对相关哲学原理的深入研究，从而直接制约了对马克思主义经典著作、特别是对马克思本人的哲学著作的全面深入的解读与研究。

人们注意到,传统哲学教科书存在着严重忽视人的维度、难以真正吸收马克思关于人的思想的缺陷。这种状况,与包含着丰富人学思想的马克思早期著作及文献(尤其是在整个马克思思想中占据重要地位的《1844年经济学哲学手稿》)尚未进入中国学界的视野有一定关系。从前苏联《马克思恩格斯全集》第2版翻译并在1956—1974年出版的中文版《马克思恩格斯全集》1—39卷(41册)中,只收入少量马克思早期著作(且有错误),1979—1985年,我国又翻译并出版了前苏联《马克思恩格斯全集》第2版补卷11卷(12)册,即全集中文第1版第40卷至50卷。其中,《1844年经济学哲学手稿》,收入第42卷,且出版了单行本。这一手稿的出版引起了学界的广泛关注。由此,伴随着蓬勃兴起的思想解放运动,形成了一个以研究《1844年经济学哲学手稿》为主且兼及早期相关文献的马克思早期著作研究热潮,出现了一批至今仍有重要影响的研究力作。时至今日,马克思早期哲学著作的研究,依然是马克思主义哲学研究的重点领域,并不断有新的成果面世。应当说,在今日中国形成的"以人为本"的共识,与20世纪80年代以来哲学界对马克思早期哲学著作及其有关人的思想的探索及阐释是有很大关系的。

随着经典文献的积累和研究的深入,人们越来越不满意于像苏联教科书那样,把历史唯物主义看成是辩证唯物主义在社会历史领域的推广和运用,也不满意于用教条化和抽象化的历史唯物主义话语体系去包罗万象地解释一切现代人、社会及文化现象。人们希望在思维方式上再次重新确定马克思主义哲学革命的实质,以及经由这一革命而产生的新唯物主义的基本纲领。以《关于费尔巴哈提纲》以及《德意志意识形态》为基础,一些学者试图把马克思、恩格斯所说的"实践的唯物主义"确定为马克思主义哲学的理论标志,大力开展实践观及其哲学变革的研究。在很大程度上,"实践的唯物主义"以及实践观研究,开启了新时期以来马克思主义哲学研究的新视野,其作用格外引人注目。事实上,在此后的近10年时间里,通过批判性地吸取包括西方马克思主义在内的现代西方哲学成果,实践的唯物主义研究范式在诸如人、主体性、实践、价值、文化、社会等领域展开深入探索,并在马克思主义哲学研究方面,逐渐形成了诸多新的研究领域，如人学、实践哲学、价值哲学、文化哲学、社会哲学以及社会认识论等等。

20 世纪 80 年代中后期到 90 年代中后期，对马克思恩格斯的相关著作的深入研究也形成了一些理论与学术成果。首先，因寻求对辩证唯物主义理论的更为合理的理解，人们致力于研究《自然辩证法》、《反杜林论》、《哲学笔记》以及《唯物主义与经验批判主义》，这一工作推进了自然辩证法的研究与学科建设，并通过进一步汲取和批判当代西方科学主义及其成果，对自然哲学、科学哲学、相关自然科学的哲学、生态哲学乃至于技术哲学的研究与学科建设，都产生了积极影响。其次是上一世纪 80 年代后期至 90 年代初，一些学者致力于探索马克思有关社会发展的理论，探索马克思晚年有关人类学及东方社会发展道路的思想，在诸如跨越论与卡夫丁峡谷问题、马克思社会发展五阶段论与三阶段论的关系、市场经济与人的发展等一系列问题上展开讨论，形成了一批重要的研究成果，在历史哲学、人学以及哲学人类学方面深化了对马克思唯物史观的研究。第三方面的重要成果是 20 世纪 90 年代中期以来经济哲学研究的蓬勃兴起。结合中国全面走向社会主义市场经济以及经济全球化的国际大背景，一些研究者深入挖掘并阐释马克思《1844 年经济学哲学手稿》、《资本论》及其手稿以及相关经济学方面的论述，致力于经济哲学的探讨，明确提出马克思主义哲学的经济哲学范式，并形成了当代中国经济哲学的问题领域和马克思主义研究路向。

20 世纪 90 年代后期特别是新世纪以来，在已有研究的基础上，经典著作研究的格局进一步多样化，理论创新意识更为明确，并呈现出不同的研究路向与解读范式。马克思主义哲学当代性问题的研究与探索，引导人们寻求不同的马克思主义哲学著作的解读模式。在多样化的解读路向中，以下三种路向尤其引人注目。

一是"比较对话"路向。这一路向强调马克思是"现时代的同路人"并"与我们同行"，通过揭示并阐说马克思哲学的存在论革命，结合现代性问题、实践哲学的复兴、生活世界的转向、社会理论与政治哲学兴起等当代哲学背景，试图在生存性实践的立场上重构马克思主义哲学的本体论结构，提出了诸如生存论的本体论、实践生存论、实践生成论以及社会关系本体论等诸多理论构想。这一路向要求系统深入地解读马克思主义的哲学著作，展开马克思主义哲学与包括德国古典哲学在内的近代思想家的批判性对话，展开马克思与尼采、韦伯、海德格尔、哈贝马斯、福科、德里达以及鲍德里亚等当代思想家的批判性对话，并通过这种对话来揭示和呈现马克思主义哲学的当代性及其思想史意义。

二是"文本构境"路向。这一路向基于一种称为"历史的深层逻辑解读法"的研究方法，也参考了阿尔都塞的症状阅读法、拉康的镜像理论以及后马克思主义的解构主义方法及话语理论，这一路向反对以教条式的哲学原理反注经典文本，也反对所谓哲学解释学的"我性解释"以及前定的现代性话语框架，强调以本真历史性的解读方法，重新再现马克思主义哲学著作的历史原像，揭示其作为哲学文本的内在逻辑，开放经典文本，并努力回到其原初语境。这一路向强调重视 MEGA2 的必要性，并明确提出"回到马克思"、"回到列宁"，在一定程度上为今天重新理解经典作家的思想提供了新的视角。

三是"文本及文献考据"路向。这一路向强调在尽可能全面掌握文献及版本资料，在对经典著作进行审慎而全面的文本考据的基础上，还原经典文本的真实语境，并在此基础上准确地理解马克思主义哲学。这一路向明确反对借解释学之名而行主观性之实的文本研究方法。这一路向更加注重 MEGA2，注重国外马克思学研究的成果，并积极引进介绍国外在《1844 年经济学哲学手稿》、《德意志意识形态》、《资本论》及其手稿、《共产党宣言》的文献、版本及文本研究方面的成果，明确提出构建当代中国的"马克思学研究"。

上述三种路向之间（甚至同一种路向内）显然存在着差异乃至于分歧，不同路向之间也出现了争辩与交锋。但现在看来，几种路向之间实际上主要是研究方法以及思想策略的差异，而在理论原则上是彼此补足且颇多一致的。其间的一致性就在于：通过对经典著作的深入研究以揭示马克思主义哲学的当代意义。在几种路向上，上个世纪 90 年代中期以来有关马克思主义哲学的研究取向都得到了进一步的贯彻和深化，几种路向都在不同层面上积极汲取并批判当代世界哲学演进以及国外马克思主义的成果，包括 MEGA2 的成果以及马恩差异问题的研究成果。与此同时，每种路向的立论根据并非是作为其参考性学术背景的国外学术资源，而是立足于当代中国的理论现实，并根据新时期以来中国马克思主义经典著作研究之内在逻辑而向前推进。目前每种路向的实际问题，倒并不在于研究的重点和独特方向，而在于研究的深入程度以及学术质量。这意味着研究空间扩展的前景依然是巨大的。

实际的研究当然不止于上述三种路向。进入新世纪以来，中国的马克思主义哲学经典著作研究，越来越呈现出开放性和多样化的格局与生态。除了上述三种研究路向外，主要还有如下一些方面。一是唯物史观研究的新视域。近些年来持续推进的历史唯物主义研究，对于深入全面地解读马克思主义相关哲学著作，对于强化马克思主义哲学研究的时代意识与问题意识，均发挥着重要作用；这一方面的研究，同时也使马克思主义哲学若干新领域以及前述各路马克思主义哲学经典文本的研究路向保持着合理而正确的理论方向。二是马哲史领域的新开拓。除马克思恩格斯哲学著作外，近年来，出于马克思主义哲学史研究的需要，出于回应当代全球资本主义及新自由主义时代的现实问题，同时也是受国际激进左翼及新马克思主义的影响，国内学界加强了对列宁和第二国际特别是伯恩斯坦、卢森堡以及希法亭等人的研究，并推出了一些新的研究成果。三是马克思主义哲学中国化研究的努力。这一方向始终是马克思主义经典著作研究的重点领域。在毛泽东哲学思想与邓小平哲学思想方面，不断有新的成果问世；当代中国马克思主义在哲学方面的成果，也已经成为稳定的研究对象，并出现一些新成果；对于马克思主义哲学中国化的重点人物如李达、艾思奇等人著作的研究进一步加强。四是马克思主义哲学若干新领域的持续深化。20世纪90年代以来形成的诸多马克思主义哲学研究新领域，如人学、社会哲学、文化哲学、价值哲学、经济哲学，都在各自方向上进一步推进和深化了马克思主义经典著作研究，并形成越来越丰富的理论运用与时政价值。五是国外马克思主义及激进左翼思潮的影响越来越大，如分析的马克思主义、生态学的马克思主义、激进政治经济学、市场社会主义、女性主义的马克思主义以及相关激进左翼思潮，都在一定意义上积极影响着今日中国的马克思主义经典著作研究，正在生成相应的并有一定自主性的研究模式。

以上是中国目前马克思主义哲学经典著作研究的基本格局。

二、马克思早期著作的当代发现

马克思早期著作的发现，是当代思想界最有意义的理论事件之一。然而所谓"发现"，意味着什么？所谓"当代发现"，又意味着什么？进而言之，这样的"当代发现"是如何成为可能的？应当如何理解和估价它们对于当代社会和当代思想史的意义？本文拟就此作一简要探讨。

（一）问题的提出：所谓"当代发现"

直到本世纪初，马克思和恩格斯世界观形成时期的著作还鲜为人知。马克思的博士论文长期搁置在档案库里，甚至连恩格斯也只是耳闻有这篇文章。即使是已经发表的《神圣家族》，也只有为数极少的马克思主义者阅读过。至于恩格斯写于 1844 年以前的著作，除了马、恩本人之外，几乎可以说根本就没有人知道。为当时人们一无所知的其他作品还有：《黑格尔法哲学批判》、《1844 年经济学哲学手稿》、《德意志意识形态》等等。而且，《莱茵报》和《德法年鉴》已成为极其罕见的珍本藏书，所以马、恩在这些刊物上发表的论文也几乎已湮没不彰了。

在马、恩遗著的发现、整理和出版方面首先作出贡献的，是梅林编辑的三卷本《马克思恩格斯和拉萨尔遗著》（1902）。这部选集不仅第一次发表了马克思的《博士论文》，而且收录了《评普鲁士最近的书报检查令》以及曾在《莱茵报》和《德法年鉴》上发表的一系列论文。除去这部选集的一些形式上的缺点[①]之外，正像梅林在 1907 年所说的那样，由于仍有许多材料尚付阙如，所以马克思思想形成过程的某些问题，"直到现在也很不容易搞清楚"。例如，梅林的名著《马克思传》（1919）在谈到 1844 年春夏马克思的理论活动时，不无惋惜地说：除了卢格的一些零星记述外，关于马克思这一时期所进行的研究，没有保存下来任何材料。[②]

---

① 主要是未收入马克思青年时代的一些论战性文章，对有些论文作了大量删节，此外，还有一些史料鉴别上的错误。

② 参见〔德〕梅林：《马克思传》（上），北京人民出版社 1965 年版，第 99—100 页。现在已经有了可靠的材料，证明马克思当时主要在从事《经济学—哲学手稿》（1844 年 4 月—8 月）的写作。

　　然而无论如何，梅林编辑的这部《遗著》对于马克思主义具有世界历史意义的传播和思想史的研究来说，都是一项了不起的功绩。正如尼·伊·拉宾在半个多世纪以后满怀深情地记述的那样："我们这些马克思主义者在二十世纪中叶是依靠马克思恩格斯全集来学习马克思主义的，因此很难想象这部遗著的出版对当时那一代人产生了多么巨大的影响。这部书所收的绝大多数著作，不论对普通读者，还是对专家来说，都是新的发现。整整一代马克思主义者都是用这部书来学习的。列宁就是用这部书研究了马克思和恩格斯在1848—1849年革命时期的策略。"①

　　马克思和恩格斯的一些更为重要的遗稿的发表编纂，无疑应当特别归功于以列宁为代表的布尔什维克党人和苏维埃国家，这样一种伟大无私的理论兴趣，在当时确实是无与伦比的。马克思恩格斯列宁研究院作出了惊人的努力，在收集卷帙浩繁的遗著、手稿的辨认、翻译和注释方面取得了巨大的成就。自1927年《马克思恩格斯全集》第一卷国际版（MEGA）问世至1932年，研究院首次发表了马克思的一系列早期著作，其中特别重要的有：《黑格尔法哲学批判》（1843）、《克罗兹纳赫读书笔记》(1843)、《1844年经济学哲学手稿》、《德意志意识形态》（全文）。此外，还有《中学作文》、《诗集》、《狂歌》、关于《博士论文》的材料、《柏林读书笔记》(1840－1841)、《中央集权》、《问题》以及《路德是施特劳斯和费尔巴哈的仲裁人》。②

　　然而，我们在这里首先要指出的一点是：所谓马克思早期著作的当代发现，决不仅仅是说这几部著作在某年某月编集出版，它的更深入的含义在于，这些著作似乎是契合着当代世界所面临的重大问题，重新激动并引发了极为广泛的争论。特别是《1844年经济学哲学手稿》的发表，不啻是一声霹雳，震动了整个西方思想界。几乎时隔40年，卢卡奇在回忆初读《手稿》的感想时还说："当我1930年在莫斯科时，梁赞诺夫给我看了马克思1844年在巴黎写的手稿。你们可以想象我的兴奋心情：读这些手稿，使我与马克思主义的整个关系发生了变化，使我改变了我的哲学

① 〔苏〕拉宾：《论西方对青年马克思思想的研究》，人民出版社1981年版，第29页。
② 后经考证，《路德是施特劳斯和费尔巴哈的仲裁人》一文乃费尔巴哈所作。

观点。"①

不仅如此。如果说《手稿》的发表仅只是在学理方面具有编纂学意义的话，那么它至多也只能引起卢卡奇的个人兴趣或学院内部的学术兴趣。然而，马克思早期著作的发现从一开始就表明它具有极其深刻的社会历史根源和意义。如果联系下面将要提到的关于马克思主义的当代争论来看的话，那么与其说早期著作的发表引起了争论，毋宁说对这些著作之意义的估价和发现是以当代争论为背景的：早期著作的发表一方面把一些尖锐的问题进一步突出出来，另一方面也使在背景中的对立和冲突，围绕着一个似乎是纯学术的问题而得以广泛展开。因此不难看出，关于马克思早期思想意义之争论，并不仅仅是由于这些著作的偶然发表所引起的，而实际上是当代世界关于马克思主义所形成的对立和争论的题中应有之义。如果说，当代世界对于马克思主义持彼此差异的立场决不仅仅是一个理论问题，那么很显然，这种差异立场的深刻根源正在于当代社会生活发展起来或新产生出来的矛盾。

也许我们在这里可以做这样一种设问，即：如果《1844 年经济学哲学手稿》和《德意志意识形态》再晚 50 年发表，那么全部争论是不是会本质地改变、或整个地撤销？毫无疑问，如果是这样的话，那么关于马克思主义的争论将不会、也不可能围绕着这两部手稿展开。然而，争论是否围绕着某个主题展开与争论全然不会发生是两回事；我们的观点是，如果这两部手稿未能在 30 年代初发表的话，争论的整个形式将会相当地不同，但是，争论的性质决不可能整个地改变。因为，争论的核心始终正是当时迫在眉睫的这一代人的生存状况问题。就西方世界而言，问题的重心始终正是社会生活的新的内在矛盾，是预感到这种矛盾的那一代知识分子之生存境况的集中反映。

1923 年的《历史与阶级意识》对所谓"物化现象"的批判就是一个典型例证。假定说，在《资本论》中特别择出"物化"概念用以补充马克思早期思想的某种空缺，仅仅是鉴于个人的观点的话，那么，这部著作之成为"本世纪最有争议的著作之一"并在西方产生如此巨大的影响，恐怕

---

① 〔匈〕《卢卡奇自传》，社会科学文献出版社 1986 年版，第 302 页。

就不能单纯用个人的"眼光"来加以说明。1932 年《手稿》的发表似乎有力地印证了卢卡奇的见解，然而就卢卡奇本人而言，《手稿》的发表却使他对先前的观点作了重大修正（主要是严格地区分所谓"异化"和"对象化"），如果说这种修正再一次可以是个人观点或"眼光"的话，那么，西方思想界几乎完全不顾及这种修正并仍激赏其先前观点的情况，就再一次表明了这里的问题决不仅仅牵涉到个人眼光以及关于《手稿》的纯粹学理，而是一个与社会生活的内在矛盾和新的冲突真正相关的解释学问题。

1927 年海德格尔的《存在与时间》问世并很快成了哲学争论的中心之一，同样表明了这种情况。这部著作在某种意义上也可以被概括为"异化问题"。在西方思想界，关于卢卡奇和海德格尔的关系——究竟谁影响谁，谁是先驱者——曾有过争论，按照戈尔德曼（L·Goldmann）的说法，《存在与时间》在某种程度上甚至可以说是对卢卡奇见解的直接回应。这种说法仍然可以在一个很长的时间内成为学术界饶有兴趣的争论话题，但是回答谁是先驱者并不特别紧迫，重要的问题在于：（1）所谓"物化"或"异化"问题在当代世界究竟具有怎样的意义？（2）当代西方哲学和"文化批判"如何把一种社会历史的异化状况表述为一种哲学上的"人类状况"？（3）关于马克思早期思想的理解和争论是怎样同这种背景相关联的？

很明显，这些问题将有助于我们把马克思早期思想的当代发现同当代社会生活的背景联系起来，使那些似乎是个人偶然主观理解和无谓争论的真实意义凸显出来。比如说，卢卡奇在阅读马克思的《手稿》之后发现，《历史与阶级意识》包含着一个"根本的和严重的错误"，即把"异化"同任何一种形式的对象化混淆起来；然而，事实上正是这种错误对《历史与阶级意识》在西方的成功起了极大的作用。[①] 如果说，关于马克思早期思想的某种理解是以同样性质的"错误"为前提的，事实上这样的"错误"却并不仅仅是错误，即并不仅仅是可以作为纯粹主观或偶然任意的东西而立即加以排除，因为它们毕竟包含着某种只有联系当代生活的矛盾和冲突才能加以揭示的"实际意义"。

---

① 参见〔匈〕卢卡奇：《卢卡奇自传》，社会科学文献出版社，第 253—254 页。

只有揭示这样的"实际意义",理解马克思早期思想的当代发现才是真正可能的。

(二)关于"理解":理论立场的重要性

在《巴黎手稿》和《德意志意识形态》发表的当年(1932年),就有一批西方学者声称他们从早期著作中发现了"真正的马克思",而在晚近的数十年中,由早期著作引出的"新发现"似乎更是层出不穷。德曼以《新发现的马克思》为题的论文,断言1843—1848年是马克思思想发展的"成熟的顶点",而晚期著作却"暴露出他的创作能力的某种衰退和削弱"。德国社会民主党人朗兹胡特和迈耶尔声称《巴黎手稿》是"真正的马克思主义的启示录",是某种意义上"最重要的著作"和马克思思想发展的"关节点",而美国哲学家胡克则在《手稿》中看到了"马克思的第二次降世",指出这"第二次降世"的马克思,"穿着哲学家和道德家的外衣",来宣告关于超越阶级、政党或派别的狭隘界限的人类自由的消息。

随之而来,出现了一系列对于马克思早期思想的解释方案,新黑格尔主义者试图通过马克思的早期著作把马克思描绘成一个始终不渝的"理论上坚定的黑格尔主义者",并且始终只是在寻找从这个理论向经验现实过渡的途径。与此相反,阿尔图塞则断言马克思开始是康德—费希特派,后来是费尔巴哈派,从来不是黑格尔派,而且在马克思的"认识论断裂"之前,早期思想乃属于与科学相对立的"意识形态"。一部分现代存在主义者则力图通过早期著作来实现"马克思和克尔凯郭尔的调和",在把费尔巴哈描绘成正统存在主义者的同时,也使马克思成为现代存在主义的先驱者。此外,提出解释并参与争论的还有实证主义者、教权主义者、实用主义者、弗洛伊德主义者和结构主义者等等。最后,心理学派的某些人还试图"从心理学和医学原则的立场出发"来发现马克思的某种类型的"神经官能症"、"狂热症",或其他种种的"不良品质"。①

这些形形色色的解释方案初看起来似乎极其混杂,然而其共同的特点在于:它们在理论上往往并不执着于深究马克思思想发展的实际进程,而是经由一定的当代思潮同社会生活的矛盾相联系,使之纳入其理论立场的

---

① 参见〔苏〕拉宾:《论西方对青年马克思思想的研究》,人民出版社1981年版,第89页。

强制之中。在这里，理论观点或理论立场的重要性便显现出来了。这种重要性不仅在于理论立场的规定，对于解释马克思早期思想来说，是某种制约"阅读"和"发现"的东西，而且还在于，当代社会生活的矛盾只是通过一定的理论立场才成为某一解释方案的直接前提。

单单是马克思早期著作的发表所激起的广泛关注和震动便足以表明，上述情况并不像某些观点所断言的仅是一些"纯粹虚假的问题"，或者仅是一些"心怀恶意的小人蓄意制造的阴谋"。如果说前面所提示的社会生活的状况构成理解的一个背景或基础的话，那么按照马克思的方法，这样的背景或基础也必须通过思想家的理论观点或理论立场之特殊个别的形式去加以把握。

因此，所谓马克思早期思想的当代发现，不仅以当代的社会生活及其矛盾作为基础，而且还以这一基础之上的当代思潮及其种种理论立场作为前提。因而，理解和评判这些"当代发现"，就不仅应当透彻地理解当代生活的基础，而且应当对当代思潮形成真正有内容和有意义的批判，从而能够卓有成效地阐发马克思主义哲学的当代意义。在这里，理论立场的重要性又立即显示出来了，因为很显然，要能够作出原则高度上的理解、批判和阐明，在很大的程度上取决于我们本身的理论立场。

令人遗憾的是，当代一部分马克思主义理论家恰恰是在理论立场上表现薄弱。例如，普列汉诺夫就曾把马克思的实践原则和费尔巴哈的"实践"概念混为一谈。他批评马克思的《提纲》误解了费尔巴哈，认为马克思指责费尔巴哈不了解"实践批判活动"是不对的，因为费尔巴哈是了解它的。[①] 这种判断固然可能在某种程度上是由于普列汉诺夫未能读到如《德意志意识形态》这样的著作，但在更大的程度上则还是取决于他的理论立场。因为即使退一步来讲，上述基本的思想关系已经在《关于费尔巴哈的提纲》中明确了。

也许梅林比普列汉诺夫幸运一些，他至少读到了《德意志意识形态》的一部分手稿，然而他对这部著作的评价却不高。他写道："这部著作甚至是比《神圣家族》中最枯燥的部分都更加冗赘烦琐的'超争论'。此外，

---

① 参见《普列汉诺夫哲学著作选集》，第 3 卷，生活·读书·新知三联书店 1962 年版，第 776—777 页。

虽然这里也有时出现沙漠中的绿洲，但比起《神圣家族》来要少得多。而当辩证法的锋芒在个别地方显现的时候，它也很快就被琐碎的挑剔和咬文嚼字的争论所代替了。"① 这样的评价或许仍然可能是由于梅林未见全部手稿，但是问题不仅在于当时文献资料的不足，而且特别在于第二国际后期的一部分理论家中实际存在着的理论立场——恩格斯所批评的"经济决定论"、教条主义倾向，以及特别由列宁所指证的庸俗唯物主义倾向。梅林之不恰当地抬高自然科学唯物主义和费希特哲学的地位，② 至少在一定的意义上也提示了这种理论倾向的危险性，而恩格斯晚年的有关书信，包括1893 年致梅林的信，足以表明恩格斯对于问题的严重性有着充分的估计和警惕。③ 因而真正的重要之点在于：不能充分地评价未发表的《德意志意识形态》的意义，在相当大的程度上是同不能充分理解已发表的《关于费尔巴哈的提纲》的意义相关的。确切些说，这种不理解主要取决于一定的理论立场——未能完整地掌握作为"新世界观"的马克思的哲学唯物主义基础。

一个更加典型的例子是：《联共（布）党史简明教程》（1938）的四章二节从《神圣家族》中摘引了一段话来说明马克思的唯物主义观点，"决不可以把思维同那思维着的物质分开。物质是一切变化的主体。"④ 然而，这根本就不是马克思本人的观点，而是摘自霍布士的观点。正是在同一页上，马克思把霍布士的观点称之为"片面的"、"敌视人的"唯物主义。难道马克思和霍布士是同样的一种唯物主义吗？当我们严肃地阐述马克思的唯物主义时，有什么权利用霍布士来偷换马克思呢？在这里，问题当然决不仅仅是误引（或考证意义上的失误），问题正在于理解，在于这种理解所赖以建立的理论立场。

如果说在 1932 年以前，有关马克思主义哲学形成过程的重要资料还十分缺乏，所以马、恩的第一代学生还很难在早期思想的研究方面获得很大进展，那么，在最主要的早期著作已经发表，从而所谓"形成过程"不

---

① 〔德〕梅林：《马克思传》（上），第 147—148 页。

② 参见〔德〕梅林：《保卫马克思主义》，人民出版社 1982 年版，第 146—160 页；119—120 页。

③ 参见《马克思恩格斯选集》，第 2 版，第 4 卷，人民出版社 1995 年版，第 725—730 页。

④ 参见《马克思恩格斯全集》，第 1 版，第 2 卷，人民出版社 1957 年版，第 164 页。

再有明显的材料缺漏之后，情形就有了改变，至少在文献资料方面已比较完善。马、恩早期著作的发表在当代世界的背景中激动和引发了一系列新的争论，西方的学者和意识形态家已借此而形成了所谓"青年马克思"问题，显然，对于这类问题和挑战作出应答就成为我们的一项紧迫的理论任务了。

就理论方面而言，这里的问题主要围绕着"马克思主义哲学的形成"或"马克思主义哲学史"而展开。由于种种原因，我国联系早期著作对马克思主义哲学史的研究，主要是在最近十多年中才刚起步，对于马克思主义哲学的形成史以及对于形成史中之当代问题的理解和批判，也更多地局限于比较一般的结论上。前苏联在这方面的研究起步要早，某些专门研究进行得也较细致一些。然而就总体而言，他们在理论观点上的进展并没有强大到足以克服对手的挑战，有些应答也似乎只是在不涉及真正的问题时才成其为应答的。撇开其他的一些因素不谈，这种状况的主要原因仍在于理论立场的薄弱。正是由于这一点，所以当马克思早期思想的"当代发现"成为问题时，不少理论家却在某种程度上表现无能，放弃对这一问题之生活基础和理论前提进行真正有成效的分析批判。理论立场上的局限性使他们或者取消问题本身，把所谓"当代发现"仅只当做虚假的问题打发；或者使问题纯然停留在抽象的形式中，并且把抽象的否定当成是唯一可能的解答。

因此，为了能够真正理解和评判马克思早期思想的当代发现，必须使我们的理论立场得以充分地巩固、发展和充实，必须重新广泛深入地研究马克思主义哲学的一些最基本的问题，在此基础上对马克思主义哲学的当代意义作出阐明，对各种类型的当代问题作出真正批判的应答。

（三）当代争论及其理论背景

在马克思逝世的时候，西方的意识形态家们还倾向于认为，马克思主义已经被驳倒了。然而 20 世纪以来，特别是随着二三十年代马克思早期思想的当代发现，马克思主义在西方学术界似乎又变得时髦起来。1933年，卢卡奇在国际作家大会上做了题为《我走向马克思的道路》的发言，他说："与马克思的关系，对每一个认真对待自己世界观的阐明，认真对待社会的发展、特别是当前的形势、自己在其中的地位以及对它的态度的知识分子说来，都是真正的试金石。"① 这种强烈的感受决不是个别的和暂时的现象。时隔将近半个世纪，美国著名经济学家海尔布隆纳在他的《马克思主义：赞成和反对》（1980）一书中写道："马克思主义是现代世界中一个令人时刻感到惊悸的精灵，是激起人们最热切的希望和恐惧、使人产生种种大相径庭的见解的根源。"② 存在主义哲学家萨特在晚年的《辩证理性批判》中甚至说，马克思主义乃是当代文化的主流，是一切思想体系的正式骨干，是当代"唯一不可超越的哲学"。他写道："开始改变我的是马克思主义的现实，是在我眼前工人群众的沉重存在，这个巨大而又阴沉的队伍在体验和实行马克思主义，并在远处对小资产阶级知识分子产生一种不可抗拒的吸引力。"因此，"当新生的阶级意识到自己时，这种意识就对远处的知识分子产生作用，并使他们头脑里的想法分化瓦解。"③

然而，马克思主义对于西方知识界的这种"不可抗拒的吸引力"，并不意味着在这个主题上立场协调或观点一致：恰好相反，它倒是意味着社会历史问题在成为当代思想所关注的中心时，如何不可避免地接触到马克思主义哲学——无论是向这一哲学提出要求和呼吁，还是提出追问和挑战；它意味着马克思主义在当代思想界愈益成为对立的枢轴和争论的焦点——人们可以赞成它或反对它，但却不能回避它或者抹煞它。马克思早期著作的发表恰逢其时，因而关于马克思主义的当代争论也就在早期思想的主题上得到了集中表现。

就理论方面而言，争论的基点实际上汇集在两种立场上。其一是庸俗唯物论和实证主义的立场。第二国际的一部分理论家就曾依照"经济决定论"或"经济唯物主义"的主题去解释历史唯物主义，虽则这一立场受到恩格斯和列宁的拒斥，但却仍被视为马克思主义的一般原理而受到维护和攻击。新康德主义者卡西尔断言，马克思就像弗洛伊德之推重"利比多冲动"一样地崇拜"经济本能"；④ 赖辛巴赫把历史唯物主义称之为由"经济

---

① 参见〔匈〕卢卡奇：《卢卡奇自传》，社会科学文献出版社 1986 年版，第 210 页。
② 〔美〕海尔布隆纳：《马克思主义：赞成和反对》，中国社科院情报研究所 1982 年版，第 1 页。
③ 〔法〕萨特：《辩证理性批判》上卷，第 18、19 页。
④ 〔德〕卡西尔：《人论》，上海译文出版社 1985 年版，第 28 页。

史观"引申出来的经济决定论;① 而英国历史哲学家柯林伍德则认定马克思把人类历史定义为一部单一的历史，即经济史，因而象征着一种"反历史的自然主义"。②

与此对立的是所谓人本主义或批判主义的立场。这种解释立场特别是属于 20 世纪的（尽管它在某种渊源上可以追溯到上个世纪），并且特别地与当代人本主义的思潮相联系。卢卡奇和柯尔施几乎同时对第二国际理论家的科学主义和经济决定论发起攻势③，把马克思主义主要描述为一种人道主义的批判的历史哲学；布洛赫根据"希望"这样一种本体论现象来确定马克思学说的意义，并在六七十年代倡导一种"人道的社会主义"；而法兰克福学派则把历史唯物主义特别地规定为与传统理论相对立的"社会批判理论"。

这样两种对立的理解似乎把历史唯物主义分裂为两种全然不同的原则立场，马克思的哲学唯物主义基础似乎从中间"爆裂"了。就像黑格尔逝世以后施特劳斯和鲍威尔的争论一样，马克思的哲学唯物主义基础似乎再度重现了"实体"与"自我意识"的片面发展。特别值得注意的是：关于马克思早期思想的当代发现正是在这样一种对立的背景中成为问题的，从而对于所谓"早期思想"的理解和评判便重新规定并再现了当代争论的基本分歧。因此，理解关于马克思主义哲学主题的当代争论和分歧的实质，甚至成为我们对马克思早期思想的"当代发现"作出理论评判的关键所在。

首先要提到的是第二国际的理论家与庸俗唯物主义和实证主义的妥协。其结果是，理论本身——马克思的哲学世界观基础——被忽视了，甚至被混淆了。这种忽视严重到什么程度，可以从下面这段话中看出来。梅林说：马赫完全不想做哲学家，他只愿意局限在自己所内行的科学范围内。"在这方面，马赫完全与马克思相一致，完全撇开哲学，而只在历史和自然科学方面的实践工作中考察人类的精神进步。"他又说，"我们对于辩证法是完全尊重的，但我们觉得，没有辩证法的实际认识，还是比没有

---

① 〔德〕赖辛巴赫：《科学哲学的兴起》，商务印书馆 1966 年版，第 60 页。
② 〔德〕柯林伍德：《历史的观念》，商务印书馆 1986 年版，第 139—140 页。
③ 卢卡奇的《历史与阶级意识》同柯尔施的《马克思主义和哲学》都发表于 1923 年。

实际认识的辩证法更可贵"。①

不难想象，正是这种对于理论本身、对于马克思哲学世界观基础的忽视和误解，使他们不时地回到庸俗唯物主义和实证主义那里，与之相妥协，为之留出地盘。按照梅林的意见，机械唯物主义在今天仍然是合理的。马克思和恩格斯只不过否定了它在历史范围中的权利，而根本没有否定它在自然科学范围中的权利。因此，"机械唯物主义在自然科学范围里是科学研究的原则，一如历史唯物主义在社会科学范围里一样"。② 如果是这样的话，那么似乎就有两种不同的哲学基础作为自然观和历史观的立足点，似乎恩格斯对机械唯物主义的全部批判、马克思关于费尔巴哈的十一条论纲就不是关涉到世界观的基础，而仅仅是牵扯到"专业范围"或"学科领域"的问题了。

与梅林的见解相类似，普列汉诺夫在他 1915 年的著作中，把拉美特利、费尔巴哈、马克思和恩格斯统统归到"斯宾诺莎的类"，断言他们的唯物主义实则是相同的；并且说，马克思和恩格斯在所谓"哲学本身的问题"上始终保持着与费尔巴哈相同的观点，而马克思的认识论实际上就是费尔巴哈的认识论。③ 这样一来，普列汉诺夫便把费尔巴哈之未能达到历史唯物主义，仅仅看做是一种偶然的、方法上的失误，而与其唯物主义基础无关。这种误解和混淆立即就导致了一系列的理论倒退和失误。如果说，普列汉诺夫关于地理环境作用的理论乃是在唯心主义的攻势下向实证主义求救，那么他关于法国史学家丹纳的意见同样表现了这种无原则的妥协。④

这样一些基本观点上的妥协和动摇说明，第二国际的理论家们并没有真正深入到马克思的哲学唯物主义这个基础中去，而各种即使是出自良好意愿的"附加"又正好说明他们并不已经真正理解了这个基础。因此，列宁曾一针见血地指出了这一点：对于当时流行的各种唯心主义的批判，他

---

① 参见〔德〕梅林：《保卫马克思主义》，第 160－161、156 页。

② 参见同上，第 99 页、146 页。

③ 参见《普列汉诺夫哲学著作选集》，第 3 卷，第 778－780 页。

④ 参见〔俄〕普列汉诺夫：《论一元论历史观之发展》，生活·读书·新知三联书店 1961 年版，第 110－111、195 页；《普列汉诺夫哲学著作选集》，第 3 卷，179 页；关于普列汉诺夫的那种实证主义美学观点，还可参见里夫希茨的批评意见（《马克思论艺术和社会理想》）。

们也往往只是诉诸实证主义的或庸俗的唯物主义。^①而且，由于他们的观点在这个时代不可能真正有效地同唯心主义作战，所以又往往不可避免地显露出他们同唯心主义妥协的迹象。例如，梅林对于费希特、叔本华和拉萨尔的评判就是如此。^②

倾向于实证主义或庸俗唯物主义的理论家所让渡出来的地盘，很快便为另一种倾向所占据。1923 年，柯尔施的《马克思主义和哲学》开始全面地反驳第二国际的所谓"正统的"马克思主义者。按照柯尔施的看法，第二国际的领袖背弃了"马克思主义的革命精神"，用进化论、科学主义和经济决定论等等抹杀了马克思哲学的真义，从而否定了马克思主义哲学的实践功能，否定了无产阶级在实际斗争中的主体作用，否定了真正的社会革命。在柯尔施看来，作为唯物辩证法的马克思主义乃是工人阶级的革命哲学，而不是任何一种社会科学。这种见解十分明显地把批判的、实践的社会革命理论同这一理论的科学要求对立起来。虽然柯尔施的观点后来有所改变，但就其为"批判理论"奠定基础的倾向而言，则是力图排除乃至否定马克思学说中的"经验社会科学性质的因素"。^③

与柯尔施的观点较为接近的卢卡奇，同样十分坚决地"反对普列汉诺夫和梅林的'正统'"。在 1957 年的一篇文章中，卢卡奇写道："1929—1930 年的哲学讨论曾使我希望能够弄清黑格尔和马克思、费尔巴哈和马克思、马克思和列宁的关系，即从所谓普列汉诺夫的正统下解放出来，并为哲学研究开拓出新的境界。"^④虽然卢卡奇一直以为他是在 20 世纪 30 年代才意识到"与普列汉诺夫和梅林相对立"的，然而真正典型的对立恰恰是从《历史与阶级意识》开始的。当第二国际的理论家一味强调经济决定论并且以一种自然主义的方式来理解经济作用的模式时，"《历史与阶级意识》企图为真正的行动解除世界的必然性。"^⑤因此，这部著作否定任何"自然辩证法"，并且以一种黑格尔主义的方式，将"总体性"在方法论上

---

① 〔苏〕列宁：《哲学笔记》，第 3 版，人民出版社 1974 年版，第 190—191 页。

② 参见〔德〕梅林：《保卫马克思主义》，第 90 页。

③ 参见《国外马克思主义研究：纪念马克思逝世一百周年译文集》，中国社会科学院报研究所 1983 年版，第 3—5 页。

④ 〔匈〕卢卡奇：《卢卡奇自传》，第 225 页。

⑤ 同上，第 40 页。

的核心地位与经济的优先性对立起来,"不是经济动机在历史解释中的首要地位(Vorherrschaft),而是总体的观点,使马克思主义与资产阶级科学有决定性的区别。"①

当马克思早期著作发表的时候,上述对立和争论的背景便立即在这一主题上凸显出来,并且形成为理解和评判马克思早期思想之当代发现的基本规定。尽管卢卡奇后来坦率地承认,无论是柯尔施、葛兰西还是他自己都没有真正解决"第二国际流传下来的社会必然性和对它的机械解释的问题",但是,卢卡奇、柯尔施等人所提出的问题同庸俗唯物主义或实证主义的倾向在哲学上构成对立——虽然在很大程度上是以主观主义与之对立。最富特征的对立非常明确地表现在《历史与阶级意识》的核心概念——"实践"上,当普列汉诺夫把马克思的实践原则同费尔巴哈的"实践"概念混为一谈时,《历史与阶级意识》却构成了一种"抽象的、唯心主义的实践概念"。这种实践概念虽则"对机械唯物主义提出了强烈的抗议",但却不仅遗忘了"劳动",而且重新陷入了"唯心主义的直观"。因此,卢卡奇的"革命实践"概念便表现为一种主观主义的"高调",正如他后来所承认的那样,这个概念"更接近当时流行于共产主义左派之中的以救世主自居的乌托邦主义"。② 不过,这种乌托邦主义往往是那时哲学理论上庸俗唯物主义倾向的必然补充,是分裂马克思哲学世界观基础的必然结果。

从以上的讨论中不难看出,在完整的马克思哲学世界观的基础上,真正克服上述分裂和对立、在社会生活的各个领域中把马克思主义作为一种普遍的世界观阐述出来,乃是当代马克思主义者所面临的一项十分重要的理论任务。同样,由于关于马克思早期思想的当代问题是在上述分裂和对立的理论背景中出现的,由于对所谓"早期思想"的理解和评判是在关于马克思主义的当代争论中获得规定的,所以在理论观点上,除非能够真正深入领会马克思主义哲学的世界观基础,真正有效地理解和克服当代争论的对立,我们才有可能把握马克思早期思想之当代发现的实质,并对这种"当代发现"的意义作出批判的阐明。

---

① 〔匈〕卢卡奇:《历史与阶级意识》,商务印书馆 1995 年版,第 76 页。
② 参见〔匈〕卢卡奇:《卢卡奇自传》,社会科学文献出版社 1986 年版,第 246-249、255 页。

三、"理性的法"和"私人利益"

近年来，随着我国改革开放事业的发展，随着"社会主义市场经济体制"这一实践要求的提出，先前似乎被全然排除的"私人利益"（或"物质利益"）问题变得愈益重要起来；不仅如此，我们甚至还开始接触到了私人利益与社会公正、与社会整体发展、与精神文明建设的关系等一系列重要问题。毫无疑问，这些问题的合理解决对于未来发展是关系重大的。

鉴于物质利益问题本身不仅是相当广泛的，而且是错综复杂的，所以我们在这里仅只就马克思思想发展过程中的一个有意义的题材——《莱茵报》时期马克思所面临的物质利益难题——加以初步的讨论。而这个题材之所以有讨论的价值，是因为（1）在《莱茵报》时期，物质利益问题可以说是第一次进入马克思的视野；（2）这一问题在当时的提法（还很难说是"解决"）还采取着一种矛盾的形式，一种以"理性的法"和"私人利益"相对立的形式；（3）在这种矛盾的或对立的形式中，形成着并且发展起马克思后来对这一问题真正具有原则高度的解决方案。虽然我们的讨论在这里更多地局限于马克思思想发展史的一个片断，但是只要善于理解，它就会是具有现实意义的。

（一）马克思在《莱茵报》时期面临的困惑

接触到物质利益问题并对这样的问题感到困惑，乃是马克思在《莱茵报》时期所遭遇的一个重大理论事件。时隔多年，马克思后来在《政治经济学批判序言》中回顾说，"1842－1843年间，我作为《莱茵报》的编辑，第一次遇到要对所谓物质利益发表意见的难事。"[1] 这些难事大致说来有三：（1）莱茵省议会关于林木盗窃和地产析分的讨论；（2）官方同《莱茵报》就摩塞尔农民状况展开的论战；（3）关于自由贸易和保护关税的辩论。虽然马克思关于这些问题的讨论文字已多有散佚，[2] 但这些作为"难事"的问题肯定是很使马克思困惑了一阵子的。

---

① 《马克思恩格斯选集》，第2版，第2卷，人民出版社1995年版，第31页。
② 马克思关于这些主题的探讨现在能见到的主要有《第六届莱茵省议会的辩论（第三篇论文）》和《摩塞尔记者的辩护》。

关于存留下来的诸论文的性质，梅林和科尔纽都指出，马克思当时的批判"不是从经济方面，而是从法律方面加以论证的。"或者，马克思当时"还不能从经济的和社会的观点来解决经济问题和社会问题，因此他只能从法学的和伦理的角度来论述这些问题。"① 尽管这样的评论一般说来是正确的，并且在认识的深度方面要超出一些流行的肤浅见解（按照这种见解，马克思在当时已经很好地理解了"物质利益"问题，从而坚定地走上了唯物主义历史理论的道路），但是，无论是梅林还是科尔纽，都没有能够进一步说明，究竟是什么真正使马克思感到"为难"或"困惑"。如果说在这里使马克思感到为难或困惑的东西是某种更加深入的、内在的理论矛盾，那么，就应当揭示并展开这一矛盾，并依据这一矛盾的性质去把握马克思思想的发展取向。

按照梅林的看法，马克思之所以感到为难是"由于必须谈到黑格尔思想体系中所没有考虑过的物质利益问题"。因此，马克思当时对于林木盗窃法所提出的问题，"还不像晚年时处理得那样明快"；进而就历史观方面而言，马克思关于林木盗窃法的这篇论文还具有"某种不稳定的性质。"② 诚然，对于"仍然遵循着黑格尔的法哲学和国家学说"的马克思来说，要谈到老师没有考虑过的问题确实可能会有些许"为难"，但是仅仅在这个意义上去理解马克思的困惑就过于肤浅了。对于像马克思（或鲍威尔）那样的思想家来说，要用某种确定的精神来处理老师所没有考虑过的问题决不是一件值得渲染的"难事"，除非这里的问题是涉及到真正哲学世界观方面的原则性变动。由此可以假定，物质利益问题之所以使马克思感到为难或困惑，并不仅仅是由于黑格尔思想体系中（例如法哲学体系）没有考虑过它，而且是由于这一问题对于构成马克思《莱茵报》政论之基本依靠的世界观（其主要依据是黑格尔的法哲学和国家哲学）提出了尖锐的挑战。

如果事情是这样的话，那么在马克思《莱茵报》时期谈到物质利益问题的那些论文中，必定包含着某种内在的理论矛盾，而且这种矛盾的性质

---

① 参见〔德〕梅林：《马克思传》（上），第58页。
② 参见〔法〕科尔纽：《马克思恩格斯传》，第1卷，生活·读书·新知三联书店1963年版，第58—59页、419页。

必定是非常紧张不安的。梅林以为马克思关于林木盗窃法的论文在处理物质利益的问题上只是"不够明快"，或在历史理论方面只是带有某种"不稳定的性质"等等说法，也许恰恰表现了他对于这种内在矛盾的某种"温情主义态度"（真正说来，这是与他的不完善的哲学史方法论、与他的有缺陷的哲学立场有关的）。因为事情从根本上来说决不仅仅是如此：马克思后来对问题的处理不只是更加"明快"或更加"稳定"一些，而毋宁说是以一种相当不同的原则来解决问题的。

如果说梅林的解释是使这种内在矛盾的紧张程度大大降低的话，那么，科尔纽的说法则似乎把这种矛盾移到了理论的外部。他一方面说，《摩塞尔记者的辩护》还只能从法学的和伦理的角度来论述经济问题和社会问题；另一方面又说，马克思甚至在《第 179 号"科伦日报"社论》中就"已经开始从社会的、甚至是经济的观点来考察精神和周围世界之间的关系了。譬如，他已经把哲学的发展和经济的发展（如铁路的修筑）相提并论了。"[1] 但是，科尔纽并没有充分注意到，即使撇开占主导地位的哲学原则不谈，马克思在这里的"相提并论"也仅只具有比拟的意义，因而丝毫不能以此说明马克思已经从"经济的观点来考察精神和周围世界的关系"了；就像马克思在这里虽然说到"人脑在人体之内"，但却丝毫不能用以说明他已经是一个哲学唯物主义者一样。

因此，在这里试图通过马克思所用的某种比拟来暗示其理论的性质或理论进程的必然性，实际上是不可取的，而且就说明这种理论性质或理论必然性而言，也是无济于事的。这里的问题恰好在于：马克思作为《莱茵报》主编所面临的问题——以物质利益为中心的经济问题和社会问题，其解决方案何以从"法学的和伦理的角度"向"经济的和社会的观点"转变？这种转变的现实可能性何在？此外，更加重要的是，马克思所逐渐达成的"经济的和社会的观点"性质如何？（由于最后一个问题较多地超出了本文所要讨论的范围，所以在这里可以顺便提一下的是：姑且暂时撇开

---

① 参见（法）科尔纽：《马克思恩格斯传》，第 1 卷，生活·读书·新知三联书店 1963 年版，第 419、336 页。科尔纽在这里用作论据的是马克思的下述说法："那种用工人的双手建筑铁路的精神，在哲学家的头脑中建立哲学体系。哲学不是在世界之外，就同人脑虽然不在胃里，但也不在人体之外一样。"《马克思恩格斯全集》，第 2 版，第 1 卷，第 220 页。

"社会的观点"这个在当时还比较模糊的提法，我们并不认为"经济的观点"必定一般地高于"法学的和伦理的角度"，这一点可以从马克思后来对于政治经济学的批判立场中明显地见到。若就经济的和社会的观点而言，马克思并不是一般地成为一个国民经济学家，而是特殊地成为一个国民经济学的批判家。归根到底，在所谓"世界历史"的意义上，国民经济学是和德国的国家哲学和法哲学同一水准的东西。）

　　（二）理性的法与私人利益的"不法"

　　我们认为，对于上述理论转变来说真正的重要之点在于："物质利益"问题实际地、本质重要地介入到马克思先前单纯理性的世界观之中，而且该问题的介入第一次以超出这种世界观体系的方式向单纯理性的观念提出了尖锐的挑战。因此，如果说这一问题之介入的可能性来自于马克思同鲍威尔的区别（注意：《莱茵报》时期的又一重大理论事件是马克思同"自由人"的决裂），来自于理性的思维与存在的世界之一致性的要求，那么反过来说，"物质利益"问题的实际介入立即就在很大的程度上破坏了那种关于一致性的理性要求本身。因为马克思当时所面临的物质利益问题，不仅是与思有同一的纯思辨概念相矛盾的，而且就其自身而言是内部分裂和对立的。

　　这就是马克思在《莱茵报》后期所遭遇的巨大矛盾。鲍威尔的自我意识立场之所以不会面临这样的矛盾，是由于这一立场本身排除诸如"物质利益"或"物质因素"等等，或者换句话说，这一立场只有在排除这些问题时才能成立。另一方面，黑格尔的绝对精神立场同样不会面临这样的矛盾，因为这一立场把物质利益的对立、市民社会的分裂等等直接归入"理念的自身的同一"。但是这样一来，不仅理性的观念将会导回到"上帝"，而且马克思的社会政治批判也就立即成为不可能了。由此可见，马克思当时的理性世界观所面临的挑战就在于：为了使批判能够成立，他必须借助于某种理性；为了使这种理性避开"神"或"上帝"的终局，他又不得不使理性在某种可能性上容纳物质利益问题；而这个问题就像"欺诈的海妖"一样，把理性引向反对它自身的"敌人的怀抱"。

　　这样的矛盾在马克思关于林木盗窃法的论文中表现得最为紧张。一方面是法（理性的法），另一方面是利益（私人利益）。这二者之间尖锐的、紧张的对立关系，可以说十分明白地表现着由于"物质利益"问题的介入而在马克思思想中激动起来的内在不安和冲突。因此，在马克思第一次探讨社会问题的这篇论文中，理性的法和私人利益被尖锐地对立起来；而且，作为这种对立的当时的——也是暂时的——解决，马克思把法理解为理性和正义的代表，而把私人利益归结为"不法"，归结为对法的本质的违犯。

马克思问道：省议会关于林木盗窃法的辩论说明了什么呢？它说明了省议会以袒护特定的私人利益为自己的最终目的。由于这种目的，所以省议会"不仅打断了法的手脚，而且还刺穿了它的心"①。省议会的立场不仅把立法权变成了保护私人利益的工具，而且把国家的一切、法的一切统统"降低为私人利益的物质手段"的水平。② 然而，这种立场是全然与法的概念相悖的，因为"利益就其本性说是盲目的、无节制的、片面的，一句话，它具有无视法律的天生本能；难道无视法律的东西能够立法吗？"③ 如果说，私人利益及其物质手段乃是在"不法"的意义上与理性的法形成对立，那么很显然，私人利益决不会因为有人把它抬上了立法者的王位就能真正立法。

因此，在马克思当时看来，私人利益是和真正的法相对立的："事物的法的本质"就是理性，而法律只有在它是这一本质的普遍和真正的表达者时，才是合理的，与此相反，私人利益却诱使法律离开事物的法的本质，从而在法律的假象后面制造出法的反面，即"不法"④。于是，法和利益的对立就在于：法是"事物的本身"，是"独立的对象"，亦即客观的理性（作为事物的法的本质之理性），而利益则是"离开法，把我们的注意力或者引到外部世界去，或者引到自己的头脑中去，从而在法的背后大耍花招。"⑤ 这里所谓"外部世界"，是指利益所始终针对或追逐的"某种非人的、外在的物质"；而所谓"自己的头脑"，则是指"狭隘、实际而卑鄙

---

① 《马克思恩格斯全集》，第 2 版，第 1 卷，第 287—288 页。
② 《马克思恩格斯全集》，第 2 版，第 1 卷，第 283 页。
③ 《马克思恩格斯全集》，第 2 版，第 1 卷，第 288—289 页。
④ 同上，第 249 页。
⑤ 同上，第 271 页。

的自私心理"以及由这种心理而产生的独断和妄见。然而无论在哪一种场合，为利益所驱使和支配的"立法者"都不可能是法的普遍的和真正的代表，他们所宣布和论证的法律都是不法的——既不是"人道的"，也不是"合理的"（此处的合理正等于合法）。

确实，马克思的这篇论文，看起来就像是一篇以理性的法的名义声讨私人利益之"不法本能"的檄文。法的敌人正是倚靠着隐蔽的私人利益向理性宣布了无情的战争，从而捍卫理性的权利也就成为论证私人利益的无权，因为法正就是"肆无忌惮的私人利益的障碍物"。在这一对立中，理性的法，作为事物之客观的普遍的本质，便从私人利益的外在性和主观性中，见到自己"永世的仇敌"。因此，当马克思以理性的法的名义谴责私人利益的时候，利益乃被规定为"共同的精神"的反面，正是在这样的反面，私人利益的代表"把某种物质对象和屈从于它的某种意识加以不道德、不合理和冷酷无情的抽象"。这是一种"下流的唯物主义"，是"违反各族人民和人类的神圣精神的罪恶"；① 这样一种拜物教性质的理论在谈论林木法的时候，认为"不应该从政治上，也就是说，不应该同整个国家理性和国家伦理联系起来解决每一个涉及物质的课题。"②

显而易见，马克思当时对"物质利益"或"私人利益"问题的整个提法，仍一般地立足于单纯理性的立场，立足于所谓国家理性和国家伦理的立场。就事物的法的本质之为普遍的、客观的理性而言，马克思的前提接近于黑格尔；就理性的法与私人利益的不法构成无限的对立而言，马克思的批判的结论似乎趋向于康德。于是，对立的解决方案乃成为理性的绝对命令（即"应然"）：省议会的等级代表虽然执行了自己的使命，但他们的做法并不因此就是正确的；"莱茵省人应该在省级会议中战胜等级，人应该战胜林木所有者"③；而且，无论私人利益和全省的利益发生怎样的冲突，私人利益的代表"应该毫不犹豫地为了代表全省而牺牲特殊利益的任务"④，如此等等。

---

① 《马克思恩格斯全集》，第2版，第1卷，第289页。
② 《马克思恩格斯全集》，第2版，第1卷，第290页。
③ 《马克思恩格斯全集》，第2版，第1卷，第289页
④ 《马克思恩格斯全集》，第2版，第1卷，第289页。

　　现在的理论家当然能够并不困难地指证这种解决方式的缺陷，但真正紧要的问题还不在这里。我们在前面说马克思对问题的这一解决方式是"当时的而且是暂时的"，不只是因为这篇论文一般地处于某种思想史的"上下文"之中，而且是因为该论文的观点就其本身来说包含着一种使其解决方式迅速瓦解的矛盾。重要之点就是理解这种矛盾。这里的问题在于：如何解决"利益"与"法"的无限对立呢？如何克服"应有"与"现有"的分裂呢？在当时的情况下，明确地揭示这种分裂和对立是非常必要的，而且揭示了这种分裂和对立的观点乃是批判的；但同时马克思是已经知晓这种观点（保持"应有"与"现有"之无限对立的观点）的局限性的。另一方面，如果直接将这种分裂和对立归入"理念的自身中的同一"，如果把"私人利益"的本质性导回到理念从而使之分有理性的神性，那么显然，虽则这种观点有可能达到某种意义上"具体的、现实的内容"，然而无论在宗教方面还是在政治方面，这种观点在当时的情况下便会立即成为保守的和非批判的。

　　因此，在揭露和批判的任务是首要的、高于一切的时候，马克思之特别强调理性的法和私人利益的对立就是有理由的；但是另一方面，在单纯理性的批判所能容纳的范围内，要想真正地克服这种对立实际上却是不可能的；最后，就马克思来说，关于林木盗窃法的这篇论文并未表明他对于物质利益或私人利益问题已经有了成熟的研究，但是无可否认，对于这一问题进行探究的真实意图或可能性已经坚定地出现了。

　　这种真实意图或可能性不仅源自马克思和鲍威尔在批判原则上的区别——马克思已不能长久地满足于使批判停留在应有与现有的无限对立中；而且特别地源自马克思和黑格尔在理性概念上的差别——马克思在《莱茵报》时期所采用的"人民理性"的概念在原则上是世俗的，而黑格尔"绝对理性"的概念在原则上却是属神的。因此，对于黑格尔来说，"物质利益"就其本身而言不应该成为问题，易言之，它是一种为思辨哲学所溶解、所羽化的东西。然而，当马克思以其特有的方式把这通往绝对者上帝的"向上一路"割断的时候，"物质利益"便重重地落了下来，并且以它作为世俗事物本身的形象与分量矗立在"理性"的对面，从而对世俗原则的理性构成真正的问题。换句话说，当"理性"不再可能无限地吞并或彻底地消化"物质利益"时，二者便开始形成一种对立；而当这种对立有可能促使理性去估量其对方时，"物质利益"便成为必须去重新思考和解决的问题了。

（三）理论中的内在矛盾与哲学上的改弦更张

《莱茵报》时期的论文正处于这样的理论关头。在世俗原则的理性直面"物质利益"时，它必定为"利益"的强大权力着实吃了一惊。尽管马克思在当时仍按"法之为理性而利益之为不法"的方式使问题得到暂时的安置，但他必定是第一次真正感受到了作为"恶"的私人利益或物质利益的巨大分量。就理性的立场而言，利益具有"不法的本能"，而且就其本性来说是盲目的、无止境的、片面的；因此，不法当然不应该而且也无权颁布法律。但是实际的情况却恰恰相反，不法确实在颁布法律，省议会"并且凡是在法为私人利益制定法律的地方，它都让私人利益为法制定法律。"①

这种情况表明，法和利益的实际关系在一定的意义上具有某种与单纯理性的立场相反的性质，而这种性质已为马克思见到了："法的利益只有当它是利益的法时才能说话，一旦它同这位圣者发生抵触，它就得闭上嘴巴。"②虽然这段话是在否定的意义上说出的，然而它却是切中要害的——不仅是切中省议会辩论的要害，而且在某种程度上击中了"利益"问题在理论上的要害。正是在这样一种关系（无疑，在马克思看来是一种背理的关系）中，"省议会对下述问题进行了表决：应该为了保护林木的利益而牺牲法的原则呢，还是应该为了法的原则而牺牲保护林木的利益，——结果利益所得票数超过了法的票数。"③

无论如何，实际上"利益占了法的上风"这一点必定给马克思留下了一个十分深刻的印象，这一事实就像是在其单纯理性的世界观上划出了一个创口。为什么应该是有权的、合理的、合法的却成为无权的、不合理的和不法的；而应该是无权的、不合理的、不法的却成为有权的、合理的和

---

① 《马克思恩格斯全集》，第2版，第1卷，第288页。
② 《马克思恩格斯全集》，第2版，第1卷，第287页。
③ 《马克思恩格斯全集》，第2版，第1卷，第288页。

合法的？问题归结为一点：不法的利益何以能在实际上颁布法律？如果说这种情况在理论上是不应该的或无权的，那么它在实际上是如何成为可能的？它所由颁布"不法的法律"的力量——即便这一点是令"理性"厌恶的——是从何处发源的？

现在，马克思直接面对的正是这样一些问题。而"物质利益"或"私人利益"之所以成为真正的问题，乃是因为对于马克思来说，这样的问题既不可能在应有与现有的对立中长久保持，也不可能由"理念在自身中的同一"获得思辨的解决。这里的情形就像《博士论文》的最后一章讲到"自我意识在天体现象中看到了它的死敌"一样①，单纯理性批判的观念在"利益"的领域内面对着它的"具有了物质形式的否定"；而当"理性"在马克思那里特殊地变性，从而既不能将上述否定彻底排除又不能把这个否定真正消化时，它就只有直接面对"物质利益"这个领域本身了。

在某种意义上，政治经济学（或"国民经济学"）乃是当时唯一发展成熟的、关于"物质利益"本身的科学，而且就其对象的性质来说也是如此。所以，转向或进入政治经济学，也就意味着转向或进入"物质利益"本身的领域②——这一点可以部分地说明马克思后来理论转向（转向作为市民社会之科学、作为物质利益之科学的政治经济学）的某种可能性。然而必须注意到，马克思在《莱茵报》时期的论文仅只是面对着这一领域或问题，还不是真正进入这一领域，更不用说问题的实际解决了。"实际解决"以"真正进入"为前提，而对于马克思来说，"真正进入"还需有一个条件——即哲学世界观方面的原则变动。因为除非这一原则变动能够发生，否则真正进入"物质利益"领域的壁垒就不可能完全拆除；就像"物质利益"的问题如不开始瓦解先行的原则，则此种原则变动也不可能真正发生一样。——这一点可以部分地说明为什么接踵而至的《德法年鉴》时期马克思的注意力集中于哲学原则的变动方面。

"物质利益"问题使先行的理性原则动摇和瓦解的迹象已经十分明显

---

① 《马克思恩格斯全集》，第2版，第1卷，第61—62页。

② 例如，马克思后来在1844年乃把"国民经济学"和"整个私人利益社会"相提并论，并且把国民经济学家理解为"作为资本家的科学的自白和科学的存在。"（参见《马克思恩格斯全集》，第2版，第3卷，第219页，289页。）

了。这不仅表现在关于林木法的论文中（"利益"与"法"的对峙状态），而且还特别地表现在《摩塞尔记者的辩护》关于地产析分的问题上。如果说马克思对于国家和法的单纯理性观点还能使他对林木盗窃法和禁猎法等作出某种激烈的批判，那么，这种观点在解决分割地产的问题上就表现得相当无能为力了。关于这个问题，马克思在《摩塞尔记者的辩护》中只是十分简要地提到，限制农民把土地分为小块是同他们的权利方面的传统意识相矛盾的。并且他在批判方面仅限于指出这样一点，即：政府所提出的那种不切实际的计划，"一接触现实——不仅是现实的状况，而且是现实的市民意识——就根本行不通了。"① 不少马克思主义哲学史家都正确地指证了马克思当时的理论立场在处理地产析分问题上的薄弱方面，而这种薄弱方面的明显暴露，特别是这种薄弱方面所固有的理论矛盾，则为马克思在理论立场上的改弦更张做好了准备。②

由此可见，就当时的情况而言，使马克思感到"为难"的东西真正说来还不是物质利益问题本身，因为马克思当时尚未真正进入这样的问题领域；使马克思痛感"苦恼"的是："物质利益"问题向他的单纯理性的世界观提出了尖锐的挑战，而这种理性世界观却很少能够直接对物质利益问题作出有内容的判断，在问题的解决方面甚至是完全无能为力的。《莱茵报》的论文继续以特殊的形式维护了这种世界观，虽则它的内部已经开始发生了激烈的动摇。在这种动摇中，马克思确实天才地、敏锐地提出了一些卓越的见解——例如，他不仅把"自由的法"同世界史的进程联系起来，而且见到了"利益"的自身分裂与对立。但是毫无疑问，这些零散洞见的生长取决于某种世界观原则所能容纳的范围。

因此，正像"物质利益"问题在马克思的世界观方面引发了危机一样，这种危机的克服同时是"物质利益"问题的新的解决方案。费尔巴哈哲学对于马克思的意义首先在这里凸现出来，因为它在这场危机中，促使

---

① 参见《马克思恩格斯全集》，第 2 版，第 1 卷，第 376 页。
② 关于马克思这一时期在地产析分问题上的薄弱方面，梅林和科尔纽都提到了。参见〔德〕梅林：《马克思传》（上），第 59 页；〔法〕科尔纽：《马克思恩格斯传》，第 1 卷，第 339 页。另一方面，当马克思后来进入到政治经济学领域中去的时候，他便立即再一次提到并且以经济学批判的方式分析了这个问题，例如，在《巴黎手稿》中，马克思显然较为有效地重新探讨了这个问题。（参见《马克思恩格斯全集》，第 2 版，第 3 卷，第 252－255 页。）

马克思世界观内部的激烈动摇变成了一次严重的颠覆。马克思并没有急于去研究地产析分问题；他首先是一个哲学家，因而他首先需要的是在哲学上使这种研究成为可能的东西。马克思写道："为了解决使我苦恼的疑问，我写的第一部著作是对黑格尔法哲学的批判性的分析，……"① 这一说法本身就是意味深长的，它至少可以表明两点：第一，对于马克思来说，真正进入并且解决他所面临的难题，首先成为一个哲学原则的变革问题；第二，"物质利益"问题所引发的世界观危机已经严重到这种程度，除非马克思能够同他先前依靠的黑格尔哲学（或这种哲学的变体）实现彻底的决裂，否则这一问题就是他所不能解决的。

在我们前面的讨论中，可以说并未直接涉及"物质利益"问题本身的解决方案；这不仅是因为问题本身的广泛性和复杂程度不易于给出简单的答案，而且还因为这个问题的明确提出和解答在实践上需要一个过程，在理论上需要一系列的条件。而我们的讨论实际上只是试图通过思想史上的一个题材对上述过程的理论条件予以提示，这一提示所具有的实际意义或可概括如下：

首先，在我国近年来的社会实践过程中，"物质利益"或"私人利益"的问题可说是本质重要地出现了，而这个问题的解决也日益变得迫切起来。虽说我们一直宣称以历史唯物主义为指导，然而在理解方面却存在着严重缺陷。这种缺陷特别地表现为：物质利益或私人利益问题过去实际上是被完全排除的（并且是以未消化的形式被排除的），而排除这一问题的原则又十分类似于单纯理性的（或乌托邦式理想主义的）世界观。因此，尽管这种哲学观念可以是"革命的、批判的"，但它却明显地倾向于一种浪漫主义。当我们今天直接面对这一问题并要求给予解答时，不仅必须对问题本身予以特别地关注，而且还必须在哲学原则方面有一种新的认识和新的提高——易言之，要求改变那种无能消化该问题或对该问题予以简单排除的单纯理性的哲学观念；就像我们在前面的讨论中所见到的那样，只有伴随着哲学原则的变动，"物质利益"的难题才是马克思能够真正进入和实际解决的问题领域。

---

① 《马克思恩格斯选集》，第2版，第2卷，第32页。

其次，马克思在《德法年鉴》时期的研究已得出这样一个结果，即"法的关系正像国家的形式一样，既不能从它们本身来理解，也不能从所谓人类精神的一般发展来理解，相反，它们根源于物质的生活关系，这种物质的生活关系的总和，黑格尔按照 18 世纪的英国人和法国人的先例，概括为'市民社会'，而对市民社会的解剖应该到政治经济学中去寻求。"①虽说这段话已变得耳熟能详，但它在理论研究中却并没有得到充分的贯彻（当然，问题还取决于"物质的生活关系"在实践中的发展程度）。我们的政治经济学较少地关注这种现实的生活关系（特别是其实际内容和发展变化），而我们的社会科学其他部门也与马克思的理解要求相去甚远。如果这种状态不加改变，如果比较具体的社会科学无能真正深入到现实的物质生活关系之中并对之进行深入的分析（所谓"解剖"），那么"私人利益"或"物质利益"问题就不可能被真正涉及到，就不可能得到具体的解决；至多只是停留为一个缺乏理解的、抽象的问题。

最后，对于马克思来说，尽管"市民社会"这一理解要求是如此地重要，以至于其学说在科学上的实证内容是全赖此点而得以成立的，但马克思从来不是一个无批判的实证主义者；正像他始终把自己的政治经济学主题上的学说表述为"政治经济学批判"一样。因此，马克思早年理性批判的原则并不是被简单地弃置的，而毋宁说是被扬弃的——亦即使科学上实证肯定的内容与社会目的方面的批判否定的精神结合起来。也许我们可以在这里简要地说：这一社会批判的方向乃以"人类社会或社会的人类"②为基本点。正是有赖于此点，马克思才可能超出对"物质生活关系"之单纯实证的肯定，超出"国民经济学家"的狭隘眼界，而提供一种有可能对"私人利益"或"物质利益"进行历史判断的基准，提供一种指向未来的价值评价的社会尺度。虽然关于这一点的讨论也许该由另一篇论文来完成，但是我们相信，随着物质利益或私人利益问题研究的不断深入，那种与社会目的相联系的价值评判问题会愈益变得重要起来，因为像私人利益与社会利益的关系问题、私人利益与社会公正的关系问题、物质利益与人的异化、人的解放及全面发展的关系问题等等，是不可能全然摆脱一定的

① 《马克思恩格斯选集》，第 2 版，第 2 卷，第 32 页。
② 参见《马克思恩格斯选集》，第 2 版，第 1 卷，第 57 页。

价值评判而单纯实证地得到讨论和解决的。

四、马克思《巴黎手稿》的"对象性活动"概念

自 1932 年马克思的《巴黎手稿》（即《1844 年经济学哲学手稿》）公开发表以来，这部著作一直引起理论界的极大关注和长期争论，而争论的焦点又往往集中在马克思的"异化"概念上。本文试图探讨马克思批判的"异化"学说以之作为哲学前提或基础的"对象性活动"概念，而全部探讨试图表明，"对象性的活动"正是《巴黎手稿》之富有特征和本质重要的主导概念，是理解《巴黎手稿》之理论意义的"隐秘的中心"。

（一）感性－对象性及其反思形式

《巴黎手稿》在哲学上的重要性首先是对费尔巴哈感性－对象性原则的确认。《巴黎手稿》不仅把人的感觉、情欲等理解为"狭义的人类学的规定"，而且把它们理解为"对本质（自然界）的真正本体论的肯定"。完成这个理解的第一个步骤就是把实在性确认为感性。

费尔巴哈对感性的承诺，是对感觉论唯物主义的承诺，因为他确认的感性，正包含在"外于我们的存在"这个典型的说法之中。但是，标志现实性的"感性"这个概念，同时也意味着为感觉的存在，因此同时设定了感觉的主体。由之而来的问题是：感觉的主体性质如何？它同感性对象的关系如何？以及两者的关系一般说来如何才能成立？

在这里出现的乃是费尔巴哈的"对象性"理论，这个理论可以简要地概括为两个基本命题。第一个命题是：没有了对象，主体就成了无。第二个命题是：主体必然与其发生本质关系的那个对象，不外是这个主体固有而又客观的本质。例如，人首先以自然界作为对象，如果没有了自然界这个对象，人就成了无；另一方面，人必然与其发生本质关系的自然界，无非是人的固有而又客观的本质。换句话就，自然界乃是人的客观本质，人就是人的自然界。

不仅如此，人还是一个具有类意识的实体。对于这种本质力量的直观则在他的另一个对象——上帝身上得到确证：既然人以上帝作为对象，所以上帝无非是人的本质——人就是人的上帝，一个以最高实体作为对象的

实体，本身就是最高实体。最后，费尔巴哈还通过对象性的概念，得出了人对自身的关系、人对人的相互关系，我的直接真理就是"你"，即另一个"我"，属神的三位一体的秘密，正就是"我"和"你"的秘密，是"社会生活、集体生活之秘密"。

显而易见，费尔巴哈的感性－对象性原理，不仅直接针对着思辨唯心主义，而且整个地改变了德国古典哲学的主体概念。

费尔巴哈的感性－对象性概念，是被《巴黎手稿》当做基本原则来掌握的。承认感性，也就是承认客体对主体的作用，承认主体的受动性。既然现实的主体、现实的人乃是感性的，那么主体或人首先应当被理解为受动的。马克思写道："因此，人作为对象性的、感性的存在物，是一个受动的存在物。"[1]

在关于对象性的理解上，马克思把费尔巴哈的命题"人没有对象，便是无"，表述为"非对象的存在物是非存在物"。[2] 他写道：非感性对象性的存在物就不是现实的存在物，而只能是"思想上的"、"想象出来的"、"抽象的东西"。[3]

至此为止，马克思是坚决站在费尔巴哈立场上的。然而，如果在这里引进思想史向度的话，我们立即会发现一种非常奇特的理论现象：在完成《手稿》（以及《神圣家族》）的短短几个月之后，马克思便写下了《关于费尔巴哈的提纲》。也就是说，在这两部给予费尔巴哈以最高评价的著作刚刚完成之后，马克思便开始对费尔巴哈实施了全面的批判，或者至少是已经拟定了这个批判的基本点。如果说马克思对费尔巴哈的清算毕竟不是像晴天霹雳般地发生的，那么应当如何去理解这一事实呢？

为了回答这个问题，我们不得不重新回到马克思的那些属于费尔巴哈派时期的作品中去。前面我们已经指明，就一般的主导概念（"现实的人"）以及对现实性的基本理解（感性－对象性）而言，这个时期的马克思与费尔巴哈是完全相同的；因而在根本的哲学立场上，二者也是彼此一致的。

---

[1] 《马克思恩格斯全集》，第2版，第3卷，第326页。
[2] 《马克思恩格斯全集》，第2版，第3卷，第325页。
[3] 《马克思恩格斯全集》，第2版，第3卷，第325页。

差别只可能出现在关于对象性的反思形式中。所谓对象性的反思形式，是指思想家以何种原则或方式去理解、建立或设定主体对对象的关系、它们之间的对象性关系。承认对象性，把主体的现实性理解为感性－对象性，这是费尔巴哈和马克思共同的。但是，在费尔巴哈那里，对象性的反思形式是直观，而且仅仅是直观。在他看来，对人（主体）本身的确证乃是对象对于人的对象性的存在，而这同时就是人对这存在的对象性的直观。

这种理解所具有的积极意义在于：（1）直观作为对象性的反思形式为感性辩护。（2）直观同思辨的思维相对立。（3）直观否定"纯粹活动"或"自我活动"的思辨逻辑形成对立。因此，马克思的《巴黎手稿》在概括费尔巴哈的功绩时说，费尔巴哈"把基于自身并且积极地以自身为根据的肯定的东西同自称是绝对肯定的东西的那个否定的否定对立起来。"① 然而这样一来，对象世界诚然是感性现实的东西，是直接的真理，但它却并不是在"活动"中或根据"活动"原则而生成的东西，尤其不是通过中介或凭借中介而发展的东西。

一般说来，在费尔巴哈以直观作为对象性的反思形式的地方，马克思却用"活动"的原则表达着对象性的原理。马克思所掌握的活动原则——这是德国唯心主义在经历了它的最辉煌的发展之后所获得的成果，与费尔巴哈的直观不同，它意味着主体的自发性、能动性或创造性的原理。

毫无疑问，马克思采取"活动"这样一种对象性的反思形式，绝不意味着回到绝对主体或自我意识的立场上去，而已开始使作为感性对象的主体逐渐地成为"对象性的活动"了。

（二）"纯粹活动"与"对象性的活动"

为了把人从直接的自然存在物中区分出来，《手稿》依照费尔巴哈的方式采用了"类"的概念。然而正是在关于人的"类本质"的理解中，马克思先前著作中（《德法年鉴》时期的著作）还只是隐约地显现出来的活动原则，此时却得到了重要的哲学表达。现实的主体不仅被理解为感性对象，而且同时是能动的活动者。举凡《手稿》涉及到的主体（人），都不

_____

① 《马克思恩格斯全集》，第 2 版，第 3 卷，第 315 页。

仅被表述为对象，而且同时被表述为活动："通过实践创造对象世界，改造无机界，人证明自己是有意识的类存在物"①。因此，在费尔巴哈以感觉的程度、以敏感程度来区分人和动物的地方，马克思则根据生产生活的质的差别，根据真正意义上的生产来建立这种区分。"正是在改造对象世界中，人才真正地证明自己是类存在物。这种生产是人的能动的类生活。通过这种生产，自然界才表现为他的作品和他的现实。"②

另一方面，在谈到人的社会性质时，马克思说，正像社会本身创造着作为人的人一样，人也创造着社会；活动及其成果的享受，是社会的活动和社会的享受；即便我是在从事似乎纯粹是私人的活动时，我也是在从事社会的活动。至于谈到意识的活动，那么它无非是人的社会活动在理论形态上的反映："我的普遍意识的活动——作为一种活动——也是我作为社会存在物的理论存在。"③

如果说现实的人的存在乃是活动，那么对他的陈述以及对其对象的陈述就理所当然地要通过活动原则来建立，而费尔巴哈根据于直观的知识原则就变得软弱无力和空疏贫乏了。正是在这里，出现了马克思初步的历史原则。这一原则所要表达的，就是活动中的主体和对象，是它们的产生和生成，是它们的发展过程："正像一切自然物必须形成一样，人也有自己的形成过程即历史。"④ 换句话说，当下直接的主体或对象，亦即直观中的主体或对象，应当为活动着、生成着的主体或对象所取代，应当成为历史的主体和历史的对象。

在这里，对于主体概念的理解被大大地扩展了。一方面，现实的主体本身就是感性的对象，并在感性的对象世界中肯定自己。另一方面，既然人是通过对象性的关系而对对象的占有，那么他就是作为主体的活动，或作为自发性活动的主体；他被赋有自然力、生命力，因而是"有生命的自然存在物"或"能动的自然存在物"。换句话说，现实的主体，作为"属人的生命表现"，就是"人的自我创造"，"现实的、活生生的活动"。

---

① 《马克思恩格斯全集》，第2版，第3卷，第273页。
② 《马克思恩格斯全集》，第2版，第3卷，第274页。
③ 《马克思恩格斯全集》，第2版，第3卷，第302页。
④ 《马克思恩格斯全集》，第2版，第3卷，第326页。

在这里，现实的主体出现为一个双重的规定：（1）它是对象性的，是感性的、受动的存在；（2）它是自我创造的活动，是能动的，自发性的力量。于是，综合这两个规定的概念就被表述为"对象性的活动"："当现实的、肉体的、站在坚实的呈圆形的地球上呼出和吸入一切自然力的人通过自己的外化把自己的现实的、对象性的本质力量设定为异己的对象时，设定并不是主体〔按：指作为"纯粹活动"或"自我活动"的主体〕；它是对象性的本质力量的主体性，因此这些本质力量的活动也必须是对象性的活动。"① 因此，"活动"之所以能创造或创立对象，只是因为它本身是为对象所创立的。活动的对象性的产物不过是它作为对象性的活动的确证，不过表明现实的创立活动乃是"对象性的自然存在物的活动"。②

不难看出，就主体的概念而言，人作为"对象性的活动"也就是人的本质力量的对象化，那么现实主体的秘密就将最准确不过地体现在这个对象性活动的产物中。因此，对这种活动的对象性存在的理解，正是对人的本质力量的客观理解。在马克思看来，对象性活动之最普遍、最广泛和最典型的产物就是"工业"：人的本质力量的客观展示，人的"心理学"的感性表现，就是工业的历史和工业的已经产生的对象的存在。值得注意的是，马克思把工业称作"通常的、物质的"工业，正是用以表示它作为对象性的活动以及这种活动的对象性的存在，乃是感性的、现实的活动和存在；从而区别于所谓"纯粹活动"的领域，区别于所谓"抽象普遍形式的历史"。

由此可见，马克思在《巴黎手稿》中通过"对象性的活动"，使感性现实的对象从纯粹直观的形式中摆脱出来，使之有可能按照活动的原则、按照历史的原则来加以理解；并从而使得马克思有可能去重新理解和确定"科学"这一概念及其基础，把费尔巴哈"关于存在物的科学"扩展为关于存在的活动的科学（即后来《德意志意识形态》所谓唯一的一门科学——"历史科学"）。如果把工业看做人与自然之间的现实的、历史的联系，那么，人的自然的本质，或自然的人的本质（换言之，人与自然的现实的统一），便成为完全可理解的了。从而，"自然科学将失去它的抽象物

---

① 《马克思恩格斯全集》，第 2 版，第 3 卷，第 324 页。
② 《马克思恩格斯全集》，第 2 版，第 3 卷，第 324 页。

质的，或者毋宁说唯心主义的倾向，并且将成为人文科学的基础"。

《德法年鉴》时期，马克思保留下来的那个能动的活动原则，正是引导他越出费尔巴哈界限的一个真正重要的契机。对于马克思来说，使问题逐渐明确起来的工作确实是从《巴黎手稿》开始的。

由此可见，《巴黎手稿》创立"对象性的活动"不仅不与感性原则相对立，而且恰恰是后者的基本根据之一；与感性现实性原则对立的，只是作为"纯粹活动"的自我意识或作为"自我活动"的绝对主体。但是，如果感性原则不能把对方的力量据为己有，不能以对方的真理来扩展自身，那么它就只能自甘停留在与"纯粹活动"或"自我活动"的外部对立中。正是马克思开始超出了这个界限：对象性活动的概念不仅可以完整地确认感性原则的真理性，而且使得根据这个真理去批判地掌握能动的活动原则成为可能。

（三）思辨辩证法的秘密或真相

迟至 1844 年，马克思一直以为，费尔巴哈已经在总体上完成了对黑格尔的批判，而他自己的任务则是从费尔巴哈的基地出发对黑格尔哲学作某些部分的批判，但实际情况并非如此。当马克思把《现象学》了解为黑格尔哲学的"真正诞生地和秘密"时，就开始再度对黑格尔体系实施了总体批判，并重新确认作为推动原则和创造原则的"否定的辩证法"，把它的真实而隐秘的原理指认为"劳动"——这是《巴黎手稿》最独特、最重要的批判成就之一。

批判的一般立足点，仍是由费尔巴哈所奠定的：他把立足于自身之上并且实证地以自身为基础的肯定（感性对象），同自称是绝对肯定的那个否定之否定（思辨思维的主体）对立起来。根据这一立场，马克思说，绝对精神的秘密，就是那个"知道自己是绝对自我意识的主体"——神；它就是神秘的主体-客体，作为体现活动原则的主体，它是"在自身内部的纯粹的、不停息的圆圈"。[①]

就现象学的"自我意识"而言，情形同样如此。全部"活动"不过是自我意识本身的活动；意识的对象无非就是自我意识；所以纯粹的活动意

---

① 《马克思恩格斯全集》，第 2 版，第 3 卷，第 333 页。

识到对象的虚无性。在这种立场上来了解对异化了的本质（对象）的重新占有，"不仅具有扬弃异化的意义，而且具有扬弃对象性的意义"。也就是说，这种活动实际地取消对象性本身，而不只是扬弃对象的特定的性质；从而，对象性便是虚无性，对象便成为无。① 但是，使对象成为无，也就是使自身成为非对象的存在物，从而自我意识便成为"非对象的、唯灵论的存在物"②。

如果可以借用一种比拟说法的话，那么马克思的独到之处就在于，他不是因为"纯粹活动"实际是无，从而就把它的意义归结到"乌有的无"。相反，这"无"具有一种实际意义，因而需使之在现实性的基础上得到理解。如果说非对象的"纯粹活动"是纯粹抽象的、思辨唯灵论的活动，那么真正现实的活动就只能是现实主体的活动，对象性的活动，是"内容丰富的、活生生的、感性的、具体的活动"。由于把现实的主体不仅理解为感性的对象，而且同时理解为对象性的活动，所以马克思得以从对黑格尔哲学的总体批判中拯救出活动的原则；并把它改造为"对象性的活动"。在这里真正重要的是，对象性活动之最集中、最典型的一般表达就是劳动。

在马克思看来，黑格尔哲学的主旨乃是绝对主体的"自我活动"原则。就肯定的一面而言，黑格尔充分地、彻底地发挥了这个原则；就否定的一面而言，他只是抽象地、思辨地发挥了这个原则。黑格尔哲学的全部虚妄性就在于他使活动原则仅仅体现为"抽象的精神的劳动"。这种活动所创立的只是物相，即"抽象的自然界"或"自然规定的抽象"（名为"自然界的思想物"），而对象性的活动、劳动则创立一个现实的、以外在形式表现出来的对象世界。然而，在这里，"自我活动"的合理意义毕竟通过《巴黎手稿》的劳动概念而被揭示出来了。正因为如此，所以，马克思有意无意地感到了他一开始由以出发的前提是不充分的，感到了费尔巴哈"立足于自身之上并且实证地以自身为基础的肯定"是不足的。马克思不无微词地说，费尔巴哈把"否定之否定仅仅看做是哲学同自身的矛

---

① 《马克思恩格斯全集》，第 2 版，第 3 卷，第 327 页。
② 《马克思恩格斯全集》，第 2 版，第 3 卷，第 321 页。

盾"①，是神学的恢复，而问题正在于弄清楚这个"在黑格尔那里还是非批判的运动所具有的批判的形式"②。

这里所谓"批判的形式"，如果不是自我活动的否定之否定，又是什么呢？当费尔巴哈以当下直接的肯定与之对立起来时，马克思却再度肯定了所谓"扬弃"的合理意义，并发挥了这个"黑格尔辩证法的积极环节"。在马克思看来，黑格尔通过使各种概念的形式体现为彼此消融、相互产生的运动的环节，从而彻底地表达了绝对主体的自我活动原则。因此，黑格尔作出了这样的贡献，他用活动本身——尽管是思辨抽象的活动——来取代那些僵化了的抽象概念。从而，扬弃或否定之否定这个"积极环节"在对于主体的理解上就具有这样一种意义："扬弃是把外化收回到自身的、对象性的运动。——这是在异化之内表现出来的关于通过扬弃对象性本质的异化来占有对象性本质的见解；这是异化的见解，它主张人的现实的对象化，主张人通过消灭对象世界的异化的规定、通过在对象世界的异化存在中扬弃对象世界而现实地占有自己的对象性本质……"③

因此，黑格尔所谓"扬弃"的实质乃在于这样一种见解：主体的本质的外化、异化，同时也就是它的本质的表现，是它的本质的自我获得、对象化、现实化——它表现为自我活动的双重过程。而这一过程之去除了思辨幻想之后的合理形态无非就是劳动。

由此可见，马克思和费尔巴哈不同，他并不把否定之否定仅仅理解为哲学同自身的矛盾，仅仅理解为神学的恢复，从而使之与当下直接的肯定（感性直观的对象）处于正面的对立中。反之，在马克思看来，现实的主体虽则首先是感性的，然而正因为它是主体，所以它还是否定自身的、否定其当下直接存在的活动；而且，正因为这种活动只能是感性——对象性的，所以它决不是唯关乎自身的活动，不是扬弃对象性本身的活动，而是对象性地关乎对象的活动，并从而使对象本身也进入到对象活动的综合理解之中。

总之，前面的全部讨论可以概括为以下几点：

---

① 《马克思恩格斯全集》，第2版，第3卷，315页。
② 《马克思恩格斯全集》，第2版，第3卷，第316页。
③ 《马克思恩格斯全集》，第2版，第3卷，第331页。

（1）"对象性的活动"这一基本提法原则地改变了先前主体概念的内部结构。费尔巴哈的对象性原理表明，唯一现实的主体只可能是感性－对象的存在；而马克思的"对象性活动"则表示：除非主体的自发性活动同时是感性－对象性的活动，否则主体就不可能是现实的主体，"活动"就不可能是现实的活动。

（2）"对象性活动"在一定的意义上可以说是《巴黎手稿》的主导概念——它包含马克思同费尔巴哈以及同黑格尔之间关系的隐秘的中心，包含着马克思对黑格尔辩证法进行批判的总的要点，包含着马克思在数月以后对费尔巴哈进行全面批判的基本理由。

（3）"对象性的活动"与《关于费尔巴哈的提纲》和《德意志意识形态》中的实践概念有着最关本质、最为切近的联系。实践概念的简单表述是："人的感性活动"或"对象性的〔gegenst? ndliche〕活动"。① 就这一点而言，它的内涵与《手稿》中的"对象性的活动"是一脉相传的。

五、马克思的施蒂纳批判及其存在论意义上的重要性

在马克思思想的生成与创制过程中，施蒂纳的出现与影响似乎最为短暂，甚至可以说是转瞬即逝的。在《唯一者及其所有物》之前，施蒂纳基本上默默无闻；而在《德意志意识形态》之后，其显赫一时的声名又戛然而止，复归于沉寂。仿佛一颗划过天际的流星，在极为短暂的闪烁之际，便已湮没到沉沉的夜幕中去了。于是，在这种情况下，施蒂纳的出现与意义就被看得几乎纯粹是偶然的了，仿佛这一角色即便不是完全多余的，也终归是无关紧要的。这样一来，马克思对施蒂纳的批判——特别是这一批判在存在论意义上的重要性——便也被匆匆地越过了。这里所谓的"匆匆越过"，不是指通常思想史意义上的关注不够，而是指哲学视域上（更加确切些说，存在论视域上）的局限性对于意义的遮蔽，从而使马克思的这一批判及其存在论上的重要性遁入晦暗之中。因此，本文的目的便在于：由存在论根基处的澄清阐说马克思哲学的当代性；并通过此种当代视域来解说马克思对施蒂纳的批判，从而使此一批判作为形而上学瓦解之历事的

---

① 《马克思恩格斯选集》，第 2 版，第 1 卷，第 54 页。

一个本质重要的环节而显现出来。不消说，这样的意义估量和根基澄清是互为表里的，或者几乎可以说是同一件任务。因为说到底，马克思这一批判之根本意义的隐遁或脱落，已先行地包含在使其存在论基础拘执于近代形而上学一事中。正是由于此一事，马克思对施蒂纳的批判便成为纯粹偶然的，而其存在论意义上的重要性也消失得无影无踪了。

（一）思想史文献中的评论与估价

大体说来，在一般的马克思主义思想史文献中，施蒂纳哲学本身，以及马克思对施蒂纳的批判，往往是被轻视或被忽略的。比较起来，《德意志意识形态》对费尔巴哈哲学的批判，或多或少总还是被高度重视的；而这一著作对施蒂纳的批评意见，却往往被当做没有本质重要性的、属于一时兴味的附加物来看待。因此，正像施蒂纳哲学本身似乎是一种突如其来的闯入哲学领域的即兴丑角一样，马克思的批判因而也只是纯全偶然地对此一插曲表演生发出粗鲁过分的——与对象之身分不相适宜的——嬉笑怒骂来。

例如，读到过《德意志意识形态》部分手稿的梅林在他的名著《马克思传》中写道，如果我们能知道这部著作关于费尔巴哈说了些什么，那一定会是非常有教益的，因为在这部著作中，马克思和恩格斯关于费尔巴哈的评论应当不会仅仅限于"纯粹否定的批判"；换言之，这样的评论理所当然地将包含关于自身立场的肯定的述说。梅林的这一见解无疑是正确的，1932年正式全文发表的《德意志意识形态》确凿地证明了这一点。然而，在谈到这部著作之全体，特别是其中关于施蒂纳的章节时，梅林却写道："恩格斯后来根据回忆断定，单是批判施蒂纳的那一部分，篇幅就有施蒂纳本人的书那样大。而《德意志意识形态》的已经出版的片断，证明恩格斯的记忆是不错的。这部著作甚至是比《神圣家族》中最枯燥的部分都更加冗赘烦琐的'超争论'。此外，虽然这里也有时出现沙漠中的绿洲，但比起《神圣家族》来要少得多。而当辩证法的锋芒在个别地方显现的时候，它也很快就被琐碎的批判和咬文嚼字的争论所代替了。"①

那么，应当如何解释这种情况呢？按照梅林的意见，一方面是由于我

①〔德〕梅林：《马克思传》，上卷，人民出版社1973年版，第148页。

们后来的鉴赏力比当时更为苛刻了，另一方面，则是因为那时"这整个思想斗争是在少数人的圈子里展开的，而且这些人又大都非常年轻"。由于马克思和恩格斯是同他们"玩弄纯思维把戏的老伙伴们"打交道，又由于论战是以"内行人的洞烛隐微的理解"为对象，所以，他们便有意无意地使用那种"望文生义"、"曲解论敌"、"穷追猛打"、"断章取义"以及"漫无边际的夸大倾向"等等手法或笔调了。① 无论这样的解释是否妥实，有一点是可以肯定的，即这样的解释全都与内容及其实质无关，因而是纯粹形式的。也许，形式的理由还应当加上一条，亦即在当时的普鲁士，只有达到相当大的篇幅的著述方能避开书报检察官的制裁。

但是，即便如此，问题仍然存在：尽管我们即将碰到的那个问题依然可以是一个形式上的问题。这个问题是：在篇幅上如此之大的《德意志意识形态》，竟然以其三分之二来实施对施蒂纳的清算，这究竟是为什么？这里牵涉到的是比例关系。于是人们会问，马克思和恩格斯以如此比例的篇幅来批判施蒂纳是否必要？他们就此所使用的巨大气力与其对象是否相称？法国著名的马克思思想史学者科尔纽注意到了这样的问题，并且就此提出了自己的解释："如果说，在《德意志意识形态》中对布鲁诺·鲍威尔的批判相对来说比较简短，那么相反的，对麦克斯·施蒂纳的批判大约占全书篇幅的三分之二，与施蒂纳本人的著作长短相等；有时在细节方面扯得太远，这种情况说明马克思和恩格斯意识到自己比施蒂纳高明得多，无情揭穿施蒂纳的全部弱点对他们本人来说仍是最大的乐趣。"②

但是，这样的解释几乎就像是遁词，无论如何是难以令人满意的。它不仅缺乏真正的解释力，而且也过分主观化了。如果上述的那种比例关系能够用马克思自觉与施蒂纳的差距程度来说明，并且进而能够用他们居高临下地对论敌实施打击的乐趣来说明，那么，这样轻易的解释不仅在许多方面完全说不通，而且肯定夸大了马、恩对施蒂纳批判的偶然性并贬低了这一批判的格调。所有这类形式的解释都是远离真正内容的，并且在这类解释中轻易地就丧失了内容的实质。

然而在另外一个文献中，亦即在戴维·麦克莱伦的《青年黑格尔派与

---

① 〔德〕梅林：《马克思传》，上卷，人民出版社 1973 年版，第 147—149 页。
② 〔法〕科尔纽：《马克思恩格斯传》，第 3 卷，生活·读书·新知三联书店 1980 年版，第 268—269 页。

马克思》一书中，作者似乎想要去触动问题的内容方面，并且因此把施蒂纳作为一个有重要意义的因素或环节标示出来。按照麦克莱伦的见解，在叙述马克思的思想发展时，人们实际上几乎完全忽略了施蒂纳。其主要原因在于：误认为历史唯物主义形成之前最后影响了马克思的人乃是费尔巴哈。这样的误解始于恩格斯 1886 年的小册子《路德维希·费尔巴哈和德国古典哲学的终结》，因为这部著作把施蒂纳归入其他青年黑格尔分子并放在前面，而把费尔巴哈同他们分离开来并放在后面单独叙述。这便颠倒了时间顺序并形成了一种错觉：仿佛费尔巴哈是在施蒂纳之后影响了马克思的。其结果是：除了一个例外（即 H·阿尔冯的《存在主义的起源：麦克斯·施蒂纳》），没有一本书提到过施蒂纳对马克思的影响。于是，麦克莱伦进一步提出问题说："人们已经正确地看到，《德意志意识形态》'费尔巴哈'部分是马克思著作的这个阶段的终结，但是人们还没有看到的是，紧接着的题为'圣麦克斯'的这一更大的部分，不仅使这个阶段必然达到终极而且使这个终极成为可能。'圣麦克斯'这一部分也许写得过于夸张，而不值得阅读，然而却值得问一下，为什么在这里写这一部分。"①

这个问题固然提得很好，而其中关于"必然达到终极并使终极成为可能"的说法看起来甚至颇得要领。麦克莱伦想要在内容的实质上指明的是：施蒂纳在费尔巴哈之后——此一"之后"不仅在于《唯一者》（1844年末）晚于《未来哲学原理》（1843 年 7 月），而且在于：施蒂纳在费尔巴哈之后本质重要地影响了马克思。这种影响的实质是：它导致马克思（以及恩格斯）对费尔巴哈的决定性的批判。麦克莱伦写道：在《德意志意识形态》中，"马克思与恩格斯以前所未有的一种方式将他们自己与费尔巴哈区别开来，这就表示他们默默地接受了施蒂纳的批判。费尔巴哈在这里遭到批判的是他的感性，他的静观的唯物主义。……从《德意志意识形态》的写作情况看来，毫无疑问，施蒂纳不仅迫使马克思修正了对费尔巴哈的观点，而且通过他们提出的与一切抽象相对立的'创造性自我'这个观念为这一修正提供了某种帮助。当马克思在写作《德意志意识形态》关

---

① 〔英〕戴维·麦克莱伦：《青年黑格尔派与马克思》，商务印书馆 1982 年版，第 142 页，并参看 141 页。

于费尔巴哈部分时，马克思看来肯定是才想到了施蒂纳的。"① 至于《德意志意识形态》仍然以如此大的篇幅来批判施蒂纳本人，那么"其惟一的理由"就在于马克思和恩格斯认为施蒂纳在当时是社会主义最危险的敌人。②

对于这样的见解——特别是关于施蒂纳迫使马克思修正其对费尔巴哈的观点一事，我们指望立即获得决定性的论据，否则的话，这样的说法就过于武断了。然而非常遗憾，我们不得不承认，麦克莱伦所能提供出来的东西，根本算不上是真正的论据。1844 年末，马克思还被认为是费尔巴哈的门徒，到了 1845 年春，马克思则开始清算费尔巴哈，而施蒂纳的《唯一者》则应当是在 1844 年 11 月或 12 月为马克思知晓的。但是，在这里能够提示出来的，不过是一种时间上的巧合，至于施蒂纳如何迫使马克思修正了对费尔巴哈的观点，如何通过他的与一切抽象相对立的"创造性自我"为这一修正提供帮助，则我们仍然不得而知。此外，麦克莱伦为了说明施蒂纳对马克思的影响，只是在任何可能的地方——例如关于货币、关于剩余价值、关于"改变世界"，以及关于共产主义的描述等等——到处去寻找马克思与施蒂纳的类似之处。③ 但是在这些疏阔散宕意义上的"类似之处"，决不比单纯的比附好多少，实际上是无法真正说明问题的；以至于麦克莱伦最终也不得不承认，要指证施蒂纳对马克思有什么直接影响，乃是十分困难的。④ 由此我们可以得出一个结论，即问题必须在更加深入的层次上去加以探讨，否则的话，马克思的思想就势必湮没到当时各种思潮的汪洋大海之中。要知道，若停留于肤浅皮相的见地上，则马克思与当时的各色人等——国民经济学家、社会主义的诸派别、较为晚近的德国理论家——皆可混为一谈，因为他们之间浅表的类似之处或相象之处只会太多，而不会太少。即便如普列汉诺夫这样的马克思主义理论家，由于见到费尔巴哈到处谈论"生活"与"实践"，也开始在马克思与费尔巴哈的界限问题上犯起糊涂来。因此，只有使问题更加深入一层，方能使施蒂纳哲学的意义以及马克思对之实施批判的意义同时被有效地凸现出来。

---

① 参看〔英〕戴维·麦克莱伦:《青年黑格尔派与马克思》，商务印书馆 1982 年版，第 138 页。
② 参看〔英〕戴维·麦克莱伦:《青年黑格尔派与马克思》，商务印书馆 1982 年版，第 137—138 页。
③ 参看〔英〕戴维·麦克莱伦:《青年黑格尔派与马克思》，商务印书馆 1982 年版，第 138 页，142—143 页。
④ 〔英〕戴维·麦克莱伦:《青年黑格尔派与马克思》，商务印书馆 1982 年版，第 143—144 页。

（二）恩格斯关于《唯一者》的两封书信

为了更加切近地探讨问题，我们需得仔细研读一下恩格斯关于《唯一者》而写给马克思的两封书信。虽说科尔纽和麦克莱伦对书信有所引证，但却并未借此使问题真正深入地开展出来。麦克莱伦只是非常简单地引用了前一封信中的一句话（"施蒂纳在'自由人'当中显然是最有才能、最富独立性和最勤奋的人"），以便来说明施蒂纳在当时所引起的思想震动和普遍关注。① 这一点实际上是没有疑问的：施蒂纳的《唯一者》确实惊动了当时最有才华的德国思想家，其中包括鲍威尔、赫斯、卢格、费尔巴哈以及恩格斯（在巴黎的马克思对这部著作知道得稍晚一些）；虽然见解上的差距可以很大，并且招致了激烈的批评与反批评，但施蒂纳被大家承认是一个重要的对手这一点却是毋庸置疑的。

科尔纽则除了简短地引用恩格斯的第一封信外，特别强调了第二封信的提示作用。在这封写于 1845 年 1 月致马克思的信中，关于施蒂纳这个主题，实际上只有几行字："说到施蒂纳的书，我完全同意你的看法。我以前给你写信的时候，还太多地拘泥于该书给我的直接印象，而在我把它放在一边，能更深入地思考之后，我也发现了你所发现的问题。赫斯……动摇一阵之后，也同你的看法一致了。"② 科尔纽据此很正确地推论说，恩格斯的这种说法看来是包含着某种程度的自我批评的，并且还推论说，马克思在给恩格斯第一封来信的回信中"无疑是带有几分严厉的"。因此，全部事情大体上应当是这样："恩格斯那时候还没有达到像马克思那样坚实地建立起来的历史唯物主义观点，不能对施蒂纳作同样深入彻底的批判，因此在他对施蒂纳所下的判断中还有点犹豫不决。"③

最为遗憾的是，马克思给恩格斯的这封回信我们现在无从见到，因而对于其中或许"带有几分严厉"的批评意见（特别是这样的批评意见由以出发的正面观点）也还是不得而知。但是，即便如此，这里的问题仍然是可以更加深入地来加以探讨的；而科尔纽对事情所下的判断虽然大体说来

① 〔英〕戴维·麦克莱伦：《青年黑格尔派与马克思》，商务印书馆 1982 年版，第 137 页。
② 《马克思恩格斯全集》，第 2 版，第 47 卷，人民出版社 2004 年版，第 334 页。
③ 〔法〕科尔纽：《马克思恩格斯传》，第 3 卷，生活·读书·新知三联书店 1980 年版，第 68 页。

"不错"，却仍然是含糊不清的；它是如此地含糊不清，以至于它最终几乎会变成一种遁词来阻断理解。似乎问题仅仅在于恩格斯的观点同马克思比较起来稍稍"后进"一些，于是他对施蒂纳的判断就有点"犹豫不决"；于是他在给马克思的第一封信中就企图把施蒂纳的利己主义运用于社会生活而为共产主义服务，但这"是不合马克思口胃的。从来不把个人与社会关系割裂开来的马克思，只能把施蒂纳的全部观点当做纯粹的胡说而摒弃。"① 不难看出，这里所谓的"不合口胃"和"纯粹的胡说"，作为美文学的修辞，对于进一步的理解来说，可以是无害的，但其前提是：我们必须从这一段的思想历程中学到更多的东西。

在这一段思想历程中，虽说缺失了十分重要的一环（即马克思给恩格斯的回信），但仍然有些东西是非常确定的——我们想说的是：这一历程之最为切近的开端和结局乃是十分确定的。在恩格斯写于 1844 年 11 月的那封信中，他第一次向马克思提到了施蒂纳及其《唯一者》；那么，恩格斯在致马克思的第二封信所言"说到施蒂纳的书，我完全同意你的看法"，这看法应当在什么地方得到体现呢？很显然，这种一致的看法应当体现在《德意志意识形态》中，因为众所周知，在 1845 年春天马克思和恩格斯已经计划并且决定撰写这部著作了。只有在这两个方面被基本确定之后，我们方始能够就此一思想历程有所发现。

我们先从这一历程的开端——也就是恩格斯关于施蒂纳的第一封信——入手。这封信向马克思介绍了《唯一者》并作了重要的评论。在这些评论中，关乎内容之实质的包括以下三个方面：首先，是《唯一者》的基本原则。按照恩格斯的看法，施蒂纳的原则，无非就是边沁的利己主义；只是在彻底性的程度方面，施蒂纳更胜一筹。因为他声称个人是至高无上的，从而作为一个无神论者把个人置于上帝之上；比较起来，边沁的宗教观点就要暧昧得多，他让上帝"在朦胧的远处凌驾于个人之上"。因此，施蒂纳原则的实质是什么呢？是十足的、彻底的利己主义；而这种利己主义的实质又是什么呢？它"只不过是现代社会和现代人的被意识到的本质，是现代社会所能用来反对我们的最后论据，是现存的愚蠢事物范围

---

① 参看〔法〕科尔纽：《马克思恩格斯传》，第 3 卷，生活·读书·新知三联书店 1980 年版，第 69 页。

内一切理论的顶峰。"① 恩格斯对《唯一者》的原则所作的性质判断，不仅十分准确，而且应该说是相当深刻的。除了它可能存留的书信的写法或风格之外，我们看不出《德意志意识形态》有可能推翻抑或总体修正这一判断的任何理由，尽管适当地补充、调整和精确化的必要性总是存在的。恩格斯在这一判断中所指证的无非是：施蒂纳所代表的那种彻头彻尾的利己主义乃是现代社会的总原则或总纲领，是这一原则或纲领在观念形态上的彻底表现；并且由于这种表现所达到的彻底性，它乃是现代社会之自我确证的最后论据，是意识形态之虚妄性的顶峰。

其次，恩格斯在这封信中谈到了由这种利己主义的极致而必然导致的"颠倒"，并因而赋予此一极致以扬弃利己主义之开端的意义："这种利己主义已是如此登峰造极，如此荒谬，同时又具有如此程度的自我意识，以致由于其本身的片面性而不能维持片刻，不得不马上转向共产主义。"② 这一基本见解，至少在当时马克思的理解范围内，大体是会获得支持的。因此，如果马克思毕竟"带有几分严厉"地对恩格斯有所批评，那也应当是在其他方面。我们看到，恩格斯就这一利己主义的极致所提出的建设性策略是：由于现代性原则已经达到它的顶点，因此这一原则本身是重要的，它不应当被弃置不顾；相反，这个原则里的正确东西，必须要能够加以吸收。一句话，要"把它当做现存的荒谬事物的最充分的表现加以利用，在我们把它颠倒过来之后，在它上面继续进行建设。"③ 一般说来，这样的提法仍然是正确的；而问题的关键在于：如何进行建设，以及这种建设从根本上来说性质如何？如果我们就这样的角度来提出问题的话，那么恩格斯——至少就当时而言，就此一信函而言——相对说来是较为薄弱的。他把对施蒂纳原则的决定性反驳想象得太轻易了，而这种想象上的轻易性又更加深刻地与理论态度之或多或少的残余相联系。恩格斯写道："首先，轻而易举的是向施蒂纳证明，他的利己主义的人，必然由于纯粹的利己主义而成为共产主义者。这就是我们应当给这个家伙的回答。其次必须告诉他：人的心灵，从一开始就直接由于自己的利己主义而是无私的和富有牺

---

① 《马克思恩格斯全集》，第 2 版，第 47 卷，人民出版社 2004 年版，第 329 页。
② 《马克思恩格斯全集》，第 2 版，第 47 卷，人民出版社 2004 年版，第 329 页。
③ 参看《马克思恩格斯全集》，第 2 版，第 47 卷，人民出版社 2004 年版，第 329 页。

牲精神的；于是，他又回到他所反对的东西上面。用这几句老生常谈就能驳倒他的片面性。"① 不难看出，在这里能够与施蒂纳的利己主义构成对立的东西，乃是理论（或哲学）范围内的东西；更加确切些说，是在理论的逻辑范围内的东西。由于施蒂纳的原则本身是现代社会之"被意识到的本质"，是现存事物范围内的"一切理论的顶峰"，所以，由于其本身的片面性而不能维持片刻的"转向"或"颠倒"也只能是理论原则在理论逻辑内部的运动；事实上，也只有理论逻辑内部的运动才可能是如此迅疾和如此轻易的，也就是说，"用这几句老生常谈就能驳倒他的片面性"。然而也正因为如此，这里的说法便被局限在理论逻辑的内部，这里所谓的"驳倒"，也就是通过理论内部的矛盾而显现其原则的片面性，就像黑格尔的某一概念由于其登峰造极的片面性而向其对立面转化并从而使全部概念流动起来一样。总而言之，这里的"驳倒"乃属于理论范围内的活动，一句话，理论的驳倒。

我们的意思并不是说，理论上的批判或反驳是完全不必要的，或者是完全无关紧要的；我们的意思也并不是说，恩格斯在当时的基本观点是整个地立足于理论态度之上的。我们的意思仅只是说：这样的一种说法至少在形式上仍然可以被看做是理论态度，而这种态度已经不能令马克思满意了；考虑到马克思当时由存在论根基处所进行的最深入的澄清工作，这种理论态度尤其不能令马克思满意。关于马克思此一时期在存在论根基处的工作细节，我们放到后面去讨论，在这里只需指出一点，即马克思当时正在进行的最重要的思想变革，从某种意义上来说，其核心恰恰在于最坚决地从理论态度上摆脱出来。而这一摆脱过程便充分而集中地表现为"实践"纲领的生成，表现为这一纲领之内在巩固地建立起来。

为了最为简要地说明问题，我们可以从以下几个关节点上撷取一些片断。在《1844 年经济学哲学手稿》（它写成于马克思接到恩格斯那封来信的前三个月）中，马克思就已指出共产主义作为诸多对立之克服的实践的性质："我们看到，理论的对立本身的解决，只有通过实践方式，只有借助于人的实践力量，才是可能的；因此，这种对立的解决绝对不只是认识

---

① 参看《马克思恩格斯全集》，第 2 版，第 47 卷，人民出版社 2004 年版，第 329 页。

的任务，而是现实生活的任务，而哲学未能解决这个任务，正是因为哲学把这仅仅看做理论的任务。"① 这里所透露出来的消息，很显然，已经是要求坚决地从理论态度中摆脱出来。当恩格斯的那封信到达马克思手中时，《关于费尔巴哈的提纲》虽说尚未写就，但应该也已开始酝酿着了；而我们都知道，这一《提纲》的核心，正是作为"感性活动"或"对象性〔gegenst? ndliche〕活动"的实践原则之确立："哲学家们只是用不同的方式解释世界，问题在于改变世界。"② 至于稍晚一些但动笔于同一年的《德意志意识形态》，我们只要从中摘引一句话就足以说明问题了："实际上，而且对实践的唯物主义者即共产主义者来说，全部问题都在于使现存世界革命化，实际地反对并改变现存的事物。"③ 这里所说的正是使"全部问题"——不是部分问题，也不是主要问题或基本问题——汇聚到实践这一纲领之上，并因而是最彻底地从理论态度中解放出来，一句话，是实践批判，而不是理论批判。

经过这样一番讨论，也许我们可以多少就思想史上的那个空缺作出一些推论。(1) 马克思对恩格斯来信的批评是相当有可能的，如果确实有过批评的话，那么这批评的核心应当是针对着或者围绕着那种似乎是"理论态度"的策略和说法。(2) 如果马克思发出批评的话，那口气很可能像科尔纽所猜测的那样，是带有几分严厉的；因为对于马克思的思想进程来说，从理论态度中摆脱出来不仅是关注的中心，而且几乎可以说是性命攸关的事情。在这种情况下，马克思甚至对于问题的提法都可能是高度敏感的。(3) 马克思实际批评的指向，我们倾向于这样一个提法，即恩格斯的"那种似乎是理论态度的说法"；我们之所以不径直说"理论态度"，是因为恩格斯必定也正在迅速地从这种态度中摆脱出来。如果不是这样的话，那么恩格斯根本不可能在读到马克思的来信之后，就施蒂纳的《唯一者》同样发现马克思所发现的问题，并且"完全同意"马克思的看法④；进而言之，他更加不可能成为《德意志意识形态》的作者之一。至于恩格斯当

① 《马克思恩格斯全集》，第2版，第3卷，人民出版社2004年版，第306页。
② 《马克思恩格斯选集》，第2版，第1卷，人民出版社2004年版，第57页。
③ 《马克思恩格斯选集》，第2版，第1卷，人民出版社2004年版，第75页。
④ 《马克思恩格斯全集》，第2版，第47卷，人民出版社2004年版，第334页。

时从理论态度中摆脱出来的速度和程度，则我们无法断言，而且实际上就我们的主题来说，也没有必要去做细节上的揣测。

最后，恩格斯在他的这第一封信中，谈到了施蒂纳的哲学基础——讨论更多地是从与费尔巴哈哲学的关联上来开展的，而这种关联——施蒂纳与费尔巴哈的关联——不仅在形式上是就近的，而且在内容上是本质重要的。由于施蒂纳的哲学基础——并且因而对这一基础的批判——是一个更加庞大也更加基本的问题，由于从这一基础所引发和展开的内容需要作更加深入的分析，所以我们把它放到下面一节中专门予以列论。

（三）　施蒂纳与费尔巴哈的哲学基础

恩格斯在其信中所谈到的最根本的问题，乃是施蒂纳的哲学基础问题，而这一问题又是最为切近且最关本质地与费尔巴哈的哲学基础相联系的。恩格斯写道："施蒂纳摒弃费尔巴哈的'人'，摒弃起码是《基督教的本质》里的'人'，是正确的。费尔巴哈的'人'是从上帝引申出来的，费尔巴哈是从上帝进到'人'的，这样，他的'人'无疑还戴着抽象概念的神学光环。进到'人'的真正途径是与此完全相反的。"[1] 在这里，中心问题是通过"人"来标识的，这确实是抓住了要点。因为不仅施蒂纳对费尔巴哈的抨击始终围绕着这一点来进行，而且费尔巴哈本人在回顾自己思想历程的时候也说过，他的第一个立脚点是"上帝"，第二个立脚点是"理性"，第三个也是最后的立脚点则是"人"。

我们据此先来解决一个思想史上的问题。戴维·麦克莱伦声称，正是由于施蒂纳，方才"迫使"马克思修正了对费尔巴哈的观点；而且对马克思思想的进展起到帮助作用的乃是施蒂纳所提出的与一切抽象相对立的"创造性自我"这个观念。麦克莱伦的这一见解显然是完全错误的：它在思想史方面肯定不正确，在哲学理论方面尤其不正确。从上引的恩格斯的那段话中可以显而易见地看到，当恩格斯刚刚接触到《唯一者》时，他已经先行地不满意于费尔巴哈的抽象（特别是"人"这一抽象概念）了。因为如果不是这样的话，如果不是通常所谓已经"有了充分准备"的话，恩格斯的第一个适当反应恰恰应当是作为费尔巴哈的信徒反过来为费尔巴哈

---

[1] 《马克思恩格斯全集》，第2版，第47卷，人民出版社2004年版，第329—330页。

作出有效的辩护。对于马克思来说，情形亦复如此。然而即便这样说，仍然排除不了下述可能性，即恩格斯恰好是在展读施蒂纳《唯一者》的那一瞬间，了悟洞察了费尔巴哈的全部缺陷的。但是，这种可能性依旧不能成立，原因很简单，因为恩格斯这封信在袭击费尔巴哈的同时也在袭击着施蒂纳本人；而且我们将要在后面证明，这两方面的袭击根本就是在同一个基地上开展起来的。无论恩格斯当时就这个基地准备到什么样的程度，但可以肯定，他必须对此有一种先行的准备，因为否则的话，他对费尔巴哈的袭击便只能假借施蒂纳（或其他什么人）的基地了。至于为什么说麦克莱伦的判断在哲学理论方面尤其错误，我们可以从下述分析中见到。

如果我们专注于德国哲学之逻辑进展的话，那么很显然，施蒂纳乃是对于费尔巴哈第一个作出有意义批判的人物，或者用一种哲学上惯用的术语来表示，他代表着一个超出费尔巴哈的有意义的"环节"。这个环节的基本意义在于：当费尔巴哈对抽象的思辨、对理性专制主义的形而上学发出一连串尖锐的攻击和嘲笑，并试图通过感性直观的对象性来牢牢抓住人和自然界的现实性时，施蒂纳则指证了费尔巴哈所抓住的东西的全部空疏性，换言之，指证了费尔巴哈在哲学基础上依旧赋有的抽象思辨的本质。

《唯一者及其所有物》影响最大的部分是对费尔巴哈哲学的拱心石——"人"的概念——的批判。在施蒂纳看来，费尔巴哈哲学的纲领或总框架，无非是把最高本质从"神"迁移到"人"。虽然发生了这样一种迁移，但无论是"神"还是"人"作为最高本质，从根本上来说却丝毫没有差别："宗教与道德都涉及到一个最高本质，至于它究竟是超人的还是人的本质，这对于我来说就是无所谓的了，因为在任何情况下它都是高于我的一个本质，同样是一个超出我自身的东西。此外，关于'人的本质'问题，关于'人'的问题，在刚刚剥去旧宗教的蛇皮之后，却又重新披上一层宗教的蛇皮。"① 这里的核心问题是："人"，作为最高本质，依旧是一个超出我自身的东西，神圣的东西，抽象的东西，一句话，宗教的东西。在施蒂纳看来，"人"的概念甚至比以往的那些抽象更坏。因为以往那些抽象总还是天上的，而费尔巴哈则使得抽象的概念暴政下降到地上。"譬

---

① 〔德〕麦克斯·施蒂纳：《唯一者及其所有物》，商务印书馆1989年版，第50—51页。

如费尔巴哈就认为：如果他把神的东西人化了，那么'人'就有能力将我们压榨得更加残酷。"在这个意义上，费尔巴哈所谓人的宗教，不过是"基督教宗教的最后的变形。"①

施蒂纳较为深刻的地方在于：他看出费尔巴哈所谓的"人"，就其实质来说，并不是现实的人，甚至也并不是肉体的人，而是如同自由主义者所设想的"人"一样，是人的形而上学的本质或概念，即精神。费尔巴哈总是把人的现实性置于"我"和"你"的对象性之中，亦即置于"类"之中。但是，如果在你我那里只看到"人"，那么一个人对于另一个人来说，无非只是一个概念，只是一个作为概念的普遍性——"类"——的复本。在这种情形下，"你在我那里看到的并非是我、有形体者，而是看到了一种非现实的东西、幽灵，这就叫做人。"这意味着"人"依然保持其形而上学的"彼岸性"；并且在这种基督教考察方式的极致中，"人不被看做我的特性而是被当做原来的自我，故而人也不外只是一个幽灵、一个思想、一个概念"。② 因此，在费尔巴哈的"人"的概念中，包含着一般形而上学的本质，并且正像费尔巴哈曾把形而上学的本质归结为神学的本质一样，"人"的概念本身是神学性质的。因此，施蒂纳甚至企图使他的批判能够去真正撼动整个神学—形而上学的基础——"幽灵"，亦即"精神的王国"、"本质的王国"。他不仅试图指证神学—形而上学所固有的二元论及其不可解除的矛盾，而且试图揭示整个神学—形而上学的历史的虚妄性："要想彻底考察这个幽灵、理解它，并在幽灵中发现现实（证明'神的存在'），这正是几千年来人们给自己提出的任务。他们因从事完全不可能之事、丹纳士女儿的永无完期的工作，即将幽灵变为非幽灵，将非现实的变为现实的，将精神变为完全和有形体的个人而受着折磨。他们在现存世界的背后寻觅着'物之本体'、本质，他们在事物背后搜索着非事物。"③

就这一点而言，施蒂纳的意图一般来说是值得赞许的；并且就他谋求揭示费尔巴哈哲学之隐秘的形而上学本质这一单纯否定性的行动而言，施蒂纳的努力一般来说也是值得赞许的。正是由于这种情形，所以恩格斯在

---

① 〔德〕麦克斯·施蒂纳：《唯一者及其所有物》，商务印书馆 1989 年版，第 187 页、189 页。
② 〔德〕麦克斯·施蒂纳：《唯一者及其所有物》，商务印书馆 1989 年版，第 186 页、188 页。
③ 参看〔德〕麦克斯·施蒂纳：《唯一者及其所有物》，商务印书馆 1989 年版，第 42、43—44 页。

他的信中有条件地指证了施蒂纳的积极意义：施蒂纳有理由或者说正确地摒弃了费尔巴哈的"人"（至少是《基督教的本质》里的"人"）。① 但是，我们在这里马上就要追问的是：对于施蒂纳而言，除了这个单纯否定性的功绩之外，其自身的立脚点复又如何？或者换句话说，构成施蒂纳上述否定性功绩之哲学基础的东西，其本身的性质又是怎样的？恩格斯在信中就此的回答大体上有两处：（1）施蒂纳"是以德国唯心主义为基础，是转向唯物主义和经验主义的唯心主义者，而边沁是一个单纯的经验主义者。"② （2）尽管施蒂纳颇有才能和独立见解，但"他还是从唯心主义的抽象概念跌到了唯物主义的抽象概念，结果一无所获"③。考虑到恩格斯写作书信的概括表达，以及当时有关术语的使用方式，我们应当说，恩格斯对施蒂纳哲学立场的概括是准确而且深得要领的。所谓"以德国唯心主义为依据"，是指施蒂纳的立场以之作为依靠和归宿（终局）；所谓"转向唯物主义和经验主义的唯心主义"，便是指他"从唯心主义的抽象概念跌到了唯物主义的抽象概念"，亦即指他的这一转向或跳跃依然从属于或返回于形而上学。④ 所以，在这个意义上，其结果便是一无所获。值得一提的是，"结果一无所获"乃是一个重要的评判，它不仅印证了上述那一运动之回返的性质，而且可以从根本上来估计或度量施蒂纳对于当时的恩格斯来说的意义范围。也许，更加重要的是，它还隐含着一种"有所结果"的真正谋求，亦即对于马克思和恩格斯来说如何对结果由之而来的基地加以廓清和重建的有效筹划。

之所以说施蒂纳是转向唯物主义和经验主义的唯心主义，是因为他不仅到处反驳唯心主义，到处宣说形而上学的虚妄，而且在他兜了一大圈之后，又通过"唯物主义的抽象概念"，可靠地落到了形而上学中去。在施蒂纳之前，也许没有一个德国思想家像施蒂纳那样，如此肆无忌惮地攻击过思维、观念、本质、普遍的东西以及精神等等。他把所有这一切，统统

---

① 《马克思恩格斯全集》，第2版，第47卷，人民出版社2004年版，第329页。
② 《马克思恩格斯全集》，第2版，第47卷，人民出版社2004年版，第329页。
③ 《马克思恩格斯全集》，第2版，第47卷，人民出版社2004年版，第331页。
④ 按照当时术语的使用情况，"唯心主义"的一个广义的用法即是指全部形而上学，至少马克思和恩格斯是经常这样作使用的。在这样的意义上，无论是"唯心主义的抽象概念"，还是"唯物主义的抽象概念"，皆属于广义的唯心主义，亦即属于形而上学。

称之为"幽灵"；并且宣称："谁不再相信幽灵，那么他就只要在他的不信仰中继续彻底地走下去，就能认识：在事物背后根本没有藏匿着另外的本质、没有幽灵——或简单地按这个字作为同义字通用——没有'精神。'"①就这种否定的决绝程度而言，费尔巴哈的唯心主义批判确实也要相形见绌。施蒂纳甚至还大体上意识到，理智形而上学的路向将不可避免地踩入"虚无"之中：为形而上学所设定的"更高本质"，实际上便是在一切中出没的"精神"，而此等本质或精神，事实上到处与"虚无"相联系，并且只是在这虚无中出现。②

　　一般说来，在近代哲学的领域中，要走出唯心主义，可进入到唯物主义中去，就像要走出唯物主义，可进入到唯心主义中去一样。但是，要超出整个形而上学世界，却决不是那般容易的，除非能够在理论上和实践上终结全部形而上学。不仅如此，意识到形而上学的虚妄性——哪怕是意识到其全部虚妄性——是一回事，而发现一条现实的途径并循着它从形而上学世界中真正摆脱出来则完全是另一回事。很显然，这当然不仅仅是一个理论的课题；但是即便我们仅就理论方面来看，那么仍可以说，费尔巴哈提供了一个教训，而施蒂纳马上就要提供出第二个教训。

　　费尔巴哈以攻击黑格尔哲学——作为一般的并且是完成了的形而上学——始，而终归于形而上学一事，必定给施蒂纳留下了深刻的印象。因此，施蒂纳所面临的问题乃是双重的：一方面，揭示费尔巴哈哲学之根基上的形而上学，另一方面则要提供一个支点，以期从形而上学的根基处摆脱出来。不消说，这两个方面虽有差别，但毕竟是同一件事情。就前一个方面而言，施蒂纳确实超出了费尔巴哈，并依赖于此种超出而拿准了隐蔽在"人"的概念之核心处的形而上学本质——亦可说"精神"的、唯心主义的本质。因此，费尔巴哈的决定性的失败就在于：他从否定或剥夺神和神的东西开始，但其哲学的整个结果是："神和神的东西将更不可解脱地缠绕着我。将神从他的天国逐出、并剥夺他的'超然存在'，这是还没有建立在充分胜利基础上的要求，如果在此只将神驱逐到人的胸中，并以不

---

① 〔德〕麦克斯·施蒂纳：《唯一者及其所有物》，商务印书馆1989年版，第36页。
② 〔德〕麦克斯·施蒂纳：《唯一者及其所有物》，商务印书馆1989年版，第45页。

可消除的内在性相赠，于是这就意味着：神的东西即是真正人的东西！"①施蒂纳看得很准确：在费尔巴哈那里，所谓真正人的东西归根到底仍然是神的东西；神确是被从天国中逐出而丧失其超然存在，但那仅仅是因为他被流放到人的胸中而成为一种不可消除的"内在性"。

那么，施蒂纳所指望的不同于费尔巴哈并且超出费尔巴哈的要求，"建立在充分胜利基础上的要求"，将从何处措手足呢？很显然，在施蒂纳看来，费尔巴哈哲学如果谈得上对神学—形而上学的胜利的话，至多也只是部分胜利；而所谓"充分胜利"，当然意味着从整个神学—形而上学传统中摆脱出来。那么，这种充分胜利应当立足于何处呢？立足于"人"，但要剥除其全部神学的本质和形而上学的规定——这种想法确实是合乎逻辑的。于是施蒂纳便达到了"个人"，达到了"我"。这样的"个人"或"我"不是"人"，它与"人"的区别就在于，去除其一切形而上学的规定，抛开一切观念、思想、"圣物"："我已经不再拿人的尺度衡量自己，而且也不容许别人这样来衡量我了"；"我已经不再承认什么东西在自己之上了"。② 这样，由于弃绝了"人"的神学本质，抛开了"人"的各种形而上学规定——即作为观念、思想等的"圣物"，"我"便成了"唯一者"。在施蒂纳那里，"唯一者"的意思首先是指无需乎前提，而前提的意思首先是指作为本质的思想或观念："我"不是思想所创造的，任何一种思想都不可能是我的存在的前提。为了最坚决地指示出"唯一者"与全部神学—形而上学的彻底决裂，施蒂纳富有特征地采用了如下一系列的表达方式：唯一者是"无规定的"，它是"无规定的概念，其他任何概念都不能使他有所规定"，因为"唯一者指出自己的内容是在概念之外或在概念的彼岸"；于是，唯一者便是一个"无思想的词"，它"没有任何思想内容"；因而唯一者乃是"我们的词句世界的最后一块砖"，是"一种作为词句而告终的逻辑"。③

无论施蒂纳的这些说法多么决绝，但构成其立脚点的"唯一者"向形而上学本质的回返却是如此之快，以至于就像是在一刹那间完成的。部分

---

① 〔德〕麦克斯·施蒂纳：《唯一者及其所有物》，商务印书馆1989年版，第51页。
② 《马克思恩格斯全集》，第1版，第3卷，人民出版社2004年版，第509页。
③ 《马克思恩格斯全集》，第1版，第3卷，人民出版社2004年版，第509、527页。

地由于当时德国哲学的运动方向（其中特别包括费尔巴哈以及施蒂纳本人），施蒂纳用以袭击全部形而上学基础的"唯一者"本身的性质甚至在当时就已经是一目了然的："唯一者"一双脚都站在形而上学的基地上并从而赋有形而上学的全部抽象本质。这种情况由于"唯一者"力图攻击形而上学的整个基地，并且由于揭破了费尔巴哈哲学内部的形而上学复辟，而显得格外地引人注目。即使是当时的评论者也很容易看出："唯一者"同样可以"作为概念固定下来"。① 这根本不需要评论者自身已完全脱开形而上学，而只要稍稍利用一下施蒂纳本人的逻辑就可以了。

在这种情况下，施蒂纳的意义即便存在，也很快变得相当有限了——这就是为什么恩格斯在信中说，施蒂纳"结果一无所获"；这也可以用来部分地说明，《唯一者》在当时的影响为什么一时轰动而又相当短暂。但是，据说"唯一者"作为"创造性自我"是与一切抽象相对立的，据说这个观念为马克思提供了某种帮助，据说这种帮助就是迫使马克思修正了对费尔巴哈的观点。② 这样的说法肯定是不正确的，除非这"某种帮助"是在反面的或否定的意义上，亦即在获取教训的意义上来说，才是有几分合理的。对于当时的马克思和恩格斯来说，费尔巴哈是第一个教训，施蒂纳是第二个教训；并且除非费尔巴哈已经是教训，否则的话施蒂纳就不可能是教训——所有这些在恩格斯的那封信里是一望而知的，倘若联系着随即到来的《德意志意识形态》，那就是更加显而易见的了。

然则这样的教训究竟是怎样的呢？第一，费尔巴哈以攻击形而上学始而不幸终归于形而上学的本质，这一点费尔巴哈不能自知，但为施蒂纳所见到了；而当施蒂纳见到这一"轮回"时，马克思和恩格斯必定也已同时见到了。第二，当施蒂纳再度奋起攻击一切形而上学——包括（而且特别是）费尔巴哈拒斥形而上学的那种形而上学——时，他却不幸又一次复归形而上学的本质，而且这一次竟是如此迅速、如此轻而易举、如此夸张和耸人听闻地重蹈覆辙。如果像黑格尔和马克思曾经说过的那样，一切重大的历史事变和人物，往往会出现两次：第一次是作为悲剧出现，第二次是作为笑剧出现；那么，对于马克思和恩格斯来说，费尔巴哈的不幸乃是悲

① 参看《马克思恩格斯全集》，第 1 版，第 3 卷，人民出版社 2004 年版，第 527—528 页。
② 参看〔英〕戴维·麦克莱伦：《青年黑格尔派与马克思》，第 138 页。

剧，而施蒂纳的不幸则到处表现为喜剧性——这一点在《德意志意识形态》中体现得如此充分，以至于即便只要从论述这两位主人公的不同笔调中就可以把气氛分辨得泾渭分明。第三，由于上述的那种基本态势对于当时的马克思和恩格斯来说已然清晰，所以问题的核心乃是跳出"关于形而上学的形而上学"（海德格尔语）这一"轮回"本身。在这样的意义上，对施蒂纳的批判部分地并且间接地也是对费尔巴哈的批判；更加确切些说，《德意志意识形态》的旨归不是批判形而上学之此一种或彼一种，而是批判形而上学之一切，是终结全部形而上学。因此之故，我们就不必惊诧于这部巨著何以用三分之二的篇幅来讨论施蒂纳了：一般的理由在于它所针对的乃是形而上学之一切；特殊的理由在于施蒂纳乃是这个形而上学世界之夸张的极致、最后的论据、漫画式的顶峰，尤其是所有这一切都不可遏制地散发出来的那种喜剧性。为什么喜剧性这般重要呢？因为正如马克思说过的那样，那是为了使人们能够愉快地同过去诀别。

因此，对于马克思来说，吸取费尔巴哈的教训同时就意味着必须吸取施蒂纳的教训，与费尔巴哈的批判的脱离同时就意味着对于施蒂纳的最彻底的清算，而与这两位谋求对形而上学给予最终打击而反归于复辟——无论是以悲剧的形式还是以喜剧的形式出现——的思想家的诀别，意味着终止全部形而上学，并使之从根基上不再成为可能。很显然，对于马克思来说，教训一定是异常深刻的，施蒂纳的教训只是进一步巩固、深化并凸现出费尔巴哈已然被意识到了的教训，必须最为迅速也最为坚决地从构成教训的那种尖锐的困境中走出来——这便是马克思所面临的至为重大而急切的思想任务。因此，当恩格斯在信中稍稍表现出对于施蒂纳要给予某种策略上的肯定（若仅就学理上的公平而言，也确实应当给予这种肯定）时，马克思若立即表现出不满或不耐烦，那确实是完全可以理解的。就此而言，马克思显然是对的：这是性命攸关的时刻，不容在施蒂纳那里作片刻的停留，必须大踏步地前进——从头做起，从根本上做起，以期赢得一个全新的立脚点。在这里出现的，便是《关于费尔巴哈的提纲》和《德意志意识形态》；并且也正是在这里，显现出这两部著作之具有革命性质的重大意义。

（四）施蒂纳向形而上学的全面复归

施蒂纳的"我"，作为"唯一者"，是他向形而上学——包括费尔巴哈的形而上学——全面挑战的立脚点，但是这个立脚点的性质很快就表明——甚至比在费尔巴哈那里更迅速、更清晰地表明——它本身是形而上学的。施蒂纳力图证明："唯一者"乃是我们词句世界的"最后一块砖"，也就是说我们借助于这块砖可以推翻全部砖的世界——亦即整个思想的世界、观念的世界或概念的世界。因而在"唯一者"之中，科学便会"化为生活"。这样一来，"唯一者"便作为提示生活世界的转折点而袭击了作为形而上学之基本框架的概念－逻辑－反思的世界。借助于"唯一者"，施蒂纳确实在其范围内到处攻击了形而上学的抽象。在他看来，哲学思辨归根到底只是使人们在"词、逻各斯、宾词"等中寻找自己。但是，正如常言所说的那样，判断一个人，不是听他如何说，而是看他如何做；而"唯一者"的作为，几乎立即就表明：这个试图超出概念、逻辑和反思世界的词，不仅在来源上，而且在性质上，都是完全依循概念－逻辑－反思原则而被制订出来的。

《德意志意识形态》立即并且直截了当地揭示了这一要害。"唯一者"的任务是终止一切哲学思辨，但它本身恰恰来源于哲学思辨的任务。因为"唯一者"不过是"哲学上的一个抽象名字，一个超越一切名字之上的'名字'，即一切名字的名字、作为范畴的名字；……这个创造奇迹的名字，这个意味着语言灭亡的神奇的词，……就是唯一者。"[①] 由此不难看出，当施蒂纳试图以"唯一者"来战胜全部形而上学的抽象时，他所使用的武器不过是另一种抽象，一种在性质上与其他抽象完全相同的抽象，也许是一种更加简单也更加稀薄的抽象。在这样的意义上，施蒂纳的"唯一者"乃遭遇着与费尔巴哈的"人"完全类似的命运：一方面，它意味着彼此孤立的、纯粹利己主义的原子个人，另一方面，它也同样意味着"一种内在的、无声的、把许多个人纯粹自然地联系起来的普遍性。"[②]

在一定的意义上，施蒂纳的意图是值得赞许的：他意图通过"唯一

---

① 《马克思恩格斯全集》，第 1 版，第 3 卷，第 526－527 页。
② 参见《马克思恩格斯选集》，第 2 版，第 1 卷，第 60 页。

者"来反对一切思辨的抽象，来把哲学"结束掉"，并从而导向生活，胜利地进入"肉体"生活。但是所有这一切，只是表明"唯一者"不过是取向及方式上或有不同的抽象思辨。所以恩格斯称施蒂纳为"转向唯物主义和经验主义的唯心主义者"，称他只是"从唯心主义的抽象概念跳到了唯物主义的抽象概念"。一句话，"唯一者"意味着它的全部反形而上学内容一下子统统跌落到神学-形而上学的本质中："……这个词作为词不再单纯是词了，这个词用神秘的超语言的方式指出从语言走到它所指示的现实客体的道路，简而言之，这个词要在一切词中起到一种和救世主-圣子在人们中所起的基督教幻想的作用一样的作用。"① 这样一种神秘化的方式毋宁说是完全自相矛盾的：施蒂纳试图从可以表达的东西过渡到难以表达的东西，不过意味着他要找到一个"既比词大又比词小的词"。② 而全部问题在于：哲学语言的秘密，对于施蒂纳来说，是完全晦暗的、通不过的区域，因此他反对一切哲学语言的语言，不过是一种自相矛盾的哲学语言。

正是在这一点上，马克思有了真正的发现。思想和观念成为独立的力量，是分工的结果，是个人之间的私人关系独立化的结果；哲学语言不过是被歪曲了的现实世界的语言，而思想或语言从根本上来说都只是现实生活的表现，它们本身并不能构成独立的王国。因此，"语言是思想的直接现实。正像哲学家们把思维变成一种独立的力量那样，他们也一定要把语言变成某种独立的特殊的王国。这就是哲学语言的秘密，在哲学语言里，思想通过词的形式具有自己本身的内容。"③ 对于就这一秘密毫无觉察的施蒂纳来说，只能对变成独立力量的语言即词句加以攻击又给予崇拜；对于他来说，"形而上学之霸占了语言的本质"（海德格尔语）一事始终是晦暗不明的。顺便说说，在费尔巴哈那里，这一秘密同样是晦暗不明的，他也只是试图把哲学概念替换为一般的名词来解决问题；④ 但问题的实质恰恰在于，为着哲学语言的秘密不被揭破，特别是语言作为现实生活之表现不被内在巩固地把握住，所谓"一般的名词"就根本不可能避开其形而上学

---

① 《马克思恩格斯全集》，第1版，第3卷，第529页。

② 参见同上，528页；527页马克思所引用的施蒂纳的话："唯一者只是说出你来和说出我来的最后的、趋于寂灭的言表，只是变为意见的言表：不再是言表的言表，无言无声的言表。"

③ 《马克思恩格斯全集》，第1版，第3卷，第525页。

④ 参看《费尔巴哈哲学著作选集》，下卷，第436页注②。

的本质，也就是说，依然被锁闭在概念的、逻辑的和反思的世界中。这便在某种程度上提示了语言问题对于击破形而上学基础来说的重要意义，并且也在某种程度上提示出当代哲学所谓"语言学转向"——我们指的是诸如海德格尔、伽达默尔等已然取得突出成绩的那个路向——的重要意义。

　　问题决不仅仅在于施蒂纳的"唯一者"同样可以"作为概念固定下来"，或者说他在批判概念立场的时候不由自主地依然采取概念的立场。问题是在更大的范围内、在根基处向神学—形而上学的全面倒退，而"唯一者"之滞留于概念立场不过是这一倒退的一个特殊的、可以在逻辑上较为方便地被揭示出来的标记罢了。这一大规模的倒退运动非常明显地并且富有特征地表现为向黑格尔哲学的回归。如果说，同样的回归过程也出现在费尔巴哈那里的话，那么，比较起来，在施蒂纳那里要直接得多、迅速得多，并且也广泛得多。这种情况，无论如何一定是给马克思留下深刻印象的，而且当其被揭示出来时，一定是意味深长的。

　　《唯一者》的全部形式方面的构造，实际上无非就是黑格尔《历史哲学》的翻版，这种情形到处出现，以至于几乎就是唾手可得。例如，关于"基础"——（1）唯实主义；（2）唯心主义；（3）两者的否定的统一，即"某人"。又例如，关于历史的第一次命名——（1）儿童，依赖于事物，唯实主义；（2）青年，依赖于思想，唯心主义；（3）成人，否定的统一，利己主义。为了简短起见，下面的第二次的历史的命名以及更加复杂的第三次命名和最终的命名，我们都略过不提了。但这种构造的形式，却无疑是黑格尔的："这种关于人生阶段的全部虚构的原型，早就在黑格尔'哲学全书'第三部中出现过，而它的'各种转变'也在黑格尔著作的其他地方出现过。"[1] 在这样的意义上，施蒂纳的利己主义者变成了"黑格尔的'笨拙的'抄袭者"。[2]

　　不仅如此，施蒂纳与黑格尔的类似之处根本不止于历史构造的形式方面，因为施蒂纳的整部著作的结论表明，他甚至把"关于思辨观念统治历史的思辨看法变成了关于思辨哲学家本身统治历史的看法"（教阶制）。在施蒂纳的庄严庞大的历史结构中，一切归根到底都表现为三个基本范

----

①　《马克思恩格斯全集》，第1版，第3卷，第130页。
②　《马克思恩格斯全集》，第1版，第3卷，第183页。

畴——唯实主义、唯心主义，以及作为上述两者的统一的绝对否定即利己主义；而这些基本范畴连同其一系列的辅助范畴，构成一切历史（马克思称之为"伪历史"）的阶段的内容。这样一来，思辨的观念、抽象的观点变成了历史的动力，"因此历史也就变成了单纯的哲学史。……它被理解成现代德国哲学家、特别是黑格尔和费尔巴哈所理解和阐述的那样。"因此，施蒂纳所写出的历史或关于历史的哲学，说到底乃是"关于怪影的露骨的神话"。而这样的神话意味着，"圣麦克斯在这里重新表明自己的无限信仰，他比他的任何一个前辈都更加相信德国哲学家所制造的思辨的历史内容。"①

然而还不仅如此，还有更加深入更加根本的问题：构成施蒂纳历史理论或历史哲学之返回于黑格尔主义之基础性的东西究竟是什么呢？如果这个问题不予彻底澄清的话，历史理论的任何一种修正和改造都是无济于事的，并且最终都将命运般地重新堕入黑格尔主义的深渊中。在这种情形下，黑格尔哲学宛如是一块巨大的、引力近乎无限的磁石，把一切哲学吸引（甚至包容）到自身中去。激烈反对黑格尔哲学的费尔巴哈终于成为黑格尔哲学的一个"支脉"，而激烈反对黑格尔和费尔巴哈的施蒂纳亦不得不成为黑格尔哲学的一个片断。我们要问，究竟是什么力量使得这一切"逃亡"或"反叛"终归于失败呢？

这个问题还得由存在论根基上的深入检审方始能够加以追究。事实上，在《德意志意识形态》中，马克思已经洞察到，施蒂纳复归于黑格尔主义一事的核心，不在于种种枝节与外貌，而在于其学说的形而上学本质。马克思写道，一力攻讦思维的施蒂纳采取一种"思维的绝技"："他把所有确定的东西都只当做圣物的'例子'来引用；就像黑格尔在'逻辑学'中一样，或是用原子或个性来解释'自为的存在'，或是引用太阳系、磁力或性爱作为引力的例子，都无不可。因此，'圣书'中充满了例子，这决不是偶然的，而是由书中所运用的思想发展的方法的深刻本质造成的。"②这里的"深刻本质"不是别的，正就是形而上学的核心或基本境域，亦即在黑格尔那里得到完成的柏拉图主义。而理念论之最基本的含义

---

① 《马克思恩格斯全集》，第1版，第3卷，第131—132页。
② 《马克思恩格斯全集》第1版，第3卷，第318—319页。

无非是说：事物依赖于"圣物"（亦即"非事物"），事物的现实性纯全在于，它分有理念，也就是说，唯当其分有作为"圣物"的理念，它方始是实在的。

然而，施蒂纳难道不正是从反对"圣物"开始并以此立足的吗？施蒂纳对形而上学家的全部攻击难道不正是集中于他们试图在事物后面搜寻非事物吗？然而事情就是如此：反对一切作为"怪影"的观念的施蒂纳身不由己地返回到观念的立场上。这一返回是怎样实现的呢？"在我们面前鱼贯而过的一切'怪影'都是些观念。如果抛开这些观念的现实基础（施蒂纳本来就把它抛开了），这些观念就被了解为意识范围以内的观念，被了解为人的头脑中的思想了，就从它们的对象性方面被撤回到主观方面来了，就从实体被提升为自我意识了；这些观念就是怪想或固定观念。"① 马克思的这段话不仅指证了施蒂纳向观念立场的回返，而且确定了这一立场的基本性质——自我意识，而且还说明了上述回返运动的路径和缘由——消除对象性本身而封闭于"我思"的内在性之中。

这段话是至关重要的，其重要性就在于：它最关本质地提示出历来对于形而上学的反动是如何终归于形而上学的，历来超出黑格尔哲学的图谋是如何粉碎为黑格尔哲学之片断的。在这里，问题的核心不是这种形而上学还是那种形而上学，也不是形而上学的这种结论还是那种结论，问题的核心纯全在于形而上学的根本前提，更加确切些说，在于形而上学的基本建制本身。如若这样一种基本建制不从根本上被触动，那么对于形而上学的一切暗杀密谋都将最可靠地自行瓦解，并且将最可靠地重新落入形而上学的本质之中。在这里，马克思所提示的全部形而上学的基本建制是怎样的呢？最简要地说来，它是实体与自我意识的概念框架，因而是思维与存在的本质上的二元论，并因而是"我思"的内在性。

在这个意义上，黑格尔哲学对于马克思来说，乃意味着一般形而上学，意味着形而上学的基本建制，意味着形而上学及其建制之最后的也是最高的完成。因此，在这个意义上，黑格尔哲学不是形而上学之一种，而是形而上学之一切。同样是在这个意义上，反对黑格尔的图谋之复陷于黑

① 《马克思恩格斯全集》，第1版，第3卷，第170页。

格尔哲学并成为它的一个支节，不过意味着对于形而上学的反动依然滞留于形而上学的基本建制中。如果说马克思在施特劳斯和鲍威尔那里不过看到黑格尔哲学之分裂过后的某一个被夸张的方面的话，那么他在费尔巴哈否定黑格尔的进程中则看到对黑格尔哲学的重新肯定，而在施蒂纳再一次的颠覆密谋中，黑格尔哲学的成功复辟几乎可以说是一蹴而就的。所以马克思写道："德国的批判，直至它最近所作的种种努力，都没有离开过哲学的基地。这个批判虽然没有研究过自己的一般哲学前提，但是它谈到的全部问题终究是在一定的哲学体系即黑格尔体系的基地上产生的。不仅是它的回答，而且连它所提出的问题本身，都包含着神秘主义。对黑格尔的这种依赖关系正好说明了为什么在这些新出现的批判家中甚至没有一个人试图对黑格尔体系进行全面的批判，尽管他们每一个人都断言自己已经超出了黑格尔哲学。"① 不难看出，正是在黑格尔哲学的不断复辟中，马克思指证了对黑格尔体系进行"全面的批判"的必要性。同样不难看出，这里所谓的"全面批判"，与其说意味着去占领黑格尔触动过的每一个角落，毋宁说是深入到其最隐蔽的根基中去——马克思确切地提到了"黑格尔体系的基地"、"它的一般哲学前提"。因为新出现的批判家对黑格尔的依赖，无非意味着黑格尔哲学对整个领域的控制力，而这种控制力的本质来历，乃出自形而上学的基本建制。

因此，从哲学的最根本的方面来说，《德意志意识形态》的核心任务已经不仅仅是要摧毁某一种（费尔巴哈的、鲍威尔的或者施蒂纳的）形而上学，而是要终结全部形而上学。也就是说，这一核心任务的指向不能不是形而上学的根本前提，亦即瓦解和洞穿形而上学的基本建制。如果事情的本质是这样的话，那么对于施蒂纳的清算——作为对德国哲学之"最后挣扎"的清算，它占据全书的三分之二的篇幅——若不从属于这一核心任务，又可能是什么呢？

（五）马克思对施蒂纳的批判及其存在论意义上的重要性

由于施蒂纳的哲学到处表现为向黑格尔的回返，由于这一哲学在反形而上学的路径上到处表现其形而上学的特征和本质，又由于它代表着德国

---

① 《马克思恩格斯选集》，第2版，第1卷，第64页。

"批判"的"最后论据"或"最后的挣扎",并且还由于它的努力和失败所具有的鲜明的喜剧性,所以它便成为《德意志意识形态》给予最大关注的赋有特征的标本。很显然,这一标本的特征对于马克思来说,不仅在于其到处散发出来的形而上学气味,而且在于它的作为总是到处落入敌人怀抱的必然性。因此,马克思对施蒂纳的批判的重点乃在于洞穿形而上学的基本建制,正像这一批判的旨归乃在于终结全部形而上学一样。由这一视角来观察问题,我们便可把握马克思对施蒂纳进行批判的核心与本质之重要性。由于这一批判的核心是瓦解形而上学的基本建制,因而其重要性纯全是在存在论意义上的——是由存在论的根基处来构成意义领域的。在马克思的批判中,形而上学的基本建制大体包括以下三个方面:(1)它从根本上来说的并且无处不在的理论态度;(2)构成此种理论态度之本质的范畴论路向,以及这一路向本身所赋有的天真性;(3)范畴论路向之不可解除的矛盾或隐秘的核心——意识的内在性。

首先,我们来看一下所谓理论态度。这样一种态度在某种意义上几乎可以概括整部西方哲学史。它的中心是理念论,即柏拉图主义;正如戈博所说,柏拉图不是一般的形而上学,而是独一无二的形而上学。此一由理念论作为基底的理论态度,在黑格尔那里的实施、开展与完成,自不待言,以至于马克思这样写道:"黑格尔完成了实证唯心主义。他不仅把整个物质世界变成了思想世界,而且把整个历史也变成了思想的历史。"① 然而问题在于,那些最为激进的对黑格尔进行攻击——并且据说已决定性地给予打击——的批判家,是否已从理论态度中摆脱出来了呢?那个对思想、观念、"圣物"敌视到如此程度,以至于坚定地宣布自己立足于"无思想"的施蒂纳,是否真正从理论态度中摆脱出来了呢?

在马克思看来,施蒂纳不仅没有从中摆脱出来,而且甚至陷得更深。这里只需举一个例子便可充分说明问题了。在施蒂纳那里,批判的要点在于消除"人"的抽象性,亦即消除这一概念的形而上学本质,因此他便要求从这一概念中剥除其一切思维的规定,或者,一切形而上学之规定。而当他一个接一个地把这些规定予以排除之后,他便达到了"唯一者"。这

---

① 《马克思恩格斯全集》,第 1 版,第 3 卷,第 16 页注①。

一剥除的过程，亦即反形而上学的过程，虽则具有有限的理论意义，但却一双脚都站在形而上学的基地上，并因而"分有"其最为极端的理论态度。马克思非常明确非常尖锐地指证了这一点：在施蒂纳那里，"人"的抽象性的排除依赖于更加稀薄的抽象，思维规定的剥除依赖于更加形式的思维。因此，正像"唯一者"本身不能不是抽象的概念一样，"唯一者"的达成与建立本身仅仅立足于这样一个理论过程："桑乔由于从头脑中抛开了'人'而获得了唯一性。……他从头脑中抛开了观念，因而就成为唯一者"。① 因此，这种理论态度的核心表现为"抛开观念"，"把圣物从头脑中挤出去"；而这样的抛开或排挤本身不能不是纯粹理论的，因而唯一者便只能依赖于理论态度而在实践方面要求最为空疏的"应当"，以便把现实的状况或困难"从头脑中挤出去"；于是施蒂纳要求否定形而上学的努力便只能在理论态度的内部兜圈子："'唯一的东西'或者'唯一者'在这里的特点是第九百次地企图把圣物从头脑中挤出去，所以正像我们也不得不第九百次地重复一样，一切都是老样子，更不用说这只是一个虔诚的愿望了。"②

这样的理论态度，在费尔巴哈——他也试图全面颠覆黑格尔哲学，并使形而上学彻底终止于"生活"和"实践"——那里是同样显而易见的。施蒂纳虽然到处抨击费尔巴哈，但更加深入地由此点观之，则费尔巴哈是与他完全相同的。1845 年费氏因《唯一者》而作了一个反批评，他在其中写道：地上统治者的威严显赫，完全是由于人们的误解而建立起来的；"只要我——在思想之中，或者，最好是在富有直观性的表象之中——把统治者本人跟我自己等量齐观，只要我理解到他是像每个别人一样的人，那么，他的一切威严也就立时消失了。属天的威严，也是如此。"③ 在这里，全部问题都在于理论，在于由理论而来的正确或错误的理解，而只要由正确的理论"在思想之中"解决问题，其余的一切问题就迎刃而解了。这难道不是彻头彻尾的理论态度吗？这样的理论态度难道还能够表现得更加昭彰显著吗？正是在这里，马克思看到了形而上学基本建制之最初的表

---

① 参见《马克思恩格斯全集》，第 1 版，第 3 卷，第 509 页。
② 《马克思恩格斯全集》，第 1 版，第 3 卷，第 509 页；并参见 523 页。
③ 《费尔巴哈哲学著作选集》，下卷，第 421 页。

征——理论态度，它不仅出现在形而上学家那里，而且也出现在形而上学的反对者那里。马克思以一种喜剧的方式把理论态度概述为："有一个好汉一天忽然想到，人们之所以溺死，是因为他们被关于重力的思想迷住了。如果他们从头脑中抛掉这个观念，比方说，宣称它是宗教迷信的观念，那么他们就会避免任何溺死的危险。他一生都在同重力的幻想作斗争，统计学给他提出愈来愈多的有关这种幻想的有害后果的证明。这位好汉就是现代德国革命哲学家们的标本。"①

但是，这样的理论态度——作为形而上学基本建制之最切近的表征——又扎根于何处呢？或者换句话说，它是从什么地方发源的呢？它植根于并且发源于形而上学基本建制的主导路向——即范畴论的路向，或用目前通行的另一种说法，"知识论的"路向。这一路向也许可以一直追溯到古代希腊哲学，但就近地说来，它是全部近代哲学围绕着旋转的枢轴，并且特别地在德国哲学中达到其充分的显现与完成。最简单地说，所谓范畴论路向，它的所指和所属，它的全部活动范围，乃在于概念的、逻辑的和反思的世界中；并因而区别于某种当代哲学力图开辟和指引的所谓生存论路向，而这一路向所要求所提示的——同样是最简单地说——乃是前概念的、前逻辑的和前反思的世界。

从某种意义上来说，费尔巴哈和施蒂纳都试图从概念的、逻辑的和反思的世界中摆脱出来，也就是说，试图从范畴论的路向中摆脱出来。所以费尔巴哈说，与"生活"比较起来，"理论"或"哲学"乃是严重的不幸。至于施蒂纳，他也试图把哲学结束掉，他"宣布他本身之无思想就意味着哲学的终结，因而也意味着胜利地进入'肉体'生活"。② 但是，他们所要求的这样一种摆脱，不仅全然无功而返，而且根本就未曾触动范畴论路向本身，以至于马克思把一心要结束掉哲学的施蒂纳称为"头脑最空虚和最荒唐的哲学家"，并且称费尔巴哈不幸仍然是一位"理论家和哲学家"。而此种命运般"轮回"的基本缘由，乃在于范畴论路向作为形而上学基本建制的主导路向，对于他们来说仍然完全是隐而不显的，或者换句话说，他们仍纯全拘执并滞留于范畴论路向自身的天真性之中。

---

① 《马克思恩格斯全集》，第1版，第3卷，第16页。
② 参见《马克思恩格斯全集》，第1版，第3卷，第529页。

范畴论路向及其对于自身的天真性，在 20 世纪的某些哲学中是或多或少地被揭示出来的。伽达默尔在其 1962 年的《20 世纪的哲学基础》一文中便指证了这一点。他指出，德国的"同一哲学"力图就本质的二元论加以克服的图谋，与 20 世纪同样的努力存在着重大的区别，这区别的核心就在于德国唯心主义仍保持着范畴论路向的全部天真性。而这样的天真性可以被概括为如下三个方面，即（1）断言的天真；（2）反思的天真；（3）概念的天真。① 就此我们需要补充的一句话是：不只是"同一哲学家"，而且是把同一哲学作为形而上学来攻击的"德国的批判家"也依然牢固地保持在这样的天真性之中；不只是 20 世纪的某种哲学运动，而且是马克思早在 19 世纪中叶，便已经把握住了范畴论路向的核心本质并给予其天真性以毁灭性的打击。这一工作，主要是在《德意志意识形态》中开展出来的，并且特别充分地表现在对施蒂纳的批判中。

例如，当施蒂纳力图摆脱形而上学的反思之际，当他一个接一个地试图取消"人"的反思规定之际，他却仍然完全站在反思的立场上并且完全依靠抽象反思的作用。因此，虽然施蒂纳把形而上学的反思或反思规定当做死敌，但他却只是在表面上放逐了抽象反思。马克思清楚地看到：施蒂纳试图通过剥除"人"的全部反思规定而达成的唯一者，并不是人的现实的特性，而仅仅是一个纯反思的特性：他希望通过排除反思规定而建立的"一切特性的那个完整的综合体，即圣桑乔在反思中作为与一个确定的特性对立的所有者，在这里不是别的，这就是桑乔对这一特性的简单反思。他把这特性变成他的我，他所提出的不是完整的综合体，而单就是一个纯反思的特质，以与某一个特性以及全部特性的总和对立的，就仅仅是这个反思的特质，某个我，自己想象的我。"在这里，范畴论路向上关于反思的天真性就在于："恰恰正是有一些反思的人，他们相信在反思中并借助反思之力，能够超越一切，然而实际上他们却从未能从反思中超脱出来。"②

至于概念和断言方面的天真，在施蒂纳那里表现得同样充分。这在很大程度上就是《唯一者》之出类拔萃的喜剧性的来历。当施蒂纳使出浑身

---

① 参见〔德〕伽达默尔：《哲学解释学》，118—128 页。
② 《马克思恩格斯全集》第 1 版，第 3 卷，第 290—291 页。

解数试图摆脱范畴论性质的概念、断言和逻辑时，这些东西就像幽灵一样从施蒂纳的手指缝里冒出来——他不停地想用十个指头轮番把这些幽灵摁下去，但它们却一个接着一个地从指缝中探出头来，并且快乐地叫道："我们终于又出来了！"当施蒂纳攻击逻辑图式主义时，《唯一者》的第一部分却不过是逻辑范围的历史，亦即"受过去时代束缚着的逻各斯"，而它的第二部分也只不过是历史中的逻辑，亦即"已经解放出来的、和现时代斗争着并战胜着现时代的逻各斯"。① 同样，当他不遗余力地攻击概念的形而上学本质时，他却仍然最为虔诚地守护着"作为逻辑的真正的高峰和顶端"，即神圣的概念。"概念就是'我'（参见黑格尔'逻辑学'第 3 篇），就是作为我的逻辑。这是我对世界的纯粹关系，即已经解脱了对他说来是现存的一切实在的关系的那种关系。这是一个适用于一切等式的公式，我们这位圣者就是把现世诸概念都归入这一公式。"② 与这样的概念立场相联系的不能不是断言方面的天真，这种天真性只是通过"唯一者"佯言摆脱了人及其形而上学，但实际上却是把暗中偷运的形而上学输入到人及其世界之中：施蒂纳的"我并不是现实的我，而只是以上所引的那些等式中的我，即在形式逻辑中、判断学说中作为不是真实姓名的 Cajus［某甲］的那个我。"③

关于形而上学范畴论路向及其天真性的揭露与驳难，在《德意志意识形态》中到处涌现出来，可以说俯拾即是。如果说费尔巴哈对于此种天真性亦近乎一无所知的话，那么这部著作对于施蒂纳的批判，实质上就同时是对于费尔巴哈批判的继续。如果考虑到施蒂纳在这一问题上陷入矛盾的直接性、典型性，以及赋有特征的喜剧性，那么马克思在这里反反复复地往返出入，以期使问题的要害充分地绽露出来，也就是理所当然的了。只有对形而上学的基本建制依然保持其天真见解的人，才会以为这样的揭露和驳难乃是多余的和不必要的"超争论"。

唯有真正揭破范畴论路向的实质及其天真性，形而上学基本建制的核心框架方才真正显现出来。这一核心框架乃是思维和存在、本质和现象、

---

① 《马克思恩格斯全集》第 1 版，第 3 卷，第 119 页。
② 《马克思恩格斯全集》第 1 版，第 3 卷，第 312—313 页。
③ 《马克思恩格斯全集》第 1 版，第 3 卷，第 324 页。

形式和内容等的本质上的二元论，而这种二元论是以意识的内在性作基础的。在这里，我们不必去追寻这种二元论在古希腊哲学中的起源，不必去探求它在中世纪的神学和哲学中如何获得提升和巩固，亦不必从近代的发端处去考虑它与"我思"、与意识的内在性结成神圣同盟而构成现代文明的形而上学支柱，在这里我们只需指出一点，即：在马克思那里，形而上学基本建制的这个最隐蔽的核心——"意识的内在性"不仅已被洞穿与揭破，而且还试图在哲学上予以致命的打击和彻底地清除。如果说在此前的一些著作中，马克思的努力已或多或少透露出其间消息的话，那么在对施蒂纳或费尔巴哈的批判中，击穿并瓦解意识的内在性就是全部批判——不只是对施蒂纳或费尔巴哈的批判，真正说来乃是对全部形而上学、"一般意识形态"的批判——围绕着旋转的那个阿基米德点。

在《1844 年经济学哲学手稿》中，马克思已触到过意识的内在性——而且是在思辨哲学的完成形式中，亦即是在黑格尔哲学中所包含着的意识的内在性："同一哲学"只是虚假地建立起所谓思维和存在的统一，而它的实质不过是"纯粹活动"或"自我活动"之无休止地围绕自身的运动，而在这里表现出来的就是意识的内在性，是这种意识的内在性徒有其表地从自身中走出来——依照海德格尔的说法，这种"从自身出来"就其建制而言是自相矛盾的——去创造一个对象世界。① 而在《德意志意识形态》中，马克思则进一步见到：黑格尔哲学—形而上学的批判家们亦自被完全锁闭在意识的内在性之中，施蒂纳乃是其中最为出色的一个："他的我永远是哑巴的我、隐蔽起来的'我'，这个我隐蔽在他的那个被想象为本质的我之中。"② 很显然，那个被想象为本质的我，如果不是被封闭在内在性之中的"我思"或意识，又可能是什么呢？诚然，施蒂纳在一开始是反对作为观念之我、作为意识或我思之我的，他甚至就"我"所要谈论的乃是纯粹的肉体，是形成之前的躯体；而躯体是"与思想不同的他物"，是非思想或者无思想。然而正是在这样一种最为遥远的对立面中，施蒂纳的"唯物主义的抽象概念"最可靠地返回到形而上学中去了。因为作为无思想的无思想，仍不过是一种单纯抽象的概念，说到底它不过是名为躯体

---

① 参见《马克思恩格斯全集》，第 2 版，第 3 卷，第 324 页及以下诸页。
② 《马克思恩格斯全集》，第 1 版，第 3 卷，第 300 页。

（或非思想）的思想物。并且正因为它实际地立足于单纯的思想物，所以便不可避免地迷失于意识的内在性之中。

就施蒂纳而言，就费尔巴哈而言，并且就整个哲学形而上学而言，全部问题都在于"抛开这些观念的现实基础"①。由于观念的现实基础被取消，观念方始立足于自身，也就是说，成为意识范围以内的观念，而意识范围以内的观念直接就意味着意识的内在性。在马克思看来，意识的内在性之保持，从存在论方面而言，是由于从观念的对象性方面被撤回到意识自身的方面；而所谓意识自身，已先行设定了我思或意识的内在性。因此，洞穿并瓦解意识的内在性，便实际地要求着由存在论的根基处把握"感性的活动"或"对象性的活动"。这便是在《关于费尔巴哈的提纲》和《德意志意识形态》中作为主导原则的"实践"，而这一原则作为洞穿并瓦解意识的内在性一事的原初意义，可以从《手稿》的一段话中见到："当现实的、肉体的、站在坚实的呈圆形的地球上呼出和吸入一切自然力的人通过自己的外化把自己现实的、对象性的本质力量设定为异己的对象时，设定并不是主体；它是对象性的本质力量的主体性，因此这些本质力量的活动也必须是对象性的活动。……它所以只创造或设定对象，因为它本身是被对象设定的，因为它本来就是自然界。因此，并不是它在设定这一行动中从自己的'纯粹的活动'转而创造对象，而是它的对象性的产物仅仅证实了它的对象性活动，证实了它的活动是对象性的自然存在物的活动。"②不难看出，这里所谓的"主体"及其"纯粹的活动"，无非是指作为主体的主体，亦即作为意识的意识——封闭在内在性之中的意识；而所谓"对象性的本质力量的主体性"，则与"对象性的活动"一起，提示着被意识的内在性遮蔽起来的"现实的个人"——他是立足于"大地"的、"出离"自身的，并因而是与自然界原初关联着的；而这种关联乃是前概念、前逻辑和前反思的，并因而是生存论意义上的。

由于篇幅的关系，我们在这里无法就"感性的活动"或"对象性的活动"这一原则本身以及它的意义作更加详尽的展开和发挥，也无法就这一原则基础上马克思所实现的存在论革命以及"历史科学"的建设性成果来

---

① 《马克思恩格斯全集》，第 1 版，第 3 卷，第 170 页。

② 参见《马克思恩格斯全集》，第 2 版，第 3 卷，第 324 页。

进行概括和阐述。我们在这里只是就马克思对施蒂纳的批判（这一批判在很大程度上被忽视了）及其本质重要的意义作出某种程度的解释和述说。由此而得出的简要结论如下：（1）马克思对施蒂纳的批判乃是对一切形而上学的批判，正是由于并且通过这一批判，全部形而上学的终结一事对于马克思来说才是现实地可能的。（2）马克思对施蒂纳的批判首先具有存在论意义上的重要性，因为正是这一批判才充分而完整地触动并瓦解了全部形而上学的基本建制：它在本质上的理论态度、它的范畴论路向及其天真性、它的二元论框架以及这一框架的核心——意识的内在性。（3）由于这一批判具有上述的性质和意义，所以马克思对费尔巴哈的批判实际上也部分地包含在这一清算过程之中，或者可以说，这是作为喜剧版的对费尔巴哈批判的继续。（4）正是在这一批判的基础上，或者说伴随着这一批判，马克思的存在论革命以及由之而来的"历史科学"的纲领，方才可能内在巩固地建立起来，其完整的意义也方才可能本质重要地显现出来。

六、未来研究展望

基于目前已经形成的学术积累与学科状况，并在日益清晰明确的时代意识与问题意识的引导下，未来国内马克思主义哲学经典著作研究，必然会进一步走向深化，并呈现出一些新的特点、态势及面貌。

（一）在唯物史观及其社会政治哲学视域下，相关研究呈现一定的整合态势，马克思主义的基本理论及范畴的研究将进一步加强。前述有关经典著作的三种路向的对话沟通以及自我批判，已开始形成一股阐释马克思主义哲学理论的合力，特别聚焦于唯物史观的深化。这种深化要求同马克思主义哲学若干新领域的研究一起，形成新的合力，呈现新的视界融合，并带动对整个马克思主义哲学、政治学、政治经济学、历史学以及人类学著作的系统解读，从而进一步提升和拓展经典著作的研究。与此同时，先前诸多领域哲学，其话语化的研究模式在经历规范与调整之后，可望再次聚拢于历史唯物主义体系，还原为经典著作中的基本理论或范畴，如物质、实践、主体、历史、异化、生产力、生产关系、经济基础、上层建筑、阶级、意识形态等等，并通过更为基础性的清理和建构，推进当代马克思主义哲学的理论创新与建设。

（二）思想史层面上的研究会进一步加强，马克思主义理论研究的跨学科特征会更加突出。目前的研究基础已为如下一些方面的研究提供了可能，如：结合马克思博士论文研究马克思唯物主义与古希腊唯物主义传统的关系；结合马克思博士论文、莱茵报时期法哲学手稿、《德意志意识形态》及《共产党宣言》等研究马克思主义与近代社会政治哲学传统的关系；结合欧洲近现代启蒙运动以及激进主义的兴起研究马克思主义发生史及马克思早期著作；结合相关著作研究马克思思想从激进民主主义向科学共产主义的转变历程；结合马克思主义同欧洲社会主义思潮以及各种左翼社会思潮的对话批判，进一步深化相关著作的研究；结合马克思思想同相关经典马克思主义者思想的关系，研究马克思主义的演进历程；结合当代世界马克思主义、自由主义与保守主义三大思潮的冲突对话，深入把握马克思主义政治哲学及其传统。对马克思主义中国化经典人物的哲学著述，也将展开更为系统全面的研究，从而更加深入地揭示马克思主义哲学中国化的内在逻辑。值得注意的是，上述研究显然不只是限定于"哲学"或某一具体的学科，而是要求在马克思开启并奠定的那种综合化和跨学科的思想基础和理论总体中展开。事实上，思想史意义上的研究，本身就要求改变那种把马克思主义归属于受现代学科建制左右的单一学科状况。

（三）文本研究水准会有进一步的提升。出于学术本身的内在要求，受当代马克思主义研究最新成果的影响，原著研究的前沿性会更加突出，并将出现一些新的理论热点。随着马克思主义经典著作研究学术水准的提升，特别是随着青年一代研究工作者在外语和学养上的提高，对马克思主义经典著作的文本研究水准可望有一个大的提升。中国也应当有一大批青年学者像德国及日本 MEGA2 版编辑群体那样，能在第一手的马克思文献学研究工作中有所作为。MEGA2 在诸多方面的确作出了十分有价值的考证与区分，但不能由此否定在马克思恩格斯本人那里已确定了的诸多成熟文本的可靠性。实际上，国外目前在"马克思学"主张统领下的 MEGA研究，本身存在着某种淡化甚至否定马克思思想之当代性并将其博物馆化的倾向。这种倾向是应当在研究中加以警惕的。目前使用的马克思恩格斯著作的《全集》及《选集》第 2 版以及若干重要著作的单行本，已经吸收了 MEGA 的结果，新的成果也正源源不断地进入中国学界的视野，并有益于提升中国马克思经典著作研究的质量。在前沿研究方面，值得注意的是，目前国外激进左翼及新马克思主义在展开全球资本主义、新自由主义、新帝国主义以及金融危机等的批判过程中，也在马克思主义经典著作研究上，推出了诸多富于启发意义的研究成果，这些成果的及时引入和批判消化，也将有力地推进马克思主义经典著作的研究。其中，特别是对《1844 年经济学哲学手稿》、《共产党宣言》、《社会主义从空想到科学的发展》、《1857—1858 经济学哲学手稿》、《资本论》、《帝国主义论》以及《国家与革命》，都会出现更深入的研究；在经济哲学与政治哲学方面，诸如实体经济与虚体经济的关系、非物质劳动、分配理论、知识经济与阶级问题、帝国主义理论等，也将成为新的理论研究热点。

（四）研究的问题意识与本土意识更加突出，中国特征与中国气派会更加自觉。这实际上是中国马克思主义哲学经典著作研究未来发展的总特征。进入新世纪以来，中国的改革开放事业在取得巨大成绩的同时，也进入了攻坚阶段。基于中国的发展要求及人类责任，中国在马克思主义理论方面的研究与创新工作尤其重要。马克思主义经典著作的文本研究、理论探索及前沿追踪，归根到底是以马克思主义中国化为目的的。近年来马克思主义中国化开始成为新的热点领域，本身也表明了这一点。相对而言，目前，在马克思主义中国化方向上的经典著作研究还有待进一步加强，特别是马克思主义的世界历史理论、对东方社会发展道路的探索、关于资本主义基本矛盾的论述以及社会主义建设的思想，都值得深入挖掘并阐释；对马克思主义中国化过程中重点人物的著述研究，不仅只是著述的系统编辑出版，还在于通过对文本的深入解读，透视中华民族精神在现代性境遇中的嬗变及反思，领会其主流观念在马克思主义这一思想地平线上的创造性转化过程。

以上四个方面，是依据目前的研究状况以及时代要求，对我国马克思主义经典著作研究所作出的几个较为具体的基本展望。然而，由于这种研究牵涉到马克思主义哲学本身的学术立场，由于此一立场将在很大程度上影响到经典著作研究的未来走向，所以我们想就此特别地申说一下自己的主张。

就理论方面而言，马克思主义哲学有其重要的学术向度，它的生成与发展正是其特有的学术向度的实际展开，就像对这一哲学的理解和阐释也不能缺失其学术向度一样。列宁说过，如果不读黑格尔的《逻辑学》，就无法真正读懂《资本论》。这个简要的判断从根本上提示了马克思主义学说的学术向度。只要问题涉及到真正的理论方面，这个向度对于马克思主义来说就必然是本质重要的。在这个意义上，不理解马克思对现代形而上学的总批判，就无法理解他的政治经济学批判；不理解德国唯心主义的"自我意识"和费尔巴哈的"感性－对象性"，就无法真正理解马克思的实践原则，就像不研究当代哲学家诸如尼采和海德格尔，就无法彻底阐说马克思主义哲学的当代性质和当代意义一样。

由于马克思在哲学史上所实现的革命性变革，哲学学术本身的性质和意义也随之发生了根本的改变。这种改变突出地表现在以下两个方面：第一，哲学学术以深入地揭示并切中社会现实为根本旨归；第二，哲学学术的纯粹自律性不过是现代性意识形态的幻觉。

既然社会现实的真正发现意味着马克思主义哲学的决定性奠基，既然这一哲学又包含着本质重要的学术向度，那么，马克思主义哲学的学术向度就必然与社会现实保持最为根本、最为切近的联系。换句话说，马克思主义的哲学学术按其本性来说始终不能与当下的社会现实须臾相失，因为维系这种哲学学术的根本之点就是时时将社会现实引入眼帘，并使其持之不堕。马克思在其《〈政治经济学批判〉导言》中曾详尽地阐说了他的方法，而这种方法始终围绕着旋转的那个枢轴，如果不是社会现实的开启与揭示，又是什么呢？总而言之，对于马克思主义的哲学学术而言，除非它能够不断地唤起社会现实的积极呈现，否则的话它就不能真正持存。

不消说，正是马克思主义在哲学上的变革第一次自觉地把发现社会现实的任务交给了哲学学术；同样不消说，正是由于这个变革，马克思主义第一次粉碎了笼罩在哲学学术上的意识形态神话。按照这种神话，仿佛哲学——尤其是哲学学术——是由"无人身的理性"孕育出来的，并且还可以永远躺在"无人身的理性"的怀抱中。事实上，每一种哲学——包括这种哲学的学术本身——归根到底都是社会现实在观念形态上的理论表现，都在社会内部的冲突和历史实践的处境中有其现实的根苗。对于任何一种哲学学术来说，这里的差别仅只在于：它自身植根于其中的那种社会现实是被意识形态的神话学所掩盖呢，还是被自觉地意识到并被透彻地揭示出来。

正是因为马克思主义哲学具有一个本质重要的学术向度，而这个学术向度的根本任务和根本目的就是深入到社会现实中去，所以，对于马克思主义哲学来说，其学术必以社会现实为旨归。如果没有其学术的向度，马克思主义哲学就不可能揭示并切中社会现实；反之，如果不能揭示并切中社会现实，就没有也谈不上真正的马克思主义哲学学术。关于前者，我们可以设想一下，马克思何以能够成为《资本论》的作者，何以能够如此这般地成为政治经济学的批判家？如果没有其划时代的哲学学术，马克思在最好的情况下也只是一位浪漫主义批判家，而根本不可能在对政治经济学的批判过程中使当下的社会现实被揭示着前来同我们照面。关于后者，众所周知，无论是马克思还是恩格斯，对于那些执历史唯物主义之名的拙劣赝品是从来毫不容情的，这些赝品部分是黑格尔主义的，更多的则只是从属于主观意识的外部反思。

既然切中社会现实构成马克思主义哲学学术的拱心石，那么，这种哲学学术就必然拒绝下述的那种分裂倾向：其一端执学术之名遗忘现实，其另一端则执现实之名鄙薄学术。然而，如此分裂对峙的两端却实际地分享着共同的理论前提，即哲学与时代的分离隔绝，学术与现实的漠不相关。正是马克思（在某种意义上还有黑格尔）使上述理论前提分崩离析，并从这种分崩离析中开启出"回到社会现实本身"的学术向度。如果说，马克思的哲学在瓦解现代形而上学之际已将所谓"纯学术"的本质性导回到社会现实，那么，这一哲学本身的学术向度就必然是依社会现实的揭示来制订方向的。就这一点而言，按照一般学术的尺度来衡量马克思的哲学学术几乎完全无效，尽管这种哲学学术在上述尺度下依然可以是纯正的、标准的学术。马克思主义哲学事实上提出了一个更高的学术要求，确切些说，提出了一个具有原则高度的学术要求，这个原则高度是以通达社会现实的尺度来确定的。指出这一点是重要的，因为如果只是依循一般学术的尺度来做马克思主义哲学研究，那么这种做法尽管可以是学术的，甚至可以是很学术的，但却已然错失了马克思主义哲学学术的原则高度。在这里就会出现"马克思主义哲学的学术研究"和"关于马克思主义哲学的学术研究"之间的差别。后者诚然可能采取有差别的学术立场，但前者在学术立场上却具有"反身的"特征，亦即站在马克思主义哲学本身的学术立场上，来做一切哲学的研究，包括来做关于马克思主义哲学的学术研究。

那么，具有反身特征的马克思主义哲学研究将面临怎样的学术任务呢？换句话说，在现有的学术状况下，以及在这种状况下所需强调的东西能够被具体化的背景下，最为基本也最为迫切的学术任务有哪些呢？这样的任务也许可以被表述为如下三项"对话"：与经典著作的积极对话；与当代哲学的积极对话；与时代状况或时代课题的积极对话。这里之所以把这种学术研究任务突出地表述为"对话"，不仅是因为我们在这些方面的实际对话和对话能力还相当薄弱，而且是因为非常有必要将我们所面临的任务理解为一个过程，理解为一个马克思主义哲学学术在其中得以展开的实际过程，而这一过程的基本样式是：一系列的问题及其不断深入的应答。

首先是与经典著作的积极对话，这一任务时而也被表述为"文本解读"。但是，这里特别强调的是既返回经典又是解释学意义上的对话式研究。所谓返回经典，决不意味着一个类似于原教旨主义的步骤，而毋宁说是一切真正的学术研究——特别是严谨而深入的学术研究——始终必须经常采取的实质性步骤。就像一个依然具有活力和创造性的文明在遭遇重大挑战时，有能力去反思其历史并从为其奠基的原始智慧中汲取新的动力一样，一种依然活着并且能够不断进取的学术必然始终与其源头保持着紧密的内在联系，并且始终使这种联系能够生动活跃地显现出来。这里的重点倒不全在于"第一手的"经典在学术上具有不可比拟的优越性，而是所谓"经典"的意义以这样一种方式得到揭示：哲学经典作为学术典范，集中地并且深刻地反映着时代的精神状况和人民生活的重大变迁——笛卡尔的哲学学术是如此，康德、黑格尔的哲学学术是如此，马克思主义的哲学学术同样如此。

尽管如此，哲学学术自身的"形式方面"依然会保持着，并且依然会作为某种"学术规律"显现出来。缺失或丧失这种形式方面，此间的对象可以是任何别的什么东西，但唯独不再是哲学学术了。在这种情况下，虽说马克思主义的哲学学术在现实的历史实践中有其深刻的根源，但其更加直接和切近的来历却表现为某种在哲学思想史中的逻辑联系。因此，与经典著作的积极对话根本不会局限于马克思主义哲学领域的内部，它势必将扩展为一种从中枢向外延伸的"阶梯"：就像不理解斯宾诺莎和费希特就无法理解黑格尔一样，不读黑格尔和费尔巴哈就不能真正读懂马克思的经典。在这一点上，我们的马克思主义哲学的学术研究必须有迅速和持续不断的深化；对于这一点的遗忘，无异于在学术上的自我打击。顺便提一下，之所以特别强调与经典著作的积极对话，是因为这样一个基本事实：文本解读理所当然地要求着的"客观意义"，根本不可能被幽闭在孤立的文本内部，而是在对话的解释学循环中被历史地构成的。就此而言，德里达说得对："如果遗产的可阅读性是给定的、自然的、透明的、单义的，如果这种可阅读性既不要求同时也不对抗解释，那我们就没有什么可以从中继承的东西了。"

其次应当提到的是与当代哲学的积极对话。马克思主义的哲学学术不可能"孤立主义"地得到发展，那种以自我封闭为前提的自夸大狂，以及作为这种自夸大狂之补充的怠惰无为，只是使这种学术本该具有的当代性质湮没无闻，使其生命力消蚀殆尽。马克思主义哲学只有在与当代哲学思潮的积极的、批判性的对话中，方能使其当代意义得以昭彰显著，方能使其学术话语空间获得真正的开拓和巩固。从根本上来说，当代哲学思潮也无非是当代社会生活及其问题的理论表现，无论这种表现采取多么迂回曲折的形式。因此，依照马克思主义哲学的学术立场，这种对话之积极开展的重要性也不全在于一般所谓的知识扩张和学养积累，其根本的主旨倒是在于：通过这种积极的对话，在当代问题的核心之处开启出马克思主义哲学学术的意义领域。

马克思主义哲学与当代哲学的对话必然是批判性的，这无疑是一个艰巨的任务。就哲学学术而言，对话的前提是理解和把握对方的立场，而对话之所以能够是批判性的，取决于不丧失自身的立场，以及这一立场本身在原则高度上是批判的。因此，无论是提问还是应答，这里所要求的对话总是只有在批判地阐明当代哲学之理论立场的同时，使自身的哲学立场得到充分而深入的阐明。举例来说，如果马克思主义哲学在本质上决不囿于现代形而上学,因而也决不囿于黑格尔和费尔巴哈的立场(以及两者之任何一种"比例"的混合),那就必须使这一点在存在论的基础上得到最深刻的阐明。鉴于这一点迄今为止在很大程度上仍然是蔽而不明的,鉴于当代哲学对此的判断在很大程度上也仍然是晦暗混乱的,因而我们主张马克思主义哲学与当代哲学的批判性对话应当切近地深入于存在论的根基处,以便使一种寻根究底的学术阐释能够通达马克思主义哲学之当代意义的敞开状态。

最后,也是最重要的,是与时代状况及其问题的积极对话。显然,这一要求是与马克思主义哲学最本质的学术向度就在于揭示并切中社会现实密切相关的。就马克思主义哲学的学术而言,无论是与经典著作的积极对话,还是与当代哲学的积极对话,归根到底都服务于揭示并切中当下的社会现实这一主旨,因而必然开展出与时代状况及其问题的积极对话。只有通过这种经常不断和循环往复的对话,生活世界的地平线才有可能渐次显现出来,我们这个时代所谓问题所在的那个核心也才有可能充分绽露出来。虽然任何一种真正的哲学都植根于它所生活于其中的那个时代,但唯独马克思主义哲学才把揭示出来的社会现实理解为哲学思想的深刻基础,并把自觉地面向这一基础的任务标示为哲学学术的根本。在这个意义上,与时代状况及其问题的积极对话甚至构成马克思主义哲学学术的生命线。离开了这条生命线,就既无马克思主义哲学可言,也无这一哲学的任何学术可言。总之,与时代问题的自觉对话以及这种对话的多重方式共同构成马克思主义哲学之学术向度的总体,而推进与深化这一总体的发展则构成马克思主义哲学学术研究的基本任务。

我们认为,马克思主义哲学经典著作的未来研究,只有在这样一种学术基地和学术方向上才能获得其进一步深入的和充满活力的发展。

第三章 马克思主义哲学的理论来源研究

一、研究状况综述

马克思主义哲学的理论来源问题历来受学界关注。改革开放以来，对这一问题的研究主要聚焦于马克思与黑格尔的理论关系，取得了一定进展。学界取得的一般共识是：马克思的哲学思想最初起源于黑格尔哲学，中间受费尔巴哈影响转向对黑格尔唯心主义的批判，最后形成了自己全新的历史唯物主义理论。更进一步的共识性观点认为：马克思为了转向现实就必须抛弃黑格尔哲学，因为，黑格尔哲学的根本原则是以观念作为历史的出发点，以思辨和抽象的形式叙述历史的全部运动，马克思为了把对历史的研究变成革命的科学，必须抛弃观念的出发点而回到现实的出发点上，让理论从抽象和思辨转移到具体和现实上来，这就是马克思对黑格尔以及黑格尔之后的德国哲学进行彻底批判的动机和原因。这种被广为接受的概括性的研究结论，其本身不能说是错的，但如果缺少坚实的思想史研究的支持，就会流于简单化和公式化。从更严格的学术观点看，马克思与黑格尔的思想渊源关系比这类一般说法要复杂得多，那种认为马克思为了让哲学回归现实就必须抛弃黑格尔哲学的看法，是一种停留在直观性层面上的片面和抽象的理解，没有看到像马克思对黑格尔这样重大的批判必然包含有更丰富的内容。

就问题本身而言，笔者倾向于认为，黑格尔对马克思的重大影响是无法否认的。关键的问题是如何阐释这种影响。可以借用黑格尔否定辩证法的思路，将黑格尔对马克思哲学思想的影响描述为：这种影响当然不是在抽象同一性层面上对既定内容的直接认知，而是在经历了一系列批判和否定的中介环节之后，最终达到的一种包含着对立和差异性规定的更深层的肯定性理解。具体来讲分为三个层面：首先，这种传承当然可以体现为马克思现成地接受了黑格尔的某些观点、术语和表述方法这种直接性影响；但是，从马克思的文本来看，这种传承更多地是以否定的方式体现在马克思对黑格尔的一系列批判中；最后，综观马克思的整个学说体系，这种传承关系又更深刻地体现在马克思的理论主题和理论范式不可否认地表现着黑格尔的深层影响。

更进一步，就研究方法而言，笔者倾向于在吸收学界现有研究成果的基础上，通过思想史的深入研究，来进一步追溯马克思主义哲学的理论来源。马克思主义哲学是整个西方文化史和思想史发展过程的自然产物，马克思本人无疑受到过希腊古典文化、基督教文化、近代启蒙思潮和激进主义政治理论的全面滋养。但在哲学上，德国先验哲学对马克思的影响无疑是决定性的。从思想史研究的视角，将马克思放在德国哲学发展的框架内，来探讨马克思主义哲学的理论来源，本章将涉及如下一些问题：

首先，关于马克思思想究竟源自康德还是源自黑格尔，是一个争论已久、至今仍吸引众多学者的问题。马克思与黑格尔的关系历来受到高度重视，以至国内有学者提出不同看法，认为过分重视马克思与黑格尔的关系，把马克思与德国古典哲学的传承简化为马克思与黑格尔哲学的关系，对马克思与康德哲学的关系关注不够，这样的研究套路是错误的。这一分歧的解决显然首先涉及对康德哲学与黑格尔哲学之间关系的理解。笔者认为，从马克思哲学的视角来看，黑格尔哲学是对康德哲学的成功超越，表现在：黑格尔批判了康德对现象与物自体的划分及其所导致的主观性原则和形式化原则，使哲学由"形式的真理"变成"内容的真理"，以此重建了在康德哲学中失落的主观性和客观性的统一，恢复了哲学作为时代精神影响现实的能力。这正是黑格尔"理性与现实同一"原则的真实意义所在，它是马克思后来"理论与实践统一"原则的思想原型。

进一步的一个重要问题，是马克思与黑格尔《精神现象学》的关系。西方学界有这样的说法：马克思接受黑格尔的影响，以 1850 年为界可大致分为两个阶段，1850 年以前为第一阶段，该阶段对马克思影响最大的黑格尔著作是《精神现象学》；1850 年以后为第二阶段，这个阶段对马克思影响最大的是黑格尔的《逻辑学》。这一划分是有根据的。本章通过仔细的研究证明，在 19 世纪 40 年代马克思的哲学观点和政治观点走向成熟的这个时期，《精神现象学》对马克思的思想的确产生过重大影响，特别突出地体现在马克思对主客体同一性的理解对劳动问题的理解和对承认问题的理解这三个方面。对马克思主义哲学的理论来源来讲，这是三个极其重大的问题，其中的主客体同一性问题牵涉到对马克思整个哲学变革在本体论上的思想源头的理解，劳动问题牵涉到对马克思整个政治经济学批判之哲学基础的思想源头的理解，而承认问题则牵涉到对马克思政治理论的思想源头的理解。笔者希望，本章从思想史角度就这三个问题展开的马克思与黑格尔理论传承关系的创新性解读，对于进一步推进学界关于马克思主义哲学的理论来源的研究，能够产生积极的作用。

二、从马克思视角看黑格尔对康德哲学的超越

（一）现代性自我确证之两种哲学路径

康德与黑格尔关系是西方近代哲学史最重要最复杂的问题之一，也是和马克思哲学思想的发生有本质关联的一个问题。长期以来许多研究者认为，康德哲学就其基于经验的清晰和逻辑风格的优美而言远凌驾于黑格尔之上，比如韦卓民先生即持此论；[1] 更有论者认为黑格尔哲学完全由康德的糟粕构成，充满晦涩难明的混乱和错误。[2] 这些看法从西方知识论哲学的观点看或可成立，但如果从现代性问题或政治哲学角度看，即从马克思和黑格尔都重视的"时代精神"的观点看，就会得出完全不同的结论，即：黑格尔哲学是对康德哲学的一次成功的重大超越。

从现代性的问题意识来看，康德学说中最重要的内容当属现象与物自体的划分，而非康德自己认为的知性概念先验演绎。[3] 因为根据哈贝马斯

---

[1] 参见王元化为康德《纯粹理性批判》韦卓民译本所作前言；康德：《纯粹理性批判》，韦卓民译，华中师范大学出版社 1991 年版，第 1 页。

[2] 参见克朗纳：《论康德与黑格尔》，关子尹编译，同济大学出版社 2004 年版，第 18 页；库尔珀：《纯粹现代性批判》，臧佩洪译，商务印书馆 2004 年版，第 76 页。

[3] 见康德：《纯粹理性批判》，第 8 页。

的研究，到 18 世纪末，现代性要求确证自己的问题开始突出，并成为那个时代哲学的基本问题，具体来说，现代已开始意识到自身脱离往昔的秩序而成为一个新的历史时代，表现为随着过去整体性的生活系统和观念系统的崩溃，自我与世界、精神与自然、主观性与客观性均陷于分裂状态，其突出症候便是"主体性成为现代的原则"，由此产生的"对哲学的要求"，便是从概念的角度把握这个新的时代。① 康德划分现象与物自体的学说便是这一时代要求的产物，它作为现代性自我确证的哲学形式，其重要性远远超出对认识能力的内部结构作出纯认识论的说明。但哈贝马斯认为，康德并未意识到自己的哲学与现代性自我确证的这种本质联系，黑格尔才是第一位使现代性上升为哲学问题的哲学家，"黑格尔只是从历史回顾的角度把康德哲学看做是现代的标准的自我解释。"② 在黑格尔看来，康德的主要优点在于他通过揭示内在自我的深刻性而支持了主体性这一现代原则；康德给思想植入了一种新的维度，从而颠倒了自我与世界的关系，从此对存在的反思转型为对主体的反思，一种关于自我的新哲学代替了关于世界的旧哲学。黑格尔认为，康德提出我们所知道的对象只是对我们而言的现象，这是一个重大的进步，"康德哲学的主要作用在于唤醒了理性的认识，或思想的绝对内在性。……它绝对拒绝接受或容许任何具有外在性的东西，这有重大的意义。自此以后，理性独立的原则，理性的绝对自主性，便成为哲学上的普遍原则，也成为当时共信的见解。"③

但也正是黑格尔最先发现，康德哲学作为现代性的一次自我解释是不成功的，因为自我与物自体的这种划分使主体与客体的二元对立绝对化，从而使生活世界和精神本身的分裂绝对化，无法重新统一起来。在哲学的自我理解方面，康德的物自体原理使哲学不得不放弃与外部现实的任何真实联系，转入纯粹形式化的内省领域。按照哈贝马斯的描述，黑格尔哲学的目标是克服以主体为中心造成的理性的自我矛盾以及理性与现实的分裂，重建整体性；其方法则是"从主体性哲学内部来击破主体性哲学"，④

① 哈贝马斯：《现代性的哲学话语》，曹卫东等译，译林出版社 2004 年版，第 19、24—26 页。
② 哈贝马斯：《现代性的哲学话语》，曹卫东等译，译林出版社 2004 年版，第 51、24 页。
③ 黑格尔：《小逻辑》，贺麟译，商务印书馆 1986 年版，第 127、150 页。
④ 哈贝马斯：《现代性的哲学话语》，曹卫东等译，译林出版社 2004 年版，第 27 页。

即把理性理解为一种一体化的和解力量，能够以主动的方式将自身内部的矛盾以及自身与现实的分裂重新统一起来，这就是将理性提升为一种超出一般知性的绝对精神，让它通过一系列自我否定的中介环节来克服主体自我意识的绝对化，最终把主体与客体、理性与现实重新统一起来，实现二者的和解。结果如哈贝马斯精彩概括的：正是黑格尔的绝对精神克服了由主体性原则带来的所有绝对化趋势，仅仅把自我意识囊括一切有限事物的这一无限进程当做一个绝对者而保持下来。①

　　值得注意的是，在《现代性的哲学话语》一书中，哈贝马斯特地分析了"促使黑格尔从先验角度把理性理解为一种和解力量的时代动机。"② 简单讲，黑格尔试图继康德之后为现代性的自我确证重新发明其哲学路径，他发现为了实施这一计划，除了反思之外没有其他选择，因为反思已成为"新的时代原则的最纯粹表达"③，现代已通过反思获得了自我意识，如果黑格尔想找到现代性自我确证的新的哲学形式，那么除了从渊源于启蒙原则的理性自身内部的辩证法入手，别无他途。哈贝马斯指出："由于理性在康德和费希特那里表现为反思哲学，所以，黑格尔最初还是步谢林的后尘，不得不根据反思哲学即主体的自我关系来阐述一种理性概念；而一旦有了这种理性概念，黑格尔就可以处理其危机经验，并贯彻他对现代性分裂的批判。"④

　　有了这一背景，我们就能理解，在黑格尔的各种主要哲学著作中都充斥着对康德物自体学说的批判，这决不是偶然的。这一批判带来了哲学自我理解的一次革命性变化，由此启迪了马克思开辟一条新哲学道路的努力。

　　（二）黑格尔对康德的"颠倒"：从形式的真理到内容的真理

　　将我们对事物的认识与事物自身截然分开的观念，肇始于康德的批判哲学，并且是近代哲学兴趣的真正转折点。康德正是在这种二分法中发现了主观性的深刻力量和内在性的广阔领域，使对认识的批判成为专门课

　　① 哈贝马斯：《现代性的哲学话语》，曹卫东等译，译林出版社2004年版，第42页。
　　② 哈贝马斯：《现代性的哲学话语》，曹卫东等译，译林出版社2004年版，第32页。
　　③ 哈贝马斯：《现代性的哲学话语》，曹卫东等译，译林出版社2004年版，第26页。
　　④ 哈贝马斯：《现代性的哲学话语》，曹卫东等译，译林出版社2004年版，第38页。

题。因为正是"假定绝对站在一边，而认识站在另一边，绝对是独立的并与认识相分离，并且它是一种真正的东西，认识是在绝对的东西之外，当然也是在真理之外"①，或者用黑格尔另一个更深刻的说法，那认识到的东西作为现象只是物自体的"一种坏的存在方式"②，所以康德才提出：为了发现认识的局限，必须先对认识本身加以认识。这种向"知识的知识"的退却招来黑格尔的尖锐讽刺：想要认识于人们进行认识之前，其可笑实无异于学究的办法，在没有学会游泳以前，切勿冒险下水。因为"知识的知识"本身仍然是一种知识，康德的选择将导向一种无穷倒退，只能证明在思想的内容中存在着某种无法解决的矛盾。在黑格尔看来，这种害怕犯错误的顾虑本身就是一个错误："所谓害怕错误，实即是害怕真理。"③ 因为如果按康德的逻辑，精神在开始反思知识之时，必须先拒绝承认这种反思行为本身是一种真理的要素，那就意味着精神本身是无知的；如阿尔都塞所见：正是精神的这种无知构成了康德批判的前提，"批判的真理在于它的无知，批判把无知奉为真理，却没能把无知转化为真理。"④ 在这里康德的思想陷入深深的矛盾，等于又把我们带回原来我们所在的地方。

黑格尔认为，导致这种矛盾的根源就在康德关于认识与绝对、现象与物自体的二分法，因此这种二分法必须废除。由于康德坚持主观性原则，思想与存在、先验统觉中的自我与事物自身从一开始就被置于一种对抗性的关系中。因为按照主观性的反思原则，客体是由主体来揭示的，内容是由形式来揭示的，但在被揭示者缺席的情况下，揭示活动本身缺乏意义，于是这个缺席者就被设定为物自体，它被假定在一切揭示活动之前就已经存在，是一种先验的东西，存在于所有的经验之外。黑格尔发现，康德最深刻的矛盾在于：自我与物自体虽然是反思性批判的两个被给予物，但却是在前反思状态中被设立的，好像它们是一对互相独立的自在物，存在于所有经验之外；而批判本身按主观性原则必须在反思程序中进行，结果二分法一进入反思性批判立刻瓦解：一方面，如康德自己承认的那样，自我

---

① 黑格尔：《精神现象学》上卷，贺麟、王玖兴译，商务印书馆1983年版，第52—53页。
② 黑格尔：《精神现象学》上卷，贺麟、王玖兴译，商务印书馆1983年版，第54页。
③ 黑格尔：《精神现象学》上卷，贺麟、王玖兴译，商务印书馆1983年版，第53页。
④ 阿尔都塞：《黑格尔的幽灵——政治哲学论文集［1］》，唐正东、吴静译，南京大学出版社2005年版，第50页。

作为先验统觉只是一种从其一切内容中抽象出来的空洞统一性，一种纯粹的形式，它远离事物，把一切内容都视为他者，视为异化了的存在物，而让自身作为纯形式留在主体里；另一方面，所谓物自体，按照黑格尔的界定，不过是不包含任何关于存在的具体规定但仍被坚持着的这一切具体规定的空洞基础而已，它是康德批判留下的一个幽灵，一个永远的彼岸世界，纯系子虚乌有，必须完全摧毁："很容易看出，这里所剩余的只是一个极端抽象，完全空虚的东西，只可以认作否定了表象、感觉、特定思维等等的彼岸世界。而且同样简单地可以看到，这剩余的渣滓或僵尸，仍不过只是思维的产物，只是空虚的自我或不断趋向纯粹抽象思维的产物。这个空虚自我把它自己本身的空虚的同一性当做对象，因而形成物自体的观念。"①

对黑格尔来说，物自体的设定所造成的后果决不仅仅是一个纯理论问题，而且也是一个实践问题，关系到哲学在新的时代精神面前的自我理解。因为德国唯心主义的初衷就是相信个人的主观性能够创造出具有普遍性和必然性的真理，从而支持理性塑造现实的权利，支持现代社会的主体性原则；如果人不能成功地运用自己独立的理性建立起统一性和普遍性原则，那么人的思想和生活就只能屈从于经验和事实的压力，成为矛盾的牺牲品，这就是英国经验论的观点。德国唯心主义正是从经验论者的攻击下把理性和主体性原则挽救出来的一次努力。黑格尔认为，康德的物自体学说有使这一努力落空的危险，因为物自体作为永远的彼岸的东西，必将切断思想与事物的联系，使理性变成一个纯主观性原则，丧失干预现实的能力。黑格尔指出，因为假定了物自体超出理性能力的范围，使得康德"害怕客体"②，害怕内容，这种恐惧对哲学产生不良影响，突出表现在当时逻辑学的如下观念中，即思想可以被抽去一切内容，而只关心自身的形式。黑格尔坚决反对这种内容与形式的绝对划分，反对"那种在非现实的思想里推论过来推论过去的形式思维"③，认为逻辑学"并不因为这个理由而就是一门形式的、缺乏有内容的真理的科学，"逻辑学必须改造，使之成为

① 黑格尔：《小逻辑》，贺麟译，商务印书馆 1986 年版，第 267、125 页。
② 黑格尔：《逻辑学》上卷，杨一之译，商务印书馆 2004 年版，第 33 页。
③ 黑格尔：《精神现象学》上卷，贺麟、王玖兴译，商务印书馆 1983 年版，第 40 页。

一种关注内容的新科学，因为"逻辑的理性本身就是那个客体性的或实在的东西，它在自身中结合了一切抽象的规定，并且就是这些规定的坚实的、抽象－具体的统一。"① 当然，从其理论本身来讲，康德那里并非没有内容概念，这就是经验杂多和知性世界，康德统称之为"现象"，但黑格尔敏锐地发现，康德的现象归根结底"只是一个形式的说法"，只是纯主观形式的一个名称，因为在物自体这个前提下，就思想与现实事物的原初联系来说，思想已经被"扫空了一切内容"，不可能真正容许任何具有外在性的特殊规定。"在康德哲学里，思维作为自身规定的原则，只是形式地建立起来的。"所以黑格尔称康德理论理性的最后观点是"形式主义"②，在这种观点之下，哲学不可能关注现实，只能从事思想形式的研究，即对认识自身的批判。

至此我们看到，主体与客体之间那种原初的内容的统一性，被康德的抽象的主客体两极对立所破坏，但他又仍然把它们联系起来加以思考，他所思考的东西就是这种处于分裂中的统一性，在这里，主客体的绝对存在都已转型为形式化的存在。显然这是一种矛盾，一种虚假的统一性，即康德实际上是在其内容不在场的前提下来思考自我与物自体的关系的。康德必须与这一矛盾作斗争，他的解释是：他没有思考那种"真实存在"的统一性，而是思考了"应当存在"的统一性。这就是被黑格尔发现的康德理论努力的一个重要特点，即通过构想和阐述一种尚不存在但却应当存在的统一性来生产自身的真理，也就是把矛盾的解决推向"应当"，推到上帝那里。这就是康德要求限制知识以便给信仰留下地盘的用意。这也正是康德的实践理性原理的真正意义。众所周知，康德伦理学并没有提出具体的美德和规范观念，而是要为一切道德发现一个绝对的合理性根基，并且认为这一根基"既不能在人类本性中寻找，也不能在他所处的世界环境中寻找。"③ 结果我们看到，康德伦理学不是一个规范实际生活世界的伦理学，而是一个描述理想道德境界的伦理学，其理论气质完全是柏拉图式的，其理论内涵由于超出一切现实情况而达到完美性的最高程度，成为一种纯粹

---

① 黑格尔：《逻辑学》上卷，杨一之译，商务印书馆 2004 年版，第 29 页。
② 黑格尔：《小逻辑》，贺麟译，商务印书馆 1986 年版，第 150、151、143 页。
③ 康德：《道德形而上学原理》，苗力田译，上海人民出版社 1986 年版，第 37 页。

的"思想的可能性":"这里不是说这件事或那件事的出现,而是说,独立于一切经验的理性,它自己本身就会规定那应该出现的事物出现。"在这样一种伦理学中,康德推荐的范例是"那些直到如今世界上还无例可援的行为",他期待的理论是一种"径直达到使例证完全失去作用的形而上学",① 这就是著名的纯形式化道德法则:你自己遵循的任何准则都应能够同时成为普遍规律。很显然,这里没有内容只有形式。

在黑格尔看来,对"应当如此"的强调只表明了对理论自身的空洞性的承认。从现代性问题的角度重新审度,我们可以说应当范畴的空洞性确实体现了在康德整个批判中处于分裂对立状态的主客两极之间关系的本质。在《法哲学原理》序言中,黑格尔明确反对把主客体统一的解决推向应当,而主张哲学研究的任务是"了解现在的东西和现实的东西,而不是提供某种彼岸的东西"。正是在这样一个语境中,黑格尔提出了他关于哲学与时代关系的著名论断:"每个人都是他那时代的产儿。哲学也是这样,它是被把握在思想中的它的时代。妄想一种哲学可以超出它那个时代,……而建设一个如其所应然的世界,那么这种世界诚然存在,但只存在于他的私见中,而私见是一种不结果实的要求,在其中人们可以随意想象任何东西。"② 这应该就是马克思的名言"哲学是时代精神的精华"的思想原型,并且显然影响了马克思的下述看法:共产主义不是应当确定的状况,而是改变世界的现实的运动。

至此,我们到达黑格尔实现对康德的超越的关节点上。在《论黑格尔思想中的内容概念》这一早期论著中,阿尔都塞已经能站在一种正确的马克思主义的立场上来描述这一发展过程,将其揭示为从"形式的真理"向"内容的真理"的突变。如前所述,康德的重要在于他发现了主观性(即内在领域)的深刻性,但他只是用纯粹形式主义的术语对这一领域进行描述,结果他得到的深刻性只是一种空洞的深刻性。康德满足于这种空洞的深刻性,按照阿尔都塞的看法,这正是启蒙运动发生异化的一个症候:"康德凸显的是以思想的形式体现出来的启蒙运动的贫乏性,这种思想是

---

① 康德:《道德形而上学原理》,苗力田译,上海人民出版社 1986 年版,第 58、63 页。
② 黑格尔:《法哲学原理》,范扬、张企泰译,商务印书馆 1982 年版,第 10、12 页。

空乏的。"① 而对黑格尔来说，这种对空乏的满足已变得不能容忍，它必须被超越，于是"在黑格尔那里，这种对深刻性的空洞性的发现，实际上已经是对不再空洞（而是具有了内容）的深刻性的一种认知了。"② 阿尔都塞认为，黑格尔在康德那里发现了他自己的哲学意识由之生长出来的要素的真理：康德哲学是一种空洞的真理，同时也是黑格尔超越这种空洞性的内在动力，黑格尔的思想只有在填充了由康德留下来的空乏之后，才可能成为一种内容的思想；或者换一种说法，康德只是在被黑格尔超越之后才获得了他的真理性。"在对康德进行认知的过程中，黑格尔运用和阐释了一种历史性的时刻，人类的思想在这一时刻通过思考空乏，已经演变成了一种对充盈性的渴望，在过去，人类思想对这种充盈性可望而不可思。由此对真理之内容的渴望便呈现了出来。"③

总之，借用马克思批判黑格尔时的著名用语，在黑格尔对康德的上述批判中，一种"颠倒"作为一个化否定性为存在性的神奇过程，呈现在我们眼前，这就是哲学由形式的真理转变为内容的真理："哲学研究的对象就是现实性"④。

（三）黑格尔哲学中的时代精神：让理性与现实和解

雅可比（1743—1819）有名言：如果没有物自体，我们便无法进入康德哲学，但正因有了物自体，我们又不可能停留在康德哲学中。这句名言今天看来仍然正确。康德的物自体使主观性与客观性处于分裂和对抗之中，康德的解决就是用主观性压制客观性，用形式压制内容，用应当压制现实，其后果是使哲学完全退入内省领域而丧失干预现实的能力。这与当时的时代精神背道而驰，按照黑格尔的看法：当时的时代精神是每个人都忙于尘世的具体事务，面向外部世界而不是面向内心世界。基于此，黑格尔认为哲学必须同内省倾向决裂，重新恢复干预社会现实的能力，为此首先需要重建在康德哲学中失落的主观性与客观性的统一。

在黑格尔看来，康德对他自己体系中的这种深刻矛盾缺乏洞察，原因

① 阿尔都塞：《黑格尔的幽灵——政治哲学论文集［1］》，第 16 页。
② 阿尔都塞：《黑格尔的幽灵——政治哲学论文集［1］》，第 49 页。
③ 阿尔都塞：《黑格尔的幽灵——政治哲学论文集［1］》，第 62 页。
④ 黑格尔：《小逻辑》，贺麟译，商务印书馆 1986 年版，第 45 页。

就在于他没有真正理解辩证矛盾的本意。"这种批判工作并未进入这些思想范畴的内容和彼此相互间的关系，而只是按照主观性与客观性一般的对立的关系与考察它们。"而所谓客观性，"除了物自体以外，更没有别的与主观性相对立的客观性了。"① 黑格尔认为，发现理性中的辩证矛盾是康德的一个伟大贡献，但他却没有理解自己的这一发现，"没有更进一步达到对于理性矛盾有真正积极意义的知识。"康德把矛盾的不可避免仅限于对物自体的规定，从而把矛盾判定为对理性的非法使用所导致的一种错误，代表着人类精神的一个缺点，而没有看到矛盾乃是一切存在之内容的构成要素和本质。结果康德最终没有摆脱知性形而上学的抽象和片面，他把内容在反思自身时发现的他者当成一种绝对的异己力量。这在著名的主人与奴隶的辩证法中可以看得更清楚：对康德来说，奴隶永远是奴隶，永远不可能成为主人；而对黑格尔来说，奴隶只要开始意识到他的被奴役地位，他就开始变得自由了。"理性矛盾的真正积极的意义，在于认识一切现实之物都包含有相反的规定于自身。因此认识甚至把握一个对象，正在于意识到这个对象作为相反的规定之具体的统一。"②

以这种辩证法为动力，黑格尔提出了哲学的新目标：让理性与现实重新和解。为此他采取了比康德更彻底的绝对唯心主义方略，即不设定任何无规定的第一性实体来作为基础，把所谓客观性的一切领域都置于理性的概念形式之中，理由很简单：所有事物只有在思维的概念规定中才是其所是，没有任何规定的第一性实体作为抽象空洞的同一性等于无。于是我们看到，黑格尔不再把范畴应用于某种异质性的实体，在他的体系中，没有一个要素是"第一性的"，存在的只有概念的自身运动，世界和自我意识的所有内容都囊括其中，不存在由内到外的运用这种问题，如库尔珀所分析的："对于黑格尔来说，查禁这些问题是超越康德的一个重要步骤，后者就用关于物自体的一些说法来包裹他的范畴演绎。"③

由此便有了《逻辑学》中一系列比康德更彻底的主观性命题：（1）事物是思想的产物，思想只能是"客观思想"，"客观性是指思想所把握的事

---

① 黑格尔：《小逻辑》，贺麟译，商务印书馆1986年版，第117页。
② 黑格尔：《小逻辑》，贺麟译，商务印书馆1986年版，第133页。
③ 库尔珀：《纯粹现代性批判》，商务印书馆2004年版，第141页。

物自身"。① （2）理性是世界的本质，"理性构成世界的内在的、固有的、深邃的本性，或者说，理性是世界的共性"②。（3）逻辑思想是一切事物存在的根据，"一般来说，逻辑必然性就在于事物的存在即是它的概念这一性质里。只有逻辑的必然性才是合理的东西，才是有机整体的节奏，它是内容的知识"③。（4）最后，事物与对事物的思维是同一的，"自在自为的存在者就是被意识到的概念，而这样的概念也就是自在自为的存在者"④。这也就是黑格尔的著名原则：理性和现实是同一的，它在《法哲学》序言中表达为一句名言："凡是合乎理性的东西都是现实的，凡是现实的东西都是合乎理性的。"

　　这样一种更加彻底的唯心主义体系是如何克服康德哲学的局限性，重建革命的时代精神的？这里须注意，黑格尔所谓"理性与现实的同一"，其首要的根据不是一个逻辑学上的根据，即只有概念思维才能认知事物的普遍的本质的真理；而是一个存在论上的根据，即黑格尔的概念并不是通常理解的思想的存在形式，而首先是指事物的存在形式，更确切地说，是被思想所把握的事物的存在方式："思想的真正客观性应该是：思想不仅是我们的思想，同时又是事物的自身，或对象性的东西的本质。"⑤ 这就是黑格尔的另一个著名原则：现实是存在与本质的统一，它是"理性与现实同一"原则的逻辑延伸。黑格尔在这里并非是在假定思维与存在之间的神秘同一性，而是为了打破康德在思想与物自体之间设定的绝对界限，于是提出理性是现实的真正形式，也就是说，正确的思想一定是合理现实的表现，或者是对不合理现实的改变，使之与理性相一致。按此理解，黑格尔的理性不过是现实的逻辑形式，理性中的世界则是逻辑学形式中的现实内容，黑格尔唯心主义表现了最大的现实感。

　　这种解读有着理论和历史的双重根据。在理论上，这突出表现在黑格尔对真理和主体等概念的全新理解。首先看黑格尔的"真理"概念。正如黑格尔不把概念理解为纯思想而是理解为一个存在的内容，他也不把真理

①　黑格尔：《小逻辑》，贺麟译，商务印书馆 1986 年版，第 120 页。
②　黑格尔：《小逻辑》，贺麟译，商务印书馆 1986 年版，第 80 页。
③　黑格尔：《精神现象学》上卷，第 38 页。
④　黑格尔：《逻辑学》上卷，杨一之译，商务印书馆 2004 年版，第 31 页。
⑤　黑格尔：《小逻辑》，贺麟译，商务印书馆 1986 年版，第 120 页。

理解为思想与事物的符合，而是理解为一个内容与其自身的符合，简言之，真理就是"真实的东西"；由此出发，黑格尔把真理规定为过程："真理就是它自己的完成过程"，① 如果事物在实现自身内容的实际过程中是其所是，这样的事物就是真理。再看黑格尔"实体即主体"的著名命题。正如黑格尔的概念不是指康德意义上的纯思想形式，黑格尔的主体也不是康德意义上作为主观性的自我，而是指事物的一种存在方式，即事物在矛盾的辩证运动中自我展开的一个实际过程，事物按此意义被看成一种"主体"，所以黑格尔讲"一切问题的关键"在于，不仅把真实的东西（即真理）理解和表述为实体，而且同样理解和表述为主体，"作为主体，真理（即真实的东西）只不过是辩证运动，只不过是这个产生其自身、发展其自身并返回于其自身的进程。"②

从历史看，理性和现实的同一性这个思想有其深刻的历史渊源，决非仅仅得自哲学思辨。根据洛维特大作《从黑格尔到尼采》的研究，黑格尔哲学思考的最初动机就是一种"世界历史感"，在他 1800 年第一个体系提纲中，"黑格尔就已经选中了世界的现实性，把它当做'事情的要素'。由此出发，他毫不妥协地反对一切浪漫主义的使自己和世界分裂的优美灵魂。"③ 这种"与时代统一"的倾向表现在对现存事物的批判中，在他青年时代的政治论文中，黑格尔就"要求哲学扮演批判角色，发挥为改变实践作准备的作用"，④ 这种经历与青年马克思有相似之处。而所有这一切都归因于黑格尔是法国大革命时代的产儿，在黑格尔看来，法国革命表现的原则就是"思想应当统治现实"。正是在那个历史事件的帮助下，黑格尔才幸运地提出了理性和现实同一这一最深刻的理想。这可以从两方面来理解：一方面，黑格尔的"理性"就是现实中的绝对存在，因为这个理性在一个已经拥有了它的真理的现实世界中找到了自己的化身，即大革命；正是在这一意义上，黑格尔有时也说他废除了唯心主义。另一方面，如果黑格尔确实建构了绝对唯心主义，他也已然把它建立在绝对现实的基础之上

---

① 黑格尔：《小逻辑》，贺麟译，商务印书馆 1986 年版，第 86 页；又见《精神现象学》上卷，商务印书馆 1983 年版，第 10、11 页。

② 黑格尔：《精神现象学》上卷，商务印书馆 1983 年版，第 10、44 页。

③ 洛维特：《从黑格尔到尼采》，李秋零译，生活·读书·新知三联书店 2006 年版，第 219—220 页。

④ 哈贝马斯：《理论与实践》，郭官义、李黎译，社会科学文献出版社 2004 年，第 160 页。

了，这种唯心主义已经不是康德式的，而是绝对理性和绝对现实在其中达于否定性统一的那个第三项，即一种"具体的整体性"。总之，理性与现实在这种具体的整体性中达到完美的和谐，并由此催生出哲学的一种全新自我理解："哲学的最高目的就在于确定思想与经验的一致，并达到自觉的理性与存在于事物中的理性的和解，亦即达到理性与现实的和解。"①

　　这一历史分析也有助于回答另一个研究者关心的问题：黑格尔哲学是否采用了康德式的先验分析方法？答案应该是肯定的，但黑格尔的先验分析已经有了和康德完全不同的目的，即不是要在主观性中寻求认识的可能条件，而是要为理解历史和现实确立一个思想结构。库尔珀认为在黑格尔的先验分析中，逻辑形式高于历史内容，黑格尔向现实历史的倾斜是出于一个逻辑学的约定，即历史中的一切内容都将表现逻辑概念的自身运动："当他谈论政治和经济时，其目的是想说明那个预先已在起作用的结构。"②这一看法沿袭了对黑格尔哲学的一种流俗解读，认为黑格尔强行让自然、历史和精神的一切内容适应逻辑学的三段论模式。这种解读一直无法说明黑格尔对康德的超越。相比之下，我更认同阿尔都塞的解读，即把黑格尔的"先验"解读为"具体的历史整体性"，这种先验仍然是对内容的规定，具体来说，就它是任何事件发生的条件而言，它是一种"先在性"；就它不是被推论出来、而是被发现的现实中存在的内容而言，它又是一种"后在性"。与始终停留在抽象水平的康德先验演绎相比，黑格尔实现了一个重大的突破，就是在先验的形式中思考历史。于是"历史变成了能够吸纳所有可能意义的绝对整体性，变成了我们在其中活动的一般要素；它变成了具体的先验，变成了限定和决定我们的本质及意义得以出现的唯一场所。……永恒的先验逻辑并不存在，毋宁说，在每一个特定时刻，存在的是一个被连接的历史性结构，这个结构以一种先验的形式统治并规定着这个世界。"③这样一种作为具体先验的历史整体性概念，第一次在理性结构和历史整体之间建立起同一性，它理应归功于黑格尔，因为这就是理性与现实和解的本意。正是根据这一新的先验概念，阿尔都塞宣称："《资本

---

①　黑格尔：《小逻辑》，贺麟译，商务印书馆1986年版，第43页。

②　库尔珀：《纯粹现代性批判》，第146—147页。

③　阿尔都塞：《黑格尔的幽灵——政治哲学论文集 [1]》，第220页。

论》就是我们的先验分析。"①

最后，在这种逻辑和历史统一的语境中，我们可以说，逻辑学实际上已经变成了社会批判理论。这一点突出体现在黑格尔的否定辩证法中。如前所述，康德不理解矛盾作为中介环节的积极意义，所以他的批判是"纯粹的否定"，而黑格尔对批判的批判则意识到"那否定自身的思想实际上正是其自身的组成要素。"按照黑格尔在《逻辑学》中的描述，辩证法最重要的内容是作为"内在超越"的否定：第一，凡有限的既定物莫不因包含矛盾而否定自身。"矛盾是一种普遍而无法抵抗的力量，在这个巨大力量之前，无论表面上如何稳定坚固的事物，没有一个能够持久不摇。"② 第二，否定同时也是肯定，否定本身就是内容的一部分："无论作为内容的内在运动和规定，或是作为这种运动和规定的全体，否定也就是肯定。因为就其为结果而言，否定乃是从这种运动里产生出来的东西：规定了的否定，所以同样也是一种肯定的内容。"③ 按此理解，辩证法的动力就在于一种批判性的信念：只有推翻既定物的存在，才能获得最后的真理；辩证法也就是这样一种思想：理性与现实的任何和解都被否定性的中介力量决定着它们的内容和运动形式。这种否定辩证法后来成为马克思全部革命理论的方法论灵魂。

（四）从黑格尔到马克思

克朗纳说："理解康德就意味着超越康德。"他认为这一超越是由黑格尔完成的。在《从康德到黑格尔》一书的导言中，克朗纳对德国古典哲学的逻辑演进有一个经典性的概括："在康德那里，思想自身回到自身，以便在自身中（即自我中）找到世界的根据。在费希特那里，思想在自我的根据上发现了上帝。在谢林那里，思想倾向于掠过自我在世界中直接寻找上帝。在黑格尔那里，思想终于要透过绝对的或神性的自我去建造这个世界。"针对哲学界盛行的康德哲学以其基于经验和逻辑的准确性而优于黑格尔哲学的看法，克朗纳给出的评论是：康德哲学"可能是极为前后一贯

---

① 阿尔都塞：《黑格尔的幽灵——政治哲学论文集［1］》，第 222 页。
② 黑格尔：《小逻辑》，贺麟译，商务印书馆 1986 年版，第 179 页。
③ 黑格尔：《精神现象学》上卷，商务印书馆 1983 年版，第 40—41 页。

的，但却又是完全空洞因而完全缺乏真理的"；而黑格尔哲学"虽然有很多矛盾和晦暗，却仍然能够达致深刻的真理。"①

现在可以回答前面提出的问题：在什么意义上黑格尔超过了康德？回答是：黑格尔对康德的超越就在于，他重建了在康德哲学中失落的主观性与客观性的统一，从而恢复了哲学与现实和时代精神之间的本质联系，使哲学获得了一种全新的自我理解。毫无疑问，这一超越的理论效应最突出地表现为黑格尔对马克思的重大影响。值得深思的是，克朗纳在讲理解康德就是超越康德的同时，还说了一句："理解黑格尔就是要了解黑格尔是不可再被超越的。"② 按我浅见，黑格尔之所以不可超越，就在于他以其关于哲学与现实关系的全新理解，终结了近代西方哲学以主体性为最高原则的内在化发展路向，为哲学在马克思那里转入一条全新道路提供了理论上的可能性。在黑格尔哲学中已经预示了后来由马克思完成的那些批判性思想的某些主要特征，其最重要者有二：一是批判的革命的辩证方法，即"对任何现存事物的肯定理解中同时包含着否定的理解"这一原则；二是马克思关于哲学的那种新理解肯定受到黑格尔哲学的决定性影响，不仅表现在马克思关于哲学作为时代精神精华的著名命题直接来自黑格尔，而且更深刻地表现在黑格尔关于理性与现实同一的原则，是马克思后来理论与实践统一原则的原型。洛维特正确地指出："黑格尔的最重要的原则，即理性与现实同一的原则，也是马克思的原则。"③ 这一黑格尔原则对马克思的重大影响，可以在马克思的如下观点中直接看到："光是思想竭力体现为现实是不够的，现实本身应力求趋向思想。"④ 这个思想后来发展为对理论的高度重视和理论与实践统一的原则，成了马克思主义的一个根本特征。

当然，正是在理性与现实的关系问题上，马克思最终与黑格尔决裂，因为黑格尔将理性与现实和解的概念运动最后定位于与现存世界的彻底妥协，而马克思的思想则上升到对现存资本主义世界的彻底否定性的认知：

① 参见克朗纳：《论康德与黑格尔》，第8、19、20—21页。
② 参见克朗纳：《论康德与黑格尔》，第8页。
③ 洛维特：《从黑格尔到尼采》，第125页。
④ 《马克思恩格斯全集》第3卷，人民出版社1995年版，第209页。

"合乎理性的是现实的,这一点正好通过不合乎理性的现实性的矛盾得到证明,这种不合乎理性的现实性处处都同它关于自己的说明相反,而它关于自己的说明又同它的实际情况相反。"[1] 这一认知后来发展成为通过实践来彻底改变现实世界的革命原则。

三、马克思与黑格尔的主客同一性论题

(一) 何种意义上黑格尔辩证法是马克思哲学变革的思想源头

关于马克思与黑格尔的理论关系,卢卡奇在《历史与阶级意识》中的解读是最有名的解读之一,但也是颇受研究者质疑的一种解读。卢卡奇的观点一般被称为"黑格尔主义的马克思主义",认为他过于强调黑格尔哲学对马克思产生的作用和影响,因而不能最终越过黑格尔思想的界限而达于马克思哲学的革命本质,成为一种有严重局限性的理解。这里似乎隐含着一种倾向:由于黑格尔哲学神秘的思辨形式和马克思对其进行的猛烈批判,研究者为强调马克思实现了哲学的一次革命,易于认为马克思与黑格尔之间的理论传承关系不是主导性的而仅仅是次要的,这就注定了卢卡奇解读的不幸定位。但是,黑格尔和马克思两种文本至为复杂的内容,决定了它们之间的关系不可能被某一种倾向性的解读所穷尽,也决定了马克思哲学变革的哲学史背景只有回到黑格尔文本深处才是可理解的。

尽管卢卡奇解读受到质疑,但其思想洞察力、文本根据以及巨大影响力均不容否认。卢卡奇解读的核心观点认为,马克思取自黑格尔的最重要哲学遗产是总体观点,即把存在本身理解为在历史过程中自我实现的同一性主客体。"黑格尔的哲学方法——最引人入胜之处是在《精神现象学》里——始终既是哲学史,又是历史哲学,就这一基本观点而言,它决没有被马克思丢掉。黑格尔使思维和存在辩证地统一起来,把它们的统一理解为过程的统一和总体。这也构成历史唯物主义的历史哲学的本质。"[2] 撇开卢卡奇当时是针对第二国际正统理论这一特定背景不论,我认为,卢卡奇关于马克思与黑格尔理论传承的内在逻辑的这一解释本身基本准确,即使

---

① 《马克思恩格斯全集》第 3 卷,人民出版社 1995 年版,第 80—81 页。

② 卢卡奇:《历史与阶级意识》,杜章智等译,商务印书馆 1996 年版,第 84 页。

今天对我们理解马克思与黑格尔关系仍然具有启示作用。所以由卢卡奇重新揭示的同一性主客体的历史辩证法成为 20 世纪 20 年代西方马克思主义的逻辑起点，这不是偶然的。对卢卡奇解读的最大支持来自 20 世纪 30 年代科耶夫对黑格尔《精神现象学》的研究，科耶夫的研究重申了黑格尔哲学最重要的内容是强调主客统一、反对二元分裂的历史辩证法，他的研究对法国哲学界黑格尔哲学的复兴和马克思主义的兴起起到了决定性作用。两者比较，可以说卢卡奇已经抓住了黑格尔哲学中最具革命性的那个主题，并卓有见地地强调了《精神现象学》的特殊重要性，从而为后人从马克思主义立场理解黑格尔启示了正确的路径；但卢卡奇的侧重点是通过黑格尔的视角去重新理解马克思学说的革命本质，他对黑格尔本身的解释则是纲要式的。科耶夫沿同一方向继续前进，但他主要侧重于黑格尔哲学，其研究工作也更加靠近黑格尔的文本，特别是《精神现象学》。科耶夫解读工作的最大成果是，他在黑格尔哲学令人生畏的思辨文本形态、绝对唯心主义的表述方式、重大洞见与晦暗错误的混乱交织中，第一次使黑格尔哲学的主导问题变得明晰，从而使黑格尔在哲学史中的准确定位成为可能，这个问题便是：终结近代形而上学的主客分裂的理论逻辑，瓦解以主观性为最高原则的内在化论域，重建主客同一性，并使之成为现代性自我理解的哲学形式。克朗纳有名言：理解康德就意味着超越康德，理解黑格尔则是要明了黑格尔是不可再被超越的。[①] 恩格斯也说，黑格尔哲学是近代哲学的完成。这些说法的深刻含义只是在科耶夫清晰揭示了黑格尔的问题之后才变得清晰。

意识哲学的内在性思路的瓦解是近现代哲学发展的最重大事件。学界公认马克思和海德格尔从不同路径对这一事件发挥了重要作用。但黑格尔在这一事件中的地位和作用却一直是成问题的，研究者们对此抱有不同甚至完全相反的看法。如果接受"卢卡奇—科耶夫解读"，黑格尔就是最早反对主客分裂、击穿内在性思路的哲学家，后来的马克思乃至海德格尔的思想源头都应上溯至黑格尔。但是也有完全相反的看法认为：近代西方形而上学的基本建制，是以主体性为最高原则的知识论路向和内在性论域，

---

① 克朗纳：《论康德和黑格尔》，关子尹编译，同济大学出版社 2004 年版，第 8 页。

马克思哲学革命的核心内容就是对这一形而上学基本建制的颠覆，即对意识哲学之内在性论域的瓦解；这一颠覆和瓦解在很大程度上实现在马克思对黑格尔哲学的批判中，因为黑格尔哲学就其绝对唯心主义的形态和本质来说，正是近代认识论哲学之内在化论域的最后完成形式。

这使我们再次面对如下问题：（1）如何理解马克思哲学革命的实质？（2）如何理解黑格尔哲学的性质？而问题（2）是通达问题（1）的一个关键。在此，我们想通过回顾卢卡奇和科耶夫对黑格尔主客同一性论题的解读，来重新辨析黑格尔哲学的特征，进而指明其与马克思哲学变革的渊源关系。

（二）"从主体性哲学内部击破主体性哲学"

科耶夫解读的最大特色有两个：（1）把黑格尔的问题解读为存在论问题，而非认识论问题。他认为，黑格尔的逻辑学并非一种认识论，也不是一般意义上的逻辑学，而是"一种存在论或作为存在的存在科学"[①]；黑格尔的精神现象学是对人的存在的一种现象学描述，其对象是"作为存在现象的人"，其内容是"人在历史中的实际存在"。[②]（2）把辩证方法规定为不是一种主观的思维方法，而是事物存在的一种真实本性。科耶夫认为，辩证法的本意应是：仅仅因为存在本身是辩证的，即存在本身包含有一个否定的因素或方面，揭示存在的思维和语言才是辩证的。"只有当思维正确地揭示存在和实在事物的辩证法，思维才是辩证的。"[③]在此意义上，科耶夫提出，黑格尔的方法并不是"辩证的"，而是纯粹直观的和描述的，即在胡塞尔意义上的现象学的。[④]

按科耶夫的理解，这也是黑格尔本人对辩证法本质的看法，他在《精神现象学》的序言中为此找到根据："但科学的认识所要求的，毋宁是把自己完全交付给认识对象的生命，或者换句话说，毋宁是去观察和陈述对象的内在必然性。科学的认识既然这样深入于它的对象，就忘记了对全体的综观，而对全体的综观只是知识脱离了内容而退回到自己的一种反思而

① 科耶夫：《黑格尔导读》，姜志辉译，译林出版社 2005 年版，第 532 页。
② 科耶夫：《黑格尔导读》，姜志辉译，译林出版社 2005 年版，第 37—38 页。
③ 科耶夫：《黑格尔导读》，姜志辉译，译林出版社 2005 年版，第 533 页。
④ 科耶夫：《黑格尔导读》，姜志辉译，译林出版社 2005 年版，第 534 页。

已。但是，科学的认识则是深入于物质内容，随着物质的运动而前进，从而返回于其自身的。"① 科耶夫的这种解读猛烈冲击人们对于黑格尔辩证法的流俗理解，把对黑格尔哲学的研究带入一个新境界，在这里，思想的结构由它所揭示的存在来决定，知识论态度、主体性原则和内在性问题不再享有优先特权。照此理解，恩格斯所谓黑格尔对近代哲学的"完成"是讲对近代哲学的"终结"，而不是"近代哲学之知识论路向的完成形式"。我们看到在《精神现象学》的导论中，确实有对主客分裂的近代知识论思路的激烈批判。黑格尔认为近代哲学"一切关于与绝对不相关联的认识的观念和关于与认识不相关联的绝对的观念"，全都是"无用的观念"②，它们带来矛盾和混乱，使思想和存在处于分裂和对抗之中。为克服这一分裂，黑格尔建议，如果放弃物自体的假设，取消绝对与知识的二分，而径直以被思想揭示的存在即"显现为现象的知识"本身为"我们的研究对象"，那么主客观就不再分裂，因为此时"意识自身给它自己提供尺度，考察研究成了意识与它自身的一种比较，……那么考察研究就是在看对象是否符合它自己的概念。"③ 黑格尔设计了如下思路：意识关于对象的知识也就是关于它自身的知识，在这个过程中意识对自身实行了一个辩证的运动，从而超越它与对象间僵硬的抽象对立；意识现在有两种对象，第一种对象是一个自在，第二种对象是这个自在的为意识的存在；在辩证运动中，第一种对象改变了自己，变成一种"为意识的"但同样"真实的"东西，这个新对象包含着对第一种对象的否定。黑格尔称新对象乃是关于第一种对象的"经验"。④ 在这个新思路中，对象和概念，自在的存在和为他的存在，都处在作为"经验"的知识本身之内，主客间的分裂被克服："意识发现，它从前以为是自在之物的那种东西实际上并不是自在的，或者说，它发现自在之物本来仅只是对它（意识）而言的自在。"⑤

　　这很像胡塞尔通过"现象学还原"把一切"超越对象"都还原成"内在对象"，其实并非如此。此处理解黑格尔的关键在于，这是一条在现象

---

① 黑格尔：《精神现象学》上卷，商务印书馆1983年版，第36页。
② 黑格尔：《精神现象学》上卷，商务印书馆1983年版，第53页。
③ 黑格尔：《精神现象学》上卷，商务印书馆1983年版，第58—59页。
④ 黑格尔：《精神现象学》上卷，商务印书馆1983年版，第59—61页。
⑤ 黑格尔：《精神现象学》上卷，商务印书馆1983年版，第60页。

学视域中解决存在论问题的思路，其中的意识、概念和对象等都是存在论范畴而非认识论范畴，都被黑格尔赋予和认识论思路完全不同的新意义（否则黑格尔就不过是退回了观念论的老路上去）：概念和对象是同一个东西，即"被揭示的存在"；而意识按科耶夫解读："在《精神现象学》中，人被称为'意识'。"① 在这个存在论的问题中，黑格尔把认识当成存在的自我认识，把真理规定为"真实的东西"。"认识不是把内容当成一种外来物对待的活动，不是从内容那里走出来而返回于自身的反思；科学不是那样一种唯心主义，……而毋宁是，由于认识任凭内容返回它固有的内在本性，所以认识活动就同时既深入于内容又返回于自身，……认识活动是内容的内在的自身，是在他物里面的纯粹的自身同一性。"② 很显然，黑格尔的认识概念是存在论的，已经不属于意识哲学的内在性思路。而且，能否打破内在性思路，就取决于能否成功地把认识规定为存在内容的自我认识。

为了做到这一点，黑格尔提出："一切问题的关键在于：不仅把真实的东西或真理理解和表述为实体，而且同样理解和表述为主体。"③ 科耶夫断言，理解这句话是理解《精神现象学》乃至黑格尔整个哲学体系的关键。④ 确实如此。因为实体和主体是西方形而上学的两个基础性概念，实体与主体的差别和对立是近代西方形而上学的绝对信条，全部近代哲学的内在化论域就建立在这个信条之上。所以，当黑格尔提出实体也是主体，他是在挑战和解构近代意识哲学的概念基础，此举意义重大。黑格尔讲，实体之所以是主体，是因为所谓实体作为现实的存在，实际上是一个建立并展开自身的实际运动过程："活的实体，只当它是建立自身的运动，或者说，只当它是自身转化与其自己之间的中介时，它才真正是现实的存在，这个存在才真正是主体。"引起这一运动的力量是"纯粹的否定性"："实体作为主体是纯粹的简单否定性，它是单一东西分裂为二并树立对立面的过程，此过程又是这种区别及其对立的否定。"所以黑格尔认为，直

---

① 科耶夫：《黑格尔导读》，姜志辉译，译林出版社 2005 年版，第 686 页。
② 黑格尔：《精神现象学》上卷，商务印书馆 1983 年版，第 37 页。
③ 黑格尔：《精神现象学》上卷，商务印书馆 1983 年版，第 10 页。
④ 科耶夫：《黑格尔导读》，姜志辉译，译林出版社 2005 年版，第 629 页。

接的自身同一性并不是真实的东西，只有这种在否定性中重建自身的同一性才是真实的存在即真理："真理就是它自己的完成过程。"①

现实的存在作为一个在否定性中建立自身的运动，黑格尔称之为"精神"。所以"实体是主体"也被黑格尔表述为"绝对即精神"："实体在本质上即是主体，这乃是绝对即精神这句话所要表达的观念。"② 我们知道，"绝对"在黑格尔哲学中是表示存在的概念，而"精神"（即主体）在这里用来表征存在本身那种在运动中自我否定的辩证特性，所以黑格尔的这个命题是存在论命题，与认识论问题中的唯心主义没有关系。黑格尔讲，绝对之所以是精神，是因为只有精神才能成为否定性的力量："精神之所以是这种力量，乃是因为它敢于面对面地正视否定的东西并停留在那里。精神在否定的东西那里停留，这就是一种魔力，这种魔力把否定的东西转化为存在。而这种魔力正是上面称之为主体的那种东西。"③ 正是在此意义上，黑格尔说："惟有精神的东西才是现实的东西。"④ 科耶夫的解读进一步指明，黑格尔的"精神"就是在世界中存在的人以及被人揭示的存在，因为人是天生的否定性存在，"人的现实不是一种自然的或者'直接的'现实，而是一种辩证的或'间接的'现实。"⑤ 所以黑格尔把实体设想为主体，就是把存在设想为包含否定性的绝对整体，亦即设想为作为历史过程的"人的现实"。

通过把实体解释为主体，把绝对设想为精神，黑格尔重建了在近代认识论哲学中失落的主客同一性，把问题变成一个存在论问题。在黑格尔这一学说中，以存在本身自我否定的辩证法为基础，主体与实体（客体），精神与绝对（现实）这些对立项，全部被改造成同等地表示存在者存在之内容的存在论概念；黑格尔的"主体"概念不是笛卡尔－康德意义上独立于实在事物之外的认识主体，而是事物存在一种辩证方式；黑格尔的"精神"概念也不是作为主观性的认知作用，而是指存在内容的自我运动和自我认识。所以科耶夫讲："黑格尔哲学的所有特征都源于把否定性范畴引

① 黑格尔：《精神现象学》上卷，商务印书馆 1983 年版，第 11 页。
② 黑格尔：《精神现象学》上卷，商务印书馆 1983 年版，第 15 页。
③ 黑格尔：《精神现象学》上卷，商务印书馆 1983 年版，第 21 页。
④ 黑格尔：《精神现象学》上卷，商务印书馆 1983 年版，第 15 页。
⑤ 科耶夫：《黑格尔导读》，姜志辉译，译林出版社 2005 年版，第 631－633 页。

入存在论。"① 在这样引入之后，存在和对存在的认识成为同一个内容，因为，如果把对客体（即实体）的认知理解为对客体的否定，那么黑格尔提出，这个否定应该是客体的自我否定，此时，"看起来似乎是在实体以外进行的，似乎是一种指向着实体的（认知）活动，事实上就是实体自己的行动，实体因此表明它自己本质上就是主体。"结果主观性与客观性的坚固对立被取消，存在被"中介化"："当实体已完全表明其自己即是主体的时候，精神也就……既是它自己又是它自己的对象。存在于是被绝对中介了，……不再分裂为存在与知识的对立。"② 所以科耶夫说："绝对哲学没有外在于它的对象。"③ 黑格尔没有主客二分的认识论思路，在他手上，主体和客体是同一的。

黑格尔讲，"哲学是内容的思想"。现在可以看清其要义：存在论的认识是存在内容的自我认识，此内容就是既作为实体真实存在、又作为主体认识自身的那个内容。它也被黑格尔称为"概念"。黑格尔说："逻辑必然性就在于事物的存在即是它的概念。"④ 按照黑格尔的规定，逻辑哲学用"概念"来表征作为主体的内容的那种辩证运动："辩证的运动本身以纯粹的概念为它自己的原素；它因此具有一种在其本身就已经彻头彻尾地是主体的内容。"⑤ 这就是黑格尔在《精神现象学》序言中提出的"对哲学研究的要求"：必须用"概念思维"取代认识论哲学中盛行的"形式思维"，因为后者"脱离内容"。⑥ 至此，黑格尔动用了几乎所有近代认识论哲学用来表示主观性的用语，如精神、意识、概念、经验等，来表征这种主客同一体概念，用来瓦解认识论路向。这就是哈贝马斯所说的"黑格尔从主体性哲学内部击破主体性哲学"⑦。

（三）作为存在论的黑格尔辩证法

把握住黑格尔哲学的基本问题是把意识理解为存在的自我意识，而把

① 科耶夫：《黑格尔导读》，姜志辉译，译林出版社 2005 年版，第 634 页。
② 黑格尔：《精神现象学》上卷，商务印书馆 1983 年版，第 24 页
③ 科耶夫：《黑格尔导读》，姜志辉译，译林出版社 2005 年版，第 36 页。
④ 黑格尔：《精神现象学》上卷，商务印书馆 1983 年版，第 38 页。
⑤ 黑格尔：《精神现象学》上卷，商务印书馆 1983 年版，第 45 页。
⑥ 黑格尔：《精神现象学》上卷，商务印书馆 1983 年版，第 39—40 页。
⑦ 哈贝马斯：《现代性的哲学话语》，译林出版社 2004 年版，第 27 页。

存在理解为在自我否定中建立自身的同一性主客体之后，我们便能理解科耶夫惊世骇俗的研究结论：黑格尔的方法不是辩证的，而是直观的和描述的。研究者一般认为，黑格尔是把辩证法看做理性在世界历史中实现自身的一种绝对形式，理性的辩证法在所有的层次和环节上都被实现于世界之中。此理解促使研究者把黑格尔哲学看成比康德更彻底的唯心主义。但科耶夫认为，在黑格尔那里，不是思想而是实在和历史本身有一种辩证运动的结构，即对给定物的主动否定，所以辩证法只能是一种实在的辩证法。"在黑格尔看来，作为哲学的这种观念辩证法之所以能产生，仅仅是因为它是关于存在的实在的辩证法的一种反映。"① 这种辩证法并不是哲学家和历史学家进行综合的产物，而是由实在和历史本身按其固有规律完成的，黑格尔仅限于把它记录下来，他不需要做任何事情，不必求助于一种特殊的方法。所以黑格尔把自己的哲学称为"科学"。

按惯常理解，辩证运动是一种思想的运动，现实本身并不这样运动，辩证法是一种哲学的方法。作为一种哲学方法的观念辩证法形成于古希腊。在苏格拉底和柏拉图那里，方法之所以是辩证的，是因为它包含了一个思想中的否定因素，即正题和反题构成的矛盾，思想者在讨论和对话中为论证一个正题而反驳一个反题，由此得到真理。从笛卡尔到康德，虽然哲学的形式由对话变成哲学家个人的沉思和现代"体系"创作，但就其仍然从事论证正题和反驳反题的工作来说，他们仍在运用一种探索和阐释真理的论证方法，这种方法并不涉及真理所揭示的实在事物。所以科耶夫断言，从希腊一直到黑格尔之前，"辩证法只不过是一种在实在事物中没有对等物的哲学方法。"② 他认为黑格尔第一次自觉地放弃了这个作为观念辩证法的"方法"传统："黑格尔第一个有意识地抛弃了被当做一种哲学方法的辩证法，而仅限于观察和描述在历史过程中完成的辩证法。"③ 科耶夫对黑格尔哲学和此前作为"方法"的其他哲学的区别作了精湛而独到的描述。他讲从形式上来看，黑格尔的思想和语言本身并没有辩证的东西：它既不是一种"对话"，也不是一种"讨论"，而是一种关于实在事物辩证法

---

① 科耶夫：《黑格尔导读》，姜志辉译，译林出版社 2005 年版，第 548 页。
② 科耶夫：《黑格尔导读》，姜志辉译，译林出版社 2005 年版，第 550 页。
③ 科耶夫：《黑格尔导读》，姜志辉译，译林出版社 2005 年版，第 547 页。

的纯粹的和单纯的描述。另外，就黑格尔文本的独断样式来看，黑格尔也没有"论证"他所说的东西和"反驳"其他人，而这是因为这些论证和反驳在他之前的历史过程中已经完成，不过不是通过语言的论据，而是通过历史中的"斗争和劳动的考验"完成的，黑格尔只需记录并正确地描述这种"辩证"考验的最后结果。就其用完全的和一致的语言描述了实在历史本身的最后的辩证综合结果而言，黑格尔的描述是一种"绝对知识"，"因为按照定义，这种描述的内容永远不可能变化，不需要补充，也不会被驳斥，所以人们能说，黑格尔的描述是绝对的、普遍的和永远有效的真理。"①

科耶夫的解读有其根据，因为正是黑格尔自己讲过，辩证法不是一种外在于事物的主观任意的思想之术，而是事物本身固有的本性。"就它的特有规定性来说，辩证法倒是知性的规定和一般有限事物特有的、真实的本性。"辩证法是一种"内在的超越"，意味着"凡有限之物莫不扬弃其自身"。因此，"辩证法是现实世界中一切运动、一切生命、一切事业的推动原则。"② 对于自己的方法，黑格尔一直坚持其"科学方法"的被动的、直观的和描述的特性："科学的认识所要求的，毋宁是把自己完全交付给认识对象的生命，或者换句话说，毋宁是去观察和陈述对象的内在必然性。"③ 但科耶夫解读的更深层根据在于黑格尔的基本问题本身之中：既然认识是存在的自我认识，那么黑格尔辩证法作为一种"科学认识"就只能是对实在本身之辩证法的一种描述和揭示。这就再次证明了黑格尔是如何打破近代的内在性思路，将哲学的焦点从主体意识转移到现实世界之中；证明了黑格尔辩证法决不是在近代主观性的广阔领域中，继康德之后又增添了一种新的主观性原则和方法，而是一个指向现实世界的全新的存在论问题。所以科耶夫认为，黑格尔以前的哲学家总是追求某种为主观性所特有的"方法"，以此来"抵制实在事物"，黑格尔则不同，他不需要特有的方法，而是"完全地最终与存在的一切东西一致：他毫无保留地信赖存

① 科耶夫：《黑格尔导读》，姜志辉译，译林出版社 2005 年版，第 555 页。
② 黑格尔：《小逻辑》，贺麟译，商务印书馆 1986 年版，第 176—177 页。
③ 黑格尔：《精神现象学》上卷，商务印书馆 1983 年版，第 36 页。

在，完全地向实在事物敞开，不抵制实在事物。"①

这个实在事物却不再是主客分裂意义上的"自在的客观性"，而是一个主客同一体。进言之，黑格尔的世界是一个被人的存在所揭示的世界，是能够认识自身的存在内容。按照科耶夫理解的黑格尔思路，现实之所以是辩证的，仅仅因为它包含一种否定的因素，即任何现实存在物莫不扬弃自身。而这种否定性只能通过人来实现：人不同于一切自然的给定存在的独特之处就在于，人是天生的否定性存在，人通过活动（创造）改变和取消给定的存在，使存在由自然的直接现实变成间接的或辩证的"人的现实"，存在由此分裂为主体和客体。这就是否定。然而，正是人作为这种否定性，又通过语言来揭示存在并追求语言与存在的"一致"，存在由此变成"被语言和思维揭示的存在"②。这一次是对否定的否定，其结果便是作为人的历史性存在的同一性主客体。科耶夫这样概括黑格尔这一工作的成果："统一性的建立，或主体和客体的最终一致，是在'绝对哲学'（即黑格尔哲学）对存在和实在事物的整体的一致性描述中完成的，其作者的人的存在归结为这种哲学的完成，因为他不再主动地使作为'主体'的自己对立于作为'实体'的自然。"③ 在这种情况下，"由于黑格尔的经验本身是一种能揭示的语言，所以它本身是它所描述的具体实在事物的一个方面。它不从外面带给实在事物任何东西，从中产生的思维和语言不是对实在事物的反映，而是实在事物的自我反映。之所以黑格尔的思维和语言是辩证的，仅仅是因为它们忠实地反映了它们作为其中一部分的实在事物的辩证运动"④。

最后，把人理解为否定性，就是把人理解为历史性的存在，因为人通过活动改变给定存在（自然）的过程就是历史。（科耶夫有这样的规定：人＝否定性＝活动＝历史。⑤）这种人的基于否定性的历史性存在才是黑格尔辩证法的真正主题。黑格尔讲，"世界历史是审判世界的法庭"。就是说，实在本身的辩证法不是由哲学家来完成，而是由世界历史本身来完成

---

① 科耶夫：《黑格尔导读》，姜志辉译，译林出版社 2005 年版，第 538—539 页。
② 科耶夫：《黑格尔导读》，姜志辉译，译林出版社 2005 年版，第 533 页。
③ 科耶夫：《黑格尔导读》，姜志辉译，译林出版社 2005 年版，第 631—632 页。
④ 科耶夫：《黑格尔导读》，姜志辉译，译林出版社 2005 年版，第 541—542 页。
⑤ 科耶夫：《黑格尔导读》，姜志辉译，译林出版社 2005 年版，第 575 页。

的，推动历史辩证运动的那个否定性因素，乃是某种在历史中实际存在的否定性力量，这就是劳动和斗争。它们是黑格尔《精神现象学》第四章"主奴辩证法"的主题。科耶夫对黑格尔这一主题的解读，被专家公认为是最重要最具有马克思主义精神的一个解读，构成了他对《精神现象学》的全部卓越解读的基础。①（详见本章第五节）。科耶夫对黑格尔的这一解读更进一步地确证了黑格尔是如何脱离并瓦解近代主观性论域的。因为科耶夫揭示，斗争和劳动作为对现实世界的主动的和实际的改变，乃是实在对自身的辩证否定得以实现的现实条件，而通过斗争和劳动实现的这种"实在的否定"，只能在现实的人与人之间关系中进行。科耶夫讲，就辩证法的本意是讨论和对话来说，"人们也可以说，历史是一种在人与人之间长期进行的'讨论'。但是，这种实在的历史的'讨论'完全不同于哲学对话或讨论。人们不用语言的论据进行'讨论'，而是一方面用大棒、刀剑或大炮，另一方面用镰刀、锤子或机器进行'讨论'。如果人们想讨论历史使用的'辩证方法'，那就必须明确地指出，它是一种斗争和劳动的方法。"②科耶夫揭示出问题的关键在于，当黑格尔把斗争和劳动作为否定性引入历史辩证法的讨论，他不自觉地把现实的人与人之间的关系引入哲学的论题，从而更加远离了以主观性为最高原则的意识哲学，为马克思探索新哲学道路准备了理论契机。

（四）马克思批判黑格尔的焦点何在

至此，我们再次面临那个老问题：为什么马克思在19世纪40年代创建新哲学观之际要对黑格尔进行批判？他到底批了黑格尔哲学中的什么东西？最后，19世纪40年代马克思哲学变革的真正问题到底是什么？

1843年马克思在一封信中讲，他不满意费尔巴哈的地方在于："他过多地强调自然而过少地强调政治。然而这一联盟是现代哲学能够借以成为真理的唯一联盟。"③我认为马克思这一说法对我们了解他的问题具有重要的提示作用。要言之，马克思哲学探索的真正问题，用马克思自己的话

---

① 罗克摩尔：《黑格尔：之前和之后》，柯小刚译，北京大学出版社2005年版，第281页。
② 科耶夫：《黑格尔导读》，姜志辉译，译林出版社2005年版，第549页。
③ 《马克思恩格斯全集》第27卷，人民出版社1972年版，第443页。

说，是一个"改变世界"的问题，也就是"揭示并改变现存社会结构和政治结构"。① 根据上面的提示，我愿称之为"政治问题"。以此为出发点，可以重新解释黑格尔对马克思的意义和马克思对黑格尔的批判。

现在可以回答：在什么意义上黑格尔辩证法是马克思哲学变革的思想源头？对马克思来说，黑格尔的重要性就在于，他实现了"从主体性哲学内部击破主体性哲学"，从近代主客分裂的内在性论域突围出来，重建失落的主客体同一性。马克思敏锐地看出了黑格尔建立主客同一性的重要意义，指出黑格尔的绝对精神是斯宾诺莎的实体与费希特的自我意识的统一，而其实质则是自然与精神在"现实的人"身上实现的同一性。② 这种主客同一性的重建，也就是黑格尔所谓"理性与现实的重新和解"，让时代精神的现实性能够重新进入哲学的主题，使黑格尔能够"第一次为全部历史和现代世界创造一个全面的结构"，③ 这就是以抽象形式建起的现代性的完整问题域，体现在黑格尔的著作涉及了他的时代几乎所有重大历史主题：法国革命，市民社会，劳动和财产，国家和政治权力等等。这些工作为马克思探索一条全新哲学道路准备了思想前提，其中最重要的主客体同一性预示了后来马克思的理论与实践统一原则。马克思和黑格尔的一个重要共同点是，他们都把理论视为现实的自我认识，正是马克思本人讲过：不仅思想应力求成为现实，现实也应力求趋向思想。所以洛维特才说：黑格尔的最重要的理性与现实同一的原则，也是马克思的原则。

但另一方面，黑格尔对马克思的积极意义是有限的，因为按马克思的问题去要求，黑格尔的历史概念是抽象的，在其中不可能真正建立起主体和客体、理论和实践的统一。马克思所理解的历史是现实的历史，是"追求着自己目的的人的活动"、"群众的事业"；④ 黑格尔无法达到这一理解，因为"黑格尔哲学认为：一切问题，要能够给予回答，就必须把它们从正常的人类智慧的形式变为思维理性的形式，并把现实的问题变为思辨的问题。"结果"人类的历史变成了抽象的东西的历史，"⑤ 据称描述了历史本

① 马克思、恩格斯：《德意志意识形态（节选本）》，人民出版社2003年版，第15页。
② 《马克思恩格斯全集》第2卷，人民出版社1957年版，第177页。
③ 《马克思恩格斯全集》第3卷，人民出版社1960年版，第190页。
④ 《马克思恩格斯全集》第2卷，人民出版社1957年版，第118、104页。
⑤ 《马克思恩格斯全集》第2卷，人民出版社1957年版，第115、108页。

身真实辩证法的黑格尔"只是为历史的运动找到抽象的、逻辑的、思辨的表达。"① 尽管在历史中重建同一性主客体这个要求为马克思发明自己的问题提示了正确的方向,但黑格尔却不在真实的历史中指认这个同一主客体,而是把它规定为绝对精神;绝对精神与历史之间这种无法理解的关系,又迫使黑格尔采取一种更加无法理解的观点:历史在他的时代和他的哲学体系中达到终点。所以马克思讲,在历史问题上,黑格尔作为哲学家是"事后才上场的",这使他的同一主客体重新沦为概念神话。"既然绝对精神只是事后才通过哲学家意识到自身这个具有创造力的世界精神,所以它的捏造历史的行动也只是发生在哲学家的意识中、见解中、观念中,只是发生在思辨的想象中。"②

从哲学史看,黑格尔哲学是一个承前启后的过渡性现象,它确证着哲学从纯理论问题向现实政治问题的转移。击破内在性对于理论哲学来说是一个重大问题,黑格尔的同一主客体在这一领域中具有重大意义;但这不是马克思的问题,马克思的问题是政治问题,当以这一问题为背景时,便会看到黑格尔的同一主客体重新变成了一个概念神话。卢卡奇认为黑格尔的局限是时代的局限,"黑格尔不能深入理解历史的真正动力。一部分原因是,在黑格尔创造他的体系时,这种力量还不能完全看明白。"③ 这种力量就是无产阶级作为新政治力量的崛起,它给当时下层群众反抗压迫的政治斗争开启了一个新的方向,就是对资本权力的反抗。以此为背景才生成了马克思的作为政治问题的新哲学问题,即他是把争取解放的无产阶级看成真正现实的历史同一性主客体。以此新问题为背景我们才能理解马克思对黑格尔的批判的焦点所在。可以从反思现代性的角度来看这个新问题。哈贝马斯说黑格尔是第一个使现代性上升为哲学问题的哲学家,这个问题就是现代性自我理解的哲学形式问题,也就是现代资本主义社会体制的合法性问题。可以说,这也是马克思的问题,是马克思和黑格尔共同面临的一个时代性的哲学主题。但是对这同一问题,黑格尔和马克思作了完全不同的处理:黑格尔把此问题置于概念的自我运动中,马克思则要求通过改

---

① 马克思:《1844 年经济学哲学手稿》,人民出版社 2004 年版,第 97 页。

② 《马克思恩格斯全集》第 2 卷,人民出版社 1957 年版,第 108—109 页。

③ 卢卡奇:《历史与阶级意识》,第 67 页。

变现存世界的革命实践来解决之。对这种复杂的问题关联，依波利特曾作过一个实证性研究。此研究表明，黑格尔哲学具有强烈关注现实的特征，黑格尔曾接受斯密的古典经济学的强烈影响，深入研究过劳动问题和财产问题，又以深邃的辩证法超越斯密自由主义，而发现了近代资产阶级社会的诸多矛盾，并以此启示了马克思。但依波利特认为，黑格尔不可能解决他提出的问题，因为他的哲学"并不是致力于一个积极的行动，而是在一个并不坚持其诺言的思辨唯心主义中完成。"以异化问题为例，黑格尔的异化"是在思想中而不是在事实中被克服的"，而对马克思来说，异化的克服是"一个只有通过历史革命才可解决的特殊历史问题"。①

　　依波利特的研究支持了本章提出的论点：黑格尔和马克思关注共同的问题，但黑格尔坚持在思想中解决该问题，马克思则要求在现实中解决之；结果是，黑格尔把问题变成思辨哲学问题，而马克思则把问题变成了政治问题。我认为这才是理解马克思对黑格尔之批判的关键，即该批判决不是和黑格尔较量如何瓦解内在性论域（这一前提性工作已由黑格尔完成，后来海德格尔以更漂亮的方式重演），而是在争论解决所谓现代性问题的场所是在思想中还是在现实中。据此来看 1840 年马克思批判黑格尔的一系列文本，可以清晰地看出马克思的真正问题及其与黑格尔争论的焦点。简言之，《黑格尔法哲学批判》讨论的市民社会与国家问题，《〈黑格尔法哲学批判〉导言》讨论的解放问题和无产阶级历史使命问题，以及《神圣家族》讨论的群众观点和无产阶级历史地位问题，无一不是和现代性有关的政治问题和政治观点，另一方面，所有这些文本又无一不在指责黑格尔哲学把现实政治问题变成思辨的问题。在余下的篇幅，我想以《1844 年经济学哲学手稿》和《德意志意识形态》为例，来进一步确证马克思的问题本质和批判焦点。

　　《1844 年手稿》关于黑格尔辩证法的一节是对黑格尔的一次系统批判。马克思一开始就明确他的目的就是为"现实历史的运动"找到一个"批判的形式"，② 即将其描述为消除异化，重新占有人的本质的共产主义运动。尽管马克思对问题的表述留有黑格尔和费尔巴哈的概念痕迹，但共

---

① 见张世英主编：《新黑格尔主义论著选辑》下卷，商务印书馆 2003 年版，第 440、443 页。
② 马克思：《1844 年经济学哲学手稿》，人民出版社 2004 年版，第 97 页。

产主义作为私有财产的积极扬弃和人的真正人的本质的复归，显然是一个主张改造现存社会关系的政治观点，和击破内在性这种概念问题没什么关系。马克思指出黑格尔的错误就在于，他对历史运动的描述用的是"抽象的思辨的表达形式"，在他那里，财富、国家权力以及人的本质以"非人的方式"来实现等所有异化问题的产生及其消除，都在思想中进行："全部外化历史和外化的全部消除，不过是抽象的、绝对的思维的生产史，……在这里，不是人的本质以非人的方式同自身对立的对象化，而是人的本质以不同于抽象思维的方式并且抽象思维对立的对象化。"[①] 但另一方面，《现象学》既然坚持异化是一个问题，它就"潜在地包含着批判的一切要素，……包含着对宗教、国家、市民生活等整个领域的批判的要素。"[②] 可见马克思关注的焦点是，黑格尔发明异化问题，为他自己提出资本主义条件下异化劳动和私有财产问题准备了思想形式，《手稿》的核心内容就是把异化从概念问题改造为政治问题。由此观之，马克思在《手稿》中强调"人直接地是自然存在物"[③]，是为了把消除异化这一历史任务的解决置于现实的基础上，而不是为了打破内在性思路。因为在马克思看来，像黑格尔那样把人规定为自我意识，就会借口"在自己的异在本身中就是在自身"，而让意识冒充现实，让精神世界冒充真正存在的世界；这种虚假的概念辩证法产生的政治后果，就是把消除异化这一历史任务的解决保留在纯思想中，比如"一个认识到自己在法、政治等等中过着外化生活的人，就是在这种外化生活本身中过着自己的真正的人的生活。"[④] 马克思指出，黑格尔"那只是虚有其表的批判主义的根源就在于此。"[⑤]

在《德意志意识形态》第一章，马克思对自己的问题作了更明确更成熟的表述："全部问题都在于使现存世界革命化，实际地反对并改变现存的事物。"这显然是一个要求社会变革的政治目标，也就是作为"解放"的共产主义，马克思强调它不是一种思想活动，而是一种现实活动，"是

---

① 马克思：《1844 年经济学哲学手稿》，人民出版社 2004 年版，第 99 页。
② 马克思：《1844 年经济学哲学手稿》，人民出版社 2004 年版，第 100 页。
③ 马克思：《1844 年经济学哲学手稿》，人民出版社 2004 年版，第 105 页。
④ 马克思：《1844 年经济学哲学手稿》，人民出版社 2004 年版，第 109—110 页。
⑤ 马克思：《1844 年经济学哲学手稿》，人民出版社 2004 年版，第 109 页。

由历史的关系，是由工业状况、商业状况、农业状况、交往状况促成的。"① 新哲学的任务是重新理解哲学自身与这一现实政治目标的关系。马克思认为，面对新问题，哲学的功能就在于它应揭示这样一个事实：解放不是靠"用词句反对词句"这种纯理论演绎实现的，而是靠"使用现实的手段去反对现存的东西"来实现的。马克思将哲学的这种新功能称为"对现实的描述"，它带来哲学的全新自我理解："在思辨终止的地方，……对现实的描述会使独立的哲学失去生存环境，能够取而代之的充其量不过是从对人类历史发展的考察中抽象出来的最一般的结果的概括。这种抽象本身离开了现实的历史就没有任何价值。"② 由此观之，马克思要求给予存在先于意识的优先地位，主要不是为了颠倒黑格尔的观念论和击穿内在性，而是为了把哲学从抽象思辨带向"对现实的描述"。基于此，马克思对实体、主体和自我意识等黑格尔概念进行了最彻底的解构：在黑格尔那里，作为实体的主体也就是作为自我意识的人，而在马克思这里，这些思辨构造全被清除，所谓人就是"现实的个人"，他们"从事实际活动"，并"发生一定的社会关系和政治关系"；由"实体"和"自我意识"构成的同一性主客体，实际上不过是在工业中向来就有并随着工业的发展而变化的"人和自然的统一"③。"每个个人和每一代遇到的现成的东西：生产力、资金和社会交往形式的总和，是哲学家们想象为'实体'和'人的本质'的东西的现实基础。"④ 为了支持对哲学的政治理解，马克思对思想的权力本质特别作了一个极深刻的分析，指出任何重要的思想都是"以思想的形式表现出来的物质关系"，所以占统治地位的思想永远是统治阶级的思想，革命思想的存在则以革命阶级的存在为前提，而所谓"概念的自我规定"则不过是权力对于自身的意识形态想象；黑格尔的局限就在于，在他那里，"问题完全不在于现实的利益，甚至不在于政治的利益，而在于纯粹的思想。"⑤ 在第一章，马克思系统讨论了现代社会阶级结构的起源，无产阶级的历史使命，以及作为革命运动目标的共产主义。这些就是马克思的

---

① 马克思、恩格斯：《德意志意识形态（节选本）》，第 19 页。
② 马克思、恩格斯：《德意志意识形态（节选本）》，第 17—18 页。
③ 马克思、恩格斯：《德意志意识形态（节选本）》，第 15、20—21 页。
④ 马克思、恩格斯：《德意志意识形态（节选本）》，第 37 页。
⑤ 马克思、恩格斯：《德意志意识形态（节选本）》，第 38 页。

新哲学中以现代性为背景的政治问题，也是马克思对自己与黑格尔的关系所作的一个了断。

海德格尔晚年有一个论断："没有黑格尔，马克思不可能改变世界。"①这是对的，但不够全面，需作如下补充："不批判黑格尔，马克思同样不可能改变世界"。这两个论断加在一起，才算达到了一个包含着否定性统一的完整的真理。

四、马克思与黑格尔的劳动论题

（一）劳动作为时代性的主题

劳动作为马克思毕生关注的一个问题，其理论渊源要上溯至黑格尔。马克思对劳动问题的探讨始终在哲学话语和经济学话语之间保持着一种辩证的张力，这种方法也要上溯至黑格尔。这里，我们拟就黑格尔和马克思关于劳动的理论见解进行比较分析，以此推进对马克思主义哲学理论来源的理解。

劳动获得重大的社会意义和理论意义，既是近代资本主义发展的一个后果，也是它的一个标志性现象。按照中古基督教的正统观点，劳动是一种罪的报应和惩罚，毫无积极价值：人类由于自己的罪而被诅咒必须汗流满面劳动为生。一直到新教时代，劳动才获得正面的独立价值，被看做是一种富有意义地充实人类生活的成就，人们开始有意识地享受自己所付出的劳动的成果。市民社会时代的主流观点认为，一种没有劳动的生活根本不值得过，因为劳动不仅是通向满足和享受、财富和威望的首要道路，而且是一切技能、德性和愉悦的源泉。韦伯曾精彩描述富兰克林所代表的这种尊重劳动的经典式态度，② 这就是作为资本主义精神内核的"合理劳动"伦理。到18—19世纪即黑格尔生活的时代，劳动成为市民社会生活的实体，成为雇佣工人的生存形式，并开始在理论上成了社会生活的一个本质规定，这就是古典政治经济学对劳动作为财富本质的全新理解。财富的本质是近代资本主义发展提出的一个主题，首先是重商主义把货币当做财富

---

① 参见《晚期海德格尔的三天讨论班纪要》，《哲学译丛》2001年第3期。
② 韦伯：《新教伦理与资本主义精神》，黄晓京、彭强译，四川人民出版社1987年版，参见第二章。

的本质规定，后来重农主义又认为农业劳动是创造社会财富的源泉，最后发展到斯密，终于抛开劳动的一切特殊规定性，而认为"一般劳动"是财富的源泉，因此是私有财产的唯一本质。马克思将斯密的观点精辟概括为："私有财产的主体性质就是劳动。"①

古典政治经济学把劳动与财富等同的观点，表述了资本主义的一个本质性的时代特征，从而直接启迪了黑格尔对劳动问题的重视。依波利特认为，黑格尔哲学的一个突出特点是它对时代和社会事件的依托、对政治和经济问题的重视，"黑格尔所描述的正是这样一个胜利的踌躇满志的资产阶级的世界，这个飞黄腾达的资产阶级所固有的世界观，……他（同时）凭借一种特殊的洞察力发现了这个组织充实的世界内部的一切矛盾。"② 随着劳动成为市民社会生活的实体内容，它成了黑格尔毕生关注的主题。根据洛维特的研究，黑格尔一生有三次关于劳动主题的讨论：最初是在1803—1804 年的《耶拿讲演》中，然后是在《精神现象学中》，最后是在晚年的《哲学全书》及《法哲学原理》中。③ 其中，《耶拿讲演》这一早期文本特别值得注意，因为与马克思所熟悉的《现象学》、《法哲学》和《哲学全书》第 524 节以下各节比较保守和抽象的论述相比，马克思没有看到的《耶拿讲演》中对劳动问题的讨论更加充满批判的激情，也更贴近现实，因此更接近后来马克思的观点。所以洛维特设想，如果马克思接触到《耶拿讲演》中的批判论述，他会比对《精神现象学》的研究更直接地从黑格尔的问题发展出他自己的问题。④

哈贝马斯认为黑格尔是第一位使现代性上升为哲学问题的哲学家。这可以用黑格尔的劳动概念作为例证，即他是第一个使劳动上升为哲学概念的人。在《耶拿讲演》中，黑格尔通过把劳动规定为对于自然的"否定性行动"，从而成功地指认了劳动的精神性特征。黑格尔指出，人类通过劳动满足自己的需要，但与简单地通过吃掉对象并使其消失来满足自己需求的动物本能不同，劳动是精神性的，劳动作为人与世界之间的一个"中间

---

① 马克思：《1844 年经济学哲学手稿》，人民出版社 2004 年版，第 73 页。
② 参见《新黑格尔主义论著选集》下卷，商务印书馆 2003 年版，第 429—430、432 页。
③ 洛维特：《从黑格尔到尼采》，李秋零译，生活·读书·新知三联书店 2006 年版，第 358 页。
④ 洛维特：《从黑格尔到尼采》，李秋零译，生活·读书·新知三联书店 2006 年版，第 365 页。

环节"，它并非在纯破坏的含义上是否定性的，而是对现存世界的一种"塑造性的毁坏"，从而是肯定性的否定。具体来说，劳动总是造就某种持久性的东西，即作品，这样的劳动使人的活动成为与其外观完全不同的"某种别的东西"，即一种"普遍的东西"，因为它是按照普遍的规则学习而成的东西，于是劳动作为人创造自己的生活并同时塑造世界的基本方式和方法，成为人的一种杰出的精神性本质。① 这一劳动概念被完整保留在后来的《精神现象学》中："劳动陶冶事物。对于对象的否定关系成为对象的形式并且成为一种有持久性的东西……这个否定的中介过程或陶冶的行动同时就是意识的纯粹自为存在，这种意识现在在劳动中外在化自己，进入到持久的状态。"② 马克思高度评价黑格尔对劳动的这一理解，认为他"抓住了劳动的本质"，即把人"理解为他自己的劳动的结果"，把劳动"看做人的自我确证的本质"。③

（二）黑格尔的劳动论题与古典政治经济学

如前所述，黑格尔对劳动的这种哲学理解，其思想源头却不是哲学，而是古典政治经济学。黑格尔以及后来马克思的劳动论题的共同起源是斯密的劳动价值论。根据依波利特的研究，斯密《国民财富的性质和原因的研究》1794—1796 年译成德文后，对黑格尔产生了极为深刻的影响。④ 首先，斯密抛开劳动的一切特殊规定，而提出"一般劳动"这个概念，认为"一般劳动"是财富的唯一源泉和唯一本质，这本身就是对劳动的一次革命性的抽象，为黑格尔从哲学上理解劳动奠定了最重要的理论基础。另外，黑格尔著名的劳动辩证法在很大程度直接受益于斯密的著作。按照斯密的核心论点，每个人都在利己心的支配下追逐个人利益的最大化，而这将自动促进社会利益的最大化，因为社会是由这些个人之间的交换关系构成的："在这种场合，像在其他许多场合一样，他受着一只看不见的手的指导，去尽力达到一个并非他本意想要达到的目的。也并不因为事情并非出于本意，就对社会有害。他追求自己的利益，往往使他能比在真正出于

---

① 洛维特：《从黑格尔到尼采》，李秋零译，生活·读书·新知三联书店 2006 年版，第 358—359 页。
② 黑格尔：《精神现象学》上卷，商务印书馆 1983 年版，第 130 页。
③ 马克思：《1844 年经济学哲学手稿》，人民出版社 2004 年版，第 101 页。
④ 参见《新黑格尔主义论著选集》下卷，商务印书馆 2003 年版，第 431 页。

本意的情况下更有效地促进社会的利益。"① 斯密的"看不见的手"原理，实际上包含着对资本主义条件下个人与共同体之间关系的深刻辩证理解：诸多个体利益的自由游戏最终会导致共同体利益的最佳实现，个体在这个追求自我实现的过程中变成了他者。

黑格尔把斯密的劳动抽象和"看不见的手"原理加以综合，并把它们置入逻辑学的概念框架中，提出了自己的"劳动的辩证法"理论。这一主题反复出现在黑格尔不同时期的哲学思考中。他在《耶拿讲演》中讲："每个人的劳动按其内容来说是普遍的劳动，既照顾到一切人的需要，也能够满足一个人的需要。……单个人的劳动和财产，并不是它们对他个人来说所是的那种东西，而是它们对一切人来说所是的那种东西。需要的满足是一切特殊的个人在其相互关系中的一种普遍的依赖关系……每个虽然是具有需要的个人，却变成了一个普遍的东西。"② 在《精神现象学》中又讲："个体满足它自己需要的劳动，既是它自己的需要的满足，同样也是对其他个体的需要的一个满足，并且一个个体要满足它的需要，就只能通过别的个体的劳动才能达到满足的目的。——个别的人在他的个别的劳动里本就不自觉地或无意识地在完成着一种普遍的劳动。"③最后在《法哲学原理》中讲："在劳动和满足需要的上述依赖性和相互关系中，主观的利己心转化为对其他一切人的需要得到满足是有帮助的东西，即通过普遍物而转化为特殊物的中介。"④

由于几乎是无保留地认同斯密的劳动价值论，黑格尔所开发的关于劳动作为人的历史性本质的哲学概念，总是聚焦于劳动的社会性结构，而对劳动社会性的分析，又总是以政治经济学的观点为其最后依据。在《法哲学》中，黑格尔把现代市民社会的原则概括为：每个个人作为特殊性必须通过"同他人的关系"这一普遍性形式的中介，才能实现自身。⑤ 而在黑格尔看来，这一原则是通过社会性的劳动分工来实现的。在《哲学全书》和《法哲学》中，黑格尔以现代劳动分工为中心，详尽描述了新生资本主

①　斯密：《国民财富的性质和原因的研究》下卷，商务印书馆 1974 年版，第 27 页。
②　参见孙伯鍨、张一兵主编：《走进马克思》，江苏人民出版社 2005 年版，第 119 页。
③　黑格尔：《精神现象学》上卷，商务印书馆 1983 年版，第 234 页。
④　黑格尔：《法哲学原理》，商务印书馆 1982 年版，第 210 页。
⑤　黑格尔：《法哲学原理》，商务印书馆 1982 年版，第 197—198 页。

义的社会图景,其思路显示了政治经济学的强烈影响。黑格尔讲,他所谓现代个人的特殊性首先是指"他们的需要",这些需要的满足必须通过"社会的联系"来实现,"这种联系是一切人从中获得他们的满足的普遍财富,"特殊性由此获得普遍性的形式。再进一步,黑格尔指出,这种作为社会联系的普遍性,其具体实现形式就是劳动分工:由于"需要本身无止境地成倍增加",使得"需要和满足需要的手段这两者越来越抽象,"由此必然产生分工。接下来,黑格尔进一步指出,分工使劳动抽象化,其社会后果是双重的:一方面分工提高了劳动的技能,使生产量增加;另一方面又使局限于单一技巧的特殊个人更加无条件地依赖于社会联系。① 至此可以看到,在黑格尔那里,劳动作为人的自我实现和自我确证的本质,决不是一种抽象的本质,而是完全落实于由现代分工主导的一种社会性结构中,正是通过对劳动的这个社会结构的分析,黑格尔极其深刻地揭示了现代市民社会的种种矛盾,预言了异化是现代人无法逃避的命运。

于是我们在黑格尔著作中看到一些批判性的初步看法,它们在后来马克思的著作中以更深刻的方式经常出现:第一,在《哲学全书》和《法哲学》中,黑格尔都指出,劳动分工在带来技术进步和生产增加的同时,也带来了劳动本身的异化,突出体现为现代生产中机器代替了人的劳动。② 在《耶拿讲演》这一早期文本中,黑格尔就此提出了更尖锐的观点,指出,随着19世纪机器在生产中的普遍应用,劳动也越来越成为间接的,人与自然以劳动为中介的那种有生命的统一联系被切断:当人使用机器为自己劳动时,自然被人欺骗;然而自然也在欺骗者身上进行复仇,表现为欺骗者越是奴役自然,他自己就变得越渺小:"由于他使用机器加工自然,他并没有扬弃自己劳动的必要性,而仅仅是推移了劳动,使它远离自然,不把自然当做有生命的自然而以有生命的方式对待它,而是逃避这种否定性的有生命性。"结果是:"劳动越是用机器进行,就越是没价值。"或者说,劳动的价值随着生产的增加而减少,因为"劳动越来越是死的,个人的技能越来越大地受到限制,而工厂工人的意识则降低为最后的迟钝。"③

① 黑格尔:《精神哲学》,杨祖陶译,人民出版社2006年版,第333—334页。
② 参见黑格尔:《法哲学原理》,商务印书馆1982年版,第210页及《精神哲学》,第334页。
③ 参见洛维特《从黑格尔到尼采》,李秋零译,生活·读书·新知三联书店2006年版,第360页。

黑格尔还进一步分析了现代劳动的抽象化及其后果，指出当劳动不再服务于个人直接需要的时候，劳动就变成"抽象普遍的劳动"，表现为劳动者是在抽象掉自己的直接具体需要的情况下，为一种社会需要的"抽象"而工作，即为满足所有其他人的需要的全体而工作。这就是黑格尔所谓"普遍劳动"，它并不具有积极的意义，因为"在这种情况下，劳动的价值不再直接在于它的生产，而在于它间接通过所有劳动彼此之间的普遍依赖性来满足自己的需求。在这里劳动普遍化为劳动体系。"① 这显然已预示了马克思的观点：劳动由人的生命的自由实现变为"抽象的统治"。

　　第二，黑格尔指出，随着劳动的普遍化和与之相联的社会关系的普遍化，其后果是："一方面财富的积累增长了，因为这两重普遍化可以产生最大利润；另一方面，特殊劳动的细分和局限性，从而束缚于这种劳动的阶级的依赖性和匮乏，也愈益增长。"② 在《法哲学》的第 200 节和 243－245 节，黑格尔专门讨论了由劳动异化导致的财富不平等。而这一主题在早期的《耶拿讲演》中以更激烈的方式提出：在现代资本主义的劳动体系中，"人的存在被投进整体的偶然性的癫狂混乱之中，人数日益增多的群体被迫从事有损健康而又没有安全保障的劳动。"结果是"所有这些人最终都陷入不可解救的贫困中……于是世界舞台上出现了巨富与赤贫的对立：财富在一个侧面增长，而贫困则同时从另一侧面发展。"③ 依波利特在引述黑格尔的这些论述时提出：尽管黑格尔的《耶拿讲演》未被马克思所知，不过却预示着马克思即将出现。④

　　黑格尔的劳动论题对马克思产生了不可否认的重要影响。首先，这种基于政治经济学的哲学思考充分显示了黑格尔哲学那种关注时代精神的现实感，使黑格尔成为他那个时代最前卫的哲学家。柏耶尔认为："在他的生存时代和他的活动范围以内，黑格尔是最能科学地远瞩将来的哲学家，也是最能用经济原理当做国家、政治、法权和社会观点的理论基础的哲学家。"⑤ 这并非夸张。因为就黑格尔对劳动的考察来看，尽管还带着思辨哲

---

① 参见洛维特《从黑格尔到尼采》，李秋零译，生活·读书·新知三联书店 2006 年版，第 361 页。
② 黑格尔：《法哲学原理》，商务印书馆 1982 年版，第 244 页。
③ 参见《新黑格尔主义论著选集》下卷，商务印书馆 2003 年版，第 431 页。
④ 参见《新黑格尔主义论著选集》下卷，商务印书馆 2003 年版，第 438 页。
⑤ 参见《国外黑格尔哲学新论》，中国社会科学出版社 1982 年版，第 9 页。

学的形式，但从其思想的内容来讲，黑格尔已经超出了德国唯心主义的内在化论域，直接从市民社会的角度来理解劳动现象，从而使他的"市民社会理论"比康德的"世界公民社会理论""在其建立基础上要深厚得多，在其社会性上也更具体得多"。① 这对马克思异化劳动理论的形成具有奠基作用。另外，由于把劳动这个最基础的社会经济现象纳入哲学的视界，黑格尔在方法上开创性地然而又是不可避免地使用了哲学与经济学"视界融合"的研究方法，这对后来马克思毕生的研究方法和文本风格都产生了深刻的影响。最后，黑格尔在他的时代条件下已经开始注意劳动的某些异化现象，从他的否定辩证法出发，这必将导致某种批判性的后果，尽管黑格尔在这方面的作为十分有限，但毕竟为后来马克思的批判工作准备了思想条件。所以马克思讲："因为《现象学》坚持人的异化……所以它潜在地包含着批判的一切要素，而且这些要素往往以远远超过黑格尔观点的方式准备好和加工过了。"②

（三）马克思对黑格尔的超越：异化劳动理论

尽管黑格尔的劳动论题对马克思后来的工作具有奠基作用和积极影响，但就总体而言，黑格尔对劳动的批判从未成长为真正的对资本主义的批判，即对资本本身的批判。虽然黑格尔已经意识到资本是"财富的直接基础"③，但他不可能上升到马克思那样的批判观点。如卢卡奇所指出的，黑格尔即使发现了资本主义的种种矛盾，他也不可能解决矛盾，因为历史的条件还不成熟。④ 总的来说，黑格尔对劳动的理解从未超出现代市民社会的"合理劳动"伦理，这种理解归根结底显示的是资产阶级上升时期对自己力量的信心，这与古典政治经济学的立场一脉相承。所以马克思特别深刻地指出："黑格尔站在现代国民经济学家的立场上。……他只看到劳动的积极的方面，没有看到它的消极的方面。"⑤ 我们看到，黑格尔毕生未能超出古典政治经济学的视界，始终把自己对劳动的理解奠基于斯密关于

① 参见《国外黑格尔哲学新论》，中国社会科学出版社1982年版，第7页。
② 马克思：《1844年经济学哲学手稿》，人民出版社2004年版，第100页。
③ 黑格尔：《法哲学原理》，商务印书馆1982年版，第211页。
④ 参见《新黑格尔主义论著选集》下卷，商务印书馆2003年版，第435页。
⑤ 马克思：《1844年经济学哲学手稿》，人民出版社2004年版，第101页。

每个人追逐个人利益最终导致整个社会利益的观点，并将其打造成特殊性与普遍性的劳动辩证法，这个主题在《精神现象学》和《法哲学原理》中反复出现，即认为每个人在自己劳动和享受时，也在促进一切人劳动和享受，特殊个体的劳动和财富由此变成"普遍的"劳动和财富。黑格尔的这一"普遍性"观点完全不具有否定资本主义私有制的批判意味，反而构成了对资本主义经济体制的哲学辩护，因为作为黑格尔这一理论之基础和原型的斯密观点，正是对资本主义市场经济的"自由放任"原则的经典表述。因此总的来说，尽管黑格尔的劳动概念已经包含了对市民社会各种矛盾的关注，但就它终未超出古典政治经济学的视界，因而终未达到对异化劳动和资本的批判而言，它仍然是抽象的和非批判的。正是在这个意义上，马克思说"黑格尔唯一知道并承认的劳动是抽象的精神的劳动，"说他只是"在抽象的范围内把劳动理解为人的自我产生的行动。"①

　　马克思接过了黑格尔的劳动论题，但把它引入一个与黑格尔完全不同的境域，这就是《1844 年经济学哲学手稿》中的异化劳动理论。这里需要解释一点：学界一般认为《1844 年经济学哲学手稿》是马克思受黑格尔影响最强的一个文本，其中表达的思想尚未真正超越黑格尔。对此我想说明，在 1843 年－1845 年马克思对黑格尔进行系统批判的过程中，《1844 年经济学哲学手稿》是一个特殊的复杂现象，其中马克思对黑格尔哲学的肯定性理解和否定性理解是被放置在一起的。就劳动问题来说，虽然马克思的异化劳动理论受到黑格尔劳动论题和异化论题的很大影响，但马克思同时也对黑格尔的这些论题进行了坚决的批判，指出，黑格尔即使发现了劳动作为人的本质的自我确证"只有通过异化的形式才有可能"，② 但他对异化本身的理解却是非批判的，他把异化理解为积极的肯定性概念，即仅仅理解为劳动从特殊性变为普遍性这一积极过程，用马克思的话说，他把异化混同于对象化。③ 所以我认为，马克思的异化劳动理论尽管仍然保留着黑格尔的明显影响，但就其已经采取了与黑格尔根本不同的理论方向和政治立场，即对资本的批判而言，异化劳动理论已经实现了对黑格尔劳动

---

① 马克思：《1844 年经济学哲学手稿》，人民出版社 2004 年版，第 101、113 页。
② 马克思：《1844 年经济学哲学手稿》，人民出版社 2004 年版，第 101 页。
③ 马克思：《1844 年经济学哲学手稿》，人民出版社 2004 年版，第 113 页。

论题的重大超越，主要表现在两个方面。

首先，在吸收黑格尔对劳动的历史理解和辩证理解的基础上，马克思提出了作为人的本质的自由劳动与资本主义条件下的异化劳动的对立的学说，第一次把市民社会的劳动问题改造成一个对资本权力的批判理论。按照马克思的说明，本真意义上的劳动应该是一种"自由的劳动"，是人的普遍与自由的"类本质"的实现方式，在这里，劳动本身应是人的自由生命的表现和享受，劳动所及的对象化世界应是"人的现实和人的作品"，①劳动者间的关系则应是被别人的爱所证实的劳动者自己本质的补充。② 但是在资本主义社会，劳动的这种自由本质被全部否定："对劳动者来说，劳动是外在的东西，也就是说，是不属于他的本质的东西；因此劳动者在自己的劳动中不是肯定自己，而是否定自己，不是感到幸福，而是感到不幸，不是自由地发挥自己的体力和智力，而是使自己的肉体受折磨、精神遭摧残。"③ 劳动的这种异化导致一系列后果：首先，人失去了世界，世界不再是"人的现实和人的作品"，而是变成了算计、征服或反抗的对象；其次，人丧失了他人，在资本主义社会，每个人都从自己的异化地位上来看待他人，这个他人不再是与自己本质相同的"类存在者"，而只是合伙人、竞争者或者对手；最后，人丧失了自身，表现为人的劳动只是作为谋生和致富的手段，与人的自由的"类生活"毫无关系。借助于黑格尔否定辩证法的思路，马克思设想共产主义作为否定之否定环节，将扬弃劳动的异化形式，把劳动重新变成人的自由而全面的生命活动，在那里，"劳动已经不仅仅是谋生的手段，而是本身成了生活的第一需要。"④

其次，以异化劳动理论为基础，马克思对黑格尔推崇的古典政治经济学的劳动价值论进行了彻底的批判。在这个手稿的"笔记本 III"中，马克思指出，政治经济学关于劳动是财富的唯一本质的观点，第一次确认了"财富的主体本质"，即扬弃了把财富看成是一种在人之外并且不依赖人的对象性存在的观点，而把人的劳动从而把人本身视为财富的本质。接着，

---

① 马克思：《1844 年经济学哲学手稿》，人民出版社 2004 年版，第 58 页。
② 马克思：《1844 年经济学哲学手稿》，人民出版社 2004 年版，第 183−184 页。
③ 马克思：《1844 年经济学哲学手稿》，人民出版社 2004 年版，第 54 页。
④ 《马克思恩格斯选集》第 3 卷，人民出版社，1995 年版，第 305 页。

马克思揭示，政治经济学的这个劳动概念"表面上承认人、人的独立性和自主活动等等"，其实质却"不过是彻底实现对人的否定而已，因为人本身已不再同私有财产的外在本质处于外部的紧张关系中，而是人本身成了私有财产的这种紧张的本质。"① 也就是说，劳动成为私有财产的唯一本质，这正是劳动的自我异化的一个本质规定，因为，当劳动被斯密创造性地规定为抽象的"一般劳动"，从而作为财富的唯一本质时，劳动也就完全丧失了它本初的具体性的自然规定，这正是劳动被异化的那个过程。马克思指出，随着劳动被异化为"一般劳动"，资本作为财富的抽象实现了对世界的统治："劳动起初只作为农业劳动出现，后来才作为一般劳动得到承认。一切财富都成了工业的财富，成了劳动的财富，而工业是完成了的劳动，正像工厂制度是工业的即劳动的发达的本质，而工业资本是私有财产的完成了的客观形式一样。"②

　　如前所述，劳动在每一个社会都存在，但只有在资本主义时代才获得重大的社会历史意义。古典政治经济学第一次揭示了劳动的社会历史内容，以此表达了西方资本主义上升时期的时代精神；黑格尔又将其提升为现代性的一个哲学问题，进一步描述了近代资产阶级市民社会的结构及其矛盾；最后，马克思的异化劳动理论，尽管只是对资本主义社会的一个人本学的批判，但就劳动问题本身来说，这却是一次革命性的进展，即第一次将劳动问题推进为一个批判理论问题，其所达到的政治认知水平和哲学认知水平，无论古典政治经济学的劳动价值论还是黑格尔的劳动辩证法均不能与之同日而语，这就是对资本主义本身的彻底否定性理解。另外，对现代哲学的发展来说，马克思的异化劳动理论也具有划时代意义。哈贝马斯认为，马克思劳动理论的提出，实现了西方近代哲学从反思哲学到实践哲学的转型，从此以后，现代性的最高原则不再是认知主体的反思，而是生产主体的劳动。他在对比坚持认知主体的自我意识优先的"反思哲学"和强调行动主体与客体世界之间操控关系的"实践哲学"之后，得出结论："在实践哲学看来，构成现代性原则的不是自我意识，而是劳动。"③

①　马克思：《1844年经济学哲学手稿》，人民出版社2004年版，第73—74页。
②　马克思：《1844年经济学哲学手稿》，人民出版社2004年版，第76—77页。
③　哈贝马斯：《现代性的哲学话语》，曹卫东等译，译林出版社2004年版，第73页。

（四）作为哲学概念的"劳动"与作为经济学概念的"生产"

马克思的劳动概念在 20 世纪遇到了西方马克思主义的质疑，其中最重要的一个批评是针对马克思作为人的自我实现的"自由劳动"概念。要言之，这个批评认为：当青年马克思提出真正自由的劳动把世界变为"人的作品和人的现实"，并让劳动者"在他所创造的世界中直观自身"，① 他实际上是"把劳动比作艺术家的创造性生产。在艺术作品中，艺术家把他自身的本质力量释放出来，并在凝神观赏中再次占有自己的作品。"② 这种自由劳动的概念是一种"生产美学"，当马克思把这种生产美学转移到"类的劳动生活"当中时，他把社会劳动看做劳动者的集体自我实现。批评者进一步提出，像马克思这样把劳动和自我全面实现的个体理想结合起来，"只有根据浪漫主义所美化的手工劳动原型才具有一定的可信度"，工业劳动的发展却在不断淘汰这种前资本主义的手工工作模式。③

当然，马克思最后放弃了这种理想化的手工劳动模式，而转向了大工业的生产实践。值得注意的是，国内有的研究者又据此认为：在马克思的著作中，哲学的"劳动"范畴（即自由自觉的劳动）是一个人本学的概念，是青年马克思的不成熟的思路；从哲学的"劳动"范畴向经济学的"生产"范畴的推进，才标志着马克思思想的成熟，因为经济学的生产概念更接近（或已经属于）历史唯物主义的概念体系。

这就提出了一些值得探讨的问题：作为哲学概念的"自由劳动"概念是青年马克思的不成熟的思想吗？这个哲学的"自由劳动"概念和后来马克思经济学分析中的"生产"概念又是什么关系？

首先可以肯定，西方马克思主义关于马克思的自由劳动是以被理想化的手工劳动为原型的一种生产美学概念的解读，是一个不能成立的臆断，因为马克思后来确实把注意力从劳动问题转向了以大工业为基础的经济学的生产问题。从哲学的自由劳动概念到经济学的生产概念，可以看做马克思思想的一次否定性发展，其目的是为了把批判的劳动理论置于现实的基

---

① 马克思：《1844 年经济学哲学手稿》，人民出版社 2004 年版，第 58 页。
② 哈贝马斯：《现代性的哲学话语》，曹卫东等译，译林出版社 2004 年版，第 73 页。
③ 哈贝马斯：《现代性的哲学话语》，曹卫东等译，译林出版社 2004 年版，第 75 页。

础上，因为现代人的劳动只能实现为大工业的生产体系，这一点早在黑格尔那里就已经指明。所以我们看到，在《1844 年经济学哲学手稿》中，马克思在初次提出"自由劳动"概念的同时，就已经把注意的焦点投向工业：如果劳动是"人的自我确证的本质"，则"工业是完成了的劳动"。① 马克思充分肯定大工业的历史意义：工业是"一本打开了的关于人的本质力量的书"，是"人的本质力量的公开的展示"，②"在这里人第一次占有他自己的和自然的力量，使自己对象化，为自己创造人的生活的条件。"③ 在《共产党宣言》中，马克思肯定了工业带来的生产力的巨大进步，包括"一切生产工具的迅速改进，交通的极大便利"等等。④

　　但是另一方面，如果据此断言，从哲学的"劳动"概念到经济学的"生产"概念是马克思的理论观点从不成熟到成熟的一次成长，则同样不能成立。第一，我们需要搞清马克思文本中"生产"与"劳动"这两个重要概念的关系。没有抽象的生产，与表征人的本质的哲学的"劳动"概念不同，马克思主要是在资本主义经济的问题域内谈论"生产"的，所谓经济学的"生产"概念就是"生产性劳动"，按马克思的规定，只有"生产资本的劳动"或"创造剩余价值的劳动"才是"生产性劳动"，或者换一个说法："劳动只有在它生产了它自己的对立面时才是生产劳动。"⑤ 所以马克思认为斯密关于"生产劳动"和"非生产劳动"的划分是正确的，⑥这样理解的"生产劳动"实际上与斯密著名的作为财富本质的"一般劳动"概念相一致，由此可知，所谓经济学的"生产"概念也就是资本主义市场经济中的牟利活动，根本不代表马克思对人的生存方式的任何肯定性的存在论观点，所以不能说它是对哲学的自由劳动概念的一次超越和思想的一次前进。第二，马克思的经济学"生产"概念的另一个重要语境是工业，而马克思所谈的工业只能是资本主义工业。所以，在《1844 年经济学哲学手稿》中，马克思在肯定工业是人的本质力量的公开展示的众多论

① 马克思：《1844 年经济学哲学手稿》，人民出版社 2004 年版，第 101、77 页。
② 马克思：《1844 年经济学哲学手稿》，人民出版社 2004 年版，第 88—89 页。
③ 《马克思恩格斯全集》第 42 卷，人民出版社 1979 年版，第 257 页。
④ 《马克思恩格斯选集》第 1 卷，人民出版社 1995 年版，第 276 页。
⑤ 《马克思恩格斯全集》第 30 卷，人民出版社 1995 年版，第 264—290 页。
⑥ 《马克思恩格斯全集》第 30 卷，人民出版社 1995 年版，第 231 页。

述中，总是作出如下限定：这种展示是"以异化的形式呈现在我们面前"的。① 在《1857 年手稿》中，马克思更严格地规定，工业是资本主义的主要形式："与资本相适应的生产方式，只能有两种形式：工厂手工业和大工业。……在后一种情况下，占统治地位的是劳动力的结合和科学力量的应用，在这里，劳动的结合和所谓劳动的共同精神都转移到机器等等上面去了。"② 由此可知，在马克思的著作中，以资本主义大工业为前提的经济学的"生产"概念作为一个批判性的概念，并不具有比哲学的自由劳动概念更高的含义。

这里，一个更深层的问题是如何看待"自由劳动"这一哲学概念在马克思整个批判学说中的位置。马克思"自由劳动"的哲学概念是在 1844 年《巴黎笔记》中提出的。不可否认，此阶段马克思的思想处在费尔巴哈的人本学唯物主义的强烈影响下，而且"自由劳动"这个概念本身又受到黑格尔对劳动的历史性解释和赫斯"自由的合乎人性的劳动"的观点的重要启示。但是，认为"自由劳动"是青年马克思的不成熟概念的看法却不能成立。因为从思想本身的逻辑来看，把超越了现实中的外在强制性的、全面而自由的劳动规定为人的本真意义的存在方式，这是马克思关于人的存在论结构的一个重大的哲学创见，它不仅对表征马克思关于人类解放和共产主义的理想是不可缺少的概念，而且构成了马克思对资本主义异化实施批判的一个基本理论前提。所以从马克思的文本来看，"自由劳动"决不是《巴黎手稿》中的偶然提法，而是马克思毕生坚持的一个提法，在《德意志意识形态》中被表述为"作为人的自主活动的劳动"，在《哥达纲领批判》中则表述为"劳动不仅是谋生手段，而且本身成了生活的第一需要。"特别需要强调的一点是，在《资本论》及其手稿中，马克思在对资本主义生产作科学而系统的经济学分析的同时，仍然坚持使用"真正自由的劳动"这一哲学概念，比如在讨论斯密把劳动当成一种诅咒和牺牲的观点时，马克思指出：斯密的观点只有针对奴隶劳动、农奴劳动和雇佣劳动才是对的，在那里，"劳动始终是令人厌恶的事情，始终表现为外在的强

---

① 马克思：《1844 年经济学哲学手稿》，人民出版社 2004 年版，第 89 页。
② 《马克思恩格斯全集》第 30 卷，人民出版社 1995 年版，第 588 页。

制劳动，而与此相反，不劳动却是'自由和幸福'。"① 马克思认为自由的劳动与此相反，它"使劳动成为吸引人的劳动，成为个人的自我实现，"因为这种劳动的意义"是由必须达到的目的和为达到这个目的而必须由劳动来克服的那些障碍所提供的。但是克服这些障碍本身，就是自由的实现，而且进一步说，外在目的失掉了单纯外在自然必然性的外观，被看做个人自己提出的目的，因而被看做自我实现，主体的对象化，也就是实在的自由，——而这种自由见之于活动恰恰就是劳动，——这些也是亚当·斯密料想不到的。"②这一回马克思再次以艺术家的创作为例："真正自由的劳动，例如作曲，同时也是非常严肃，极其紧张的事情。"③

综上所述，笔者认为，在马克思的整个理论结构中，哲学的"劳动"概念和经济学的"生产"概念代表着两个不同的方面：前者用来表征共产主义的最高理想，后者则是对资本主义现实的批判性概念。由于现实历史中的劳动生产体系一直是资本主义工业生产，所以马克思必须借助"自由劳动"这一哲学概念来表达其未来的社会理想，这就是马克思即使在后来高度复杂的经济学分析中也始终不放弃该哲学概念的原因。马克思的劳动—生产理论乃至马克思的全部批判理论，也因此而呈现为一种哲学和经济学互相交融、互相支持的综合文本形态。

五、马克思与黑格尔的"承认"问题

（一）问题的由来

黑格尔《精神现象学》第四章关于主人和奴隶关系的讨论，是学界公认《精神现象学》乃至整个黑格尔哲学最重要的文本之一，也是引起学界最多讨论和争议的一个内容。其所以如此，是因为第四章的内容对于理解黑格尔哲学的性质来说至为重要，尤其对于理解黑格尔与马克思的关系至为关键。一般认为在第四章，黑格尔的分析从意识转向自我意识，从对客体的单纯沉思转向对人的生命、欲望、行动和斗争的关注，也就是从认识

---

① 《马克思恩格斯全集》第 30 卷，人民出版社 1995 年版，第 615 页。
② 《马克思恩格斯全集》第 30 卷，人民出版社 1995 年版，第 615 页。
③ 《马克思恩格斯全集》第 30 卷，人民出版社 1995 年版，第 616 页。

论问题转入以他者和人际关系为焦点的政治问题，从而使黑格尔哲学更加远离认识论态度，而进入以现代性历史为中心主题的存在论态度，由此开启了直接从马克思的问题视角出发来理解黑格尔哲学的可能性。这样一个解读路向，由科耶夫对《精神现象学》第四章的卓越解读奠基，是当前影响力很大的一种观点。

但是也有不同的声音。比如美国学者皮平在《黑格尔的观念论》一书中提出，要从康德的先验统觉理论出发，而不是从马克思的政治问题出发来理解黑格尔。他认为由科耶夫开发的对黑格尔哲学立场的马克思主义解读已成为一种新的教科书教条。[①] 皮平的主要看法如下：正是康德的先验演绎才使得黑格尔创立的主客同一性理论成为可能，其中的关键是康德的统觉或自我意识："黑格尔自己的概念理论，以及概念和实在之间的关系，或是他的整个哲学的基本立场，都应该被理解为康德的一个关键主题即'统觉的先验统一'的一种直接变形"。[②] 皮平提出，尽管黑格尔对康德有许多批判和重大偏离，"但更重要的是，我想主张，在黑格尔那里，的确存在一个连贯的、可辨识的关于后康德观念论含义的立场，这个立场贯穿于他的两部最重要著作《精神现象学》和《逻辑学》的基本论证。"[③]

在这样的理解方向上，皮平坚持对《精神现象学》第四章作知识论解读。他讲与前三章相比，第四章偏离康德观念论的主题，"突然之间谈起欲望、生命、生死斗争、主人奴隶"，这是"一次猛烈的跳跃"，令人困惑。[④] 皮平坚持认为，《精神现象学》的中心问题是知识问题，其"一般意图是为绝对观念论辩护"，而第四章引入的人与人相互承认之类社会关系论题必须以这种观念论为基础来给予解释："我因此决意主张，正确解读（自我意识）这一部分，不是把它视为全盘转移到社会理论的关注，而是认为此部分更多地是在继续发展'意识'部分所提出的观念论/客观性论题"。[⑤] 要言之，黑格尔"承认问题"的要义是一个"思想的普遍性问题"："黑格尔所指的是某种发展的相似心智构成的'普遍性'论题……主体们

---

① 皮平：《黑格尔的观念论》，陈虎平译，华夏出版社 2006 年版，第 4、410 页。
② 皮平：《黑格尔的观念论》，陈虎平译，华夏出版社 2006 年版，第 8 页。
③ 皮平：《黑格尔的观念论》，陈虎平译，华夏出版社 2006 年版，第 11、14 页。
④ 皮平：《黑格尔的观念论》，陈虎平译，华夏出版社 2006 年版，第 201 页。
⑤ 皮平：《黑格尔的观念论》，陈虎平译，华夏出版社 2006 年版，第 205、216－217 页。

开始认识到，真正承认的唯一基础，因而还有自由本身的唯一实现，就在于'思想的纯粹普遍性'。"① 更确切地说，承认问题的实质在于，鉴于知识问题必然被各种形式的社会交往所中介，从而必然与共同体相关，"我们应该如何确认一个理想的共同体开始建立它的各种实践、活动和制度的一些构成性的原则，尤其是作为所有它的基本制度之构件的知识主张的构成性原则。"在黑格尔理论中，知识以自我意识为条件，"相互承认"是对立的自我意识力图在"思想"中解决这些对立的产物："承认是黑格尔为这样的集体主观性的达成所取的名字。"它的含义是"真正普遍的相似心智的构成。"②

　　但是，对《精神现象学》第四章的这种知识论解读并不令人信服。皮平自己就发现，像这样把相互承认和生死斗争这类社会政治问题"观念化"为"相似心智的普遍构成"问题，既难于理解，也难以在黑格尔的论著中找到根据：这样一个强行打造的"对主观性问题的人类学表述"，带有很多历史和政治的概念假设，在知识论和形而上学方面则缺乏根据，"以致我们很难看出，到底在这个论述的哪个地方，黑格尔试图捍卫他的许多主张，或甚至很难看出，哪些论题是他认为需要讨论的。"皮平承认："黑格尔重构的这一要素，无论它应该是怎样的观念化，都很难理解。"在这种情况下，皮平认为，承认论题在第四章的出现是黑格尔的一个难于理解的"戏剧性的视角转换"。③

　　笔者认为，承认论题的提出决不是什么"戏剧性的"跳跃，而恰恰是黑格尔哲学主旨的一次"逻辑性的"凸显。这节很短的文本成为理解黑格尔哲学立场的一个关键，受到众多研究者的特殊重视，决非偶然。黑格尔自己对此作了最有力的说明，他讲《现象学》谈"意识"的前三章只是第四章"自我意识"的诸环节，"到了自我意识我们就进入真理自家的王国"，因为此时便从"对于一个他物的知识"转向"对于自己本身的知识"，这个自己本身就是人自身，黑格尔称之为"自我意识"。④ 按照黑格

---

① 皮平：《黑格尔的观念论》，陈虎平译，华夏出版社 2006 年版，第 218 页。
② 皮平：《黑格尔的观念论》，陈虎平译，华夏出版社 2006 年版，第 218、223、225 页。
③ 皮平：《黑格尔的观念论》，陈虎平译，华夏出版社 2006 年版，第 229、226、213 和 217 页。
④ 黑格尔：《精神现象学》上卷，商务印书馆 1983 年版，第 116 页。

尔的思路，当人作为"认知的主体"沉思物体的存在时，他只意识到物体的存在而意识不到自己的存在；当人意识到自己作为人的存在和尊严时，人就是自我意识。黑格尔讲，这个自我意识的基础不是认知而是欲望：自我意识就是欲望，那欲望的对象即是生命。① 此处最重要的是黑格尔对自我意识之内涵的如下解释：第一，自我意识的对象不再是"某物"，而是一个"有生命之物"：引发我们欲望和激情的自我意识作为对生命的欲望，永远指向在它自身之外的"另一个生命"，因此它是作为"类"而存在："它自己本身就是类"。② 第二，自我意识的特性在于：它一方面否定它的对象（即另一个生命），自我意识的内容就是"确信对方的不存在，它肯定不存在本身就是对方的真理性。"另一方面它又必须经验到它的对象的独立性："欲望和由欲望的满足而达到的自己本身的确信是以对象的存在为条件的，……为了要扬弃对方，必须有对方存在。"③ 此处黑格尔提出的乃是著名的列维纳斯问题式的一个最重要的经典形式：真正重要的哲学问题不是物体的客观性，而是他人的绝对性，他人的存在是主观性无论如何无法取消的一个绝对事实，用黑格尔的一个著名命题就是："自我意识只有在一个别的自我意识里才获得它的满足。"或者用他的另一个更直接的说法："我就是我们，而我们就是我。"④ 黑格尔明确指出，在《精神现象学》第四章，随着意识发展到自我意识，哲学达到了一个重大转折点，即从专注于某物存在的认识论问题转入以相互承认为中心的社会理论问题："意识在自我意识里，亦即在精神的概念里，才第一次找到它的转折点，到了这个阶段，它才从感性的此岸世界之五色缤纷的假象里并且从超感官的彼岸世界之空洞的黑夜里走出来，进入到现在世界的精神的光天化日。"⑤

至此，"在与一个他者的关系中实现自身"这一辩证法的核心问题的意义发生根本的转变，即：自我意识在否定他的他者的同时又依赖这个他者的存在，因为这个他者不是某物，而是另一个自我意识。这是自我意识

---

① 黑格尔：《精神现象学》上卷，商务印书馆 1983 年版，第 117、120 页。
② 黑格尔：《精神现象学》上卷，商务印书馆 1983 年版，第 120、122 页。
③ 黑格尔：《精神现象学》上卷，商务印书馆 1983 年版，第 120、121 页。
④ 黑格尔：《精神现象学》上卷，商务印书馆 1983 年版，第 121、122 页。
⑤ 黑格尔：《精神现象学》上卷，商务印书馆 1983 年版，第 122 页。

的真正实现，因为这才是真正的"它自己和它的对方的统一"①。这里显示黑格尔与康德的一个关键性区别：黑格尔的哲学不再是意识哲学，而是自我意识的哲学，其核心问题是承认问题。黑格尔讲，自我意识的最大真理在于它为另一个自我意识而存在，"这就是说，它所以存在只是由于被对方承认。"而承认只能是相互承认："它们承认它们自己，因为它们彼此相互地承认着它们自己。"② 当一个人试图在不承认对方的情况下从对方获得承认时，自我意识的辩证法就终止了，因为只有在对方被承认是一个人的时候，他才能从对方那里实现自己。这就是"承认"的基本原理，黑格尔用它来表征人与人之间的社会政治关系。就它是后来马克思问题的真正起点而言，这还只是一个抽象性的起点；但就它标志着此前康德问题的终结而言，却又具有无比丰富的现实性。

（二）重释黑格尔"主人/奴隶辩证法"

现在来看黑格尔在他所阐述的主人和奴隶辩证法中，作出了哪些重大理论发现。

黑格尔的非凡之处在于，黑格尔以抽象的形式正确理解了人与人之间关系的社会本质，即将其理解为在相互依存的前提下为追求相互承认而进行的一场无休止的生死斗争。这一理解超越传统的善良伦理学，而达至现代社会理论的开端。"生死斗争"这一比喻可以上溯至霍布斯，但只有黑格尔才第一次作出了对其存在论前提的全新理解，即那是一种人类特有的"相互依存的存在形式"。黑格尔认为，自我意识依其本性必然与另一个自我意识发生对立和冲突，这不仅因为辩证法决定了只有否定他者的存在才能确立自己的存在，更因为被否定的对方也是一个自我意识："那第一个自我意识所遇着的对象并不仅仅是被动的像欲望的对象那样，而乃是一个自为地存在着的独立的对象。"③ 黑格尔指出，这种对立和冲突的本质在于，它是"类的存在方式"，即斗争和冲突乃是一种相互"为对方而存在"的形式。黑格尔极其深刻地将其描述为，每个自我意识自己的活动同样也

---

① 黑格尔：《精神现象学》上卷，商务印书馆 1983 年版，第 122 页。
② 黑格尔：《精神现象学》上卷，商务印书馆 1983 年版，第 122、124 页。
③ 黑格尔：《精神现象学》上卷，商务印书馆 1983 年版，第 123—124 页。

是对方的活动："这个运动纯全是两个自我意识的双重运动。每一方看见对方做它所做的同样的事。每一方做对方要它做的事，因而也就做对方所做的事，而这也只是因为对方在做同样的事。"① 据此黑格尔认为，人世间一切事情的发生都是双边促成的，绝对单边的行动没有意义，因为如果一方在确信自己存在的同时不能承认对方的存在，它对自己存在的信念也就失去了真理性。此处，黑格尔特别强调人与人之间在相互冲突中相互依存这种"类的存在形式"的精神特性。所谓"自为存在"就是人的存在本身成为该存在者的一种纯粹信念的内容，这种存在不束缚于任何给定的客观形式，而恰恰是"客观形式之纯粹的否定"，即通过行动改变给定的存在状态。黑格尔认为这只能实现为"对立的自我意识的斗争"，因为两个自我意识的关系只能是这样：他们必定要进行一场生死斗争，此斗争最终并不指向某种自然对象（比如一件财宝，一杯酒，一个女人），而是指向一个精神性的目标："证明"自己的存在。"它们必定要参加这一场生死的斗争，因为它们必定要把它们自身的确信，它们是自为存在的确信，不论对对象或对它们自己，都要提高到客观真理的地位。"② 也就是说，一切斗争都是为了追求承认，而此承认依赖对方之存在，因为基于对方存在的"承认"乃是自己的存在被证明的唯一内容。"每一方自己本身通过它自己的行动并且又通过对方的行动完成了自为存在的这种纯粹抽象过程——只有在这种相互承认的条件下，这才是可能的。"③ 正是在这个意义上，黑格尔讲每个人都在做着别人也在做的同一件事情，即追求别人的承认。由于做事的双方总是不等同的，所以承认总是单方面的：一方是被承认者，而另一方只是承认者。"前者是主人，后者是奴隶。"④ 世界历史不是别的，就是人与人之间作为主人和奴隶相互对立冲突的历史。当主人和奴隶之间的区别和对立消失，世界历史也就完成了。

黑格尔更大的非凡之处在于，他揭示了主人和奴隶双方各自包含的自我否定的因素。这个讨论已经进入现代政治理论关于对抗性和压迫的核心

---

① 黑格尔：《精神现象学》上卷，商务印书馆 1983 年版，第 124 页。
② 黑格尔：《精神现象学》上卷，商务印书馆 1983 年版，第 125—126 页。
③ 黑格尔：《精神现象学》上卷，商务印书馆 1983 年版，第 125 页。
④ 黑格尔：《精神现象学》上卷，商务印书馆 1983 年版，第 127 页。

问题，并设定了马克思阶级政治的许多议程。

先看"主人的辩证法"。人作为自我意识的自为存在首先体现为主人的存在状态。黑格尔说，主人的本质就是自为存在，因为主人是为了荣誉不惜冒生命危险斗争的人，他不在乎自己的自然生命，更重视那种精神性的东西，即被对手承认的荣誉，他因此是一个自由的人。"只有通过冒生命的危险才可以获得自由。……一个不曾把生命拿去拼了一场的个人，诚然也可以被称为一个人，但是他没有达到他之所以被承认的真理性作为一个独立的自我意识。"① 但主人的荣誉就在于被奴隶承认为主人，主人的自由实现为对奴隶的统治，以及由此而来的享乐。这带来难题：第一，主人失去与物的直接联系。按黑格尔的分析，主人的支配权就在于："主人通过奴隶间接地与物发生关系。"主人与物的关系因此变成"对物的纯粹否定"，即主人对于物只是一个单纯的消费者和享用者，而不再经验物的坚实性和独立性。主人因此失去与物的本质联系，对主人来说，"物是无物"。只有奴隶在艰苦的劳动中才经验到物的坚实性和独立性。"主人把奴隶放在物与他自己之间，这样一来，他就只把自己与物的非独立性相结合而予以尽情享受；但是他把对物的独立性一面让给奴隶，让奴隶对物予以加工改造。"② 第二，也是更重要的，主人得到的承认并不是真正的承认。主人冒生命危险是为了得到另一个人（即和他一样的自我意识）的承认，但事实上他仅仅得到一个奴隶的承认，这并不是他期望得到的真正的承认，结果主人并不能实现他为之冒生命危险的目的。黑格尔指出："正当主人完成其为主人的地方，对于他反而发生了作为一个独立意识所不应有之事，他所完成的不是一个独立的意识，反而是一个非独立的意识。因此他所达到的确定性并不是以自为存在为他的真理；他的真理反而是非主要的意识（即奴隶）。"结果是："主人表明他的本质正是他自己所愿意做的反面"。③ 科耶夫极深刻地将这种困境概括为："主人的地位是一条存在的绝路。"④

---

① 黑格尔：《精神现象学》上卷，商务印书馆1983年版，第126页。
② 黑格尔：《精神现象学》上卷，商务印书馆1983年版，第128—129页。
③ 黑格尔：《精神现象学》上卷，商务印书馆1983年版，第129页。
④ 参见科耶夫：《黑格尔导读》，姜志辉译，译林出版社2005年版，第205、209页。

就在这个地方，黑格尔过渡到"奴隶的辩证法"："正如主人表明他的本质正是他自己所愿意做的反面，同样，奴隶在他自身完成的过程中也过渡到他直接的地位的反面。他成为迫使自己返回到自己的意识，并转化自身到真实的独立性。"① 按照黑格尔的分析，奴隶之为奴隶，在于两点：第一是他怕死，第二是他必须劳动。黑格尔认为这恰恰是奴隶"自己返回自己"即重新获得独立性的"两个必要环节"②：

（1）怕死这一屈辱特性，在黑格尔看来反而有一种决定奴隶对主人优势的肯定作用。因为正是在对死亡的恐惧中，奴隶感受到对不存在的焦虑，从而理解了这个存在本身的整体意义。所以黑格尔讲"对主人的恐惧是智慧的开始"，他认为这种恐惧乃是人的教化的一个重要环节："死的恐惧在他的经验中曾经浸透进他的内在灵魂，曾经震撼过他整个躯体。"奴隶因这恐惧而获得对主人的一种优势，因为主人的本质就在于他是"独立的自为存在"，而实际上奴隶比主人更能理解这种自为存在的意义："事实上奴隶却包含有这种自为存在的真理在自身内，因为他曾经在自身内经验到这个本质。因为这种奴隶的意识并不是在这一或那一瞬间害怕这个或那个灾难，而是对于他的整个存在怀着恐惧，因为他曾经感受过死的恐惧。"③

（2）奴隶必须在这种恐惧下为主人服务和劳动，黑格尔认为这种劳动是奴隶对于主人的一种更大优势。首先，劳动的根本特征在于，主观上，它是奴隶克制自己的欲望而按照一种他人的、社会的、历史的观念进行的；客观上，它是一个通过行动否定和改造给定存在即自然的过程。劳动因此成为一种真正意义上的"人的活动"。黑格尔对此作了精湛描述：主人的享乐作为欲望的满足是一个随即消逝的、缺少客观而持久实质的东西，"与此相反，劳动是受到限制或节制的欲望，亦即延迟了的满足的消逝，换句话说，劳动陶冶事物。对于对象的否定关系成为对象的形式，并且成为一种有持久性的东西，这正因为对象对于那劳动者来说是有独立性的。这个否定的中介过程或陶冶的行动同时就是意识的个别性或意识的纯

① 黑格尔：《精神现象学》上卷，商务印书馆1983年版，第129页。
② 黑格尔：《精神现象学》上卷，商务印书馆1983年版，第117页。
③ 黑格尔：《精神现象学》上卷，商务印书馆1983年版，第130、129—130页。

粹自为存在，这种意识现在在劳动中外在化自己，进入到持久的状态。因此那劳动着的意识便达到了以独立存在为自己本身的直观。"① 其次，劳动不仅仅改变事物，而且改变人的存在和本质：劳动具有政治意义，它彻底改变主人和奴隶的关系。黑格尔揭示劳动的辩证法在于，劳动最初起于对主人的恐惧，但在劳动中，奴隶把自己建立为一个否定者，他在改变世界的同时也改变自身，使自身变为普遍的自我意识即"自为存在"："在主人面前，奴隶感觉到自为存在只是外在的东西或与自己不相干的东西；在恐惧中他感觉到自为存在只是潜在的；在陶冶事物的劳动中则自为存在成为他自己固有的了，并且他开始意识到他本身是自在自为地存在着的。"② 按黑格尔规定，奴隶的这种自为存在就是他"据以陶冶事物的形式"。此处的关键是，奴隶的劳动创造事物存在的"纯粹形式"。黑格尔反复申说："这种纯粹形式被认作弥漫于一切个体的普遍的陶冶事物的力量和绝对的概念。"③ 这就是说，奴隶的劳动（不同于主人的享乐）的一个本质就在于，它必须按某种自由的思想来进行，它是一种按照普遍概念铸造事物的力量，因此它是技艺、科学、知性能力和一切普遍形式的真正来源。而当奴隶通过劳动创造了这种"纯粹形式"时，他实际上也获得了主人冒生命危险去争夺的东西，即自由。正是在这个意义上，黑格尔说：主人的真理是奴隶，"奴隶的行动也正是主人自己的行动，因为奴隶所做的事，真正讲来，就是主人所做的事。"④ 当然，奴隶的这种自由还只是抽象的观念的自由，而不是真正的现实的自由，奴隶只是在他创造的对象世界中看到了自身作为一个普遍自由存在的影像。但是黑格尔认为，将这种抽象的自由变成现实的自由，从而实现真正的"相互承认"的过程，正是进步和解放的本质。

（三）马克思论承认的异化与回归

泰勒在其大作《黑格尔》中指出："奴隶改造的重要起源在于对死亡的恐惧和惩罚性劳动。黑格尔用简短的 3 页篇幅讨论了这个问题。这是《精神

---

① 黑格尔：《精神现象学》上卷，商务印书馆1983年版，第130页。
② 黑格尔：《精神现象学》上卷，商务印书馆1983年版，第131页。
③ 黑格尔：《精神现象学》上卷，商务印书馆1983年版，第131、132页。
④ 黑格尔：《精神现象学》上卷，商务印书馆1983年版，第129页。

现象学》的最重要段落。因为这些论题不仅对黑格尔来说是至关重要的,而且在马克思主义那里以不同形式变成了一项漫长的事业。"①这一概括非常正确。尽管不曾发现马克思直接论及《精神现象学》第四章的文本,但黑格尔发明的承认问题却无疑与马克思的整个理论事业保有一种本质联系。

《精神现象学》的承认论题对马克思产生的重要影响,在《詹姆斯·穆勒〈政治经济学原理〉一书摘要》中可以明显看到。其中马克思的一个重要理解,是把承认问题和劳动连接起来。原先在黑格尔那里,这种联系并不明显,承认主要通过冒生命危险的"斗争"来实现,而"劳动"在其直接性上则是在完全不被承认的情况下,基于对死亡的恐惧而被迫接受的奴役。而在马克思这里,劳动则被看成是一种积极的相互承认的直接形式和主导形式。马克思认为,在劳动是作为全面自由的劳动即人的自我确证的本质的情况下,"我们每个人在自己的生产过程中就双重地肯定了自己和另一个人。"比如在你享受和使用我劳动的产品时,对我来说,"我直接享受到的是:意识到我的劳动满足了人的需要,从而使人的本质对象化;"对你来说,"我是你与类之间的中介,你自己认识到和感觉到我是你自己本质的补充,是你自己不可分割的一部分。"而最终说来,这种基于我的自由劳动的相互承认就表现在:"在我个人的活动中,我直接证实和实现了我的真正的本质,即我的人的本质,"这一点是通过"我认识到我自己被你的思想和你的爱所证实"来实现的。② 很显然,这就是马克思心目中真正的相互承认。

但马克思的深刻之处在于,他关心的主要不是抽象的承认概念,而是资本主义条件下的承认问题。在这个文本中,他对现代资产阶级社会中承认、尊严和奴役的本质进行了无情的批判,为黑格尔的承认问题增添了全新而且更深刻的内涵和意义。这个批判以异化劳动理论为基础。如果使用黑格尔的术语,现代资产阶级社会的核心生活内容已经不是"斗争",而是"劳动";但这不是黑格尔心目中作为人的自由本质的劳动,而是作为谋生手段和牟利手段的劳动,马克思亦称之为"生产性劳动"。劳动是现代社会生活的实体,并被古典政治经济学确立为社会生活的一个本质规

---

① 泰勒:《黑格尔》,张国清、朱进东译,译林出版社 2002 年版,第 237 页。
② 参见马克思:《1844 年经济学哲学手稿》的"附录",人民出版社 2000 年版,第 183—184 页。

定。随着劳动的彻底异化，承认的意义随之发生根本的改变。按照黑格尔描述，主人冒生命危险斗争是为了让自己的荣誉被人承认，这种承认是一个精神性的目标，主人由此证明自己是真正自由的人；但在现代社会，由于利益、财富和资本积累的最大化成为核心生活目标，承认本身亦发生异化，其对象不再是荣誉，而是财富和财产权。马克思发现，承认的这种异化基于劳动的异化。随着劳动成为谋生的劳动，生产成为财富的源泉，情况变成了"我是为自己而不是为你生产，就像你是为自己而不是为我生产一样。……我们的生产并不是人为了作为人的人而从事的生产，……我们作为人并不是为了彼此为对方生产而存在。"在这种情况下，构成我们彼此为对方劳动的纽带不是人的本质，而是私利，每个人都把自己劳动的产品看做自己私利的对象化，因此"我的产品所承认的不是人的本质的特性，也不是人的本质的权力。"[①]马克思指出，承认作为一种社会联系的本质是要求被别人承认为人，"但是，只要人不承认自己是人，因而不按人的方式来组织世界，这种社会联系就以异化的形式出现。"[②] 具体来说，当承认从黑格尔所谓两个自我意识之间的关系变成两个物品拥有者之间的关系时，相互承认的问题就变成了："我认为我的物品对你的物品所具有的权力的大小，当然需要得到你的承认，才能成为真正的权力。但是，我们相互承认对方对自己物品的权力，这却是一场斗争。"[③]

马克思还进一步指出，在这一新版本的"为相互承认的斗争"中，黑格尔在原初意义上讨论的奴隶和主人、尊严和荣誉问题均发生彻底的颠倒和蜕变。在这里，人不再成为别人的人身的奴隶，而是成为自己的物品的奴隶。这就是拜物教形式下的主人/奴隶关系：当你把自己的劳动产品仅仅看成是攫取我的产品的一种工具和手段时，"你为了你自己而在事实上成了你的物品的手段、工具，你的愿望则是你的物品的奴隶，你像奴隶一样从事劳动，目的是为了你所愿望的对象永远不再给你恩赐。"[④] 在马克思看来，与黑格尔描述的那种直接人身意义上的主奴关系相比，现代人"被

---

① 参见马克思：《1844 年经济学哲学手稿》的"附录"，人民出版社 2000 年版，第 180—181 页。
② 参见马克思：《1844 年经济学哲学手稿》的"附录"，人民出版社 2000 年版，第 171 页。
③ 参见马克思：《1844 年经济学哲学手稿》的"附录"，人民出版社 2000 年版，第 181—182 页。
④ 参见马克思：《1844 年经济学哲学手稿》的"附录"，人民出版社 2000 年版，第 183 页。

物品弄得相互奴役的状况"是一种更不幸的奴役状态:"人把自己的愿望、活动以及同他人的关系看做是一种不依赖于他和他人的力量。这样,他的奴隶地位就达到极端。"① 随着主奴关系转入拜物教形式,人类用来表达相互承认的语言也发生畸变。马克思对此作了震撼人心的描述:"我们彼此进行交谈时所用的唯一可以了解的语言,是我们的彼此发生关系的物品。我们不懂人的语言了,而且它已经无效了;……我们彼此同人的本质相异化已经达到了这种程度,以致这种本质的直接语言在我们看来成了对人类尊严的侮辱,相反,物的价值的异化语言倒成了完全符合于理所当然的、自信的和自我认可的人类尊严的东西。"②

对马克思来说,主奴关系的核心无疑就是阶级斗争,承认问题的关键就是无产阶级的解放。马克思不止一次讲到资本主义制度是一种现代奴隶制,无产阶级作为"一个戴上彻底的锁链的阶级",就是现代资产阶级及其国家的奴隶,这个现代奴隶阶级将通过劳动和斗争使已获得解放,这一切和黑格尔曾经描述的几乎一样。马克思深受黑格尔下述观点的影响:奴隶在劳动中因为经受住了事物的坚实性和独立性的抵抗力,从而为所有人的最终解放作好了准备,表现在马克思的如下说法中:"工人的解放包含着普遍的人的解放"③;而工人阶级之所以能够自解放自己,就在于"它不是白白地经受了劳动那种严酷的但是能把人锻炼成钢铁的教育的。"④ 但和黑格尔本质不同的是,马克思把无产阶级的解放规划为一个现实政治问题,而非思辨哲学问题。按照马克思的规划,现代无产者通过阶级斗争去追求的承认,不是任何特殊的权力和荣誉,而是最一般的"人的权利"和"人的本质",这好像和黑格尔那种精神性的承认要求相似,其实有本质的不同。因为无产阶级所要求的"人的本质和权力"是一个更深刻的社会目标,即从资产阶级所有制的压迫下解放出来,在经济领域争得平等。这是一次最彻底的解放,是人的本质的真正回归,也是人与人之间相互承认的回归。它是一个最普遍的斗争目标,马克思也把它称为"全人类解放"。

---

① 参见马克思:《1844 年经济学哲学手稿》的"附录",人民出版社 2000 年版,第 165 页。
② 参见马克思:《1844 年经济学哲学手稿》的"附录",人民出版社 2000 年版,第 183 页。
③ 参见马克思:《1844 年经济学哲学手稿》的"附录",人民出版社 2000 年版,第 62 页。
④ 《马克思恩格斯全集》第 2 卷,人民出版社 1957 年版,第 45 页。

这里包含对现代承认问题的本质的一个特别深刻的理解，即现代奴役的实现形式不是主人对奴隶人身的统治，而是资产阶级的财产权对劳动者的压制，也就是资本以私有产权资格索取剩余价值而造成的经济上的统治和不平等。这就是"经济的政治性"问题。按此理解，马克思提出，现代无产阶级与原来的奴隶不同，它是一个"普遍的阶级"，是"一个由于自己遭受普遍苦难而具有普遍性质的领域"，这个阶级"若不解放其他一切社会领域就不能解放自己"。① 正是在这个意义上马克思说："工人阶级的解放是全人类解放的政治形式。"（见前引）也正是在这个意义上，马克思借用西耶斯描述法国第三等级的名言，把无产阶级所要求的"承认"表达为："我没有任何地位，但我必须成为一切。"②

六、对本课题研究趋向的展望

本章关于马克思主义哲学理论来源的研究，侧重于黑格尔《精神现象学》诸论题对马克思产生的影响，以及马克思通过批判和超越黑格尔这些论题来最终确立自己新哲学观的过程。这当然只是这项研究中很有限的一个内容。如果学界关于马克思所受黑格尔之影响前期偏重于《精神现象学》、后期偏重于《逻辑学》的划分成立，那么，探讨马克思主义哲学理论来源的一个进一步的课题，就是马克思学说与黑格尔《逻辑学》的关系。总体上可以断言，马克思对黑格尔的传承，经过上述一系列批判工作作为否定性的中介环节，到这里将达到一种包含着全部丰富的有差别规定、从而是具体的也是更高层次上的肯定性理解，这就是晚年马克思在其深刻的方法论自觉中表达出的对黑格尔辩证法的明确认同和高度评价。这既表现在马克思晚年多次申明的对黑格尔的肯定态度中，更突出表现在《资本论》的实际研究工作中。笔者认为，关于马克思主义哲学理论来源的更深入研究的一个课题，就是马克思《资本论》与黑格尔《逻辑学》的内在理论传承的研究。这里只能略述其要点。

众所周知，马克思在其思想完成了那些最重要的发展从而进入成熟期

---

① 《马克思恩格斯选集》第 1 卷，人民出版社 1995 年版，第 14—15 页。
② 《马克思恩格斯选集》第 1 卷，人民出版社 1995 年版，第 13 页。

之后，重新强调自己与黑格尔之间的理论传承关系，这是意味深长的。比如在 1858 年 1 月 14 日致恩格斯信中，马克思说明重读黑格尔《逻辑学》对他写作《资本论》手稿"在方法上帮了很大的忙"①。在 1868 年 3 月 6 日致库格曼信中，马克思明确承认，黑格尔辩证法在消除其"神秘形式"之后就是他自己的方法②。在更著名的 1873 年《资本论》第二版跋中，马克思更公开宣称自己是黑格尔的学生，宣称自己的工作在方法上接受了黑格尔辩证法的巨大影响，并对这种方法作了具有黑格尔风格的经典性概括："辩证法在对现存事物的肯定的理解中同时包含对现存事物的否定的理解，即对现存事物的必然灭亡的理解；辩证法对每一种既成的形式都是从不断的运动中，因而也是从它的暂时性方面去理解；辩证法不崇拜任何东西，按其本质来说，它是批判的和革命的。"③

这里，马克思对黑格尔哲学的传承和接受，决不是字面意义上的，而是实质意义上的。卢卡奇认为，在《资本论》的创作中，"整整一系列经常使用的有决定意义的范畴都是直接来自黑格尔的《逻辑学》"④。这决非虚言。可以说，《资本论》的历史分析部分的整个理论框架受到了黑格尔否定辩证法的决定性影响。表现在两个方面：

第一，根据黑格尔的概念辩证法来构造出一种历史发展的辩证法，即把当下的资本主义社会看成是发展过程中的一个特定阶段，一个否定性的历史环节，由此出发揭示整个历史发展的基本规律。在《资本论》第一卷马克思讲："资本主义的私有制，是对个人的、以自己劳动为基础的私有制的第一个否定。但资本主义由于自然过程的必然性，造成了对自身的否定。这是否定的否定。"马克思特别指出，第二个否定不是对第一个否定的简单重复，而是将前者作为一个对立的规定统一于自身之后所达到的一个更高的发展阶段，因此它表现为"一个长久得多、艰苦得多、困难得多的过程"，简言之，"前者是少数掠夺者剥夺人民群众，后者是人民群众剥夺少数掠夺者。"⑤ 这是马克思把黑格尔概念辩证法转化为历史辩证法的最

① 《马克思恩格斯全集》第 29 卷，人民出版社 1972 年版，第 250 页。
② 《马克思恩格斯选集》第 4 卷，人民出版社 1995 年版，第 579 页。
③ 马克思：《资本论》第 1 卷，人民出版社 1975 年版，第 24 页。
④ 卢卡奇：《历史与阶级意识》，商务印书馆 1996 年版，第 43 页。
⑤ 马克思：《资本论》第 1 卷，人民出版社 1975 年版，第 832 页。

突出的实例，它在《1857—1858 年经济学手稿》中被表述为著名的"三种社会形式"理论，即从"人的依赖关系"的第一种社会形式，到"以物的依赖性为基础的人的独立性"的第二种社会形式，再到"建立在个人全面发展基础上的自由个性"之第三种社会形式。很显然，这种三段论式的历史结构显示了黑格尔的强烈影响，但又有本质的不同，因为它的基础已不是概念的抽象运动而是对历史资料的科学分析。

第二，对于资本主义这个作为否定性中介环节的最重要对象，马克思的分析遵循黑格尔的一个重要方法原则，即"从各种规定的对立开始并始终强调这种对立"①，这就是一方面批判资本主义的罪恶，另一方面又强调"资本的历史任务和存在理由"②。为此，在《资本论》及其手稿中，马克思坚决抵制对前资本主义时代抱浪漫幻想的保守主义观点。他以一种黑格尔式的笔法指出：在旧时代，"个人之所以显得比较全面，那正是因为他还没有造成自己丰富的关系，并且还没有使这种关系作为独立于他自身之外的社会权力和社会关系同他自己相 对立。"③ 然后他用自己的历史科学分析来加以说明，指出那些古代共同体中实现的个人自由发展，"或者以个人尚未成熟，尚未脱掉同其他人的自然血缘联系的脐带为基础，或者以直接的统治和服从关系为基础。它们存在的条件是：劳动生产力处于低级发展阶段，与此相应，人们在物质生活生产过程内部的关系，即他们彼此之间以及他们同自然之间的关系是很狭隘的。"④ 正因此，马克思认为"留恋那种原始的丰富，是可笑的。"⑤ 另一方面，马克思坚持认为资本主义的存在是一个自我否定的历史过程，因而是进入更高发展阶段的一个必要历史条件："毫无疑问，这种物的联系（指资本主义）比单个人之间没有联系要好，或者比只是以自然血缘关系和统治从属关系为基础的地方性联系要好。"这是因为，"全面发展的个人……不是自然的产物，而是历史的产物。要使这种个性成为可能，能力的发展就要达到一定的程度和全面性，这正是以建立在交换价值基础上的生产（即资本主义生产）为前提的，这

①《马克思恩格斯全集》第 1 卷，人民出版社 1956 年版，第 312 页。
②《马克思恩格斯全集》第 30 卷，人民出版社 1995 年版，第 390 页。
③《马克思恩格斯全集》第 30 卷，人民出版社 1995 年版，第 112 页。
④ 马克思：《资本论》第 1 卷，人民出版社 1975 年版，第 96 页。
⑤《马克思恩格斯全集》第 30 卷，人民出版社 1995 年版，第 112 页。

种生产才在产生出个人同自己和同别人相异化的普遍性的同时，也产生出个人关系和个人能力的普遍性和全面性。"① 对中古时代和资本主义时代所作的这个对比分析，是《资本论》中最具有否定辩证法精神的一个观点，从中可以清楚地看到卢卡奇所谓黑格尔《逻辑学》对马克思分析工作的巨大影响。这也就是为什么列宁说："不钻研和不理解黑格尔的全部逻辑学，就不能完全理解马克思的《资本论》。"②

① 《马克思恩格斯全集》第 30 卷，人民出版社 1995 年版，第 111—112 页。
② 列宁：《哲学笔记》，人民出版社 1998 年版，第 151 页。

第四章 马克思主义哲学中国化研究

马克思主义哲学中国化研究是当代中国马克思主义哲学研究的一个极其重要的组成部分。特别是进入新世纪以来，随着马克思主义中国化伟大实践的进一步推进，马克思主义哲学中国化研究呈现出了一种前所未有的热潮，构成了当代中国马克思主义哲学研究中的一道亮丽的风景线。

一、研究状况综述

在近百年来的马克思主义哲学中国化史上，马克思主义哲学中国化研究历来都受到人们的重视，它本身就构成了马克思主义哲学中国化史的一个重要组成部分。与以往各个历史时期的情况相比较，当代中国马克思主义哲学中国化研究体现出了前所未有的宏阔的理论视野、强烈的问题意识和鲜明的时代精神。从总体上看，它主要有以下三大特点：

一是多维度展开。马克思主义哲学中国化既是一个半世纪以来马克思主义哲学世界化与民族化相统一的历史进程的一个重要方面、环节和表现，也是近百年来中西文化大激荡条件下中国先进文化形成和发展过程的根本基础，它既深刻地改变了近现代中国社会发展的方向和历史进程，也从根本上重塑了中国人的精神世界。因此，马克思主义哲学中国化是一种极为复杂的社会文化现象，它本身内含着多重维度，可以从不同的方面来进行解读。近年来，马克思主义哲学中国化的历史进程、基本经验和内在规律、马克思主义哲学中国化的时代条件和社会文化基础、马克思主义哲学中国化与中国传统文化、马克思主义哲学中国化与中国现代化、马克思主义哲学中国化与中国化的马克思主义哲学、马克思主义哲学中国化研究的学术史等纷纷进入人们的视野、成为马克思主义哲学中国化研究的主要论题，使当代中国马克思主义哲学中国化研究呈现出多维度展开的局面。

二是多层级进行。马克思主义哲学中国化具有不同的层面或层次。作为一种客观的社会文化运动，马克思主义哲学中国化可区分为理论和实践两个基本层面。马克思主义哲学中国化是在一定的理论指导下进行的，这一理论就是马克思、恩格斯、列宁的马克思主义哲学民族化思想和中国马克思主义者的马克思主义哲学中国化思想，它们的产生发展过程、具体内容及其源流关系就构成马克思主义哲学中国化的理论层面。马克思主义哲学中国化的实践层面，则是指在马克思主义哲学中国化理论指导下把马克思主义哲学与中国实际相结合的过程、方法及成果。作为马克思主义哲学中国化研究的对象，马克思主义哲学中国化又可区分为宏观和微观两个不同层次。把马克思主义哲学中国化，必然面临着如何正确地对待马克思主义哲学、如何正确地认识中国的具体实际、如何正确地理解把马克思主义哲学与中国具体实际相结合的必要性、可能性及其方式方法等问题，它们与马克思主义哲学中国化的实际历程、基本经验、内在规律及其标志性成果等问题一起，就构成了马克思主义哲学中国化这一研究对象的宏观层次的问题。在马克思主义哲学中国化过程中，涌现出了一大批重要代表人物，他们都曾经由不同的心路历程作出了各具特色的理论创造，其中也包含着极其宝贵的经验教训，这些又构成了马克思主义哲学中国化这一研究对象的微观层次的问题。当代中国马克思主义哲学中国化研究，不仅是同时在上述理论和实践两个层面进行的，而且正在由宏观层次深入到微观层次。

三是多时向推进。作为一种早已发生、正在进行和必将进一步发展的客观社会文化运动，马克思主义哲学中国化具有三个基本的时间向度，即过去、现在和未来。同时在这三个时间向度上推进，也是当代中国马克思主义哲学中国化研究的一个重要特点。当然，这三个时向的马克思主义哲学中国化研究是内在关联着的，人们回顾、反思马克思主义哲学中国化的历史和现状是为了瞻望和把握马克思主义哲学中国化的未来走向。但是，马克思主义哲学中国化的未来走向决不是一个早已预成的、只不过有待我们去发现的实然性的事实，而是一个本身尚未确定、有待我们去规范、筹划并给出应然性解答的问题。因此，人们对马克思主义哲学中国化的回顾、反思和前瞻，始终是在对马克思主义哲学中国化的必然性、实然性、应然性三者关系的追问中进行的。同时，当代中国多时向推进的马克思主义哲学中国化研究，特别是对马克思主义哲学中国化现状的反思和对其未来走向的前瞻，表现出鲜明的时代特点。近年来的马克思主义哲学中国化研究，不仅明确提出和探讨了马克思主义哲学中国化的当代意蕴问题，而且较广泛地涉及到了马克思主义哲学中国化与中国现代化的关系问题。

　　当代中国马克思主义哲学中国化研究热潮是以丰富的研究成果为内涵和支撑的。可以说，马克思主义哲学中国化的绝大部分论题在新世纪都得到了开掘，其中，原有的一些论题也得到了深化和拓展。通过多维度展开、多层级进行和多时向推进，当代中国马克思主义哲学中国化研究取得了显著成就。

　　第一，马克思主义哲学中国化的思想脉络渐被厘清。近年来马克思主义哲学中国化研究的一个重要着力点是马克思主义哲学中国化的思想源流。人们对这一论题的开掘，主要是围绕如下问题来进行的：一是马克思主义哲学中国化思想的源头。人们的研究表明，马克思、恩格斯和列宁对马克思主义基本精神的阐释、对如何应用和发展马克思主义问题的论述、对教条主义的批判、特别是他们在探索俄国等东方国家社会发展道路过程中所创立的东方社会理论，包含着丰富而深刻的马克思主义哲学民族化思想，它们构成了马克思主义哲学中国化思想的直接源头。二是马克思主义哲学中国化思想的形成。这方面的研究表明，马克思主义哲学中国化是整个马克思主义中国化的一个内在组成部分，而"马克思主义中国化"命题是毛泽东在 1938 年 10 月召开的中共六届六中全会上正式提出的，但它实际上是中国共产党创建以后经过多年艰苦探索而达到的理论自觉。三是马克思主义哲学中国化思想的丰富、完善和发展。这包括中共六届六中全会以后到文化大革命前马克思主义哲学中国化思想的丰富和完善，以及改革开放以来马克思主义哲学中国化思想的新发展。

　　第二，马克思主义哲学中国化的历史进程日显明晰。当代中国马克思主义哲学中国化研究的最热议题当推马克思主义哲学中国化的历史进程。

人们对这一论题的论析，大致是围绕以下问题展开的：一是马克思主义哲学中国化的历史起点。大多数论者认为，虽然马克思主义哲学传入中国可追溯至19世纪末、马克思主义哲学在中国的广泛传播始于"五四"新文化运动，但即使按照毛泽东对"马克思主义中国化"命题的最初阐释即"把马克思列宁主义的理论应用于中国的具体的环境"，也只有中国共产党的创立才真正开启了马克思主义哲学中国化。二是马克思主义哲学中国化的历史分期。综观近年来的有关论著，人们一般把马克思主义哲学中国化的历史区分为以下几个时期：马克思主义哲学中国化的序曲，即"五四"运动前后马克思主义哲学在中国的传播；新民主主义革命时期中国化马克思主义哲学的最初理论形态即毛泽东哲学的形成；建国后29年间马克思主义哲学中国化的艰难探索；改革开放新时期马克思主义哲学中国化的新发展。三是马克思主义哲学中国化的伟大理论成果。这是新时期马克思主义哲学中国化研究的重中之重。在这方面，人们着重探讨了毛泽东哲学和中国特色社会主义理论体系的哲学基础，特别是它们对中国传统文化精粹的吸收和对时代条件中国问题的深刻把握。四是马克思主义哲学中国化过程的特点。在上述研究的基础上，人们概括出了马克思主义哲学中国化过程的一些重要特点，如由片面性到全面性发展、继承性与创新性的统一、曲折性与前进性的统一、普遍性与特殊性的统一、阶段性与连续性的统一等等。

第三，马克思主义哲学中国化的理论前提、现实条件和实现机制问题得到了深度耕犁。当代中国马克思主义哲学中国化研究渐趋深入的一个重要表现，就是它并没有停留于对对象实然状态的描述，而是日益触及到如下一些深层理论问题：一是马克思主义哲学中国化的必要性和可能性。针对长期以来国内外不断有人怀疑和否定马克思主义哲学中国化及其意义的观点，有学者对马克思主义哲学中国化的必要性和可能性作了令人信服的深刻分析和阐述。二是马克思主义哲学中国化与中国传统文化的关系。有人认为，马克思主义哲学与中国传统文化这两种异质文化之所以能够相结合，其根本原因乃在于二者在实践理性、价值取向、社会理想等方面具有某种一致性或契合相通之处，正是这种一致性使得马克思主义哲学中国化促进了中国传统文化的创造性转换。当然，也有人反对这种"一致"说，认为正是这种被诠释出来的所谓的"一致性"阻碍了人们对马克思主义哲学的正确、全面的理解。他们认为，把马克思主义哲学与中国传统文化相结合，主要是指吸取中国传统文化、特别是中国传统哲学的精粹。三是马克思主义哲学中国化与中国现代化的关系。人们认为，马克思主义哲学中国化使中国完成了走上现代化道路所必须完成的两大启蒙任务，即个人的群体性启蒙和民族意识的现代性启蒙；中国现代化与马克思主义哲学中国化有着完全一致的根本目标即促进社会的全面进步和人的全面发展。四是马克思主义哲学中国化的实现机制。在这一问题上，有人专门研究了马克思主义哲学与中国具体实际"结合"的过程及其复杂性，还有人依据现代解释学的观点把马克思主义哲学中国化视为根据中国的实际对马克思主义哲学的文化诠释（或理论诠释）和实践诠释，认为它必须在主观性与客观性、真理与价值、"问题"与"主义"、历史与现实、世界与中国等等之间保持一种解释的张力。

第四，马克思主义哲学中国化的基本经验和内在规律有了初步总结。马克思主义哲学中国化的基本经验和内在规律也是当代中国马克思主义哲学中国化研究的一个重要论题。近年来的研究表明，马克思主义哲学中国化的基本经验大致包括：坚定马克思主义的信念，准确地理解马克思主义哲学和中国具体实际，是马克思主义哲学中国化的基本前提；把马克思主义哲学与中国具体实际相结合，坚决反对各种形式的教条主义，是马克思主义哲学中国化的基本原则；站在时代的高度看待马克思主义哲学和中国具体实际，不断推进理论创新，是马克思主义哲学中国化的不竭动力；正确对待中国传统文化和现代文明成果，把世界性、时代性的内容与民族性的形式有机结合起来，形成鲜明的中国作风和中国气派，是马克思主义哲学中国化的必要条件；面向现实，致力于解决中国问题，是马克思主义哲学中国化不断取得新成就的根本保证。至于马克思主义哲学中国化的内在规律，则是隐含在马克思主义哲学中国化基本经验中的一个论题，因为明确了马克思主义哲学中国化正反两方面的经验，也就可以总结出马克思主义哲学中国化的内在规律。例如，坚持面向现实、不断从中国社会发展中提升出哲学问题并予以创造性的回答，马克思主义哲学中国化就会不断取得新的成就；相反，坚持从本本出发，教条主义地对待马克思主义哲学，马克思主义哲学中国化就必然会受到挫折。这就是从马克思主义哲学中国化正反两方面经验中得出的一条重要规律。

第五，马克思主义哲学中国化重要代表人物思想研究已普遍展开。完整地把握马克思主义哲学中国化的思想脉络和历史进程，总结马克思主义哲学中国化的基本经验和内在规律，不能不对马克思主义哲学中国化重要代表人物的思想进行深入的微观个案研究。事实上，这方面的探索已成为当代中国马克思主义哲学中国化研究的一个重要亮点。可以说，当代中国马克思主义哲学中国化研究已遍及马克思主义哲学中国化史上几乎所有的重要代表人物。这类研究主要涉及这些重要代表人物走向马克思主义哲学的心路历程及其对马克思主义哲学中国化的历史贡献或给我们留下的经验教训。不过，这方面的研究才刚刚展开，对其中大多数重要代表人物思想的研究和阐述还远未达到系统化和深刻化的程度。

二、马克思主义哲学中国化应有的自觉意识

作为马克思主义哲学与中国具体实际相结合的过程，马克思主义哲学中国化包含着理论与实践两个既内在相关、又相互区别的层面。马克思主义哲学中国化的理论层面，其核心内容是人们立足于中国具体实际对马克思主义哲学的探索以及为丰富和发展中国马克思主义哲学所作的相关哲学探索，当然也包括人们对马克思主义哲学中国化这一课题本身的研究。马克思主义哲学中国化研究的根本目的是要探明马克思主义哲学中国化的规律，以便为马克思主义哲学中国化的未来发展提供理论范导，它本身就是马克思主义哲学中国化的一个极其重要的组成部分，并且关系到马克思主义哲学中国化的前途和命运。也正因如此，近百年来的马克思主义哲学中国化历程，始终伴随着人们对马克思主义哲学中国化事业的自觉反思，特别是贯穿着人们对马克思主义哲学中国化方法论的不懈探索。当前和今后推进马克思主义哲学的中国化，同样也必须加强对马克思主义哲学中国化方法论的研究。

马克思主义哲学中国化的历史进程，是150多年来整个马克思主义哲学发展史上最光辉的篇章之一，它既是马克思主义哲学逐渐征服中国人的

精神世界并深刻地改变中国社会发展的历史命运的过程，也是中国的马克思主义者深入地研究马克思主义哲学并在中国的条件下不断发展马克思主义哲学的过程。今天，要进一步推进马克思主义哲学中国化，我们必须首先求得一种方法论上的自觉，明确马克思主义哲学中国化应有的自觉意识。

（一）强化民族意识，推进马克思主义哲学与中国实际相结合

回顾和反思 20 世纪整个马克思主义哲学包括中国马克思主义哲学的发展历程，我们可以强烈地感受到并应特别地重视贯注于这一时期马克思主义哲学研究中的自觉的民族意识。之所以说要特别地重视这种民族意识，是因为它不仅曾经有力地推动了 20 世纪马克思主义哲学的繁荣和发展，而且也是我们在当前和今后我国的马克思主义哲学研究中应该首先着力予以强化的东西。

从总体上看，20 世纪整个马克思主义哲学的发展过程是一个通过民族化而更加世界化的过程。马克思主义哲学创立之初，它是以一种民族哲学的形式出现的。毫无疑问，马克思主义哲学批判地吸收了以往一切哲学理论中的合理因素，是全部人类哲学思维发展最积极的成果，开创了人类哲学发展史上的一个全新的时期。但是，我们也不能否认，马克思主义哲学首先是或直接地是本民族哲学发展过程中的逻辑的一环，是对本民族哲学思维传统特别是对德国古典哲学的批判性扬弃，代表着当时德意志民族哲学发展的最高水平。由于集中地反映了时代的本质特点、适应了时代发展的需要，马克思主义哲学很快超越了其创立时期的狭隘地域和民族界限，在世界范围内得到了广泛的传播，对国际共产主义运动发挥了巨大的指导作用，并由此对整个世界历史进程产生了深刻的影响。作为马克思主义哲学这一世界化进程的一个新的发展阶段，在 20 世纪中，各国的马克思主义者和共产党人纷纷地把马克思主义哲学与本民族的历史文化传统和社会现实相结合，用马克思主义哲学来研究和解决本民族社会发展过程中出现的各种问题，从而使马克思主义哲学又不断地民族化，出现了苏俄的马克思主义哲学、中国的马克思主义哲学以及现代西方的马克思主义哲学

等既内在统一又各具特色的马克思主义哲学的诸民族化形式。20世纪马克思主义哲学的民族化过程实际上是马克思主义哲学的更为深刻的世界化过程，它使马克思主义哲学真正在世界上的一些民族中生根、开花和结果；而这一过程中马克思主义哲学的不同民族化形式的产生和多样化发展，则是世界范围内马克思主义哲学空前繁荣的表现。很显然，20世纪整个马克思主义哲学的繁荣和发展，直接导源于各国马克思主义者和共产党人自觉的民族意识。

作为上述20世纪整个马克思主义哲学发展过程的一个重要组成部分，马克思主义哲学在我国的传播和发展同样也是在一种自觉的民族意识的导引上实现的。这种民族意识主要包括两个方面的内容：一是对于只有用马克思主义哲学才能解决中国的问题的自觉，它直接导致了马克思主义哲学在中国的广泛传播。关于这一点，正如毛泽东所说，自1840年鸦片战争失败起，为了拯救民族的危亡，先进的中国人就一直在千辛万苦地向西方国家寻求真理，"中国人向西方学得很不少，但是行不通，理想总是不能实现。多次奋斗，包括辛亥革命那样全国规模的运动，都失败了。国家的情况一天一天坏，环境迫使人们活不下去。怀疑产生了，增长了，发展了。"最后，"十月革命一声炮响，给我们送来了马克思列宁主义。十月革命帮助了全世界的也帮助了中国的先进分子，用无产阶级的宇宙观作为观察国家命运的工具，重新考虑自己的问题。"① 这就是说，中国的先进分子之所以满腔热情地接受并在中国广泛地传播马克思主义哲学，完全是基于中国社会发展的客观需要，首先是基于中华民族救亡图存的客观需要。而中国的先进分子之所以"先进"，就在于他们最先认识到必须"用无产阶级的宇宙观作为观察国家命运的工具，重新考虑自己的问题"。二是对于必须将马克思主义哲学与中国的实际相结合的自觉，它直接促成了马克思主义哲学的中国化，促成了以毛泽东哲学思想和邓小平哲学思想为代表的中国化的马克思主义哲学的形成和发展。在长期的革命实践中，中国的马克思主义者和共产党人逐渐认识到，要有效地运用马克思主义哲学来"考虑自己的问题"，单凭主观热情是远远不够的，还必须有一种科学的态度，

---

① 《毛泽东选集》，第2版，第4卷，人民出版社1991年版，第1470、1471页。

"在这种态度下，就是要有目的地去研究马克思列宁主义的理论，要使马克思列宁主义的理论和中国革命的实际运动结合起来，是为着解决中国革命的理论问题和策略问题而去从它找立场，找观点，找方法的。这种态度，就是有的放矢的态度。'的'就是中国革命，'矢'就是马克思列宁主义。我们中国共产党人所以要找这根'矢'，就是为了射中国革命和东方革命这个'的'的。这种态度，就是实事求是的态度"。①正是因为有了这种"有的放矢"或"实事求是"的态度，才有了中国化的马克思主义哲学，才有了毛泽东哲学思想和邓小平哲学思想的形成和发展。邓小平曾把毛泽东哲学思想的精髓概括为"实事求是"，这是十分精辟的。其实，"实事求是"不仅是毛泽东哲学思想的精髓，而且也是邓小平哲学思想的精髓，只不过前者所依据的"实事"主要是中国革命，而后者所依据的"实事"则主要是中国的现代化建设，它们都是把马克思主义哲学与特定条件下的中国实际相结合的产物。由此可见，如果没有自觉的民族意识，就不可能有马克思主义哲学在中国的广泛传播，更不可能有20世纪中国马克思主义哲学的发展。

　　自觉的民族意识在20世纪我国马克思主义哲学的发展过程中曾经发挥了极其重要的作用，但这并不意味着以往我国的马克思主义哲学研究全都贯注着自觉的民族意识。以自觉的民族意识来从事马克思主义哲学研究，说到底就是要自觉地致力于以下两个方面的工作：一是把马克思主义哲学与本民族的历史文化传统相结合，用本民族的智慧来理解和阐释马克思主义哲学，使马克思主义哲学这种外域文化本土化；二是把马克思主义哲学与本民族的当前实践相结合，既运用马克思主义哲学来反思和规范本民族的当前实践，又通过对本民族当前实践经验的总结来丰富和发展马克思主义哲学。这两个方面的工作，也就是我们所说的马克思主义哲学的民族化；只有同时做好这两个方面的工作，才能真正使马克思主义哲学在本民族中生根、开花和结果，也才能真正以本民族特有的形式创造性地推进马克思主义哲学的发展。如前所述，在20世纪我国马克思主义哲学发展过程中，在毛泽东、邓小平那里，上述两个方面的工作确实是做得很好

①　《毛泽东选集》，第2版，第3卷，人民出版社1991年版，第801页。

的。为了用马克思主义哲学来解决中国的问题，他们历来都强调"不但要懂得中国的今天，还要懂得中国的昨天和前天"①。也正是因为他们既深切地了解中国社会的现实又懂得中国的历史文化传统并注意同时把马克思主义哲学与这两个方面相结合，所以他们才直接促成了马克思主义哲学的中国化，为马克思主义哲学的发展作出了高度个性化的贡献。而作为马克思主义哲学的民族化形式，毛泽东哲学思想和邓小平哲学思想都不仅深刻地体现了马克思主义哲学的精神实质，而且内在地熔铸着中国传统文化的精粹，并具有为中国人所喜闻乐见、通俗易懂的诸多民族特点。然而，在我们的专业哲学家圈子中，上述两方面的工作却并不是做得很好的，许多人甚至对于马克思主义哲学的民族化工作缺乏应有的热情和理论兴趣。一方面，长期以来，我国马克思主义哲学的专业理论研究基本上是在忽视中国的历史文化传统的情况下进行的，这种研究既不怎么重视用本民族的智慧去理解和阐释马克思主义哲学，也不大考虑民族心理对于马克思主义哲学中国化的要求，其所沉溺于其中的一直是一种纯西方式的话语系统。另一方面，虽然从一定意义上说我国马克思主义哲学的专业理论研究向来都是很关注本民族的现实实践的，但这种关注大多停留在所谓的"应用哲学"的层面上，真正能够从本民族的现实实践中提升出哲学问题并通过对它们的研究来发展马克思主义哲学的并不多见。这样一来，就出现了双重的消极后果：一是哲学创造力的贫乏。由于既不注意充分地利用本民族的历史文化传统，又不注意以真正哲学的方式深入地研究本民族的现实实践，失去了发展马克思主义哲学的最重要的智力资源和对象性基础，因而虽然我国历来都拥有一支从事马克思主义哲学专业理论研究的庞大队伍，但我们很难说这种专业理论研究为马克思主义哲学的中国化做了多少创造性的工作，也很难说它为20世纪中国化的马克思主义哲学的发展做了多少创造性的贡献。二是哲学功能的萎缩。由于缺乏历史的和现实的针对性，缺乏对民族心理的深入研究和了解，我国马克思主义哲学的专业理论研究也一直没有摆脱那种"自给自足"的状态，就是说，在专业哲学家圈子以外，这种研究向来都很少为人们所理解、关注和理睬。显然，这样一种马克思

---

① 《毛泽东选集》，第 2 版，第 3 卷，人民出版社 1991 年版，第 801 页。

主义哲学的专业理论研究是很难有效地干预现实生活、发挥哲学的社会功能的。这些消极后果表明，我国马克思主义哲学专业理论研究中自觉民族意识的不足，不仅影响了我国马克思主义哲学中国化的深度，妨碍了我国马克思主义哲学的发展，而且也严重地制约了马克思主义哲学的社会功能的发挥，甚至还在客观上滋养了"马克思主义哲学过时论"。上述正反两个方面的事实说明，在当前和今后我国的马克思主义哲学研究中，我们要继续推进马克思主义哲学中国化，首先就必须大力强化民族意识，进一步推进马克思主义哲学与中国实际相结合。

（二）强化世界意识，推动中国马克思主义哲学走向世界

依据马克思主义的哲学观并基于 20 世纪我国马克思主义哲学发展的客观实际，我们认为，在当前和今后我国的马克思主义哲学研究中，我们在强化民族意识的同时，还应大力强化世界意识，以更加积极的姿态面向当代世界哲学，努力使中国的马克思主义哲学研究真正地走向世界。

马克思主义哲学在其创始人那里是具有强烈的世界意识的。在马克思和恩格斯看来，哲学是时代精神的精华，它以特定的方式集中地反映着一定时代的本质特征。而在马克思和恩格斯生活的 19 世纪，时代的发展已充分地展现出这样一个鲜明的特点：随着资本主义的对外扩张和世界性发展，人类历史开始了向世界历史的转变。正如马克思和恩格斯所说，不断扩大商品销路的需要驱使资产阶级开辟了世界市场，它使每个文明国家的生产以及这些国家中每一个人的消费都成为世界性的了，以往自然形成的那种地域性、民族性的自给自足和闭关自守的孤立状态已被各民族的普遍交往和相互依赖所代替，"各个相互影响的活动范围在这个发展进程中越是扩大，各民族的原始封闭状态由于日益完善的生产方式、交往以及因交往而自然形成的不同民族之间的分工消灭得越是彻底，历史也就越是成为世界历史"①。基于对这一时代特点的认识，马克思和恩格斯指出："因为任何真正的哲学都是自己时代精神的精华，所以必然会出现这样的时代：那时哲学不仅从内部即就其内容来说，而且从外部即就其表现来说，都要和自己时代的现实世界接触并相互作用。那时，哲学对于其他的一定体系

①《马克思恩格斯选集》，中文 2 版，第 1 卷，人民出版社 1995 年版，第 88 页。

来说，不再是一定的体系，而正在变成世界的一般哲学，即变成当代世界的哲学。各种外部表现证明哲学已经获得了这样的意义：它是文明的活的灵魂，哲学已成为世界的哲学，而世界也成为哲学的世界。"① 这就是说，随着人类历史向世界历史的转变，作为时代精神精华的哲学也必然由以往各自分立的体系哲学和区域性的哲学向世界哲学转变；而在"哲学已成为世界的哲学"的情况下，各民族的哲学虽然仍将保持也应该保持自己的民族特色，但它们必然在内容上共同反映着世界历史时代的本质特征，在形式上消除了以往体系哲学和区域性的哲学所特有的那种自足性、封闭性和排他性而具有高度的开放性和兼容性。可以说，在人类历史向世界历史转变和"哲学已成为世界的哲学"的情况下，任何一种哲学要想享有或保持作为"时代精神的精华"的地位，就必须具有一种自觉的世界意识，即一方面自觉地关注世界上的其他各种哲学，努力形成与时代相适应的、与同时代其他各种哲学共通的问题意识，并对自己时代各种具有广泛世界性的哲学问题作出高度个性化的研究，从而使自己成为在内容和形式两个方面都具有高度世界性的哲学，另一方面又自觉地保持自身对于世界上其他各种哲学的开放性，积极地展开与其他各种哲学的互动，并通过这种互动努力使自己不断地走向世界。也正是由于具有这种自觉的世界意识，不仅站在世界哲学发展的理论制高点上回答了时代凸现出来的各种重大哲学问题，而且积极地回应了其他各种哲学的诘难和挑战并不断地吸取了其他各种哲学的合理因素，马克思主义哲学才得以在其创立后不久就开始了其深刻的世界化进程，迅速地变成了即使是一些马克思主义哲学的敌人也不得不承认的名副其实的世界哲学。在这个意义上我们同样也可以说，没有自觉的世界意识，就不会有马克思主义哲学在世界范围内的广泛传播，更不会有后来中国马克思主义哲学的形成和发展。

然而，就20世纪我国马克思主义哲学发展过程的实际情况看，应该说，我国马克思主义哲学研究的世界意识至今仍然是十分薄弱的。诚然，以往我国的马克思主义哲学研究还是很关注世界哲学发展的动向和趋势的。特别是最近20年来，我国的马克思主义哲学研究在熟悉、了解和评

① 《马克思恩格斯全集》，中文1版，第1卷，人民出版社1956年版，第121页。

析现、当代西方哲学方面是做了大量工作的。但是，以往我国的马克思主义哲学研究在关注现、当代其他各种哲学的态度和方法方面却存在着不少问题。且不说极左思潮盛行的年代我们对于现、当代西方哲学的盲目拒斥，仅就最近20年来的情况看，尽管我们早已认识到对于现、当代西方哲学应采取分析批判的态度，但我们的这种分析批判所针对的往往是一些关于问题的"解"而不是问题本身，我们很少注意从世界上其他各种哲学中发现和提炼出由我们共处的时代凸现出来的普遍性的哲学问题并将它们创造性地转换到我国的马克思主义哲学研究中来。更为重要的是，由于脱离了本民族的历史文化传统、忽视了对本民族智力资源的开掘和利用，以往我国的马克思主义哲学研究即使涉及到了现、当代世界哲学普遍关注的某些问题，其对这些问题的理解和把握也往往缺乏自己应有的立足点，因而很难在这些问题上为世界哲学的发展贡献出自己的独特智慧。与此相联系，虽然20世纪我国马克思主义哲学的发展是整个马克思主义哲学世界化进程的一个重要组成部分，但我国的马克思主义哲学研究却一直未能与世界上的其他各种哲学进行实质性的互动。多年来，我国马克思主义哲学研究的目标，实际上一直是定位在要在中国将马克思主义哲学作为占主导地位的意识形态坚持下去。虽然我们也经常强调要发展马克思主义哲学，但按照通常的理解和流行的说法，发展马克思主义哲学也只是为了更好地坚持它。如果仅仅从意识形态的角度来看问题，这种理解和说法也没有什么不对。问题在于，哲学不仅是一种意识形态，它同时也是而且首先是人类对世界的一种特殊把握方式，是人类文化的一种独特形式。这也就是说，哲学并不仅仅具有工具价值，它也具有一种内在价值，并且只有这种内在价值才真正构成了哲学存在的根据。过去我们只强调或过分强调哲学的意识形态性质，实际上是只看到了哲学的工具价值，因而并没有真正把哲学当做哲学来看待，而是把哲学当做一种工具来看待。只看到哲学的工具价值，必然不可能正确地对待其他各种非马克思主义哲学，甚至也不可能正确地对待马克思主义哲学的其他民族化形式，从而也不可能真正与世界上的其他各种哲学展开实质性的互动。忽视了哲学的内在价值，忽视了哲学同时也是人类对世界的一种特殊把握方式和人类文化的独特形式，就不会想到哲学思想也是人类共同的精神财富，更不会想到要努力使自己的哲学研究走向世界、为人类文化的发展作出自己的一份贡献。由于缺乏与世界上其他各种哲学的实质性互动，我国的马克思主义哲学研究也从未真正地走向世界。

在当前和今后我国的马克思主义哲学研究中强化世界意识，其目的也就是要使我国的马克思主义哲学研究真正地走向世界。所谓使我国的马克思主义哲学研究走向世界，决不仅仅是简单地向别人介绍和让别人了解我国马克思主义哲学研究的状况，而是要让我国的马克思主义哲学研究在世界哲学论坛上占有一席之地、取得相应的发言权；不是简单地与别人进行马克思主义哲学研究的学术交流，而是要与当代世界上的其他各种哲学进行实质性的对话和思想交锋。当然，要进行对话和交锋，首先必须进行交流。我们现在确实有了许多交流，但还远远谈不上什么对话和思想交锋。其所以如此，是因为进行交流很容易，好坏都可以交流；而进行对话和思想交锋却很难，它不仅要求参与对话和交锋的各方之间有共同感兴趣的话题或问题，而且还要求他们各自都对这种共同的问题作出了有个性、有特色的深入研究。而要满足这些要求，从而使我国的马克思主义哲学研究真正地走向世界，就必须正确地理解和认真地对待强化民族意识与强化世界意识、推进马克思主义哲学的民族化与推进我国马克思主义哲学研究的世界化的关系。应该说，这二者之间不仅不相矛盾和冲突，而且还具有一种内在的张力。我们看到，在人类文化的发展过程中历来都存在着一种引人注目的现象，那就是越是具有个性的东西越能获得普遍性，越是民族化的东西越能世界化。据此，我们认为，要使我国的马克思主义哲学研究真正地走向世界，首先就必须在我国进一步推进马克思主义哲学的民族化，努力使我国的马克思主义哲学具有更加鲜明的民族特色。从世界范围来看，中国的历史文化传统是具有鲜明特色的，中国社会的当前实践也是具有鲜明特色的。只要我们同时大力强化民族意识和世界意识，注意在新的深度上推进马克思主义哲学与我们民族的历史文化传统和社会现实的结合，并用具有鲜明中国特色的马克思主义哲学去透视我们的时代所提出的各种具有广泛世界性的哲学问题，中国的马克思主义哲学研究是完全能够也一定会走向世界的。

（三）强化人类意识，自觉捍卫和维护人类的共同利益

在当前和今后我国的马克思主义哲学研究中，我们不仅要大力强化民族意识和世界意识，而且还应大力强化人类意识，自觉地关注和深刻地反思当代的各种全球性问题，努力捍卫和维护人类的共同利益，并由此推进马克思主义哲学的时代性发展。

就其精神实质和理论旨趣来说，马克思主义哲学是深刻地体现了自觉的人类意识的。在马克思和恩格斯那里，这种自觉的人类意识是以无产阶级的阶级意识的形式表现出来的。与前述的世界意识一样，马克思主义哲学的人类意识也是建立在历史向世界历史转变这一事实基础上的。马克思指出：大工业首次开创了世界历史，它在世界范围内"到处造成了社会各阶级间相同的关系，从而消灭了各民族的特殊性。最后，当每一民族的资产阶级还保持着它的特殊的民族利益的时候，大工业却创造了这样一个阶级，这个阶级在所有的民族中都具有同样的利益，在它那里民族独特性已经消灭，这是一个真正同整个旧世界脱离而同时又与之对立的阶级"①。这个消灭了民族独特性、在所有的民族中都具有同样利益的阶级也就是无产阶级，"无产阶级只有在世界历史意义上才能存在"②。在马克思和恩格斯看来，无产阶级是人类历史上最先进、最具有彻底革命性的阶级，因为"无产者没有什么自己的东西必须加以保护，他们必须摧毁至今保护和保障私有财产的一切"③；无产阶级也只有彻底砸碎资产阶级的旧世界，实现共产主义，解放全人类，才能最后解放自己。因此，无产阶级的运动代表了人类社会发展和历史进步的方向，无产阶级的解放实际是整个人类的解放，无产阶级在所有民族中都具有的共同利益实际上代表了全人类的共同利益。正是基于对无产阶级的阶级本性特别是对无产阶级的利益与全人类的共同利益的关系的认识，马克思和恩格斯反复强调要把自己的理论诉诸于无产阶级的革命实践，诉诸于无产阶级变革旧世界的解放斗争。正如马克思所说："哲学把无产阶级当做自己的物质武器，同样，无产阶级也把

---

① 《马克思恩格斯选集》，中文 2 版，第 1 卷，人民出版社 1995 年版，第 114，115 页。
② 《马克思恩格斯选集》，中文 2 版，第 1 卷，人民出版社 1995 年版，第 87 页。
③ 《马克思恩格斯选集》，中文 2 版，第 1 卷，人民出版社 1995 年版，第 283 页。

哲学当做自己的精神武器。"① 显而易见，当马克思和恩格斯把指导无产阶级的革命实践设定为自己理论的根本任务时，其所体现的既是一种鲜明的无产阶级的阶级意识，也是一种自觉的人类意识，即对人类共同利益的深刻关切。

然而，在以往我国的马克思主义哲学研究中，在马克思主义哲学创始人那里原本是内在地融合和有机地统一着的阶级意识与人类意识却在相当大的程度上被割裂开来。可以说，以往我国的马克思主义哲学研究一直是阶级意识强烈而人类意识薄弱，人们往往只强调无产阶级的利益而讳言人类的共同利益。有些人认为，作为无产阶级的思想体系，马克思主义哲学所应关注的就是无产阶级的利益而不是什么人类的共同利益。有些人虽然并不一般地否认马克思主义哲学对人类共同利益的关注，但却认为，既然无产阶级的利益代表了全人类的共同利益，我们也就没有必要在无产阶级的利益之外去强调什么人类的共同利益。依我之见，这些看法都是不符合马克思主义哲学的基本精神的。其实，马克思主义哲学是出于对人类共同利益的关切才去关注无产阶级的利益的。而在马克思和恩格斯那里，马克思主义哲学的人类意识之所以采取了无产阶级的阶级意识的形式，是有其特定的历史原因的。正如前述，马克思主义哲学的自觉的人类意识也是建立在人类历史向世界历史转变这一事实基础上的。而人类历史向世界历史的转变，从更广泛的意义上说，实际上是人类社会全球化的必然结果。所谓"全球化"，是指人类从以往各个地域、各个民族和国家之间彼此分隔的原始闭关自守状态走向全球性社会的变迁过程。作为一种社会变迁过程，全球化肇始于 15 世纪的地理大发现。至 19 世纪，全球化已有了很大的发展，其主要表现是资本的全球扩张和世界市场的建立，它们有力地推进了历史向世界历史转变的进程。但是，在马克思和恩格斯时代，全球化发展的水平毕竟还是有局限的，也就是说，一个真正全球性的社会在当时还并未形成，因而真正意义上的世界历史也并未出现。在这种情况下，"人类"作为一个集合概念在相当大的程度上仍然带有逻辑预设的性质。与此相应，作为整个人类共同的生存和发展需要的满足，人类的共同利益

---

① 《马克思恩格斯选集》，中文 2 版，第 1 卷，人民出版社 1995 年版，第 15 页。

在当时也并未获得充分的现实规定性，或者说，人类的共同利益在当时的现实中还并不存在。对此，马克思和恩格斯是有明确意识的，他们在分析当时的资本主义社会现实时也从未使用过"人类的共同利益"的概念。这样一来，马克思和恩格斯对人类共同利益的关切也就只能表现为对于就其历史前途而言代表了人类共同利益的无产阶级的利益的关切，或者说，他们的人类意识也就只能以无产阶级的阶级意识的形式表现出来。

"人类的共同利益"在马克思和恩格斯生活的 19 世纪尚未获得现实的规定性，决不意味着它永远不能获得现实的规定性。事实上，作为人类社会全球化进一步发展的结果，人类的共同利益的形成在当代已成为一个活生生的现实。进入 20 世纪以后，特别是当代以来，人类社会的全球化出现了一系列新的特点。一方面，在 20 世纪，全球范围内各个地域、民族和国家之间的政治经济文化联系更加紧密，人们之间全球性的社会交往日益频繁。特别是帝国主义瓜分世界和重新瓜分世界的两次世界大战、两次世界大战之间爆发的世界性的经济危机以及战后联合国的成立等一系列人类历史上的空前大事变，使得人类永远告别了从前那种彼此孤立和相互隔离的社会状态，宣告了一个全球性社会的形成和人类历史向世界历史转变的完成，它们标志着人类已真正成为一个有机的整体，真正开始作为共时态意义上的主体来生存、活动和发展。当代以来，全球化浪潮又促使着人类的全球性社会向着更加内在有机的方向发展。正是这一方面，为人类的共同利益的形成提供了现实的主体条件。另一方面，更为重要的是，20世纪特别是当代以来的全球化在人与自然、人与社会以及人与自身等人与世界关系的各个方面都带来了一系列的全球性问题，这些全球性问题已对整个人类的生存和发展构成了严重的威胁，从而以否定的形式促成了人类共同利益的形成。事实上，当代的各种全球性问题本身就是人类共同利益的否定表达形式：各种全球性问题的出现，意味着全人类的共同利益受到了严重的威胁；不解决和克服这些问题，整个人类的生存和发展就难以为继。显然，不关注当代人类面临的生存和发展困境、不关注当代人与世界关系上的各种全球性问题以否定的形式表现出来的人类的共同利益，是不符合马克思主义哲学的基本精神的；而要关注这些全球性问题及其表现出来的人类的共同利益，就必须在当前和今后我国的马克思主义哲学研究中大力强化人类意识。

当代人与世界关系上的各种全球性问题，已引起了全球范围内人们的普遍关注，并已成为当代世界上各种哲学的一个共同的重大理论主题。在这种情况下，大力强化我国马克思主义哲学研究的人类意识，自觉关注深深地困扰着当代人类的各种全球性问题，深刻反思这些全球性问题的复杂成因和多重价值意蕴，努力探寻使当代人类走出目前面临的生存和发展困境的途径，从而自觉地维护人类的共同利益，有着多方面的意义。首先，要在我国的马克思主义哲学研究中强化人类意识、深入地探析当代的各种全球性问题，我们就必须大力地开掘本民族的智力资源，从本民族的传统文化特别是传统哲学中汲取思想养分，惟其如此，我们才能为解决和克服当代的各种全球性问题贡献出我国马克思主义哲学所特有的智慧。因此，强化人类意识有利于强化我们的民族意识，有利于在我国进一步推进马克思主义哲学的民族化。其次，强化人类意识，自觉关注和探讨当代的各种全球性问题，能够有力地促进我国的马克思主义哲学研究与当代世界上其他各种哲学的互动，因为当代的各种全球性问题所关涉的是当代人类的共同利益，也只有经过当代人类包括当代各种哲学的共同努力才有可能找到解决和克服这些问题的有效途径。就此而论，强化人类意识，也有利于强化我们的世界意识，有利于推动我国的马克思主义哲学研究以更加积极的姿态走向世界。再次，强化人类意识，自觉关注和探讨当代的各种全球性问题，还能够赋予马克思主义哲学的阶级意识以新的时代内容。在今天，无产阶级解放全人类并最后解放自己的历史任务还远未完成，但它却以变化了的形式蕴藏于当代的各种全球性问题的解决和克服过程之中。这是因为，要真正解决和克服当代的各种全球性问题、捍卫和维护人类的共同利益，就必须从根本上消除导致这些全球性问题的社会根源，消灭至今仍然在不断地强化着这些全球性问题的不合理的社会关系和社会制度。从这一方面看，在当前和今后我国的马克思主义哲学研究中强化人类意识，能够使马克思主义哲学为无产阶级解放全人类并最后解放自己的伟大事业作出新的历史贡献。

三、马克思主义哲学中国化与当代中国马克思主义哲学研究

当代中国马克思主义哲学研究已走过半个多世纪的曲折发展历程，既取得了令人瞩目的重要成就，也留下了很多发人深省的经验教训。其中，最重要的经验教训之一，就是中国马克思主义哲学研究必须透彻地进行自我反思，以便在方法论上达致应有的自觉。事实上，当代中国马克思主义哲学研究一直受到方法论上的严重困扰，其突出表现就是始终未能对马克思主义哲学中国化这一应有的研究范式形成真正普遍的共识。要推进当代中国马克思主义哲学研究的深入发展，首先必须摆脱这一方法论上的困扰，牢固确立马克思主义哲学中国化的研究范式。

（一）马克思主义哲学中国化：当代中国马克思主义哲学研究的应有范式

所谓范式，就是学术共同体中的研究者们自觉认同和共同持有的一套信念、原则和标准。科学哲学家库恩认为，范式是共同体成员们借以指导其研究活动的"一种公认的模型或模式"，它"决定了什么样的问题有待解决"，"规定了一个研究领域的合理问题和方法"，[①] 并由此必然形成一种连贯的学术传统。这样一种对学术探索活动起重要规范作用的范式，无论是在科学研究还是在哲学研究中都是普遍存在的。从哲学史上看，不同的哲学流派都各有其独特的研究范式，而哲学流派的兴衰更迭则意味着哲学研究范式的转换。不过，我们并不同意库恩关于不同范式无法通约、不可比较的看法。至少在哲学研究中，范式是有优劣之分、实有与应有之别的。

当代中国马克思主义哲学研究要坚持和发展马克思主义哲学，要完成它所肩负的理论使命，就必须自觉以马克思主义哲学中国化为研究范式。毛泽东曾说："共产党员是国际主义的马克思主义者，但是马克思主义必须和我国的具体特点相结合并通过一定的民族形式才能实现。马克思列宁

---

① 托马斯·库恩：《科学革命的结构》，北京大学出版社 2003 年版，第 21、24—25、9 页。

主义的伟大力量，就在于它是和各个国家具体的革命实践相联系的。对于中国共产党来说，就是要学会把马克思列宁主义的理论应用于中国的具体的环境。成为伟大中华民族的一部分而和这个民族血肉相连的共产党员，离开中国特点来谈马克思主义，只是抽象的空洞的马克思主义。因此，使马克思主义在中国具体化，使之在其每一表现中带着必须有的中国的特性，即是说，按照中国的特点去应用它，成为全党亟待了解并亟待解决的问题。"① 根据毛泽东的这一论述，马克思主义哲学中国化，就是把马克思主义哲学与中国的具体实际相结合，就是立足于中国的具体实际来开展中国马克思主义哲学研究。

"中国的具体实际"是一个内涵丰富的概念，它是包含在特定时代中的中国的历史、现实和未来发展趋势的总和，是对特定时代中国社会的政治、经济、文化等的发展状况及其影响因素的总概括。从总体上看，中国的具体实际主要有两重内容：一是中国的文化传统。在任何时代，中国的文化传统都是中国的具体实际的一个有机组成部分，因为传统"是现存的过去，但它又与任何新事物一样，是现在的一部分"②。也正因如此，毛泽东在谈到中国的具体实际时曾说："我们这个民族有数千年的历史，有它的特点，有它的许多珍贵品。……今天的中国是历史的中国的一个发展；我们是马克思主义的历史主义者，我们不应当割断历史。从孔夫子到孙中山，我们应当给以总结，承继这一份珍贵的遗产。"③ 二是中国的当前现实。不论是在哪个时代，中国的当前现实都是中国的具体实际的更为重要的方面，它有着时间和空间两方面的规定性。作为一种时间性的存在，中国的当前现实不仅延传和积淀着中国的历史文化传统，而且也包孕着中国社会未来发展的种种可能和趋势；而作为一种空间性的存在，中国的当前现实与当前世界处于一种复杂的关系之中，它既以当前世界作为自己存在和发展的外部环境，又是当前世界的一个不可分割的组成部分，因此，它既包括从当前中国来看的和当前中国必然受其影响的当前世界，也包括从当前世界来看的并必然与当前世界互动的当前中国。

---

① 《毛泽东选集》第2卷，人民出版社1991年版，第534页。
② ［美］E·希尔斯：《论传统》，上海人民出版社1991年版，第16页。
③ 《毛泽东选集》第2卷，人民出版社1991年版，第533—534页。

与"中国的具体实际"的丰富内涵相适应，马克思主义哲学中国化也包括两大方面的内容：第一，把马克思主义哲学与中国的传统文化相结合。把马克思主义哲学与中国的传统文化相结合，就是既要运用马克思主义哲学来审视、反思和改铸中国的传统文化，推动和促进中国先进文化的形成和发展，又要吸取中国传统文化、特别是中国传统哲学的精粹，用以丰富马克思主义哲学的内容和强化中国马克思主义哲学的民族特色，使马克思哲学具有"为中国老百姓所喜闻乐见的中国作风和中国气派"①。把马克思主义哲学与中国的传统文化相结合，尤其要重视运用马克思主义哲学来批判、扬弃和提升中国传统哲学，并用经过创造性转换的中国传统哲学来阐释马克思主义哲学。从这个角度来看，中国传统哲学的现代化与马克思主义哲学的中国化乃是一个统一的过程。需要说明的是，把马克思主义哲学与中国的传统文化相结合，不是为了使马克思主义哲学适应或同化于中国的传统文化，而是要把中国传统文化、特别是中国传统哲学中的精华吸纳到马克思主义哲学中来。那种把马克思主义哲学的中国化视为"儒化"、视为马克思主义哲学的变形过程和向中国传统哲学的复归、甚至视为马克思主义哲学的封建化的观点，是对马克思主义哲学中国化的严重歪曲。第二，把马克思主义哲学与中国的当前现实相结合。把马克思主义哲学与中国的当前现实相结合，就是要运用马克思主义哲学考察和分析中国的当前现实，从中提升出具有时代性和普遍性的哲学问题，并通过对这些问题的创造性的回答，指导中国的当前实践，推进马克思主义哲学的发展。把马克思主义哲学中国化，关键在于要在研究中国的现实社会问题的过程中坚持、运用和发展马克思主义哲学。对此，艾思齐早在 20 世纪 40 年代就曾说过："在中国应用马克思主义，或使马克思主义中国化，就是要坚定地站在马克思主义的观点上，在马克思主义基本原则和基本精神上，用马克思、恩格斯所奠定了的、辩证唯物论的和政治经济学的科学方法，来具体地客观地研究中国社会经济关系，来决定中国无产阶级在中国民族革命斗争中的具体任务及战略策略。""中国化决不是丢开马克思主义的立场的意思，相反地，愈要更能够中国化，就是指愈更能够正确坚决地

---

① 《毛泽东选集》第 2 卷，人民出版社 1991 年版，第 534 页。

实践马克思主义的立场的意思，愈更能创造，就是指愈更能够开展真正的马克思主义的意思。"① 整个马克思主义中国化是这样，马克思主义哲学中国化亦复如此。值得指出的是，由于中国的具体实际是不断变化发展着的，它在不同的时代往往具有不同的内容和特点，因此，马克思主义哲学中国化即把马克思主义哲学与中国的具体实际相结合，也内在地包含着把马克思主义哲学与时代特征相结合、在马克思主义哲学研究中及时地总结与概括人类实践和科学发展的最新成果。具有如是规定的马克思主义哲学中国化，就是当代中国马克思主义哲学研究的应有范式。

所谓马克思主义哲学中国化是当代中国马克思主义哲学研究的应有范式，是指当代中国马克思主义哲学研究应该紧紧围绕着马克思主义哲学中国化这个中心任务来展开，它的理论目标就是要在当代条件下推进马克思主义哲学中国化；是否有利于推进马克思主义哲学中国化，应该成为衡量当代中国马克思主义哲学研究的问题和成果的意义的标准。这是由马克思主义哲学自身的本质特点、当代中国社会发展的客观需要及当代中国马克思主义哲学研究的特殊性质决定的。

首先，以马克思主义哲学中国化为范式开展当代中国马克思主义哲学研究，是马克思主义哲学自身的本质要求。实践性是马克思主义哲学的本质特点，也是马克思主义哲学与时俱进、始终成为时代精神精华的根本基础。在马克思主义哲学看来，实践是作为哲学研究对象的全部人与世界关系的根本基础，从而也是哲学思维应有的出发点和落脚点。也正因如此，实践的观点成为马克思主义哲学的首要的、基本的观点。然而，实践并不是一种抽象的、一成不变的东西，它的最大特点就是直接现实性。一方面，实践总是具体的，它总是在特定的历史背景和特定的现实条件下进行的；另一方面，实践又是历史的和不断发展着的，它在不同的时代有着很不相同的规定性。因此，坚持马克思主义哲学的实践观点，就必须注重把马克思主义哲学与各国的具体实际相结合、立足于各国的具体实际来开展马克思主义哲学研究。马克思、恩格斯在谈到他们所创立的马克思主义哲学时，曾反复强调人们应该"把这一理论应用于本国的经济条件和政治条

---

① 《艾思奇文集》第1卷，人民出版社1981年版，第481、480页。

件"，① 强调"这些原理的实际运用""随时随地要以当时的历史条件为转移"。② 列宁把马克思主义哲学的这一本质要求概括为"具体地分析具体的情况"的原则，并根据这一原则明确地提出了马克思主义（包括马克思主义哲学）民族化的思想。他说："对于俄国社会党人来说，尤其需要独立地探讨马克思的理论。因为它所提供的只是总的指导原理，而这些原理的应用具体地说，在英国不同于法国，在法国不同于德国，在德国又不同于俄国。"③ 马克思主义哲学中国化就是马克思主义哲学民族化的重要表现形式之一。当代中国马克思主义哲学研究只有坚持马克思主义哲学中国化这一研究范式，才能真正体现马克思主义哲学的本质要求。

其次，以马克思主义哲学中国化为范式开展当代中国马克思主义哲学研究，是当代中国社会发展的客观需要。马克思主义哲学中国化是整个马克思主义中国化的一个重要组成部分，而马克思主义中国化历来都包含着两个重要层面：一是理论层面，即把马克思主义与中国具体实际相结合的理论探索，其已经产生的标志性成果就是毛泽东思想、邓小平理论、"三个代表"重要思想和科学发展观；二是实践层面，即把马克思主义与中国具体实际相结合的实践探索，其已经取得的重大成就就是找到了一条中国特色的新民主主义革命道路、中国特色的社会主义改造道路和中国特色的社会主义现代化建设道路。马克思主义中国化的这两个层面是紧密联系着的，其中，马克思主义中国化的实践直接就是马克思主义中国化的理论的现实化；没有马克思主义中国化的理论探索及其标志性成果，就不可能有马克思主义中国化的实践和上述三条道路的确立。当代中国正在进行中国特色社会主义现代化建设的伟大实践，它一刻也离不开中国化的马克思主义的指导；只有坚持把马克思主义与当代中国具体实际相结合，着力进行当代条件下马克思主义中国化、包括马克思主义哲学中国化的理论探索，才能把中国特色社会主义现代化建设实践不断推向前进。毫无疑问，当代条件下马克思主义哲学中国化的理论探索的任务应该由当代中国马克思主义哲学研究来承担；只有自觉坚持马克思主义哲学中国化的研究范式，当

---

① 《马克思恩格斯选集》第 4 卷，人民出版社 1995 年版，第 669 页。
② 《马克思恩格斯选集》第 1 卷，人民出版社 1995 年版，第 348 页。
③ 《列宁全集》第 4 卷，人民出版社 1984 年版，第 161 页。

代中国马克思主义哲学研究才能完成这一任务、适应当代中国社会发展的客观需要。

再次，以马克思主义哲学中国化为范式开展当代中国马克思主义哲学研究，也是当代中国马克思主义哲学研究健康发展的重要保证。当代中国马克思主义哲学研究有着两方面的规定性：其一，它是"当代中国的"，必须具有当代中国特色；其二，它又是"马克思主义哲学"的，必须服务于马克思主义哲学的当代发展。因此，要推进当代中国马克思主义哲学的健康发展，至少必须做到以下三点：第一，必须坚持实事求是的科学态度。毛泽东指出："在这种态度下，就是不要割断历史，不单是懂得希腊就行了，还要懂得中国；不但要懂得外国革命史，还要懂得中国革命史；不但要懂得中国的今天，还要懂得中国的昨天和前天。在这种态度下，就是要有目的地去研究马克思列宁主义的理论，要使马克思列宁主义的理论和中国革命的实际运动结合起来，是为着解决中国革命的理论问题和策略问题而去从它找立场，找观点，找方法的。这种态度，就是有的放矢的态度。'的'就是中国革命，'矢'就是马克思列宁主义。"① 正是由于坚持了实事求是的科学态度，坚持把马克思主义哲学与中国革命的具体实际相结合，毛泽东才创造了具有鲜明中国特色的毛泽东哲学思想。在当代，中国的具体实际发生了重大变化，特别是近 30 年来，中国进入了全方位改革开放的新时期。正如党的十七大报告所指出，"新时期最鲜明的特点是改革开放"；"事实雄辩地证明，改革开放是决定当代中国命运的关键抉择，是发展中国特色社会主义、实现中华民族伟大复兴的必由之路；只有社会主义才能救中国，只有改革开放才能发展中国、发展社会主义、发展马克思主义。"② 可以说，改革开放是当代中国实践最鲜明的主题和当代中国最大的具体实际。因此，只有坚持实事求是的科学态度，坚持把马克思主义哲学与当代中国的具体实际、特别是与当代中国的改革开放实践相结合，当代中国的马克思主义哲学研究才能成为名副其实的"当代中国的"马克思主义哲学研究。第二，必须建构中国马克思主义哲学研究的学术话语体

---

① 《毛泽东选集》第 3 卷，人民出版社 1991 年版，第 801 页。

② 胡锦涛：《高举中国特色社会主义伟大旗帜 为夺取全面建设小康社会新胜利而奋斗——在中国共产党第十七次全国代表大会上的报告》（2007 年 10 月 15 日）。

系。当代中国马克思主义哲学研究是当代世界哲学研究、特别是当代世界马克思主义哲学研究的一个重要组成部分，它不可避免地置身于与当代世界上的其他各种马克思主义的和非马克思主义的哲学研究的某种关系之中。当代中国马克思主义哲学研究要走向世界，要与当代世界上的其他各种哲学研究展开积极的对话，特别是要对当代世界马克思主义哲学研究作出自己的贡献，就必须建构自己的学术话语体系，使自己的对象与问题、观点与方法、概念框架、表达方式等都具有鲜明的实践特色、民族特色和时代特色，亦即具有鲜明的中国作风和中国气派。显然，对于当代中国马克思主义哲学研究而言，这样的学术话语体系只能在马克思主义哲学中国化的基础上才能形成。第三，必须不断推进马克思主义哲学的理论创新。马克思说过："一切划时代的体系的真正的内容都是由于产生这些体系的那个时期的需要而形成起来的。所有这些体系都是以本国过去的整个发展为基础的，是以阶级关系的历史形式及其政治的、道德的、哲学的以及其他的后果为基础的。"[1] 这就是说，真正的理论创新总是源自一定时代社会实践的需要，也总是以本民族的历史文化传统为基础。我们民族当前正在进行有中国特色社会主义现代化建设的伟大实践，伟大的实践需要创新性的理论；我们民族也有着悠久的历史文化传统，它为我们的理论创新提供了厚实的基础。当代中国马克思主义哲学研究只有把马克思主义哲学与当代中国的具体实际相结合，自觉立足于当代中国改革开放实践的需要，积极开掘中国传统文化的思想资源，才能真正实现马克思主义哲学的理论创新，也才能促进马克思主义哲学的当代发展。总之，无论从哪方面看，只有自觉坚持以马克思主义哲学中国化为研究范式，才能推进当代中国马克思主义哲学研究的健康发展。

（二）当代中国马克思主义哲学研究对马克思主义哲学中国化范式的偏离

我们说马克思主义哲学中国化是当代中国马克思主义哲学研究的应有范式，并不意味着它已然成为当代中国马克思主义哲学研究的范式。事实上，回顾建国以后 50 多年来的中国马克思主义哲学研究所走过的历程，

---

[1] 《马克思恩格斯全集》第 3 卷，人民出版社 1960 年版，第 544 页。

我们看到，当代中国马克思主义哲学研究至今也没有确立起马克思主义哲学中国化的研究范式，而是在不同的时期都表现出对于这一应有研究范式的这样那样的偏离。

近年来，孙正聿教授在一些论著中把当代中国马克思主义哲学研究所走过的历程划分为三个阶段，即 20 世纪 80 年代以前（即建国以后的前 30 年）的教科书哲学、20 世纪 80 年代的教科书改革哲学和 20 世纪 90 年代以来的后教科书哲学。① 他认为，与这三个阶段相适应，当代中国马克思主义哲学研究历经了三种不同的范式，即教科书范式、教科书改革范式和后教科书范式。② 孙正聿教授的这一划分"是以教科书为标准的"，③ 因而并非完全没有可争议之处，但它至少为我们考察当代中国马克思主义哲学研究范式提供了一个有启发意义的分析框架。

建国以后的前 30 年间，当代中国马克思主义哲学研究所遵循的的确是一种"教科书范式"。正如孙正聿教授所说，那时，人们"把全国通行的哲学原理教科书作为标准的马克思主义哲学概念框架，以这个教科书模式去宣传、讲授、解释和研究马克思主义哲学，并以这个教科书模式为标准区分马克思主义哲学与非马克思主义哲学"，同时，也"以这个教科书模式作为最基本的哲学理论框架和解释原则，去建构包括中外哲学史、伦理学、宗教学、逻辑学和美学等在内的全部哲学学科，并用它去研究、评述和批判古今中外的各种哲学理论、哲学派别和哲学思潮"。④ 那个年代的中国马克思主义哲学研究，就是为了服务于宣传和普及哲学的需要、服务于全民学哲学的需要而阐释和完善哲学原理教科书，人们所探讨和论争的问题，如生产力、生产关系、经济基础、上层建筑、矛盾（"一分为二"或"一分为多"）、同一性、斗争性、客观规律性、主动能动性等，一般都没有超出哲学原理教科书内容的范围。实际上，这种马克思主义哲学研究的目的或目标就是为了阐释和完善哲学原理教科书，因而它总是从通行的

---

① 参见孙正聿：《思想中的时代——当代哲学的理论自觉》，北京师范大学出版社 2004 年版，第 314 － 322 页；孙正聿：《当代中国的马克思主义哲学研究》，《河南大学学报（社会科学版）》2005 年第 4 期。
② 参见孙正聿：《我国人文社会科学研究的范式转换及其他——关于文科研究的几点体会》，《学术界》2005 年第 2 期。
③ 孙正聿：《当代中国的马克思主义哲学研究》，《河南大学学报（社会科学版）》2005 年第 4 期。
④ 孙正聿：《思想中的时代——当代哲学的理论自觉》，北京师范大学出版社 2004 年版，第 315 页。

哲学原理教科书中寻找和提出问题，所论问题的意义取决于其在教科书体系中的地位，研究成果的价值也取决于它对于阐释和完善哲学原理教科书的贡献。可见，这种教科书范式的马克思主义哲学研究的总的特点，就是以阐释和完善哲学原理教科书为目标、以通行的哲学原理教科书作为基本的解释原则、概念框架和评价标准。显然，这种教科书范式及其所规范的马克思主义哲学研究是严重偏离马克思主义哲学中国化的研究范式的。

　　20世纪80年代的中国马克思主义哲学研究是在中国社会走向全方位的改革开放这个大背景下展开的，其所遵循的也完全可以称为"教科书改革范式"。在这一范式的规范下，80年代的中国马克思主义哲学研究紧紧围绕着哲学原理教科书体系改革这个中心任务，对以往长期通行的哲学原理教科书体系在理论框架、基本结构、主要内容等方面存在的问题及其历史成因和克服途径进行了多方面的反思，并试图在重新理解马克思主义哲学的基础上重构教科书体系。从实际的展开过程看，这一关于哲学原理教科书体系改革的研究和讨论，以深化关于实践标准的讨论为开端和突破口，以关于主体性、特别是关于实践的主体性的讨论为中间环节，最后汇集成了关于实践唯物主义的热烈争鸣。这一系列的研究和讨论，较充分地暴露了以往通行的哲学原理教科书体系的弊端，通过实践唯物主义的讨论也确实深化了对马克思主义哲学的理解，但它并没有达到重构教科书体系的目的。究其原因，乃在于规范这一研究和讨论的教科书改革范式仍然是有问题的，它本身只具有"破"的意义，并且即使在"破"的方面也是不彻底的。应该说，这种教科书改革范式及其所规范的马克思主义哲学研究是存在着走向马克思主义哲学中国化的研究范式的可能性的，因为要确立马克思主义哲学中国化的研究范式，就必须首先反思、批判和突破教科书范式，也必须首先正确地理解马克思主义哲学本身。但是，教科书改革范式规范下的马克思主义哲学研究仍然只是从哲学原理教科书中寻找和提出问题，因而它在致思方式上与教科书范式规范下的马克思主义哲学研究如出一辙，只不过一个是要完善原有的教科书体系，而另一个则是要突破原有的教科书体系。因此，教科书改革范式不可能真正发展为马克思主义哲学中国化的研究范式，它甚至也没有完全摆脱教科书范式的影响。在教科书改革范式的规范下，即使人们真的重构了一个教科书体系，它也必定与原有的教科书体系有着惊人的相似。可见，在当代中国马克思主义哲学发展过程中，教科书改革范式充其量也只是一种过渡性的研究范式，这种范式及其所规范的马克思主义哲学研究仍然偏离了马克思主义哲学中国化这一应有的研究范式。

20世纪90年代以来，中国马克思主义哲学研究进入了一个新的阶段。孙正聿教授认为，与这一阶段相适应的是"后教科书范式"，它的基本特征是由"体系意识"转向"问题意识"。在我看来，所谓"后教科书范式"，实际上就是没有范式或没有形成新的统一的研究范式。这主要体现在以下四个方面：

第一，90年代以来的中国马克思主义哲学研究不再有人们共同关注和研究的"热点"和"焦点"问题。在学术研究中，研究范式总是决定着人们所探讨的问题的意义；问题相于研究范式的意义和重要性越大，人们对它的关注和重视程度必定越高。因此，在存在着统一的研究范式的情况下，学术研究中必然会涌现出一些"热点"和"焦点"问题。在建国后前30年教科书范式规范下的中国马克思主义哲学研究中，是存在着这样的"热点"和"焦点"问题的，如那时人们就生产力与生产关系、经济基础与上层建筑、矛盾的同一性与斗争性、客观规律性与主观能动性的关系问题展开了激烈的论争。在80年代教科书改革范式规范下的中国马克思主义哲学研究中，也是存在着这样的"热点"和"焦点"问题的，如80年代人们曾"一窝蜂地"讨论实践标准、主体性、实践唯物主义等问题。然而，在90年代以来的中国马克思主义哲学研究中，人们的理论兴趣日渐泛化，基本上没有什么问题能够引起人们共同而持续的关注，因而我们再也看不到以往那样的"热点"和"焦点"问题。在我看来，这就是90年代以来中国马克思主义哲学研究缺少统一研究范式的明显表征。

第二，90年代以来的中国马克思主义哲学研究缺乏共同的"问题意识"。应该说，强烈的体系意识是教科书范式和教科书改革范式所规范的马克思主义哲学研究的共同特征。进入90年代以后，由于重构教科书体系的各种努力并没有取得预期的结果，中国马克思主义哲学研究的体系意识日渐淡薄，人们转而开始关注和研究各个领域中的具体理论问题。从这个角度看，进入90年代以后，中国马克思主义哲学研究确实表现出了从

"体系意识"到"问题意识"的转向。问题在于，在 90 年代以来的中国马克思主义哲学研究中，人们虽然关注和研究了大量的具体理论问题，但并没有形成共同的问题意识，即人们在应该提出什么样的问题、怎样提出问题、什么样的问题才是有意义的、怎样去解决问题等方面并没有形成共识。在实际的马克思主义哲学研究中，有人关注时代和实践的发展，注重从现实生活中提出问题；有人专注文本，着力于在马克思主义哲学经典著作中发现甚至"制造"问题；有人强调与当代世界哲学的"对话"和"接轨"，致力于从当代西方哲学的发展中寻找和发现问题；有人至今也摆脱不了"教科书批判情结"，仍然拘泥于从过去的教科书中找寻问题。与此同时，人们面对问题的致思方法也各异其趣，如有人坚持理论联系实际，注重结合现实实践来探寻问题的答案；有人力图规避现实，把对问题的探讨转变成了纯概念的逻辑推演和自娱性的智力游戏；有人虚化问题，醉心于制造各种新词新说；有人热衷于以西解马，力主以现代西方哲学家为中介重新读解马克思主义哲学研究中的问题，等等。所有这些，都是 90 年代以来中国马克思主义哲学研究缺乏共同的问题意识的表现。正如前述，学术研究的范式"决定了什么样的问题有待解决"，"规定了一个研究领域的合理问题和方法"。因此，在形成了统一的研究范式的情况下，研究者们必定会形成共同的问题意识。而 90 年代以来的中国马克思主义哲学研究之所以没有形成共同的问题意识，其根源正在于它没有形成统一的研究范式。

第三，90 年代以来的中国马克思主义哲学研究也缺乏共同的目标、信念和评价标准。有人说，90 年代以来的十多年间是当代中国马克思主义哲学研究最繁荣的时期。我不想否认这一时期中国马克思主义哲学研究的成就，如孙正聿教授所概括的"开拓性哲学"、"准原理哲学"和"专门化哲学"的兴起和发展，这些成就基本上都是通过对一些具体问题或具体领域的研究取得的。但是，我认为，这种"繁荣"显得多少有些虚假，其间夹杂了太多的泡沫。在这一时期，人们确实研究了很多问题和领域，但人们往往并不真的知道为什么要进行这些研究或这些研究的意义何在，至少人们在这些问题上并没有形成普遍的共识；人们提出了许多新的概念、口号和学说，它们可以说是张三的哲学创新或李四的哲学创新，却断难被公认为马克思主义哲学的创新。既然 90 年代以来中国马克思主义哲学研究缺乏共同的目标、信念和评价标准，那么，还能说它有什么统一的研究范式吗？

第四，90 年代以来的中国马克思主义哲学研究在整体思路上已出现了严重分化。近十多年来，中国马克思主义哲学研究逐渐形成和表现出了几种很不相同的基本思路：一是"回到文本"的研究思路。在这种研究思路看来，马克思主义哲学的经典文本是我们讨论马克思主义哲学的唯一合法的依据，我们过去对马克思主义哲学的诸多误解均源于对马克思主义哲学文本的误读；要重新准确地理解马克思主义哲学就必须回到文本，要推进和深化马克思主义哲学研究也必须首先返回到文本，即只有返本才能开新。二是关注现实的研究思路。在这种研究思路看来，实践是马克思主义哲学最重要的对象性基础，实践性是马克思主义哲学的根本特点；马克思主义哲学要保持其作为时代精神的精华的地位，就必须始终关注现实实践的发展，注重从当代世界和当代中国的现实中提出具有普遍性的哲学问题并对之作出创造性的回答。三是立足于基本理论创新的研究思路。在这种研究思路看来，作为人类把握世界的一种基本方式，哲学首先是对人类把握世界的各种基本方式如常识、宗教、艺术、科学，特别是哲学本身的前提批判，正是在这种前提批判中，才有了哲学的本体论、辩证法、认识论、价值论等不同的领域和内容；在今天的马克思主义哲学研究中，只有深入进行对现时代人类把握世界的各种基本方式的前提批判，推动马克思主义哲学各个领域的基本理论创新，我们才能在当代条件下推进马克思主义哲学的发展。四是以问题为中心的研究思路。根据这种研究思路，哲学是思想中所把握的时代，而问题就是时代的声音；马克思主义哲学研究应该不断地发现和探索当代实践、科学和哲学发展中涌现出来的各种问题，并由此实现马克思主义哲学的与时俱进。前文已经指出，在学术研究中，统一的研究范式必然形成一种连贯的学术传统。90 年代以来中国马克思主义哲学研究在整体思路上的分化已使得那种统一而连贯的学术传统化为乌化，它是 90 年代以来中国马克思主义哲学研究缺少统一研究范式的最突出的表现。

90 年代以来中国马克思主义哲学研究缺少统一研究范式的诸种表现，

正是库恩所说的科学发展过程中新旧范式交替时期即科学危机时期的典型征兆。当代中国马克思主义哲学研究正处于这样一个旧的范式既已失去约束力、新的范式又尚未形成的"危机时期"。可以说，在当代中国马克思主义哲学研究的发展过程中，人们从来没有像这一时期、特别是像今天这样对于到底应该如何从事马克思主义哲学研究的问题众说纷纭和感到迷茫与困惑。这样说并非危言耸听，这一事实也不值得大惊小怪，因为它并不意味着当代中国马克思主义哲学研究已经走到了尽头。实际上，处于"危机时期"的当代中国马克思主义哲学研究面临着两种可能的前途和命运：一是任由目前这种无范式的危机状况持续下去，最后使当代中国马克思主义哲学研究消融于对各种具体问题的无原则的议论之中，甚至消融于与其他各种哲学的"对话"和"互动"之中；二是按照马克思主义哲学的本质要求和当代中国社会发展的客观需要，自觉认同马克思主义哲学中国化这一应有的研究范式，并由此结束目前无范式的危机状态和整合已经取得的研究成果，从而保证自身的健康发展。因此，虽然90年代以来的中国马克思主义哲学研究从整体上看也是偏离马克思主义哲学中国化这一应有研究范式的，但这一状况已不可能长期持续下去。在未来，要使当代中国马克思主义哲学研究得到进一步的发展，就必须自觉认同马克思主义哲学中国化的研究范式。

（三）在当代中国马克思主义哲学研究中重新确立马克思主义哲学中国化的范式

既然马克思主义哲学中国化是当代中国马克思主义哲学研究的应有范式，而既往的当代中国马克思主义哲学研究实际上这样那样地偏离了马克思主义哲学中国化的研究范式，那么，很明显，我们所面临的一个重要任务就是要将当代中国马克思主义哲学研究纳入马克思主义哲学中国化这一范式，即真正以马克思主义哲学中国化为范式来开展当代中国马克思主义哲学研究。

库恩认为，一切危机都会随着新范式的出现及其被接受而宣告结束。虽然马克思主义哲学中国化这一范式的确立必将能够结束当前中国马克思主义哲学研究的危机状态，但相对于整个中国马克思主义哲学研究而言，马克思主义哲学中国化也并非全新的研究范式。实际上，在马克思主义哲学传入中国以后，至少在自 1938 年毛泽东写作《论新阶段》起的相当一段时期内，马克思主义哲学中国化曾经成为中国马克思主义哲学研究自觉认同的范式。那时，马克思主义哲学在中国思想界尚属"异端"，马克思主义哲学研究面临着重重困难和阻挠，但中国的马克思主义者不惧白色恐怖、甚至冒着生命危险研究马克思主义哲学，自觉把马克思主义哲学与中国的具体实际相结合，并由此创造了一种全新的马克思主义哲学的民族化形式。正是由于有了马克思主义哲学中国化的研究范式，才有了真正意义上的即具有鲜明中国特色的中国马克思主义哲学，才有了《实践论》、《矛盾论》等中国马克思主义哲学的经典之作。遗憾的是，建国以后，马克思主义哲学中国化这一研究范式逐渐被前述教科书范式所取代。因此，从整个中国马克思主义哲学研究的发展过程来看，我们说应以马克思在当代中国化为范式开展当代中国马克思主义哲学研究，实际上是要在当代中国马克思主义哲学研究中恢复或重新确立马克思主义哲学中国化的研究范式。

在当代中国马克思主义哲学研究中恢复或重新确立马克思主义哲学中国化的研究范式，决不可能是一蹴而就的事情。要使人们自觉地认同和遵循这一研究范式，尚有许多工作要做。其中，最为迫切和紧要的有以下几个方面：

第一，必须坚决反对各种形式的教条主义。以马克思主义哲学中国化为范式开展当代中国马克思主义哲学研究，要求我们从中国的具体实际出发、用马克思主义哲学的立场、观点和方法研究中国的具体问题，而教条主义总是从书本、概念或命题出发，把既有的理论、概念、命题当做万古不变的教条，用理论剪裁现实，用抽象的一般抹杀生动的个性，从而人为地阻隔了马克思主义哲学与中国具体实际相结合的通道。因此，教条主义历来都是以马克思主义哲学中国化为范式开展中国马克思主义哲学研究的大敌。在马克思主义哲学发展史上，教条主义曾受到马克思主义哲学经典作家的尖锐批判。例如，针对把马克思主义哲学教条化的错误，恩格斯明确指出："我们的理论是发展着的理论，而不是必须背得烂熟并机械地加以重复的教条。"① 恩格斯还曾辛辣地讽刺德国社会民主党内的教条主义者"青年派"说："所有这些先生们都在搞马克思主义……关于这种马克思主义者，马克思曾经说过：'我只知道我自己不是马克思主义者。'马克思大概会把海涅对自己的模仿者说的话送给这些先生们：'我播下的是龙种，而收获的却是跳蚤。'"② 在中国马克思主义哲学发展的早期阶段，王明也是这种形式的教条主义的典型代表，他把马克思主义哲学的概念和命题当做包医百病的灵丹妙药，似乎只要重复一下马克思主义经典作家的现成词句就能解决一切问题。为了反对这种形式的教条主义，毛泽东在20世纪三四十年代先后写作了《反对本本主义》、《改造我们的学习》等一系列重要文章，并发动和领导了延安整风运动。也正是在反对王明式的教条主义的过程中，毛泽东提出和确立了马克思主义哲学中国化的研究范式，并由此实现了中国马克思主义哲学的伟大理论创造，形成了毛泽东哲学思想。然而，在20世纪90年代以来的中国马克思主义哲学研究中，教条主义又一次卷土重来，甚至成为一种时尚，并主要采取了以下两种形式：一是"文本崇拜"。众所周知，致力于马克思主义哲学的研究，必须以准确、全面地理解马克思主义哲学经典文本为基础。但是，在近年来的中国马克思主义哲学研究中，一些人并非一般地强调对文本的研究，而是把文本研究视为马克思主义哲学研究的基本思路，即主张马克思主义哲学研究就是对马克思主义哲学经典文本的研究，从而陷入了一种以"文本崇拜"的形式表现出来的教条主义。这种"文本崇拜"形式的教条主义，不过是老式的教条主义即王明式的教条主义的最新版本。二是洋教条迷信。在近年来的中国马克思主义哲学研究中，不仅那种老式的教条主义仍在禁锢着一些人的头脑，而且一种新式的教条主义即对洋教条的迷信也极为盛行。所谓对洋教条的迷信，就是一些中国马克思主义哲学研究者居然把某些现代西方哲学家的理论和观点奉为教条，其最突出的表现就是"以西解马"，如以海德格尔的观点来解读马克思主义哲学。这种洋教条迷信，有人美其名曰为马克思主义哲学研究的"中介式方法"，它无非是说，我们以往对马克思主义哲学的理解是成问题的，现在我们应该通过现代西方哲学家这个中

---

① 《马克思恩格斯选集》第4卷，人民出版社1995年版，第681页。
② 《马克思恩格斯选集》第4卷，人民出版社1995年版，第695页。

介来理解和研究马克思主义哲学。尽管这两种形式的教条主义之间有很大的差异，但它们却有一个共同点，即都从根本上丢弃了中国的具体实际这个中国马克思主义哲学研究的应有立足点。不从根本上破除这两种形式的教条主义，就不可能真正以马克思主义哲学中国化为范式开展中国马克思主义哲学研究。

第二，必须纠正对于马克思主义哲学中国化的性质的误读。关于马克思主义哲学中国化的性质问题，历来都有诸多的误解或歪曲。例如，海外中国学研究中很早就有人把马克思主义哲学中国化归结为儒家化甚至封建化，认为它实际上是把马克思主义哲学化为乌有，其结果充其量也只是变形走样的马克思主义哲学。近年来，有些人又对马克思主义哲学中国化的性质作了另类误读，即把马克思主义哲学中国化归结为 20 世纪西学东渐史的一个组成部分，这也是对马克思主义哲学中国化的严重曲解。首先，这种观点把马克思主义哲学在中国的广泛传播视为 19 世纪中叶以后随着西方列强的入侵而潮水般地涌入中国的西方文化的一部分，歪曲了马克思主义哲学中国化的历史。实际上，虽然西方列强的入侵在客观上强化了马克思主义哲学在中国传播的必要性和可能性，但马克思主义哲学在中国的传播决不是西方列强入侵的伴生物，马克思主义哲学也不是自动"涌入"中国的。20 世纪初马克思主义哲学在中国的广泛传播，是当时先进的中国人苦苦寻找救国救民真理的结果。关于这一点，毛泽东说得再清楚不过了："自一八四〇年鸦片战争失败起，先进的中国人，经过千辛万苦，向西方国家寻找真理。""中国人向西方学得很不少，但是行不通，理想总是不能实现。多次奋斗，包括辛亥革命那样全国规模的运动，都失败了。国家的情况一天一天坏，环境迫使人们活不下去。怀疑产生了，增长了，发展了。"最后，"十月革命一声炮响，给我们送来了马克思列宁主义。十月革命帮助了全世界的也帮助了中国的先进分子，用无产阶级的宇宙观作为观察国家命运的工具，重新考虑自己的问题。"[①] 这里所说的"无产阶级的宇宙观"也就是马克思主义哲学。其次，这种观点用"马克思主义哲学在中国"的命题来替代"马克思主义哲学中国化"命题，曲解了马克思主义

———
① 《毛泽东选集》第 4 卷，人民出版社 1991 年版，第 1469—1471 页。

哲学中国化的基本内涵，实质上从根本上否认了马克思主义哲学中国化的事实。在这里，"马克思主义哲学在中国"这一命题所强调的是作为一种西方文化的马克思主义哲学在中国的际遇，就像一个人客居他乡的所作所为。按照一些人的描述，产生于西方的马克思主义哲学约一百年前传播到了中国，然后就指导了中国革命的胜利并成为指导思想，使中国社会历史发生了深刻的变化，其自身也经历了相当曲折的进程。在这幅题为"马克思主义哲学在中国"的漫画式图景中，马克思主义哲学中国化即把马克思主义哲学与中国具体实际相结合已变成子虚乌有的事情。再次，这种观点还将"马克思主义哲学在中国"与"进化主义在中国"、"唯意志论哲学在中国"、"实用主义在中国"等相提并论，混淆了马克思主义哲学与其他西方近现代思潮之间的原则界限，实际上完全否定了马克思主义哲学中国化的意义。按照这种观点，既然马克思主义哲学与其他西方近现代思潮一样都是伴随着西方列强的入侵而涌入中国的，那么，即使存在着马克思主义哲学中国化的事实，它也只不过是西方文化入侵或文化殖民的一种表现。如此一来，不要说什么以马克思主义哲学中国化为范式开展当代中国马克思主义哲学研究，就是以往的马克思主义哲学中国化的理论和实践的合法性也必须加以拷问。总之，不纠正上述对于马克思主义哲学中国化的性质的误读，就不可能在当代中国马克思主义哲学研究中恢复或重新确立马克思主义哲学中国化的研究范式。

第三，必须对马克思主义哲学中国化进行正确的学术定位。所谓对马克思主义哲学中国化的学术定位，是指对马克思主义哲学中国化的学理意涵的界定，它涉及到如何看待马克思主义哲学中国化的学术性或在学术上如何致力于马克思主义哲学中国化的问题。近年来，一些人主张区分马克思主义哲学中国化的学术层面与政治层面，认为政治层面的马克思主义哲学中国化的着眼点是解决中国革命和建设过程中所遇到的实际问题和理论问题，其重点是把马克思主义哲学与中国的当前现实相结合，它属于革命家、政治家的事情；而学术层面的马克思主义哲学中国化则是指马克思主义哲学这一学科的中国化，其重点是吸取和改造中国传统文化、特别是中国传统哲学思想，其任务是创造具有中国特色的马克思主义哲学。显然，这里所谓的学术层面的马克思主义哲学中国化也就相当于我们所说的以马克思主义哲学中国化为范式的马克思主义哲学研究，与此相应，对马克思主义哲学中国化的学术定位实即对以马克思主义哲学中国化为范式的马克思主义哲学研究的学术定位。在这种观点看来，以往的中国马克思主义哲学研究存在着学术含量严重不足的问题，而其原因正在于它缺乏准确的学术定位，经常越位到政治层面去干本属于革命家、政治家的事情。应该承认，在马克思主义哲学中国化过程中，革命家、政治家与理论家确有不同的职责和任务。但是，如果认为把马克思主义哲学与中国的当前现实相结合主要是革命家、政治家的事情，而把马克思主义哲学与中国传统文化相结合才是致力于中国马克思主义哲学研究的理论家的本务，那就大谬不然了。这种力张对马克思主义哲学中国化的学术层面与政治层面作截然二分、试图通过规避政治和现实来强化中国马克思主义哲学研究的学术性的观点，不过是近年来中国学术界以"政治淡出，学术凸现"的时髦口号为症候的流行病在马克思主义哲学研究中的表现。其实，研究中国社会生活中的现实问题与吸取中国传统文化的优秀思想，都是马克思主义哲学中国化即把马克思主义哲学与中国具体实际相结合的题中应有之义，无论是革命家、政治家还是理论家都不应该偏废任何一方面。作为学术事业的马克思主义哲学中国化即中国的马克思主义哲学研究，当然要重视从中国传统文化、特别是中国传统哲学思想中吸取思想养分，但更应该关注中国的当前现实，其研究中国传统文化也是为解决中国当前现实中的问题寻觅思想资源。如果无视时代和中国社会发展的现实需要，对中国社会发展中的现实问题漠不关心，不仅会因缺乏现实立足点和取舍标准而使从中国传统文化中吸取思想养分成为空话，而且还会使马克思主义哲学中国化面临合法性危机，更遑论什么强化它的学术性和创造具有中国特色的马克思主义哲学了。可见，如果缺乏对马克思主义哲学中国化的正确的学术定位，即使我们能够以马克思主义哲学中国化为范式开展当代中国马克思主义哲学研究，也不能保证当代中国马克思主义哲学研究的健康发展。

第四，必须明确以马克思主义哲学中国化为范式的马克思主义哲学研究与对马克思主义哲学中国化这一领域的研究之间的重要区别。我们说当代中国马克思主义哲学研究一直是这样那样地偏离并且至今也没有确立起马克思主义哲学中国化的研究范式，并不是说当代中国就没有或完全不重视对马克思主义哲学中国化的研究。事实上，马克思主义哲学中国化研究始终是当代中国马克思主义哲学研究的一个重要组成部分，并在不同的时期都得到了一定程度的推进。即使是在教科书范式或教科书改革范式占主导地位的时期，人们也并未停止对马克思主义哲学中国化问题的探索。至于在 20 世纪 90 年代以来、特别是新世纪以来的中国马克思主义哲学研究中，马克思主义哲学中国化更是成为一个受到众多学者高度关注的研究领域，甚至可以说已经兴起了一股马克思主义哲学中国化研究的热潮。但是，在近 50 多年来的当代中国马克思主义哲学研究中，马克思主义哲学中国化基本上只是作为与马克思主义哲学基础理论、马克思主义哲学史（包括马克思主义哲学经典文本）、现当代国外马克思主义哲学等相并列的一个研究领域、有时甚至只是作为马克思主义哲学史领域中的一个研究方向而受到人们的重视。在这种情况下，马克思主义哲学基础理论、马克思主义哲学史（包括马克思主义哲学经典文本）、现当代国外马克思主义哲学等领域的研究是可以游离于马克思主义哲学中国化之外的，甚至是完全无关于马克思主义哲学中国化的；一个中国学者可能终生都在从事马克思主义哲学研究，但他可以与马克思主义哲学中国化从不发生任何联系。与此不同，以马克思主义哲学中国化为范式开展马克思主义哲学研究，则意味着整个中国马克思主义哲学研究都是为了把马克思主义哲学中国化，意味着包括马克思主义哲学基础理论、马克思主义哲学史（包括马克思主义哲学经典文本）、现当代国外马克思主义哲学等中国马克思主义哲学各个领域的研究都要以马克思主义哲学中国化为理论目标、解释原则和评价标准。显然，以马克思主义哲学中国化为范式的马克思主义哲学研究与对马克思主义哲学中国化这一领域的研究之间是有重要区别的。其中，对马克思主义哲学中国化这一领域的研究，属于一种狭义的马克思主义哲学中国化研究；而以马克思主义哲学中国化为范式的马克思主义哲学研究，则属于一种广义的马克思主义哲学中国化研究。这里尤其要强调的是，从广义上说，马克思主义哲学中国化研究与马克思主义哲学基础理论、马克思主义哲学史（包括马克思主义哲学经典文本）、现当代国外马克思主义哲学等领域的研究决非毫不相干，更不是相互排斥的，而是有着内在的相互依存关系。一方面，只有通过对马克思主义哲学基础理论、马克思主义哲学史（包括马克思主义哲学经典文本）、现当代国外马克思主义哲学等领域的创造性研究，马克思主义哲学中国化研究才能获得它应有的广度和深度，才能得到切实的推进；另一方面，只有以马克思主义哲学中国化为理论目标并自觉融入到马克思主义哲学中国化研究中去，马克思主义哲学基础理论、马克思主义哲学史（包括马克思主义哲学经典文本）、现当代国外马克思主义哲学等领域的研究才是真正有意义的，也才能真正推进中国马克思主义哲学的发展。在当代中国马克思主义哲学研究中恢复或重新确立马克思主义哲学中国化的研究范式，就必须突破对于马克思主义哲学中国化研究的狭隘理解，使当代中国马克思主义哲学研究成为一种广义的马克思主义哲学中国化研究。

四、马克思主义哲学中国化与当代中国哲学建设

马克思主义哲学中国化与当代中国哲学建设之间的关系问题，集中地表现为如何处理马克思主义哲学、中国传统哲学和西方哲学这三大学科领域之间的关系问题，也就是人们通常所说的如何处理"马中西"或"古今中外"的关系问题。这是因为，我们所谓的马克思主义哲学，是指中国化的马克思主义哲学，它是马克思主义哲学中国化的理论成果。而这一问题的实质，则是当代中国哲学建设，特别是中国传统哲学和西方哲学的研究要不要坚持马克思主义哲学的指导地位的问题。

应该说，这是一个原本早已解决了的问题。自 1840 年鸦片战争起，为了救亡图存，先进的中国人就一直在千辛万苦地向西方国家寻求真理，曾引进过西方的各种政治学说和哲学理论，但它们都在实践的严酷考验中一一破产了。直到"十月革命一声炮响，给我们送来了马克思列宁主义。十月革命帮助了全世界的也帮助了中国的先进分子，用无产阶级的宇宙观作为观察国家命运的工具，重新考虑自己的问题。"[①] 结果是"果然一学就灵"。[②] 这里所说的"无产阶级的宇宙观"，就是马克思主义哲学，就是辩证唯物主义与历史唯物主义。80 多年来中国共产党领导中国革命和建设

---

① 《毛泽东选集》，第 2 版，第 4 卷，人民出版社 1991 年版，第 1470—1471 页。
② 《毛泽东选集》，第 2 版，第 4 卷，人民出版社 1991 年版，第 1514 页。

所取得的胜利，就是马克思主义哲学在中国的胜利。这个胜利的过程，就是马克思主义哲学中国化的过程，就是中国人民认同马克思主义哲学的真理性的过程，也就是强有力地证明中国必须坚持马克思主义哲学的指导地位的过程。因此，必须坚持马克思主义哲学的指导地位，并不是任何人依靠强力或话语霸权所推行的一己之见，而是近现代中国社会发展的曲折历程所作出的庄严的历史结论。

随着在马克思主义哲学指导下中国革命和建设事业的发展，人们对马克思主义哲学的真理性和指导地位的认同，也日益体现在学术研究，特别是人文社会科学研究上。早在新中国成立以前，中国学术界的进步人士就认识到马克思主义哲学是观察和分析人文社会科学问题的最科学的世界观和方法论，他们自觉地运用这种科学的世界观和方法论来研究各种人文社会现象，在哲学、历史学、政治学、经济学、法学、文学理论、艺术理论等诸多领域中取得了卓越的成就，使中国学术界的认识水平达到了前所未有的高度。这个事实又反过来进一步强化了人们对马克思主义哲学的真理性和指导地位的认同。建国后的最初十多年里，中国学术界对马克思主义哲学的认同程度又有了新的提高。这一点在当时的中国哲学界也是非常明显的。那时，在当代中国哲学建设要不要以马克思主义哲学为指导的问题上，无论是以马克思主义哲学为专业的学者，还是以中国传统哲学或西方哲学为专业的学者，大家的认识都是比较一致的。1953年，李达同志在恢复和重建武汉大学哲学系时，曾明确主张马克思主义哲学应该成为一切科学中的首席科学，并提出了"一体两翼"的建系方针，即认为哲学系的建设必须坚持以马克思主义哲学为"体"，以中国传统哲学和西方哲学为"两翼"。这一建系方针生动而深刻地体现了当代中国哲学建设必须坚持马克思主义哲学的指导地位的思想，它在当时的中国哲学界是极有代表性和示范性的。那时，许多过去长期专治中国传统哲学和西方哲学而不了解马克思主义的著名学者，如冯友兰先生、金岳霖先生、贺麟先生等，也都满腔热情地自觉学习马克思主义，努力用马克思主义哲学指导自己的学术研究。尽管他们对马克思主义哲学的理解和运用曾有这样那样的不大准确、不大完善之处，但他们毕竟开始了新的学术历程，取得了新的学术成就。

"文革"期间，整个思想理论战线处于极度混乱的状态，马克思主哲学与当代中国哲学建设之间的关系也被严重扭曲。那时，林彪、"四人帮"借马克思主义哲学之名而大行唯心主义和形而上学之实，马克思主义哲学表面上被抬到了一种至高无上的地位，但实际上却被极端地简单化、教条化、庸俗化甚至漫画化，遭到各种形式的歪曲和肢解。这种所谓的"马克思主义哲学"实际上是一种假马克思主义哲学。当时，中国传统哲学和西方哲学一概被当做"封、资、修"的东西而受到根本否定，而用来"横扫"中国传统哲学和西方哲学的"武器"正是这种假马克思主义哲学。这种打着马克思主义哲学旗号的假马克思主义哲学，严重地败坏了马克思主义哲学的形象和声誉，给当代中国哲学建设造成了巨大的损失。哲学界的广大学者对这种混淆是非、颠倒黑白的假马克思主义哲学产生极大的义愤是理所当然的。

党的十一届三中全会以后，经过思想理论战线上的拨乱反正，中国学术界终于迎来了自己的春天，马克思主义哲学在当代中国哲学建设中的指导地位也得到恢复和重新确立。人们不仅清算了林彪、"四人帮"对马克思主义哲学的歪曲和篡改，而且也反思和澄清了在过去的学术研究和理论宣传中对马克思主义哲学的某些不正确或不准确的理解、特别是教条式的错误理解，同时还纠正了以往在对待中国传统哲学和西方哲学上的"左"的错误看法和做法。通过讨论，大家认识到，所有这些重要工作今后还要继续地、认真地做下去。正因如此，20世纪80年代以来，我国的马克思主义哲学、中国传统哲学和西方哲学等各个学科、各个领域的研究都呈现出空前繁荣的局面，当代中国哲学建设取得了引人注目的重要成就。但是，也应该清醒地看到，有些人不是以实事求是的科学态度来总结历史的经验教训，而是对马克思主义哲学本身充满了怨恨，甚至利用新时期学术研究的良好社会氛围对马克思主义哲学进行报复性的攻击和诋毁，其目的很明确，那就是要从根本上否定马克思主义哲学在当代中国建设中的指导地位。

20多年来，这种否定马克思主义哲学指导地位的思潮，虽然在不同的时期所采取的具体形式有所不同，但它的势头却是一阵强过一阵。80年代至90年代初期，这种思潮还只是采取了"真理多元论"的形式。一些人认为，现在该是与马克思主义哲学争地位、争地盘的时候了；马克思主义哲学最多也只是"多元"真理中的一"元"，它与中国传统哲学、西方哲学是完全"平权"的，因而它没有理由、也没有资格在当代中国哲学建设中占据指导地位。如果说"真理多元论"对马克思主义哲学指导地位的否定还比较隐晦，那么，到90年代中、后期，这种否定马克思主义哲学指导地位的思潮则日渐公开化，并采取了马克思主义哲学"过时论"的形式。严格说来，马克思主义哲学"过时论"并不值得从理论上认真驳斥，因为它不像"真理多元论"那样多少还作了一些似是而非的理论论证，而是表现出极端的武断和不讲道理。一些人宣扬马克思主义哲学"过时论"，说到底不过是为了宣泄某种情绪。他们为什么不说比马克思主义哲学"古老"得多的中国古代哲学和西方古典哲学过时了呢？只要问问这个问题，马克思主义哲学"过时论"所浸染的情绪色彩就会一目了然。

20世纪90年代末以来，否定马克思主义哲学指导地位的思潮来势更加凶猛，各种论调也更加露骨。这些论调概括起来，可以称之为马克思主义哲学"取消论"。如果说"真理多元论"毕竟还承认马克思主义哲学是"多元真理"中的"一元"，马克思主义哲学"过时论"也毕竟还承认马克思主义哲学曾经是正确的，那么，马克思主义哲学"取消论"则干脆断言马克思主义哲学从来也没有正确过，因而它不只是要否定马克思主义哲学的指导地位，而是连让马克思主义哲学在当代中国哲学建设中占一席之地都不允许，也就是主张从根本上取消马克思主义哲学本身。显然，与"过时论"相比较，"取消论"的情绪色彩更加鲜明，其口气也更加霸气和自大。这些"取消论"者宣称，研究马克思主义哲学根本就不是什么学问，只有研究中国传统哲学或西方哲学才算是真正的学问、高深的学问，才能真正出思想、出"原创性"的成果；学习马克思主义哲学只是为了适应政治的需要，而只有学习中国传统哲学和西方哲学才能找到真正的哲学智慧、才能成为适应世界哲学发展的高级专门人才。不仅如此，有人甚至在贬损马克思主义哲学教科书时，公开宣称马克思主义哲学只有两种功能：一是让那些从事马克思主义哲学的教师有碗饭吃；二是我们的领导干部可以拿它来训人。有人还说，建国以来我们国家之所以没有出一个像样的哲学家，就是坚持马克思主义哲学的指导地位造成的。今天，这类论调已经如此喧嚣，以致我们不仅可以经常在一些论著和报刊文章中读到，而且还能经常从专门培养哲学后备人才的大学讲堂上听到。与此相应，在我国的一些高校哲学系中，马克思主义哲学学科逐渐边缘化，从事马克思主义哲学专业的教师也遭受各种形式的排挤。总之，对马克思主义哲学的指导地位乃至对马克思主义哲学本身的否定，在今天已演变成一种风气、一种氛围，甚至谁否定马克思主义哲学最彻底，谁就自视为或被某些人吹捧为最有学问。

对马克思主义哲学指导地位的否定，不管它是采取"真理多元论"的形式，还是采取"过时论"或"取消论"的形式，基本上都是围绕着马克思主义哲学、中国传统哲学和西方哲学这三大学科领域的关系来做文章的。今天，要驳斥各种否定马克思主义哲学指导地位的论调、特别是要驳斥马克思主义哲学"取消论"，要坚守住马克思主义哲学的理论阵地、坚持马克思主义哲学的指导地位，也还应从摆正这三大学科领域之间的关系做起。

要摆正马克思主义哲学、中国传统哲学和西方哲学这三大学科领域的关系，首先当然必须对中国的马克思主义哲学和马克思主义哲学学科有一个正确的理解。马克思主义哲学"取消论"的重要论据之一，就是宣称马克思主义哲学原本就是来自西方，只是西方哲学的一个组成部分，而且还远不是西方哲学中"最高深的学问"，因而不仅没有理由确立它在当代中国哲学建设中的指导地位，甚至它连作为一个独立的学科领域存在的资格也没有。在一次学术讨论会上，一位发言者在大谈中国哲学界应与国际学术界接轨时，就曾这样批评过国内哲学学科的划分。他以嘲讽的口吻说，一些西方学者听说今日中国的哲学专业被区分为马克思主义哲学、中国传统哲学和西方哲学等学科领域后感到甚是滑稽，因为马克思主义哲学不就是来自西方、不就是西方哲学的一个组成部分吗？我们不了解这位发言者遇见的是哪些"西方学者"，也无法证实这些"西方学者"是否真的如其所说的那样对中国哲学学科的划分"感到甚是滑稽"。即使真有其人其事，那也只能说明这些"西方学者"对中国哲学学科的划分和中国的马克思主义哲学存有误解或偏见。有些西方学者虽然知道中国是一个社会主义国家或"马克思主义国家"，但却并不真正了解、也不能正确对待中国的马克思主义哲学，正像他们并不真正了解、也不能正确对待中国的传统哲学和中国人的西方哲学研究一样。我们也主张中国哲学界、中国的哲学研究与国际学术界接轨，但这种接轨应建立在双方平等的学术交往的基础上，建立在相互认识、相互理解和相互尊重的基础上，它决不等于唯"西方学者"的见解是从。然而，在这位发言者看来，只有"西方学者"才是权威，只要"西方学者"觉得"滑稽"，那就证明我们必然荒谬。可是他应该知道，马克思主义哲学传入中国以后经历了一个与中国实际相结合的过程，它不仅吞吐吸纳了中华民族极可宝贵的哲学智慧，而且在研究时代和中国社会发展所提出的问题的过程中实现了多方面的理论创新，产生了毛泽东哲学、邓小平哲学这样一些具有鲜明中国特色的标志性成果。因此，中国的马克思主义哲学早已是一种中国化了的马克思主义哲学，是一种"讲汉语"的马克思主义哲学，它虽然内在地包含着马克思、恩格斯在西方哲学语境中的理论创造，但同时也熔铸着中国马克思主义者的独特贡献，其内容和形式都远不限于马克思和恩格斯创立马克思主义哲学时的情形。如果像这位发言者或他所说的"西方学者"那样，硬要把中国的马克思主义哲学说成是西方哲学的一个组成部分，那才真正让人感到"滑稽"呢！看来，他引证"西方学者"的看法不过是想在"与国际学术界接轨"的名义下把马克思主义哲学从当代中国哲学建设中彻底清除出去而已。

马克思主义哲学"取消论"的另一个重要论据，就是断言马克思主义哲学只具有政治方面的功能，根本不成其为学问。应该说，马克思主义哲学的确不是一些人所津津乐道的那种从概念到概念、从范畴到范畴的纯逻辑推演式的学问，一百五十多年来马克思主义哲学的发展历程也决不会符合一些人虚构出来的哲学发展的逻辑程式。从他们那种学问观、哲学观出发，不仅不能理解马克思主义哲学，也无法理解历史上的各种哲学，因为任何真正的哲学都不可能是一种对外部现实世界毫不关心的纯逻辑推演、纯思辨式的学问。不仅马克思主义哲学不是这种性质的学问，中、西方历史上的一切伟大的哲学创造也都概不属于这类学问。不过，虽然任何真正的哲学都必然会以这样或那样的方式来表达其对外部现实世界的关注，但它们关注世界的目的是有很大的差异的，因而它们作为学问的意义也是大不一样的。在马克思以前，旧的哲学关注外部现实世界的目的都只是为了从理论上说明和解释世界，它们都只是一些解释世界的学问。马克思、恩格斯与以往的哲学家们的一个根本区别，恰恰就在于他们从来就没有把自己仅仅看做是这种意义上的学问家，他们创立马克思主义哲学的目的不仅在于解释世界，更重要地还在于改造世界。正如马克思所说："哲学家们只是用不同的方式解释世界，问题在于改变世界。"① 马克思主义哲学就是一种既重视解释世界、更重视改造世界的学问。这正是马克思主义哲学在哲学史上的根本变革之所在。作为马克思主义哲学的一种民族化形式，中国的马克思主义哲学所关注的中心问题一开始就是、并且始终是中国社会的发展和进步，就是中华民族的振兴与中国人民的解放和幸福。如果说只有学问才是值得称道的，如果说一种哲学的价值要用它是不是学问来衡量，那么，在现代中国，又有什么比探索中华民族振兴与中国人民的解放和幸福之道还要大、还要重要、还要高深的学问呢？反过来说，如果一种哲学研究自绝于现实世界、现实生活，陶醉于自娱性的智力游戏，对民族的兴亡和大众的疾苦漠不关心，那么，即使它迎合了时下部分人的某种心理而能够博得一些喝彩声，即使它被某些人吹嘘为"真正的学问"、"最高深的学问"，它又有什么意义呢？

明确了马克思主义哲学和马克思主义哲学学科的上述特质，马克思主义哲学"取消论"也就不攻自破。而只要人们不带政治上和学术上的偏见，要摆正马克思主义哲学、中国传统哲学和西方哲学这三大学科领域的关系也并不难。在中国学术界，马克思主义哲学、中国传统哲学和西方哲学虽然属于三个不同的学科领域，但它们在今天却都属于当代中国哲学的有机组成部分。人们在这些不同的学科领域中所进行的理论创造，其实都是对当代中国哲学建设的贡献。例如，在马克思主义哲学研究中，无论你怎样强调要"回到马克思"、无论你的马克思主义哲学教学和研究怎样复现了马克思思想的原貌，或者不管你的中国传统哲学、西方哲学的教学和研究如何深刻、如何地道，你的工作、你的成就都只能属于当代中国哲学建设工作的一个部分。再如，在近年来的西方哲学研究中，有的学者提出了"汉语语境中的西方哲学创新"的问题。显然，如果中国学者果真能够实现汉语语境中的西方哲学创新，那么，这种创新性成果就只能属于当代

① 《马克思恩格斯选集》，中文2版，第1卷，人民出版社1995年版，第57页。

中国哲学，而决不可能属于本来意义上的西方哲学。也正因如此，所以有人说，今天中国的哲学工作者，无论自己的学科专业是什么，马克思主义哲学也好，中国传统哲学或西方哲学也罢，其最终目的只有一个，那就是建设好当代中国哲学。对此，我是同意的。但这还只是问题的一个方面，还只是说到了马克思主义哲学、中国传统哲学和西方哲学的研究对于繁荣当代中国哲学都不可缺少。

问题还有另一个重要方面，那就是当代中国哲学建设到底应该以什么为指导。而要正确地回答这一问题，我们就必须进一步追问建设好当代中国哲学的目的又是什么。对于后一问题，我想人们可能会有许许多多不同的具体看法，但从最根本的意义上来说，唯一正确的答案当是为了促进当代中国社会的发展或服务于中国的现代化建设。前述各种否定马克思主义哲学指导地位的思潮，其实也并不是主张当代中国哲学建设不要任何哲学理论的指导，而只不过想以别的哲学来取代马克思主义哲学的指导地位。然而，除了马克思主义哲学以外，哪一种哲学能够担当起指导当代中国哲学建设、使其有效地服务于中国现代化建设的重任呢？比如说，中国传统哲学能够担当起这种重任吗？显然不能。中国传统哲学虽然包含着对于当代中国社会发展和现代化建设极有价值的丰富思想资源，但从总体上看，它连对解决中国传统社会的发展问题都无能为力，又怎能指导整个当代中国哲学有效地服务于中国的现代化建设？再说，中国传统哲学的发展绵延数千年，其间曾产生过许多相互抵牾的派别、学说和观点。那么，到底应以哪一家、哪一派的学说为指导？像某些人所说的那样以儒家学说或儒家精神为指导行吗？我想，如果儒家学说或儒家精神果真具有这般神威，那么，中国就一定会先于西方发达国家数百年而实现现代化，成为世界上的第一个现代化国家，从而近代先进的中国人也就完全没有必要千辛万苦地向西方国家寻求真理，也不会有后来生机勃勃的马克思主义哲学中国化运动，更不会出现当代中国哲学建设是否应该坚持以马克思主义哲学为指导这一需要我们在这里讨论的问题了。当然，这些人可能会说，他们所说的儒家学说或儒家精神并不是原本意义上的东西，而是经过了"现代诠释"或"创造性转化"的儒家学说或儒家精神。但如是辩解又必然面临着这样的问题：在当代中国，人们到底应该根据什么来"诠释"和"转化"儒家学说或儒家精神、应该使儒家学说或儒家精神向哪个方向"转化"？于是，一切又都退回到了我们讨论的起点，回到了我们原本就要讨论的问题。

同样，西方哲学也不能担当起指导当代中国哲学建设、使其有效地服务于中国现代化建设的重任。与中国传统哲学的情形一样，西方哲学在其长期发展过程中也曾产生过数不清的大相径庭、甚至相互反对的流派和理论。抽象地谈论以西方哲学为指导，那只会使当代中国哲学建设无所适从，这当然也不符合那些主张以西方哲学来取代马克思主义哲学的指导地位的人的本意。但是，像一些人所谋求的那样以某一种具体的西方哲学理论来指导当代中国哲学建设也是行不通的。产生和发展于西方社会中的各种西方哲学理论，都有其特定的社会历史背景和文化基础，并且都是与不同时期西方社会发展的特定需要相适应的。其中，马克思主义哲学产生以前的古典西方哲学都是一些具有鲜明民族特色的哲学，它们不仅与各民族的特定社会生活相联系，而且其本身还有着早已为马克思所深刻揭露过的各种理论缺陷。如果有人竟要以马克思主义哲学产生以前的某种西方哲学理论来取代马克思主义哲学在当代中国哲学建设中的指导地位，那无疑是想在理论上开倒车。至于马克思主义哲学产生以后出现的各种现代西方哲学理论，这里且不对它们的观点作具体分析，单从其由以产生的西方社会与当代中国社会之间的巨大差异来说，就足以断定不能用它们来指导当代中国哲学建设。例如，作为一种怀疑主义思潮和现代西方社会的危机意识，后现代主义哲学是对西方社会中现代性片面发展并招致各种严重社会问题的一种理论上的回应，它声言要"解构"的许多东西，如科技理性等，恰好就是当代中国社会在实现现代化的过程中需要大力弘扬的东西。诚然，后现代主义哲学确实为我们的现代化建设提供了一些有益的警示，包含着某些我们在进行当代中国哲学建设时应该加以汲取的合理因素。但是，一些人无视当代中国社会与西方社会在现代化进程上的巨大时间差，盲目地照搬后现代主义哲学的观点，声言要解构这、解构那，恨不能用"后现代精神"彻底改造当代中国哲学，这实在无异于对一个还缺乏食物的人大谈减肥瘦身之道。与后现代主义哲学一样，其他各种现代西方哲学理论也都不能担当起指导当代中国哲学建设的重任。

上述表明，无论是中国传统哲学还是西方哲学，都不能指导当代中国哲学建设完成它所担负的历史使命。只有既包容着西方哲学发展的积极成果、同时又充分吸纳了中国传统哲学智慧的中国化的马克思主义哲学，才能真正担当起指导当代中国哲学建设的重任。也只有在马克思主义哲学的指导下，当代中国哲学建设才能真正有效地促进当代中国社会的发展和中国的社会主义现代化建设。

用马克思主义哲学来指导当代中国哲学建设，就是要以马克思主义哲学中国化作为整个当代中国哲学研究的共有范式，也就是说，不仅当代中国马克思主义哲学研究应该坚持马克思主义哲学中国化的范式，而且中国传统哲学、西方哲学等当代中国哲学其他各领域的研究也都应该坚持马克思主义哲学中国化的范式。以马克思主义哲学中国化作为整个当代中国哲学研究的共有范式，并不是要求包括中国传统哲学、西方哲学等在内的当代中国哲学的各个领域都来研究马克思主义哲学中国化，更不是主张以马克思主义哲学中国化来取代当代中国哲学各个领域的独特研究对象，而是意味着当代中国哲学各个领域的研究都必须循从马克思主义哲学中国化这个理论目标和评价标准，都必须以各自的方式自觉地服务于在当代条件下推进马克思主义哲学中国化。马克思主义哲学中国化的理论目标是要创造并不断发展中国的马克思主义哲学，以马克思主义哲学中国化作为整个当代中国哲学研究的共有范式，就是要使在当代条件下发展中国的马克思主义哲学切实成为当代中国哲学各个领域研究的共同旨趣。

在当前，要使马克思主义哲学中国化切实成为整个当代中国哲学研究的共有范式，我们尤其需要澄清以下两个方面的问题：

一是所谓的西方哲学（西方哲学史）研究的原创性问题。近年来，国内某些学者提出要对西方哲学开展原创性的研究。应该说，这种志向是值得称道的，当代中国人文社会科学各个领域都应该倡导和致力于原创性的研究。但是，倘若当代中国学者果真能够实现对西方哲学的原创性研究，那么，这类研究成果只能属于当代中国哲学而不可能属于作为其研究对象的西方哲学，这类研究工作只能属于当代中国哲学建设而不可能属于本来意义上的西方哲学创造，因而它们所遵从的必然是当代中国哲学研究所应有的范式即马克思主义哲学中国化的范式，而不可能是西方哲学本身的研究范式。如果脱离马克思主义哲学中国化的范式，当代中国的西方哲学研究不要奢谈什么原创性，它甚至在哪里也都找不到自己的位置，因为那样它就既不属于当代中国哲学建设也不属于本来意义上的西方哲学研究，这样一种西方哲学研究充其量也不过是一种自娱性的智力游戏。

二是所谓的中国哲学（中国哲学史）研究的自主性问题。近年中，有的学者在检讨中国哲学研究的方法论时力挺中国哲学研究的自主性或中国哲学学科的自立性。他们认为，自五四新文化运动以来，中国哲学研究的自主性日渐被销蚀，人们习惯于用西方哲学的言说方式来理解和诠释中国哲学，在很大程度上遮蔽了中国哲学的特有智慧；只有从根本上破除这种倾向、确立起中国哲学研究的自主性，我们才能把握中国哲学的真精神。表面看来，这种主张是颇有几分道理的，因为运用西方哲学的言说方式来理解和诠释中国哲学必然会削足适履。问题在于，五四新文化运动以后、特别是建国以来中国哲学研究方法论上的最大革新是许多学者都自觉地坚持了以马克思主义哲学为指导，而有的人却不加区分地把这种方法论的重大革新也归入了用西方哲学的言说方式来理解和诠释中国哲学的"流弊"之列，因而其对于中国哲学研究的自主性的强调同时也暗含着对于以马克思主义哲学为指导的方法论革新的否定，而以马克思主义哲学为指导来研究中国哲学正是马克思主义哲学中国化范式的重要内涵之一。其实，把马克思主义哲学（包括中国的马克思主义哲学）与其他各种西方哲学等而视之本身就是极其荒谬的，而拒绝以马克思主义哲学中国化范式来研究中国哲学更是错误的。在马克思主义哲学中国化运动开始以前，中国哲学的研究可以说一向都是自主的，虽然它也创造了很有特色的哲学智慧，但这些在传统农业社会土壤基础上产生的哲学智慧在其现成形式上对于现代社会而言注定是了无用处的。以马克思主义哲学为指导或以马克思主义哲学中国化为范式来研究中国哲学，虽然在某种意义上也消解了中国哲学研究的自主性，但惟其如此，才能使这些传统哲学智慧脱胎换骨和获得新生，从而使其真正转化为当代中国社会发展的思想资源。

五、马克思主义哲学中国化研究的未来致思方向

当代中国的马克思主义哲学中国化研究，记载着人们在马克思主义哲

学中国化问题上跨世纪探索的足迹，也为未来的马克思主义哲学中国化研究奠定了重要基础。无论是当代中国马克思主义哲学中国化研究所取得的成就，还是其所暴露出来的问题，对于我们思考马克思主义哲学中国化研究的未来致思方向都是弥足珍贵的。基于这些成就和问题，并根据马克思主义哲学中国化的性质、发展要求以及马克思主义哲学中国化研究的任务，我们认为，未来的马克思主义哲学中国化研究至少应该遵循以下原则：

一是确认马克思主义哲学中国化相对于中国马克思主义哲学研究的范式地位。正如前述，马克思主义哲学中国化决不仅仅是中国马克思主义哲学研究的一个特殊学术领域，而是中国马克思主义哲学研究的应有范式，甚至应该成为整个当代中国哲学研究的共有范式。中国的马克思主义哲学研究，包括对马克思主义哲学基本理论的研究、对马克思主义哲学发展史以及作为其文本依据的马克思主义哲学经典著作的研究，当然也包括对马克思主义哲学中国化的研究，都应该服务于马克思主义哲学中国化这个根本任务和目标，都应该自觉地坚持把马克思主义哲学与中国具体实际相结合。只有确认马克思主义哲学中国化相对于中国马克思主义哲学研究的范式地位，马克思主义哲学中国化研究才能突破局限于作为一个学术领域的马克思主义哲学中国化而论马克思主义哲学中国化的狭隘视界，把整个中国马克思主义哲学研究都看做是马克思主义哲学中国化运动的一个内在组成部分，真正重视中国马克思主义哲学研究对于马克思主义哲学中国化的作用和贡献。用当代中国马克思主义哲学中国化研究中一些学者的话来说，马克思主义哲学中国化是根据中国实际对马克思主义哲学的理论诠释和实践诠释，其中，对马克思主义哲学的理论诠释也就是有中国作风和中国气派的马克思主义哲学理论的创造，它要求对马克思主义哲学的各个领域、中国具体实际的各个方面以及二者之间的结合机制有精到的理解，这方面的任务主要靠中国马克思主义哲学研究来承当；虽然对马克思主义哲学的实践诠释如对有中国特色的革命道路和社会主义建设道路的探索主要是由革命家、政治家来完成的，但它也离不开来自中国马克思主义哲学研究的思想资源和智力支持。因此，马克思主义哲学中国化并不是少数领袖人物的专利，它也是中国每个从事马克思主义哲学研究的学者义不容辞的责任和义务。事实上,在马克思主义哲学中国化进程中,特别是改革开放以来,我国的马克思主义哲学研究为马克思主义哲学中国化作出了重要贡献。一旦我们确认了马克思主义哲学中国化相对于中国马克思主义哲学研究的范式地位,这些贡献就会成为马克思主义哲学中国化进程中闪光的亮点。同时,也只有确认马克思主义哲学中国化相对于中国马克思主义哲学研究的范式地位,马克思主义哲学中国化研究才能运用正确的标准反思中国马克思主义哲学研究中存在的问题并规范其未来发展。在马克思主义哲学中国化只是被视为中国马克思主义哲学研究的一个特殊学术领域的情况下,马克思主义哲学中国化研究不可能、也没有恰当标准对整个中国马克思主义哲学研究进行反思和规范。而一旦我们确认了马克思主义哲学中国化相对于中国马克思主义哲学研究的范式地位,马克思主义哲学中国化研究就必须自觉地运用马克思主义哲学中国化这一范式对中国马克思主义哲学研究进行反思和规范。在近年来的中国马克思主义哲学研究中,人们围绕着是否应该"回到文本"、"回到马克思"而争论不休,而近年来的马克思主义哲学中国化研究在这一争论中只是袖手旁观,其原因就在于不懂得确认马克思主义哲学中国化相对于中国马克思主义哲学研究的范式地位正是解决这一争论的关键。如果从马克思主义哲学中国化的要求来看,问题就并不在于是否应该"回到文本"、"回到马克思",而在于怎样"回到文本"、"回到马克思"以及"回到文本"、"回到马克思"又是为了什么。总之,确认马克思主义哲学中国化相对于中国马克思主义哲学研究的范式地位,对于未来的马克思主义哲学中国化研究是极其重要的。

二是在马、中、西的对话中坚守自己的立场和原则。马克思主义哲学中国化是最初产生于西方的马克思主义哲学在中国的传播和发展,它直接要求我们把马克思主义哲学与中国传统哲学相结合,同时也离不开对西方哲学及其现当代发展的积极成果的吸收,因此,正确处理马、中、西的关系即马克思主义哲学、中国传统哲学和西方哲学的关系,是马克思主义哲学中国化的一个永恒主题。而要正确处理这一关系,必须加强中国学术界从事马、中、西研究的三方面学者之间的对话。作为中国现代化的理论策略,马克思主义哲学中国化关系着中华民族的前途和命运,它决不只是中国马克思主义哲学研究的家务事,而同时也是中国传统哲学研究和西文哲学研究所应有的责任担当。如上所述，马克思主义哲学中国化不仅应该是中国马克思主义哲学研究的范式，而且也应该成为中国传统哲学研究和西方哲学研究的范式。事实上，近百年来，中国马克思主义哲学研究对中国传统哲学的精粹和西方哲学的积极内容的吸取就是通过对中国传统哲学和西方哲学的精深研究来实现的，在马克思主义哲学指导下的中国传统哲学研究和西文哲学研究早已为马克思主义哲学中国化作出了极其重要的贡献。因此，就马克思主义哲学中国化问题进行马、中、西的对话是有共同的基础和平台的。但是，在近年来的中国传统哲学研究和西方哲学研究中，也确有一些人背离马克思主义哲学中国化的范式、甚至公开否定马克思主义哲学中国化的必要性和意义。例如，有人提出要用儒家学说来取代马克思主义哲学在意识形态领域的指导地位，有人主张用"后现代精神"彻底改造当代中国哲学社会科学，有人宣称马克思主义哲学不过是西方众多思想流派中的一家且还不是"最高深的思想"，有人鼓吹马克思主义哲学研究只有像某些西方哲学研究和中国传统哲学研究那样回到文本才能成为"真正的学问"，等等，都属于近年来马、中、西对话中一直不绝于耳的杂音。在今日中国学术界的许多领域都时兴马、中、西对话的情况下，马克思主义哲学中国化研究一方面要积极地参与这种对话，另一方面也必须在这种对话中坚守自己的立场和原则，对各种背离马克思主义哲学中国化的范式、否定马克思主义哲学中国化的必要性和意义的杂音保持应有的理论警觉。前述马克思主义哲学中国化研究中出现的对马克思主义哲学中国化性质的误读和对马克思主义哲学中国化学术定位上的偏差，就是一些人在马、中、西的对话中受各种形式杂音的影响而放弃自己的立场和原则的表现。这些教训是值得我们在未来的马克思主义哲学中国化研究中牢记于心的。

三是通过比较研究深化对马克思主义哲学中国化内在规律的理解。通过对马克思主义哲学中国化历史进程中正反两方面经验的总结，当代中国马克思主义哲学中国化研究对马克思主义哲学中国化的内在规律已有初步揭示，但它对这些规律的理解在很大程度上还局限于直接经验的水平，其根本原因在于它在方法论上的一个误区，即不懂得比较研究的重要性。思想文化的比较研究，能够帮助我们找出相似思想文化现象之间的共性和差异，有助于我们发现思想文化现象变化发展的规律。要揭示和深刻理解马克思主义哲学中国化的内在规律，也必须高度重视比较研究方法的运用。在马克思主义哲学中国化研究中，这种比较研究可以从以下几个方面来进行：一是马克思主义哲学中国化历程不同阶段上的代表人物以及同一阶段上的不同代表人物之间的比较研究。显然，这种立足于马克思主义哲学中国化运动内部的比较研究，必须建立在对马克思主义哲学中国化的微观个案研究的坚实基础上。虽然当代中国的马克思主义哲学中国化研究已遍及马克思主义哲学中国化史上几乎所有的重要代表人物，但它对这些重要代表人物思想的涉猎还远未达到微观个案研究应有的水平，更未展开他们之间的比较研究。例如，在毛泽东哲学思想的研究上，人们一般都强调毛泽东哲学思想是中国共产党和中国马克思主义者的集体智慧，至于毛泽东哲学思想中哪些内容是毛泽东本人的独立创造、哪些内容是其他人的理论贡献，则并没有引起人们的充分注意。其实，不对陈独秀、李大钊、李达、艾思奇等一系列早期中国马克思主义者与毛泽东本人的思想作深入的微观个案研究基础上的比较研究，我们既无法真正理解毛泽东哲学思想的形成和发展及其在马克思主义哲学中国化历程中的地位，也无法真正说明何以只有毛泽东才能集中全党和中国马克思主义者的智慧而创立毛泽东哲学思想，从而也不可能通过毛泽东哲学思想的研究而深刻揭示和理解马克思主义哲学中国化的规律。二是马克思主义哲学中国化与其他外域文化中国化、特别是佛教中国化之间的比较研究。马克思主义哲学与佛教在性质、特点、价值指向及对中国社会文化发展的意义上不可同日而语，二者本身是不可比的。但是，在近代以前的中国历史上，印度佛教的中国化是外域文化中国化的成功范例，它对中国人的精神世界和社会生活曾经产生过多方面的深刻影响。在都是外域文化中国化这一点上，马克思主义哲学中国化与佛教中国化还是可以比较的。这种比较可以使我们认清中国文化认同外域文化和外域文化本土化的一般条件和机制，它至少对于我们揭示和深刻理解马克思主义哲学与中国传统文化、传统哲学相结合的规律会有某种启迪。三是马克思主义哲学中国化与其他形式的马克思主义哲学民族化之间的比较研究。20世纪以来在马克思主义哲学世界化与民族化相统一的历史进程中出现的其他各种马克思主义哲学民族化形式，如苏俄的马克思主义哲学、东欧的马克思主义哲学、现代西方的马克思主义哲学、朝鲜的马克思主义哲学、越南的马克思主义哲学、古巴的马克思主义哲学等等，虽然其所经历的发展道路各不相同，在理论视角、所关注的问题及研究问题的思路和方法等许多方面都有很大的差异，甚至在一些问题上存在着相当大的分歧，但它们都是把马克思主义哲学与本国、本民族的具体实际相结合的产物，因而它们之间以及它们与中国马克思主义哲学之间必然在若干重要方面有一些共同或相似之处。开展马克思主义哲学中国化与马克思主义哲学其他形式的民族化如苏俄化、东欧化、朝鲜化、越南化、古巴化等之间的比较研究，不仅可以为我们深刻揭示和理解马克思主义哲学中国化的规律提供外部参照，而且能够帮助我们认清哪些是马克思主义哲学中国化的特殊规律、哪些是马克思主义哲学民族化的普遍规律。

第五章 马克思主义哲学观研究

一、马克思的哲学观变革及其当代意义

20 世纪西方哲学发生了许多重大的转变，如所谓"分析革命"、"语言转向"、"生活世界转向"、"解释学转向"以及"后现代转向"等等。这些"革命"或"转向"的突出标志在于：提出了不同于传统哲学的种种新的哲学观。按照怀特在《分析的时代》和艾耶尔在《二十世纪哲学》中的看法，20 世纪西方哲学革命是从叛离黑格尔开始的，"拒斥形而上学"是大多数哲学流派的共同倾向。然而从马克思主义的理论传统来看，当代西方哲学的所谓新哲学观却少有新意。因为批判黑格尔、颠倒西方传统的哲学观，正是马克思主义哲学的理论起点，是马克思当年已基本完成的理论任务。这意味着 20 世纪西方哲学并未超出马克思的理论视野，或者说，我们所处的时代仍是马克思理论所表达和把握的时代。

按照马克思本人的看法，随着物质生产方式的发展和改变，包括哲学理论在内的精神生产也必然发生改变。在今天的"知识经济"或"精神经济"的时代，物质生产和精神生产的界限已日益模糊，愈来愈多的人们参与了哲学理论的生产和创造，马克思和恩格斯当年描述的"在瞬息之间，一些原则为另一些原则所代替，一些思想勇士为另一些思想勇士所歼灭"的哲学戏剧如今被推向新的高潮，哲学术语的花样翻新和过度诠释，已经使任何一个职业哲学家都成了门外汉。哲学语言和哲学理论的丰产和繁荣必定提供了马克思主义文献不能包容的精神产品，因而说我们的时代是马克思理论所把握的时代，并不否定当代哲学在具体理论观点方面超越马克

思主义的理论成果，而只是说马克思的哲学观未被超越。另一方面，当代哲学的过度纷乱或繁荣也势必造成某些遮蔽和遗忘，特别是真正突破西方两千年传统哲学思维方式的马克思的哲学转变，更容易被人们误解或遗忘。因此，重新回顾和理解马克思的哲学观既是马克思主义者坚持和发展马克思主义的基础性的工作，也是当代哲学不能回避的思想任务。

（一）马克思对传统哲学观的颠倒

经过 20 世纪西方哲学对传统哲学的批判，西方传统哲学的理论性质、思维方式和功能作用等元哲学或哲学观问题更为清晰可见。简单地说，西方传统哲学是追求绝对真理的超验形而上学，其思维方式是以意识的终极确定性为基础或目标的逻各斯中心主义和理性主义，其功能和作用是以最高真理的人类理性名义发挥思想规范和统治作用的意识形态。西方两千年的传统哲学内容丰富，形态各异，流派繁多，哲学主题和思维方式也经历了几次重大的转变，但就西方传统哲学的主导线索说，上述概括大致揭示了它的主要特征。

马克思在对传统哲学和意识形态的批判中，令人信服地揭示了西方传统哲学思维方式的思想根源和社会根源：随着生产力的发展，出现了脑力劳动和体力劳动的分离；脑力劳动的主要形式是通过思维抽象作用理解事物、现实和感性，随着思维抽象能力的发展，现实的一切事物都可以抽象为纯粹逻辑的规定，现实的一切事物都可以抽象为纯粹逻辑的运动；[①] 在纯粹理性完全脱离了现实或感性确定性之后，逻辑、意识的确定性只能在纯粹理性自身之内建立终极基础，"纯粹的、永恒的、无人身的理性"反倒成了一切现实存在的基础；哲学的纯粹理性尽管是对事物和现实的最高抽象，但仍曲折地表达了统治阶级的利益、意志和思想，因而哲学是为统治阶级利益服务的意识形态。按照马克思的这些分析，西方传统哲学虽然有意识能动性的现实根源，但本质上是一种脱离现实而又统治现实的颠倒的世界观，意识形态批判的任务就是把这种颠倒的世界观再颠倒过来，以使人们正视真实的现实世界。马克思对传统哲学的批判和颠倒，在西方哲学史上实现了一场真正的思想革命，提出了一种新的哲学观和新哲学思维

---

① 《马克思恩格斯选集》第 1 卷，人民出版社 1972 年版，第 105—106 页。

方式，开创了现代哲学的新时代。马克思所以能够作出划时代的理论贡献，关键在于他找到了理解现实世界的新视域，找到了突破传统哲学框架的新范畴、新语言和新思维方式，这就是作为感性物质活动的"实践"。所以，我们在过去的一些文章中曾经把马克思哲学变革的实质归结为"实践观点思维方式"的发现和创立。

马克思在《关于费尔巴哈的提纲》中明确提出了理解现实世界的三种不同方式：一是，"从前的一切唯物主义——包括费尔巴哈的唯物主义——的主要缺点是：对事物、现实、感性，只是从客体的或者直观的形式去理解，而不是把它们当做感性活动，当做实践去理解，不是从主观方面去理解"；二是，唯心主义从意识的能动方面、感性，但却"抽象地发展了"能动方面，它同样"不知道真正现实的、感性的活动本身"；三是，马克思把事物、现实、感性当做人的感性活动，当做实践去理解。① 这三种对事物、现实、感性的不同理解，就是三种理解现实世界的思维方式，也可以说是三种不同的哲学思维方式。

在西方哲学史特别是德国古典哲学的理论背景下，我们可以更为清晰地看到哲学思维方式的对立。任何哲学都是从对现实事物的认识和理解开始的，但什么是事物、现实？怎样理解事物、现实？贝克莱"存在就是被感知"、"物是感觉的复合"这两个著名的命题已经把事物、现实作了彻底的唯心主义理解。德国唯心主义更为自觉地把事物、现实理解为意识机能的显现物，即从意识的能动方面理解事物、现实。就事物、现实、感性不是单纯的、机械的被给予性而言，唯心主义有其片面的真理性，对人显现的事物、现实确实已经受到人类固有的意识机能和认识主体的主观因素的作用和影响。但由于唯心主义不懂得感性活动、物质生产实践是意识能动性的根本原因，因而只是抽象地发展了能动的方面。包括费尔巴哈在内的唯物主义者不满意抽象的思维而诉诸感性的直观，他们从客体的或者直观的形式去理解事物、现实，其合理性在于肯定了事物的客观性、意识的被给予性，但由于同样不懂得感性活动和实践的意义，只能做到对事物单纯的、静止的直观，所能达到的只是感性的确定性，而无法理解人类认识和

---

① 《马克思恩格斯选集》第1卷，人民出版社1972年版，第16页。

实践在矛盾运动中不断发展和深化的过程。特别是无法理解感性活动的人所具有的社会性、历史性的奥秘。唯物主义和唯心主义虽然对事物、现实的理解不同，其共同点在于都要寻找对现实事物的终极的、绝对确定的理解，即都把事物、现实作为某种终极原因的结果，或一切结果的终极原因，即都是还原论、本体化的思维方式，都是绝对一元主义的思维方式。

马克思从感性活动和实践的观点去理解事物、现实、感性，把事物和现实世界看做是历史活动中的生成和发展，从而把包括哲学认识在内的一切意识形式也看做是历史发展的过程，这就历史性地终结了永恒真理、永恒正义和意识绝对确定性的哲学幻想，终结了西方传统哲学思维方式的有效性。从实践活动理解事物、现实和感性，一方面揭示了意识能动性的真正的、现实的根源，具体而非抽象地发展了意识的能动的方面；另一方面也揭示了意识显现的事物和现实的真正的客观性和自在性，把旧唯物主义单纯直观的感性确定性发展为历史实践的相对确定性。这样，马克思的实践观点的思维方式，便克服了旧唯物主义和唯心主义的抽象的对立，解决了主观与客观、认识和实践的具体的历史的统一问题，真正超越了西方传统哲学的思维方式。

马克思实践观点的思维方式也超越了传统哲学对人的理解，真正回答和解决了人是什么这个最大的哲学疑难问题，破解了人的奥秘。唯心主义对事物、现实的抽象能动的理解，就是对人的理性本质的抽象理解；费尔巴哈对事物、现实的直观理解，"至多也只能做到对'市民社会'单个人的直观"，只把人的本质视作"单个人所固有的抽象物"。[①] 只有用实践观点去理解事物和现实，才能用实践观点理解人本身。反之亦然，从实践观点理解人，才能进而从物质生产实践的社会性、历史性去揭示人的本质。从这一点说，实践观点的思维方式也就是马克思唯物史观的思维方式。

海德格尔认为，马克思完成了对西方传统哲学的颠倒。[②] 我们认为，马克思颠倒了西方传统哲学关于思想和现实、理论和实践的关系，从而也就终止了传统哲学理论发挥作用的一般形式，出现了一种新的哲学功能观和一种新的哲学作用方式。马克思对此有许多明确的论述，比如，在

---

① 《马克思恩格斯选集》第 1 卷，人民出版社 1972 年版，第 18 页。
② 孙周兴选编：《海德格尔选集》（下），上海三联书店 1996 年版，第 1244 页。

《〈黑格尔法哲学批判〉导言》中提出，"理论一经掌握群众，也会变成物质力量"，"哲学把无产阶级当做自己的物质武器，同样地，无产阶级也把哲学当做自己的精神武器"；在《关于费尔巴哈的提纲》中，马克思提出了著名的新哲学口号："哲学家们只是以不同的方式解释世界，而问题在于改变世界"；在《哲学的贫困》中，马克思在谈到社会主义从空想变为科学的现实条件时讲到，随着历史的演进以及无产阶级斗争的日益明显，"这个由历史运动产生并且充分自觉地参与历史运动的科学就不再是空论，而是革命的科学了"等等。总之，马克思把哲学理论当做改变世界的现实力量、参与历史运动的革命的科学，即理论的实践、实践的理论。"对实践的唯物主义者，即共产主义者说来，全部问题都在于使现存世界革命化，实际地反对和改变事物的现状。"① 这就是哲学的任务和作用。

马克思的哲学观开启了一个新的哲学时代，它的伟大的原创性远远地超出了自己时代的理解水平，即使在今天我们也不容易完整地把握这种哲学的新精神。我们仍习惯于传统哲学认识和实际、理论和实践的知识论立场的二元区分。理论如何能够实际地改变事物的现状？表达理论的语言能够直接具有现实性的力量吗？固守于传统哲学的观念和立场，我们确实无法理解理论和实践的直接统一。现代语言哲学的言语行为理论就此给出了有益的启示：语言不仅仅是对事物和现实的表达，也不仅仅是对人的内心世界的表达，语言还可以直接做事，即所谓以言行事。按照塞尔的看法，语言即是社会的实在、社会的现实。用马克思的语言说，哲学社会科学的历史形态就是人的世界的一部分。马克思和恩格斯在 1845 年合著的《德意志意识形态》中就说过："语言是一种实践的、既为别人存在并仅仅因此也为我存在的、现实的意识。"② 因此，哲学理论的直接现实性在于表达这种理论的语言是实践的、改变现状的语言。哲学可以直接做事，参与历史运动，使现存世界革命化。

以改变世界为根本任务的马克思主义哲学不再是关于绝对真理、世界终极真理的遐想，它不再企求在某种意识的明证性，绝对的确定性基础上构造永恒真理的学说，因而它也废弃了还原论、本体论化的传统哲学思维

---

① 《马克思恩格斯选集》第 1 卷，人民出版社 1972 年版，第 9、19、48、122 页。
② 《马克思恩格斯选集》第 1 卷，人民出版社 1972 年版，第 35 页。

方式。马克思主义哲学成为"了解无产阶级运动的条件、进程和一般结果"的理论学说①，而理论学说的真理性和确定性只能在无产阶级革命实践中证明自己的现实性和力量。马克思彻底完成了对传统哲学的颠倒。

（二）对马克思哲学观的误解和颠倒

马克思的哲学思维方式和哲学观是哲学史上的一场真正革命。因而如果我们想要跟随马克思进入他的思维方式，就需要一次思想的"跳跃"（海德格尔语）。即便我们完成了这一惊险的思想跳跃，根深蒂固的传统哲学思维方式也许还把我们拉了回来，把马克思颠倒了的哲学观又重新颠倒了回来。因此，真正掌握马克思的哲学思维方式仍然是今天的马克思主义工作者有待完成的思想任务。从我国哲学界对马克思主义哲学理解的现状看，我们认为必须澄清以下几个问题，才能真正掌握马克思的哲学思维方式。

（1）马克思主义哲学是描述的科学还是革命的科学？

马克思对西方传统哲学观的颠倒基于对事物和现实的实践理解，基于唯物史观的伟大发现。在马克思的实践观点看来，事物和世界就是人的历史实践活动不断生成的结果，自然是人化的自然，世界是人的历史世界。这一方面破除了日常意识把事物和世界看做是永恒不变的直接给予的自然观点，破除了自然思维的朴素实在论的信念，从而坚持了从实践的、历史的能动方面理解事物和现实世界；另一方面也破除了唯心主义把事物和现实看做是理性和意识活动的外化和结果的意识观点，破除了反思意识的内在论观点，坚持了从客体方面理解事物和现实世界的自在性和客观性。作为感性物质活动的实践既是能动的，又是客观的，作为理解方式和思维方式的实践观点既是历史主义的，又是客观主义的。马克思通过对实践特别是物质生产实践的历史条件的分析，发现了物质资料生产方式决定整个社会过程的历史唯物主义原理，从而把包括哲学认识在内的全部人类知识看做是特定历史阶段人类自身历史形态的精神表现，自然科学和人文科学都是历史科学，因为科学认识的主体即人本身就是历史性的存在，因此，认识的客体和主体都是历史实践活动的产物，哲学和科学都是历史科学，绝

---

① 《马克思恩格斯选集》第 1 卷，人民出版社 1972 年版，第 264 页。

对的、永恒的真理只是理性的幻想或统治阶级思想作为意识形态的假冒和欺骗。马克思的实践观点和唯物史观也克服了非历史的主体认识和非历史的客体这种自然观点的认识论错觉，从而也否定了把哲学、科学看做非历史的、客观描述的科学这种科学观和哲学观。

我国哲学界对马克思主义哲学的最大的误解就是从马克思哲学思维方式倒退到传统哲学思维方式，把马克思主义哲学看做是描述和表述世界发展一般规律的科学。这种向主客二元对立认识方式的倒退，一方面把自然、世界直观地看做亘古不变的存在，看做与人的实践和历史性存在无关的自在存在，并进而追究这种存在的本质和规律，这就使马克思主义哲学倒退到自然本体论的理论形态。另一方面把哲学认识主体从历史的实践的具体立场推向代表人类理性的客观观察者位置，实际就是神或"无人身的理性"的观察角度，从而使其哲学理论神圣化、绝对化，转而成为规范和统治人们思想的意识形态或所谓权威话语。这正是马克思批判和力求颠倒的传统哲学观，以这种哲学观理解马克思主义哲学是惊人的历史倒退。

误解马克思主义的哲学思维方式，向传统哲学思维方式的倒退有着多方面的根源。首先，这种误解来自于自然态度思维的诱惑，在日常生活和自然科学研究中，人们本能地把自己从具体的、历史的存在方式和实践活动中剥离出来充当认识主体的角色，又把对象界定为认识的客体，这就造成了主体客观描述客体的认识论假象，并本能地把它看做是一切认识的共有模式，自然态度思维的有效性也强化了这种主客二元对立的思维方式。其次，对马克思思维方式的误解又根源于人类心灵所固有的形而上学冲动。正如德国哲学家赖欣巴哈所揭示的那样，追求终极确定性和更高概括性的渴望是形而上学得以可能的心理根源，马克思指出："对现实的描述会使独立的哲学失去生存环境，能够取而代之的充其量不过是从对人类历史发展的观察中抽象出来的最一般结果的综合。这类抽象本身离开了现实的历史就没有任何价值。"[①] 理论和实践的确定性要求，使人们难以满足于马克思理论的一般综合，难以接受实践观点思维方式所给出的历史的、实践的相对确定性，所以，总是要对马克思的理论学说做形而上学的补写，

---

① 《马克思恩格斯选集》第 1 卷，人民出版社 1972 年版，第 31 页。

把它还原成传统哲学的理论形式。最后，现代自然科学认识方式的卓越成就，也诱使人们把马克思主义哲学看做是对整个世界发展一般规律或普遍规律的描述。

我们认为，马克思主义哲学不是描述现实的独立的哲学，它是实践的理论、革命的科学，也就是说，它是内在于无产阶级历史运动，并参与这一历史运动的实践的环节。在某种意义上马克思的学说也可以说是对现实的描述和抽象，但这种所谓的现实就是历史生成的现实，观察者和描述者也是受历史条件制约、有着特定历史目的的人，因而理论抽象也只服务于有限的实践目的。描述无限的普遍规律的"独立的哲学"至马克思已经终结。

（2）实践观点是本体理论还是思维方式

马克思的实践观点和唯物史观颠覆了传统哲学的思维方式，使描述终极存在或世界最普遍规律的"独立的哲学"失去了生存环境，宣告了旧哲学的终结，但是一方面人类意识固有的能动性总是具有追究终极原因和终极存在的形而上学冲动，另一方面，自然思维和传统哲学思维的根深蒂固的习惯也使人们难以掌握马克思的哲学思维方式，即使是马克思主义经典作家也会出现对马克思思维方式的偏离，以至形成对马克思主义的种种不同的理解。法国哲学家德里达用"马克思的幽灵们"的复数形式表达当代多种不同的马克思主义的精神存在，这应该说是有些道理的。在我们看来，如何理解马克思的实践观点是形成不同马克思主义形态的关键，是能否真正理解马克思的哲学观、掌握马克思哲学思维方式的关键。

按照人们习惯的理解方式和思维方式，马克思的实践概念描述或指称外部世界中的人的感性活动、实践活动，而实践活动是社会存在和属人世界的基础和本原，实践就是终极存在性的本体，这就合乎逻辑地把马克思的哲学看做实践本体论。如果强调在感性活动中的物质性，即人的活动的身体性和活动对象的客观性，或者强调实践作为感性活动的可感性、可观察性，那么，无论对从事实践活动的主体还是观察实践活动的理论观察者，都可以得出实践是物质的、客观的，因而马克思的实践观点是实践唯物主义的结论。我们认为，实践本体论和实践唯物主义对马克思主义实质的理解，在一定意义上都超越了旧唯物主义和唯心主义的抽象对立，实践作为主观性与客观性、能动性与被动性、精神性与物质性的统一活动，较之没有能动性的物质和没有可感性的精神，更有资格作为属人世界的本体；同样，实践作为客观性的物质性活动较之单纯直观中的物质抽象，也更有资格作为说明世界的物质性本原的理论范畴。但是，按照我们的理解，实践本体论和实践唯物主义仍未达到马克思实践观点的最优理解，距马克思的哲学思维方式还有关键的一步需要"跳跃"。

问题的关键似乎在于我们过于依赖指称式的话语方式和主客二元对立的认识论思维方式，我们不习惯马克思作为实践活动者而非理论观察者的思维方式，或者说我们不习惯内在于实践活动中的理解方式，而习惯于外在于实践去描述实践的传统哲学家的立场、姿态和思考方式。说得严肃、苛刻些，这才是真正的立场、观点、方法问题。以工人阶级和感性活动者的立场，内在于实践活动中去理解事物、现实、感性，我们就有了真正的马克思的实践观点，就有了实践观点的思维方法和思维方式。从实践的观点理解世界，不是去描述实践活动，也不是去描述在实践中展开和生成的现实世界，更不是追究现实世界的本原和物质基础，而是要实践地改变世界。因此，理论和哲学的任务正是实践的可能性探索，它基于对现实的描述而实际地参与对现实的改造。"独立的哲学"所以终结，因为哲学已成为实践的环节。传统哲学的本体论问题在马克思的哲学视域中或者彻底消失（如终极存在、永恒真理），或者获得了全新的意义（如作为实践环节的理论认识）。我们有充分的理由确信马克思的实践观点是一种新的生活方式、说话方式和思维方式——即，无产阶级作为历史实践主体的生活方式、以言行事为旨趣的说话方式、以实践地改变世界为目标的思维方式。

（3）马克思主义哲学是革命的指令还是革命道路的探索

马克思主义是无产阶级解放现实历史条件的学说，是从现实历史运动中产生并实际参与历史运动的革命的科学。一般说来，作为无产阶级革命家而非学院化学者的马克思主义者都能领会和掌握马克思主义的这个本质精神，因为，他们有和马克思相同的生活方式，也就有相近的理解方式和思维方式。但是，由于无产阶级革命斗争的实践日益具有更为紧迫、严酷和惨烈的性质，马克思主义实际参与历史运动的形式也发生了变化。马克思主义从最初作为无产阶级形成自觉阶级意识的思想启蒙力量，转变为无产阶级革命的纲领、路线、政策的规范力量，成为"革命的指令"、无产阶级政党的权威话语。

实践的变化是理论变化的根源，这对以自觉的实践理论为特点的马克思主义来说尤其如此。由于无产阶级革命斗争实践的需要，马克思主义哲学必须适应人们理解方式和思维方式的习惯力量，给无产阶级政党的路线、方针政策提供终极的、确定的、稳固的哲学基础。于是，马克思主义哲学不可避免地向传统哲学的理论形态、思维方式和功能作用等方面部分地复归，马克思的哲学思维方式和哲学观也经常被误解和颠倒。至于马克思主义哲学的科学化？本体化乃至教条化、公式化，也有着难以避免的现实的实践根源，它对于无产阶级的团结和统一性的形成，对于无产阶级革命斗争中路线、政策的统一性和合理的论证，都起到了积极的历史作用。然而，这毕竟是从马克思思维方式的倒退，它也不可避免地遏制了实践中多种理论可能性、实践道路选择的多种可能的探索，从而给无产阶级的实践的解放造成损害。

马克思的实践理论或实践理性因为终止了绝对真理、永恒真理的哲学幻象，因而它是一种具体的、谦虚的、探索性的理论和理性，它在对现实世界的理解中保持着开放的、宽广的理论视野，前苏联著名哲学家奥伊泽尔曼近年著文认为，自我批评是马克思主义的原则基础，德里达也从解构主义的角度赞扬马克思主义是自我批评的典范。我们认为，从实践观点思维方式理解现实和描述现实的理论和理性，必然得出开放的、自我修正和自我批评的理论原则和有限理性的信念。拒绝自我反思、自我批评的原则，也就封闭了理论发展的可能性和实践选择的可能性。无限的普遍理性的信念和绝对主义的理性设计的世界观，已经给社会主义事业造成了巨大的损失，我国的社会主义市场经济体制改革就是对这种理性自负的反驳和矫正。总之，实践是具体的、历史的、有限的感性活动，参与实践的理论和理性也是有限的、可错的，实践的理论和哲学是内在于实践的实践可能性的探索。在当代历史条件下重新理解马克思的哲学思维方式和哲学观，把对马克思哲学观的颠倒重新颠倒过来，对于无产阶级和人类解放事业有着重大的实践意义。

（三）马克思的哲学观与现代西方哲学

马克思主义哲学在西方的命运随着马克思主义实践运动即国际共产主义运动的升降起伏而变化，这也充分显示了马克思主义哲学作为实践性理论的特征。与此同时，马克思的理论著作也作为一种语言的现实和社会的实在而存在，任何真正的哲学理论创造都不能回避马克思的哲学理论贡献，都必须在与它的对话和交锋中检验自己理论的合理性和有效性。我们可以说，通过马克思可以走向各种现代西方哲学，绕过马克思只能走向坏的哲学，走向已被马克思颠覆的传统哲学。马克思的哲学思维方式和哲学观是现代西方哲学的真正起点，而现代西方哲学中真正的理论成果也可以帮助我们更为透彻地理解马克思哲学思维方式的内涵和意义。

马克思内在于实践的理解事物和世界的思维方式，从根本上终结了传统哲学思维方式的有效性，使"独立的哲学"失去了存在的条件，因而完成了对形而上学的批判和颠倒。在马克思哲学观出现约 50 年后，英美哲学在与新黑格尔主义的斗争中发生了所谓"分析革命"，并由逻辑实证主义打出"拒斥形而上学"的旗帜，开始了对传统哲学思维方式的全面批判，从形而上学产生的心理根源，到形而上学对逻辑的混淆和语言的误用，再到维特根斯坦所谓的对"语言游戏规则"的误解，分析哲学以其精巧的语言分析和逻辑分析指出了形而上学的诸多谬误，为摧毁传统哲学的思维方式提供了许多似乎是无可怀疑的论证。但后来分析哲学的发展却不断揭示出自身包含的形而上学教条，如奎因所说的"经验论的两个教条"，罗蒂所说的对"逻辑和科学的崇拜"，以及真理符合论的教条等等，分析哲学显示出某种程度的形而上学复归。在分析哲学运动的这种反复中我们可以清楚地看到，分析哲学具有一种形而上学残余，因而它注定不能真正克服形而上学。分析哲学的一个根本失误就在于寻求隐蔽的绝对确定性，并由此达到对逻辑和科学的盲目崇拜。无论是对逻辑真理的分析性、必然性、先天性的论证，还是对科学真理的证实或证伪原则的信赖，分析哲学家们都在力图拒斥形而上学中保留着形而上学的永恒、绝对真理的信念。分析哲学所寻求的绝对确定性是意识中的确定性和理论的确定性，因而它并未脱离传统哲学思维方式的框架和视野，只是把确定性的理论形式从哲学转到逻辑和科学而已。

在我们看来，分析哲学最有意义的成果是最接近马克思哲学思维方式的后期维特根斯坦哲学，尽管我们从来没有看到维特根斯坦引证马克思的话。在《哲学研究》中维特根斯坦从生活形式的观点去理解语言和意义，把生活方式、说话方式和思维方式看做是统一的语言游戏或活动过程，揭示了语言游戏的多样性和不可还原性，使语言哲学或分析哲学意义统一性的形而上学承诺受到了质疑和批判。维特根斯坦关于"私人语言"的理论揭示了语言的公共性、实践性特点，这与马克思的实践观点多有契合之处，在维特根斯坦影响下的奥斯汀、塞尔等人的语言行为理论，具体地分析了"以言行事"的语言功能，为我们理解和接受马克思的实践观点思维方式提供了语言哲学的论证和说明。需要指出的是，马克思的哲学观和思维方式与维特根斯坦和日常语言学派的观点有着本质的区别，它们之间所以有相互阐发、借鉴之义在于它们都是后形而上学哲学思维方式的尝试，都力求在话语实践或生产实践之中理解语言和事物的意义，而非传统哲学外在于语言游戏或实践活动的神圣的理性观察者的描述和概括，可以说，马克思和维特根斯坦都提供了一种实践者的世界观。

20世纪欧洲大陆哲学拒斥形而上学、抛弃传统哲学思维方式的转变过程更为艰难，笛卡尔、康德、黑格尔等"幽灵"更多地纠缠着大陆哲学家们。胡塞尔的现象学是一次形而上学的辉煌的复兴，胡塞尔对严格科学的哲学的追求，对意识自明性领域的拓展，对绝对的、终极的直观确定性的寻求，显示了马克思之后形而上学的活力。近代以来的西方哲学中我们称之为意识观点的思维方式似乎有难以克服的逻辑力量，其或隐或显的论证是：不管是何种形式的哲学理论都是哲学家意识和思维的产物，因而其确定性只能是意识的确定性，这种确定性只能在意识的反思或直观中获得。这就是人们所说的内在意识论的形而上学。如何超越这种形而上学，特别地成为欧洲大陆哲学家的悖论式的难题。

海德格尔在《存在与时间》中提出生存论作为基础的本体论的优先地位，人们的生存状态特别是对生存状态的领悟成为一切意识和理解的先行条件，这似乎超出了内在意识的视域，后期海德格尔更加强调存在作为使一切意识得以可能而自身不能为意识所规定的"在场"和"澄明"，这是对主体形而上学或内在意识形而上学的超越，伽达默尔的哲学解释学把传统作为本文的集合，视作超越个体意识的先行存在，并认为传统、本文、语言占有人和主体。这也意味着主体意识是被传统这种语言的实在所占有和建构，"本文"至少超越了个人主体意识的界限。六七十年代兴起的后现代主义哲学，更加激烈地拒斥和拆解传统哲学的实体本体论和理性主义、逻各斯中心主义。德里达以"不在场"颠覆"在场"，以"边缘"颠覆"中心"，试图通过"延异"的语言之流破解任何确定的中心和意义。福柯则揭示出各种知识作为权威话语而具有的权力、暴力、压制、统治的力量。利奥塔用语言粒子语用学、局部决定论和小叙事，替代传统哲学的无叙事、宏伟叙事，力求用新的语用学招数或误构获得思想创造的力量。欧陆哲学的种种创新，都是超越内在意识形而上学的顽强探索，都是超越传统哲学观的思想冒险。

欧陆学者大都有同马克思思想接触的经历，马克思的名字也经常出现在他们的著述之中，遗憾的是他们往往从马克思理论的实践挫折中理解马克思，从而并未真正领会马克思哲学观的实质，仅就超越意识内在论的形而上学而言，马克思的观点也是他们所不能企及的。在马克思看来，意识观点的思维方式是抽象地发展了意识的能动方面，它"不知道真正现实的、感性的活动本身"①。只有从实践的感性活动的视野才能能动地理解事物和现实，才能真正懂得意识的被给予性和事物现实的超越意识的客观性。也只有从实践这种真正的现实的感性活动本身出发，才能实践地给出理性思辨的界限，从而使"离开实践的思维是否具有现实性的争论"（例如意识能否超越自身的问题）作为经院哲学而废弃。② 就此而言，马克思对传统哲学的颠倒，马克思哲学观的变革和马克思实践观点的思维方式，在今天的欧洲大陆哲学中仍是不可超越的。

马克思的哲学观和思维方式在现代西方哲学中受到种种质疑与批判，这些批判主要来自两个方面。一是认为马克思对传统哲学的批判和颠倒不够彻底，仍保留了传统哲学的痕迹。比如利奥塔、吉登斯等把马克思主义看做是"解放政治"的宏伟叙事，伯恩斯坦则认为"马克思的理论确定性

---

① 《马克思恩格斯选集》第 1 卷，人民出版社 1972 年版，第 16 页。
② 《马克思恩格斯选集》第 1 卷，人民出版社 1972 年版，第 16 页。

观点和革命者的自信"过度相信了历史发展的规律性或历史的逻辑,犯了历史乐观主义的错误。① 应该说,马克思的观点与后现代主义、实用主义、新实用主义等的观点确有原则的区别。马克思否定了脱离历史和现实的抽象意识能动性、人的自由本性、普遍的绝对的理性或规律,但马克思肯定了在感性活动即实践中意识的能动性和人的自由,肯定了不脱离现实的理论概括的必要性和有效性。因此,马克思在无产阶级革命实践的视域中能够保留德国古典哲学意识能动性和理性自由的合理内核,并坦然承认自己是黑格尔的学生,但马克思的哲学不是主体形而上学,因为他把主体看做是历史的、主要是生产关系的人格化,把人的自由和解放诉诸现实历史运动的实践过程。主体、理性、自由等不再是抽象的人的本性,而是具体实践活动中的人的自觉,并在自觉实践中历史发展和生成的文明成果。

对马克思哲学观和思维方式的第二种批判是针对国际共产主义运动的实践的批判,包括对社会主义国家计划经济体制的批判。这是具有更强烈意识形态色彩的论战领域。资产阶级学者从计划经济体制的失败断言马克思的失败,宣告"历史的终结"、"意识形态终结",宣告市场经济和资本主义民主制度的全球性和永恒性胜利。对这种真正浅薄的"历史乐观主义"不值得做深刻的哲学批判,这是早已被马克思颠倒的绝对真理、永恒正义一类传统哲学观念的意识形态语言。真正值得我们思考的是在全球化时代如何真正理解和掌握马克思的思维方式,消除对马克思哲学观和思维方式的误解,避免传统哲学思维方式对社会主义事业造成新的危害,在实践中努力探索中国特色社会主义的理论上可能和实践上可能的广阔空间,从而真正坚持和发展马克思主义。这才是值得我们重视的问题。

二、论马克思哲学革命的多重意义

改革开放 30 年来,我国马克思主义哲学工作者以理论研究和理论创造的方式参与和推动社会主义现代化建设的进程,为理论人才培养和理论创新作出了重大贡献。重新理解马克思哲学革命的实质,进而重新理解马克思主义哲学的精神实质,是全部马克思主义哲学理论研究的核心和基

---

① 伯恩斯坦:《超越客观主义与相对主义》,光明日报出版社 1992 年版,第 288 页。

础，是 30 年来马克思主义哲学研究的最重大的收获。对马克思哲学革命实质的不同理解和阐释，极大拓展了马克思哲学的理论空间，甚至呈现了多种不同的马克思哲学的面孔。回顾和反思 30 年来的马克思哲学革命的不同理解，充分吸取其中的积极成果，是进一步明确马克思主义哲学研究方向，推进马克思主义哲学研究的重要的基础性工作，本文试作一些探索。

（一）对马克思哲学革命实质的不同理解

回顾 30 年来中国的马克思主义哲学研究，一些产生重要影响的理论突破和理论贡献大都是从重新理解马克思哲学革命的实质开始的。从 20 世纪 80 年代初开始，我国马克思主义哲学界的认识论研究首先成为焦点。这一方面是受到当时"科学春天"到来的激励和鼓舞，在举国上下掀起学习科学的热潮中，被称为"新三论"的信息论、控制论和系统论进入了哲学的视野，皮亚杰的发生认识论也译介过来。稍后前苏联哲学界关于马克思主义认识论、辩证法的著作也受到一些学者的关注。把马克思主义哲学作为科学认识论的理解虽未明确提出，但已显示出一种趋向。另一方面当时我国马克思主义哲学界仍深受传统哲学原理教科书的影响，对马克思哲学革命的理解仍限于教科书的规定。人们几乎尚未思考教科书对马克思哲学革命的诸多说法是否有充分的学理依据。如说马克思吸取了费尔巴哈唯物主义的"基本内核"和黑格尔辩证法的"合理内核"，创立了辩证唯物主义和历史唯物主义统一的科学世界观，马克思主义哲学成为关于整个世界发展一般规律的科学等。这些论断在当时具有坚固的公理性的逻辑常识的意义，人们很少对之有所怀疑。从马克思主义哲学作为科学世界观和方法论，作为列宁所说的"伟大的认识工具"去研究马克思主义的认识论，既符合当时的复兴科学的热情和氛围，又符合沿袭已久的研究规范。

随着马克思主义哲学认识论研究的深化，一些研究者逐渐离开用最新自然科学成果丰富和充实马克思主义认识论的研究范式，而对认识中主体能动的选择和建构作用同教科书主张的反映论的关系进行思考，出现了"选择论"和"反映论"的争论。与此同时，以高清海先生为代表的马克思主义哲学原理教科书体系改革工作已产生重大成果。《马克思主义哲学基础》一书是首次突破苏联教科书体系，令人耳目一新的著作。该书以认识论的框架表述马克思主义哲学的基本原理，主旨是突显人和主体在马克思主义哲学中的核心地位。这与传统教科书的物质本体论的客观规律体系的学说已呈尖锐对立，对马克思主义哲学的理论性质进而对马克思哲学革命实质的不同理解和阐释已成为不可回避的理论任务。

高清海先生再一次成为马克思主义哲学研究的思想先锋，在1988年出版的《哲学和主体自我意识》一书中，他明确地提出马克思哲学革命的实质是创立了实践观点的思维方式。这大概是改革开放后我国马克思主义哲学界第一次提出的对马克思哲学革命实质的新理解。实践观点的思维方式是一个令人陌生的说法，它不同于实践唯物主义、实践本体论这种相对熟悉概念的新组合，从而至今也较少有人真正明白这一提法的哲学意义。关于思维方式人们都很清楚，高清海先生把它看做是人类以往认识和实践所形成的稳固的概念框架和态度框架，它规定着人的新的认识和实践的方向、道路、态度和选择。而"实践观点"则令人费解，一种理论观点如何能成为思维方式？高清海先生的著作中就此做了详尽的解说和论证，他把西方哲学史上的自然观点、存在观点、意识观点、人本学观点等的思维方式的形成和特点做了细致的梳理和分析，进而阐明实践观点的思维方式的意义。我曾借用海德格尔思的视轨和方向的说法，说明实践观点即是实践的立场、实践的视野，亦即马克思所说的从感性物质活动的视野去理解现实、事物、感性的思维方式。高清海先生认为，马克思实践观点的思维方式是对西方两千多年本体论思维方式的超越。它否定了先在本质决定和本质还原的思维方式，而是用实践中的历史生成理解一切事物，包括哲学意识本身。高清海先生对马克思哲学革命实质的理解与现代西方哲学思维方式的变革具有许多相似性，在反对本质主义、基础主义、一元主义的决定论等方面遥相契合。所以高清海先生认为马克思哲学是西方现代哲学的起点。

用现代西方哲学的理论资源重新理解马克思的哲学革命和马克思主义哲学的理论性质，是马克思哲学研究中必然出现的趋向。按照哲学解释学的看法，一切历史都是现代史，一切文本都只能在与现代视界的融合中才能有新的历史效果，当代马克思主义哲学是当代人理解的马克思主义哲学。在用现代西方哲学的视野重新理解马克思主义哲学中，生存论的马克思主义哲学理解影响最大。用胡塞尔晚年的生活世界和海德格尔的生存论的基础本体论重新解读马克思，人们看到的是马克思文本中早已实现的生存论转向。几乎国内外所有的马克思主义研究者都不会否认马克思主义是无产阶级和人类解放的学说，实际地、历史地改变无产阶级和人类的生存状态，使每个人获得自由全面的发展，是马克思学说的根本关怀。按照生存论的马克思理解，马克思的辩证法是生存论的辩证法，是人在自己活动的结果中自我否定、自我创造、自身发展的辩证法；马克思的存在论是生存论，物质生产活动作为最基础的活动，是人类生存、发展的前提，也是一切社会存在的基础，并且马克思的生存论第一次突破了西方两千多年内在意识的形而上学，物质生产过程不仅是人的本质的对象化，也是客观实在明证性的确立；马克思的历史唯物主义也是历史生存论，人类生存发展中的社会物质条件既是历史活动的限制，更是人类历史活动的结果，人在自己历史活动的结果中自身限制、自我否定、自身发展，人类历史是人类生存辩证法的显现。按照对马克思哲学的生存论理解，马克思主义哲学对我国社会主义现代化建设的实践和当下中国人的现实生活具有了直接的理论意义。现实问题，当下中国人的生存问题，都是作为生存论的马克思主义哲学的理论问题。

恩格斯把唯物史观作为马克思一生最重大的科学发现之一，从此在马克思主义理论传统中都把唯物史观看做是马克思哲学革命的最重要的组成部分，甚至有人认为是马克思哲学革命的实质，马克思哲学世界观就是唯物史观。从西方哲学发展的内在逻辑和马克思早期思想发展的主观逻辑看，这种看法有充分的理由。自笛卡尔和康德确立了哲学的主体性原则之后，西方哲学的根本问题就是如何论证"我思"和知性思维规定的客观性，亦即如何实现思维和存在的统一，用黑格尔的说法是"人和自然的和解"。黑格尔的思辨逻辑也可以说是"内容逻辑"，把存在作为思想内容的自己运动，实现了逻辑学和存在论的统一。同时用精神哲学的形式实现了逻辑与历史的统一，人类历史发展的实质是精神的辩证运动。在我看来，黑格尔完成了用思想形式把握世界或解释世界的哲学，终结了西方哲学。黑格尔之后的哲学只能走出哲学之外，亦即在思维逻辑之外补充哲学或实现哲学。马克思第一个以一种怀疑主义的解释学走出了内在意识明证性的领域，社会存在、人们的实际生活过程和社会物质生活条件决定了包括黑格尔哲学在内的社会意识。因此必须致力于实际生活过程的理解和现实地改变人们的社会存在。马克思唯物史观的创立，是后黑格尔哲学的典范。马克思早期思想的发展也表明出向唯物史观聚集的目的论倾向。从让世界变成哲学世界的理性冲动，到改变世界的实践观点，再到对市民社会。社会解放的哲学主题的转换，直至在政治经济学批判中对无产阶级解放历史条件和现实道路的明晰，青年马克思完成了自己的理论框架。在超越西方传统哲学的理论运思中，马克思也完成了西方哲学的主体转换和价值颠倒。哲学不再是希腊自由民或近代自由知识分子的思想事情，而是无产阶级解放完成的内在环节，是实践的理论；无产阶级和劳动人民的物质生产活动是解放的哲学思想的真实本源，无产阶级的自由和解放是比任何理论哲学都更崇高、更神圣的至高价值和伟大事业。

在我国社会主义现代化建设的实践要求和现代西方哲学多种流派的影响下，我国马克思主义哲学研究中出现了价值哲学、政治哲学、经济哲学、文化哲学等部门哲学研究的兴趣。这些部门哲学研究大都有自己的哲学观，也大都隐含着对马克思哲学革命实质的独特理解。在近年出现世界金融危机后，国内外都有人重读马克思的《资本论》，重新思考马克思的经济哲学思想。这自然也会质疑以学院化的学科体系区分马克思的经济学和哲学的合法性。在完整的马克思学说中，肯定没有经济学和哲学的区分，马克思的《资本论》既是经济学，也是哲学，也是社会学等。孙正聿教授最近撰文认为《资本论》也是马克思的存在论，资本运动的逻辑就是资本主义社会的存在逻辑。由此看来，马克思的哲学革命是存在论的转化，经济生活过程的思辨把握和实践改造是马克思学说的理论核心。在西方政治哲学兴起的影响下，重新思考马克思的政治哲学的意义，是国内近些年马克思主义哲学研究的又一热点。马克思与罗尔斯、斯特劳斯以及拉克劳、墨菲等的政治哲学有何区别与联系？如何在当代政治哲学讨论中发挥马克思主义传统的意义？马克思作为革命家在理论和实践上比以往任何西方哲学家都更关注政治，他超越资本主义制度的社会正义的想象，他的"解放政治"的"宏大叙事"，他的"历史乐观主义"，他的"自我批评"

的原则基础等，都是当代政治哲学评论的话题。从把无产阶级和人类解放的历史任务作为主题说，马克思哲学就是政治哲学。

（二）坚持和发展马克思主义哲学的共同目标

我国马克思主义哲学界 30 年来对马克思哲学革命实质的不同理解，有些是相互对立，需要论辩和澄清的；有些是并行不悖的，可以相互诠释的，但大都指向一个共同的目标即坚持和发展马克思主义哲学，探索马克思主义哲学的当代形态，发掘马克思主义哲学在当代的理论意义和实践价值。毋庸讳言，多种关于马克思哲学革命实质的新理解，都自觉或不自觉地区别于传统哲学原理教科书的理解，也不同程度地包括着对传统哲学原理教科书的批判。包括高清海先生在内的许多学者在批判传统教科书的体系和哲学观念时，大都有客观、公正的历史意识，充分肯定传统哲学原理教科书在宣传、教育、普及马克思主义哲学中的巨大历史贡献，甚至赞美经国内外几代学者不断修改、反复锤炼它所达到的形式的完美。但马克思主义哲学研究、马克思主义哲学教育与宣传在相互关联中又有原则的区别，马克思主义哲学研究必须日新又新，而不能如教科书那样相对稳定。

由于传统哲学原理教科书多年不变的理论体系代代相传，滋养了一代又一代中国知识分子的哲学观念和哲学意识，也由于它在我国教育体制中作为思想政治课的特殊作用，传统哲学原理教科书的马克思主义哲学理论形态具有了标准化的性质，具有了甚至超过马克思主义经典著作的经典意义。因此，人们很容易把不同于教科书的马克思主义哲学理解看做是对马克思主义的背离，视为离经叛道。我们也必须承认并进一步思考传统哲学原理教科书作为马克思主义哲学研究理论成果的意义。传统哲学原理教科书理论体系的形成，建立及不断完善不能简单地视为意识形态需要的偶然结果。从常情而论，包括一些中外党的最高领导人都不同程度关心甚至参与了教科书编写，它凝结着几代最优秀的马克思主义哲学工作者的集体智慧。它不仅有充分的马克思主义经典文本的依据，也较为准确地表达了时代精神和社会主义革命和建设的实践需要。因此，传统教科书可以看做是近 80 年来马克思主义哲学研究的重要成果。传统哲学原理教科书的辩证唯物主义和历史唯物主义体系所具有的强大的生命力，至少有以下几点坚定的支撑。一是它的科学主义原则。从近代自然科学兴起之后，特别是启蒙运动以来，科学已经成为超越社会制度和意识形态的普世价值。科学主义就是现代社会的意识形态，科学即真、即善，甚至也是美，所以有科学美学。传统哲学原理教科书以科学主义的原则把马克思主义哲学定义为世界一般规律的科学，把马克思的哲学革命理解为科学发现和科学革命，无疑表达了我们时代的科学精神，也符合日常意识的朴素实在论和经验科学的科学实在论信念。二是它符合了实践的需要。马克思主义经典作家自觉地把马克思主义看做是实践的理论，看做是无产阶级解放的思想武器，理论必须符合实践的需要。传统哲学原理教科书体系的形成和标准化是在前苏联和我国的社会主义革命和建设中完成的。在落后的东方国家进行社会主义革命和建设，要组织动员群众，就必须给人们以坚定的解放的承诺，必须诉诸于客观规律特别是历史发展规律的必然性，这也就必然把马克思主义哲学建构成物质本体论的客观规律的体系形式。三是它的经典文本依据。传统哲学原理教科书并非凭空地虚构和杜撰，它的基本原理来自恩格斯、列宁、斯大林等的马克思哲学理解，并且也有马克思本人文献的依据。基于以上分析，我们可以理解传统哲学原理教科书的强大生命力和理论权威的根源，也可以懂得改革传统哲学原理教科书，重新理解马克思哲学革命的艰难。

马克思主义哲学研究也有一般科学研究的共同性，即它必须突破既有理论的界限才能有所贡献，有所发展。尽管提出一种不同于哲学教科书的新理解、新观点十分艰难，理论研究的内在逻辑和实践变革的理论需要总是要把这一工作推向前进。在我看来，以高清海先生为代表的哲学教科书体系改革和哲学观念变革研究，首先反映的是我国社会主义改革开放的实践需要。如果说社会主义改革的实质是突破苏联模式的社会主义，适应这一需要的哲学变革就是要突破苏联模式的哲学原理教科书体系，因为后者是前者的哲学基础。具体地说，哲学观念变革的核心是从客观规律体系的物质本体论所支撑的计划经济体制，转变为每一个人主体充分发展的主体性哲学支撑的市场经济体制。高清海先生认为这是社会主义市场经济的呼唤的主体性内涵。而要实现这一哲学观念的转变，需要重新理解马克思哲学革命的实质，只有改变先在决定的本体论化思维方式，每一现实的个人才有自由创造、自我生成、自身发展的哲学理由，也才能有更高的社会主义市场经济的效率。如前文所述，对马克思哲学革命的生存论理解、政治哲学理解、经济哲学理解等都或直接或间接地表达着研究者对社会主义现代化建设实践理论需要的回应。就马克思学说作为实践的理论说，这些对马克思哲学革命实质的新理解，大都有推进社会主义改革实践的自觉的理论担当，大都有坚持和发展马克思主义哲学的共同方向。至于这些理解的学理根据是否充分，其所展开的哲学论证是否坚实可信，其所运用的理论资源是否需要更为严格地检查，则是更为专门的学术问题。

诸多对马克思哲学革命实质的重新理解各不相同，与研究者各自不同的学术背景和他们所能运用的理论资源相关。但一般说来大都来自西方哲学的影响。或者是基于西方哲学史的逻辑重新理解马克思，或者是借用西方马克思主义重新理解马克思，或者是用现代西方哲学某一学派的理路重新理解马克思。这不仅因为西方发达国家的经济强势成就了它的哲学优势，也不仅因为马克思主义哲学本来就来自西方的哲学理论，而且也因为我国社会主义市场经济改革以来我们更多地遇到和西方相似的现代性和全球性问题。运用西方哲学特别是现代西方哲学的概念和方法重新理解和阐释马克思主义哲学，难免引起人们的担心和忧虑，这是否会强化西方文化的诱惑，是否会歪曲马克思，使马克思主义哲学演变成西方哲学的某一流派。在现有学术体制下，我们不能肯定每一马克思主义哲学研究者的学术真诚，但凡是真正诚实的学术研究总有真理的信念和追求，大多数基于现代西方哲学理论背景的马克思主义哲学研究者恰恰有更多的哲学批判意识，至少在汉语文献中马克思主义哲学工作者更多地批判了现代西方哲学的各种流派。至于这些批判学术上的价值和准确性是另一个问题。原因很简单，运用现代西方哲学理论资源重新理解马克思，实质是马克思哲学与现代西方哲学的对话。从而必然包含用马克思的学说对现代西方哲学的批判，否则就只能是现代西方哲学介绍而不是对马克思哲学的理解。

运用现代西方哲学的理论资源重新理解马克思的哲学革命和马克思主义哲学的当代意义，是坚持和发展马克思主义哲学的重要路径。马克思主义哲学的生命力在于它与与时俱进和与实践的密切联系。现代西方哲学是以理论的形式表达的西方现实，他的哲学批判和哲学探索是对西方现实社会问题的理论回答。一般来说，由于现代西方哲学大都为学院化研究的理论成果，而较少如伽达默尔所说的学院外的世界观哲学，较少与有组织的社会运动的实践联系。所以，它所提出的解决现代西方社会问题的探索和理论建构大都不切实际。对此一些西方哲学家自己也有自知和无奈。但是，现代西方哲学对西方社会和西方传统哲学的批判，大都与马克思主义哲学的本质精神有着内在的关联，有许多足以给我们启发和借鉴的理论成果。马克思把辩证法的本质视为批判的、革命的，在哲学批判的广阔视野中，马克思对资本主义制度、政治、经济和文化的全面批判是一些现代西方哲学灵感的源泉，是现代西方哲学时时到场的"幽灵"。另一方面现代西方哲学对当代西方社会的批判也触及到马克思时代尚未显现表露的资本主义的现代症状，足以启示我们在马克思的思想中寻找现代社会批判的哲学基调，打开理解马克思哲学的新视野，发掘马克思哲学思想的丰富的当代意义。

　　（三）多元理解的价值和多重意义的统一

　　对马克思哲学革命实质的多元理解，对马克思主义哲学理论意义的不同阐释，是马克思主义哲学研究繁荣发展的标志，是符合学术研究规律的现象。由于马克思主义哲学在我国意识形态中的基础理论地位，这很容易造成人们对意识形态多元化的忧虑，我国的社会主义改革和现代化建设是在党的统一领导下进行的伟大事业，指导思想和意识形态的统一是发展和稳定的重要保证。因此，马克思主义的理论教育和理论宣传必须审慎稳健，健康发展。改革开放以来，邓小平理论、"三个代表"重要思想和科学发展观作为当代中国的马克思主义，与时俱进，发挥了重大的理论指导作用，这其中也包含着马克思主义哲学研究的理论贡献。在我看来，马克思主义哲学研究特别是本文考察的学院化、专业化的马克思主义哲学研究应当承担的一个重要任务，就是要为中国化马克思主义的发展提供可参考借鉴的理论资源和理论支撑。它不能导致意识形态的多元化，而要为我国意识形态的健康发展作出理论贡献。

　　从不同的理解、不同的思想方向重新理解马克思的哲学革命，一定意义上就是重新理解马克思的哲学观，这似乎是在重复两千多年的一个古老的问题，即什么是哲学。在非专业的人们看来这是个十分可笑的问题，自称爱智慧或与智慧为友的哲学家们搞了两千年还不知道什么是哲学，可谓愚蠢至极。而对于职业哲学工作者来说这恰是哲学的魅力所在。不断地清理地基，不断地重新开始，这是思想的自由和奢侈。每一真正称得上文明活的灵魂的哲学，都是一次哲学的重新奠基，用海德格尔的话说是开启新的思想方向和视轨，它将从根本上规定一个民族的未来和历史使命。重新理解马克思的哲学革命，也就是要重新理解马克思哲学，实际也是在回答什么是马克思主义哲学。马克思主义哲学是超越传统哲学本体论化思维方式的实践观点思维方式，马克思主义哲学是无产阶级和人类解放的生存论哲学，马克思主义哲学是历史地、唯物地理解世界和改变世界的世界观，马克思主义哲学是批判资本逻辑的经济哲学，马克思主义是作为现实运动和理想社会制度统一的无产阶级革命的政治哲学等等。这些对马克思主义哲学的不同理解，大大拓展了马克思主义哲学的意义空间，彰显了马克思主义哲学在当代的丰富价值。为我国的社会主义现代化建设的实践选择打开了广阔的思想视野，也为我们所面对的现代性和全球性问题的挑战提供了应对的思想道路。我国的社会主义现代化建设是在经济全球化的过程中进行的，资本自身增殖的内在冲动和固有逻辑是经济过程的主导逻辑。重温马克思对资本逻辑的分析和批判，对于我们利用资本而发展自身，同时限制资本逻辑对生活世界的殖民化，克服资本逻辑必然造成的商品拜物教对政治、经济、文化的全面侵蚀会吸取极高的政治智慧和管理能力。用哲学的语言说，我们需要一种内在于资本逻辑而又超越资本逻辑的存在论和辩证法，这只能从对马克思的重新理解中寻求和建构。

对马克思哲学革命实质的多元理解并不是怎么都行，既要有学理的根据，又要有实践的检验。哲学理解和哲学理论没有经验科学的检验方法，也不能用形式科学、形式逻辑的方法作出逻辑的证明。但哲学家共同体总是能在对话和论辩中选择出自己时代最优的哲学理论，长时段的历史发展也会见证真正的哲学智慧。30 年来我国哲学界对马克思哲学革命实质的各种新理解，尽管立论不同，但由于大都是以否定传统哲学原理教科书的理解出发的，大都有对我国社会主义改革和现代化建设实践的关注和思考，大都有坚持和发展马克思主义哲学的共同旨趣，所以，一些不同理解有着内在的关联，有相互契合、相互诠释的意义统一性。比如，把马克思哲学革命的实质理解为实践观点的思维方式的确立，理解为对传统哲学本体论化思维方式的超越，从而也就出现了对人的现实性的新理解。没有永恒本质、先定本质能够解释人的现实性，在其现实性上，人是在自己实践活动进入和创造的社会关系中生成自己的现实性，并在新的实践活动中自我否定，成为当下的不是。从人的实践活动的开放性、可能性、超越性理解人本身，也是生存论的马克思主义哲学共有的观点。再如，把马克思哲学革命的实质和马克思主义哲学的性质理解为唯物史观的创立和历史唯物主义的世界观，这与政治哲学、经济哲学的理解内在关联。历史唯物主义的物是物质性的生产关系、经济关系，亦可说是范畴把握的社会存在关系，是具体的历史的普遍性范畴关系。黑格尔对低级唯物主义的物质概念实质是唯心主义的批评不适用于历史唯物主义，因为马克思用范畴把握历史的理论是内在于历史实践的实践理论，理论范畴将在实践中走出自身，它也将作为一个存在变量乃至经济变量进入实际的生活过程。在一定的意义上，马克思的《资本论》与马克思主义学说影响的国际共产主义运动已经实际地影响和改变了资本主义经济形态。唯物史观的存在论和辩证法一定意义上就是马克思主义经济哲学、革命哲学和政治哲学。

对马克思主义哲学来说，它不是世界之外的遐想，不是学院化的理论哲学，无产阶级和人类解放的实践运动才是他的现实形态。因此，对马克思哲学革命实质的不同理解统一于社会主义革命和建设的实践。社会主义革命和建设的实践是理论的实践，它是无产阶级政党领导人民自觉创造历史的伟大开端。所以理论规划的失败确实可能表现出"致命的自负"，甚至造成国际共产主义运动的挫折和低潮。这充分显示出马克思主义理论需要有广阔的思想空间，需要在艰苦的思想实验的基础上探索多种可能的思想道路，为实践提供丰富的理论资源和理论支持。从根本上说重新理解马克思哲学革命的实质，重新理解马克思主义哲学的性质及其当代意义，就是哲学上的思想实验和思想探索。

三、哲学的终结与人类生存

自黑格尔哲学解体以来，马克思、恩格斯、维特根斯坦、海德格尔、德里达等重要哲学家都曾宣告哲学的终结。但在当代世界上，哲学作为高等教育的学科、作为哲学家群体的职业学术活动仍然存在，并对人类生活的各个领域发生着广泛、深刻的影响。如维特根斯坦所意识到的悖论：取消哲学、终结哲学的话语仍是哲学，而且这种哲学也许对当代人类精神影响最为重大。这就需要我们认真思考哲学终结的真实意义：在何种意义上哲学终结了？哲学终结的诊断打开了怎样的思想视域？哲学终结吁求着怎样的人类生活？

（一）哲学是思想把握世界的方式

20世纪对西方传统哲学的批判，大都始自对黑格尔的反叛，这意味着黑格尔哲学即传统哲学的完成，哲学的终结就是黑格尔哲学的终结。思考哲学终结的真实意义，就必须破解黑格尔哲学的秘密，亦即黑格尔如何完成从而终结了传统哲学。

黑格尔以目的论的哲学史观概括了两千多年西方哲学的发展，哲学史上的众多学派和哲学家，以思想范畴运动的序列和必然性向黑格尔哲学聚集，终于被赋予了全体的统一性，从而获得了各自的生命和意义。在黑格尔看来，哲学作为思辨的真理与方法和表象地、意志地把握世界的方式不同，哲学是用思想把握世界或存在，而思想中的世界或存在其本质就是思想。当哲学用思想的形式去把握人本身时，人的生命、欲望、意志、情感也就成为思想的规定，成为整个世界思想体系中的一个环节。在纯粹思想的理念世界中，思维与存在、主体与客体、人与世界、精神和自然、理性与非理性都达到了辩证的统一与和解，在这个半透明的整体中哲学完成了漫长的精神旅行，走到了自知其为思想的尽头。黑格尔把哲学定义为对思想的思想。人类的一切文明活动都是思想。当哲学自觉地以纯粹思想为对象时，哲学即已开端。在这样的意义上他认为哲学始自巴门尼德。从思想的本性是永恒的活动性、否定性说，哲学始自赫拉克利特，而把纯粹思想自己运动的逻辑历史地揭示出来，并使其获得系统的理论形态，则是黑格尔的历史贡献。在这样的意义上，黑格尔不会否认哲学完成于黑格尔。

用思想的形式把握世界，亦即用范畴规定存在、赋予存在以思想的统一性，实际是把存在精神化、逻辑化。在康德之前的西方哲学尚未有哲学与科学的自觉区分，亦没有区别于科学的哲学的逻辑、真理与方法。从根本上说，是没有把普遍思维、纯粹思维或纯粹思想自觉地确立为哲学的对象。随着经验科学，特别是牛顿物理学或自然哲学的发展，海德格尔所说的希腊哲学开启的思维视界似乎将完成于经验科学，用思想的形式把握世界似乎即是用科学的方式把握世界。至此，才有康德的哲学革命，才有真理与方法的理论自觉。在康德看来，经验科学在经验世界或现象界已经充分证明了自身的有效性和真理性，需要哲学思考和证明的是经验何以可能一类的先验问题。康德哲学对经验可能的先天条件的追问，把哲学引入了纯粹思维和普遍思维的领域，即人的思维同作为人类思维的普遍的先天规律的思想视域。在这样的定义上，即思想以纯粹思想为对象，通过对思维规律的把握进而把握思想之中的世界，哲学的理论自觉，或如胡塞尔所说的严格的科学的哲学始自康德以来的德国古典哲学。

康德哲学真正确立了不同于形式逻辑的先验逻辑。不同于科学真理、经验真理的先验真理，不同于经验科学方法的先验方法。哲学有了自己特殊的视域、主题和思维方式，从而才有哲学终结的可能性。但是，在黑格尔看来，康德虽然意识到普遍思维、纯粹思维的哲学主题，却没有摆脱主观主义、形式主义的局限，离开现实的、历史的经验和思想内容，只能获得对普遍思维的抽象的、主观的，形式的范畴规定，因而不能达到纯粹思想的一般真理。黑格尔提出思辨的逻辑、真理与方法，亦即不脱离思想内容的真理的逻辑，或者说是思想内容自己运动的一般真理，而这也就是存在的本质和世界的真理。

黑格尔的辩证法或思辨的真理至今仍是对哲学智慧的挑战：若考察思维的一般结构和规律，就必须对思想内容进行高度的科学抽象，结果获得的只能是思维的形式结构和规律，这就是现代形式科学；若关注思想内容或经验的科学性，真理性，就必须坚持感觉的特殊性、明证性，或者如逻辑经验主义所说的证实或证伪原则，而这获得的只能是经验科学、实证科学的真理。黑格尔所追求的"具体的普遍性"，包含了全部特殊性的普遍性的真理，恰是在人类思维对立的两极中（形式的普遍性、经验的特殊性）实现统一，这是否可能呢？黑格尔坚信可以通过对人类思想史、认识史、哲学史的思辨处理，发现纯粹思想自己运动的范畴演绎，这些范畴的必然进展既是思维规律的逻辑学，也是思想中或为思想把握的存在的本质和规律，亦即所谓存在论和形而上学。

如前所述，用思想把握存在、规定存在，必然把存在精神化、逻辑化，思维规定也自然成了存在自身的规定。抛开黑格尔唯心主义的本体论不谈，我们认为，德国古典哲学的最重要的意义在于提出了区别于科学的哲学真理，亦即一种关于纯粹思维的思辨的逻辑学。在我们今天这样一个较之康德、黑格尔更为科学的时代，科学和科学思维已经成为地球上大多数居民本能的习惯和信仰，此时若谈哲学，必须回答区别于科学的哲学的独有的真理和逻辑是什么。否则，我们只能接受哲学终结的必然结论。恩格斯说到自然科学的发展终结了自然哲学，唯物史观的创立从而社会科学的确立终结了历史哲学，留给哲学的任务只是关于思维规律的逻辑学和辩证法。① 在我们看来，辩证法即是思辨的或理论态度的思维科学，也就是哲学的真理和逻辑。

思辨地或反思地把握思维规律的永恒意义在于，不管经验科学如何高度发展，使经验得以可能或渗透于经验之中表现思维能动作用的思维范畴永远不能完全由经验作出解释，即便我们在基因水平上破解了人类思维的全部秘密，但认识、破解基因秘密的思维能动性仍需新的基因解释，这将陷入无限的循环。哲学作为黑格尔所说的绝对的真理和方法，作为一种非对象性的思维，即思想对自己的思想，思想的自我意识，也许是永远不可替代的思维方式，哲学也许就永远不能终结。

但自马克思以来，诸多伟大的哲学家不都明确地宣告了哲学的终结吗？在我们看来，哲学终结的真实意义是哲学思想霸权的终结，是西方传统哲学用思想把握世界的方式、特别是把思辨地把握纯粹思想的思维方式作为唯一的、绝对真理的思想霸权的终结。同任何职业生活难免夸大自己活动的意义一样，传统哲学家也难免产生虚幻的职业意识，为知识提供终极解释，为人生提供终极意义，为人类确定终极的福祉和尊严，如此等等，哲学构思了许多永远不能兑现的美丽的童话，被现代哲学家们嘲讽为形而上学的神话。也许最为重要的是，传统哲学本能意识到自身的界限，

---

① 恩格斯：《路德维希·费尔巴哈和德国古典哲学的终结》，人民出版社1973年版，第11页。

黑格尔即把哲学称为"无限的思维方式"。其实，相对于知性思维有限的思维方式的哲学的无限思维方式，也只是思想和理论的无限，它所把握到的只是思想中的无限世界，思想的界限就是哲学的界限。当马克思力求改变世界而诉诸实践时，当维特根斯坦思考到语言的界限而沉默时，当后现代主义顽强地揭示出思想边缘的异质性或"他者"时，思想的界限显露出来，哲学作为思想把握世界方式的界限也显露出来。哲学的终结亦即哲学界限的划定，人类除了用思想把握世界的哲学家的生活样式之外，绝大多数普通人更多地是用情感、意志、行动、趣味，习惯生活于世界之中。当普通大众的生存和发展成为时代主题时，哲学并未终结，却退入到了学院化职业生活之中。

　　（二）历史性的人性自觉与哲学的转变

　　西方哲学作为一种以纯粹理论态度来把握世界的方式，根源于人性作为理性的人性自觉。至少从苏格拉底以后，西方哲学家即开始自觉寻求一种经过系统理论反思、具有明确目的和意义的理性生活，并力求用一种普遍的公共理性的观念构造秩序良好的政治和社会生活。理性的发现，自觉和运用，是所有文明民族都经历的历史转变，但被胡塞尔准确地命名为希腊的普遍理性精神的东西，的确具有鲜明的特色。简要地说，其首要特色在于其普遍性。希腊移民城邦的思想家们，斩断了与本土宗法社会的关系，在自由民作为平等的公民的相互关系的理解中，希腊思想确立了一种等质的、均匀的、几何学式的人伦世界。按照法国学者韦尔南的看法，希腊哲学把从伦理秩序的理解投射到对自然的理解，形成了希腊特有的几何学式的宇宙观。① 排除了血缘亲情等自然倾向的特殊性，理性才能作为所有人（只是自由民）的普遍理性确立起来，才能有普遍的社会法则，社会秩序和宇宙的法则和规律的观念，也才能发展起形式思维、公理化方法、演绎推理等德里达称之为逻各斯中心主义的东西。

　　希腊普遍理性精神的第二个特点是其纯粹性或超越性。世界各民族都是自觉运用理性能力的文明民族，人类学家关于原始思维的研究说明原始思维也有其逻辑和理性，但只是在希腊自由民中才出现亚里士多德所说为

---

① 韦尔南:《希腊思想的起源》，生活·读书·新知三联书店 1996 年版，第 95 页。

学术而学术的纯粹理论兴趣。亚里士多德只是指出这种自由学术的前提是人们的物质生活需要获得满足之后。但自脑体分离之后，其他民族的有钱且有闲者为什么缺少这种纯粹的理论兴趣？看来问题与希腊人对人性、理性的看法有关。只有把人性理解为普遍的理性，希腊人才能超越自身的家庭、社会关系、政治倾向等自然社会的特殊性，而专注于某种纯粹的自由学术。在亚里士多德看来，关于所有事物普遍原理和原因的形而上学，才是没有任何实用目的的自由学术。自由、理性和哲学，就是希腊普遍理性精神或希腊哲学乃至整个西方哲学的关键词或主题词。它作为海德格尔所说的思的"前视轨"或思之方向，从根本上规定了西方哲学的视域、完成或终结。

西方哲学始于和完成于对人的思维能力、理性能力的自由本性的自觉。西方哲学的人性论即是意识论，而意识能动性即是思维的理性，从而纯粹思维或普遍理性也具有人本主义的本体论和存在论意义。这种我们过去称之为"意识观点"的思维方式，在近代哲学，特别是在德国古典哲学中得到完成。对人所显现的整个世界，都是为人的意识所表象的世界，或者说都是人的意识中的世界。而用黑格尔的表达方式说，思维是意识的本质和真理，理念就是世界的本质和真理。普遍理性作为马克思所说的"无人身的理性"，弥合了思维和存在的分裂，实现了人与自然的和解，在"解释世界"或用思想把握世界的方式中，黑格尔完成或终结了哲学。在我们看来，西方哲学的终结是一种人性论的终结，即把人性理解为普遍性、把人的发展理解为自由思维能力的发展、把思想、理念理解为人和世界最高本质的主体形而上学的终结。而这种哲学人学、哲学人性论的终结的根本原因，也是因为新的人性自觉或者说历史变化了的人性自觉。

自工业革命以来，马克思和恩格斯在《共产党宣言》中所说的超过过去的一切世代全部生产力总和的巨大生产力日益发展，从而为满足所有人而不再是少数希腊自由人的基本物质生活需要的可能性显示出来，每个人的自由发展也具有了现实的可能性。从而，改变阻碍生产力发展，束缚人的解放的资本主义生产关系，成为马克思的思想主题和实践方向。马克思并不否定意识性、理性等所谓"一般人性"，马克思也曾把"自由自觉的活动"看做人的类本性，但马克思更关注的是历史变化了的人性，亦即人性的历史性。在我们看来，所谓历史变化的人性主要是历史变化的人性自觉或人性理解，亦即人的主体自我意识的历史变化。亚里士多德时代人们也需要满足基本的物质生活需要，而且还要"舒适"或富裕。只是在这个既定的前提下，自由人才有自由理性的人性自觉，并将其理想化为真正的人性。在马克思的时代，社会生产力在工业化国家已具备了满足所有人基本物质生活需要的可能，从而每个现实的具体人的物质生活需要的满足进而他的全面发展即成为新的人性要求和人性自觉。在马克思视野中的人性，是包括理论思维能力的丰富的具体的全面的需求体系，它的实现和发展即是人的解放和发展。所以，真正的理论问题不是思辨地构想理性的神圣和完美，而是具体地考察无产阶级和人类解放的现实条件和道路。

按照海德格尔的看法，马克思完成了西方传统哲学的颠倒，此后不会再有真正的哲学复兴。① 如何理解马克思对黑格尔辩证法、对传统哲学的颠倒？在马克思主义理论传统中人们多从社会存在和社会意识、唯物主义与唯心主义的关系理解这个颠倒，即把唯心主义的辩证法颠倒为唯物主义的辩证法，把哲学作为社会意识形式解释为社会存在的反映。这种理解可能没有错误，但却容易陷入公式化、简单化。在我们看来，马克思对黑格尔哲学和传统哲学的颠倒，即是对传统哲学的终结，亦即对传统哲学人性理解的颠倒和终结。不是满足了物质生活需要之后的自由理性的人性，而是如何现实地满足无产阶级基本的物质生活需要的实践人道主义。这种人性理解的根本颠倒，摧毁了全部西方哲学纯粹理性的人性根基，从而使其不可能再有真正意义上的复兴。

马克思之后的 20 世纪西方哲学，一方面对自己时代的工业化、现代化，文化世俗化和大众化，政治民主化等有所感应，很难接受传统哲学的精英化、贵族化乃至某种专利主义、学科帝国主义的傲慢之物，"拒斥形而上学"成为最响亮的哲学口号。另一方面，20 世纪西方哲学仍难完全摆脱传统哲学纯粹理论态度的人性理解，难以摆脱形而上学话语的纠缠，这就导致了对哲学终结的种种不同的理解。

逻辑经验主义、维特根斯坦、海德格尔从不同的立场达到相同的结

---

① 孙周兴选编：《海德格尔选集》（下），上海三联书店 1996 年版，第 1244 页。

论，即哲学终结于现代科学技术。海德格尔认为这种终结是完成，希腊哲学的视界在现代科学技术中得到完全的实现，思的任务是在今天这样一个技术世界中开拓新的视界。逻辑经验主义则完全肯定科学技术作为人类理性最高成就的合理性和优越性，认为传统哲学因其自身不够"科学"而失去合理性和存在价值。维特根斯坦则从语言的界限、逻辑的界限、语言游戏的界限显示出那些不能问、不能说的"神秘的"东西。在我们看来，说哲学终结于科学是难以成立的。因为至少从康德以来，哲学即已自觉地坚持与经验科学的区分，自觉地寻求不同于经验科学的逻辑真理与方法。黑格尔和胡塞尔虽然坚持哲学科学的信念，但他们所理解的哲学科学作为思辨的思维、理论态度的思维，是超越了经验科学的科学。所以，不管现代科学技术如何发展，哲学作为一种福柯所说的"别样的思维方式"仍然存在。

后现代主义哲学从个人自由、个性在生活方式的合理性、合法性，揭露和反抗传统哲学的话语霸权、学科霸权和思想霸权，传统哲学把人性理解为理性，把理性思辨构建的思想体系的统一性、同一性作为绝对的真理和规范。自由理性的运用产生了压抑、威胁乃至取消自由的后果。这就是福柯所说的形而上学作为权威话语系统的"权力"，或如利奥塔所说的黑格尔的同一性哲学就是"死亡哲学"。我们认为，后现代主义哲学对形而上学话语权力的揭示是有积极意义的。怎样理解和规定人性，也就在一定程度上规定和规范了人应当怎样生活。从"在"或"是"的形而上学规定中，必然包含"应当"或"应是"的规范和尺度。传统哲学把人性规定为普遍理性、纯粹思维的本质，也就现实地要求人们达到普遍理性的精神高度，从而人们的现实的欲求、特殊的存在经验和多样的生活方式，都必须为理性所扬弃，这就是形而上学的恐怖。如前所述，当工业化使普通大众的生活愿望、生活理想也具有现实权力的时候，人民群众对自己生活和人性的理解得到了大众文化层面的表达，或者说产生了群众性的主体自我意识，传统哲学的人性理解及其话语霸权理所当然地遭到了拒斥和拆解，当代哲学家所说的后形而上学时代到来了。

（三）人的全面发展与哲学的精神维度

工业化所释放的巨大社会生产力，为每个人的自由全面的发展打开了可能的空间。普通大众的物质生活需要是无限差异，多样的偏好体系，它孕育着无限多样的生活方式。异质性、差异性、难以为普遍性所包容的不规则性，与工业文明或资本的逻辑所要求的普遍性、普世性、通用性、齐一性等发生对抗和冲突。由此产生了反思、批判现代性的后现代理论，产生了影响当今世界格局的文化冲突。在我们看来，这种生活方式、生活风格和文化的差异性和多样化，是人的全面发展的必然结果，是与人性自我意识互为因果的。人们怎样生活，就成就怎样的人性；人们怎样理解和规定自己的人性，就怎样生活。从马克思时代以来，现实的具体个人成为自己的精神的太阳，① 个人主体自我意识空前觉醒，传统哲学作为人类主体自我意识的普遍理性精神的太阳已经陨落。古典经济学个人理性选择的人性假定成了新的形而上学。个人偏好、个人选择、个人权利等成为与个人财产神圣不可侵犯一样的神圣教条。在这种个人本位的人性理解中，必然导致生活方式的多样化和文化的冲突。在马克思看来，这是人的发展必经的"以物的依赖性为基础的人的独立性"阶段，人的发展必将超越这个阶段，达到建立在个人全面发展基础上的"自由个性"的联合形态。从而关于人性的理解也将发生新的变化。

在工业文明的个人主义形而上学时代，"以物的依赖性为基础的人的独立性"，成为资本主义文化和个人自我意识的内在矛盾。一方面，个体自我意识的觉醒要求人的独立性、差异性和个性化的生活方式和生活风格；另一方面，人的独立性依赖于无差别的资本和货币，一切个人价值只有转化为无差别的一般劳动、转化为一般商品等价物即货币才能实现和交换。经济学和社会学的人力资本、社会资本、文化资本等概念，表达了在资本统治的社会中个人无法逃避的资本化、商品化或物化的命运。个人独特的精神价值与个人不可避免的物化的矛盾，成为后现代与现代、形上精神与形下欲望的文化冲突。从而，哲学终结或后形而上学时代的形上之思仍然是人的全面发展中的重要精神维度。

个人对资本、货币、商品或物的依赖，是个人获得独立性并进而获得体能、智能、技能等全面发展的必经环节，人的物化或异化同时也是人的

---

① 《马克思恩格斯选集》第 1 卷（上），人民出版社 1972 年版，第 2 页。

对象化的自我实现和自身发展。随着世界市场的形成和发展或所谓经济全球化，世界范围的商品、劳务、信息交换，使个人日益成为世界历史的公民，人的本质力量在交换中获得更为强劲的发展。按马克思的看法，在物与物的交换背后，是人与人的社会关系。人的社会关系的全球化，意味着地域、民族、传统等时间和空间的界限对人的发展的限制日益减少，一种跨时空的全球性的人性理解具备了现实条件，一种马克思所说的"世界的哲学"即人类普遍的自我意识或"类哲学"具有了可能性。

世界历史人性的生成和自觉必然是一个漫长的历史进程。正是因为人的社会关系的全球化和普遍的世界交往，使文化的、宗教的、哲学的等罗尔斯所说的"全整论说"的差异和冲突日益鲜明和尖锐。这说明即便是我们今天这个物化的时代或物质主义的时代，各民族的世俗的或宗教的世界观理论仍在发挥着强大的作用，广义的哲学或形上理论是所谓"文明的冲突"最深层次角逐的战场，文明的冲突或文化冲突，其根本是哲学的、宗教的世界观冲突。罗尔斯认为，在存在着"全整论说"差异的条件下，人们可以在事关重大的政治决策领域建立起公共理性，形成某些"重叠共识"，确立秩序良好的社会的正义原则。罗尔斯这种社会正义的证明理论，仍然显示出英美分析哲学的精神。把世界观信仰与公共理性区分开来，把实质性的、实在论的契约学说转变为思辨的设计，把私人领域与公共领域划清界限等等，说明罗尔斯的政治自由主义难以摆脱某种"全整论说"的形而上学，他所寻求的"重叠共识"仍是西方主流哲学背景下的一种共识。哈贝马斯则寄希望于他的"普遍语用学"或"对话伦理学"，希望人们在遵循对话、交往的某些基本规则的基础上，能够产生实质性的共同理解，重建某种社会同一性。哈贝马斯与罗尔斯的思路较为接近，他自认为与罗尔斯的分歧是"家族内"的分歧。这就决定了他的理论也难以避免西方现代哲学这个家族的根本弱点。一方面，哈贝马斯也欣然接受哲学终结的论断，明确地断言今天的时代为后形而上学时代，传统哲学至多只留下了某些"语义学的潜能"[①]。另一方面，他似乎也难以避免德里达对伽达默尔的批评，对话、交往的前提是"真诚"，这种"真诚"或"善良意志"

---

① 哈贝马斯：《后形而上学思想》，译林出版社 2001 年版，第 15 页。

的先验设定难道不是康德的"绝对命令"吗？

中国有句古话："解铃还须系铃人。"哲学的冲突、世界观理论和信仰的冲突，仍须以哲学或形而上学的方式加以解决。轻率地断言"哲学的终结"或"后形而上学时代"，实际是回避了令人头痛的哲学冲突，也忽略了形而上学对当代文明和人的全面发展的巨大作用。按照我们对哲学终结的理解，它只是用思想把握世界的方式的唯一性、绝对性的终结，是对人性作为纯粹思想、普遍理性的唯一规定性的理解的终结，但不是思辨地把握世界方式的终结，不是说人没有纯粹思想、普遍理性的人性规定。哲学的终结只是意味着人类主体自我意识有了更为现实、丰富的人性内容，人的全面发展仍然包含着思辨能力或"理论思维能力"发展的重要维度。而且，某些基于人性理解的差异的哲学冲突，只能用哲学的发展来解决。

无论是个体生活方式的差异，还是不同生活方式作为不同语言游戏的差异，乃至不同民族文化的世界观差异，固然不能用黑格尔的世界精神和绝对理念思辨地给予同一性加以解决，这种同一性难免形而上学地专制和恐怖，但也不能认为哲学的思辨对这些差异完全无能为力。不难认为任何理解、化解这些差异的哲学思考都是同一性的死亡哲学，在充满差异、竞争、对抗的世界中，人类要生存、发展，就必须承诺或设定人同作为人的等质性和等价性，亦即必须承认人性的自然统一性。否则，不仅是哲学需要沉默，一切关于人类、文化的话语都是无意义的，只能凭弱肉强食的自然法则发挥作用罢了。如果承诺了先验的人性自然统一性，那么个体的、民族的、文化的差异，即是后天生活方式和人性自觉的文化差异，其中最根本的差异就是人性理解和人性信念的主体自我意识的哲学差异。所以，不是一般的对话和交往，也不是公共理性的"重叠共识"，仍然是哲学的对话和交往，或者说是哲学的"他者"，才是人类共同生活的基础。这不是主张基础主义的形而上学，而是强调人类交往的哲学维度。如果人类共享自然人性的统一性，后天人性理解的文化差异就有了相互理解的自然基础。其结果不是西方的或东方的人性理解成为普遍的、普世的真理，而是在"以他平他"的"和而不同"中，东西方各自不同的人性视域有了向"他者"、"异质性"扩展的可能，随着普遍的世界范围的人类交往的发展，历史生成的人类性或"类哲学"成为实际可以期待的东西。

四、马克思的唯物史观对黑格尔辩证法的颠倒①

马克思颠倒了黑格尔唯心主义的辩证法，发现和吸取了它"神秘外壳中的合理内核"，实现了哲学史上的伟大革命。这是我们熟知的马克思主义常识。但是，深入思考颠倒辩证法这一重大的哲学事件，仍有许多重要的问题需要梳理和澄清，比如，为什么其他唯物主义者未能颠倒黑格尔的辩证法？马克思的唯物史观对于颠倒黑格尔辩证法起了什么作用？历史的唯物的辩证法如何改变了哲学的形态？等等。不弄清这些重要的哲学问题，既无法真正理解什么是黑格尔辩证法的合理内核，也不能真正理解马克思哲学革命的实质和马克思哲学的理论性质，也不能回答现代哲学对马克思哲学的一些批评和挑战。

（一）不能在旧唯物主义的原则基础上颠倒黑格尔的辩证法

马克思曾经写道："我的辩证方法，从根本上来说，不仅和黑格尔的辩证方法不同，而且和它截然相反。在黑格尔看来，思维过程，即他称之为观念而甚至把它变成独立主体的思维过程，是现实事物的造物主，而现实事物只是思维过程的外部表现。我的看法则相反，观念的东西不外是移入人的头脑并在人的头脑中改造过的物质的东西而已。"② 初看这段马克思的区分，唯物辩证法与唯心辩证法的对立竟是如此简单，颠倒黑格尔辩证法的任务也极易完成，只要把观念或思维过程的主体地位转变为物质的主体或本体决定作用，就实现了唯心辩证法向唯物辩证法的改变。我们的哲学原理教科书和大多数马克思主义哲学工作者大概都是这样看待和理解马克思对辩证法的颠倒的。如果问题真的如此简单，我们难免会产生一些疑惑，包括费尔巴哈在内的旧唯物主义为什么不能提出和完成这个任务？或者会想，旧唯物主义的"物质决定意识"的原理是否已完成了对黑格尔辩证法的颠倒？要消除这种疑惑，我们必须深思马克思这段话中的两个关键词，即"思维过程"和"改造过的物质的东西"，进而追问：黑格尔的辩

---

① 本文为基金项目：教育部人文社会科学重点科研基地项目（04JJO72001）的阶段性成果。
② 《马克思恩格斯全集》第23卷，人民出版社1995年版，第24页。

证法为什么要把思维过程作为独立的主体？人的头脑如何"改造"物质的东西而成为观念？而这两个问题正是旧唯物主义不能理解和解决的。

一般认为，黑格尔哲学是西方两千多年哲学的集大成者，黑格尔辩证法作为列宁所说的对世界认识的历史的总计、总和和结论，[①] 可以说是西方哲学史、认识史的理论概括。和一些重要的哲学家一样，黑格尔本人也持有目的论的哲学史观，把自己的哲学理论看做是西方哲学所欲趋赴的目的和目的的实现。他在古希腊哲学中，即已揭示巴门尼德的"存在"作为纯粹思想与赫拉克利特哲学的"运动"和"变化"，是哲学的起点，而纯粹思想的自己运动即思维过程作为主体，正是辩证法的根本原则或本体基础。从我们习惯的日常思维和科学思维去想，无论如何也不能理解和接受思维过程的本体论。思维只是人脑的机能，思维总是对在我们之外的事物和世界的思维，事物和世界本身才是对象、实体和主体。然而，从哲学思维方式出发，黑格尔的辩证本体论却有其逻辑的根据和思想的必然性。

哲学作为世界观的理论，固然是面向整个世界的思考，也是关于世界本质的根本观点和看法。西方哲学在两千多年的历史发展中，提出了许多关于世界的理论和看法。无论是唯物主义还是唯心主义的哲学学说，作为对世界的理论认识，作为追根究底的终极解释，其实质都是关于世界的概念认识，这些概念作为对世界的最高抽象，即是黑格尔所说的"纯粹思想"。黑格尔在批评唯物论时说："唯物论认为物质的本身是真实的客观的东西。但物质本身已经是一个抽象的东西，物质之为物质是无法知觉的。所以我们可以说，没有物质这个东西，因为就存在着的物质来说，它永远是一种特定的具体的事物。然而，抽象的物质观念却被认作一切感官事物的基础，——被认作一般的感性的东西、绝对的个体化，亦即互相外在的个体事物的基础。"[②] 我们知道，恩格斯也曾讲到，"物质本身是纯粹的思想创造物和纯粹的抽象。"[③] 而旧唯物主义与它们同时代的唯心主义一样，作为康德和黑格尔所说的知性形而上学、独断论的形而上学，缺少反思地把自己对世界的概念认识或思想创造物直接认定为世界中的实际存在，并

---

① 列宁：《哲学笔记》，人民出版社 1956 年版，第 90 页。
② 黑格尔：《小逻辑》，商务印书馆 1964 年版，第 115 页。
③ 《马克思恩格斯全集》第 20 卷，人民出版社第 1 版，第 598 页。

用以规定和规范整个世界的现实存在，而不知道这些本体只是纯粹思想。

黑格尔在康德对知性形而上学批判的基础上，充分自觉到以往哲学的本体规定实质是纯粹思想规定。但他不满足于康德对哲学理念辩证幻相的揭示，而要让纯粹思想自己运动起来，在自己运动中从抽象走向具体，建设一种非知性、非独断的思辨形而上学，亦即思维过程为主体的唯心主义辩证法。显然，这种已经包含着对旧唯物主义原则的扬弃的唯心辩证法，是旧唯物主义无法理解也无法颠倒和超越的辩证法。以自然态度思维、以素朴实在论的信念理解马克思的哲学思想，必然把马克思主义哲学倒退到旧唯物主义的原则水平上，从而也不能懂得马克思对黑格尔辩证法的颠倒。

按照旧唯物主义的原则，也不能理解物质的东西如何在人脑中"改造"而成为观念。人脑对物质东西的"改造"是思维能动性或意识能动性的实现过程，思维过程的主体性正是在片面夸大思维能动作用的基础上建立的。就此，马克思《关于费尔巴哈的提纲》第一条作出了经典的概括："从前的一切唯物主义——包括费尔巴哈的唯物主义——的主要缺点是：对事物、现实、感性，只是从客体的或者直观的形式去理解，而不是把它们当做人的感性活动，当做实践去理解，不是从主观方面去理解。所以，结果竟是这样，和唯物主义相反，唯心主义却发展了能动的方面，但只是抽象地发展了，因为唯心主义当然是不知道真正现实的、感性的活动本身的。"① 对事物、现实、感性只是从客体或者直观的形式去理解，就是把对象作为物质的东西看做外在的、既定的、给予性的东西，就是把人的思维和意识看做是只能消极被动地反映外在对象的接受过程，而不懂得事物、现实、感性是人的历史实践的结果，一定意义上也可以说是思维能动作用创造的结果。人的意识不仅反映而且创造客观世界，创造即是人脑"改造"物质东西的过程，亦即思维能动作用的过程。在旧唯物主义反映论的哲学原则中，已从根本上否定了思维过程的能动作用，但却是不自觉地、独断地把哲学思维抽象的物质观念看做是感性对象的基础。这正是黑格尔所批判的旧唯物主义的自相矛盾。以消极被动的反映论，无法颠倒黑格尔

---

① 《马克思恩格斯选集》第1卷，人民出版社1995年第2版，第54页。

的辩证法。

出路只有一条，即不是简单否定对事物、现实、感性的主观理解，不是否定能动方面的理解，而是具体地、不是抽象地找到和揭示出事物的真正的现实基础，即人的感性活动本身。事物、现实、感性不是永恒不变的对人显现的客体或直观，而是人的历史实践活动，首先是物质生产活动不断改变的历史性的对象。从主观和能动的方面去理解事物和世界，关键是找到具有物质性力量的能动方面。所以，马克思和黑格尔的对立，是两种不同能动方面的对立，即感性活动的能动性和思维过程主体性的对立。马克思对黑格尔辩证法的颠倒，即首先是用物质生产实践的历史性取代黑格尔思维过程的主体性和历史性，进而才能达到"物质是主体"的唯物主义辩证法。所以，只有在深入研究和揭示物质生产实践的基础作用和发展规律之后，才能真正颠倒和超越黑格尔的辩证法。这也就是说，是在唯物史观的视域中而不是认识论或知识论的视域中马克思颠倒了黑格尔的辩证法。

（二）唯物史观对唯心主义辩证法的超越

黑格尔哲学作为西方哲学发展的集大成者或者说是完成者，较以往任何哲学体系都更为具体、全面和客观，对哲学思想的具体性和客观性的寻求，是黑格尔哲学贯彻始终的原则。黑格尔批判了知性形而上学的抽象性和独断论，批判了康德哲学的主观主义和形式主义，把两千多年西方哲学的范畴史思辨地演绎成绝对理念自我否定、自我发展的逻辑体系，而每一范畴既是纯粹的思维规定，也是事物和世界的本质规定，实现了逻辑学和本体论的统一。进而在自然哲学和精神哲学中实现了本体和现象的统一，在自然和历史的现象形态中绝对理念表现自身、认识自身，而终于在绝对精神中完成了自我认识。黑格尔宏伟的哲学体系以百科全书的形式概括了两千多年的哲学史和认识史，绝对理念犹如精神的"黑洞"吸收了无限丰富的规定性，达到了黑格尔努力追求的包含了无限差异性和多样性的具体普遍性和真理的客观性。

黑格尔哲学成为后来哲学难以逾越的思想高峰，至今仍是令哲学家头痛的沉重的历史负担。在各种黑格尔哲学批判中，马克思的批判肯定是最有成果、最有价值的批判之一，这从根本上得益于唯物史观的发现。如前文所述，马克思用感性活动的实践取代了黑格尔的思维过程的主体性。从学理上说，至少有两点是意义重大的。一是以思维过程的主体性所能达到的只是思维规定的具体性，而无法说明感性的具体性和多样性的起源，所以，黑格尔的辩证法无法理解"感性活动本身"，其具体普遍性原则不能真正实现。作为主体的思维过程只能用思维规定感性，而无法使自己肉身化产生和创造新的感性，思维无法创造"非我"的感性，只能直观和规定既有的感性。德国古典哲学缺少真正的感性的、物质性的主体性和能动性原则，这是唯心主义无法补救的根本缺失。黑格尔的辩证法的抽象性、保守性亦根源于此。二是思维过程作为主体的能动性缺少感性的动力基础，思维自己运动的逻辑只能设定为精神本性、思维本性，而没有经验人类学的现实基础。精神的活动性和思想自己运动的必然性是黑格尔辩证法的动力基础，它遥承古希腊哲学纯粹理论的生活理想，近以生命科学为隐喻性的前提，从而精神生命的成长运动为思维过程的主体性提供了类比性的证明。黑格尔和他的所有哲学前辈一样，嫌弃和蔑视人的自然生命和物质欲求，从而也必然如费尔巴哈那样，"只是从它的卑污的犹太人活动的表现形式去理解和确定"人的实践，不能把满足人的自然生命需要的物质生产实践活动作为思维过程的动力基础，而是抽象地在思想自己运动的圆圈中打转。

马克思唯物史观的发现看似自然和简单，实际则是两千多年西方哲学根本立场和存在论原则的转变，满足人的自然需求的物质生产过程成为具有本体论意义的活动。马克思所说的"感性活动本身"，在西方哲学史上第一次打开了意识哲学通向客观世界的通道，为思想和精神的肉身化、感性化乃至物质化找到了现实的活动形式，从而也为黑格尔毕生寻求的思存同一性、思想客观性、具体普遍性找到了真正的现实基础。在这样的意义上，可以说马克思哲学是黑格尔辩证法的完成。"生产过程"取代"思维过程"而成为主体，意味着生产过程的感性活动是理解现实世界的钥匙，事物、现实、感性是感性活动的产物，世界是感性活动不断改变和拓展的世界。思想和观念一方面只能在感性活动的基础上获得自己的感性内容和感性的具体性；另一方面，思维规定感性、思维实现自己的能动性，也只能在感性活动中物化自身，才能成为现实的力量并确证自己的客观性和真理性。公正地说，黑格尔对上述思想并非毫无所知，他在《精神现象学》中对劳动的思辨，在《逻辑学》中对实践理念的分析，都已接近了这些思想。马克思和黑格尔的原则区分是革命家和理论家的区分。黑格尔只是思辨地、理论地看待和理解劳动和实践，从而劳动只是肯定性地达到自由意识的环节，实践也只是作为扬弃客观世界的片面性而达于绝对理念的环节，劳动和实践都从属于绝对理念自我意识的理论目的。而对马克思来说，包括黑格尔哲学在内的理论和观念恰恰是自己时代物质生活的理论反映，理论的真理性和现实性只有在改变人们的社会生活的实践中，在改变世界中才有意义。因此，只有马克思哲学作为"实践的理论"和"理论的实践"才能真正达到和坚持"感性活动本身"的哲学原则。

用"感性活动"和"生产过程"取代"思维过程"的主体性，形成了马克思和黑格尔对立的历史观。在黑格尔看来，"绝对理念的内容就是我们迄今所有的全部生活经历"①，人类迄今为止的历史就是绝对理念自我意识的历史。马克思则认为，由黑格尔所表述过的"精神在历史中的最高统治"的"戏法"，"把一切唯物主义的因素从历史上消除了"，"让自己的思辨之马自由奔驰"。② 而唯物史观则是："从直接的物质生产出发来考察现实的生产过程，并把与该生产方式相联系的、它所产生的交往形式，即各个不同阶段的市民社会，理解为整个历史的基础；然后必须在国家生活的范围内描述市民社会的活动，同时从市民社会出发来阐明各种不同的理论产物和意识形式，如宗教、哲学、道德等，并在这个基础上追溯它们产生的过程。"③ 应当承认，即使是对社会历史的哲学反思，黑格尔哲学也远远高于他的前辈，他第一次把人类历史把握为有规律的过程，以百科全书式的渊博，思辨地建构了法哲学、历史哲学、美学和哲学史等精神哲学的知识形态，以深刻的洞察力揭示出人类精神发展所创造的具有永恒意义的"实体性的东西"，显示出人类文明在客观精神的形态中具有必然性的范畴进展。这是包括费尔巴哈在内的旧唯物主义望尘莫及的。因为，按照旧唯

---

① 黑格尔：《小逻辑》，商务印书馆1980年版，第423页。
② 《马克思恩格斯选集》第1卷，人民出版社1995年版，第102页。
③ 《马克思恩格斯全集》第3卷，人民出版社2002年第2版，第42—43页。

物主义理解事物的方式，"至多也只能做到对'市民社会'的单个人的直观"，而不能从能动的方面理解复杂的社会现实。要超越黑格尔的唯心主义历史辩证法，也必然找到物质性的历史能动因素，才能说明人们自己创造的历史何以会有客观性、物质性和规律性。

黑格尔的历史辩证法消除了历史中的物质因素，其思辨的范畴进展不能真正做到历史与逻辑的一致，难免牵强附会、自由驰骋。没有了物质因素的纠缠、制约，范畴的具体性和客观性也受到损害。一方面，历史是人的有目的的自觉活动，人们自己创造自己的历史，思想和精神影响历史的进程；另一方面，生产过程和交往方式等作为不可超越的既定的物质性条件，规定了思想和精神的可能空间，规范着人的目的和意志。所以，只有在揭示出物质生产过程的必然性和规律性之后，才有思想过程的必然性和客观性。马克思唯物史观合目的性与合规律性的统一的原理，内在地超越了黑格尔的辩证法，使其在思辨形式中获得的丰富的范畴概括有了现实的、物质性的基础。

（三）唯物史观对意识哲学的超越

马克思对黑格尔辩证法的颠倒和超越，从西方哲学发展的内在逻辑看有其必然性。以"感性活动"和"生产过程"的物质性的能动性弥补了黑格尔思维过程主体性的抽象性和片面性，使思维和存在的统一、主体和客体的统一，哲学思想和哲学范畴作为具体普遍性的真理，有了现实的基础。在这样的意义上，马克思哲学是西方哲学的完成。就此，海德格尔说："随着这一已经由卡尔·马克思完成了的对形而上学的颠倒，哲学达到了最极端的可能性。哲学进入其终结阶段了。至于说人们现在还在努力尝试哲学思维，那只不过是谋求获得一种模仿性的复兴及其变种而已。"①如果从海德格尔所说的哲学思想的方向和视轨说，马克思对黑格尔辩证法乃至全部形而上学的颠倒，又是西方哲学的断裂或革命。因为，马克思哲学从根本上改变了哲学的立场和理论形态，终结了知识形态或理论形态的形而上学，赋予哲学以全新的思想方式和功能形式。马克思和恩格斯认为，自己的理论是"实践的理论"和"理论的实践"，哲学理论的动力是

---

① 孙周兴选编：《海德格尔选集》（下），上海三联书店 1996 年版，第 1244 页。

"革命"，哲学是通过"革命的"、"实践批判的"活动实现自身，是内在于
无产阶级和人类解放实践过程中的要素而非独立存在的哲学。总之，哲学
超越了意识哲学、理论哲学的形态而进入到现实的实践过程。而这一点是
海德格尔所否定的。

　　海德格尔在晚年的讨论中认为，马克思用"生产过程"取代了黑格尔
"生命过程"的存在论，这只是用"人的优先性"取代了"意识优先性"，
并未超出"主体形而上学"的视域。① 结合上文引述的他对马克思颠倒形
而上学的评论以及他在《关于人道主义的书信》等对马克思的论说，海德
格尔力求表明他与马克思存在思想的区分似乎是"存在优先"还是"人优
先"的问题。如果仅从认识论或知识论的视野看，马克思和一切唯物主义
一样都主张存在的优先性和客观性，海德格尔的区分毫无意义。而只有在
海德格尔所说的生存论视域中，亦即思考人的本质，此在的澄明乃至存在
的意义时，存在优先或人优先的问题才有他所区分的不同意义。其实，从
海德格尔本人的思路说，他似乎也并未坚持"存在优先"的原则。他的早
期思想虽然坚持人的本质即是生存，人只能从存在中获得本质和规定，但
要获得存在的意义却必须领会此在的意义。生存论作为基础本体论，既在
事实上，亦在逻辑上具有优先性。他在晚期著作中开始自觉地避免主体形
而上学，力求用一种非规定性的思想表达人对存在的归属。在我看来，他
实际是力求唤回被现代工业文明所遗忘了的人的存在感受，类似于人在家
里的熟悉感、亲切感、安全感、归属感、自由感乃至根源感等所谓诗意的
感受。海德格尔说，只有觉悟到和思及到更原始的一度，"在此一度中，
从存在本身方面来规定人的本质才有在家之感"，他还引用亚里士多德的
话说："作诗比存在者的探究更真。"② 人如何诗意地栖居在存在中、在大
地上，是海德格尔反复论说的思想主题。但要找回存在的意义，获得家园
般的存在感受，仍必得聚焦于人的语言、思想和领会，仍难免"人的优先
性"的论说。

　　仅从逻辑上反驳海德格尔"存在优先"和"人优先"的区分不能令他
信服，因为逻辑只能形成某种"存在论"而不能唤醒他所寻求的"存在

---

① 　F·费迪耶等辑录：《晚期海德格尔的三天讨论班纪要》，《哲学译丛》，2001 年第 3 期。
② 　孙周兴选编：《海德格尔选集》（上），上海三联书店 1996 年版，第 389、404 页。

感"。在我们看来，晚期海德格尔对思想和哲学（形而上学）的区分、人的优先性和存在优先性的区分，确实是一种思想方式的"移居"、思想方向的开拓，邓晓芒先生也把它看做是语言的突围。它确实具有终结两千年西方哲学，从根本上转变现代工业文明生存方式的源始性。但是，在如何实现这一具有世界历史意义的"跳跃"中，海德格尔则显得软弱、无奈，有时甚至有些绝望。他坚持用一种词源学的方法，引导人们听从语言的召唤，倾听存在和大地的言说；他强调思想对存在的归属，要在更源始的思的一度中达到存在的根源中；他主张诗作为源始的语言和思想更能本真地亲近存在；他有时也对古老东方思想的复兴充满希望和期待，等等。但语言、思想和诗能改变人们的生存领会，终止思维规定存在、宰制存在的意识优先性和人的优先性吗？能改变"技术座架"的统治和催逼吗？一旦涉及到"改变世界"的问题，马克思哲学的力量就显得强大无比。

在马克思看来，实践的批判较之哲学的批判，不仅是能改变现实的物质力量，也能更有力地改变人们的观念，包括哲学家的思想。"生产过程"的存在论，使哲学走出内在的思想和意识，进入到"感性活动"的物质化过程之中，变成实际改变现存世界的力量。仅就海德格尔所力求唤醒的"存在感"说，"生产过程"的存在论也有未被海德格尔深思的重要意义。海德格尔指责这种存在论未超出黑格尔的视野，仍是"人的优先性"的主体形而上学。实际上恰是海德格尔未超出黑格尔的劳动概念，即仅在人规定、改造劳动对象，对象化自己自由本质的意义上理解劳动，仅看到了劳动主体自我肯定的方面，而未看到劳动对主体的否定方面，未看到劳动的消极方面。马克思不仅揭示出私有制劳动的奴役性质，即劳动主体的活动过程所具有的强制性、否定性的社会性质，也看到劳动主体与劳动对象否定性统一的自然性质，即劳动对象对主体力量的否定和抗拒。用黑格尔的表述方式说，直观的自然是理念，劳动中的自然才显示出自然存在的物质性和客观性，直观的石头对意识和思想没有阻抗，而要搬起这块石头则要消除它的重量的抗拒，才知道它是如此沉重、如此真实。劳动不仅是主体本质力量的自我确证，也是自然和存在自身显现的过程，是存在的到场。我们可以肯定地说，不是语言、不是思想、不是诗，是"生产过程"和劳动，才给予人以真实的存在感，才使人实实在在地感受到存在的先在性。

　　马克思哲学作为"实践的理论"进入到包括改变"生产过程"的实践的批判中，真正超越了意识哲学的内在性。马克思哲学是否超越了近代以来的"主体形而上学"呢？青年马克思思考过人道主义和自然主义统一的问题，他和恩格斯在《德意志意识形态》中也提出过"消灭劳动"的命题。马克思的共产主义理想也真实地包含着人与自然统一、和解的理论设想，而关键的现实性的任务则是无产阶级解放的实践。马克思所说的消灭劳动显然是指改变劳动的社会性质和自然性质，亦即改变私有制条件下劳动的奴役性质，进而改变为满足人类生存需要而不得不劳动的自然强迫性质。马克思设想在生产力高度发展、社会制度根本改变的时候，劳动成为自由人的需要，成为没有社会和自然强制的自由游戏，这就消灭了传统的劳动方式，自然也根本改变了劳动概念。这时候的"生产过程"不再是人对存在的价值化、资源化、对象化，因而也不再是"人的优先性"的"主体形而上学"。只有自由的人才能给自然和存在以自由，自由是人和自然的双重解放。海德格尔所吁求的人扎根于存在，诗意地栖居，以及存在的到场和澄明，只能在"生产过程"的性质根本改变之时才能到来。超越"主体形而上学"的现实道路，只能是缺少诗意的艰难的改变世界的实践。

五、哲学观与哲学研究的重大问题

　　近年来，我国马克思主义哲学研究十分关注重大问题的捕捉和凝练，力求通过重大问题的提出和解决，发挥哲学的功能和作用，重振马克思主义哲学研究的社会声望。但人们对什么是马克思主义哲学研究的重大问题，如何捕捉重大问题等有一些不同的看法。一些学者认为，马克思主义哲学与其他哲学不同，是实践的理论、理论的实践，我国社会主义建设实践的重大问题即是马克思主义哲学研究的重大问题。有的学者则强调马克思主义哲学是以往哲学优秀成果的结晶，只有继承和吸取全部哲学的精华，才能在哲学水平上理解我们时代的现实，才能准确捕捉我们时代重大的哲学问题。也有学者从"后形而上学"的哲学理解出发，认为寻找哲学研究的重大问题的思路即是"形而上学"，这是一种还原论的宏大叙事的构造，哲学研究有很多问题，不能归约出若干所谓重大问题。仔细思考这些不同的看法，显然对哲学性质、功能等的不同理解的哲学观差异是分歧所在，尤其是对马克思哲学革命实质的理解，从根本上决定了人们对马克思主义哲学研究的重大问题的看法。在这样的意义上，哲学观问题即是马克思主义哲学研究的第一个重大问题。

（一）不同哲学视野中的哲学问题

马克思主义哲学研究为什么要捕捉、提炼重大问题？是什么情境催逼我们做出这样的发问？在提问背后汇集着哪些焦虑、困惑和茫然？在对提问的前提追究中，我们触及到了我国马克思主义哲学研究的复杂格局和深层矛盾，触及到了一些马克思主义哲学研究者的希望和期待，感受到变革哲学观念，创造新理论的雄心壮志。但是，哲学根本观念的变革，一种新的思想方向、思想道路的开拓，一种新的思维方式、说话方式和生活方式的创造，终究是历史上少有的时刻。这不仅需要外在于哲学的时代发展，亦即时代现实生活自身的高度主题化，所谓历史的转折关头、生或死的重大抉择的出现；也需要哲学自身的问题积累达到一个限阈，一种哲学思维方式走到了尽头，其弊端和禁锢已充分显露，哲学革命才能到来。我国从上个世纪90年代中期以后，社会主义改革进入了攻坚阶段，深层次的社会矛盾显露出来。坚持解放思想，坚持改革开放虽然仍是重大的路线、方向问题，但已不再是生死抉择的唯一问题。民生问题、民主问题、环境问题、文化建设问题等现实问题的多样化，分散了哲学思想的力量，哲学难以聚焦于足以产生重大社会影响的重大问题研究。马克思主义哲学研究不仅随着现实问题的多样化而出现碎片化、微观化、分散化的研究局面，而且也出现了基于对马克思主义哲学根本性质的不同理解而多样化的研究范式。至少以下三种不同的马克思主义哲学观规范了三种不同的研究方向或风格。

首先是对马克思主义哲学作为实践理论的理解。马克思创立的唯物史观是伟大的哲学革命，它不仅是一种新世界观，也是一种新哲学观。唯物史观作为一种怀疑主义的解释学颠覆了西方近代以来的意识哲学。力求为全部人类生活提供内在意识确定性、明证性的近代西方哲学，自身却是要从人们的存在亦即实际生活过程中得到解释的意识形态。马克思宣告"独立的哲学"消失了，马克思主义哲学作为实践的理论和理论的实践成为无产阶级和人类解放的实践要素，只能内在于实践过程中发挥作用。离开国际共产主义运动的实践，离开我国社会主义建设的实践，就没有独立存在的马克思主义哲学。按照这样的马克思主义哲学理解，马克思主义哲学研究的所有问题都是社会主义实践中的问题，马克思主义哲学研究的根本目的和绩效标准都是社会主义实践的历史效果。着眼于社会主义建设实践的需要，研究社会主义建设实践中的问题，必然触及社会主义建设不同领域的具体问题，如文化问题、经济问题、政治问题和价值问题等。我国学者近些年来分别致力于文化哲学、经济哲学、政治哲学、价值哲学等领域的研究，初步形成了一些有一定影响的部门哲学研究成果。但有两点值得思考。我国马克思主义哲学研究多年来形成的中心化、主题化、整体性的传统，使研究者难以安于局部的、细节的具体问题研究，宏大的抱负和急切的体系化意识总要构造宏大的理论叙事。一方面，各种部门哲学自觉或不自觉地把各自的研究视作当代中国马克思主义哲学唯一或至少是最重要的研究范式。文化哲学即是关于人作为文化存在的人学，即是一种元哲学。同样，政治哲学转向意味着它是当代哲学的主题，或者是当代哲学的唯一合法话语。在这样的意义上，部门哲学是一种元哲学的自我意识。另一方面，部门哲学以各自的研究视角把社会现实、社会主义建设实践的问题主题化、归约化，把各自的研究问题视作实践的根本问题。显然，上述哲学观的跃迁和实践问题的归约，都难以有充分的论证。

其次是对马克思主义哲学作为高等教育学科和客观知识体系的理解。按照一些学者的看法，大学的学科体系是工业化生产规范和塑造的，它使大学的教学和研究服从于工业生产发展的需要，把人才培养规范为生产技能型的人才培养，把大学的知识传授规范为工具理性的知识传授。但也许基于所有文明国家共同具有的文化传承的需要，古老的哲学知识作为非生产性的知识仍存在于大学的学科体系中。可是，大学教育的体制性力量难以关注这种不同知识性质的区分，在教学、研究和人才培养的统一模式中，哲学也被不同程度地纳入到客观知识、工具性、生产性知识的管理观念中。大学的哲学教师群体深知哲学的理论性质和功能，必然不同形式、不同程度地抗拒对哲学的生产性、工具性的知识规范，而来自古希腊的为学术而学术的纯粹理论的学术精神和哲学作为自由学术的哲学理解，成为反对一切外在于哲学的规范要求的最好理由。在包括马克思主义哲学在内的哲学教学和研究中，以纯粹理论的态度，把哲学作为纯粹客观知识传授和研究，成为马克思主义哲学研究中的一种影响很大的趋向或范式。

作为客观知识形态的马克思主义哲学是由马克思和其他马克思主义哲学经典作家写下的著作或文本的集合体。倡导对马克思文本的研究，注意对马克思的手稿、最新版本著作的研究，关注马克思文本中引证、批判的文献和学者的思想研究，直至马克思著作的汉译、不同版本的区别、考证等研究，成为我国马克思主义哲学研究中十分引人注目的研究趋向。客观地说，从马克思主义哲学译介到中国以来，上述文献的翻译、考据等工作一直是很多学者从事的基础性工作，但只是近几年来它才成为一种自觉的带有研究纲领或范式的主张。但是，把马克思主义哲学作为纯粹的、客观的知识体系，以纯粹理论的态度、纯粹学术或学术史的态度加以研究，也受到了一些学者的质疑。① 理由是马克思主义哲学自身的理论性质，从根本上说不是学院化的知识体系，它的产生、发展和传播从来不仅仅是在大学的学院里发生的学术事件，而是与国际共产主义运动密切相关的社会运动。用伽达默尔的说法，马克思是学院外的世界观哲学家。② 我们也可以说作为革命家的马克思是思想和行动、理论和实践、学术和生活高度统一的存在哲学家。所以，要真正理解马克思和马克思主义哲学，仅仅是文本的解读、学术的研究肯定不够，也可以说马克思的思想在他的文本之外。要理解马克思，需要了解他的实践和生活，需要像马克思那样去实践和存在。

第三是对马克思主义哲学作为哲学思想的研究范式。这可能是许多中老年哲学工作者习惯的、和自身哲学使命感契合的研究范式。他们一方面不能满足于纯粹学院化、学术化的客观知识研究，多少保留着哲学知识不同于经验科学知识的知识等级意识。即使他们知道现代社会已经不能接受知识等级的霸权，知道后现代主义哲学对形而上学、同一性哲学的指控，他们仍然期望哲学有超出学术意义的社会功能和社会影响。另一方面，他

---

① 王南湜：《当代中国"马学"的一种自我理解》，《新华文摘》2007 年第 17 期。
② 伽达默尔：《黑格尔与海德格尔》，《哲学译丛》1991 年第 5 期。

们也不能满足于哲学作为一般实践要素的实践哲学理解。他们肯定马克思哲学革命的重大意义，但力求把握马克思本人所占有的哲学史资源，力求在时代生活中把握时代精神，充当文明的活的灵魂。用思想把握时代，用哲学引导和塑造时代精神的宏大抱负，也使这一研究群体超越了学科化理解的马克思主义哲学。马克思本人的哲学史教养，不同程度反映和表达时代精神的各派现代哲学、乃至实证科学、人文科学和大众心理文化的普遍性动态，都为这一研究范式所关注。他们所从事的马克思主义哲学研究，实际是如德里达和海德格尔所说的"思想"研究，是把马克思主义哲学作为哲学思想的研究。

用思想的形式把握和推动时代的发展，必然要关注和建构时代生活的重大问题。马克思主义哲学研究的重大问题的寻求和思考主要是这种哲学观和研究范式所关注的。然而，这种哲学思想家的工作方式在今天的时代是否合乎时宜，有无合法性是值得怀疑的。这种带有传统形而上学哲学观色彩的理性的自信，这种对现时代重大问题的想象和建构，难道不是对形而上学霸权的迷恋和新的形而上学的恐怖吗？

（二）在"后形而上学时代"我们还能问哲学研究的重大问题吗？

经过整个 20 世纪对传统哲学的批评，传统哲学作为形而上学的知识形态已经声名狼藉。即使如哈贝马斯这样被认为仍未完全摆脱形而上学怪影的哲学家，也明确使用"后形而上学"的时代判断。看来形而上学真的已经"终结"或"完成"了。当代哲学的任务只能像维特根斯坦那样为了取消哲学而研究哲学。但这样的判断也许过于轻率。正如有的学者指出的那样，有两千年历史的西方形而上学并非是完全同样的货色，也并非是某种单一的思维方式。至少从康德《纯粹理性批判》发表后，已经有知性形而上学或独断论形而上学与理性形而上学的原则区分。西方现代哲学一百多年拒斥形而上学的论证，大都是对知性形而上学的否定，并未动摇理性形而上学的根基。[1] 问题似乎非常简单：是否有有限的经验对象与无限的超验对象、有限的知性思维规定与无限的理性观念的真实区分？是否存在经验科学的知性思维方式与理性的哲学思维方式的真实区分？像康德、黑

---

① 王天成：《黑格尔对形而上学的改造》，《吉林大学社会科学学报》2007 年第 4 期。

格尔所说的世界、灵魂、自由、上帝等理性观念是否与经验科学的基因、电子等概念性质不同？这些观念没有与其相应的经验直观，不能用经验科学的方法做出有限的思维规定。如果用经验科学的方法去规定这些对象，只能是独断论的形而上学。或者承认有无限性的观念，但认为这些无限性的观念只是诗意的想象或单纯的信仰，而不是可以逻辑地思考的对象，那么也没有理性形而上学。现代西方哲学拒斥形而上学的论证，只是证明了不能用经验科学的方法去规定那些无限的观念，证明了哲学不是经验科学。但这是康德、黑格尔早已明确论证的结论，而并未证明没有一种理性的高级的思维方式可以思辨地解决这些无限性的问题。至于后现代主义哲学家对思辨唯心主义宏大叙事、马克思的"解放叙事"的批判和怀疑，很难说是严格的反驳和论证，而更多地是有些牵强的联想，甚至是文学的想象。比如，利奥塔认为黑格尔的同一性哲学是"死亡哲学"，要对奥斯维辛大屠杀负责。人们都知道，黑格尔强调内在必然性的自由，主张在客观的伦理秩序、法律规范中才有人的真实自由，这使黑格尔哲学具有保守的国家主义倾向。但据此并不能直接逻辑地或事实地推出奥斯维辛的悲剧。按照马克思主义的观点，形而上学，包括理性形而上学是哲学意识形态，但它并不直接就是政治法律形式的意识形态，更不直接是，如纳粹主义这样的具体意识形态。所谓形而上学恐怖一类的指控可能是隐喻的、修辞学的策略，并不具有摧毁理性形而上学的论证力量。

我们尚不能轻言进入了"后形而上学时代"。按照马克思的形而上学批判，只有现实社会生活不再产生和制造形而上学的无限性观念，只有现实的社会关系不再受抽象的形而上学力量的统治（如资本统治），形而上学才能真正终结。我们的时代比以往任何时代都多了一些形而上学的力量，跨国资本的全球流动，资本主义制度的跨时空的移植，海德格尔所说的"技术座架"的逼索，以及文化资本化、市场化运作而生产的大众文化等等，都使我们的现实社会生活受到某种抽象实体的支配，我们生活在从未如此强大的形而上学的时代。后现代主义哲学对渗透于几乎是全部社会生活领域的体制性、结构性的同一性的揭示和拆解，不是说我们真的走到了"后形而上学"的时代，而恰恰是说形而上学的同一性已经完全统治、规范了我们的生活。经过几十年后现代主义哲学家的拆解、解构、摧毁和炸裂，我们社会现实生活中的形而上学似乎并未因之而减弱，至多只是多少改变了一些人的观念，使人们对形而上学多了一些警惕和厌恶。这又一次证明了马克思唯物史观的真理性，"批判的武器当然不能代替武器的批判，物质力量只能用物质力量来摧毁"①。仔细思考我们时代的形而上学问题，即使仅从理论上考虑后现代主义的形而上学批判，也有一些疑问需要澄清。如果人本身就有康德所说的自然形而上学倾向，人的意识必然产生超越的无限性观念，那么人就是一种形而上学的存在。如果人类文明发展的进程是随着生产的发展而不断扩大的普遍交往，随之必然产生规范交往的秩序和规则，普遍的、抽象的实体的统治就难以避免。最为重要的是，如果像黑格尔那样理解人的自由，自由不是主观任意，因为主观任意的自由是受人的自然生命情欲支配，因而恰是自然的偶然性，不是自觉自为的自我决定的自由。因此，作为内在必然性，亦即人自我发展规律中的自由，一定是在普遍的、客观的规定性中才有真实的存在，自由就是规律和规则。所以，没有为了个体自由而厌恶形而上学普遍性、同一性的理由。如果以上三点都有合理性，那么不仅要在理论形态上区分知性形而上学和理性形而上学，还要在社会现实中区分合理的形而上学同一性和不合理的形而上学暴力，亦即在理论和现实上都有好的或坏的形而上学的区分，而不是简单地拒斥一切形而上学。

马克思对形而上学的分析和批判比后现代主义哲学更为深刻和全面。马克思既认识到如黑格尔哲学那样的形而上学的思想的由来，即思维极度抽象的结果，一切事物的最高抽象是逻辑范畴，一切运动的最高抽象是抽象形态的运动，从而有纯粹逻辑范畴的运动；② 马克思也指出黑格尔逻辑学形而上学的现实根源，即资本的抽象统治；更为重要的是马克思并未简单抛弃黑格尔的形而上学，而是把思辨唯心主义的叙事改造为无产阶级和人类解放的理论学说。人的自由不再是个体精神在逻辑范畴和历史客观规定性中的自觉提升，而是在社会物质生活条件改变的实践中自然生命和精神生命的同步发展，是幸福和德性，与现实、现世的统一。后现代主义哲学家批评马克思"解放叙事"的形而上学，批评马克思的历史必然性的信

① 《马克思恩格斯选集》第 1 卷，人民出版社 1972 年版，第 9 页。
② 《马克思恩格斯选集》第 1 卷，人民出版社 1972 年版，第 106 页。

念，批评马克思改造现实社会的理性规划对自由的威胁，用罗蒂的说法这是"对怀疑的怀疑"① 在我们看来，马克思唯物史观的创立，确实以一种怀疑主义的解释学颠倒了内在意识形而上学，终结了独立存在的理论形而上学。形而上学的秘密就在人们的实际生活过程之中，形而上学问题的解决，也只能在人类社会历史发展的实践活动中创造条件。首先是创造物质生活条件，其次也需要先进分子创造理论和精神条件，最终在历史过程中得到解决。马克思否定了传统形而上学的理论形态，但并未抛弃形而上学的目标和理想，即人的自由全面发展的历史目的。

按照我们对马克思哲学观的理解，马克思哲学可以叫做区别于理论形而上学的实践形而上学，马克思自己的说法是"实践的理论"。马克思哲学的这种特殊的理论性质，使其具有一种内在的张力。一方面，它作为理论的实践，就是国际共产主义运动的现实过程，而随着国际共产主义运动的起伏曲折，马克思主义哲学的声望和历史命运也在变化。另一方面，它作为实践的理论，也要反思、规划实践的方向和道路，从而具有理论的形态，具有超越现实、构建现实的前提性理论预设和理想性目标。在国际共产主义运动的实践中，在活的现实的马克思主义运动中，由于东西方各国无产阶级革命和社会主义建设实践的条件、不同阶段的实践任务各不相同，从而使马克思主义哲学出现不同的致思取向和理论形态。粗略地说，在东方经济社会发展相对落后的国家，无产阶级政党要组织动员人民群众参加革命和建设，就必须强调历史发展的客观规律性，社会主义替代资本主义的必然性，给予人民以确信不疑的解放承诺，这就是苏联模式哲学原理教科书体系的实践根源。在西方发达国家的无产阶级革命面对的则是有较高教育和文化素质的群众，无产阶级政党必须具有文化的先进性，掌握思想文化的领导权，才能吸引和组织人民进行无产阶级革命，这是西方马克思主义强调哲学主体性原则的实践根源。但历史的吊诡是，许多西方马克思主义政党在争取人民群众的过程中不得不适合人们现实的物质利益要求，从而滑向工联主义、工团主义。而东方无产阶级政党在社会主义革命和建设中，往往背离自己创立的马克思主义哲学教科书体系所突出强调的

---

① R·罗蒂：《哈贝马斯和利奥塔论后现代性》，《世界哲学》2007 年第 4 期。

客观规律和客观性原则，陷入脱离实际的主观主义、理想主义。在马克思主义哲学研究和社会主义建设实践中，准确把握马克思主义哲学固有的理论和实践、理想和现实、主观和客观的内在张力，把握住其作为实践形而上学的理论性质无疑是一个重大的理论和实际问题。

（三）哲学思维方式是哲学研究的根本问题

对我国当前马克思主义哲学研究的重大问题做探索和思考，既表现了一部分哲学工作者对自己研究工作重大社会影响的期待，也表现了近些年来马克思主义哲学研究似乎是无处发力的困惑和茫然。我国社会主义改革实践的复杂化和社会矛盾乃至不同利益群体的利益和价值追求的多样化等，是产生哲学研究困惑的现实原因；而现代西方哲学包括后现代主义哲学对传统形而上学的批判，对马克思主义哲学的怀疑，是产生疑虑的理论根源。在后现代主义哲学的语境中，任何重大哲学问题的提问，都有被指控为形而上学同一性的危险。在我们粗略地考察了这些现实的和理论的根源之后，基于对马克思哲学观的理解，可以较有信心地追问哲学研究的重大问题。但是，即便我们获得了提问的合法性自信，对于什么是马克思主义哲学研究中的重大问题仍会有许多不同的看法。

在我们看来，关于哲学研究重大问题的不同理解，其分歧所在仍是哲学观的问题，这其中十分重要的是如何理解哲学发挥作用的形式和特点，亦即哲学功能实现的问题。按照通常的想法，凡是能产生重大社会影响、解决重大理论和实际困难的哲学问题，就是重大的研究课题。但是，哲学研究和哲学问题的解决是否与经验科学相同，是否能直接解决经验操作层面的问题而直接显示出其理论效果？列宁把马克思主义哲学看做是伟大的认识工具，毛泽东也把马克思主义哲学看做是人民群众的思想武器，但这些形象的说法并不意味着马克思主义哲学与其他物质性的工具一样，拿来就可以使用，甚至能产生立竿见影的效果。作为认识的工具或思想的武器，必须是内在于认识和思想过程中获得的，是作为黑格尔所说的具体普遍性的概念和原理而获得的，这实际就是对学习者的教化和改造，就是思维方式转变的过程。掌握马克思主义哲学这一认识工具和思想武器，可能比使用这一工具和武器更为艰难，更为重要。

马克思哲学作为学院外哲学，其哲学宗旨贴近人民群众的根本利益，固然容易为人民群众所接受和理解，但绝不能轻估掌握马克思主义哲学的困难。我们经常说马克思主义哲学是两千年西方哲学史发展的最高成果，这如果不是虚假的赞誉之词，而是真实的理论判断，那就意味着马克思的哲学革命是对两千年西方哲学的内在超越，是对所有学院化的理论哲学的创造性地继承，真正掌握马克思主义哲学也就真正吸取了两千年西方哲学的积极成果。对此，列宁有自觉的意识，他讲"不钻研和不理解黑格尔的全部逻辑学，就不能完全理解马克思的《资本论》"①，"只有用人类创造的全部知识财富来丰富自己的头脑，才能成为共产主义者"②。按照我们前文对经验科学和哲学、知性思维和理性思维的区分，掌握马克思主义哲学的最大困难是能否进入和建立哲学的思维方式，能否从我们习惯的常识思维、知性思维中挣脱出来，能否坚持用哲学思维方式，在哲学思维的水平上提出和思考问题。

哲学思维方式决定了哲学提问的水平和质量。哲学研究的问题不是直接摆放在那里的东西，而是哲学思考所建构的。按照黑格尔和海德格尔等哲学家的看法，我们要进入到哲学的发问状态就得进入到自由思考的状态，就得摆脱、悬搁我们通过教养所获得的种种成见，如此才能"孤寂地独立在那里沉思默想"③。自由地奠定哲学思考的起点。否则我们就只能从自己的教养所获得的常识、其他学科知识或别人已经提出的问题作为现成的研究问题，而不能创造性地提出问题。在当前马克思主义哲学研究的重大问题的思考中，很多人主张应从现实出发，提出和关注重大的现实问题研究，这在原则上是正确的。但正如很多学者指出的那样，从黑格尔以来，现实已不再是单纯的经验直观，现实是理论和实践构建的现实，是被某种已有理论理解和规定的现实。从现实出发，实际上已是从某种既定理论预设出发，提出某个重大现实问题，必定是基于某种理论框架所理解的重大问题。如果缺少哲学思维方式的自觉，我们提出的重大现实问题就可能是基于其他学科视野提出的经济学问题、政治学问题、社会学问题，甚

---

① 列宁：《哲学笔记》，人民出版社 1956 年版，第 191 页。
② 列宁：《共青团的任务》，选自《列宁教育文集》，人民教育出版社 1986 年版，第 147 页。
③ 黑格尔：《小逻辑》，商务印书馆 1964 年版，第 100 页。

至是普通百姓也在思考的社会常识问题，而不是真正的哲学问题。

我国社会主义改革的深入，使现实生活呈现出复杂的矛盾结构：效率与公平、发展与环境、民生与民主、自由和秩序、多元与和谐、理性规划与自然演进等悖论性的存在，使价值选择和价值判断难以有单一的、明确的是与非、对或错。这一方面使我国马克思主义哲学研究呈现出多元化、分散化的局面，另一方面也使澄清自思想解放运动以来我国实际发生的思维方式变革的任务变得更为迫切。比如，如何从哲学思维方式理解"以人为本"的科学发展观？如何理解我国传统哲学思维方式在现实生活中的真实作用？这是一些复杂重大的哲学问题。

首先，我国社会的复杂矛盾和科学发展观的提出，意味着经验科学的知性思维方式无法把握和驾驭中国社会的发展。按照黑格尔的看法，知性思维无法摆脱主观与客观、有限规定之间以及有限与无限的对立，[1] 要把握生命、精神和社会这些无限性的对象，必须有无限的哲学思维方式。"以人为本"的科学发展观，不是经验科学意义的"科学"发展观，而是哲学"科学"的发展观。只有从哲学思维方式理解科学发展观，真正从我国社会发展的"事情本身"的自身规定、自我发展的逻辑出发，才能内在地而不是知性地外在调和社会发展的诸多对立和矛盾，才不会陷入"今天抓发展，明天抓治污"的忙乱之中。真正贯彻落实科学发展观，需要真正的辩证思维的启蒙。

其次，"以人为本"的科学发展观需要反思人之为人的根本，人安身立命的根本，亦即人的存在论问题。我国马克思主义哲学研究根据马克思人的自由全面发展的学说，已经充分论证了"以人为本"，即以每个人、每一个体的自由全面发展为本的思想。[2] 但问题并未就此终止，海德格尔在"晚期的三天讨论班纪要"中对马克思"人是根本"的存在论实质提出质疑和批评。海氏认为，"人是根本"的命题只是以人的优先性取代了意识优先性，马克思生产过程的本体论来自黑格尔生命过程的本体论，马克

---

① 黑格尔：《小逻辑》，商务印书馆 1964 年版，第 93 页。

② 叶汝贤：《每个人的自由发展是一切人的自由发展的条件——〈共产党宣言〉关于未来社会的核心命题》，《中国社会科学》2006 年第 3 期；孙正聿：《提出和探索马克思主义哲学研究中的重大问题》，《中国社会科学》2007 年第 3 期。

思并未超出主体形而上学的存在论。① 如何回应海德格尔的批评，表面看似乎只是一个纯粹理论的问题，但深入思考就会备感它的意义的重大。人的自由全面发展有无存在论的前提？经济和社会发展与人的自由发展是什么关系？人们如何在自由发展中获得实实在在的安全感、幸福感？如何能有平凡、真实、快乐的生活？这必须重新理解马克思哲学的存在论问题。我认为，马克思关于共产主义自由王国、共产主义劳动的概念中，已经包含了既非意识规定，也非劳动改造的存在，从而是自然主义和人道主义统一的存在概念，它是以人为本的科学发展观的存在论基础。

第三，我国的科学发展观是每个中国人的自由发展，科学发展观与当代中国化马克思主义的所有理论成果都是中华民族集体智慧的结晶。深入思考中国化马克思主义的哲学思维方式基础，它既不是经验科学的知性思维方式，也不是某种纯粹的西方哲学思维方式，其中必有五千年中国传统文化所规定的思想方向和思想道路的作用。按照海德格尔的看法，一种哲学思维方式规定了一种"思"的方向和看待世界的轨道、视域。如果没有重大的哲学革命，它的"移居"或转变很难实现。我们今天也许仍不同程度地在中国传统哲学规定的方向和道路上滑行。我个人认为，黑格尔辩证法具体普遍性的观念、胡塞尔现象学"意向充实"和"范畴直观"的理论、海德格尔的存在论等西方哲学的理论和方法，已经能够使我们比较清晰地阐明中国传统哲学思维方式的实质和特点。而这一澄清的过程必定是一种新的思维方式的生成，一个新的思想方向的开放，它将从根本上影响中华民族未来的历史命运。

---

① F·费迪耶：《晚期海德格尔的三天讨论班纪要》，《哲学译丛》2001年第3期。

一、研究状况综述

关于马克思主义哲学的世界观，长期以来有三个基本命题：其一，哲学是理论化、系统化的世界观；其二，马克思主义哲学是科学的世界观；其三，作为科学世界观的马克思主义哲学就是辩证唯物主义和历史唯物主义。近30年来的马克思主义哲学世界观研究，集中地表现在对上述三个基本命题的反思：其一，怎样理解作为世界观理论的哲学？其二，怎样理解马克思主义哲学是科学的世界观？其三，怎样理解、概括和表述作为科学世界观的马克思主义哲学？

首先，怎样理解作为世界观理论的哲学？

这里首先涉及对"世界观"的理解和解释问题。按照通常的看法，是把"世界观"解释为"关于整个世界的根本观点"，因而合乎逻辑地把"世界观理论"即"哲学"解释为"关于整个世界的根本观点的理论"，也就是"关于自然、社会和思维的根本观点的理论"。这种通行看法，自20世纪80年代以来，先后遭到"认识论"和"实践论"的解释原则的质疑。从"认识论"的观点看，离开对人的认识的反省的"关于整个世界的根本观点及其理论"，只能是一种素朴实在论的"独断论"，因此必须从"思维和存在的关系问题"出发重新理解"世界观"；从"实践论"的观点看，离开人的实践活动以及由此构成的人与世界之间的关系，"关于整个世界的根本观点及其理论"只能是作为"形而上学"的旧哲学，因此必须以实践观点的思维方式重新理解"世界观"。重新理解"世界观"，也就是重新理解"理论化、系统化的世界观"即哲学。

其次，怎样理解马克思主义哲学是科学的世界观？

从通常的关于世界观及其理论的理解和解释出发，其直接后果就是把马克思主义哲学定义为"关于自然、社会和思维发展的一般规律的科学"。在这种解释中，一是从同一性上把包括马克思主义哲学在内的全部哲学解释为"关于整个世界的根本观点的理论"即"理论化、系统化的世界观"，二是从差异性上把马克思主义哲学解释为区别于全部旧哲学的新哲学，而这个新哲学之所以"新"，则被解释为以"科学的世界观"变革和取代了"非科学的世界观"。然而，正是这种对马克思主义哲学与全部旧哲学的"同一性"和"差异性"解释，构成30年来马克思主义哲学世界观研究中的焦点问题。

如何理解"科学的世界观"，直接关系到对"科学"与"哲学"关系的理解。哲学和科学是人类把握世界的两种基本方式，还是性质相同的一种基本方式？哲学是对科学的反思和批判，还是科学的变形和延伸？哲学的世界观是理解和协调人与世界关系的理论，还是具有"最大普遍性"和"最大普适性"的科学？正是对"哲学"与"科学"关系的反思，推进了对马克思主义世界观的理解。

从对"哲学"与"科学"的反思中，必然引发对马克思主义哲学何以是"科学的世界观"的追问，即：我们究竟在何种意义上以"科学的世界观"来解释马克思主义哲学？具体言之，我们是从学科性质还是从理论性质来解释"科学的世界观"？如果是从学科性质来解释"科学的世界观"，那就必然把马克思主义哲学解释为具有"最大普遍性"和"最大普适性"的"科学"；如果是从理论性质来解释"科学的世界观"，则是在全部哲学史的意义上凸显马克思主义哲学所实现的革命变革，以及这个革命所开辟的哲学道路的正确性、合理性。在后者的意义上，所谓"科学的世界观"，应当是恩格斯曾强调指出的：马克思主义哲学已经不再是"哲学"，而只是"世界观"。因此，我们需要从马克思所实现的哲学革命去理解"科学的世界观"。

最后，怎样理解、概括和表述作为"世界观"的马克思主义哲学？

如何"表述"马克思主义哲学，并不只是对马克思主义哲学的"称谓"问题，而是表明对马克思主义哲学的"定位"问题，具体言之，就是关系到对马克思主义的哲学革命及其所开辟的哲学道路的根本性理解问题。

通常是把马克思主义哲学表述为辩证唯物主义和历史唯物主义。这种表述，主要是为了凸显马克思主义所实现的哲学变革：一是实现了唯物主义与辩证法的统一，二是实现了唯物主义的自然观与历史观的统一。而在把历史唯物主义解释为辩证唯物主义在历史领域的推广和应用的意义上，则把辩证唯物主义解释为马克思主义的世界观，而把历史唯物主义解释为体现辩证唯物主义世界观的历史观。改革开放 30 年来，马克思主义哲学界对于这种通行表述进行了深入地、持久地反思，提出了诸如"实践唯物主义"、"实践观点的思维方式"和"历史的唯物主义"等包含新的解释原则的根本性命题，以重新理解、概括和表述马克思主义哲学，从而形成了关于马克思主义世界观的丰厚的研究成果。

二、怎样理解作为世界观理论的哲学

当我们把哲学作为被定义项而界说为"世界观理论"或"理论化的世界观"的时候，作为定义项的"世界观理论"本身并不是没有歧义的；事实上，正是由于人们对"世界观理论"赋予了各不相同的理解和解释，因而作为"世界观理论"的"哲学"也被赋予了迥然有别的理解和解释。这里，我们主要讨论四个问题：其一，作为"世界观理论"的哲学与哲学自己的"基本问题"是何关系？或者更为明确地说，能否离开作为"哲学基本问题"的"思维和存在的关系问题"去解释哲学的"世界观理论"？其二，哲学作为"世界观理论"，这里的"世界观"是人站在"世界"之外"观"世界，还是人把自己同世界的"关系"作为对象而进行"反思"？进而言之，能否在非"反思"的意义上界说"世界观理论"？其三，"世界观理论"同"认识论"、"历史观"、"价值论"是何关系？究竟怎样从"世界观"与"认识论"、"历史观"、"价值论"的统一中去理解作为"世界观理论"的"哲学"？其四，哲学的"世界观"与"时代精神"是何关系？怎样从世界观理论的时代内涵去理解哲学？

（一）世界观与哲学基本问题

在总结全部哲学史的基础上，恩格斯明确地提出了一个纲领性的论断："全部哲学，特别是近代哲学的重大的基本问题，是思维和存在的关系问题。"① 应当注意，这里所说的"基本问题"不同于"主要问题"。"主要问题"是在众多问题当中占有重要地位的问题，但它并不直接规定其他问题；与此相反，"基本问题"则是在特定的"问题域"当中起规定作用的问题，它决定该"问题域"的全部问题的特殊性质。正因如此，列宁在从哲学基本问题的高度称"辩证法也就是（黑格尔和）马克思主义的认识论"的时候，曾经尖锐地指出，"这不是问题的一个'方面'，而是问题的实质"②。这就是说：只有从"哲学基本问题"去理解"世界观理论"，才能把握"世界观理论"的"哲学"性质；反之，如果离开哲学"基本问题"去理解"世界观理论"，就会把"世界观理论"变成某种非哲学的实证知识。对于作为"世界观理论"的"哲学"的种种误解，从根本上说，都在于离开哲学的"基本问题"而阐释作为"世界观理论"的"哲学"。

正如人们所熟知的，通常是把"世界观"表述为"关于整个世界的根本看法"，并因此把"世界观理论"表述为"关于整个世界的普遍规律的理论"。应当承认，这种表述并不是没有根据的。人类思维面对千差万别、千变万化的世界，总是力图把握其内在的统一性，形成"关于整个世界的根本看法"，特别是形成"关于整个世界的普遍规律的理论"，从而对世界上的一切现象作出最深层次的统一解释。因此，作为人类思维及其现实基础——实践活动——的"意向性"或"指向性"，只要有人类思维，这种"关于整个世界的根本看法"的"世界观"及其"理论"就会存在下去。问题在于：这样来界说"世界观"及其"理论"，并没有理解恩格斯为什么强调"思维和存在的关系问题"是哲学的"重大的基本问题"，列宁为什么强调哲学的"基本问题"并不是"问题的一个'方面'，而是问题的实质"。

作为哲学"基本问题"的"思维和存在的关系问题"之所以"不是问

---

① 《马克思恩格斯选集》第 4 卷，人民出版社 1995 年版，第 223 页。
② 《列宁全集》第 2 版，第 55 卷，第 215 页。

题的一个'方面'，而是问题的实质"，是因为作为"世界观理论"的哲学并不是要"表述"对"世界的根本看法"，而是要"揭示""思维和存在"的"矛盾"，并从这种"矛盾"中去推进人对自己与世界的相互关系的理解，推进人对自己与世界的相互关系的协调。我们应当从"问题的实质"出发去理解作为"世界观理论"的全部哲学问题，首先是对"哲学"自身的理解问题。

在关于哲学基本问题的论断中，恩格斯的表达方式是发人深省的。他不仅强调"思维和存在的关系问题"特别是"近代哲学的重大的基本问题"，而且具体地指出，"思维和存在的关系问题"只是在近代哲学中"才被十分清楚地提了出来"，"才获得了它的完全的意义"。① 这是因为，在近代哲学的"认识论转向"之前，古代哲学尚未自觉地从"思维和存在的关系问题"出发去揭示"思维和存在"之间的"矛盾"，而是离开"思维和存在"之间的"关系问题"直接地"断言"世界的存在。而这种"独断论"的、"非反思"的哲学，正是科学尚处于哲学母体之中、哲学尚承担科学功能的产物，也就是哲学作为"世界观理论"和科学对"世界"的描述与解释尚未分开的产物。与此相反，实现"认识论转向"的近代哲学，则凸现了"思维"与"存在"之间的诸种"矛盾"，从而使"思维和存在的关系问题"真正成为哲学的"重大的基本问题"。具体地说，由于近代哲学从对"认识"的反省出发去研究"思维和存在的关系问题"，因而不仅从"内容"方面提出和研究了"客观世界与意识内容"的关系问题，而且特别地从"形式"方面提出并研究了"意识内容与意识形式"、"对象意识与自我意识"、"外延逻辑与内涵逻辑"、"知性思维与辩证思维"、"分析判断与综合判断"、"理论理性与实践理性"等一系列关于"思维和存在"的"关系问题"。这就不仅使哲学的"基本问题"获得了"完全的意义"，而且也使哲学的"世界观理论"获得了"真实的意义"，即：作为哲学的"世界观理论"，它不是直接地断言"世界"的理论，而是"揭示"和"反思"思维把握和解释世界的"矛盾"的理论，是推进人对自己与世界的相互关系的理解和协调的理论。正因如此，作为近代哲学理论总结的黑格尔

---

① 参见《马克思恩格斯选集》第 4 卷，人民出版社 1995 年版，第 223、224 页。

哲学才实现了列宁所说的"辩证法、认识论和逻辑学"的统一，并为马克思主义的辩证唯物主义哲学提供了宝贵的理论来源。

从哲学的基本问题即"思维和存在的关系问题"去理解作为哲学的"世界观理论"，我们就会进一步提出问题：所谓"世界观"，究竟是人站在"世界"之外"观"世界，还是人把自己同世界的"关系"作为对象而进行"反思"？所谓"世界观理论"，究竟是"观"世界而形成的关于"整个世界"的理论，还是"揭示"和"反思"人同世界的"矛盾"而形成的关于人与世界相互"关系"的理论？

显而易见，如果"世界观理论"是人站在世界之外"观"世界而形成的关于"整个世界"的理论，如果这种"世界观理论"是为了让人们对"整个世界"作出具有"最大普遍性"和"最大普适性"的解释，那么，这样的"世界观理论"就不是以"思维和存在的关系问题"作为自己的"重大的基本问题"，而是以"世界"本身及其运动规律作为自己的研究对象和"基本问题"。这样理解"世界观理论"的理论后果和实践后果，必然是混淆"哲学"与"科学"的区别，乃至于仍然把"哲学"当成是凌驾于一切科学之上的"科学的科学"；不仅如此，这样理解的后果，还必然混淆马克思关于"解释世界"与"改变世界"的区分，以至于把"改变世界"的马克思主义哲学混同于"解释世界"的旧哲学。

哲学作为人类把握世界的一种基本方式，它与科学的根本区别，在于它不是把"整个世界"作为对象而"解释世界"，恰恰相反，它是把"思维和存在的关系"当做自己的"重大的基本问题"，揭示"思维与存在"、"人与世界"之间的无限丰富的矛盾关系，从而引导人们"改变世界"。

哲学对自己的"重大的基本问题"的自觉是一个漫长的过程，与此相适应，哲学对自己的"改变世界"的使命的自觉同样是一个漫长的过程。只有在近代哲学的"认识论转向"的基础上所实现的"实践论转向"，才把"解释世界"的传统哲学变革为"改变世界"的马克思主义哲学，因而才出现了真正是"世界观理论"的"哲学"。

"解释世界"的传统哲学，从根本上说，是以科学与哲学尚未完全分化为前提的哲学，也就是把哲学当做凌驾于全部科学之上的"科学的科学"。与此相反，"改变世界"的哲学则是以科学与哲学的高度分化为前提的哲学，也就是摆脱了把哲学视为"科学的科学"。对此，恩格斯曾经指出，由于细胞学说、能量守恒和转化定律、达尔文生物进化论这三大发现和自然科学的其他巨大进步，"我们现在不仅能够说明自然界中各个领域内的过程之间的联系，而且总的说来，也能说明各个领域之间的联系了，这样，我们就能够依靠经验自然科学本身所提供的事实，以近乎系统的形式描绘出一幅自然界联系的清晰图画。"在这种科学背景下，那种"用观念的、幻想的联系来代替尚未知道的现实的联系"的"自然哲学就最终被排除了。任何使它复活的企图不仅是多余的，而且是倒退"①。恩格斯还指出，由于马克思的历史观终结了历史领域内的哲学，所以，"现在无论在哪一个领域，都不再要从头脑中想出联系，而要从事实中发现联系了"②。这表明，马克思主义哲学在哲学史上的革命变革，首先就是以 19 世纪科学的巨大发展为背景，变革了充当"科学的科学"的传统哲学。因此，这种"改变世界"的新哲学并不是企图对世界作出某种永恒的终极性解释，而是不断地为人们提供理解和协调人与世界相互关系的"世界观理论"。正因如此，恩格斯曾经强调地指出，这种"改变世界"的马克思主义哲学已经不再是"哲学"，而只是"世界观"。

（二）世界观与人类把握世界的基本方式

从"改变世界"的哲学立场去理解哲学的"世界观理论"，我们首先就会超越对人与世界之间的简单的、二元理解，提出构成"世界观"内在矛盾的三个基本概念，即"自在世界"、"世界图景"和"人类把握世界的基本方式"。

所谓"自在世界"，就是自然而然地存在着的世界，处于生生不息地运动和变化中的世界。把它称作"自在世界"，不仅仅是指它外在于人而存在，不以人的意志为转移而存在，而且主要是强调"自在世界"这种提法本身就意味着还没有从人对世界的关系出发去看世界。一旦从人对世界的关系出发去看世界，世界就成了人的"对象世界"，人的"世界图景"。

所谓"世界图景"，就是人以自己把握世界的各种方式为中介而形成

---

① 《马克思恩格斯选集》第 4 卷，人民出版社 1995 年版，第 246 页。
② 《马克思恩格斯选集》第 4 卷，人民出版社 1995 年版，第 257 页。

的关于"世界"的"图景"。这种解释表明了"世界图景"的不可或缺的二重内涵：其一，世界图景是关于世界本身的图景，是关于人与世界关系的图景，而不是某种与人或世界无关的图景，即使是宗教的幻化的世界图景，也只能是以幻化的方式所构成的关于人与世界关系的图景；其二，关于世界本身的图景，关于人与世界关系的图景，不是自在的世界，不是自在的人与世界的关系，而是人以自己把握世界的多种方式为中介而构成的图景，这样的"世界图景"离不开人类把握世界的基本方式。

所谓"人类把握世界的基本方式"，简洁地说，就是人类把"自在世界"变成自己的"世界图景"的方式。人类在其漫长的形成和演进的过程中，逐渐地形成了人与世界之间的特殊关系，即：人类不仅是以其自然器官与世界发生自然的"关系"，而且特殊地以自己的"文化"为"中介"而与世界发生"属人"的"关系"。常识、宗教、艺术、伦理、科学和哲学等等，就是人类在实践活动的基础上所形成的与世界发生真实关系的"中介"，也就是人类"把握"世界的"基本方式"。

人类以自己"把握"世界的基本方式为"中介"而与世界发生关系，这表明人是历史的、文化的存在，人的"世界图景"是与人的历史性的存在与发展密不可分的，因此，不能从"纯自然"的观点去看待人与世界的关系，而必须从历史的、文化的观点去看待人与世界的关系。合理的"世界观理论"只能是从恩格斯所说的"现实的人及其历史发展"出发而构成的哲学理论。因此，在对"自在世界"、"世界图景"和"人类把握世界的基本方式"这三个重要概念及其相互关系的分析中，重新理解与阐释作为"世界观理论"的"哲学"，这本身正是意味着一种理解人与世界关系的真正的"世界观理论"。

人类把握世界的各种基本方式，在其直接性上，首先是为人类提供了丰富多彩的"世界图景"，即宗教的、艺术的、常识的、科学的和哲学的"世界图景"；而它们之所以能够提供各种各样的"世界图景"，则在于它们本身是人类把握世界的不同方式，即宗教的、艺术的、常识的、科学的和哲学的"基本方式"；这些基本方式不仅为人们提供各种各样的"世界图景"，而且为人们的思想和行为提供各自的"思维方式"和"价值规范"，即宗教的、艺术的、常识的、科学的和哲学的思维方式和价值规范。

这样，人类把握世界的各种基本方式，就以"世界图景"、"思维方式"和"价值规范"的三重内涵而构成哲学反思的对象。这表明，作为"世界观理论"的哲学，并不是直接地以"世界"为对象而形成关于"世界"的"观点"（包括所谓"关于世界的根本观点"）；恰恰相反，作为"世界观理论"的哲学，它是从"思维和存在"、"人与世界"的"关系"出发，以人类把握世界的各种方式所构成的"世界图景"、"思维方式"、"价值规范"为对象，批判性地"反思"各种不同的（同时态的和历时态的）"世界图景"、"思维方式"和"价值规范"，为人类提供自己时代水平的真、善、美的观念。这就是哲学的"世界观理论"——从总体上理解和协调人与世界相互关系的理论。

　　哲学作为理解和协调人与世界相互关系的"世界观理论"，它对人与世界相互关系的理解，既要反省人对世界的"认识"问题（认识论），也要反省人的存在与发展问题（历史观），更要反省人对人与世界关系的评价问题（价值论），因此，认识论、历史观、价值论是"世界观理论"的题中应有之义，而不是彼此外在的"结合"。

　　人类以自己把握世界的各种基本方式所建构的各种"世界图景"，人类通过这些基本方式所建构的理解和协调人与世界相互关系的各种"思维方式"和"价值模式"，都是以人对世界的"认识"为前提的，因此，人类哲学思想从其产生开始，始终关注黑格尔所说的"对认识的认识"，这就是所谓的"认识论"。以"认识论转向"为标志的近代哲学，则以区别"意识外的存在"与"意识界的存在"为前提，始终聚焦于对"思想客观性"的追问，从而使"认识论"问题成为近代哲学构建其"世界观理论"的前提与基础。现代哲学的"语言转向"，则把近代哲学在"认识论转向"中所实现的对"思维和存在的关系问题"的追问，诉诸于对"思维和存在"的中介——语言——的追问。这种追问使得哲学的认识论获得了现代的内容与形式。

　　现代哲学认为，传统哲学的认识论实际上是对认识的心理现象和心理过程的描述，而不是对"意义"的认识论分析，因此应当把它作为心理学而归入经验科学；对"意义"的认识论分析，则是阐明人类通过其把握世界的各种方式（诸如宗教、伦理、科学、哲学等等）而构成的概念系统和命题系统，从而澄清这些概念系统和命题系统所蕴含的真实"意义"。现代解释哲学进一步提出，人类运用语言来理解和表述对世界的理解，反过来看，语言又是对人的理解方式和理解程度的表达，因此，对语言的"意义"分析，就不仅仅是分析人所理解的世界，而且首先是分析人对世界的"理解"。理解的可能性条件首先是人的理解能力。哲学解释学认为，人的理解能力就是历史给予人的延续历史的能力。这种能力首先表现为每一代人都处于由历史而来的"前理解"即历史的文化积淀之中，因此，"理解"的可能性在于人的"历史性"。马克思曾经指出，人们并不是随心所欲地创造历史，并不是在他们自己选定的条件下创造，而是在直接碰到的、既定的、从过去承继下来的条件下创造。① 显然，在每一代人"从过去承继下来的条件"中，既包括物质条件和一般文化条件，也包括哲学解释学所着力阐扬的"前理解"条件。由此我们可以看到，在现代哲学的演进过程中，不仅仅是凸现了以语言为对象的"认识论"问题，而且不可避免地由语言——历史文化的"水库"——而使"认识论"与"历史观"融汇在一起。

在人与世界的相互关系中，人的存在与发展——历史——是一个最具根本性的理论问题。哲学对"人与世界"的相互关系的理解，从根本上说，取决于哲学对人的历史性的存在方式的理解。在哲学发展史上，马克思主义哲学以前的全部旧哲学的根本问题，就在于"非历史"、"超历史"地看待"人与世界"之间的关系。作为马克思主义哲学的直接理论来源的德国古典哲学，也仍然是以"非历史"、"超历史"的观点去解决作为哲学基本问题的"思维和存在的关系问题"。在黑格尔那里，"思维和存在的关系"是马克思所批评的"概念规定"与"无人身的理性"的关系；在费尔巴哈那里，"思维和存在的关系"是马克思所批评的"感性对象"与"人的感性存在"的关系；而无论是黑格尔还是费尔巴哈，在他们所理解的"思维和存在"的关系中，"思维"（人）和"存在"（世界）都是"非历史"的、"超历史的"、抽象的存在。正是这种本质上是"非历史"和"超历史"的"历史观"，决定了他们的"世界观理论"只能是一种"解释世

① 参见《马克思恩格斯选集》第 1 卷，人民出版社 1995 年版，第 585 页。

界"而非"改变世界"的哲学。他们的"世界观"、"认识论"和"历史观"是"解释世界"的"统一"。

（三）世界观与认识论、历史观、价值观

在被恩格斯称作包含天才世界观萌芽的第一个宝贵文件即《关于费尔巴哈的提纲》中，马克思就从他对思维与存在、人与世界相互关系的历史的、实践的理解中，形成了以实践论为标志的世界观、认识论和历史观的统一，从而鲜明地提出了"哲学家们只是用不同的方式解释世界，问题在于改变世界"的纲领性的哲学宣言。马克思认为，人的"全部社会生活在本质上是实践的"，因此必须从人的实践活动及其发展出发去理解"思维和存在"、"人和世界"的关系。正因如此，马克思既尖锐地批评旧唯物主义"只是从客体的或者直观的形式去理解""事物、现实、感性"，又深刻地揭露唯心主义"抽象地发展了""能动的方面"，并进而精辟地阐述了二者的共同之处，即它们都不懂得"真正现实的、感性活动本身"，都不了解"革命的"、"实践批判的"活动的意义，① 因此全部旧哲学都只能是"解释世界"的哲学。马克思的实践论的世界观，则是从人的实践活动及其历史发展出发去理解"思维和存在"、"人和世界"的关系，把人同世界的关系理解为人类能动地"改变世界"的过程。这种实践论的世界观既是实践论的认识论——革命的、能动的反映论，又是实践论的历史观——人类以实践方式实现自身发展的历史观，因此，马克思所创立的新哲学是实践论的世界观、历史观和认识论的统一，也就是"改变世界"的世界观、历史观和认识论的统一。

在关于哲学的理解中，我们还应当看到，无论是"解释世界"的哲学，还是"改变世界"的哲学，它们对"思维和存在"、"人和世界"关系的关切，都有一个共同的旨趣，那就是为人的思想和行为提供某种根据、标准和尺度。如何看待人与世界的关系，怎样评价人与世界的关系，这是激发各个时代的人们进行哲学思考的深层动力。这就是"价值论"问题。

人对世界的价值关系，从根本上说，是一种目的性要求与对象性活动相统一的实践关系；反过来看，人的实践活动作为创造生活意义的目的

---

① 参见《马克思恩格斯选集》第 1 卷，人民出版社 1995 年版，第 16 页。

性、对象性活动，作为否定世界的现存状态而使之变成人所要求的理想性状态的目的性、对象性活动，它本身就是一种价值活动，从而构成了人与世界之间的价值关系。人类的实践活动，是把"自在的世界"变成"属人的世界"的过程，也就是把"自然界"变成"价值界"的过程。人在自己的实践活动中所实现的人与世界之间的价值关系，使得人的"认识"具有了真正的目的性和能动性，人对世界的认识关系是与人对世界的价值关系密不可分的。就此而言，能动的反映论是以实践观的价值论为基础的。

人同世界的关系是一种以人的实践活动为基础而构成的、并通过人的实践活动而深化发展的关系，即"历史"的关系。"历史"，用马克思的话说，就是"追求着自己的目的的人的活动"，① 用恩格斯的话说，就是"具有意识的、经过思虑或凭激情行动的、追求某种目的的人"的活动过程。② 在对"历史"的这种理解和解释中，已经凸现了以实践论为基础的世界观、历史观、认识论和价值论的统一，但是，在对马克思主义哲学的"世界观理论"的理解中，我们特别需要思考马克思关于"历史"的两个重大结论：其一，马克思从现实的人及其历史发展出发，抛弃了关于合乎"人的本性"的社会条件的议论，而去考察和揭示人类历史的现实基础，从而在社会有机体众多因素的交互作用中，在社会形态曲折发展的历史进程中，在社会意识相对独立的历史更替中，发现了生产力的最终的决定作用，从而揭示了人类社会发展的客观规律。其二，马克思从宏观的历史视野，把人类存在的历史形态概括为"人的依赖关系"、"以物的依赖性为基础的人的独立性"和"以个人全面发展为基础的自由个性"。③ 人类的历史，就是人类以自己的实践活动使自己超越"人的依赖关系"和"以物的依赖性为基础的人的独立性"，并使自己获得"以个人全面发展为基础的自由个性"的过程。马克思主义哲学的"世界观理论"，则是"揭示"和"反思"人对世界这种实践关系的理论，是"引导"和"促进"人类争取自身解放的"改变世界"的哲学。这种"改变世界"的哲学，以实践论为基础而实现了世界观、认识论、历史观和价值论的统一，是一种真正的实

---

① 参见《马克思恩格斯全集》第 2 卷，人民出版社 1995 年版，第 113 页。
② 参见《马克思恩格斯选集》第 4 卷，人民出版社 1995 年版，第 243 页。
③ 参见《马克思恩格斯全集》第 46 卷上，第 104 页。

践论的"世界观理论"。

（四）世界观理论的时代内涵

通常有两种关于哲学的定义式的表述：一是把哲学表述为"理论化的世界观"，一是把哲学表述为"时代精神的精华"。这两种定义式的表述，要求人们提出并回答一个共同的问题：究竟如何理解作为世界观理论的哲学的时代内涵？

把哲学作为被定义项而表述为"理论化的世界观"，首先必须追问什么是作为定义项的"世界观"。具体言之，什么是世界观的"世"？是与人无关的自然而然的"世"，还是人生在世之"世"？什么是世界观的"界"？是与人无关的无始无终的"界"，还是人在途中之"界"？什么是世界观的"观"？是非人（物）的或超人（神）的目光，还是人生在世和人在途中的人的目光？这表明，在对"世界观"的理解中，包含着迥然不同的解释原则。

在《关于费尔巴哈的提纲》中，马克思深刻地揭示了关于世界观的三种基本的解释原则：一是"从前的一切唯物主义"的解释原则，即："对对象、现实、感性，只是从客体的或者直观的形式去理解，不是从主体方面去理解"的解释原则。在这种解释原则中，"世界"是与人的感性活动无关的"客体的或者直观的"存在。二是"和唯物主义相反"的唯心主义的解释原则，即："抽象地发展了"人的"能动的方面"，但却同样是"不知道现实的、感性的活动本身的"的解释原则。在这种解释原则中，"世界"成为人的"能动"的精神的产物。与上述两种解释原则不同，马克思提出："全部社会生活在本质上是实践的。凡是把理论引向神秘主义的神秘东西，都能在人的实践中以及对这个实践的理解中得到合理的解决"。[①]在这种解释原则中，"世界"并不是与人无关的抽象的存在，而是人在自己的历史性的实践活动中所形成的现实的存在，因此，"世界观"也不是与人的历史性存在无关的抽象的"关于世界的根本性观点"，而是人在自己的历史性的实践活动中所形成的具有时代内涵的"关于世界的根本性观点"。

---

① 《马克思恩格斯选集》第 1 卷，人民出版社 1995 年版，第 56 页。

这个新世界观表明，世界观及其理论——哲学——是历史的而不是非历史的，是发展的而不是僵化的。世界观是人生在世和人在途中的人的目光，是具有时代内涵的关于世界的根本观点。作为"理论化的世界观"的哲学，它为人们认识世界提供具有时代内涵的总的概念框架，也为人们评价世界提供具有时代内涵的总的意义框架，从而为人们变革世界提供具有时代内涵的总的世界图景及其解释原则。这个新世界观为我们理解和把握世界观及其理论——哲学——提供了实践论的解释原则。依据这个解释原则，我们可以从哲学基本问题的演化、人类存在形态的变革和哲学寻求崇高的进程这三个方面的统一，阐发世界观理论的时代内涵。

哲学的时代内涵，首先是同哲学基本问题——思维和存在的关系问题——的历史性变化密不可分的。在西方哲学的发展史上，出现了通常所指认的两次大的"转向"，第一次是从古代哲学到近代哲学的"认识论转向"，第二次是从近代哲学到现代哲学的"实践转向"和"语言转向"。这两次"转向"，就其理论内涵而言，都是转换了对"思维和存在的关系问题"的理解。当代哲学家卡尔·波普把物理自然世界称为"世界1"，把人的精神世界称为"世界2"，而把语言文化所构成的世界称为"世界3"。借用波普的这种划分方式，我们可以比较简洁地说明哲学的"古代"、"近代"和"现代"三种基本形态的本质特征和时代内涵：所谓"古代"哲学，其实质是离开"世界2"对"世界1"的关系，即离开"思维"对"存在"的反思，直接地断言"世界1"；所谓"近代"哲学，其实质是从"世界2"对"世界1"的关系，也就是从"思维"对"存在"的关系出发，去追究二者的"关系问题"；所谓"现代"哲学，其实质则是从"世界3"出发去探寻"世界2"与"世界1"的关系，也就是从"语言文化"出发去探寻"思维"与"存在"的关系。这两次大的"转向"，正是深刻地体现了哲学理论的时代内涵。

古代哲学，它离开对人类意识及其与世界相互关系的认识论反省，单纯地从对象世界本身去寻求世界的统一性，并直接地断言世界本身，而没有自觉到在这种断言中所蕴含的"思维与存在的关系问题"。因此，哲学的"古代"涵义，是指尚未自觉地提出哲学基本问题而直接地寻求和断言世界本身的哲学理论形态。近代哲学，它之所以被称为"认识论转向"，是因为它以反省人类意识及其与世界的相互关系为出发点，在"思维和存在的关系"中寻求二者的统一性。在这种认识论反省中，"思维和存在的关系问题"被"明确地提了出来"，并使之获得了"完全的意义"。因此，哲学的"近代"涵义，是指自觉地提出哲学基本问题并从而寻求思维规律与存在规律统一的哲学理论形态。现代哲学，它之所以被称为"实践转向"和"语言转向"，是因为它超越了近代认识论转向的主观与客观的二元对立，从思维与存在统一的现实基础（实践）或文化中介（语言）出发，去回答和解决思维和存在的关系问题。因此，哲学的"现代"涵义，是指以人的历史性存在为中介去回答和解决哲学基本问题的哲学理论形态。从两极到中介，构成现代哲学的思维方式的革命。

在哲学的"古代"、"近代"和"现代"的理论形态的历史转换中，实现了哲学的提问方式和理论内涵的历史性发展。古代哲学提出"万物的统一性"问题，这既意味着人类试图以某种最深层的统一性的存在来确定人类生活意义的最高支撑点，又意味着人类尚未达到从思维对存在的关系去反省人类生活的意义。因此，这种哲学实质是表征着人类从自在走向自为的过程。近代哲学提出"意识的统一性"问题，这既意味着人类以反省的认识去寻求人类生活的意义，又意味着人类是以超历史的即抽象的观念去看待存在的意义。这种哲学表征着人类受"抽象"统治的自我意识。现代哲学提出"实践的统一性"以及科学、语言、文化等的统一性问题，这既意味着人类从历史的即现实的观念去看待存在的意义，也意味着人类在多元文化中的意义的冲突与危机。这种哲学表征着人类的理论理性与实践理性相融合的自我意识。从层级性寻求到顺序性选择，构成现代哲学的基本理念的革命。

哲学作为理论形态的人类自我意识，哲学基本问题的历史演进，直接地取决于人类关于自身存在的自我意识的历史性变化；而人类关于自身存在的自我意识的历史性变化，则深层地取决于人类存在的历史形态的转换。关于人类存在的历史形态，马克思从宏观的历史视野概括为：人的依赖关系；以物的依赖性为基础的人的独立性；以个人全面发展为基础的自由个性。在"人的依赖关系"的历史形态中，个人依附于群体，个人不具有独立性，只不过是"一定的狭隘人群的附属物"。在"以物的依赖性为基础的人的独立性"的历史形态中，个人摆脱了人身依附关系而获得了独立性，但这种"独立性"却只能是"以物的依赖性为基础"。人依赖于物，人受物的统治，人与人的关系受制于物与物的关系。只有超越"以物的依赖性为基础的人的独立性"，才能实现"建立在个人全面发展和他们共同的社会生产能力成为他们的社会财富这一基础上的自由个性"。人类存在的三大历史形态的基本特征，从根本上决定了世界观理论的时代内涵。因此，哲学史，归根到底是理论形态的人类发展史；每个时代的哲学，则归根到底是"思想中所把握到的时代"，是"自己时代精神的精华"。

哲学作为理论形态的人类自我意识，即以理论的形态所表达的人类关于自身的意义与价值的自我意识，它一向是以阐扬崇高和贬抑渺小作为自己的追求目标和理论使命。然而，哲学作为"思想中所把握到的时代"，无论是中国传统哲学还是西方传统哲学，在建构人类生活精神坐标的进程中，既历史地践履着对崇高的追求，又非历史地把崇高异化为某种超历史的存在。从整个哲学史看，哲学正是在追求崇高和"消解"崇高的异化的过程中发展的。在论述哲学的历史任务时，马克思曾作出这样的概括："反宗教的斗争间接地就是反对以宗教为精神慰藉的那个世界的斗争"[①]，因此，"真理的彼岸世界消逝以后，历史的任务就是确立此岸世界的真理。人的自我异化的神圣形象被揭穿以后，揭露具有非神圣形象的自我异化，就成了为历史服务的哲学的迫切任务。于是，对天国的批判变成对尘世的批判，对宗教的批判变成对法的批判，对神学的批判变成对政治的批判"[②]在这里，马克思为我们反思哲学的历史演进及其时代内涵，提供了一个极其重要的透视角度。这就是：近代以前的哲学，是一个塑造"神圣形象"的过程；近代哲学本身，是一个消解"神圣形象"，并以种种"非神圣形象"取而代之的过程；一个半世纪以来的现代哲学，则是在消解"神圣形象"的基础上，进而消解诸种"非神圣形象"即"对现存的一切进行无情的批判"的过程。

哲学的塑造"神圣形象"、消解"神圣形象"和消解"非神圣形象"的发展过程，同马克思的关于人的存在形态的"人的依赖关系"、"以物的

---

① 《马克思恩格斯选集》，第 1 卷，人民出版社 1995 年版，第 2 页。
② 《马克思恩格斯选集》，第 1 卷，人民出版社 1995 年版，第 2 页。

依赖性为基础的人的独立性"和以"个人全面发展"为基础的"自由个性"的发展进程是密不可分的。在"人的依赖关系"中，个体对崇高的追求，就是对群体的崇拜，被崇拜的群体则被异化为超人的"神圣形象"（从图腾到上帝）。这样，作为理论形态的人类自我意识的哲学，它对崇高的寻求和崇高的异化，就表现为以"人的依赖关系"为基础的对"神圣形象"的崇拜。在"以物的依赖性为基础的人的独立性"的历史形态中，人对人的依赖变成了人对物的依赖，因此，人对"神"的崇拜也变成了人对"物"的崇拜，崇高在"神圣形象"中的异化也变成了崇高在"非神圣形象"中的异化。正因如此，哲学的历史进程，就由塑造"神圣形象"而演进为消解"神圣形象"，又由消解"神圣形象"而演进为消解"非神圣形象"。哲学的这个演进过程，正是理论地表征人类社会从人对人的依赖性走向人对物的依赖性，并进而改变人对物的依赖性的历史进程。以资本的逻辑为实质内容的现代社会，它的时代性的人类问题，正是马克思所指出的人在"非神圣形象"中的"自我异化"。揭露和改变当代人的生存困境，实现社会的和谐发展，这是作为世界观理论的当代哲学的根本性的时代内涵。

作为世界观理论，任何真正的哲学都具有不可或缺的二重性：它既是"时代精神的精华"，又是"文明的活的灵魂"。作为"时代精神的精华"，任何真正的哲学都具有特定的时代内涵；作为"文明的活的灵魂"，任何真正的哲学又都是求索人类性问题的理论结晶。哲学理论求索的"人类性"问题就蕴含在它的"时代性"内容之中，而哲学理论的"时代性"问题的求索又正是对"人类性"问题的历史性回答。离开哲学问题的人类性而片面地强调哲学理论的时代性，或离开哲学理论的时代性而片面地强调哲学问题的人类性，都无法真正理解哲学既是"时代精神的精华"又是"文明的活的灵魂"。

作为世界观理论的哲学，哲学问题总是人生在世的大问题即人类性问题。求索天、地、人的人与自然之辨，探寻你、我、他的人与社会之辨，反省知、情、意的人与自我之辨，追寻真、善、美的人与生活之辨，凝结为理解"人生在世"和"人在途中"的哲学范畴，并因而构成人的"安身立命"之本或人生的"最高的支撑点"。古今中外的哲学，无论其研究对象有何不同，研究方式有何差异，派别之间有多少冲突，理论形态有多少更新，但总是对人的存在的反思。从哲学问题的人类性看，全部的哲学都是以理论的方式表征了人的存在。不同的哲学理论，总是以理论的方式凸显了人的存在的某个环节、部分或方面，从而理论地表征了对人的存在的特殊的理解。然而，人类性的哲学问题，却从来不是以抽象的人的问题提出的，恰恰相反，人类性的哲学问题总是表现为具有历史内涵的时代性问题。以人类性问题而存在的哲学，它所具有的解释力和思想力，又总是取决于各个时代的哲学对自己的时代性问题的理论自觉。因此，每个时代的人类性问题，都凸显了人的存在的某个环节、部分和方面，都凸显了特定的人的存在的问题。

人的存在方式是历史性变革的，人对世界的现实关系是历史性变革的，人的世界图景是历史性变革的，人对自己与世界的关系的自我意识是历史性变革的，因此，哲学必须提出和回答自己时代的世界观问题：以人的当代的实践活动为基础的人对世界的当代关系是怎样的？以当代科学为中介的人的当代世界图景是怎样的？以人的当代社会生活为基础的当代人的思维方式、价值观念、审美意识和终极关怀是怎样的？作为理论形态的人类自我意识，哲学既是哲学家以个人的名义讲述人类的故事，又是哲学家以人类的名义讲述个人的故事。生活于不同时代、不同民族的哲学家，把时代性和民族性的体悟与思辨，融汇于对人类性问题的体悟与思辨，既时代性地凸显了人的存在的某个环节、部分或方面，又深化了对人的存在的理解与解释。正是一代又一代的哲学家们体悟和思辨时代性的人类问题，才理论地表征了人对自己与世界关系的理解；正是哲学问题的人类性与哲学理论的时代性的统一，真正的哲学才具有超时代的当代性，才具有"文明的活的灵魂"的生命力和开放性。

哲学问题的人类性和哲学理论的时代性，构成哲学问题自我扬弃的过程，即："老"问题总是以胚芽的形态蕴含着"新"问题，研究和回答"新"问题总是要反省"老"问题，以至"老"问题"青春永驻"；"新"问题又是以成熟的形态展开了"老"问题，解决"老"问题总是有赖于探索"新"问题，以至"新"问题"层出不穷"。这就是哲学问题的自我相关和自我缠绕。它深层地表现为哲学的解释原则的自我循环，即：哲学作为世界观理论，它在每个历史时代的各种文化样式中，总是充当解释和评价一切的根据、标准和尺度；因此，没有任何别的文化样式来充当解释哲学的根据、标准和尺度，哲学解释只能是自我解释，这就是哲学原则的解释循环问题。哲学解释是自我相关的，它必须通过自我的反思与批判，来实现自身的发展。哲学对自身解释原则的批判，就是哲学原则解释循环的自我超越。

哲学解释原则的自我超越并不是简单地抛弃先前的哲学解释原则，而是极为复杂的"扬弃"关系。首先，新的哲学解释原则总是否定了先前的哲学原则，并且否定了先前的解释原则得以形成的思维方式，实现了哲学自身的反思层次的跃迁。例如，近代哲学的解释原则，是从思维对存在的关系出发去提出和回答全部的哲学问题。它否定了先前的哲学离开思维对存在的关系而直接断言存在的解释原则，也否定了据以形成这种解释原则的非反思的思维方式。这样，近代哲学就使哲学进入到自觉的反思的逻辑层次。但是，这种哲学自身反思层次的跃迁，并不是抛弃了哲学对"存在"的追问，而是使这种追问自觉地提升到"思维和存在的关系问题"中来实现。因此，哲学解释循环的自我超越是一个"扬弃"的过程。

哲学作为理论形态的人类自我意识，它的世界观理论，是在对人与世界关系的反思中寻找存在的意义。人的生命活动是寻求和实现"意义"的"生活"活动，而"生活"活动的"意义"，则总是存在于"标准"与"选择"这对范畴的矛盾关系之中，即"选择"什么样的"标准"来确定生命活动的"意义"。哲学的全部理论活动，都可以归结为处理"标准"与"选择"这对范畴的矛盾关系。但是，哲学作为思想中的时代，它的核心范畴的凸显，总是取决于对人类的时代性的生存困境的理论自觉，并直接地取决于对时代性的社会思潮的理论自觉。在当代社会思潮中，两极对立模式的消解，其实质是"消解"了作为绝对确定性的"标准"；英雄主义时代的隐退，是淡化了"英雄"作为人格化的"标准"的神圣性；高层精英文化的失落，是以文化的大众化和多元化弱化了精英文化的"标准"化；而理性主义权威的弱化，则是直接地冲击了将"理性"作为"标准"的合理性。这表明，当代社会思潮所体现的根本矛盾，是"标准"与"选择"的矛盾。因此，只有当代哲学才把"标准"与"选择"升华为最重要的哲学范畴。

如果以"标准"与"选择"这对范畴来概括传统哲学与现代哲学的区别，那么，我们可以说，以自然经济为基础的传统哲学追求的是一种"没有选择的标准"，而以市场经济为基础的现代哲学则承诺的是一种"可以选择的标准"。正因如此，以追求绝对确定性为使命的传统哲学，只能是以超历史的"神"或非历史的"物"作为"本体"即"标准"，去规范人的全部思想和行为。这就是传统哲学的"没有选择的标准"的"本质主义的肆虐"。而在现代哲学的消解"神圣形象"和"非神圣形象"即反对"本质主义"的理论自觉中，"标准"既是对历史文化的一种承诺，更是现实生活中的一种"选择"和"安排"。这就是现代哲学所实现的从层级性寻求到顺序性选择的变革。但是，由于相对主义和虚无主义思潮的泛滥，当代西方哲学往往把这种文化选择蜕变为丢弃"标准"的"选择"，因而造成了当代哲学中的"没有标准的选择"的"存在主义的焦虑"。它要求我们重新审视哲学自身的追求。

趋利避害，即趋向人类之利而避免人类之害，这是人类生存和发展的根本逻辑，也是哲学以理论形态所表达的最根本的人类自我意识。人类始终面对的最大问题，就是"选择"某种"标准"而实现人类的"生存"与"发展"。人类今天面对的最大问题，不就是人类自身的"生存"与"发展"，应当给出什么样的"标准"和作出怎样的"选择"吗？这是哲学的人类性问题的最根本的时代性内涵。达到这种理论自觉，并自觉地展开这种哲学追求，就既是把人类"文明的活的灵魂"凝聚为"时代精神的精华"，又是把"时代精神的精华"升华为"文明的活的灵魂"。这种为人类生活奠基的哲学追求，应当是新世纪哲学的最重要的理论自觉。

三、怎样理解马克思主义哲学的世界观

推进当代中国的马克思主义哲学研究的重要理论前提，是深化对马克思的哲学革命的理解。理解马克思的哲学革命，才能理解马克思主义的世界观。

（一）"解释世界"与"改变世界"

关于马克思的哲学革命，人们经常引证马克思本人的一句名言，即

"哲学家们只是用不同的方式解释世界，问题在于改变世界"①，因而断言马克思哲学之外的哲学都是"解释世界"的哲学，而马克思的哲学则是"改变世界"的哲学。

在这种通常的理解与解释中，显而易见地包含了两个方面的悖论性问题：一方面，对马克思主义哲学而言，作为"改变世界"的哲学，是否也是"解释世界"的哲学？或者说，马克思主义哲学是以"解释世界"为前提的"改变世界"的哲学？另一方面，对马克思主义哲学之外的哲学而言，作为"解释世界"的哲学，是否也以"改变世界"为目的？或者说，马克思主义哲学之外的各种哲学也是以"改变世界"为目的的"解释世界"的哲学？

从对马克思主义哲学的理解说，"哲学"作为人们最容易理解和接受的说法，即"理论化、系统化的世界观"，它是一种理论形态的存在，它的直接的社会功能是对"世界"、"社会"、"历史"和"人生"的理论"解释"，因而在它的直接的存在形态和社会功能上，都不是"改变世界"，而只能是"解释世界"。这正如马克思本人所说，"批判的武器当然不能代替武器的批判，物质力量只能用物质力量来摧毁；但是理论一经掌握群众，也会变成物质力量。"② 因此，人们往往是从马克思主义哲学"掌握群众"和"批判现实"的角度去说明马克思主义哲学是"改变世界"的哲学。但是，这种解释，已经不自觉地模糊了关于马克思主义哲学不再是"解释世界"而只是"改变世界"的哲学的基本观点，已经不自觉地把马克思主义哲学视为以"解释世界"为前提的"改变世界"的哲学。

在我看来，以"解释世界"与"改变世界"的对立来标志马克思主义哲学与其他各种哲学的根本区别，来说明马克思的哲学革命，既不是由于马克思主义哲学排斥自身所具有的"解释世界"的基本功能，也不是由于马克思主义之外的哲学不期待或不具备"改变世界"的基本功能，而是因为马克思在革命的意义上改变了"哲学"，这就是恩格斯所说的，马克思的学说"这已经根本不再是哲学，而只是世界观"③，"哲学在黑格尔那里

---

① 《马克思恩格斯选集》第 1 卷，人民出版社 1995 年版，第 57 页。
② 《马克思恩格斯选集》第 1 卷，人民出版社 1995 年版，第 9 页。
③ 《马克思恩格斯选集》第 3 卷，人民出版社 1995 年版，第 481 页。

完成了"①。

关于"哲学"，当代哲学家理查德·罗蒂曾作出这样的"划界"性的论断："自希腊时代以来，哲学家们一直在寻求一套统一的观念，……这套观念可被用于证明或批评个人行为和生活以及社会习俗和制度，还可以为人们提供一个进行个人道德思考和社会政治思考的框架"。那么，哲学如何保证它所寻求和提供的这套"观念"或"框架"的合法性与有效性呢？罗蒂说，"作为一门学科的哲学，把自己看成是对由科学、道德、艺术或宗教所提出的知识主张加以认可或揭穿的企图。它企图根据它对知识和心灵的性质的特殊理解来完成这一工作。哲学相对于文化的其他领域而言，能够是基本性的，因为文化就是各种知识主张的总和，而哲学则为这种主张进行辩护。"② 正是基于对整个西方传统哲学的这种理解，罗蒂提出了哲学理性的当代任务："摈弃西方特有的那种将万物万事归结为第一原理或在人类活动中寻求一种自然等级秩序的诱惑。"③ 由此，罗蒂提出了反表象主义、反本质主义和反基础主义的"后哲学文化"。

我国学者在反省整个西方传统哲学时，亦作出了大体相似的理论概括："经过 20 世纪西方哲学对传统哲学的批判，西方传统哲学的理论性质、思维方式和功能作用等元哲学或哲学观问题更为清晰可见。简单地说，西方传统哲学是追求绝对真理的超验形而上学，其思维方式是以意识的终极确定性为基础或目标的逻各斯中心主义或理性主义，其功能和作用是以最高真理和人类理性名义发挥思想规范和统治作用的意识形态。"因此，西方传统哲学"本质上是一种脱离现实而又统治现实的颠倒的世界观"，而马克思给自己提出的历史任务则是"把这种颠倒的世界观再颠倒过来，以使人们正视真实的现实世界"④。正因为马克思哲学不是以"绝对真理"之名去充任规范人的全部思想与行为的"意识形态"，而是从"现实的人及其历史发展"出发而展开"意识形态批判"，因而马克思主义哲学才不再是"解释世界"的旧哲学，而只是"改变世界"的新哲学。

---

① 《马克思恩格斯选集》第 4 卷，人民出版社 1995 年版，第 220 页。
② 理查·罗蒂：《哲学和自然之镜》，生活·读书·新知三联书店 1987 年版，第 1 页。
③ 理查·罗蒂：《哲学和自然之镜》，生活·读书·新知三联书店 1987 年版，中译本作者序。
④ 高清海、孙利天：《马克思的哲学观变革及其当代意义》，载《马克思与我们同行》，中国社会科学出版社 2003 年版，第 22 页。

诉诸哲学史，我们可以发现，近代以来的西方哲学，在"上帝人本化"的哲学演进中，一直致力于寻求和论证"人的自由何以可能"；然而，以黑格尔为代表的"法国革命的德国理论"，它为人的自由所提供的"根据"，是"绝对理念"即"无人身的理性"的"自己运动"，也就是"个人受抽象统治"的现实。马克思的哲学革命，则是要求把人从"抽象"的统治中解放出来，从"物"的普遍统治中解放出来，也就是从"资本"的普遍统治中解放出来，把"资本"的独立性和个性变为人的独立性和个性。马克思明确地提出："对实践的唯物主义者即共产主义者来说，全部问题都在于使现存世界革命化，实际地反对并改变现存的事物。"① 这样，马克思就把关于"人的自由何以可能"的理性思辨，革命性地变革为关于"人类解放何以可能"的"实践的唯物主义"。"实践"，成为马克思主义哲学的基本理念和核心范畴。这就是"改变世界"的马克思主义哲学。

（二）"实践唯物主义"与"实践观点的思维方式"

以"改变世界"来标志马克思的哲学革命，是同以"实践唯物主义"来解释马克思主义哲学密不可分的。在作为根本性的解释原则的意义上，兴起于 20 世纪 80 年代的"实践唯物主义"这个口号或旗帜，以"实践"为核心范畴重新理解马克思主义哲学并重新建构马克思主义哲学的概念发展体系，并不仅仅是关系到马克思主义哲学的"称谓"问题，而且关系到马克思主义哲学的"定位"问题，也就是如何理解马克思主义哲学的问题。正因如此，关于"辩证唯物主义"、"历史唯物主义"、"现代唯物主义"与"实践唯物主义"的哲学论争迄今非但未见减弱，反而有愈益激烈之势。

在这里，我想引入讨论的也许是一个更为值得关注的问题。

自上个世纪 80 年代以来，中国的马克思主义哲学界在新的历史条件下重新探索马克思的哲学革命，形成了某些具有"研究范式"或"解释原则"意义的理论观点。作为批评和超越传统哲学原理教科书的产物，"实践唯物主义"和"实践观点的思维方式"是两种最具代表性的"研究范式"。我在这里讨论的，就是这两种"研究范式"或"解释原则"。在我看

---

① 《马克思恩格斯选集》第 1 卷，人民出版社 1995 年版，第 75 页。

来，厘清这两种"研究范式"或"解释原则"，对于深入理解马克思的哲学革命和推进马克思主义哲学研究是重要的和必要的。

"实践唯物主义"所强调的是以"实践"为核心范畴重新理解和重新建构马克思的"现代唯物主义"。在这种"研究范式"中，"实践"不仅作为认识的基础而成为马克思主义认识论的核心范畴，也不仅作为人的历史活动而成为马克思主义历史观的核心范畴，而且作为人与世界的现实基础而成为马克思主义世界观的核心范畴。就此而言，"实践唯物主义"并不是关于马克思主义哲学如何"称谓"的问题，而是关于马克思主义哲学如何"定位"的问题，也就是如何理解马克思的哲学革命的问题。

"实践观点的思维方式"这种研究范式或解释原则，同"实践唯物主义"一样，也是在批评和超越传统哲学原理教科书的解释模式的过程中形成的，也是以实践为核心范畴重新理解马克思主义哲学的哲学理论。但是，超越传统哲学教科书的这两种解释模式，在对"实践"范畴的不同理解中，却蕴含着值得深入研究的学理上的重要区别。

首先，对实践范畴哲学意义的不同理解。在人们经常引证的《关于费尔巴哈的提纲》中，马克思曾经这样提出问题："全部社会生活在本质上是实践的。凡是把理论引向神秘主义的神秘东西，都能在人的实践中以及对这个实践的理解中得到合理的解决。"① 从实践出发去理解人的社会生活，并以人的实践活动的观点去批判"把理论导致神秘主义方面去的神秘的东西"，这是"实践唯物主义"和"实践观点的思维方式"这两种解释模式的共同之处；但是，"实践唯物主义"所理解的"实践"和所强调的"实践"，是人的实践活动本身，也就是从人的实践活动的特性——诸如实践的客观性、历史性、能动性、目的性等等——出发去解释各种哲学问题。这就是说，在"实践唯物主义"这里，"实践"是一个被描述的对象，是一个实体性的哲学范畴，尚未构成一种哲学意义的解释原则。正因如此，"实践唯物主义"既试图把实践作为核心范畴而贯穿于各种哲学问题之中，又无法把实践作为解释原则而重新解释全部哲学问题。

与"实践唯物主义"不同，所谓"实践观点的思维方式"，它所理解

---

① 《马克思恩格斯选集》第1卷，人民出版社1995年版，第56页。

的"实践"和所强调的"实践",是马克思所说的"对这个实践的理解",也是把"实践观点"作为一种"思维方式"来理解人、理解人与世界的关系,从而构成一种可以称之为实践论的世界观。正因为是把实践的哲学意义理解为"实践观点的思维方式",所以这里的"实践"既不是一种"实体"范畴,也不是客体意义上的"关系"范畴,而是一种哲学意义上的解释原则。这种解释原则,就是从人的内在矛盾以及由此构成的人与世界之间的内在矛盾出发,去理解和解释全部哲学问题。正因为"实践观点的思维方式"是一种具有革命意义的解释原则,因而才构成了哲学史上的马克思主义哲学革命。

其次,对实践范畴的本体论意义的不同理解。由于"实践唯物主义"是从"实体"意义上理解"实践"范畴,因而合乎逻辑地认为,马克思的哲学变革"首先在于把实践引进了本体论,把实践提升到世界本原的行列中去"。这种解释表明,"实践唯物主义"作为一种解释原则,尚未跳出传统哲学寻求世界本原的形而上学窠臼,只不过是把作为世界本原的"物质"或"精神"替换为"实践"而已。正是这种本质上属于传统哲学的解释原则,使得"实践唯物主义"陷入了难以自拔的困惑和窘境之中。这就是:如果把作为人的存在方式的"实践"视为"世界的本原",那么,如何解释人类产生之前的世界的存在?传统哲学教科书解释模式正是以此向"实践唯物主义"提出挑战和诘难,而"实践唯物主义"则迫不得已地作出这样的解释:"马克思并没有用实践把物质从本体论中排除出去,并没有用实践本体论去取代物质本体论。"这种解释,使得作为解释原则的"实践唯物主义"显露了其内在的理论的不彻底性。这就是:在马克思主义的哲学革命中,实践范畴的哲学意义到底是什么?如果可以用"实践"和"物质"这两种本体论解释马克思主义哲学,又如何解释马克思实现了哲学史上的革命性变革?

与"实践唯物主义"不同,"实践观点的思维方式"不是把"实践"当成作为"世界本原"的"本体",恰恰相反,是从"实践观点"作为"思维方式"的反本体论的哲学革命来阐释马克思主义哲学。这应当是"实践观点的思维方式"与"实践唯物主义"这两种解释模式的原则区别。

在"实践观点的思维方式"看来,寻求"世界本原"的"本体论",

其哲学意义并不在于把某种存在视为"本体",而在于它以寻求"本原"或"本体"的方式而构成一种哲学意义上的思维方式。具体言之,这种寻求"世界本原"的本体论的思维方式有三个根本性的思想前提:其一,就其思想本质来说,是把存在本身同存在的现象割裂开来,对立起来,把本体视为隐藏在经验现象背后的超验的存在;其二,就其思想原则来说,是把主观和客观割裂开来,对立起来,把本体视为排除掉主观性的纯粹客观性;其三,就其追求目标来说,是把绝对与相对割裂开来,对立起来,把本体视为排除掉相对性的纯粹绝对性。

与这种思维方式相反,马克思的哲学革命,则是从"现实的人及其历史发展"出发去理解人与世界的关系,彻底变革了这种把本质与现象分离开来、把主观与客观割裂开来、把相对与绝对对立起来的本体论的思维方式,从而构成了重新理解人及其与世界关系的"实践观点的思维方式"。如果我们仍然以寻求"本原"的思维方式去解释马克思的实践范畴,并把"实践"解释成作为"世界本原"的"本体",就不是在马克思的哲学意义上"终结形而上学",而是难以避免地从马克思这里倒退回传统哲学意义上的形而上学。

在这里,我还想提出的是,把"实践观点的思维方式"贯彻到底,我们就可以对哲学意义的"本体"和"本体论"获得新的理解和解释。这就是:"人类作为改造世界的实践主体,其全部活动的指向与价值,在于使世界满足人类自身的需要,把世界变成对人类来说是真善美相统一的世界。具有历史展开性的实践活动是人类思维的最本质最切近的基础。基于人类实践本性的理论思维,总是渴求在最深刻的层次上或最彻底的意义上把握世界、解释世界和确认人在世界中的地位与价值。理论思维的这种渴求,是一种指向终极性的渴求,或者说,是一种终极性的关怀,这种终极性的渴求或关怀的理论表达构成贯穿古今的本体论。""本体论作为一种追本溯源式的意向性追求,作为一种对人和世界及其相互关系的终极关怀,它的可能达到的目标,并不是它所追求的'本'或'源';它的真实的意义也不在于它是否能够达到它所指向的终极存在、终极解释和终极价值;本体论追求的合理性是在于,人类总是悬设某种基于现实而又超越现实的理想目标,否定自己的现实存在,把现实变成更加理想的现实;本体论追求的真实意义就在于，它启发人类在理想与现实、终极的指向性与历史的确定性之间，既永远保持一种必要的张力，又不断打破这种微妙的平衡，从而使人类在自己的全部活动中保持生机勃勃的求真意识、向善意识和审美意识，永远敞开自我批判和自我超越的空间。"① 在这个意义上，本体论即辩证法。因此在我看来，正是本体论批判的辩证法构成了哲学意义上的"实践观点的思维方式"。

由对"实践观点的思维方式"的理解，我们还能够深化对马克思所实现的"实践转向"的理解。近 20 年来，学界通常是以"实践转向"来标志马克思的哲学革命。那么，"实践转向"的真实内涵和真实意义是什么？是指马克思把哲学的对象"转向"人类的"实践"活动吗？如果把"实践转向"理解成哲学对象的改变，那么，这里作为哲学对象的"实践"，就仍然是"实践唯物主义"所指认的实践活动本身，而不是理解人与世界关系的思维方式；如果把"实践转向"理解为思维方式的转向，则会以"实践观点"的思维方式去理解人与世界的关系，从而形成具有革命意义的马克思主义哲学的"世界观"。

这种"实践观点的思维方式"即"实践论的世界观"，它以实践自身的矛盾性为基础，深刻地揭示了人对世界的否定性统一关系。在人对世界的否定性统一关系中，显现了现实世界的自然性与属人性的二重化、人类自身的自然性与社会性的二重性以及社会历史的创造性与规律性的二象性。由"实践观点的思维方式"或"实践论的世界观"所构成的马克思主义哲学，正是恩格斯所说的"关于现实的人及其历史发展"的哲学理论。由此我们可以更深层地发现，"实践观点的思维方式"并非仅仅是一种"思维方式"，而是马克思用以揭示人类历史发展、探索人类解放的世界观和方法论。

（三）马克思学说的"哲学性"与"科学性"

在关于马克思哲学的学术论争中，最大的问题莫过于马克思是否把自己的学说视为"哲学"，因而最大的分歧莫过于把马克思的学说理解为

---

① 孙正聿：《终极存在、终极解释和终极价值——作为终极关怀的本体论》，《社会科学战线》1991 年第 4 期，第 1、9 页。

"科学"还是"哲学"。在这里,我从探讨恩格斯的《在马克思墓前的讲话》入手,回应对马克思思想的不同理解。

1883 年 3 月 14 日,马克思与世长辞,"最伟大的思想家停止思想了"。他的最亲密的战友恩格斯发表了著名的《在马克思墓前的讲话》,对这位"最伟大的思想家"及其"思想"作出了最为简洁而精辟的总结与评价。从学术研究的角度看,这篇讲话应当是研究马克思这位"最伟大的思想家"及其"思想"的最可宝贵的文献。但是,在我看来,如果说学界一直比较重视恩格斯在这篇讲话中对马克思的"思想"的评价,并把这个评价作为马克思一生的伟大贡献而构成阐释马克思及其"思想"的重要出发点,那么,学界并未像重视恩格斯对马克思的"思想"的评价那样而关注恩格斯在这篇讲话对这位"最伟大的思想家"本人的评价。这种状况直接地影响到对这位"最伟大的思想家"的"思想"的理解。

在这里提出这个问题,是因为我们在阐释马克思的哲学观时,遇到的一个更为深层的、更为重要的问题是马克思的学说与哲学和科学的关系问题,或者说是马克思学说的"哲学性"或"科学性"问题。如果更为尖锐地提出问题,这就是:马克思是"哲学家"还是"科学家"?马克思的学说或思想是"哲学"还是"科学"?

正是面对关系到对马克思这位"最伟大的思想家"及其"思想"的理解和评价问题,我们应当而且必须"回到"马克思的最亲密的战友——恩格斯——对这位"最伟大的思想家"及其"思想"的理解和评价。

这里,首先讨论作为"革命家"与"哲学家"和"科学家"的马克思。这个讨论,对于理解马克思的"思想"是至关重要的。

在《马克思墓前的讲话》,对于这位"最伟大的思想家"的评价,恩格斯是这样作出的:"马克思首先是一个革命家。""革命家",这对于马克思具有"首要性",因而也是我们理解和评价马克思及其思想的根本出发点;反之,离开这个根本出发点,我们对马克思及其思想的理解和评价就会本末倒置或不得要领。

"马克思首先是一个革命家。"那么,马克思是怎样的"革命家"?他所从事的是什么样的"革命"?恩格斯在"讲话"中作出了高度概括性的明确回答:"他毕生的真正使命,就是以这种或那种方式参加推翻资本主义社会及其所建立的国家设施的事业，参加现代无产阶级的解放事业，正是他第一次使现代无产阶级意识到自身的地位和需要，意识到自身解放的条件。"①

马克思作为从事"绝大多数人的、为绝大多数人谋利益的独立的运动"的"革命家"，他认为，"在实践方面，共产党人是各国工人政党中最坚决的、始终起推动作用的部分；在理论方面，他们胜过其余无产阶级群众的地方在于他们了解无产阶级运动的条件、进程和一般结果。"② 马克思对于自己所从事的"革命"运动的理论自觉，已经向我们展现了马克思作为"革命家"与"理论家"或"思想家"的统一：作为"革命家"，他自觉地担当"各国工人政党中最坚决的、始终推进运动前进的部分"；作为"理论家"或"思想家"，则是为"无产阶级运动的条件、进程和一般结果"作出"理论方面"的论证。

为"无产阶级运动的条件、进程和一般结果"作出"理论方面"的论证，这表明，马克思"首先"是作为"革命家"而进行他的"理论"研究，因而不能离开"革命家"的马克思去理解和评价"理论家"的马克思。正是这个根本的出发点表明，马克思的思想、理论、学说，是关于无产阶级和人类解放的思想、理论、学说。同时，我们也只有从马克思给自己提出的从"理论方面"论证"无产阶级运动的条件、进程和一般结果"的使命，才能真正理解和评价作为"革命家"的马克思究竟是"哲学家"还是"科学家"，马克思的思想、理论和学说究竟是"哲学"还是"科学"。

《在马克思墓前的讲话》中，恩格斯这样概括和评价马克思的"思想"："正像达尔文发现有机界的发展规律一样，马克思发现了人类历史的发展规律，即历来为繁茂芜杂的意识形态所掩盖着的一个简单事实：人们首先必须吃、喝、住、穿，然后才能从事政治、科学、艺术、宗教等等；所以，直接的物质的生活资料的生产，从而一个民族或一个时代的一定的经济发展阶段，便构成基础，人们的国家设施、法的观点、艺术以至宗教观念，就是从这个基础上发展起来的，因而，也必须由这个基础来解释，

---

① 《马克思恩格斯选集》第 3 卷，人民出版社 1995 年版，第 777 页。
② 《马克思恩格斯选集》第 1 卷，人民出版社 1995 年版，第 285 页。

而不是像过去那样做得相反。"① "不仅如此。马克思还发现了现代资本主义生产方式和它所产生的资产阶级社会的特殊的运动规律。由于剩余价值的发现，这里就豁然开朗了，而先前无论资产阶级经济学家或者社会主义批评家所做的一切研究都只是在黑暗中摸索。"② "一生中能有这样两个发现，该是很够了。即使只能作出一个这样的发现，也已经是幸福的了。但是马克思在他所研究的每一个领域甚至在数学领域，都有独到的发现，这样的领域是很多的，而且其中任何一个领域他都不是浅尝辄止。"③

对马克思的"思想"的概括和评价，是恩格斯的"墓前讲话"的主体部分。人们通常是把恩格斯的这个概括和评价表达为"马克思的两大发现"。这表明，如何理解"马克思的两大发现"，就成为把马克思的"思想"解释为"哲学"或"科学"的基本依据。

在通常的学科分类中，人们是把马克思所发现的"人类历史的发展规律"称作"唯物史观"或"历史唯物主义"，并因而视之为"哲学"；人们又把马克思发现的"现代资本主义生产方式和它所产生的资产阶级社会的特殊的运动规律"即"剩余价值"规律作为经济学理论而视之为"科学"。这样，恩格斯在"墓前讲话"中所概括的"两大发现"，似乎就构成了作为"哲学家"和"科学家"的马克思，以及作为"哲学家"的马克思所创建的"哲学"和作为"科学家"的马克思所创建的"科学"（经济学）。

然而，在把马克思的"两大发现"作为学术对象而展开的研究过程中，人们一方面是质疑"历史唯物主义"的"哲学性"而力图论证其为"科学"，另一方面则是质疑马克思的"政治经济学"的"科学性"而力图论证其为"哲学"。这样，由"两大发现"而构成的"哲学家"与"科学家"的马克思，似乎又模糊了他的"哲学家"与"科学家"的双重身份，因而由"两大发现"而构成的"哲学"与"科学"的马克思思想也就模糊了其"哲学"性与"科学"性。

质疑"历史唯物主义"的"哲学"性，其出发点是论证"历史唯物主义"的"科学"性。这种论证，可以从马克思和恩格斯的文献中得到有力

① 《马克思恩格斯选集》，第 3 卷，人民出版社 1995 年版，第 776 页。
② 《马克思恩格斯选集》，第 3 卷，人民出版社 1995 年版，第 776 页。
③ 《马克思恩格斯选集》第 3 卷，人民出版社 1995 年版，第 776—777 页。

的支持。在《德意志意识形态》中，马克思和恩格斯明确地提出，"在思辨终止的地方，在现实生活面前，正是描述人们实践活动和实际发展过程的真正的实证科学开始的地方。关于意识的空话将终止，它们一定会被真正的知识所代替。对现实的描述会使独立的哲学失去生存环境，能够取而代之的充其量不过是从对人类历史发展的考察中抽象出来的最一般的结果的概括。"① 在《德意志意识形态》这部通常称之为关于历史唯物主义的系统性文献，正是"从对人类历史发展的观察中抽象出来的最一般的结果的综合"，也就是马克思和恩格斯在这里所说的"真正实证的科学"或"真正的知识"。对此，马克思和恩格斯强调地指出，"我们的出发点是从事实际活动的人"，"是处在现实的、可以通过经验观察到的、在一定条件下进行的发展过程中的人"。② 因此，马克思和恩格斯认为，他们的"历史观就在于：从直接生活的物质生产出发阐述现实的生产过程，把同这种生产方式相联系的、它所产生的交往形式即各个不同阶段上的市民社会理解为整个历史的基础，从市民社会作为国家的活动描述市民社会，同时从市民社会出发阐明意识的所有各种不同理论的产物和形式，如宗教、哲学、道德等等，而且追溯它们产生的过程。这样当然也能够完整地描述事物（因而也能够描述事物的这些不同方面之间的相互作用）。"③ 由此，马克思和恩格斯认为，"这种历史观和唯心主义历史观不同，它不是在每个时代中寻找某种范畴，而是始终站在现实历史的基础上，不是从观念出发来解释实践，而是从物质实践出发来解释观念的形成。"④ 正是从这种根本区别出发，马克思和恩格斯批判"哲学家"及其构建的"独立的哲学"。这就是说，在《德意志意识形态》中，马克思恩格斯已经抛弃了"独立的哲学"及其"哲学家"的幻想，而把他们所创立的历史观视作关于历史的科学。

1886年恩格斯在他的晚年，写下了《路德维希·费尔巴哈和德国古典哲学的终结》这部讨论马克思和他怎样从黑格尔哲学出发并且怎样用它脱离进行"简要而有系统的说明"的著作中，对于哲学的历史作出这样的

① 《马克思恩格斯选集》第1卷，人民出版社1995年版，第73—74页。
② 《马克思恩格斯选集》第1卷，人民出版社1995年版，第73页。
③ 《马克思恩格斯选集》第1卷，人民出版社1995年版，第92页。
④ 《马克思恩格斯选集》第1卷，人民出版社1995年版，第92页。

总结："哲学在黑格尔那里完成了，一方面，因为他在自己的体系中以最宏伟的方式概括了哲学的全部发展；另一方面，因为他（虽然是不自觉地）给我们指出了一条走出这些体系的迷宫而达到真正地切实地认识世界的道路。"① 而"哲学"的"终结"是因为"哲学""要求一个哲学家完成那只有全人类在其前进的发展中才能完成的事情"（第 219 页）。因此，恩格斯认为，新的哲学应当是"把沿着这个途径达不到而且任何单个人都无法达到的'绝对真理'撇在一边，而沿着实证科学和利用辩证思维对这些科学成果进行概括的途径去追求可以达到的相对真理"（第 219—220 页）。

恩格斯的这个思想，在他的《在马克思墓前的讲话》中，还以评价马克思的方式得以阐述。恩格斯说，"在马克思看来，科学是一种在历史上起推动作用的、革命的力量。任何一门理论科学中的每一个新发现——它的实际应用也许还根本无法预见——都使马克思感到衷心喜悦，而当他看到那种对工业、对一般历史发展立即产生革命性影响的发现的时候，他的喜悦就非同异常。例如，他曾经密切注视电学方面各种发现的进展情况，不久以前，他还密切注视马赛尔·德普勒的发现。"② 在这里，恩格斯明确地把"两大发现"的马克思称作"科学巨匠"，并强调在马克思看来，"科学是一种在历史上起推动作用的、革命的力量"（第 777 页），因而表现一位"革命家"对具有"革命力量"的"科学"的深切认同。

与质疑历史唯物主义的"哲学"性而强调其"科学"性的思潮相并行，是质疑马克思经济学、特别是他的《资本论》的"科学"性而强调其"哲学"性。宾克莱提出："马克思对于我们今天的吸引力乃是一个道德的预言，人们如果根据人类价值考察现在社会上的种种事实，然后根据自己的发现而行动，以使我们的世界成为一个一切人都能变成更有创造性和更为自由的地方，这样我们就是忠于马克思了。"③ 因此，他认为，"作为我们选择世界观时的一位有影响的预言家的马克思永世长存，而作为经济学家和历史必然道路的预言家的马克思则已经降到只能引起历史兴趣的被人

① 《马克思恩格斯选集》第 4 卷，人民出版社 1995 年版，第 220 页。
② 《马克思恩格斯选集》第 3 卷，人民出版社 1995 年版，第 575 页。
③ 宾克莱：《理想的冲突》，商务印书馆 1986 年版，第 106 页。

遗忘的地步。"①

　　阿尔都塞在《读〈资本论〉》这部名著中，从我们如何阅读它并从而构成我们所理解的《资本论》入手，讨论了他对问题的理解。阿尔都塞提出，"毫无疑问，我们都读过《资本论》，而且仍在继续阅读这部著作。近一个世纪以来，我们每天都可以透过人类历史的灾难和理想，论战和冲突，透过我们唯一的希望和命运所系的工人运动的失败和胜利，十分清楚地阅读它。可以说，自从我们'来到这个世界上'，我们从未停止透过那些为我们阅读《资本论》的人的著作和演说来阅读《资本论》。他们为我们所作的阅读有好有坏，他们中间有些人已经死去，有些人还活着。这些人有恩格斯、考茨基、普列汉诺夫、列宁、罗莎、卢森堡、托洛茨基、斯大林、葛兰西、各工人组织的领导人、他们的追随者或者他们的论敌：哲学家、经济学家和政治家。我们阅读了形势为我们'选择'的《资本论》的片断和章节。"② 这就是说，人们对《资本论》的理解，是同人们对它的期待密切相关的，又是同别人对《资本论》的解说密切相关的。由此，阿尔都塞提出问题，"我们"属于哪一种"阅读"？在阿尔都塞看来，作为"哲学家"、"经济学家"或"逻辑学家"来阅读《资本论》，是大不一样的，而"我们都是哲学家"，"我们是作为哲学家来阅读《资本论》的"③而"我们在对《资本论》进行哲学的阅读时所犯的错误是，我们用马克思阅读古典政治经济学时给予我们深刻印象的那种方法来阅读马克思的著作。我们要承认的错误就是，固执地围于这些方法，在这些方法中停滞不前，死死地抓住它们并希望有朝一日完全依靠这些方法来认识马克思著作的狭小的空间中所包含的无限领域即马克思的哲学领域。"④ 阿尔都塞提出，"如果认为整个马克思的哲学包含在《关于费尔巴哈的提纲》中的几个短短的命题中，或者包含在《德意志意识形态》的否定的论述中，也就是包含在断裂的著作中，那么就严重误解了一个全新的理论思想生长所必不可少的条件，而这种思想的成熟、界定和发展是需要一定时间的。"⑤ 阿

---

　　① 宾克莱：《理想的冲突》，商务印书馆 1986 年版，第 106 页。
　　② [法] 路易·阿尔都塞：《读〈资本论〉》，中央编译出版社 2001 年版，第 1—2 页。
　　③ [法] 路易·阿尔都塞：《读〈资本论〉》，中央编译出版社 2001 年版，第 2、3 页。
　　④ [法] 路易·阿尔都塞：《读〈资本论〉》，中央编译出版社 2001 年版，第 23 页。
　　⑤ [法] 路易·阿尔都塞：《读〈资本论〉》，中央编译出版社 2001 年版，第 24 页。

尔都塞引证恩格斯的话说，"我们这一世界观，首先在马克思的《哲学的贫困》和《共产党宣言》中问世，经过了二十余年的潜伏时间，到《资本论》出版以后……"因此阿尔都塞提出，"我们可以读到马克思真正哲学的地方是他的主要著作《资本论》"（第 24 页）。

关于对《资本论》的"哲学阅读"，阿尔都塞还耐人寻味地提出另一个问题，即："只有应用马克思的哲学才能对《资本论》进行哲学的阅读，而马克思的哲学又是我们的研究对象本身。这个循环之所以可能，只是因为马克思的哲学存在于马克思主义的著作之中"（第 29 页）。阿尔都塞的上述观点是值得深入思索的。从此出发，我想讨论如下几个问题。

人们阅读《资本论》，是同人们的阅读目的密切相关的；而阅读《资本论》的目的，是同对社会主义和共产主义的渴望和追求密切相关的；因此，人们从《资本论》中能够读到的最重要的是它对社会主义取代资本主义的承诺，即远远超过其经济学研究的哲学价值观。这种阅读效果，不仅源于阅读目的，更源于被阅读的对象。恩格斯说，"《资本论》经常被称为'工人阶级的圣经'。本书所得的结论，一天多似一天的，成了工人阶级伟大运动的基本原理"（《资本论》英文版的序）。作为"工人阶级的圣经"，《资本论》并不是一般意义的理论著作，而是关于无产阶级和人类解放的学说，它要研究的是"物和物的关系掩盖下的人和人的关系"，它要揭示的是"资本的独立性和个性"如何代替了"个人的独立性和个性"。马克思在《资本论》中所揭示的，不仅仅是资本主义的特殊规律，而且是人类发展的现实根基。马克思提出："时间实际上是人的积极存在，它不仅是人的生命的尺度，而且是人的发展的空间"[①]，"时间是人类发展的空间"[②]。马克思对"必要劳动时间"与"剩余劳动时间"的分析，不仅具有揭示"剩余价值"生产的特定的政治经济学含义，而且包含着实现人类自身发展的深刻的哲学内涵。因此马克思说，"政治经济学所研究的材料的特殊性质，会把人心中最激烈最卑鄙最恶劣的感情，代表私人利益的仇神，召唤到战场上来反对它"（初版的序）。《资本论》所蕴含着的这种根本性的价值理想和伦理要求，名副其实地构成马克思的最主要的哲学

---

① 《马克思恩格斯全集》第 47 卷，1979 年版，第 532 页。
② 《马克思恩格斯选集》第 2 卷，第 195 页。

著作。

把《资本论》视为马克思的最重要的哲学著作，还与它"应用的方法"即辩证法密切相关。辩证法是马克思主义的活的灵魂，而《资本论》则是列宁所说的"大写的逻辑"即马克思辩证法的具体体现。马克思说，"辩证法，在它的神秘形式上，成了德国的流行品，因为它好像使现存的事物显得光彩。在它的合理形式上，辩证法却引起了资产阶级和他们的夸夸其谈的代言人的烦恼和恐怖，因为它在现存事物的肯定的理解中，同时包含着它的否定的理解，它的必然灭亡的理解；它对每一个已经生成的形态，都是在运动的流中，从它的暂时经过的方面去理解；它不会屈服在任何事物面前，就它的本质说，它就是批判的、革命的。"① 正是《资本论》体现了这个本质上是批判的、革命的辩证法，辩证法正是在《资本论》中展现了自己的批判的、革命的本质；离开《资本论》，马克思并没有为我们提供现成的辩证法著作，而研究马克思的辩证法，最基本和最重要的文献就是《资本论》；《资本论》已经构成马克思的哲学与科学、哲学反思与科学研究的水乳交融。就此而言，我同意阿尔都塞所说的对《资本论》的"哲学阅读"或"经济学阅读"，但我更倾向于认为，阅读《资本论》，乃至阅读马克思的全部著作，都只能是一种我称之为"双重化"的阅读，即哲学阅读与科学阅读的统一，因为马克思首先是作为"革命家"的"哲学家"和"科学家"，马克思的思想是把哲学反思和科学研究融为一体的关于人类解放的学说。

在这个意义上，我比较赞同葛兰西在《狱中札记》中表达的看法："一个大人物表现他思想的较有创造力的方面，并不是在从表面的分类的观点来看显然应当是最合乎逻辑的形式中，而是在别处，在表面上看来可以被认为是与之无关的部分中，一个搞政治的人进行哲学写作：情况可能是，他的'真正的'哲学反倒应该在他的政治论著中去寻找。每个人都有一种占支配地位的活动，正是必须从这里去寻找他的思想，这种思想处在一种往往不是暗含在、而且甚至经常是同公开表达的东西相互矛盾的形式中。"② 跳出我们现行的体制化、职业化、学院化、科层化的思考方式，也

---

① 马克思：《资本论》第 1 卷，跋，人民出版社 1963 年第 2 版。
② ［意］安东尼奥·葛兰西：《狱中札记》，中国社会科学出版社 2000 年版，第 317 页。

就是跳出现在通行的关于学科分类的思考方式，不再用"哲学"、"经济学"或各种学科分类的视域去阅读和研究马克思这个"最伟大的人物的思想"，我们才能更深切地理解马克思的哲学革命，理解马克思的关于人类解放的学说。

四、怎样理解马克思主义哲学本体论

改革开放以来，一个长期被学界忽视的问题——本体论——越来越成为学界争论的焦点问题。"本体"和"本体论"成为使用频率最高的哲学范畴。在关于马克思主义哲学世界观的讨论中，必须纳入关于马克思主义本体论的争论。

（一）探索马克思本体论的理论前提

讨论马克思的本体论，无法回避的理论前提是对"本体论"的理解，即：对本体论作何种理解，我们能够提出并讨论马克思的本体论？反过来说，对本体论作何种理解，我们又必须拒绝把本体论"塞给"马克思哲学？从当代中国哲学界、特别是马克思主义哲学界所论争的问题看，主要是从三个不同的层次展开了关于本体论的讨论。

其一，从上个世纪 80 年代以来，在一个时期内，哲学界基本上是在直接断言的意义上论争"什么是正确的本体论"或"究竟什么是马克思的本体论"。这种论争隐含和回避了关于"什么是本体论"的理论前提，直接地诉诸于对何种本体论为"正确"的论争，由此便构成了延续至今的关于"物质本体论"与"实践本体论"和"社会存在本体论"等各种提法之间的争论。

其二，在关于"什么是正确的本体论"的论争中，逐渐地出现了以哲学史为背景的对"什么是本体论"的反思，由此便越来越清晰地凸现了当代中国哲学界关于本体论问题的三个理论聚焦点：一是如何理解和评价本体论的"原义"即本体论的"原义是否合理"的问题，二是这种"原义"的本体论是否具有哲学的普遍性即本体论的"问题是否普遍"的问题，三是本体论的"原义"是否发生了历史演化即本体论的"引申是否合法"的问题。由于对本体论的"原义是否合理"、"问题是否普遍"、"引申是否合法"的不同回答，不仅构成了哲学界的"坚持"和"复兴"本体论与"拒斥"和"讨伐"本体论的论争，而且直接地构成了能否以本体论解释马克思哲学的论争。问题很明显，如果本体论只是"西方哲学特有的一种形态"即已经被现代哲学所否弃的理论形态，那么，合乎逻辑的结论就不仅是否认本体论的"原义"的合理性，也不仅是否认本体论的"问题"的普遍性，而且也必须否认本体论的"引申"的合法性，因此也就必须否认作为现代哲学的马克思哲学具有本体论。或者说，如果本体论只是"西方哲学特有的一种形态"，那么，关于"马克思的本体论"的讨论，就只能是源于对"马克思哲学"和"本体论"的双重"误解"，并且只能是造成阐释"马克思哲学"和"本体论"的双重"误区"。这表明，讨论"什么是本体论"，或者说追究关于"什么是正确的本体论"的理论前提，并不仅仅是推进了对"本体论"自身的理解，尤其重要的是为讨论"马克思的本体论"拓宽了理论视野和深化了理论思考。

其三，正是在对"什么是本体论"的反思中，人们逐步地把对"本体论"的追问诉诸于对"哲学"本身的追问，诉诸于对"哲学"演进过程中所形成的本体论变革的追问，从"哲学"在人类生活中的独特价值及其历史演变去思考"本体论"的"原义是否合理"、"问题是否普遍"、"引申是否合法"等问题。这种思考，把"什么是正确的本体论"和"什么是本体论"的问题，引导为"何以有本体论"和"本体论的历史形态"的问题。这两个问题构成我们在新世纪讨论"马克思的本体论"的直接的理论前提。

哲学是人类关于自身存在的自我意识的理论表现，或者说，哲学是以理论形态所表现的人类关于自身存在的自我意识。哲学在对人类自身存在的理论思考中，最根本的问题就是人自身的存在何以可能的问题，即：人为什么能够存在？这种对人的存在的根据的追问，构成哲学的本体论问题。因此，只有把"本体论"与人的存在联系起来，才能回答"何以有本体论"的问题。

人的存在就是人的生命活动。人的生命活动不是动物式的"生存"活动，而是人所特有的"生活"活动，即"把自己的生活活动本身变成自己的意志和意识的对象"的活动，也就是把"理想"变为"现实"的活动。

人类的这种变"理想"为"现实"的"生活"活动是一个无限的历史展开过程，而基于人的"生活"活动的人类思维则总是渴求在最深刻的层次上或最彻底的意义上把握世界、解释世界和确认人在世界中的地位与价值，这就是恩格斯所说的"按它的本性、使命、可能和历史的终极目的来说的"思维的"至上性"的要求。哲学作为人类关于自身存在的自我意识理论，它以理论的方式表现基于"生活"本身的人类思维的"至上性"要求，从而构成了对"人的存在何以可能"的反思与追问，也就是构成了哲学的本体论。

哲学的本体论是一种追本溯源式的意向性追求，是一种理论思维的无穷无尽的指向性，是一种指向无限性的终极关怀。它以寻求"终极存在"、"终极解释"和"终极价值"的方式，为人类自身的存在寻找"根据"、"标准"和"尺度"；它又以自己所承诺的"本体"作为根据、标准和尺度，批判地反思人类一切活动和全部观念的各种前提，为人类的"生活"提供"安身立命之本"或"最高的支撑点"。哲学的本体论追求表现了哲学的特殊性质，即表现了哲学"追根究底"、"从头问起"并且"穷追不舍"、"一问到底"的特殊性质。本体论所体现的哲学的这种特殊性质，正是理论化的人的超越性存在的特殊性质，因此，哲学的本体论追求就是理论化的人的自我追问，这种追求和追问不仅具有深刻的人性的合理性，而且具有人类性的普遍性。

哲学的本体论追求，既根源于人类实践和人类思维的本性，又决定于人类生活在不同时代的特殊要求，因而它总是以时代性的内容去寻求人的存在何以可能的根据。在哲学发展史上，本体论对人的存在何以可能的追问，发生过一系列历史性的变革：古代哲学以追问"万物何以可能"的方式去探索人类存在的根据，最终则导致了一神教的产生；中世纪哲学以追问"世界何以可能"的方式去回答人类存在的根据，其结果是构成了作为"神圣形象"的"上帝"本体论；整个近代哲学的发展过程，就是"消解"作为"神圣形象"的"上帝"的过程，也就是把"上帝""人化"的过程；正是在这个上帝人化的过程中，出现了"自然本体论"、"物质本体论"和"理性本体论"，为人的存在寻求代替"上帝"的根据；在德国古典哲学中，则更为自觉地以反思人的"认识何以可能"、"道德何以可能"、"自由何以可能"和"崇高何以可能"的方式去探索人类存在的根据。黑格尔说，"一个定义的意义和它的必然证明只在于它的发展里，这就是说，定义只是从发展过程里产生出来的结果"①。关于本体论，我们也应当从它的"发展过程里"去理解它的实质，并在对它的合乎历史与逻辑的"引申"中去实现自己时代的本体论追求。由此我们便可以理解，寻求"何以可能"的根据，这是本体论的实质；而寻求"什么"何以可能的根据，则构成本体论的历史。

（二）黑格尔本体论的理论遗产

为了具体地阐明对本体论的这种理解，并为提出马克思的本体论问题提供历史与逻辑的前提，我们在这里特别有必要阐释对黑格尔本体论的理解。恩格斯曾经提出，作为德国古典哲学集大成者的黑格尔哲学，既以"最宏伟的方式概括了哲学的全部发展"，又"终结"了"全部以往所理解的哲学"。② 据此，一些学者认为，黑格尔哲学作为"本体论的最后的辉煌"，哲学本体论在黑格尔哲学那里已经"终结"了。我在这里提出的问题是：黑格尔哲学是"终结"了"全部以往所理解的哲学"的本体论的追求方式，还是"终结"了"全部以往的哲学"所进行的本体论追求？我认为是前者，而不是后者。

黑格尔以其"本体"即"绝对理念"的自我运动和自我认识而构建了他的庞大的哲学体系。对此，我们需要追问的是，在黑格尔哲学那里，作为"本体"的"绝对理念"究竟要回答的是什么问题？在我看来，黑格尔的"绝对理念"所回答的是关于人的存在的"三位一体"的问题：其一，在其直接性上，黑格尔哲学作为19世纪的"思想体系时代"的"时代精神"，他的"绝对理念"是以概念自我运动的形式即概念发展的辩证法表现人类思想运动的逻辑，为各门科学构建"思想体系"提供"逻辑基础"，也就是为"人的理性何以可能"提供根据；其二，在其间接性上，黑格尔哲学作为"法国革命的德国理论"，他的"绝对理念"是以概念自我运动的形式展现人类理性的自由运动，展现个体理性与普遍理性相融合的进程

---

① 黑格尔：《小逻辑》，商务印书馆1980年版，第7—8页。
② 《马克思恩格斯选集》第4卷，人民出版社1995年版，第216、215页。

中所实现的理性自由，也就是为"人的自由何以可能"提供根据；其三，在其深层的自我意识中，黑格尔的"绝对理念"的自我运动所实现的乃是他所期待的"全体的自由性"与"各个环节的必然性"在"对各环节加以区别和规定"中所实现的统一。在黑格尔看来，"凡生活中真实的伟大的神圣的事物，其所以真实、伟大、神圣，均由于理念。哲学的目的就在于掌握理念的普遍性和真形相"。① 因此，黑格尔的"绝对理念"作为"本体"，又是为"人的崇高何以可能"提供根据。由此我们可以看到，黑格尔的"本体论"，在其真实的意义上，乃是对人的理性、人的自由和人的崇高"何以可能"的追问；而他对这种追问的回答，则是"绝对理念"的自我运动和自我认识。

然而，黑格尔在他的"三位一体"的"绝对理念"中对人的理性、自由和崇高"何以可能"所作的论证，是以"无人身的理性"自我运动的形式实现的，是黑格尔自己所说的"作为内心的必然性而存在"的，这种"本体论"的最大限度也只不过是黑格尔自己所说的"培养自己的精神"。因此，黑格尔哲学作为"法国革命的德国理论"，只不过是恩格斯所说的"睡帽中的革命"。这种以"无人身的理性"自我运动的方式所实现的本体论追求，已经被马克思的哲学革命终结了。值得我们认真思考的是，马克思并不只是彻底地否弃了以黑格尔哲学为标志的传统哲学的本体论的追求方式，而且深切地求索这种本体论追求中所蕴含的真实的历史内容，从而以真实的历史内容为出发点而展开自己的本体论追求。在我看来，这是讨论马克思的本体论的极为重要的出发点。

马克思认为，黑格尔的思辨哲学并不是某种超然于世界之外的玄思和遐想，而是"形而上学地改了装"的现实的存在。马克思指出，黑格尔的思辨哲学体系有三个因素，第一个因素是形而上学地改了装的、脱离了人的自然，第二个因素是形而上学地改了装的、脱离了自然的精神，第三个因素是形而上学地改了装的以上两个因素的统一，即现实的人和现实的人类。② 因此，去掉这种"形而上学地改了装的"思辨性和神秘性，作为传统本体论哲学之总结的黑格尔哲学，正是以追寻"本体"的方式而表达了

① 黑格尔：《小逻辑》，商务印书馆 1980 年版，第 35 页。
② 参见《马克思恩格斯全集》第 2 卷，人民出版社 1995 年版，第 177 页。

对"人"自身"何以可能"的追问与论证。

那么，黑格尔所追问和论证的人的"理性"、"自由"、"崇高"的"何以可能"的"根据"即"绝对理念"究竟是什么？马克思指出，黑格尔是以"最抽象的形式"表达了"最现实的人类状况"，即："个人现在受抽象统治，而他们以前是互相依赖的。但是，抽象或观念，无非是那些统治个人的物质关系的理论表现"。① 这就是说，作为黑格尔哲学之"本体"的"绝对理念"，是根源于理论所表现的现实——现实被"抽象"所统治的现实；黑格尔哲学为人的"理性"、"自由"和"崇高"所寻求到的"根据"即"本体"，正是这种统治现实的"抽象"。

对于这个统治现实的"抽象"，马克思是从"统治个人的物质关系"去寻求根据。马克思说："法的关系正像国家的形式一样，既不能从它们本身来理解，也不能从所谓人类精神的一般发展来理解，相反，它们根源于物质的生活关系，这种物质的生活关系的总和，黑格尔按照18世纪的英国人和法国人的先例，概括为'市民社会'，而对市民社会的解剖应该到政治经济学中去寻找。"② 正是在这种哲学－政治经济学批判中，马克思深刻地揭示了"把人变成帽子"的李嘉图和"把帽子变成观念"的黑格尔的实质，即：黑格尔的"抽象"是把物和物的关系、物和人的关系、人和人的关系都变成观念与观念之间的关系，从而构成了黑格尔的"纯粹的、永恒的、无人身的理性"的自我运动。而在黑格尔的"抽象"或"观念"中所掩盖的"统治个人的物质关系"，则是"劳动"与"资本"的关系，即：在资本主义社会的"现实"中，"抽象"的"资本"具有独立性和个性，而活动着的个人却丧失了独立性和个性，这就是现实受"抽象"（资本）统治的最普遍的、最根本的现实。正是通过这种哲学－政治经济学批判，马克思的合乎逻辑的结论是，人之为人的根据，人的"自由"和"崇高"，"不能从所谓人类精神的一般发展来理解"，而必须从"物和物的关系"掩盖下的"人和人的关系"来理解。正是在这里，马克思把传统哲学本体论对"人的存在何以可能"的追问，变革为对"人和人的关系"的理论求索，并把自己的本体论定位为对"人的解放何以可能"的寻求。

---

① 《马克思恩格斯全集》第 46 卷（上），人民出版社 1995 年版，第 111 页。
② 《马克思恩格斯选集》第 2 卷，人民出版社 1995 年版，第 32 页。

以黑格尔哲学为代表的"法国革命的德国理论",它为人的存在所提供的"根据",是"资本"取得统治地位的现实,是"个人受抽象统治"的现实。作为无产阶级革命理论的马克思哲学,则要求把人从"抽象"的统治中解放出来,从"物"的普遍统治中解放出来,从"资本"的普遍统治中解放出来,把"资本"的独立性和个性变为人的独立性和个性。"人的解放",这是马克思的哲学旗帜;"解放"的"根据",则是马克思哲学的本体论问题。这表明,马克思的本体论,既是从思维方式上与传统本体论的断裂,又是从"人的解放何以可能"的本体论求索中开辟了它的现代道路。

(三)马克思的本体论革命:人的解放何以可能

马克思究竟是追问"什么何以可能"?对这个作为主词的"什么"问题的回答,直接地构成了对马克思的本体论的不同理解。

把马克思的本体论称之为"物质本体论",这从追问"什么何以可能"的视野去看,问题就比较清楚了。在《路德维希·费尔巴哈和德国古典哲学的终结》中,恩格斯明确地提出,"什么是本原的,是精神,还是自然界?——这个问题以尖锐的形式针对着教会提了出来:世界是神创造的呢?还是从来就有的?"①这就是说,关于"精神"与"自然界"孰为"本原"的问题,就其实质而言,是"世界"何以可能的根据问题。具体地说,就是"世界"是"神创造的"还是"从来就有的"。由此我们可以看到,所谓"物质本体论",是对"世界何以可能"这个问题的回答,我们应当在这个"问题域"去看待"物质本体论"。

"世界何以可能"这个问题,具有重大的理论意义。这正如恩格斯所说,"哲学家依据他们如何回答这个问题而分成了两大阵营。凡是断定精神对自然界说来是本原的,……组成唯心主义阵营。凡是认为自然界是本原的,则属于唯物主义的各种学派"②。这就是说,在"世界何以可能"这个根本问题上,是否承认和坚持"自然界是本原的",构成唯物主义与唯心主义的对立。这也就是说,作为唯物主义哲学的马克思哲学,在"世界

---

① 《马克思恩格斯选集》第4卷,人民出版社1995年版,第224页。
② 《马克思恩格斯选集》第4卷,人民出版社1995年版,第224页。

何以可能"的问题上，必须坚守"自然界是本原的"这个基本论断。

但是，恩格斯的论述非常清楚地告诉人们，提出"世界何以可能"的问题，并承认"自然界是本原的"，这是"唯物主义的各种学派"的共同点，而不是马克思的唯物论向自己提出的历史性问题，也不是马克思的唯物论对自己的历史性问题的理论回答。恩格斯在对唯物主义与唯心主义作出区分之后，紧接着就告诫人们，除了在"世界何以可能"的意义上，"唯心主义和唯物主义这两个用语本来没有任何别的意思，它们在这里也不能在别的意义上使用的"①。这就是说，如果我们承认马克思哲学不是旧唯物主义，而是新唯物主义，那么，我们就不能仅仅是在"世界何以可能"的问题域去理解马克思哲学，而必须在马克思所提出的新的问题域去理解马克思哲学。在这个意义上，已经不能以"唯物主义的各种学派"共同坚持的"物质本体论"来界说马克思的本体论。

马克思的哲学不是离开人类文明发展大道的宗派主义的东西，其直接的理论渊源是哲学自身的发展史。对"世界何以可能"的追问，这是近代以来的西方哲学所面对的基本问题；而对于以市场经济取代自然经济为生活基础的近代西方哲学来说，它的根本使命是实现"上帝人化"，即把"上帝"作为世界的"根据"而转化为"人"自己是自己的"根据"。因此，在"上帝"自然化、物质化、精神化和人本化的近代哲学的发展进程中，哲学本身经历了以"自然本体论"、"物质本体论"、"精神本体论"和"人学本体论"取代"上帝本体论"的过程。在黑格尔哲学那里，"本体论"问题已经发展为人的"自由何以可能"的问题，而在费尔巴哈那里，更是明确地提出，哲学的任务就是把异化给"上帝"的"人的本质"归还给"人"。因此，对于马克思哲学来说，其哲学使命是把德国古典哲学对人的"自由"和人的"本质"的抽象的肯定，实现为人类自身的解放。正因如此，恩格斯曾经自豪地提出，"德国的工人运动是德国古典哲学的继承者"②。

1842年，马克思在提出"任何真正的哲学都是自己时代的精神上的精华"的著名论断时，就对新哲学提出这样的期待："那时哲学不仅在内

---

① 《马克思恩格斯选集》第4卷，人民出版社1995年版，第224—225页。
② 《马克思恩格斯选集》第4卷，人民出版社1995年版，第258页。

部通过自己的内容，而且在外部通过自己的表现，同自己时代的现实世界接触并相互作用"①。在这里，马克思表达了超越黑格尔思辨哲学的强烈渴望和实现哲学与"自己时代的现实世界接触并相互作用"的强烈要求。这种渴望与要求，促使马克思把对"人"的理性思辨转化为对"人"的现实理解。

1843 年，在《〈黑格尔法哲学批判〉导言》中，马克思明确地提出，理论的彻底性，在于抓住事物的根本；而"人的根本就是人本身"。这个论断，可以说是马克思的本体论的"根本"——把对人的追问彻底地诉诸于人本身。正是从这个"根本"出发，马克思对整个近代以来的"上帝人化"或反宗教的斗争作出这样的总结："宗教是人的本质在幻想中的实现，因为人的本质不具有真正的现实性。因此，反宗教的斗争间接地就是反对以宗教为精神抚慰的那个世界的斗争。"② 由此马克思进而对新哲学的使命又作出这样的概括："真理的彼岸世界消逝以后，历史的任务就是确立此岸世界的真理。人的自我异化的神圣形象被揭穿以后，揭露具有非神圣形象的自我异化，就成了为历史服务的哲学的迫切任务。"③ 正是从这个历史"任务"出发，马克思明确地提出："对宗教的批判最后归结为人是人的最高本质这样一个学说，从而也归结为这样的绝对命令：必须推翻那些使人成为被侮辱、被奴役、被遗弃和被蔑视的东西的一切关系，……"④ 把人从非人的存在中"解放"出来，这就是马克思为新哲学提出的使命。

"解放何以可能"？这构成了马克思哲学的本体论。在《1844 年经济学哲学手稿》中，马克思从"人的本质"和"异化劳动"去探索"解放的根据"。马克思提出，虽然"人（和动物一样）靠无机界生活"，但人的"万能"却在于人把自然变成"人的无机的身体"。人的这种"万能"的特性表现了人的"类的特性"，这就是"创造生命的生活"活动、"自由自觉的活动"。对此，马克思作出具体的论证："动物和自己的生命活动是直接同一的。动物不把自己同自己的生命活动区别开来。它就是生命活动。人

---

① 《马克思恩格斯全集》第 1 卷，人民出版社 1995 年版，第 220 页。
② 《马克思恩格斯选集》第 1 卷，人民出版社 1995 年版，第 1—2 页。
③ 《马克思恩格斯选集》第 1 卷，人民出版社 1995 年版，第 2 页。
④ 《马克思恩格斯选集》第 1 卷，人民出版社 1995 年版，第 9—10 页。

则使自己的生活活动本身变成自己意志的和自己意识的对象。他具有有意识的生命活动。这不是人与之直接融为一体的那种规定性。有意识的生活活动把人同动物的生命活动直接区别开来。正是由于这一点，人才是类存在物。或者说，正因为人是类存在物，他才是有意识的存在物，就是说，他自己的生活对他来说是对象。仅仅由于这一点，他的活动才是自由的活动。"① 这就是马克思对人的"自由自觉的活动"的"类的特性"所作出的论证。

与此同时，马克思又极为深刻地把作为人的"类特性"的"自由的有意识的活动"与现实的人的"异化劳动"联系起来，指出"异化劳动把这种关系颠倒过来，以致人正因为是有意识的存在物，才把自己的生命活动，自己的本质变成仅仅维持自己生存的手段"（第 50 页）。其结果是，"人的异化劳动，从人那里（1）把自然界异化出去；（2）把他本身，把他自己的活动机能，把他的生活活动异化出去，从而也就把类从人那里异化出去"，"（3）人的类的本质——无论是自然界，还是他的精神的、类的能力——变成与人异类的本质，变成维持他的个人生存的手段"，"（4）人从自己的劳动产品、自己的生活活动、自己的类的本质异化出去这一事实所造成的直接结果就是：人从人那里的异化。当人与自己本身相对立的时候，那么其他人也与他相对立"，"总之，人从他的类的本质异化出去这一命题，说的是一个人从其他人异化出去，以及他们中的每个人都从人的本质异化出去"。② 这就是马克思从"异化劳动"所造成的人的"类的特性"的异化所作出的论证。

由此可见，在马克思这里，人的"解放"的根据是双重的：一方面，人的"自由自觉活动"的"类的特性"构成人的解放的可能性的"根据"；另一方面，人的"类的特性"的"异化"状态则是人的解放的必要性的"根据"。正是从人的"解放"的可能性与必要性的双重"根据"出发，马克思不断地深化了自己的本体论求索。

1845 年春，马克思写出了被恩格斯称作"包含天才世界观萌芽的第一个宝贵文件"的《关于费尔巴哈的提纲》。这个"宝贵文件"凝聚着马

---

① 《1844 年经济学哲学手稿》，人民出版社 1979 年版，第 50 页。
② 《1844 年经济学哲学手稿》，人民出版社 1979 年版，第 49、51、51—52 页。

克思对全部哲学史的高度概括性总结，熔铸着马克思对哲学自身的深切反思，表达了马克思对全部旧哲学的根本性批评，升华了马克思探索人类解放的理论成果，构成了以"实践"为核心范畴的对人的"解放"何以可能的理论回答。因此，以这份"宝贵文件"为标志的哲学史上的"实践转向"，也标志着把"解释世界"的旧哲学与"改变世界"的新哲学区别开来的现代本体论追求。

人们都承认，"实践"是这份"宝贵文件"的核心范畴。问题在于，对马克思来说，他把"实践"作为核心范畴所要回答的哲学问题是什么？在《提纲》的第一条中，马克思明确地提出，以往的全部哲学——包括唯物主义哲学和唯心主义哲学——的根本问题，就在于不是从人的"实践"的"感性活动"去理解人对世界的关系，因而不能真实地理解人与世界的真实关系。在这里，马克思已经把"人的存在何以可能"的根据，从《手稿》中关于人的"自由自觉活动"的"类特性"，确认为人的"实践"活动。这在马克思的哲学思想演进的过程中具有重大意义。在《提纲》的第二条中，马克思针对整个传统哲学、特别是整个西方近代哲学所思考和论争的根本性问题——思想的客观性问题——进一步地明确了"实践"范畴的本体论意义。马克思提出，"人的思维是否具有客观的真理性，这并不是一个理论的问题，而是一个实践的问题"（第16页）。这就是说，对于思想的客观性"何以可能"的这个贯穿于整个近代哲学的本体论问题，马克思把"实践"范畴确认为它的"根据"即"本体"。在《提纲》第三条中，马克思又针对近代唯物主义哲学关于"人"与"环境"的相互关系的争论，也就是针对"人"何以为"人"的争论，明确地把"人"的存在的根据归结为"革命的实践"。在《提纲》的第四、五、六、七这四条中，马克思以批评费尔巴哈的相关哲学观点的方式，集中地论述了从"实践的、人类感性的活动"出发去理解人的世界、人的本质和人的宗教感情。而在《提纲》的第八条中，则把上述思想凝结为一个根本性的论断："社会生活在本质上是实践的。凡是把理论导致神秘主义方面去的神秘东西，都能在人的实践中以及对这个实践的理解中得到合理的解决"（第18页）。这样，马克思就在把确认"社会生活"的"本质"与解决"理论"的"神秘主义"相统一的意义上，确认了"实践"的本体地位，即：用"实践"

作为"根据"去理解"社会生活"的"本质"和破解对"理论"的"神秘主义"理解。在《提纲》的第九、十两条中，马克思又把这种"实践转向"的根据诉诸于实现这种"转向"的主体，即"人类社会或社会化了的人类"。而在《提纲》的最后一条即第十一条中，马克思以其"实践转向"的本体论革命为根据，把以往的旧哲学归结为"用不同的方式解释世界"，而把他所开拓的新的哲学道路归结为"问题在于改变世界"（第19页）。

在这里，我之所以逐条地分析马克思在《关于费尔巴哈的提纲》中的论述，是因为这个"包含天才世界观萌芽的第一个宝贵文件"以宣言书式的方式阐明了马克思的"实践转向"所实现的哲学革命，其中最重要的是阐明了马克思的本体论革命。这个本体论革命就是以"实践"为"根据"去理解人的存在、人的本质、人的思维和人的世界，一句话，以"实践"为"根据"去理解"人"，把"实践"定位为"人的存在何以可能"的"本体"。在这个意义上，把马克思的本体论称作"实践本体论"，并不是没有根据的。但是，马克思对"人"的追问，并不是抽象地或一般地追问"人的存在何以可能"，而是具体地、特别地追问"人的解放何以可能"，因此，我们又不能简单地把马克思的本体论归结为"实践本体论"。

在1843年的《〈黑格尔法哲学批判〉导言》中，马克思把他的本体论追求定位为对"人的解放何以可能"的追寻，即寻求"解放"的"根据"；在1844年的"经济学哲学手稿"中，马克思又在对人的"自由自觉的活动"及其"异化"的双重阐释中，把"人的解放"的"根据"诉诸于人的"类特性"；而在1845年的《关于费尔巴哈的提纲》中，则以理论飞跃的方式把人的"类特性"即"自由自觉的活动"明确为人的"实践"活动，从而以"实践"为"根据"去理解人的存在，并因此把这种"实践转向"的新哲学定位为"改变世界"的哲学。正是从"改变世界"的哲学使命出发，马克思以"实践转向"的理论成果为出发点，形成了他的以"解放何以可能"为聚焦点的本体论求索。这种理论求索的结果，集中地表现为《德意志意识形态》和《共产党宣言》这两部著作。

在写于1845—1846年的《德意志意识形态》中，马克思和恩格斯首要地、醒目地强调一个问题，这就是研究的"出发点"和研究的"前提"。这对于我们理解马克思的本体论是至关重要的。马克思和恩格斯提出，

"德国哲学是从天上降到地上；和它完全相反，这里我们是从地上升到天上，就是说，我们不是从人们所说、所想象的、所设想的东西出发，也不是从只存在于口头上所说的、思考出来的、想象出来的、设想出来的人出发，去理解真正的人"（第 30 页）。在这里，马克思不只是把"德国哲学"与"我们"的哲学区分为"从天上降到地上"和"从地上升到天上"，而且明确地把这种区分的实质内容确认为对"人"的理解，即：是以"设想出来的人"为出发点，还是以"真正的人"为出发点？明确这个问题是十分重要的。

德国古典哲学已经把本体论问题归结为"人"的问题，把"人"的认识、道德、自由和崇高的"何以可能"作为其本体论内涵。因此，对于马克思哲学来说，真正的问题是如何理解被德国古典哲学追问的"人"。对此，马克思和恩格斯的回答是："我们的出发点是从事实践活动的人，而且从他们的现实生活过程中我们还可以揭示出这一生活过程在意识形态上的反射和回声的发展。"（第 30—31 页）那么，究竟怎样理解"从事实际活动的人"？马克思和恩格斯提出，"任何人类历史的第一个前提无疑是有生命的个人的存在，因此第一个需要确定的具体事实就是这个人的肉体组织，以及受肉体组织制约的他们与自然界的关系"。"一当人们自己开始生产他们所必需的生活资料的时候（这一步是由他们的肉体组织所决定的），他们就开始把自己和动物区别开来。人们生产他们所必需的生活资料，同时也就间接地生产着他们的物质生活本身"（第 24—25 页）。"因此第一个历史活动就是生产满足这些需要的资料，即生产物质生活本身"（第 32 页）。正是从"人类历史的第一个前提"和"第一个历史活动"出发，马克思明确地作出结论，"任何历史观的第一件事情就是必须注意，上述基本事实的全部意义和全部范围，并给予应有的重视"（第 32 页）。正是基于对"历史观"这种理解，马克思和恩格斯把这种研究结果归结为"不是意识决定生活，而是生活决定意识"（第 31 页），"不是从观念出发来解释实践，而是从物质实践出发来解释观念的东西"（第 43 页）。这样，马克思和恩格斯就在历史唯物主义的意义上把人类的实践活动（首先是生产物质生活资料的实践活动）确认为"人的存在何以可能"的"根据"和"人的解放何以可能"的"前提"。

　　在发表于 1848 年的《共产党宣言》中，马克思和恩格斯以他们在《德意志意识形态》中所创立的历史唯物论为基础，对于他们的本体论承诺作出了简捷、明确的表述："代替那存在着阶级和阶级对立的资产阶级旧社会的，将是这样一个联合体，在那里，每个人的自由发展是一切人的自由发展的条件"（第 273 页）。对于这个本体论承诺的现实依据，马克思在后来的研究中更为具体地揭示了人在自己的历史活动中所实现的人自身存在方式的变革。就历史事实而言，人已经从总体上实现了从"人的依赖关系"转化为"以物的依赖性为基础的人的独立性"。因此，马克思的理论聚焦点，就是揭示这个"以物的依赖性为基础的人的独立性"所造成的人的"异化"状态及其为人类走出这种"异化"状态所提供的前提条件。正是基于对人的存在和发展的现实理解，马克思把人的未来的存在方式描述为"建立在个人全面发展和他们共同的社会生产能力成为他们的社会财富这一基础上的自由个性"①。由此我们可以看到，在马克思的关于人的"全面发展"或"自由个性"的学说中，表达的是一种革命性的本体论追求：把人从一切"非人"的或"异化"的状态中"解放"出来。

　　在马克思这里，人类解放并不是某种"状况"，而是一个"过程"，是一个"使现存世界革命化"的过程。马克思明确地提出，"共产主义对我们说来不是应当确立的状况，不是现实应当与之相适应的理想。我们所称为共产主义的是那种消灭现存状况的现实的运动"（第 40 页）。因此，马克思进一步提出，"实际上和对实践的唯物主义者，即共产主义者说来，全部问题都在于使现存世界革命化，实际地反对和改变事物的现状"（第 48 页）。这就是说，在本体论的意义上，马克思对共产主义的承诺，并不是承诺了某种"状况"或"实体"，而是承诺了"消灭现存状况的现实的运动"，承诺了"实际地反对和改变事物的现状"。马克思对共产主义的这种阐释，对于我们理解马克思的本体论是至关重要的。这就是说，实现人类解放的共产主义，它是一个"否定性"的过程，即是一个"消灭现存状况"、"实际地反对和改变事物的现状"的过程。把这个"否定性"的过程视为"解放"的"根据"，或者说，从"否定性"的过程去理解"解放"

① 《马克思恩格斯全集》第 46 卷（上），第 102－104 页。

的"根据",这是马克思的本体论的极其重要的思想内涵,即革命的、批判的辩证法的思想内涵。

总括以上论述,我认为马克思的本体论革命主要包括三个方面:一是把本体论对"何以可能"的追问定位为对"人的解放何以可能"的寻求,从而变革了传统本体论对人的存在何以可能的抽象思辨,实现了本体论的理论内容的变革;二是把对"人的解放何以可能"的寻求诉诸于对人的历史活动的理解,从而变革了传统本体论以唯心史观为依托所进行的对人的意识活动的追问,实现了以唯物史观为依托的理论基础的变革;三是把对"人的解放何以可能"的寻求诉诸于人对自己既定状态的扬弃,从而变革了传统本体论把对"何以可能"的追问定位为某种"永恒在场"的研究方式,实现了本体论与"革命的、批判的"的辩证法的统一。这就是我所理解的马克思哲学在理论内容、理论基础和研究方式上所实现的本体论革命。马克思的本体论革命,实现了恩格斯所说的把"哲学"变成了"世界观"。

五、怎样概括和表述马克思主义哲学世界观

关于马克思主义哲学,通常是表述为辩证唯物主义和历史唯物主义。近 30 年来,学界在对马克思主义的哲学革命的深入研究中,许多学者提出以实践唯物主义、实践观点的思维方式或历史唯物主义来表述马克思主义哲学,以凸显马克思的哲学革命及其所开辟的哲学道路。这里,我主要是阐述个人对这个问题的理解,即:马克思主义哲学的新世界观就是历史唯物主义。

(一)"历史"的唯物主义与马克思主义的新世界观

什么是"历史唯物主义"?它是把"历史"作为解释原则而变革了唯物主义,从而实现了一场"世界观"革命,还是把"唯物主义"作为解释原则而变革了历史理论,从而实现了一场"历史观"革命?这表明,在对"历史唯物主义"的理解和阐释中,隐含着两条不同的解释路径和两种不同的解释原则:一是把"历史"作为解释原则所构成的"历史"唯物主义的解释路径,一是把"唯物主义"作为解释原则所构成的历史"唯物主

义"的解释路径。这两条不同的解释路径和两种不同的解释原则，直接关系到如何理解和阐释马克思主义的"新世界观"。

关于历史唯物主义，长期以来主要是从两个方面予以阐释和论证：其一，从唯心主义历史观与唯物主义历史观的对立出发，说明历史唯物主义所实现的历史观变革；其二，从旧唯物主义历史观与新唯物主义历史观的对立出发，说明旧唯物主义历史观的唯心主义性质，从而深化对历史唯物主义所实现的历史观变革的理解。这两方面的阐释与论证的深层的共同之处在于，都是在"历史观"的视域中来阐释和论证历史唯物主义，都是把历史唯物主义的理论内涵限定为唯物主义的"历史观"，都是从"历史观"变革来确认历史唯物主义的真实意义，而不是把"历史唯物主义"视为马克思主义的"新世界观"。这就是把历史唯物主义归结为以唯物主义说明历史而构成的"历史观"的解释路径。

关切这条把历史唯物主义归结为"历史观"的解释路径，是因为这条解释路径包含着一个极为重要的理论前提，这就是：如果历史唯物主义仅仅是一种"历史观"，如果历史唯物主义的创立仅仅是一场"历史观"变革，那么，就应当而且必须有一种超越于唯物主义"历史观"的"世界观"，就应当而且必须有一种超越于"历史观"变革的马克思的"世界观"革命。正是这个超越于"历史观"的"世界观"前提，正是这个超越于"历史观变革"的"世界观革命"前提，合乎逻辑地引导人们去寻找区别于历史唯物主义的马克思的"世界观"，寻找区别于创建历史唯物主义的马克思的"世界观革命"。其结果，就是把马克思的"世界观"界说为区别于历史唯物主义的"辩证唯物主义"，把马克思的哲学革命解释为创建"辩证唯物主义"，而把历史唯物主义解释为"辩证唯物主义"在历史领域的"推广和应用"。

针对这条把历史唯物主义归结为"历史观"的解释路径，特别是针对这条解释路径所包含的把马克思的"世界观"归结为"辩证唯物主义"的理论前提，应当提出的最根本的问题是："历史唯物主义"的创立是变革了全部"哲学"，从而实现了从"解释世界"到"改变世界"的哲学革命，还是仅仅变革了"历史观"，从而实现了"历史观"的革命？这就是把历史唯物主义理解为"历史"的唯物主义与历史的"唯物主义"这两种解释原则、两条解释路径的根本分歧。

在把历史唯物主义阐释为"历史观"的解释原则和解释路径中，其理论内涵是把"唯物主义"原则贯彻到"历史领域"，其重大意义是把"半截"的唯物主义变成"完整"的唯物主义，也就是把"自然观"的唯物主义和"历史观"的唯心主义的旧唯物主义变成"自然观"和"历史观"相统一的唯物主义。由此便产生一个理论难题：为什么"从前的一切唯物主义"只能是"自然观"的唯物主义，而不能实现"历史观"的唯物主义？回答这个理论难题，通常主要是从"世界观"和"历史观"两个方面作出解释：其一，从"世界观"作出解释，认为马克思创建了不同于旧唯物主义的"辩证唯物主义"，从而以"辩证唯物主义"的"世界观"去观察和分析历史，实现了"历史观"的变革；其二，从"历史观"作出解释，认为马克思在历史领域贯彻唯物主义的解释原则，揭示了生产劳动对包括人的精神生活在内的全部社会生活的决定作用，实现了"历史观"的革命。在这种解释中，后者是从属于前者的，即历史观的唯物主义是以"辩证唯物主义"的"世界观"为前提而形成的，历史观的唯物主义是作为"辩证唯物主义"的"世界观"的理论内容而存在的。这就不难理解，为什么长期以来总是把"历史唯物主义"解释成"辩证唯物主义"在社会历史领域的"推广和应用"。然而，在这种"推广论"的解释框架中，把马克思主义哲学称之为"辩证唯物主义和历史唯物主义"，显然是不合逻辑的。在形式逻辑的意义上，这种称谓是把概念之间的包含关系变成了概念之间的并列关系。正是为了解决这个逻辑矛盾，在通常的关于"辩证唯物主义和历史唯物主义"的论证中，总是从强调旧唯物主义的根本问题是"半截"的唯物主义来予以解释，也就是从把唯物主义原则贯彻到历史领域的重大意义来予以解释。然而，这种"弱"的解释并不能真正克服这个逻辑矛盾：如果"辩证唯物主义"是"世界观"，而"历史唯物主义"只是"辩证唯物主义"的"世界观"所包含的"历史观"，二者不仍然是"包含关系"吗？有什么真实的根据把二者确认为"并列关系"呢？

由此我们可以看到，把马克思主义哲学称之为"辩证唯物主义和历史唯物主义"，表面上看是一种概念关系上的逻辑困难，其实质是一种哲学意义上的理论困难。这个深层的理论困难就是：是否存在一种不是"历史唯物主义"的"辩证唯物主义"？"历史唯物主义"是马克思主义哲学的"世界观"，还是仅仅是马克思主义哲学的"历史观"？"历史唯物主义"是马克思主义的"哲学革命"，还是仅仅是马克思主义的"历史观"变革？

为了充分理解这个理论困难，提及一件当代中国马克思主义哲学研究中的往事，也许有助于关于这个问题的讨论。50年前，也就是20世纪50年代末，我的导师高清海教授和他的老师刘丹岩教授，曾经发表过被指斥为"分家论"的文章。这篇文章的核心观点是，以"辩证唯物主义和历史唯物主义"表述马克思主义哲学，不符合列宁关于"一整块钢铁"的思想，应当以作为"世界观"的"辩证唯物主义"概括和表述马克思主义哲学，而把作为"社会理论"的"历史唯物主义"归入科学的社会学。这个"分家论"思想在当时遭到严厉的批判，但在今天反观这个思想，我们不难看出两点：在表层上看，这个思想是从理论上解决"并列论"的逻辑困难而提出的；从深层上看，这个思想在实质上是为了确立"辩证唯物主义"的"世界观"地位而提出的。因此，与通常的关于历史唯物主义的解释一样，这个思想本身所贯彻的同样是把"历史唯物主义"归结为"历史观"的解释原则。50年后，也就是21世纪初，我们提出区分"历史"的唯物主义与历史的"唯物主义"这两种解释原则和解释路径，揭示把马克思主义哲学的"世界观"归结为"辩证唯物主义"的深层的理论困难，包含着对50年来的马克思主义哲学研究成果的某种程度的总结。例如，探索高清海教授的思想历程，我们可以看到，自20世纪80年代以来，他对马克思主义哲学提出了一种新的总体性理解，这就是：作为"世界观"的马克思主义哲学，是以"实践观点的思维方式"去看待人与世界的关系，把人对世界的关系理解为以人的实践活动所构成的否定性统一关系，因此在这个意义上，"实践观"才是马克思主义哲学的"世界观"。在这种理解中，正是蕴含了以"历史"（实践）的唯物主义来解释马克思主义哲学的基本思想。与此同时，学界在关于马克思主义哲学观的讨论中，比较集中地表现了以"实践唯物主义"来克服把马克思主义哲学分解为"辩证唯物主义"和"历史唯物主义"的理论困难。在这种讨论中，一些学者还明确地提出马克思主义哲学就是"历史唯物主义"，并对这种提法作出了各自的独立的论证。但是，究竟如何理解马克思主义哲学就是"历史唯物主义",怎样从两种解释原则和两条解释路径的重大分歧中来论证马克思主义的"历史唯物主义"的"世界观",则是需要深入探讨的重大的理论问题。

恩格斯在他的晚年即 1888 年撰写的《路德维希·费尔巴哈和德国古典哲学的终结》单行本序言中,曾经这样评价马克思写于 1845 年春的《关于费尔巴哈的提纲》:它是"包含着新世界观的天才萌芽的第一个文件"①。这就是说,探索马克思的"新世界观",应当把《关于费尔巴哈的提纲》作为研究的最重要的出发点。正是在这里,我们可以发现,"历史唯物主义"是作为"新世界观"而诞生的。

《提纲》的第一段话是:"从前的一切唯物主义(包括费尔巴哈的唯物主义)的主要缺点是:对对象、现实、感性,只是从客体的或者直观的形式去理解,而不是把它们当做感性的人的活动,当做实践去理解,不是从主体方面去理解。因此,和唯物主义相反,能动的方面却被唯心主义抽象地发展了,当然,唯心主义是不知道现实的、感性的活动本身的。"② 这段主题式话语的理论内涵是极为丰富的,理论意义是极为重大的——它是对马克思主义哲学革命即"新世界观"的自我揭示和自我澄清。

面对《提纲》,非常耐人寻味的是,马克思的"包含着新世界观的天才萌芽的第一个文件",并不是从批判与唯物主义相对立的唯心主义入手,而是从揭示"从前的一切唯物主义"的"主要缺点"入手,这表明了马克思对自己的哲学革命及其"新世界观"的理论自觉:只有准确地揭示"从前的一切唯物主义"的"主要缺点",变革这种旧唯物主义的"世界观",才能真正批判唯心主义的"世界观",并在基础上创建"新世界观"。这表明,马克思对"从前的一切唯物主义"的批判,与对唯心主义的批判一样,在其所实现的哲学革命的意义上,都是一种"世界观"批判。

马克思明确地指出,"从前的一切唯物主义"的"主要缺点"就在于,它不是把"对象、现实、感性"当做"感性的人的活动,当做实践去理解,不是从主体方面去理解",而"只是从客体的或者直观的形式去理

---

① 《马克思恩格斯选集》第 4 卷,人民出版社 1995 年版,第 212 页。
② 《马克思恩格斯选集》第 1 卷,人民出版社 1995 年版,第 54 页。

解"。① 这就是说，"从前的一切唯物主义"的"主要缺点"，就在于它不理解人与世界的真实关系，就在于它不理解人对世界的关系是"感性的人的活动"即"实践"所形成的现实关系，就在于它不理解这种现实关系而把人与世界的关系当做了人对世界的"直观"关系。这表明，"从前的一切唯物主义"的"主要缺点"，是不理解人对世界的真实关系的"世界观"问题；而这个"世界观"问题的实质，就在于如何理解"感性的人的活动"以及由此构成的人对世界的现实关系。马克思的哲学革命，正是从"感性的人的活动"出发去理解人对世界的关系，从而构成了实现哲学史上的伟大革命的"新世界观"。

在《提纲》中，马克思是以揭示"从前的一切唯物主义"的"主要缺点"——"只是从客体的或者直观的形式"去理解人对世界的关系——为前提，进而揭露和批判唯心主义的"世界观"。马克思说，"和唯物主义相反，能动的方面却被唯心主义抽象地发展了，当然，唯心主义是不知道现实的、感性的活动本身的"。这里，马克思是把对"从前的一切唯物主义"的批判，直接地过渡为对唯心主义的批判，也就是从对旧唯物主义"只是"以"直观"的方式看待人与世界关系的批判，过渡为对唯心主义"只能"以"抽象"的方式看待人的"能动的方面"的批判。马克思对唯心主义的批判，是超越"从前的一切唯物主义"的批判，是立足于"感性的人的活动"即"实践"所进行的批判，因而深切地揭露了唯心主义哲学的"世界观"本质——"抽象"地发展了人的"能动的方面"。这表明，马克思是以超越了"从前的一切唯物主义"的"新世界观"而实现了对唯心主义世界观的批判；没有这个以"感性的人的活动"为立足点的"新世界观"，马克思就不可能超越旧唯物主义对唯心主义的批判，也就不可能实现对唯心主义的真正的批判。而这个以"感性的人的活动"为立足点的"新世界观"，就是马克思恩格斯所创建的以"现实的人及其历史发展"为内容的"历史唯物主义"。

通过对"从前的一切唯物主义"的批判，并通过以这个批判为基础而实现的对"唯心主义"的批判，马克思在他的"包含新世界观萌芽的第一

---

① 《马克思恩格斯选集》第 1 卷，人民出版社 1995 年版，第 54 页。

个文件"中得出了两个最基本的结论：其一，"全部社会生活在本质上是实践的。凡是把理论引向神秘主义的神秘东西，都能在人的实践中以及对这个实践的理解中得到合理的解决"；其二，"哲学家们只是用不同的方式解释世界，问题在于改变世界"。① 这里的第一个结论，明确地表述了马克思的"新世界观"的理论内涵，即：这个"新世界观"是"在人的实践中以及对这个实践的理解中"来看待人与世界的关系。正是以这个"新世界观"去揭示旧唯物主义和唯心主义的"世界观"，马克思尖锐而深刻地提出，全部旧哲学的"世界观"，都是"把理论引向神秘主义的神秘东西"。这就不难理解，为什么恩格斯说马克思主义哲学已经根本不再是"哲学"，而只是"世界观"。由此，我们就可以更加深刻地理解人们广为引用的第二个结论："哲学家们只是用不同的方式解释世界，问题在于改变世界"。无论是"从前的一切唯物主义"以"直观"的方式解释人与世界的关系，还是全部的唯心主义哲学以"抽象"的方式解释人与世界的关系，它们的"世界观"都不是人与世界的现实的（真实）的关系，因而都只能是"把理论引向神秘主义的神秘东西"，都只不过是以其"神秘东西"来"解释世界"，而无法"改变世界"。只有超越这些"神秘东西"，形成以"现实的人及其历史发展"为其理论内涵的"新世界观"，从而"在人的实践中以及对这个实践的理解中"来回答人对世界的关系，才是真正的"改变世界"的马克思主义哲学。马克思主义哲学的创立是真正意义的哲学革命。这个哲学革命，在唯物主义的历史上，实现了从"直观"的唯物主义到"历史"的唯物主义的革命，也就是实现了从旧唯物主义的"世界观"到历史唯物主义的"新世界观"的革命。

"历史唯物主义"，是把"历史"作为解释原则或"理论硬核"的唯物主义，而不是把"历史"作为研究领域或解释对象的唯物主义。在前者的意义上，历史唯物主义是马克思的唯物主义的"世界观"；在后者的意义上，历史唯物主义则只是马克思的唯物主义的"历史观"。马克思的"包含着新世界观的天才萌芽的第一个文件"，表明马克思所创建的新哲学是以"历史"作为解释原则或理论硬核的唯物主义，这就是"历史唯物主

① 《马克思恩格斯选集》第1卷，人民出版社1995年版，第56、57页。

义"。"历史唯物主义"不仅是以"历史"为其解释原则的"唯物主义"，也是以"历史"为其解释原则的"辩证法"。"历史"是"追求自己的目的的人的活动过程"，也就是实现人对世界的否定性统一的过程，即把理想变为现实的过程。在"历史"的"过程"中，蕴含并展现了人与世界的全部矛盾关系，并不断地实现了"人的尺度"与"物的尺度"、"合目的性"与"合规律性"的统一，也就是人与自然、人与社会、人与他人、人与自我的矛盾运动中的统一。离开人对世界的否定性统一过程的"历史"，就没有马克思的"唯物主义"，也没有马克思的"辩证法"。在马克思的"新世界观"中，"辩证法"和"唯物主义"是以"历史"为其解释原则和理论硬核而实现的统一。"历史唯物主义"所实现的"辩证法"与"唯物主义"的统一，既不是在旧唯物主义基础上"引入"了辩证法，也不是把唯心主义的辩证法"建立"在旧唯物主义的基础上，而是由"现实的人及其历史发展"所构成的"辩证法"与"唯物主义"的统一。因此，在马克思主义哲学中，并不存在独立于"历史唯物主义"之外或超然于"历史唯物主义"之上的"辩证唯物主义"。

马克思主义的"历史唯物主义"的"新世界观"，在马克思恩格斯合著的《德意志意识形态》中得到了系统性的论证和体系化的表述。在这部以青年黑格尔派为直接对象的论战性的著作开头，马克思恩格斯就明确地指出，他们所指向的是青年黑格尔派的"种种努力"都没有离开过的"哲学的基地"，他们所揭示的是青年黑格尔派的"一般哲学前提"，他们所批判的是青年黑格尔派的"共同思想前提"。① 这就清楚地表明，被人们公认的"历史唯物主义"的奠基之作——《德意志意识形态》——在马克思恩格斯的思想出发点上，就不仅仅是一部"历史观"之作，而是一部"新世界观"之作。"历史唯物主义"的"新世界观"，是《德意志意识形态》的根本思想。

马克思恩格斯指出，青年黑格尔派的"一般哲学前提"或"共同思想前提"，就是"黑格尔体系"，因此，不仅是他们对"一般哲学前提"的回答，而且"连它所提出的问题本身，都包含着神秘主义"——"青年黑格

① 《马克思恩格斯选集》第1卷，人民出版社1995年版，第64页。

尔派思想家们尽管满口讲的都是所谓'震撼世界'的词句",但却"只为反对'词句'而斗争";"既然他们仅仅反对这个世界的词句,那么他们就绝对不是反对现实的现存世界"。① 正是针对这个"一般哲学前提",马克思恩格斯提出,"我们开始要谈的前提不是任意提出的,不是教条,而是一些只有在想象中才能撇开的现实前提"。这个被确立为"一般哲学前提"的"现实前提",就是"现实的个人,是他们的活动和他们的物质生活条件"。② 这表明,在作为"一般哲学前提"的意义上所提出的"现实前提",是马克思恩格斯重新理解和阐释人与世界的全部关系的出发点,也就是他们的"新世界观"的出发点。

正是以"现实的个人"即"他们的活动和他们的物质生活条件"作为"现实的前提",马克思恩格斯在"一般哲学前提"的意义上,在《德意志意识形态》中首先是提出了"意识"与"存在"的关系问题。他们明确地指出:"意识在任何时候都只能是被意识到了的存在",而"人们的存在就是他们的现实生活过程",因此,"不是意识决定生活,而是生活决定意识"。③ 这三个重要命题的理论内涵及其内在关联是需要深入思考的,这是探索马克思的"新世界观"的根本性的理论前提。首先,人的"意识"并不是离开人的生活的某种孤立的、独立的、神秘的东西,而是"人们物质活动的直接产物",它"在任何时候都只能是被意识到了的存在";其次,被意识到了的"存在",在其现实性上,同样不是某种与人无关的神秘的东西,而正是人本身的"现实生活过程";再次,由于"意识"在任何时候都是被意识到了的"生活",因此,"不是意识决定生活,而是生活决定意识"。在这三个基本命题中,马克思恩格斯所提出的"意识"与"存在"(生活)的关系问题,并不是通常所解释的"历史观"的基本问题,而是"一般哲学前提"即"世界观"的基本问题;马克思恩格斯对这个问题的回答,并不是通常所解释的作为"历史观"的"历史唯物主义"的基本命题,而是作为"世界观"的"历史唯物主义"的根本命题。

这里的关键问题,首先在于如何理解被意识到了的"存在",即:"存

---

① 《马克思恩格斯选集》第1卷,人民出版社1995年版,第66页。
② 《马克思恩格斯选集》第1卷,人民出版社1995年版,第66—67页。
③ 《马克思恩格斯选集》第1卷,人民出版社1995年版,第72、73页。

在"是与人无关的神秘的东西，还是人的"生活"本身？马克思在《1844
年经济学哲学手稿》中就曾提出："在人类历史中即在人类社会的产生过
程中形成的自然界是人的现实的自然界"①，"自然界，就它本身不是人的
身体而言，是人的无机的身体。人靠自然界生活。这就是说，自然界是人
为了不致死亡而必须与之不断交往的、人的身体"②，"被抽象地孤立地理
解的、被固定为与人分离的自然界，对人说来也是无"③。正是针对这种对
"自然界"的抽象理解，马克思恩格斯在《德意志意识形态》中，对费尔
巴哈的唯物主义作出这样的揭露与批判："他没有看到，他周围的感性世
界决不是某种开天辟地以来就直接存在的、始终如一的东西，而是工业和
社会状况的产物，是历史的产物，是世世代代活动的结果，其中每一代都
立足于前一代所达到的基础上，继续发展前一代的工业和交往，并随着需
要的改变而改变它的社会制度。甚至连最简单的'感性确定性'的对象也
只是由于社会发展、由于工业和商业交往才提供给他的。"④ 正是由于费尔
巴哈从来没有把"感性世界"理解为构成这一世界的个人的全部活生生的
感性活动，因此，"当费尔巴哈是一个唯物主义者的时候，历史在他的视
野之外；当他去探讨历史的时候，他不是一个唯物主义者。在他那里，唯
物主义和历史是彼此完全脱离的"⑤。应当特别指出的是，与"历史"彼此
完全脱离的"唯物主义"，并不仅仅是"非历史"地看待"历史"，而且是
"非历史"地看待"自然界"，也就是"非历史"地看待全部的"存在"。
这种"唯物主义"，就是以"直观"的方式看待人与世界的全部关系的
"从前的一切唯物主义"。从"直观"的"唯物主义"到"历史"的唯物主
义，并不仅仅是改变了旧唯物主义的"历史观"，而且是变革了旧唯物主
义以"直观"方式看待人与世界关系的"世界观"。历史唯物主义是作为
变革旧唯物主义的世界观的"新世界观"而诞生的。

其次，关于"意识"本身，马克思恩格斯在《德意志意识形态》中指
出，"意识一开始就是社会的产物，而且只要人们存在着，它就仍然是这

---

① 《马克思恩格斯全集》第 42 卷，人民出版社 1995 年版，第 128 页。
② 《马克思恩格斯全集》第 42 卷，人民出版社 1995 年版，第 95 页。
③ 《马克思恩格斯全集》第 42 卷，人民出版社 1995 年版，第 178 页。
④ 《马克思恩格斯选集》第 1 卷，人民出版社 1995 年版，第 76 页。
⑤ 《马克思恩格斯选集》第 1 卷，人民出版社 1995 年版，第 78 页。

种产物"①。在对"意识"的具体分析中，马克思恩格斯首先回答了"意识"与"自然界"的关系，即："自然界起初是作为一种完全异己的、有无限威力的和不可制服的力量与人们对立的，人们同自然界的关系完全像动物同自然界的关系一样，人们就像牲畜一样慑服于自然界，因而，这是对自然界的一种纯粹动物式的意识（自然宗教）"②；而这种"纯粹动物式的意识"的实质是，"人们对自然界的狭隘的关系决定着他们之间的狭隘的关系，而它们之间的狭隘的关系又决定着他们对自然界的狭隘的关系，这正是因为自然界几乎还没有被历史的进程所改变"③。由"纯粹动物式的意识"发展为真正的人的"意识"，这是"被历史的进程所改变"的结果。这表明，与"被意识到了的存在"一样，"意识"本身也是"历史"的产物。"意识"与"存在"的关系，在其现实性上，就是"社会意识"（现实的人的意识）与"社会存在"（现实的人的生活过程）在"历史的进程"中所形成的关系。离开"现实的人的意识"与"现实的人的生活过程"，并不存在抽象的"意识"与"存在"的关系；离开"历史的进程"去说明"意识"与"存在"的关系，只能是"把理论引向神秘主义的神秘东西"；只有从"历史的进程"提出和回答"意识"与"存在"的关系问题，才能"在人的实践中以及对这个实践的理解中得到合理的解决"。离开"历史的进程"而提出"意识"与"存在"的关系，这是马克思主义以前的全部旧哲学；以"历史的进程"为出发点而提出"意识"与"存在"的关系，这才是马克思恩格斯所创立的历史唯物主义的"新世界观"。

关于"意识"与"存在"及其关系的上述分析，表明了"历史唯物主义"的"世界观"性质。然而，对于这个基本结论，人们会提出的质疑是：在《德意志意识形态》中，马克思恩格斯曾一再以"历史观"来概括和表述他们所提出的问题和他们所作出的回答，为什么可以用"新世界观"来代替"历史观"呢？总结以上的论述，我认为主要理由有三：其一，马克思所批判的全部旧哲学，或者以"直观"的方式看待人与世界的关系（旧唯物主义），或者以"抽象"的方式看待人与世界的关系（唯心

---

① 《马克思恩格斯选集》第1卷，人民出版社1995年版，第81页。
② 《马克思恩格斯选集》第1卷，人民出版社1995年版，第81—82页。
③ 《马克思恩格斯选集》第1卷，人民出版社1995年版，第82页。

主义)，其实质都是以"超历史"或"非历史"的观点看待人与世界的关系，从而形成全部旧哲学的"超历史"或"非历史"的"世界观"。正是针对全部旧哲学的"世界观"，马克思以"历史"即"现实的人及其历史发展"的观点重新理解人与世界的关系、意识与存在的关系，创立了历史唯物主义的"新世界观"。这个"新世界观"的实质内容是"新历史观"，这种"新历史观"的真正意义是"新世界观"。在马克思恩格斯所实现的哲学革命的意义上，"新历史观"构成"新世界观"。其二，在马克思恩格斯所创建的"历史唯物主义"之外，并不存在某种抽象的"新世界观"。对马克思恩格斯来说，"意识"是人的历史活动所形成的"意识"，"存在"是人们的"现实的生活过程"的"存在"，"意识"与"存在"的关系是"生活决定意识"的关系。那种"把人对自然界的关系从历史中排除出来"，并因而"造成了自然界和历史之间的对立"的哲学，是马克思恩格斯所批判的旧哲学，而不是马克思恩格斯所创建的新哲学。在马克思恩格斯这里，"意识"与"存在"的关系，"自然界"与"历史"的关系，是以其"历史观"的革命而获得新的理解。马克思恩格斯以"历史"作为新的解释原则而实现了自己的"世界观"革命。其三，马克思恩格斯的"世界观"革命，不是"解释世界"的革命，而是"改变世界"的革命，他们的"毕生的真正使命"，是"参加推翻资本主义社会及其所建立的国家设施的事业，参加现代无产阶级的解放事业"，是"使现代无产阶级意识到自身的地位和需要，意识到自身解放的条件"，马克思的"两个发现"是"发现了人类历史的发展规律"和"现代资本主义生产方式和它所产生的资产阶级社会的特殊的运动规律"。① 马克思的这"两个发现"是新的"历史观"，也就是关于无产阶级和人类解放的"新世界观"。马克思恩格斯的"新历史观"是作为马克思主义的"新世界观"而诞生的。这是我在《历史的唯物主义与马克思主义的新世界观》② 一文中所表达的基本观点。

(二) 世界观的解释原则与历史唯物主义的真实意义

《历史的唯物主义与马克思主义的新世界观》一文发表后，得到学界

---

① 《马克思恩格斯选集》第 3 卷，人民出版社 1995 年版，第 776 页。
② 《哲学研究》2007 年第 3 期。

的关注。读过李荣海教授与之商榷的《历史唯物主义的解释原则及其世界观意义》（以下简称"李文"）后，我感到有些理论问题进一步凸显出来，其中的一个重大问题，仍是关于历史唯物主义的世界观意义问题。

当人们把哲学定义为"理论化、系统化的世界观"时，人们对"世界观"这个概念本身的理解不仅是有歧义的，而且正是由于这种歧义构成对哲学的不同理解。这就是说，在对"世界观"的理解中，蕴含着各不相同的解释原则；只有揭示这些不同的解释原则，才能澄明各种不同的哲学世界观。

在《关于费尔巴哈的提纲》中，马克思明确地揭示了由三种不同的解释原则所构成的世界观理论：一是以客体的或直观的解释原则所构成的旧唯物主义的世界观，二是由抽象的能动的解释原则所构成的唯心主义的世界观，三是以人的感性活动为解释原则所构成的马克思主义的新世界观。这三种解释原则，构成了三种世界观，亦即构成了三种不同的哲学。马克思主义的哲学革命，从根本上说，是关于世界观的解释原则的革命。正是以人的感性活动为解释原则，马克思主义哲学才超越了"把理论引向神秘主义"的全部旧哲学，实现了从"解释世界"到"改变世界"的哲学革命。探索马克思主义世界观的解释原则，这是我所写的《历史的唯物主义与马克思主义的新世界观》一文的基本出发点；正是在这个根本问题上，构成与"李文"的原则性分歧。

关于"世界观"，"李文"认为，"自然、社会、思维几个领域，基本上对应了整体世界的所有现象"，"马克思主义哲学世界观，是通过从具体到抽象，从特殊到一般的逻辑进程，参照各领域的科学发展资料，在此基础上形成的"，"传统教科书中的唯物主义、辩证法的内容，如果讲的是世界的本质及运动状态的问题，意识论、认识论则是讲的人如何把握世界的问题，而'历史观'，即是讲的人及其社会发展规律的问题。这些问题的汇总、提炼，才构成哲学世界观的整体内容"。"李文"的这些论述表明，他所理解的"世界观"，就是关于"整体世界"的观点，并具体地表现在唯物主义、辩证法、意识论、认识论和历史观之中。在我看来，"李文"对世界观理论的这种理解和解释，恰恰是忽视了马克思的以"人的感性活动"为解释原则的哲学革命的真实意义，因而仍然是以旧唯物主义的客体的或直观的解释原则来看待世界观——把世界当做与人的感性活动无关的"直观"的对象。在与马克思主义的"世界观"相区别的意义上，我曾把这种解释原则称之为"观世界"的解释原则。[①]

正是由于对"世界观"及其解释原则的不同理解，关于传统哲学教科书的缺陷，以及为何和如何克服这些缺陷，我与李先生的理解具有原则性区别。"李文"一开头就提出，"由于存在结构安排不合理"，"板块划定"，"主观随意、不严谨"等缺陷，传统哲学教科书才"构成人们怀疑的对象"。在我看来，"李文"所指认的这些"缺陷"，既不是教科书的根本问题，更不是其深层的"哲学意义上的理论困难"。

就传统哲学教科书贯彻自己的关于世界观的解释原则而言，它的结构框架是"合理"的，而决不是"主观随意"的，它的整体叙述是"严谨"的，同样不是"主观随意"的。在结构安排、理论论证以及语言锤炼这些方面，传统哲学教科书不仅是值得尊重的，而且是需要借鉴的。传统哲学教科书的根本问题，在于其关于世界观的解释原则，即：它是否超越了旧唯物主义的"客体的或直观的"解释原则而贯彻了马克思主义的"实践"的或"人的感性活动"的解释原则？因此，教科书的深层的理论困难是在于：人对世界究竟是怎样的关系？究竟应当以怎样的解释原则来构建合理的世界观？或者说，马克思主义哲学究竟怎样理解人与世界的关系？马克思主义哲学究竟以怎样的解释原则构成自己的世界观？正是针对世界观的解释原则，我才提出"历史的唯物主义与马克思主义的新世界观"的问题，并得出历史唯物主义就是马克思主义新世界观的基本结论。在世界观的解释原则的意义上展开讨论，才能推进传统哲学教科书改革，从而在新的世纪坚持和发展马克思主义哲学。

我之所以认为传统哲学教科书的主要缺陷不是表层的体系结构安排上的"逻辑困难"，而是一种哲学意义上的深层的"理论困难"，是因为我们面对这样一个根本性的理论问题："是否存在一种不是'历史唯物主义'的'辩证唯物主义'？'历史唯物主义'是马克思主义哲学的'世界观'，还是仅仅是马克思主义哲学的'历史观'？"在这里，我是从马克思主义新

---

① 参见 2001 年第 1 期《哲学研究》刊登的《怎样理解作为世界观理论的哲学》。

世界观的解释原则提出问题的,是从历史唯物主义与这一解释原则的相互关系提出问题的;然而,李教授的商榷文章,一方面是模糊了这个问题本身,另一方面则是坚持了传统哲学教科书的解释原则。

"李文"以主要的篇幅讨论的问题是:把"历史"作为解释原则的唯物主义,还是否是把"历史"作为研究对象的唯物主义?"李文"提出,"历史唯物主义的内容框架,本身均是社会历史领域中的问题",因此"历史唯物主义就是把'历史'作为研究对象的唯物主义"。这个论证,模糊了我所提出的问题,从而也冲淡了问题的实质。我所提出的问题是:究竟如何理解马克思主义的新世界观?这个新世界观的"理论硬核"或"解释原则"到底是什么?是否存在"独立于'历史唯物主义'之外或超然于'历史唯物主义'之上的'辩证唯物主义'"的解释原则?通过讨论"包含着新世界观的天才萌芽的第一个文件"即《关于费尔巴哈的提纲》和"全面阐述历史唯物主义"的《德意志意识形态》,我在自己的文章中所得出的基本看法是:"正是针对全部旧哲学的'世界观',马克思以'历史'即'现实的人及其历史发展'的观点重新理解人与世界的关系、意识与存在的关系,创立了历史唯物主义的'新世界观'"。正是基于这种认识,我在文章中明确地提出:"这个'新世界观'的实质内容是'新历史观',这种'新历史观'的真正意义是'新世界观'。在马克思恩格斯所实现的哲学革命的意义上,'新历史观'构成'新世界观'"。这就是说,历史唯物主义当然是一种"历史观";然而,正是由于人们通常仅仅从"历史观"去理解和看待历史唯物主义,因而没有在"世界观"的意义上理解和看待历史唯物主义的真实意义。《历史的唯物主义与马克思主义的新世界观》是要论证历史唯物主义的世界观的真实意义,而不是论述把"历史"作为研究对象的"历史观"。

在我看来,正是由于李教授仅仅从"研究对象"来理解历史唯物主义,因而也只是从这个角度来看待历史唯物主义的"世界观意义"。"李文"提出,"马克思哲学世界观体现在本体论、自然观、社会观、实践观等之中,没有历史观等,就不可能形成辩证唯物主义历史观等构成了马克思哲学世界观的内在结构,是哲学世界观的主要内涵的基本方面","没有唯物史观,就不可能形成统一的唯物主义的世界图景,因而也就不可能有辩证唯物主义"。在这里,"李文"强调了历史唯物主义作为"新世界观"的两点根据:其一,马克思主义世界观体现在包括历史观在内的各个哲学领域,这些领域都具有世界观意义;其二,历史唯物主义在这个"新世界观"中具有某种特殊的重大意义,即"没有唯物史观,就不可能形成统一的唯物主义的世界观"。"李文"的这种论证,一方面是模糊了自然观、历史观、社会观、实践观所具有的世界观意义与我所论证的马克思主义新世界观的解释原则的关系,另一方面则显露了他所坚持的关于马克思主义新世界观的解释原则——独立于历史唯物主义之外或超然于历史唯物主义之上的辩证唯物主义。这正是传统哲学教科书的解释原则。

"李文"说,"我们没有必要纠缠于辩证唯物主义、历史唯物主义孰先孰后无谓争执,因为这种讨论与'鸡生蛋、蛋生鸡'类的扯皮话题在荒诞性上毫无二致"。然而,"李文"的观点恰好表明,关于辩证唯物主义与历史唯物主义的讨论,这决不是一种"无谓争执",但却不是"李文"所说的"孰先孰后"的争执。这是因为:其一,讨论这个问题有十分重要的现实针对性,即通常是把辩证唯物主义界说为马克思主义的世界观,而将历史唯物主义视为把辩证唯物主义"推广和应用"于历史领域而形成的历史观。因此,如何理解辩证唯物主义和历史唯物主义,就不是二者"孰先孰后"的问题,而是怎样理解马克思主义哲学的新世界观的问题。"李文"认为,"从逻辑生成关系上看,辩证唯物主义是在人们对自然、历史、思维等具体领域的把握、认识中而逐步综合、提炼而形成的。""没有唯物史观,就不可能形成统一的唯物主义的世界图景,因而也就不可能有辩证唯物主义。"这种看法,是以强调辩证唯物主义必须包含历史唯物主义的方式,凸显了辩证唯物主义才是马克思主义世界观的思想内涵。这正是传统哲学教科书的解释原则,也正是我们讨论的实质性问题。其二,讨论这个问题具有重大的理论意义,即究竟怎样理解马克思主义的新世界观及其根本的解释原则,从而在当代坚持和发展马克思主义哲学,因此这个讨论决不是"无谓争执"。《历史的唯物主义与马克思主义的新世界观》一文正是基于这两点考虑而形成的。

马克思主义的新世界观,是在马克思的哲学革命中诞生的,是作为马克思主义哲学的"理论硬核"或"解释原则"而彪炳于世并与其他哲学区别开来的。因此，只有在马克思所实现的哲学革命的意义上，才能深刻理解马克思主义的新世界观。在我看来，马克思的哲学革命具有双重内涵：一是理论旨趣和理论使命的革命，一是理论硬核和理论内容的变革。就前者说，马克思主义哲学不是沿着旧哲学的逻辑追寻"世界何以可能"，而是从"创立新世界"的历史任务出发追寻"解放何以可能"①，因此，把马克思主义的新世界观分解为"本体论、自然观、社会观、实践观"，就不仅仅是模糊和冲淡了马克思所实现的哲学革命，而且会把追寻"解放何以可能"的马克思主义哲学等同于追寻"世界何以可能"的旧哲学；就后者说，马克思主义哲学不是以"客体的或直观的"解释原则描述"世界究竟怎样"，而是以"人的感性活动"的解释原则反思"现实的人及其历史发展"，因此，仅仅把"历史"作为历史唯物主义的研究对象，就不仅仅是模糊和冲淡了历史唯物主义的世界观意义，而且直接导致以旧唯物主义的"客体的或直观的"解释原则去解读马克思主义的新世界观。因此，问题的实质既不是"李文"所论证的自然观、历史观、社会观、实践观是否具有"世界观意义"的问题，也不是"李文"所说的辩证唯物主义与历史唯物主义"孰先孰后"的问题，而是如何理解马克思的哲学革命所蕴含的新世界观的解释原则问题。

从"解释原则"的角度重新反省"世界观"，特别是从"解释原则"的角度重新探索马克思主义的"新世界观"，这是在新的世纪研究马克思主义哲学的重大的"前提性、基础性"问题。作为一家之言，我提出的问题和作出的论证是，马克思主义的新世界观，不仅是对唯心主义世界观的根本性批判，也是对旧唯物主义世界观的根本性超越。"无论是'从前的一切唯物主义'以'直观'的方式解释人与世界的关系，还是全部的唯心主义哲学以'抽象'的方式解释人与世界的关系，它们的'世界观'都不是人与世界的现实的（真实）的关系，因而都只能是'把理论引向神秘主义的神秘东西'，都只不过是以其'神秘东西'来'解释世界'，而无法'改变世界'。只有超越这些'神秘东西'，'在人的实践中以及对这个实践的理解中'来回答人对世界的关系，才是真正的'改变世界'的马克思主

---

① 参见 2002 年第 9 期《学术月刊》刊登的《解放何以可能——论马克思的本体论革命》。

义哲学。马克思主义哲学的创立是真正意义的哲学革命，它在唯物主义的历史上实现了从'直观'的唯物主义到'历史'的唯物主义的革命，从旧唯物主义的'世界观'到历史唯物主义的'新世界观'的革命。"历史唯物主义关于"世界观"的解释原则，集中地、深切地体现了马克思的"解放何以可能"的哲学使命和马克思的"现实的人及其历史发展"的哲学内涵，因而是马克思主义的新世界观。

以历史唯物主义的解释原则来理解马克思主义的新世界观，引起争议的核心观念就是历史唯物主义的"历史"观念。"李文"正是对此提出质疑："马克思主义哲学是否可以统一到'历史'这一过程性的抽象原则上去？'历史'的解释原则究竟怎样贯彻？"

关于"历史"，马克思曾明确地指出，"'历史'并不是把人当做达到自己目的的工具来利用的某种特殊的人格。历史不过是追求着自己的目的的人的活动而已"①。在马克思这里，"历史"并不是某种"过程性的抽象原则"，而是"追求着自己的目的的人的活动"，即人的存在方式以及由这种存在方式所构成的人的全部的"人的关系和人的世界"。以"历史"的解释原则而构成的世界观，就是以追求自己的目的的"人的活动"为解释原则而构成的世界观。

"历史"作为"追求着自己的目的的人的活动"，它深刻地揭示了人的独特的存在方式的思想内涵，也就是深刻地揭示了人与世界的独特关系的思想内涵，深刻地揭示了人的现实世界（生活世界）的思想内涵。在马克思这里，"历史"不是外在于"人的活动"的抽象"过程"，"历史观念"也不是脱离"人的活动"的"抽象原则"；恰恰相反，"历史"就是"人的活动"，"历史观念"就是以"人的活动"来揭示人的存在方式、揭示人与世界的关系、揭示人的现实世界（生活世界）的哲学理念即关于世界观的解释原则。

作为"人的活动"的"历史"，它是人的存在方式。人与动物的根本区别，在于人是"历史"的存在。人类不是以动物的本能适应自然而维持自身的存在，而是以"人的活动"改变自然而维持自身的存在；人类不是

---

① 《马克思恩格斯全集》第 2 卷，人民出版社 1995 年版，第 118 页。

以物种的自我"复制"而延续本物种的存在，而是以"人的活动"发展自身而延续自身的存在。马克思说，"人的存在是有机生命所经历的前一个过程的结果。只是在这个过程的一定阶段上，人才成为人。但是一旦人已经存在，人，作为人类历史的经常前提，也是人类历史的经常的产物和结果，而人只有作为自己本身的产物和结果才成为前提"①。人自身作为历史的"前提"和"结果"，以自己的活动构成自己的历史，以自己的历史构成自身的存在。离开人的"历史"，就会把人的存在方式抽象化，把人与世界的现实关系抽象化。只有从人的存在方式去理解"历史"，才能理解"历史"观念的世界观意义。

"历史"作为人的存在方式，构成人与世界的现实的（真实的）关系。人对世界的独特关系，是以人的独特的存在方式即"人的活动"为前提的；离开人的独特的存在方式即"人的活动"，就不存在人与世界的独特关系。人的存在就是"人们的现实的生活过程"，就是在"历史的进程"中所构成的人与自然、人与社会、人与他人、人与自我的无限丰富和不断变革的"关系"。作为世界观理论的哲学，每个时代向它提出的首要问题，都是人与世界关系的时代性变革问题，也就是人的实践的存在方式的时代性变革问题。这包括：人的存在方式是历史性变革的，人的世界图景是历史性变革的，人对自己与世界的关系的自我意识是历史性变革的，人们的思维方式、价值观念、审美意识和终极关系是历史性变革的。肯定人对世界关系的历史性，我们才会自觉地提出马克思主义哲学所关切的"世界观"问题：以人的当代的实践活动为基础的人对世界的当代关系是怎样的？以当代科学为中介的人的当代世界图景是怎样的？以人的当代社会生活为基础的当代人的思维方式、价值观念、审美意识和终极关怀是怎样的？其中，最为重要的是，市场经济所构成的"以物的依赖性为基础的人的独立性"的存在方式，在当代人的世界观、人生观、价值观中具有什么样的地位和作用？在建设社会主义市场经济的过程中怎样追求和实现人的全面发展？只有充分理解马克思主义哲学世界观的历史唯物主义的解释原则，才能永葆马克思主义哲学作为"时代精神的精华"和"文明的活的灵

---

① 《马克思恩格斯全集》第 26 卷，人民出版社 1995 年版，第 545 页。

魂"的永不枯竭的生命力。

正是由于对历史唯物主义的"历史"观念的不同理解,"李文"在把"历史"视为过程性的抽象原则的前提下,具体地提出相互联系的两点质疑:其一,"辩证法本身即含蕴这历史性、矛盾性、过程性、发展性思维的要求,远比'历史'性原则深刻的多",为何不把辩证法作为马克思主义世界观的解释原则?其二,"黑格尔在自己的哲学中确实贯彻了'历史性'原则",但却构成了彻底的唯心主义哲学,"历史"性原则怎么能"构成哲学的可靠基础"?回答这两个问题,就必须诉诸于哲学史,特别是诉诸于马克思主义哲学对德国古典哲学的批判继承关系。

"历史唯物主义"的"历史"观念,是人类思想史的结晶和升华。作为德国古典哲学的集大成,黑格尔对哲学思维的理论自觉,深切地体现在他所说的"哲学是最具体的","哲学是最敌视抽象的"。在黑格尔看来,哲学对"世界何以可能"、"认识何以可能"、"自由何以可能"的追问,都不应该停留于对"世界"、"认识"、"自由"的抽象追问,而必须诉诸于对人类思想史的考察,诉诸于对"世界"、"认识"、"自由"的思想内涵的概念式把握,从而达到"全体的自由性"与"各个环节的必然性"的统一。这是黑格尔的"历史"观念,也是黑格尔以"历史"观念所构成的概念辩证法——人类思想运动的内涵逻辑、人类争取和实现自由的思想内涵逻辑。在黑格尔这里,作为思想的内涵逻辑的辩证法,既不是与"理论"相分离的"方法",也不是与"内容"相分离的"形式",因而并不是某种"抽象的原则",而是关于"具体的普遍性"的逻辑——概念展现自身的丰富性的"历史"。马克思的"历史"观念及其辩证法,是以黑格尔的内涵逻辑为理论资源和理论前提形成的;离开黑格尔的内涵逻辑以及对这个内涵逻辑的深刻理解,就无法理解马克思的"历史"观念及其辩证法,也就无法理解历史唯物主义的解释原则及其所构建的马克思主义的新世界观。长期以来,人们之所以把"辩证法"当做可以随意套用的"抽象原则",从根本上说,就在于以"非历史"或"超历史"的观念去看待和"运用"辩证法,把作为内涵逻辑的辩证法变成了与"理论"相分离的"方法"、与"内容"相分离的"形式"。"历史"的观念是黑格尔的内涵逻辑的辩证法的灵魂,也是马克思恩格斯从黑格尔哲学那里汲取的思想精华。

在黑格尔的意义上，"历史"是思想自己运动的历史，"辩证法"是思想构成自己的逻辑，因此，黑格尔的"历史"和"辩证法"，是马克思深刻地揭示的"无人身的理性"的自我运动。这就是黑格尔以其"历史"观念所构成的唯心主义的世界观。这个唯心主义世界观，以思维规定感性的解释原则，"颠倒"了人与世界的现实（真实）关系。然而，黑格尔的"历史"观念的"真实意义"是在于，这种观念"颠覆"了对"世界何以可能"、"认识何以可能"、"自由何以可能"的抽象追问，把哲学从"抽象的普遍性"升华为"具体的普遍性"，以其"天才的猜测"表达了人与世界的现实关系——历史的关系，因而包含了"历史唯物主义的萌芽"①。马克思恩格斯则是以黑格尔的历史观念——思想的内涵逻辑——为重要的理论资源，以现实的（真实的）"历史"——"追求自己的目的的人的活动"——作为自己的新世界观的解释原则，揭示了人自身的存在方式、人以自己的存在方式所构成的人与世界的无限丰富的矛盾关系、人以自己的存在方式所实现的人自身的发展。这就是以唯物主义的"历史"观念所构成的存在论、真理论和价值论相统一的马克思主义哲学的内涵逻辑——历史的内涵逻辑。这个历史的内涵逻辑（而不是黑格尔的思想的内涵逻辑），以"现实的人及其历史发展"为内容而实现了唯物主义与辩证法的统一，这就是历史唯物主义的新世界观。

（三）马克思主义哲学与世界观的前提批判

辩证法在本质上是批判的、革命的，哲学意义上的批判，是对思想的前提批判，也就是对思想构成自己的根据和原则的批判，因而首先是对规范人的思想和行为的最为重要的基本观念的批判。这种批判不能不最深层地指向哲学的核心观念——世界观。究竟什么是世界观？是人以"整个世界"为对象而观之，还是人以关于世界的思想为对象反过来而思之？具体言之，什么是世界观的"世"？是自然而然的世，还是人生在世的世？什么是世界观的"界"？是无始无终的界，还是人在途中的界？什么是世界观的"观"？是自然而然和无始无终的非人或超人的目光，还是人生在世和人在途中的人的目光？这表明，当我们把哲学作为被定义项而界说为

① 参见列宁：《哲学笔记》，人民出版社 1956 年版，第 348 页。

"世界观理论"或"理论化的世界观"的时候，作为定义项的"世界观"本身并不是没有歧义的；事实上，正是由于人们对"世界观"赋予了各不相同的理解和解释，因而作为"世界观理论"的"哲学"也被赋予了迥然有别的理解和解释。因此，对世界观的前提批判，既是展开哲学的前提批判的最为恰当的切入点，也是重新理解全部哲学问题的最为根本的聚焦点。

世界观，是人生在世和人在途中的人的目光。作为世界观理论的哲学，哲学问题总是人生在世的大问题即人类性问题，并凝结为理解"人生在世"和"人在途中"的哲学范畴，因而构成人的"安身立命"之本或人生的"最高的支撑点"。哲学的世界观的前提批判，就是对哲学所提供的人的"安身立命"之本或人生的"最高支撑点"的前提批判。对这些关乎人的"安身立命"之本的哲学的"前提批判"，是一种寻求、揭示和批判地反思人类全部活动的"前提"的思想活动，是一种把隐匿在思想之中的"看不见的手"揭露出来并予以批判的思想活动，也就是把思想构成自己的思维方式和价值规范揭示出来予以批判的思想活动。这种"前提批判"的思想活动，具有推动社会进步的巨大的逻辑震撼力量。

作为世界观理论的哲学，它在人类创造自己的生活世界并实现人类的自我发展的各种基本方式中，它的不可或缺和不可替代的特殊作用和独特价值，是同哲学的"形上"本性和"本体"追求密不可分的。哲学的世界观前提批判的基本内容可以归结为形而上学或本体论的前提批判。

哲学的世界观的理论性质，集中地体现为哲学的"形上"本性和"本体"追求。哲学对"本体"的寻求，是一种追本溯源式的意向性追求，是一种理论思维的无穷无尽的指向性，是一种指向无限性的终极关怀。本体论的终极关怀具有三重基本内涵：追寻作为世界统一性的终极存在；寻求作为知识统一性的终极解释；探索作为意义统一性的终极价值。哲学对终极存在、终极解释和终极价值的寻求，它所关注的不是何者为真、何者为善、何者为美，而是把"真"、"善"、"美"作为主词而予以探寻和追究，这集中地体现了哲学本体论的真实意义：为人类的思想和行为提供判断、解释和评价真、善、美的"根据"、"标准"和"尺度"。这正是哲学作为世界观的真实内涵和真实意义。哲学意义的"本体"，既不是某种实体性的"终极存在"，又不是某种知识性的"终极解释"，也不是某种主观化的"终极价值"，而是以寻求"终极存在"、"终极解释"和"终极价值"的方式，为人类的全部思想和行为追寻"根据"、"标准"和"尺度"。哲学本体论所具有的这种真实意义，使其在人类把握世界的各种方式（宗教的、伦理的、艺术的、科学的、常识的等等）中，扮演了一种独特的角色，即：以其所承诺的"本体"作为最高的或最终的根据、标准和尺度，批判地反思人类一切活动和全部知识的各种前提，为人类的存在和发展提供自己时代水平的"安身立命之本"或"最高的支撑点"。正是在这个意义上，本体论就是哲学世界观。

世界观的前提批判，奠基于"本体"追求的内在矛盾。哲学作为思想中的时代，它所承诺的"本体"及其对"本体"的理解和解释，都只能是自己时代的产物；而哲学本体论却总是要求最高的权威性和最终的确定性，把自己所承诺的"本体"视为毋庸置疑和不可变易的"绝对"。因此哲学本体论从其产生开始，就蕴含着两个基本矛盾：其一，它指向对人及其思维与世界内在统一的"基本原理"的终极占有和终极解释，而人类的历史发展却总是不断地向这种终极解释提出挑战，这就是哲学本体论与人类历史发展的矛盾；其二，哲学本体论以自己所承诺的"本体"或"基本原理"作为判断、解释和评价一切的根据、标准和尺度，也就是以自身为根据，从而造成自身无法解脱的解释循环。因此，哲学家们总是在相互批判中揭露对方的本体论的内在矛盾，使本体论的解释循环跃迁到高一级层次。这就是世界观的前提批判。

哲学本体论的内在矛盾表明："本体"，并不是某种永恒的终极真理，而是人类自我意识中的时代精神，即各个时代的人类的思想和行为的根据、标准和尺度。如何对待哲学本体论的内在矛盾，是否自觉到"本体论"只能是"本体论追求"，使哲学从原则上区分为"传统哲学"与"现代哲学"。"传统哲学"之所以"传统"，就在于全部的传统哲学都是力图获得一种绝对的、确定的、终极"本体"。它向自己提出的问题是：什么是绝对的真？什么是至上的善？什么是最高的美？这样，它就把基于人类"形上"本性的"本体论追求"僵化为凝固的"本体论"。这是一种统治人类几千年的非历史的、超历史的、僵化的本体论的思维方式。它造成了

"形而上学的恐怖"和"本质主义的肆虐"。与此相反,"现代哲学"之所以"现代",就在于现代哲学自觉到了本体论的内在矛盾,自觉到了"本体"的时代性内涵,也就是自觉到了"本体论"的"追求"本性,即从人类的历史发展出发去理解哲学的本体论追求。在这个意义上,所谓"后形而上学",并不是抛弃了哲学的本体论追求,而是自觉地把哲学的本体论变成了本体论追求。

马克思主义哲学从"现实的人及其历史发展"出发去看待哲学,也就是以实践观点的思维方式去看待哲学,哲学的"本体论"或"世界观"就发生了真正的革命,就把"本体论"彻底地实现为"本体论追求",也就把"世界观"彻底地实现为"世界观的前提批判":人类在自身的历史发展中所形成的判断、解释和评价一切事物并规范自己思想和行为的"本体"观念,就是各个历史时代人类自我意识中的时代精神,就是人类在各个历史时代规范自己的思想和行为的思想前提,因此,它既是一种历史的进步性,又是一种历史的局限性,因而孕育着新的历史可能性。就其历史的进步性而言,人们在自己的时代所承诺的"本体"或"世界观",就是该时代的人类所达到的人与世界的统一性的最高理解,即该时代人类全部活动的最高支撑点,因此具有绝对性;就其历史的局限性而言,人们在自己时代所承诺的"本体"或"世界观",又只是特定历史时代的产物,它作为人类全部活动的最高支撑点,正是表现了人类作为历史的存在所无法挣脱的片面性,因而具有相对性;就其历史的可能性而言,人们在自己时代所承诺的"本体"或"世界观",正是人类在其前进的发展中所建构的阶梯和支撑点,它为人类的继续发展提供现实的可能性。"本体"永远是作为中介而自我扬弃的。它既不是绝对之绝对,也不是绝对之相对,而是相对之绝对。"本体论"只有自觉为"本体论追求"即思想的"前提批判",它才具有其现代的合理性。"世界观"只有自觉为"世界观的前提批判"即不断地变革世界观,它才能成为时代精神的精华和文明的活的灵魂。把马克思主义的新世界观概括为"历史的唯物主义",包含着以"历史"的解释原则而展开的对世界观的前提批判。

六、解放思想与变革世界观

我国新时期改革开放的 30 年,是解放思想、创新实践的 30 年。坚定不移地继续解放思想，不仅要从束缚思想的各种陈旧观念中解放出来，而且要从脱离实际、因循守旧和无所作为的世界观中解放出来。解放思想，从根本上说，是世界观的变革；只有变革世界观，才能坚定不移地继续解放思想。

（一）变革脱离实际的世界观

解放思想和变革世界观，首先需要重新理解世界观。

世界观是人们在自己的实践活动和历史发展中所形成的关于世界的根本观点，它本身是历史的而不是非历史的，是发展的而不是僵化的。世界观是具有时代内涵的关于世界的根本观点。它为人们认识世界提供具有时代内涵的总的概念框架，也为人们评价世界提供具有时代内涵的总的意义框架，从而为人们变革世界提供具有时代内涵的总的世界图景及其解释原则。

马克思主义的科学世界观，不只是承认"物质第一性"的世界观，而是以此为基础的从实际出发、实事求是的世界观；不只是承认"绝对运动"的世界观，而是以此为基础的冲破狭隘偏见、与时俱进的世界观；不只是承认"能动反映"的世界观，而是以此为基础的创新实践、变革世界的世界观。解放思想，实事求是，与时俱进，开拓进取，这不只是马克思主义世界观的应有之义，而且是马克思主义世界观的真实意义。这正如恩格斯所指出的："我们的理论是发展着的理论，而不是必须背得烂熟并机械地加以重复的教条。"[①] 只有在解放思想的过程中变革世界观，才能深刻理解和正确把握变化中的世界和变革中的中国，才能真正做到实事求是。

当今世界正在发生广泛而深刻的变化，当代中国正在发生广泛而深刻的变革。变化中的世界和变革中的中国，是我们生活于其中的最大的实际，也是我们必须面对的最大的实际。背离这个最大的实际，就是背离实事求是的思想路线；面对这个最大的实际，首先就要解放思想。解放思想，就是使思想与实际相符合，使主观与客观相符合，就是实事求是。因此，在世界观变革的意义上，解放思想就是变革思想与实际相割裂、主观与客观相背离的世界观，也就是确立实事求是的世界观，即坚持马克思主

---

① 《马克思恩格斯选集》第 4 卷，人民出版社 1995 年版，第 681 页。

义的科学世界观。

改革开放的历史性起点，是 1978 年党的十一届三中全会确立的解放思想、实事求是的思想路线。这一思想路线的哲学基础，是把实践确立为检验认识的真理性的唯一标准；这一思想路线的现实意义，是把人们的思想从"两个凡是"的思想禁锢中解放出来，为建设中国特色社会主义开辟道路。"两个凡是"的实质是把思想作为实践的根据和标准，即：凡是符合某种思想的行为就是不容置疑和不可变易的；凡是不符合某种思想的行为就是离经叛道和必须否定的。这就完全颠倒了理论与实践的真实关系，彻底背离了实事求是的唯物主义基础，根本阉割了马克思主义的科学世界观。冲破"两个凡是"的思想禁锢，重新确立检验真理的实践标准，这本身就是一场变革世界观的思想解放。它要求我们变革思想脱离实际、主观背离客观的世界观，树立马克思主义的实事求是的世界观。

确立实事求是的世界观，必须坚定不移地解放思想。所谓"实事"即"客观存在的事物"，不仅有片面的实际与全面的实际之分，而且有过去的实际与现实的实际之分，特别是有表面的实际与深层的实际之分。人们的存在就是"现实的生活过程"。全面的实际、现实的实际、深层的实际，既不是某些孤立的现象 ，也不是现象形态的总和，而是由人们的"现实的生活过程"所形成的时代的潮流、创新的实践和历史的规律。要使思想与全面的、现实的、深层的实际相符合，就必须面向"现实的生活过程"，就必须解放思想。

解放思想需要大气，需要面对当今世界和当代中国的最大的实际。这个最大的实际，主要地可以概括为两个方面：一是以和平和发展为主题的时代潮流，一是以改革开放为主题的我国人民的波澜壮阔的创新实践。思想与实际相符合，主观与客观相符合，最重要的，就是思想与时代潮流和创新实践相符合；与此相反，思想与时代潮流和创新实践相割裂，就是思想与实际、主观与客观的相背离。要实现思想与时代特征和创新实践相符合，真正做到实事求是，就必须坚定不移地解放思想，变革脱离当今世界和当代中国的实际的世界观。

世界观，首先要有"世界"之观、"时代"之观；实事求是的世界观，首先是直面"世界"和"时代"的世界观，是反映时代特征和世界潮流的世界观。近一百多年来，我们所生活的"世界"和"时代"，其变化的剧烈和深刻，达到了前人难以想象的程度。当今世界正处于大变革大调整之中，世界多极化不可逆转，经济全球化深入发展，科技革命加速推进，我们生活于其中的世界已经远不是一百年前、甚至是几十年前的世界。

对于今天的时代巨变，可以概括为三句话：人类文明形态的变革、人们存在方式的变革和人们思想观念的变革。一是人类文明形态的变革。人类已经从农业文明过渡为工业文明，又进入到所谓后工业文明。不管我们把这个后工业文明叫做信息时代也好，叫做知识经济时代也好，它都标志着人类文明形态的变革。按照马克思的说法，划分一个时代，不在于它"生产什么"，而在于它"用什么进行生产"。20 世纪 50 年代以来的科学发现和技术发明，已经超过了此前几千年的总和。科学技术这个"第一生产力"已经从根本上改变了人类的文明形态和人自身的存在方式。二是人们存在方式的变革。按照马克思的说法，从非市场经济转向市场经济，不是一般性的变化，而是人的存在方式的全面变化。这是从人对人的依附性的存在，转向"以物的依赖性为基础的人的独立性"的存在。简洁地说，是从人的依附性的存在转变成独立性的存在。从几千年来的自然经济转向市场经济，这是从经济生活的禁欲主义到经济生活的追求现实幸福的转变，从精神生活的蒙昧主义到精神生活的理性自由的转变，从政治生活的专制主义到政治生活的民主法治的转变。经济全球化和科学技术的发展深刻地变革着社会生活的内容和形式，人们的工作方式、学习方式、消费方式、娱乐方式、交往方式正在发生全方位的变化，日常经验科学化、日常消遣文化化、日常交往社交化、日常行为法治化、农村生活城市化，成为现代社会生活的主要特征。这是人的存在方式的根本变化。三是人们思想观念的变革。社会存在决定社会意识。社会生活的空前变革，必然引起社会意识的重大变化。经济全球化和现代科技不仅促进了社会的组织方式和人们的交往方式的变革，缩短了社会的时空，拉近了交往的距离，增强了社会的组织化程度，而且极大地提高了教育的普及程度，变革了文化的传播方式，形成了丰富多彩的大众文化。影视产业、音像制品、网络游戏、时尚消费，使人们获得了全新的生活体验，改变了人们的思维方式、价值观念和审美情趣，从而使人们的思想观念形成了空前的多样性、开放性和现代性。

当今世界的深刻变革，使人类的生存与发展面对新的机遇与挑战。从历史的大尺度看，以市场经济取代自然经济的过程，就是现代化的过程，也就是从传统社会转变为现代社会的过程。因此，"现代化"深切地体现了市场经济的内在矛盾，深层地决定了现代人的社会生活和思想观念的内在矛盾。现代化，既是一个前所未有的、迅猛发展的自然人化过程，也就是以现代的科学技术改造自然的过程，又是一个前所未有的、急速实现的个体社会化过程，也就是以等价交换的原则实现人的全部社会关系的过程。由此，在现代化的进程中便愈益明显地凸现了两个方面的尖锐矛盾：一是现代科学技术的迅猛发展与日益严峻的全球问题的矛盾，二是人的生存方式的现代化与人的物化状态的矛盾。现代化所实现的空前的自然人化过程，为人类的生存和发展创造了前所未有的物质财富，但同时又造成了包括人口膨胀、环境污染、生态失衡、粮食紧张、能源危机以及核战争威胁等在内的"全球问题"。而市场经济所实现的"以物的依赖性为基础的人的独立性"，既挺立了个人的主体性和独立性，增强了人的主体自我意识，形成了某种人的自我实现的条件，又造成了"抹去一切职业的灵光"，"把一切都沉浸到金钱的冰水当中去"的生存状态，也就是使人"物化"的生存状态。马尔库塞说："发达工业文明的内在矛盾正在于此：其不合理成分存在于其合理性中。"[1] 这就是当代的人与自然、人与社会的双重性矛盾所构成的"现代化问题"。面向现代化，面向世界，面向未来，就必须面向今天这个"世界"和"时代"的最大的"实际"，并从这个最大的"实际"出发去形成我们的世界意识和战略意识。

在世界历史的进程中，我国的前途命运日益紧密地与世界的前途命运联系在一起，世界的变化对我国的影响比以往任何时候都更为直接而广泛，世界意识和战略意识，要求我们必须坚定不移地继续解放思想，真正树立以变化中的世界为内容的世界观。同时，反映时代特征和世界潮流的世界观，必须是反映我国人民波澜壮阔的伟大实践的世界观。关于我国新时期的"实际"，党的十七大报告作出这样的概括："新时期最鲜明的特点

---

① 马尔库塞：《单向度的人》，刘继译，上海译文出版社1989年版，第17页。

是改革开放"，"新时期最显著的成就是快速发展"，"新时期最突出的标志是与时俱进"。关于新时期的"特点"、"成就"和"标志"，胡锦涛在《报告》中作出精辟的概括。关于"改革开放"，他说："从农村到城市、从经济领域到其他各个领域，全面改革的进程势不可当地展开了；从沿海到沿江沿边，从东部到中西部，对外开放的大门毅然决然地打开了。这场历史上从未有过的大改革大开放，极大地调动了亿万人民的积极性，使我国成功实现了从高度集中的计划经济体制到充满活力的社会主义市场经济体制、从封闭半封闭到全方位开放的伟大历史转折。今天，一个面向现代化、面向世界、面向未来的社会主义中国巍然屹立在世界东方"；关于"快速发展"，他说："我们党实施现代化建设'三步走'战略，带领人民艰苦奋斗，推动我国以世界上少有的速度持续快速发展起来。我国经济从一度濒于崩溃的边缘发展到总量跃居世界第四、进出口总额位居世界第三，人民生活从温饱不足发展到总体小康，农村贫困人口从两亿五千多万减少到两千多万，政治建设、文化建设、社会建设取得举世瞩目的成就。中国的发展，不仅使中国人民稳定地走上了富裕安康的广阔道路，而且为世界经济发展和人类文明进步作出了重大贡献"；关于"与时俱进"，他说："我们党坚持马克思主义的思想路线，不断探索和回答什么是社会主义、怎样建设社会主义，建设什么样的党、怎样建设党，实现什么样的发展、怎样发展等重大理论和实际问题，不断推进马克思主义中国化，坚持并丰富党的基本理论、基本路线、基本纲领、基本经验。社会主义和马克思主义在中国大地上焕发出勃勃生机，给人们带来更多福祉，使中华民族大踏步赶上时代前进潮流、迎来伟大复兴的光明前景。"[①] 这就是当今中国的全面的、现实的、深刻的"实际"。这个当今中国的"实际"深刻地表明：没有坚定不移的解放思想，就没有我国新时期的波澜壮阔的创新实践；同样，没有深刻的世界观变革，也无法真正地理解和真实地推进这个波澜壮阔的创新实践。

变化中的世界和变革中的中国，是今天的最真实的"实际"，是我们必须准确把握和深切理解的"实际"。人们的世界观是不能"以不变应万

---

① 胡锦涛：《高举中国特色社会主义伟大旗帜为夺取全面建设小康社会新胜利而奋斗——在中国共产党第十七次全国代表大会上的报告》，人民出版社 2007 年版。

变"的。解放思想，从根本上说，就是从那种"以不变应万变"的世界观中解放出来，真正使思想与时代特征、世界潮流和创新实践相符合，从而以变革的世界观去面对变化中的世界和变革中的中国。

（二）变革禁锢思想的思想前提

世界观的"世"，是"人生在世"的"世"；世界观的"界"，是"人在途中"的"界"；世界观的"观"，是"人的目光"的"观"。变革世界观，从根本上说，是变革"人的目光"。这不仅要求拓宽"人的目光"，使之具有"远视"世界与未来的能力，而且要求深化"人的目光"，使之具有"透视"现实的能力。这是更为深刻的世界观革命。

"人生在世"和"人在途中"的"世界"总是与时俱进的，而作为"人的目光"的"世界观"却往往是因循守旧的。究竟是什么造成我们的世界观的因循守旧而不是与时俱进？从根本上说，是禁锢思想的思想前提在阻碍我们的思想与时俱进。解放思想必须从禁锢思想的思想前提中解放出来。

解放思想是以新的思想取代旧的思想，因而是思想中的革命。旧的思想之所以"旧"，是因为思想被禁锢在僵化的思想前提之中；新的思想之所以"新"，是因为思想冲破既有的思想前提而依据新的思想前提进行思想。解放思想或思想中的革命，是以变革思想的前提为其真实内容的。

思想的前提，就是构成思想的根据，也就是思想构成自己的立足点和出发点。思想构成自己的前提，有两个基本特性：一是它的"隐匿性"，二是它的"强制性"。所谓"隐匿性"，就是思想的前提"隐藏"在思想之中，是思想中的"一只看不见的手"，是思想的"幕后操纵者"；所谓"强制性"，就是思想总是以思想的前提为立足点和出发点而构成自己，思想的前提决定思想运动的逻辑。解放思想的艰巨性和重要性，就在于把"隐藏"于思想中的思想前提揭示出来，并以新的思想前提构成新的思想。变革思想的前提，这才是真正意义的思想革命，才是真正意义的解放思想。

改革开放以来的解放思想，首先就是从禁锢思想的"两个凡是"的思想前提中解放出来。作为思想前提的"两个凡是"，它是关于思想与现实、理论与实践关系的思想前提，即以某种思想来裁判实践的思想前提。从这个思想前提出发，必然造成思想背离现实，唯心主义横行和形而上学猖獗。把实践确立为检验真理的唯一标准，它所改变的决不仅仅是某些具体的思想观念，而是变革了人们构成全部思想的思想前提。正是由于从"两个凡是"的思想前提的禁锢中解放出来，我们才能在30年来的改革开放的过程中，不断深入地追问：今天的世界到底是怎样的？今天的中国到底是怎样的？究竟如何看待资本主义？究竟如何建设社会主义？也正是由于从禁锢思想的"两个凡是"的思想前提中解放出来，"贫穷不是社会主义"，"发展才是硬道理"，才成为我们重新认识社会主义和在改革开放中建设社会主义的思想前提。邓小平说："问题是要把什么叫社会主义搞清楚，把怎么样建设和发展社会主义搞清楚"①，"要在理论上阐述什么是社会主义，讲清楚我们的改革是不是社会主义"②。1982年在党的十二大开幕词中，邓小平首次提出"建设有中国特色社会主义"的命题，为我国人民新时期的波澜壮阔的创新实践奠定了全部思想的根本性的思想前提。

建设中国特色社会主义，一个重大的问题是"计划"与"市场"的关系问题。1987年2月，邓小平谈到十三大的筹备和十三大报告起草工作时说："为什么一谈市场就说是资本主义，只有计划才是社会主义呢？计划和市场都是方法嘛。只要对发展生产力有好处，就可以利用"，"我们以前是学苏联的，搞计划经济。后来又讲计划经济为主，现在不要再讲这个了。"③ 1990年12月，邓小平同志在一次谈话中说："我们必须从理论上搞懂，资本主义与社会主义的区别不在于是计划还是市场这样的问题。社会主义也有市场经济，资本主义也有计划控制。""不要以为搞点市场经济就是资本主义道路，没有那么回事。计划和市场都得要。不搞市场，连世界上的信息都不知道，是自甘落后。"④ 1992年邓小平在著名的"南方谈话"指出："不坚持社会主义，不改革开放，不发展经济，不改善人民生活，只能是死路一条"，"改革开放迈不开步子，不敢闯，说来说去就是怕资本主义的东西多了，走了资本主义道路。要害是姓'资'还是姓'社'

① 《邓小平文选》第3卷，人民出版社1993年版，第369页。
② 《邓小平文选》第3卷，人民出版社1993年版，第203页。
③ 《邓小平文选》第3卷，人民出版社1993年版，第203页。
④ 《邓小平文选》第3卷，人民出版社1993年版，第364页。

的问题。判断的标准，应该主要看是否有利于发展社会主义社会的生产力，是否有利于增强社会主义国家的综合国力，是否有利于提高人民的生活水平。"① 这"三个有利于"的标准，使人们的思想从禁锢思想的"两个凡是"的思想前提中解放出来，进而从"姓社姓资"的抽象论争中解放出来，使我国成功地实现了从高度集中的计划经济体制到充满活力的社会主义市场经济、从封闭半封闭到全方位开放的伟大历史转折。胡锦涛在十七大报告中指出："事实雄辩地证明，改革开放符合党心民心，顺乎时代潮流，方向和道路是完全正确的，成效和功绩不容否定，停顿和倒退没有出路。"②

从禁锢思想的思想前提中解放出来，就思想本身说，必须从两极对立的形而上学的思维方式中解放出来。世界观作为方法论，它是人们把握世界的根本的思维方式。变革世界观就是要变革思维方式。恩格斯指出，作为哲学世界观或理论思维方式的形而上学，其实质是"在绝对不相容的对立中思维"，它的思维公式是："是就是，不是就不是，除此以外，都是鬼话。"③ 解放思想的重要任务，是从这种"在绝对不相容的对立中思维"的形而上学的思维方式中解放出来，也就是从非此即彼、两极对立的思维方式中解放出来。"市场"不是资本主义所特有的，"民主"、"法制"、"人权"、"自由"、"平等"、"博爱"同样不是资本主义所特有的。它们是整个世界在漫长的历史进程中所形成的共同的文明成果，也是人类共同追求的价值观。我们要在发展理念和执政理念上真正实现"以人为本"，就必须汲取整个世界在漫长的历史进程中所积淀的共同的文明成果，从而创造性地建设中国特色社会主义。

在变革世界观的意义上，我们应当追问：为什么这种"在绝对不相容的对立中思维"的形而上学思维方式会在人的思维中占据牢固的地位？恩格斯的回答是："初看起来，这种思维方式对我们来说似乎是极为可信的，因为它是合乎所谓常识的。"④ 这是需要我们在解放思想的进程中深长思

① 《邓小平文选》第 3 卷，人民出版社 1993 年版，第 370、372 页。
② 胡锦涛：《高举中国特色社会主义伟大旗帜，为夺取全面建设小康社会新胜利而奋斗——在中国共产党第十七次全国代表大会上的报告》，人民出版社 2007 年版。
③ 《马克思恩格斯选集》第 3 卷，人民出版社 1995 年版，第 360 页。
④ 《马克思恩格斯选集》第 3 卷，人民出版社 1995 年版，第 61 页。

445

之的。

常识是人类世世代代的经验的产物，是人类在最实际的水平上和最广泛的基础上对人类生存的自然环境、社会环境和一般文化环境的适应。人们的经验世界在常识中得到最广泛的相互理解，人们的思想感情在常识中得到最普遍的相互沟通，人们的行为方式在常识中得到最直接的相互协调，人们的内心世界在常识中得到最便捷的自我认同。常识是每个健全的正常人普遍认同的，并为人们的生存和发展提供最具普遍性的世界图景、思维方式和价值观念，因而是规范人的思想与行为的最普遍的"前提"。然而，常识的最本质的特性是它的经验性。"常识在它自己的日常活动范围内虽然是极可尊敬的东西，但它一跨入广阔的研究领域，就会遇到最惊人的变故。"[①] 依附于经验的常识具有零散性、狭隘性、极端性和保守性等特征，以常识为内容的世界观缺乏理论的完整性、系统性、前瞻性、坚定性和可批判性。这种以经验为内容的常识的世界观，是人们构成思想的最普遍的思想前提，是全部习惯势力的最坚实的思想基础。从这种思想前提出发，人们的思想便总是囿于既定的经验所形成的习惯势力，在世界观意义上形成因循守旧的思想观念。解放思想，它所面对的经常任务，就是从这种因循守旧的世界观中解放出来。

常识的思维方式，是形成于常识的生活方式并适用于常识的生活方式的思维方式。常识的生活方式要求人们在思维活动中保持对事物的简单化的"是"与"否"的断定，对行为的简单化的"善"与"恶"的断定。由此而形成的常识的思维方式，其实质就在于"是就是，不是就不是"。这种常识思维方式的哲学表达就是形而上学的思维方式——"在绝对不相容的对立中思维"。

"在绝对不相容的对立中思维"，就会把极为复杂的现实问题简单化、抽象化和庸俗化，并往往把必须纳入"广阔的研究领域"的现实问题归结为抽象的政治判断或同样抽象的道德判断。这种判断既缺乏深厚的历史感，也缺乏真正的现实感。例如，究竟如何看待和评价当代中国的改革开放？这其中的一个重大的理论问题，是历史的发展形式的问题。人类历史

---

① 《马克思恩格斯选集》第2版，第3卷，人民出版社1995年版，第360页。

的一个突出特征在于，"片面性"是它的发展形式，即历史总是以某种"退步"的形式而实现自身的"进步"。历史过程中的任何进步都要付出相应的"代价"，任何"正面效应"都会伴生相应的"负面效应"，具体言之，任何"整体利益"的实现总是包含某些"局部利益"的牺牲，任何"长远利益"的追求总要舍弃某些"暂时利益"，为了"全面"发展就要遏止"片面"发展，为了"协调"发展就要限制"畸形"发展，为了"可持续"发展就要反对"竭泽而渔"。如果以两极对立的思维方式去看待改革开放的历史进程中所出现的种种矛盾，用非此即彼的思维方式简单化、抽象化、甚至庸俗化地评判改革开放的历史进程中所采取的各种举措，又如何正确处理"整体利益"与"局部利益"、"长远利益"与"暂时利益"、"全面发展"与"片面发展"的辩证关系呢？

马克思说："人类始终只提出自己能够解决的任务，因为只要仔细考察就可以发现，任务本身，只有在解决它的物质条件已经存在或者至少是在生成过程中的时候，才会产生。"① 建设中国特色社会主义的伟大实践是前无古人的，我们是"摸着石头过河"的。在百废待兴的改革开放之初，我们对"发展"的要求，首先必须是"加速发展"。包括"效率优先、兼顾公平"等思路的形成具有其历史的合理性。正是在"加速发展"的过程中，不仅为"又好又快"地发展奠定了坚实的物质基础，也为形成"又好又快"的发展理念奠定了坚实的思想基础。我们今天所形成的科学发展观，所提出的以人为本，全面、协调、可持续发展的历史任务，是以当代中国的现实为依据的。改革开放以来的中国取得了前所未有的巨大的历史进步。正因为中国的经济发展和整个社会发展到了现在的规模、程度和水平，才能凝炼出以人为本的科学发展观，提出全面、协调、可持续发展的历史任务。

"发展"问题蕴含着一对根本性的矛盾，这就是发展的"标准"与"选择"问题。"以人为本"和"又好又快"的发展理念的理论意义和实践意义，在于它为发展确立了明确的标准，为发展中的思想和行为的选择提供了最根本的依据，即：我们的"发展"必须是以人为本的"又好又快"

---

① 《马克思恩格斯选集》第 2 卷，人民出版社 1995 年版，第 33 页。

的发展，必须是"全面、协调、可持续"的发展。这个发展理念的实践意义是巨大的。人的实践活动，是把人的目的性要求变为现实的活动；目的性，是实践活动的灵魂。对人来说，发展并不是一个单纯的事实判断，而是某种目的、理想、价值的实现。发展是实现了的目的、理想和价值。正因如此，确立发展的标准，并依据发展的标准而确认实践中的价值排序和行为选择，就具有不容回避和不可忽视的巨大的实践意义。

从两极对立的思维方式中解放出来，还要求我们更为深刻地理解理论与实践的辩证关系。理论不仅是"指导"实践的，也是"反驳"实践的，即：理论不仅规范和引导人们"做什么"，而且规范和引导人们"不做什么"。人们总是以某种理论、观念去观察现实，并用这种理论、观念规范自己所要解决的问题，以及解决问题的途径与方式。马克思说："光是思想力求成为现实是不够的，现实本身应当力求趋向思想"。[①] 建设中国特色社会主义，既要求我们面向现实，深入实际，切实解决问题，又要求我们树立科学的发展观，用科学发展观去观察现实和解决现实问题。科学发展观的重大意义，就在于它为错综复杂的社会实践活动作出顺序性的选择和制度性的安排，并为这种选择和安排提供赢得人民支持的理论支撑。以人为本的科学发展观，就是要"反驳"违背人民利益的实践，"反驳"阻碍社会全面进步的实践，"反驳"各种"形象工程"的实践，"反驳"威胁可持续发展的实践。在全面建设小康社会的过程中，必须用科学发展观推进符合最广大人民群众的根本利益的实践，推进实现人的全面发展和社会的全面进步的实践。

（三）变革无所作为的精神状态

解放思想是一种精神状态。它不仅要求人们从两极对立的思维方式中解放出来，从唯上唯书的研究方式中解放出来，从刻板僵化的话语方式中解放出来，而且必须从无所作为的精神状态中解放出来。

改革开放的30年，就是解放思想的30年。在新的历史起点上，我们的思想还要不要继续解放？我们的思想还要从哪里解放出来？这是一些人感到困惑的问题。这个问题表明，解放思想不仅需要"远视"世界的大

---

① 《马克思恩格斯选集》第1卷，人民出版社1995年版，第11页。

气，还需要"直面"现实的正气和"创新"实践的勇气。

人们的"现实的生活过程"是与时俱进的，世界历史的发展是日新月异的，主观与客观的统一只能是具体的、历史的统一，而永远不会达到终极的绝对的统一。主观与客观相符合，只能是在坚定不移地继续解放思想中实现；离开坚定不移地继续解放思想，就会造成主观与客观的相背离。只有直面现实，保持顽强的学习意识和强烈的忧患意识，才能自觉地、坚定不移地继续解放思想，思考新情况，研究新问题，不为任何风险所惧，不被任何干扰所惑，使我们的世界观与发展的世界相符合。

变革两极对立的形而上学的世界观，需要我们树立科学的世界观，形成与时俱进的科学精神。科学作为人类把握世界的一种基本方式，是人类运用科学的思维方式和科学的概念体系去构筑科学的世界图景的方式。科学发展过程中所编织的科学概念和科学范畴之网，构成了愈来愈深刻的科学世界图景，也构成了人类认识世界的愈来愈坚实的"阶梯"和"支撑点"。现代科学既改变了我们的世界图景，也改变了我们的思维方式。这包括：现代科学已经深刻地变革了以素朴实在论为代表的直观反映论的思维方式，变革了以机械决定论为代表的线性因果论的思维方式，变革了以抽象实体论为代表的本质还原论的思维方式。按照有些学者的概括，"在人类科学发展的进程中，经历了三次大的科学革命，这三次科学革命同时带来了人类科学世界图景和科学思维方式上的三次大的变革。这就是人类的科学世界图景从实体实在论过渡到场能实在论，再过渡到信息系统复杂综合论；而人类科学思维方式相应地从传统的实体思维过渡到能量思维，再过渡到信息思维。"① 系统的观念、复杂的观念和综合的观念，促使我们在"广阔的研究领域"超越"在绝对不相容的对立中思维"，真正以辩证法的思维方式去观察和分析"活生生"的现实生活，真正使我们的思想与改革开放的创新实践相符合。世界观和思维方式的变革，是解放思想的重要内容，也是解放思想的重要动力。

恩格斯说："科学越是毫无顾忌和大公无私，它就越符合工人的利益

---

① 参见邹焜、李佩琼：《科学革命：科学世界图景和科学思维方式的变革》，《中国人民大学学报》2008年第3期。

和愿望。"① 坚定不移地继续解放思想，就必须具备这种"大公无私"和"毫无顾忌"的思想勇气和理论勇气，就必须具备"咬住青山不放松"的顽强拼搏的精神状态。例如，"市场经济问题在十一届三中全会后就开始触及了，但那个时候我们还将市场经济当做资本主义范畴来批判，"1978年提出"计划经济为主，市场经济为辅"，1984年提出"计划经济与市场经济相结合"，1987年提出"国家调节市场，市场引导企业"，直到1992年邓小平"南巡讲话"之后，"才正式承认市场经济，在十四大上提出要建立市场经济体制"。又如，"国有经济是社会主义经济的基石，似乎改国有经济，就是改变了社会主义经济的性质。但是国有经济严重缺乏活力和亏损巨大的事实，是谁也无法否认的，实践对国有经济发起了强有力的变革挑战，最终使得我们不得不改革原有的国有经济"。"大力发展非公有经济，是我国现代产权制度改革的一项根本性战略举措，使我国彻底摆脱了短缺经济。非公有经济在经济增长、就业、税收、技术创新等方面的巨大贡献，已成为举世瞩目的事实。……但是发展非公有经济，并不是一种理论上的自觉行为，而是在实践的推动中走向自觉的"。② 这表明，在解放思想中推进改革开放决不是一蹴而就的事情，不可能"毕其功于一役"。它要求我们变革那种无所作为的世界观，真正形成一种勇于改革、善于创新的精神状态。

经过30年的改革开放，我们现在深切地认识到，政治体制改革方面存在的问题，远比经济体制改革方面存在的问题要大得多，复杂得多，突出得多。坚持中国特色社会主义政治发展道路，发展社会主义民主政治，建设社会主义法治国家，迫切要求我们进一步解放思想，深化执政为民的基本理念，创新政治建设的理论、思路和举措。我们不能把政治体制改革当做经济体制改革的"配套"措施来对待，不能把政治体制改革只限于行政管理体制改革、企业管理体制改革和社会管理体制改革等，而必须切实地推进属于政治体制改革的实质性内容，从而大力发展社会主义民主政治，努力建设社会主义法治国家。全面推进经济建设、政治建设、文化建设和社会建设，要求我们必须坚定不移地继续解放思想。

---

① 《马克思恩格斯选集》第4卷，人民出版社1995年版，第258页。
② 参见魏杰：《中国经济体制改革的历史进程及不同阶段的任务》，《社会科学战线》2008年第4期。

在坚定不移地继续解放思想和改革开放的进程中，我们不仅必须关注"脚下"，还必须仰望"天上"，瞩目于人的精神生活和人的全面发展。胡锦涛在十七大报告中提出："当今时代，文化越来越成为民族凝聚力和创造力的重要源泉、越来越成为综合国力竞争的重要因素，丰富精神文化生活越来越成为我国人民的热切愿望。要坚持社会主义先进文化前进方向，兴起社会主义文化建设新高潮，激发全民族文化创造活力，提高国家文化软实力，使人民基本文化权益得到更好保障，使社会文化生活更加丰富多彩，使人民精神风貌更加昂扬向上。"[1] 建设社会主义核心价值体系，增强社会主义意识形态的吸引力和凝聚力，这不仅必须深入研究和深刻阐述社会主义核心价值体系，而且必须在增强对人民的"吸引力"和"凝聚力"上下大工夫，在提高人民的幸福感和满意度上用大力气。针对那种"耻言理想，躲避崇高，拒斥传统，不要规则"的社会思潮，让社会主义意识形态具有吸引力和凝聚力，就必须坚定不移地继续解放思想，在思想创新、理论创新的进程中，引导人们追求理想，向往崇高，发扬传统，并使之成为规范人的思想和行为的最基本的"规则"——世界观、人生观和价值观。这是建设中华民族共有精神家园的根本之所在，也是变革无所作为的精神状态、在改革开放中创新实践的根本之所在。

---

[1] 胡锦涛：《高举中国特色社会主义伟大旗帜 为夺取全面建设小康社会新胜利而奋斗——在中国共产党第十七次全国代表大会上的报告》，人民出版社 2007 年版。

第七章 马克思主义辩证法研究

一、理论理性还是实践理性：马克思
辩证法研究的一个关键点

如何在当代哲学思想语境中，推动辩证法理论的深化，这是马克思哲学研究中一个十分重大的课题。在此问题上，一个关键之点就在于反省并回答：辩证法究竟属于"理论理性"还是"实践理性"的范畴？长期以来，人们一直在"理论理性"的层面和立场上理解和阐释辩证法，结果使辩证法陷入了深刻的困境。超越理论哲学的思维范式，克服"理论理性"的幻觉，把辩证法理解为内在于生活实践并推动生活实践的"实践理性"，这是拓展辩证法研究的思想视野，深化辩证法研究的根本前提。

这里所谓"理论理性"，又可称"思辨理性"，是指区别于实践理性的、以认识世界总体和终极存在等形而上学对象为目标的理性，按照康德的说法，就是试图"不依靠经验而独立去求得一切知识"[①] 的理性。它具有两个基本特点，第一，它是一种以理论认识和思维能力为中心的理性；第二，它认为理论认识具有把握世界总体和终极存在的无限力量，在此意义上，康德又把理论理性称为"原理的能力"[②]，即能够获得最具普遍性和最高解释力的知识的能力。从古希腊哲学开始一直到黑格尔达到顶峰，对理论理性的推崇形成为根深蒂固的传统，海德格尔曾言，整部西方哲学史

---

① 康德：《纯粹理性批判》，华中师范大学出版社 2000 年版，第 6 页。
② 康德：《纯粹理性批判》，华中师范大学出版社 2000 年版，第 319 页。

在根本上就是"柏拉图主义"占据统治地位的历史，而"柏拉图主义"最根本观点就是对理论理性具有把握超感性实体的能力的迷恋，当柏拉图强调只有"理性灵魂"才能与"理念"同在，亚里士多德认为思辨理性代表着最高的德性，笛卡尔把"我思"主体作为其全部哲学的"阿基米德点"、黑格尔把"理性"视为"主体"和"绝对"的时候，所体现的都是这种理论理性至上的立场。

在国内辩证法研究中，上述理论理性的立场长期以来占据统治地位，这集中体现在两种最具代表性的辩证法的理解模式中。第一种模式可称为"客观主义模式"，它认为自在的、客观的物质世界的存在、运动和发展遵循着"辩证的法则"、具有辩证的本性，客观的、自在的辩证法则强制性地要求人们在主观的思维对它进行如实地再现和反映，于是便形成自觉的辩证法理论，它的典型表述是：所谓辩证法，"就是关于自然界、人类社会和思维的一般规律的科学"。对辩证法的理解方式第二种可称为"认识论模式"，它认为，辩证法所要处理的是思维与存在的矛盾，思维与存在这两个系列在本质上服从同样的规律，二者在自己的结果中不能互相矛盾，但二者在表现形态有着重大区别，前者是以一种自在的、客观的形式存在着"自在辩证法"，后者是以主观的、自觉的形态而存在着"自为辩证法"，辩证法就是通过发挥思维和概念的能动性，来把握存在的运动规律以实现思维与存在统一的学说，因此，辩证法就是认识论。"客观主义"模式的辩证法把辩证法理解为对包括自然、人类社会、思维在内的"世界总体"的规律的掌握，从而形成关于世界的普遍性原理，"认识论"模式的辩证法认为主观思维和理论认识能够通过概念的辩证运动，实现对存在的把握，从而实现思维与存在的统一，虽然在具体内涵上并不完全相同，但二者都赋予了理论思维以认识和把握世界总体和存在普遍规律的中心地位，都把辩证法视为一种关于认识和把握世界总体及其辩证规律的学说，区别仅在于前者强调理论思维所具有的"再现"与"反映"性质，后者所强调理论思维的"能动"和"创造"性质。因而，它们都是在理论哲学的思维范式里、理论理性的层面对辩证法所作出的阐释。

因此说，国内对辩证法的上述两种具有代表性的两种理解模式有着深厚的哲学史背景。在哲学史上，辩证法长期以来一直在上述理论理性的层面上获得自身的主题和内涵。柏拉图被认为是辩证法的真正创立者，黑格尔说道："在古代，柏拉图被称为辩证法的发明者。就其指在柏拉图哲学中，辩证法第一次以自由的科学的形式，亦即以客观的形式出现而言，这话的确是对的。"① 柏拉图的辩证法有两个突出特点，第一，在他那里，辩证法与存在论，即其"理念论"是内在地结合在一起的，辩证法所要做的乃是"不用眼睛和其他的感官，跟随着真理达到纯实在本身"，② 这就是说，辩证法在实质上就是关于"存在本身"的科学。其次，辩证法是与人的理性认识能力相对应的领域。柏拉图把人的认识能力从低向高区分为"想象"、"信念"、"理智"与"理性"四个层次，四者之中只有理性才完全以"存在本身"为目标，这是"逻各斯本身凭着辩证的力量而达到的那种知识"，③ 因此，"理性"的领域就是辩证法所特有的领域，它完全超越了感性世界而以超感性的理念世界为皈依，正如黑格尔所指出的那样："柏拉图的研究完全集中在纯粹思想里，对纯粹思想本身的考察他就叫辩证法。"④ 黑格尔被公认为传统辩证法的集大成者，他这样规定辩证法："思维自身的本性即是辩证法"⑤，"辩证法是现实世界中一切运动、一切生命，一切事业的推动原则"⑥。这清楚地告诉我们：他的概念辩证法所要解决的在根本上是"存在"或"本体"的问题，⑦ 在他这里，所谓"思想"不是康德意义上的主观思想，而是"思维与存在相统一"的"客观思想"，是作为一切感官对象内在本质的"客观理性"，"思想的真正客观性应该是：思想不仅是我们的思想，同时又是事物的自身，或对象性的东西的本质"。⑧ 黑格尔把"本体"即"客观精神""主体化"，赋予了其能动发展的本质，因此，世界本体是一个"客观理性"和"客观思想"不断分化和综合、不断自我矛盾和自我否定的"精神活动性"，因此，合理的"本体"

---

① 黑格尔：《小逻辑》，商务印书馆 1987 年版，第 178 页。
② 黑格尔：《小逻辑》，商务印书馆 1987 年版，306 页。
③ 柏拉图：《理想国》，商务印书馆 1994 年版，第 270 页。
④ 黑格尔：《哲学史讲演录》第 2 卷，商务印书馆 1983 年版，第 204 页。
⑤ 黑格尔：《小逻辑》，商务印书馆 1987 年版，第 81 页。
⑥ 黑格尔：《小逻辑》，商务印书馆 1987 年版，第 177 页。
⑦ 对此的详细讨论，参见拙作《辩证法的生存论基础》第 2 部分，中国人民大学出版社，2004 年版。
⑧ 黑格尔：《小逻辑》，商务印书馆 1987 年版，第 120 页。

观念只能是"辩证"的，辩证法就是合理的本体观念的展开，"本体"构成了辩证法的"体"，辩证法构成本体的"用"，二者须臾不可分离。可以清楚地看到，无论柏拉图还是黑格尔，都把辩证法视为运用哲学的理论思维把握世界的"最终实在"的学说，都体现着把理论理性绝对化和无限化的立场。

从哲学史上看，辩证法把理论理性绝对化与神圣化，其根本主题和目标是为了以一种理论的方式解决"有限的知性思维"规定与"无限的终极实在"之间这一哲学的重大矛盾。黑格尔明确指出，辩证法的对象是"自由、精神与上帝"，[①] 是"大全"，如"灵魂、世界、上帝，它们本身属于理性的理念，属于具体共相的思维范围的对象"，[②] 对于这一无限的终极实在，传统知性形而上学试图用有限的、孤立的思维规定去认识和把握，其特点"在于以抽象的有限的知性规定去把握理性的对象，并将抽象的同一性认作最高原则"，[③] 其结果必然陷入两极对立、非此即彼的独断论。因此，"有限"的知性思想规定与"无限"的形而上学实体之间存在着一种深层的矛盾。为了解决这一矛盾，黑格尔试图通过赋予"理性"以无条件的能动性与自由性，来超越和否定"有限知性规定"，以通达"无限"的"绝对"和"大全"。理性既包含知性，同时又超越知性，既包括有限，同时又超越有限，因而它是"有限"与"无限"的内在统一，各个环节的必然性与全体的自由性、有限的知性规定与无限的实体[④]的矛盾，在其中实现了辩证的和解。辩证法作为理性的自我意识，由此成为"关于理念或绝对的科学"。

这种对辩证法的理解所遇到的根本挑战就在于，它赖以成立的基本前提，即对理论理性的无限性信念是否具有充分的根据？在马克思之前，康德就曾通过"理性批判"，获得了这样的洞见：试图通过理论理性去获得关于存在本身的普遍性原理，实质上是把"有限"当成了"无限"，其结果必然导致"先验幻象"和自相矛盾。在此意义上，康德把理论理性意义

---

① 黑格尔：《小逻辑》，商务印书馆 1987 年版，第 47 页。
② 黑格尔：《小逻辑》，商务印书馆 1987 年版，第 99 页。
③ 黑格尔：《小逻辑》，商务印书馆 1987 年版，第 109 页。
④ 黑格尔：《小逻辑》，商务印书馆 1987 年版，第 56 页。

上的辩证法称为"幻象的逻辑",认为要避免这种"幻象的逻辑",就必须通过对纯粹理论理性的批判,自觉意识到有限度与范围,防止其僭越,并承认实践理性相对于理论理性的优先地位,自觉到"自在之物"不应是理论理性的对象,而是实践理性的对象。

但康德所说的实践主要局限于"道德实践",因此他虽然强调实践理性优先于理论理性,但并没有真正能够实现从理论哲学向实践哲学的转向。在马克思看来,实践不仅是一个道德活动,它在根本上是人的一种本源性的存在与活动方式:从人与世界的关系角度看,实践活动作为人对象性的感性活动,体现和构成了人与世界本体性的原初关系,拥有着优先于人与世界的抽象认知关系的基础性地位;从"世界"之为"世界"的角度看,实践作为人"本源性"性的生命存在和活动方式,构成了人生存于其中的本源性的现实生活世界的"奥秘"和深层根据;从"人的存在"角度看,实践作为人"本源性"的生命存在和活动方式,意指它是人所"特有"的生存方式,它表明人是世间唯一感性的、对象性的存在物,人是感性地和实践性地确证和展现自身的存在过程的,这是人的生命存在区别于动物最本源性的分界点,因而也构成了人之为人的"奥秘"和深层根据。①

马克思实践观点意味着,在理论理性与实践理性、理论与实践的关系中,前者具有有限性与非根源性,后者构成了前者的本源性的尘世根基和现实基础,与前者相比,它是无限的、整体性的、大全性的,对于前者具有奠基性作用。因此,任何有限的理论都不能以这一"无限总体"为对象,达到对它的终极的、彻底的把握。关于生活实践这一"无限的总体",任何一种理论都不能获得一劳永逸的把握,如果企图从有限的理论出发,以"无限的总体"为认识对象,去实现对它的"总体性"规定,那么,就必然产生康德所批判的"先验幻象"和自相矛盾。

马克思的实践观点充分表明:任何理论,包括辩证法理论在内,都无法凌驾于生活实践之上去获得关于"绝对"和"存在本身"的最高知识。即使像黑格尔辩证法那样通过揭示一切知性概念的内在矛盾、通过概念的内在矛盾来推动概念的自我超越,最终达到"绝对"的努力,由于它所采

---

① 对此的详细讨论,参见贺来:《辩证法的生存论基础》,中国人民大学出版社 2004 年版,第 2 部分。

取的终究是一种"理论逻辑"的方式，因而不可避免地仍是一种"有限"的立场。因此，"有限"的辩证法"理论"是无法获得关于"绝对"的终极知识的，"终极实在"或"绝对实体"不是任何一种理论，包括辩证法理论的对象。这是理论理性层面的辩证法不可克服的内在困境。

那么，如何才能克服这一内在困境？这是事关辩证法理论命运的性命悠关的课题。

在我们看来，要克服这一内在困境，至为关键的是推动辩证法从理论理性向实践理性的转向。只有实现这一转向，我们才能理解马克思辩证法在辩证法历史上所实现的理论变革，才能从一个新的原则高度来理解马克思辩证法的深层理论本性。

二、作为理论理性的辩证法与"幻象逻辑"

（一）理论理性层面辩证法的困境：康德对"幻象逻辑"的批判

要实现辩证法从理论理性层面向实践理性层面的转向，首先必须对理论理性层面的辩证法及其深层困境进行深入反思。从理论理性的层面理解辩证法，表明辩证法始终在以一种"理论哲学"的理路设定自己的问题意识并寻求对此问题的解决。这一"问题意识"，按照康德在《纯粹理性批判》第一版序言的概括，就是试图"不依靠经验而独立去求得一切知识"[①]，即试图通过纯粹理性去求得"无条件东西"的知识。遵循这种问题意识和思想理路，所面临的一个绕不过的挑战便是康德对辩证法作为"幻象逻辑"的分析与批评。认真对待并重新思考康德对辩证法作为幻象逻辑的反省，对于我们今天深入理解传统辩证法理论的深层缺陷及思考辩证法的未来发展，是一个具有重大理论价值的课题。

按照人们十分熟悉的观点，康德对于辩证法作为"幻象逻辑"的指控完全是因为康德对理性力量的不自信、对"矛盾"作为精神本性及其推动力量的无知所造成的，它体现了康德哲学中知性思维对辩证思维的优势地位，这一缺陷后来被伟大的辩证法家黑格尔所超越与克服。事实上，这种

---

① 康德：《纯粹理性批判》，第 6 页。

观点所体现的是人们受长期以来关于哲学发展历史，尤其对德国古典哲学"内在逻辑进程"的教条的影响而形成的成见，尤其体现的是对黑格尔辩证法的基本信念和前提不加反省的接受和屈从。事实上，中外已有许多深刻的学者指出，黑格尔对康德的批判，在许多地方是黑格尔从自己的理论信念出发，离开康德特殊的问题意识和思想关怀对康德所进行的一种强制和武断性的阐发与曲解。

众所周知，辩证法肇始于古希腊哲学家，无论人们把辩证法之父的称谓归于苏格拉底或柏拉图，或者赫拉克利特。在古希腊哲学以后，"辩证法"除了在中世纪经院哲学中作为论证"上帝存在"的逻辑方法与论证技术，即作为所谓"经院辩证法"继续存在并产生较大影响之外，一直很少被人提起，更少作为一个专门的研究领域或对象得到哲学家们的重视。辩证法作为一个重要的问题在近代重新引起人们的重视，康德起了关键性的作用。

康德系统地提及"辩证法"是在《纯粹理性批判》的第二部分"先验逻辑"的导言的第三节"普通逻辑之划分为分析论与辩证论"，在此处，康德主要是在"普通逻辑"的意义上讨论"辩证法"。这里的"普通逻辑"，所指的即是"形式逻辑"，其目的仅在于阐明"知性普遍而必然的规则"，它所关注的是知识的"除去一切内容"的"纯然形式"，它所遵循的最基本逻辑规则是"不矛盾律"①。"把知性和理性和全部形式历程分解为诸要素，而且把这些要素展示出来作为我们知识的一切逻辑性检查的原理"，"普通逻辑"的这部分内容被康德称为"普通逻辑的分析论"，其功能在于检查知识是否合乎形式上的逻辑要求，是否违背"形式逻辑"的规律与要求，康德指出，它只是"真理的消极的检查方法"，而不能对真理提供实质性的内容："既然知识的纯然形式无论和逻辑规律如何完全一致，也远远不足以确定知识的质料的（客观的）真理，那么就没有人敢于只靠逻辑之助而作出关于对象的判断，或者做出任何的肯定"，② 在此意义上，普通逻辑的分析论是关于知识的"知性形式"的理论。但是，人们经常不满足于普通逻辑这种"形式"性质，试图用这种"形式逻辑"去作为发现

① 康德：《纯粹理性批判》，第97页。
② 康德：《纯粹理性批判》，第98页。

真理、推广和扩大知识的工具，这种对普通逻辑的错用，康德就称为"辩证术"："这门只是判断法则的普通逻辑就被用作似乎为一种工具以产生至少好像是客观肯定的东西，这样一来，就把普通逻辑错用了。当普通逻辑像这样作为一种工具时，它就称为辩证术"，① 其特点在于"模仿逻辑所规定的按一定方法所得到的彻底性，以及用逻辑的'辩论常识'来掩盖其主张的空洞性"，② 它"用某种貌似有理的话来坚持任何可能的主张，或者如果我们愿意的话，又来抨击任何可能的主张"，因而它实质上是一种"诡辩的技术"。

康德认为，上述对"辩证法"的这种理解只是在"形式"的层面对普通逻辑的运用，这是"与哲学的尊严完全不相称的"。他给自己提出的任务是在另一种意义上来理解和对待"辩证法"：即把它作为"辩证的幻象之一种批判"归入"先验逻辑"。

"先验逻辑"是一种与一般的"普通逻辑"有着根本区别的新型逻辑。如果普通逻辑抽象了知性的一切内容，即抽掉了知识对于对象的一切关系，而只考虑任何知识对其他知识的关系中的逻辑形式，但"先验逻辑"是一种关于知识的内容的逻辑，康德这样概括道："确定这种知识的起源、范围与客观有效性的这种科学就称为先验逻辑，因为它不同于和理性的经验性知识以及纯粹的知识无区别地打交道的普通逻辑，而单在知性和理性的规律验前地与对象相关的限度内，从事于这种规律的研究"，"普通逻辑抽掉知性的一切内容，也即不涉及知识对客体的一切关系，而只考虑任何知识对其他知识关系中的逻辑形式，也就是说，普通逻辑研究一般思维形式。但是，如先验感性论所说，既然有纯粹的直观和经验性的直观，所以也同样可以分清关于对象的纯粹思想与其经验性思想之间的区别。这样一来，就应该有一种我们在其里面不抽掉知识内容的逻辑。这另一种逻辑所包括的只是关于对象的纯粹思想的一些规则，而所排斥的只是经验性内容的那些知识的方式。它还要研究我们所由以认知对象的各种方式的根源"。③ 在康德看来，并非任何一种验前知识都有资格称为"先验"的，只

① 康德：《纯粹理性批判》，第98页。
② 康德：《纯粹理性批判》，第99页。
③ 康德：《纯粹理性批判》，第95页。

有"我们借以知道某些表象（直观或概念）只能在验前使用或者在验前成为可能、而且又知道何以是这样的，这种验前知识才称为先验的知识"，①因此，先验逻辑之区别于普通逻辑，在于：第一，它不是如后者那样完全不涉及认识对象，而是必定要涉及认识对象；第二，它所考察的是关于认识对象的纯粹的普遍性思想；第三，它并非一般性地考察关于认识对象的纯粹普遍性思想，而是以阐明这种普遍性思想的起源、范围及其客观有效性。

在康德看来，上述"先验逻辑"划分为"先验分析论"与"先验辩证论"两个部分。"先验分析论"要"处理知性所产生的'纯粹知识的各要素'以及'没有它们，对象就不能被思维'的那些原理的这部分"，这种意义上的"先验逻辑"乃是"真理的逻辑"，因为凡与此种逻辑相矛盾的知识，意味着丧失它对于一切对象的关系，而丧失与对象的关系，也就意味着丧失了认识的"内容"和"真理"。就此而言，"先验分析论"所要探讨的是知性、直观以及二者的关系，通过这种探讨，揭示知识的客观性及其真理性。但是，由于"有很大的诱惑来单独地使用知性知识的这种纯粹方法和这些原理、乃至在经验的限度以外来使用它们（只有经验才能产生那些知性的纯粹概念所能适用的质料即对象），于是就使知性冒险在合理性的幌子下把知性的纯粹而仅是形式上的原理作实质上的使用，且不分皂白地对于对象进行判断——对于没有对我们被给予出来的对象、甚至绝不能被给予出来的对象进行判断"，②在此情况下，如果"援用它作为知性的一般的而毫无限制的一种应有工具，并大胆地单独以纯粹知性对于一般对象进行综合判断，作出肯定且加以决定，那就是错用了先验分析论"，③对纯粹知性的这种错用，康德用"辩证幻象"来予以概括，在此意义上，所谓"先验辩证论"就是对纯粹知性的错用及由此所造成的"辩证幻象"的批判。如果"先验分析论"是关于真理的逻辑，那么，"先验辩证论"则是"对知性和理性在其超经验的使用上的一种批判，为的是要暴露那些毫无根据的主张的虚伪的荒诞性，而不过是以纯粹知性的批判来代替单纯用

---

① 康德：《纯粹理性批判》，第 95 页。
② 康德：《纯粹理性批判》，第 100 页。
③ 康德：《纯粹理性批判》，第 100 页

先验原理来发现知识和扩张知识的夸大要求，来防御知性以免受骗于诡辩的幻象"。①

"先验幻象"作为一种"幻象"，它与其他幻象不同。它不是由于"手艺不精"、"知识不足"而造成的，也不是某些心怀不轨之人有意编造出来淆乱人心的结果，而是人的理性的一种本性或必然倾向所带来的。如果说知性是一种"规则的能力"，那么，理性则为"原理的能力"，它与知性以规则为中介去统一现象的性质不同，其旨趣在于把"理性看做在原理之下获得知性的规则的统一性之一种能力。据此，理性就绝不直接致力于经验或任何对象，而是致力于知性，为的是通过概念而给知性的杂多知识以一种验前的统一性，这种统一性可以称为'理性的统一性'"，② 这也是说，理性的根本功能是寻求绝对的"无条件者"，以这种"无条件者"为根据，来实现知性知识的统一性。这种"无条件者"包括"我思主体"、"世界总体"与"上帝"三者，康德把它们称为"纯粹理性的概念"，或者"先验理念"。这种"先验理念"是纯粹理性的一种具有必然性的概念，"它们都是纯粹理性的概念，因为它们把一切在经验中所得的知识都视为通过条件的一种绝对全体而被确定的。它们不是被人任意捏造的；它们是理性自身的本性所给予我们，因而就与知性的全部使用处在必然的关系之中"。③ 因此，它是人的理性难以避免的必然倾向。

"难以避免的必然倾向"并不意味着其具有真理性，相反，它们显示出的是"理性自身的诡辩"。因此，批判哲学的一个重要任务就是纠正与防止这种诡辩，提醒人们对这种难以避免的自然倾向保持充分的自觉。正是在此意义上，康德分别对自我、世界总体和上帝这三大纯粹理性的先验理念进行了专门的批判，揭示了其内在错谬。"我思主体"的错误属于理性心理学，这一辩证幻象"是从理性的一种理念——即纯粹理智这种理念——与一个一般能思维的存在者这个完全未确定的概念相混淆而发生的。我由于一种可能的经验而思想到自己，但同时却又抽掉一切现实的经验；从而我就得出结论说，我甚至离开经验及其经验性条件，也能意识到我的

① 康德：《纯粹理性批判》，第 101 页。
② 康德：《纯粹理性批判》，第 321 页。
③ 康德：《纯粹理性批判》，第 338 页。

存在。这样做时，我就把'抽掉我在经验上所确定的存在'这种可能的抽象和'我的能思维的自我的可能的单独存在'这种假定的意识混淆起来了，于是我就相信我知道在我里面的是实体性的东西就是先验的主体了"，① 事实上，"我思主体"根本不是人的知识所把握的对象，相反，它毋宁说是人的知识的界限，试图以一种对象化的方式去获得关于"我思主体"的知识，等于把我思主体视为经验性的、机械性的、现成的存在者，然而，"我思主体"作为"主体"的特质，恰恰在于它从机械性和经验性的现象世界中提升和超拔出来，作为先验的人之外的一切客观事物的绝对能动性、自发性活动而存在，它构成为一切经验对象之所以可能的逻辑前提，发挥对一切经验对象的能动的综合统一作用，因此，把"我思主体"当做一个现成的、可以用知性范畴去把握的对象，等于把它锁闭在一个经验的、机械的自然世界中而失去了作为认识能动性的源头和发动者的地位。"世界总体"的错误属于先验宇宙论，这一辩证幻象的根源就在于"理性在经验性综合的不断推进中，想要脱离一切条件的束缚，而且在其无条件的总体上去领会那'按照经验的规则，除了作为受条件限制的东西之外绝不能得到确定的'东西'，它就必然到达这些理念"，② 它把"被制约者和制约者之间的联结（这种联结可以是数学的，也可以是力学的）扩大到经验永远追不上的程度，因此在这一点上它永远是一个理念，这个理念的对象永远不能在任何经验里相应地表现出来"，③ 这即是说，作为"世界总体"所说的"世界"是指"一切存在事物的绝对整体"，而对于这一"绝对整体"，由于它完全超越经验因而不是知性概念所把握的对象，如果以知性概念来对它进行把握，必然会陷入"二律背反"的自相矛盾之中，康德对宇宙论理念所导致的四种二律背反进行了著名的辨析与探讨，并指出："当理性一方面根据一个普遍所承认的原则得出一个论断，另外一方面根据另外一个也是普遍所承认的原则，以最准确的推断得出一个恰好相反的论断，只有在这样的情况下，理性才迫不得已泄露了自己的隐蔽的辩

---

① 康德：《纯粹理性批判》，第 404 页。
② 康德：《纯粹理性批判》，第 449 页。
③ 康德：《未来形而上学导论》，商务印书馆 1978 年版，第 119 页。

证法，而这种辩证法是被当做教条主义拿出来的"，① 康德把宇宙学的理念视为纯粹理性的超验使用上最引人注目的现象，认为这一现象最有力地把哲学从教条主义的迷梦中唤醒出来，"并且促使它去从事于一种艰难的事业：对理性本身进行批判"。② "上帝"的理念属于"理性神学"，理性为了获得对知性概念的充分规定的充分根据，迫切需要假定一种先验的理想，只有以这种超验理想作为绝对必然性的根据，才能为经验知识确立终极的基础。这种先验理想就是"神"或"上帝"。康德分别对哲学史上曾经流行的上帝的三种证明方式，即上帝的宇宙论证明、上帝的自然神论证明、上帝的本体论证明进行了批判性的分析，指出，对上帝存在唯一合理的证明方式只能是"道德神学"的，上帝存在的唯一根据是道德律，在思辨理性的领域里，用理论思辨的方式去建立神学，必然是失败的。

通过如上批判，康德得出这样的结论："纯粹理性的一切辩证尝试的结论不但证实了我们在先验分析论中所已经证明的，即自以为引导我们超出可能经验范围以外的我们所有那些结论，都是骗人而毫无根据的；它并且同时也以这种教训来教导我们说，人类理性有一种想要超过这些界限的自然倾向，并且先验理念对于理性正如范畴对于知性的一样是自然的"。③ 为此，就必须通过揭露超验判断的幻象，警示我们，使我们留心不为它所欺骗。

以上便是康德对"辩证幻象"所作批判的基本思路与内容。从上述讨论可以看出，康德对辩证法的态度是消极的，在他看来，辩证法与"先验幻象"几乎具有同样的意义，他明确说道："我们曾称一般的辩证法为幻象的逻辑。这并不是说它是一种盖然性的知识；所以这样的知识不应与逻辑的分析部分分开。我们更没有什么正当的理由把出现与幻象看做是同一的"，④ 因此，辩证法就是一种具有必然性的"幻觉的逻辑"。

（二）从理论理性走向实践理性：康德"幻象逻辑"批判的启示

那么，辩证法作为"幻觉的逻辑"的深层根源究竟是什么呢？康德认

---

① 康德：《未来形而上学导论》，商务印书馆1978年版，第124页。
② 康德：《未来形而上学导论》，第119页。
③ 康德：《纯粹理性批判》，第564页。
④ 康德：《纯粹理性批判》，第315页。

为，这其中最根本的原因就在于它混淆了"范畴"与"理念"的根本区别。康德这样说道："把理念（即纯粹理性概念）同（即纯粹理智概念）区别开来作为在种类上、来源上和使用上完全不同的知识，这对于建立一种应该包括所有这些先天知识的体系的科学来说是十分重要的。没有这种区别，形而上学就完全不可能，或者充其量只能说是拼凑，……如果说《纯粹理性批判》不过是第一次指明了这种区别的话，那末正是这一点，它在形而上学领域里，在澄清我们概念和指导我们的研究上，已经做了许多贡献。"① 在康德看来，范畴总是处于与经验的关系之中，离开经验，范畴将成为空洞的无，而理念则要摆脱任何条件的束缚，去达到"条件的绝对整体"，这一点是有限的、条件性的知性范畴所无法企及的。试图以知性范畴去把握无条件的主体，必然会导致"辩证幻象"。换言之，范畴在与经验的关联中获得其客观性，因此其运用法则是一种客观规则，但理性的理念所代表的是一种主观的法则，因为理性在运用这些规则进行统一活动时，它不与任何经验对象发生关联，它只是指向一种对诸条件进行综合的"绝对总体"，因此，理性的运用规则，即把理性理念运用于对知性运用的统一只是一种主观的必然性，辩证幻象的根源就是把"主观的必然性"当成了"客观的必然性"，对此，康德说道："我们的理性（主观上视为人类知识的一种能力）的使用，有一些基本的规则与准则，而这些规则与准则具有客观原则的外形，因而我们就把那本来有利于我们知性的那些概念联系的主观必然性，当做了确定物之在其本身的客观必然性。"② "幻觉逻辑"的产生根源，一言以蔽之，就是以有限当无限，以主观当客观，就是知性与理性的、理论与实践的错位。

从康德上述对"辩证幻象"所作的批判性分析出发，我们可以清楚地看到，康德已经明确地指出，理性所追求的"无条件的总体"或"理念"不应该是"理论哲学"的任务，而应属于"实践哲学"的领域，是实践理性的对象，以理论的方式，以逻辑范畴工具，来把握"无条件总体"，乃是理性的僭妄与越界，而在实践领域，"理念"超越了一切对象的限制而真正获得了无条件的自由本性。

---

① 康德：《未来形而上学导论》，第 105—106 页。
② 康德：《纯粹理性批判》，第 317 页。

在康德看来，"理念"不是任何知识的对象，因为对于"无条件的总体"，是不可能在直观中被给予的，因此，在知识领域，它不具有现实性。但这并不意味着理念本身是无意义的和虚构的，相反，它具有必然性与必要性，不过这种必然性与必要性不存在于知识领域，而是存在于实践领域。如前所述，理性及其"理念"的一个根本特性是"无条件性"，而实践领域正是这样一个"无条件"的领域。在实践领域，人不是一个"静思"、"凝视"的存在者，而是一个完全从自身出发、以自身为根据和原因而采取行动的存在者，也就是说，人能够超越对象的诱惑和束缚，服从于自身所颁发的命令，而听从自身的命运而行动，理性超越了知识领域的"必然性"而成为了一个"自由"的原因，它不以其他任何事物为原因，而完全以自身为原因。这就意味着，在实践领域，理性及其理念真正具有了"自由"的本性。所谓"自由"，按照康德的说法，就是"有力量来越过一切特定的限度的"本性，① 在实践中，理念穿透一切限制，成为无限和超越的存在。

众所周知，康德所说的实践领域，所指的是区别于知识领域的道德领域。康德强调理念在实践领域的自由性与无限性，实质是在强调道德世界不同于知识世界的独特本性。确实，在知识世界，理念由于其无法被直观因而不具有现实性，但在道德世界，理念是推动、保证人的道德价值及其实现的基础与标准。正如前面所指出的，在理性的理论运用中，我们必须依赖经验，离开经验，无法形成关于知识的真理，但道德法则的根据不能到经验中寻找，相反，只有超越经验对象的限制，才能确立道德法则的根据。康德认为，"这正好就是使人超越自己（作为感觉世界的一部分）的东西，就是将他与只有知性才能思想的事物秩序联结起来的东西，而这种秩序同时凌驾于整个感觉世界之上，凌驾那与感觉世界一起可以在时间里被经验地决定的人的此在以及所有目的的整体（只有它才切合于作为道德法则的无条件的实践法则）之上。它不是任何别的东西，只是人格而已，亦即超脱了整个自然的机械作用的自由和独立性，而这种自由与独立性同时还被看做是存在者委身于特殊的、即由他自己的理性所给予的纯粹

---

① 康德：《纯粹理性批判》，第 332 页。

实践法则的能力，于是，属于感觉世界的个人在同时属于理智世界的情况下，委质于他自己的人格"，因此，道德法则的根据是"自由"，而非"必然"。正是以自由为根据，人们才确立起道德法则，因此，服从道德法则，也就是服从于人的自由本性。超越经验世界中感性事物的诱惑和束缚，跨越已有的界限，去追求理念这一"无条件的总体"所提示的"至善"方向，使道德法则的力量在人不断自我改善、自我提升的实践中得到体现。

这表明，康德已经十分自觉地认识到，对于形而上学的对象，即自我、世界总体与上帝，理论哲学的方式是无法进行把握的，或者说它们根本不是理论哲学的任务。企图以一种理论哲学的方式去把握"无条件的总体"，必然导致不可克服的内在困境，这种困境实质上也就是辩证法的困境。纯粹理性批判的根本目的就是要警惕和防止这种困境："我们已经不只勘查过纯粹知性的疆土，小心调查过它的每一部分，而且还测量过它的范围，使它里面的一切都各归其应有的地位了。这个领土是一个海岛，自然把它包围在不可移动的界限里。它是真理的故乡——好一个迷人的名称！——周围是广阔无边、波涛汹涌的海洋，即幻想的本土，其中无数蜃楼海市，作为迷人的海岸出现，在诱惑冒险的航海家，虽然终都成为空想，但总是叫他们从事于欲罢不能、仰之弥高的事业。"① 理论哲学和理论理性对"理念"的探寻，犹如冒险的航海家对于海市蜃楼的追逐，必然是毫无结果并面临灭顶之灾的危险。因此，要摆脱辩证法的困境，就必须自觉到理论理性与理论哲学的有限性与边界，放弃理论理性不切实际的奢望而改变思想的方向，从实践哲学的视野里去重新寻求与确立形而上学对象的存在合法性。康德说得很清楚："虽然我们所打算的是建筑一座参天的高塔，但是材料的供应只足以营造一所住宅，其宽敞恰恰只够我们在经验水平上的事业的需要，而其高度足以让我们去瞭望经验。所以我们原来计划的大胆事业，由于材料的缺乏，就不得不失败，——更不必说使人类语言混乱的巴比伦高塔了"。② 放弃不切实际的希望，从理论哲学转向实践哲学，去重思"无条件总体"的深层内涵与存在根据，是消解"辩证幻象"的根本途径。

---

① 康德：《纯粹理性批判》，第273页。
② 康德：《纯粹理性批判》，第607页。

康德对"辩证幻象"的上述批判是十分深刻的，它在根本上向我们提出了这样尖锐的问题：在理论哲学的视野中，从理论理性的意义上，辩证法是否有存在的空间和合法性？康德作出了明确的否定的回答，并指出克服这一幻象的出路，即从"理论哲学"走向"实践哲学"，从"理论理性"走向"实践理性"。我们认为，康德的这一思路为我们反思辩证法的命运与合理形态提供了深刻的启发。它逼迫我们反思：

第一，辩证法何以会成为一种幻象？如何防范与避免辩证法陷入"幻象逻辑"的泥淖？

第二，辩证法作为真理的逻辑，其真实的内容和领域究竟应该是什么？应该从何种思想视野出发去理解辩证法的思想本性与理论内涵？

对于这些问题，康德的思考凸显出了一条超越理论哲学并通向实践哲学的理路。虽然康德本人对于辩证法的这一理路并没有进行直接具体的系统阐发，但它为超越辩证法的理论哲学范式和克服辩证法的形而上学思想框架，提供了十分丰富与深具启示力的思想资源。可惜的是，康德所开辟的这一思想理路在后来者对辩证法的理解中并没有得到应有的重视，相反，这方面的思考反而被当做负面的、消极的东西弃之一旁，人们无视康德的这种批判，仍然在康德所批判的"幻象逻辑"的意义上理解和接受辩证法，康德所奋力解构的那种辩证法的理论哲学理解范式反而占据了上风并掩盖了康德在此问题上的深刻洞见。这方面最大的代表无疑是黑格尔。

三、克服黑格尔思辨辩证法的深层矛盾
与辩证法实践理性的确立

（一）理论哲学的基本立场与黑格尔对康德的曲解

黑格尔无疑是哲学史上杰出的辩证法大师。但我们认为，在黑格尔的辩证法中，存在着深刻的内在矛盾。我们曾经从与黑格尔辩证法与形而上学理论传统之间关系的角度考察了其理论特点与内在困境。[①] 进一步深入考察，我们认为，黑格尔辩证法与形而上学的纠缠实质上体现着理论哲学

---

① 参见贺来：《辩证法的生存论基础》，中国人民大学出版社 2004 年版，第二章的有关论述。

与实践哲学的纠缠。黑格尔并没有认真对待、真正理解与吸收上述康德哲学中深具启发性的思想内涵，反而以一种纯粹思辨的、理论哲学的眼光扭转了康德哲学中所包含的实践哲学取向，使辩证法重新回到了康德试图避免和禁止的思辨理性的立场上。这并不意味着黑格尔哲学中没有实践哲学的思想，相反，在其中包含着十分丰富的实践哲学内涵，但在基本的致思路向与解释原则上，由于黑格尔所坚持的理论哲学立场，使得这种实践哲学内涵难以得到彻底与完整的体现，理论哲学的解释原则与实践哲学的内涵在黑格尔的辩证法中纠缠在一起并相互冲突，从而使得克服与超越这种纠缠成为辩证法理论进一步推进的重大课题。

黑格尔在其著作中，始终把康德作为一个重要的理论对手，对其进行了多方面的批判。概括而言，他对康德的批判主要集中在如下方面：

第一，对康德"先验方法"的批判。在黑格尔看来，康德的"纯粹思辨理性批判"是一种偶然的武断与无凭的假说，黑格尔指出："康德的批判哲学的主要观点，即在于教人在进行探究上帝以及事物的本质等问题之前，先对于认识能力本身，作一番考察工夫，看人是否有达到此种知识的能力。他指出，人们在进行工作以前，必须对于用来工作的工具，先行认识，假如工具不完善，则一切工作，将归徒劳。——康德的这种思想看来异常可取，曾经引起很大的惊佩和赞同。但结果使得认识活动将探讨对象，把握对象的兴趣，转向其自身，转向着认识的形式方面。……但要想执行考察认识的工作，却只有在认识的活动过程中才可进行。……想要认识于人们进行认识之前，其可笑实无异于学究的聪明办法，在没有学会游泳以前，切勿冒险下水"①。在黑格尔看来，在此方面，康德有几个方面的根本错误：第一，由于这种"先验批判"的思想方法，使得哲学从对"对象"探讨转向对"形式"的关注，从而使哲学陷入了"形式主义"；第二，"先验批判"方法使得康德陷入了脱离内容本身的自我缠绕，沦为无益于内容本身进展的外在的工具主义。在黑格尔看来，"必然把思维形式的活动和对于思维形式的批判在认识的过程中结合起来……思维形式既是对象，又是对象自身的活动——思维形式既是对象，又是对象本身的活

---

① 黑格尔：《小逻辑》，第49—50页。

动，——思维形式自己考察自己，必须由它自身去规定自己的限度，并揭示自身的缺陷。这种思想活动便叫做'辩证法'……矛盾发展并不是从外面加给思维范畴的，而毋宁是即内在于思维范畴本身内"。① 因此，康德对纯粹理论理性所进行的批判是无效的。

第二，对康德"现象－物自体"理论的批判。黑格尔坚决反对康德对现象与物自体之间所作的根本性区分，认为这种区分有两个根本性的错误。第一个错误就是这种区分中所体现的主观主义立场，黑格尔认为，康德"只理解到现象的主观意义，于现象之外去坚持着一个抽象的本质、认识所达不到达到的物自身。殊不知直接的对象世界之所以只能是现象，是由于它自己的本性有以使然，当我们认识了现象时，我们因而同时即认识了本质，因为本质并不存留于现象之后或现象之外，而正由于把世界降低到仅仅的现象的地位，从而表现其为本质"，② 康德把现象仅仅视为主观的，而不是把现象视为与实体内在统一起来的客观性质。其次，黑格尔反对康德在此问题上的"不可知论"立场，他认为康德放弃了"理性的无条件性"，而事实上，"理性之能为无条件的，只能由于理性不是为外来的异己的内容所决定，而是自己决定自己的，因此，在它的内容中即是在它自己本身内"。③ 以"无条件的理性"为根据，黑格尔要把被康德"分裂"的各原则统摄为理性辩证运动的各个环节，建立起"具体的精神的统一体"。④ 这一"具体的精神的统一性"就是"绝对"，"绝对"意味着"无对"，在"辩证运动"中，它消融与同化了一切矛盾和对立，实现了必然与自由、思维与存在、科学与道德、理性与现实、真与善、理论与实践等的终极和解与统一，站在这种立场上，黑格尔批评康德停留于"有限性"而不知"无限"："当一个人只消意识到或感觉到他的限制或缺陷时，同时他便已经超出他的限制或缺陷了"，⑤ 康德把现象与本质二元对立起来，其实是一种"低于动物"的观点："连动物也不会像这种形而上学家那么愚

---

① 黑格尔：《小逻辑》，第 118 页。
② 黑格尔：《小逻辑》，第 276 页。
③ 黑格尔：《小逻辑》，第 142 页。
④ 黑格尔：《小逻辑》，第 8 页。
⑤ 黑格尔：《小逻辑》，第 148 页。

蠢，因为动物会扑向事物，捕捉它们，抓住它们，把它们吞食掉"，① 因而把现象与本质二元对立起来，实际上一种软弱与无能的表现，因此，康德在"物自身"上的不可知论表明他失去了"追求真理的勇气"，丧失了对"精神力量"的信念，而事实上，"精神的伟大和力量是不可以低估和小视的。那隐蔽着的宇宙本质自身并没有力量足以抗拒求知的勇气。对于勇毅的求知者，它只能揭开它的秘密，将它的财富和奥秘公开给他，让他享受"。②

第三，对康德关于"矛盾"观点的批判。黑格尔同意康德关于理性在把握"无条件总体"时必然陷入矛盾的观点，但他不同意康德在此问题上的消极态度，与康德不同，黑格尔认为，矛盾正是事物的本性和事物本身发展的动力源泉，认识、承认与把握矛盾，正是哲学的重要任务："认识矛盾并且认识对象的这种矛盾特性就是哲学思考的本质"。③ 与此不同，康德的基本立场是"出于对世界事物的一种温情主义。他似乎认为世界的本质是不应具有矛盾的污点的，只好把矛盾归于思维着的理性，或心灵的本质"④，他看到了矛盾，却"仅停滞在物自体不可知性的消极结果里，而没有进一步达到对理性矛盾有真正积极的意义的知识"⑤，在此意义上，康德试图通过揭示理性把握"无条件总体"必然陷入矛盾来否定理性的力量、否定矛盾的积极意义的做法，只不过是进一步印证和强化了其"不可知论"的立场。

与对康德上述多方面的苛责不同，黑格尔对费希特的知识学给予了高得多的评价。他认为费希特超出康德的地方在于他试图克服康德的"二元论"与"不可知论"，从"我思"中辩证地推演出逻辑范畴系统，从而以此来消解康德所坚持的"现象"与"物自体"的二分，黑格尔说："在康德哲学里，思维作为自身规定的原则，只是形式地建立起来的，至于思维如何自身规定，自身规定到什么程度，康德并无详细指示。这是费希特才

---

① 黑格尔：《自然哲学》，商务印书馆 1986 年版，第 13 页。
② 黑格尔：《小逻辑》，第 36 页。
③ 黑格尔：《小逻辑》，第 132 页。
④ 黑格尔：《小逻辑》，第 131 页。
⑤ 黑格尔：《小逻辑》，第 133 页。

首先发现这种欠缺，并宣扬有推演范畴的需要"①，因此，尽管黑格尔对费希特从自我出发的主观主义立场仍颇有微辞，但他认为费希特从自我能动性与创造性出发建立知识学原理的做法无疑要高于康德。

以上，我们简要讨论了黑格尔对于康德的批评。从这些讨论我们可以清楚地看出，这些批评都源于一个基本的、根深蒂固的出发点，那就是对康德"不可知论"的坚决拒斥和对"绝对知识"的坚定信念，这实际上也就是说，黑格尔完全是站在理论哲学的立场来进行这种批判的。而这种立场，正如我们前面对康德的专门探讨已经论证的，与康德哲学中所包含的实践哲学意向是正相违背的。这表明，黑格尔完全囿于自己的哲学立场来批判康德，这种立场与康德本人的哲学理想存在着重大的、原则性的不同。由于这种不同，黑格尔对康德的批判并非"内在的"批判，而是一种"外在的"批判。它反映的是黑格尔本人的哲学信念与哲学理想。因此，黑格尔哲学对康德的批判并非如流俗的见解所主张的那样是对康德哲学的超越，从康德到黑格尔也并非流俗所理解的那样经费希特、谢林是一个内在的、具有逻辑必然性的进程，而是反映了理论哲学与实践哲学这两种哲学信念、两种哲学原则的重大差别，这种批判与其说黑格尔是对康德的超越，不如说是立足于自身立场和理论原则出发对康德哲学所作的"为我所用"的解读和阐释。

如果承认这一点，那么，我们回过头反思黑格尔对康德的上述三个方面的批评，就可以看到，这种批判所表现的都是黑格尔个人的立场，因而不可避免地包含着对康德的曲解。

在第一方面，黑格尔对康德"先验方法"的方法的批评，是一种远离康德本人的哲学问题意识与理论追求的外在批判。康德的本意是通过对思辨理性的批判，划定其范围，揭示其限度，避免先验幻象，从而为实践哲学开辟空间。因此，黑格尔认为康德的先验批判是不下水而想学会游泳的做法，实质上是一种不着边际的批评。因为康德的意图并不是"下水游泳"，而是对"下水游泳"的前提，即数学、自然科学与形而上学何以可能、先天综合判断何以可能进行追问，通过这种追问，厘清知识的来源、

---

① 黑格尔：《小逻辑》，第 151 页。

范围与限度，并因此为实践哲学的优先性提供和开辟思想空间，用齐良骥先生的话来说就是：康德"根据人们几千年'下水游泳'的实际经历，进行有关'游泳'的总结性考察，这种做法本身是实事求是的，有什么可以非议的呢？"① 黑格尔的批评完全建立在把理论哲学与思辨哲学视为唯一的哲学形态的基础之上，由于这一基本信念，他不允许对知识的来源、范围及其限度进行反思与批判，因为反思与批判已经意味着对知识"无限性"的怀疑，这种怀疑与"绝对知识"很显然是无法相容的。

在第二方面，黑格尔对康德"现象－物自身"理论的批评，完全是从其"绝对知识"的立场出发、在完全没有充分理解与尊重康德的初衷与思想旨趣的情况下所作出的。正如前面所指出的，康德区分"现象－物自身"，建立在他对知性及其适用范围的理解基础之上，在康德看来，知性只能在一种经验性的方式上而绝不能在先验的方式上，"凡不是出现的东西，既然不是经验的对象，知性就永远不能超出对象必然在其里面才能被给予我们的感性限度"，"纯粹范畴是不足以成为一条综合的验前原理的，纯粹知性的原理只有经验性的使用，绝无先验的使用，而且在可能的经验的范围以外，不能有任何综合的验前原理"②，因此，"现象－物自体"区分的根本目的是要禁止知性的超验使用，从而为实践理性的合法性与优先性开辟空间，这构成了康德把"一般对象区分为现象与本体"的根据。但黑格尔对康德的观点与阐述并没有深入领会，而是完全抛开了康德对理性所作的批判，把"物自体"即"实体"与现象的统一性作为其思辨辩证法一个不容置疑的前提，因此，黑格尔与康德是在两种有着重大不同的理论范式中进行着其思想活动，他对后者的批判是无效的。

在第三方面，黑格尔对康德"矛盾"观点的批判，更是对康德哲学问题意识与理论旨趣的曲解。康德强调理性把握"无条件总体"必然陷入矛盾，其目的正是为了限制思辨理论理性的适用范围，证明思辨理论理性的有限性，与黑格尔对"绝对知识"的信念不同，康德认为"自以为能解决一切问题且能解答一切疑问，这是不知羞耻的自夸，说明他将由于过度自

---

① 齐良骥：《康德的知识学》，商务印书馆 2000 年版，第 262 页。
② 康德：《纯粹理性批判》，第 280、281 页。

高自大而立刻失去一切信赖"①，因而康德在根本上是一个"知识有限论者"。与此相反，黑格尔把矛盾视为理性的本性与精神的推动力量，强调通过精神的辩证运动中最终实现"理性对世界的统治"，其目的正是要证明理性力量与精神能力的无限性与绝对性。可见，黑格尔与康德对矛盾的不同看法根源于他们对于理性的功能与本性的不同观点与立场，在不同观点和立场中，表达着对于知识的本性与限度、对哲学的性质与内涵的不同理解，因此，很显然，黑格尔对康德的批评，完全是"以己之心度人"的结果。

（二）超越黑格尔思辨辩证法与辩证法实践理性立场的确立

从上述分析实际上可以清楚地看出，黑格尔与康德实际上是两个在"哲学路向"上有着重大区别的哲学家。在前者对后者的批评中，这种差别得到了最集中的表现。这种差别，一言以蔽之，就是"理论哲学"的路数与"实践哲学"路数之间的差别。这里所说的"理论哲学"立场，并非完全是黑格尔个人的立场，而是体现和代表着西方哲学长期以来占据着支配地位的"一般哲学"或"普遍哲学"的立场。司退士就这样说道："黑格尔打算提供的不是什么新奇的或特殊的学说，而是世代沿袭、时狭时宽，但基本上仍然相同的普遍哲学。这种哲学意识到了它的连续性，并以自己与柏拉图与亚里士多德的学说相一致而自豪"②，这种"一般哲学"或"普遍哲学"的本质或主要内容，按照司退士的概括，主要以寻求世界的终极存在并从这种终极存在出发寻求世界的终极解释为根本宗旨，这种终极存在主要包括如下方面的内容：1. 它是完全独立的存在，一种只依靠自身的存在。2. 现象是依靠别的存在的存在，这别的存在便是真实的本体世界。3. 实在是能够被直接显示给意识的东西，它可以是一个物质的或心理的实体。4. 存在作为真实的东西是共相。5. 真实的东西不是实存，它的存在是逻辑的存在。6. 实存是现象。7. 存在不是一种现存的、个别的、主观的精神，而是抽象的、普遍的、客观的精神，它有一种逻辑上的而不是事实上的存在。8. 真实的东西、客观思想，是第一性原则或终极

---

① 康德：《纯粹理性批判》，第 457 页。
② 司退士：《黑格尔哲学》，商务印书馆 1989 年版，第 9 页。

的存在、绝对，是万物之源，必须由此来解释宇宙。9. 这种第一性原则仅仅在他保持逻辑上先于万物的意义上是第一性的，它不是时间次序上的第一性。① 很清楚，这种哲学实际上就是马克思所说的以"解释世界"导向的哲学。"解释世界"，就是要回答"存在者"何以"存在"这一形而上学的本体论问题，这一问题在柏拉图那里体现为对"可知世界"的"绝对原理"即"理念世界"的寻求，在亚里士多德那里，则明确表述为认识"世间第一原理"②。在黑格尔那里，则是要获得关于"上帝"或"绝对"的概念性知识，获得这种终极存在的最高知识，也就意味着获得了关于世界的终极解释，正是在此意义上，在哲学史上，这种哲学也因此被称为"神学"、"纯粹理论学科"、"第一哲学"等等。抱着"解释世界"的这种野心，哲学理论的存在方式必然具有如下性质：（1）绝对性，哲学理论代表着任何时间、任何地方都适用的"普遍真理"，具有超越时空、"永恒在场"的性质。（2）神圣性，哲学是少数具备超人慧眼的人从事的事业，这些人超越世俗芸芸众生而与真理同在，因而具有超凡脱俗甚至神秘的性质。（3）至上性，哲学既是世界和人的生活实践的规定者，又是理论自我存在的规定者，它自足完备、毋需外求。这三者使得"强大的理论概念"构成了传统哲学的根本特点之一，它把"过沉思的生活，即理论生活方式当做拯救途径。理论生活方式居于古代生活方式之首，高于政治家、教育家和医生的实践生活方式。由于成为了一种示范性的生活方式，理论本身也深受感染；它替少数人打开了真理的大门，理论本身也深受感染；它替少数人打开了真理的大门，对大多数人而言，这扇门却一直是关闭的"③。对于哲学理论的这种观点，杜威认为这是自古希腊以来西方哲学最为根深蒂固的信念："理性的与必然性的知识是亚里士多德所推崇的认为这种知识乃是自创自行的活动的一种最后的、自足的、自包的形式。它是理想的和永恒的，独立于变迁之外，因而也独立于人们生活的世界，独立于我们的感知经验和实际经验的世界之外的"④，因此，理论哲学是一种把自身神

① 司退士：《黑格尔哲学》，中国社会科学出版社 1989 年版，第 26—27 页。
② 亚里士多德：《形而上学》，吴寿彭译，商务印书馆 1959 年版，第 6 页。
③ 哈贝马斯：《后形而上学思想》，译林出版社 2001 年版，第 31—32 页。
④ 杜威：《确定性的追求》，第 15 页，

圣化、绝对化和至上化、自认具有最终话语权和自足解释力量的哲学形态。这种哲学形态长期以来在哲学史上占据主导地位，甚至成为哲学史上"普遍性"和"一般化"的哲学形态。在这一哲学传统的延续中，康德可以说是一个"异类"，与上述理论哲学的诉求不同，他恰恰是要限制理论理性的运用，揭示理论理性的有限性与条件性并因此凸显实践理性的优先性。正因为此，康德才遭遇到黑格尔以及与黑格尔一样同属于理论哲学阵营的哲学家的质疑和指责。

黑格尔思辨辩证法的这种理论哲学立场，马克思与现当代哲学的许多哲学家已经从不同角度进行了指认。马克思曾十分中肯地指出，黑格尔的辩证法只是为历史的运动"找到抽象的、逻辑的、思辨的表达"①，"黑格尔唯一知道并承认的劳动是抽象的精神的劳动"②，正因为此，马克思明确把黑格尔的辩证法称为"纯思想的辩证法"③。与马克思的观点基本一致，海德格尔认为在黑格尔那里，"那种把存在视为纯粹抽象的观点不但还没有在原则上被放弃，而且还得到加强。当做为纯粹抽象的存在被扬弃在绝对精神的现实性的绝对具体中的时候，就是如此。这一观点就是在近代最具强力的思想，即在黑格尔的思辨辩证法中完成并在他的《逻辑学》中得到描述的"④。杜威认为，自古希腊至黑格尔以来的西方哲学史一直保持和延续着一套始终未变的观念框架，那就是认为"知识是和一个本身固定的实有的领域联系着的。由于它是永恒不变的，人类的认识在这个领域内是不作任何区别的。人们能够通过思维的领悟和验证的媒介或某种其他的思维器官来接近这个领域"⑤，它"认为固定不变的东西和绝对确定的东西就是一回事情而变化是产生我们的一切不确定性和灾难的根源。……因此，哲学对普遍的、不变的和永恒的东西的既有倾向便被固定下来了。它始终成为全部古典哲学传统的共有财富"⑥，与此相对的是，"实践动作，不同于自我旋转的理性的自我活动，是属于有生有灭的境界的，在价值上是低

---

①　马克思：《1844 年经济学哲学手稿》，人民出版社 2002 年版，第 97 页。
②　马克思：《1844 年经济学哲学手稿》，人民出版社 2002 年版，第 101 页。
③　马克思：《1844 年经济学哲学手稿》，人民出版社 2002 年版，第 101 页。
④　《海德格尔选集》上卷，第 667 页，
⑤　杜威：《确定性的寻求》，上海译文出版社 2005 年版，第 17 页。
⑥　杜威：《确定性的寻求》，上海译文出版社 2005 年版，第 17 页

于'实有'的"①，哈贝马斯肯定黑格尔在现代性反思中所具有的特殊地位，认为黑格尔开创了现代性话语，首先提出了现代性自我批判与自我确证的问题，把时代历史提升到了哲学的高度，但同时指出"黑格尔根本就没有想要去打破哲学传统"②。哈贝马斯的学生霍耐特也同样认为黑格尔辩证法的重要宗旨就是要建立"一套以意识哲学为基础的体系"③。其他许多现代西方哲学家，如伯林、列维纳斯、德里达等等，从实践哲学的立场出发对黑格尔所进行的批判，都从不同理论视角指出了黑格尔辩证法在根底上所具有的理论哲学取向与性质。

但这并不意味着黑格尔思辨辩证法中不包含着实践哲学的内容与诉求，事实上，在黑格尔思辨辩证法体系中，实践哲学的内容占据了相当大的比例，这尤其体现在其法哲学、宗教哲学、道德哲学、政治哲学、历史哲学等方面的思考中。我们在后文还要专门讨论，黑格尔辩证法的一个重要背景与思想动力是对"现代性"的反思以及对现代性矛盾与困境克服之道的寻求，其实践哲学思想最集中地体现了这种反思与寻求，无论黑格尔的法哲学、政治哲学，还是其宗教哲学与历史哲学等，都深刻地反映了这一问题意识。哈贝马斯与霍耐特对青年黑格尔的哲学都曾进行过系统研究，哈贝马斯指出，"黑格尔把破坏和谐生活当做实践的挑战和哲学的要求。对黑格尔来说，时代意识走出了总体性、精神自身发生了异化这种一种状况，正是当时哲学研究的前提"④，因此，黑格尔的思辨辩证法在其思想出发点包含着实践的动机。霍耐特更具体地揭示了黑格尔思辨辩证法中这种实践哲学的规范性内涵，这一内涵的核心就是"相互承认"的理念，黑格尔认为："主体之间为相互承认而进行的斗争产生了一种社会的内在压力，有助于建立一种保障自由的实践政治制度。个体要求其认同在主体之间得到承认，从一开始就作为一种道德紧张关系扎根在社会生活之中，并且超越了现有的一切社会进步标准，不断冲突和不断否定，渐渐地通向一种自由交往的境界"⑤，这种境界将超越现代性的原子式个人主义以及由

---

① 杜威：《确定性的寻求》，上海译文出版社 2005 年版，第 17 页。
② 哈贝马斯：《现代性的哲学话语》，译林出版社 2004 年版，第 59 页。
③ 霍耐特：《为承认而斗争》，上海世纪出版集团 2005 年版，第 71 页。
④ 哈贝马斯：《现代性的哲学话语》，译林出版社 2004 年版，第 25 页。
⑤ 霍耐特：《为承认而斗争》，第 9 页。

此带来的伦理共同体瓦解的威胁，并实现现代自由学说与古代政治思想，即道德与伦理的协调①。超越现代性的"知性原则"所带来的四分五裂，在现代性的背景与语境中重建伦理关系，构成了黑格尔实践哲学诉求的基本主题。应该承认，黑格尔在这方面的思考包含了十分丰富的洞见，这些洞见在现当代社会、政治、道德、历史各种思潮中依然得到人们的高度重视，成为人们深入地批判地理解现代社会的重要思想资源。

但是，这种实践哲学诉求终究是在思辨形而上学的理论哲学的框架内进行的，这使得黑格尔的实践哲学内涵与其理论哲学解释原则与思想路向处于内在的冲突之中，而且在与后者的纠缠与较量中，前者最终必然居于下风，实践哲学的内涵与向度最终将无法真正地实现出来而遭到压制。马克思曾这样概括作为黑格尔整个体系的《哲学全书》："黑格尔的《哲学全书》以逻辑学、以纯粹的思辨的思想开始，而以绝对知识，以自我意识的、理解自身的哲学的或绝对的即超人的抽象精神结束，所以整整一部《哲学全书》不过是哲学精神的展开的本质，是哲学精神的自我对象化；而哲学精神不过是在它的自我异化内部通过思维理解即抽象地理解自身的、异化的宇宙精神。"② 因此，包括法哲学、政治哲学、道德哲学、宗教哲学与历史哲学等在内的"实践哲学"同样不过是"哲学精神"的展开的本质，不过是"哲学精神"的自我展开并在此过程中实现自我认识的环节，正是在此意义上，马克思说道：在黑格尔那里，"感性、宗教、国家权力等等是精神的本质，因为只有精神才是人的真正的本质，而精神的真正的形式则是思维着的精神，逻辑的、思辨的精神，而精神的真正形式则是思维着的精神，逻辑的、思辨的精神"③，很显然，一旦宗教、道德、法、历史等一切都化约为逻辑的、思辨的精神，它们所具有的实践哲学内涵实质上也被思辨的、理论哲学所同化与消解了。哈贝马斯指出，"黑格尔只能在主体哲学范围内批判主体性"④，虽然"他是第一位意识到现代性问题的哲学家。他的理论第一次用概念把现代性、时间意识和合理性之间

---

① 霍耐特：《为承认而斗争》，第9页
② 马克思：《1844年经济学哲学手稿》，第98页。
③ 马克思：《1844年经济学哲学手稿》，第100页。
④ 哈贝马斯：《后现代性哲学话语》，第48页。

的格局突显出来。黑格尔自己最后又打破了这个格局，因为，膨胀成绝对精神的合理性把现代性获得自我意识的前提给中立化了。这样，黑格尔就无法解决现代性的自我确证问题"[①]，由于这种自我纠缠与自相矛盾，黑格尔思辨辩证法对现代性的反思最终失去了哲学的批判意义。霍耐特对此进行了更为系统与清晰的探讨，他一方面通过对青年黑格尔文本的深入解读，揭示了其中所包含的十分丰富的实践哲学内涵，但另一方面，他深入分析了黑格尔思辨辩证法与这种实践哲学内涵之间不可避免的内在冲突，并论证了这种冲突给后者所带来的致命性影响："黑格尔转向意识哲学而获得的理论成就所付出的代价是牺牲了强有力的主体间性精神。……转向意识哲学，使黑格尔对人类原始的主体间性理念完全视而不见，从而阻碍了提出完全不同的解决方案的可能；要提出解决方案，就应该在主体间性理论框架内对个人自主性的不同程度作出必要的区分"，[②]"最终，在黑格尔思想中，意识哲学纲领取得了对一切主体间理论观点的主导优势，以致在发展过程的最后阶段，主体间理论的实质内容也是完全按照精神的自我关系模型来思考的，……在黑格尔彻底完成意识哲学转向之后，这个概念（指主体间性概念——引者注）就无从寻觅了"，[③]霍耐特的观点十分清楚：黑格尔以理论哲学（他称之为"意识哲学"）的思维范式窒息了充满生机活力的实践哲学意向与内容。

从上述讨论，我们可以看到，黑格尔思辨辩证法深层的理论哲学立场与其潜在的实践哲学意向之间存在着尖锐的冲突。从黑格尔最为深层的哲学信念与哲学理想来看，自古希腊以来奠定基础的理论哲学传统无疑是他更为神往的皈依之所，思辨辩证法植根于这一传统并延续与创新了这一传统，其实践哲学思想不过是在这大传统的笼罩下、按照这一传统规定好的思维路数和解释原则对实践生活领域的一些重大问题所进行的一些思辨的、理论哲学化的理解，实践哲学的思想内容不过是在这一理论哲学的基底上所生出的不结果实的花朵。

要克服与超越黑格尔思辨辩证法所存在的这一重大矛盾，在我们看

---

① 哈贝马斯：《后现代性哲学话语》，第 51 页。
② 霍耐特：《为承认而斗争》，第 34 页。
③ 霍耐特：《为承认而斗争》，第 68 页。

来，早在黑格尔之前的康德事实已经提供了一条深具启发性的道路，那就是从理论哲学走向实践哲学。诚然，正如我们在后文还要详述的那样，康德的实践哲学无论在内涵还是外延方面都存在其狭隘之处，黑格尔哲学在很多方面，尤其在他对康德所代表的以"个人主体性"为核心的现代性原则所作的批判的确有过人之处。但是，康德对理论理性的批判性反思，对理论哲学有限性与派生性的论证，尤其是从实践理性的视角对思辨辩证法及其"幻觉逻辑"的深刻批评，为我们走出黑格尔思辨辩证法所存在的理论哲学与实践哲学取向之间的内在冲突与矛盾提示和开启了一个新的视野。如前所述，黑格尔从其立场出发对康德极尽质疑与指责之能事，但分析至此，我们已经看得很明白，这种质疑与指责恰恰说明了两个关键之点，一是黑格尔的辩证法由于其理论哲学的基本立场，使辩证法难以避免陷入被康德所深入分析与批判的"幻觉逻辑"的后果；二是要避免辩证法陷入"幻觉逻辑"，必须超越理论哲学的基本立场，从实践哲学的新视野来重新思考辩证法的本性、内涵与形态。

四、马克思哲学辩证法是实践理性层面的辩证法

（一）生活实践作为"无条件的总体"与辩证法的实践运用

康德对理论理性批判所包含的洞见为什么对辩证法的自我批判与自我理解如此重要？为什么辩证法必须从理论哲学范式走向实践哲学范式？这是因为理论哲学所包含的内在困境以及实践哲学对于超越和克服这一困境所具有的根本性意义。

在康德看来，"无条件总体"不是理论理性的对象，而是实践理性的对象。在康德这里，"实践"所指的不是"理论"的运用，把"理论"的运用理解为实践，康德认为是"按照自然概念的实践"，① 是"技术地实践的"，② 而"一切技术地实践的规则，在它们的原理是基于概念的范围内，必须只算作理论哲学的引申。因为它们只涉及按照自然概念的事物的可能性，不仅包括自然界里为此目的所能得到的一切手段，就是意志本身（作

---

① 康德：《判断力批判》上卷，商务印书馆，2000 年版，1964 年版，第 8 页。
② 康德：《判断力批判》上卷，商务印书馆，2000 年版，1964 年版，第 9 页。

为欲求，因而作为自然的机能）在它通过自然的动机遵守那些规则而被规定的范围也包括在内，^① 因此，作为"理论运用"的实践实质上属于理论哲学而非实践哲学。真正意义上的实践是"按照道德概念的实践"^② 或按照"自由的概念"所进行的"道德地实践的"，^③ 因此，"实践"在康德这里根本上是一个道德实践的概念。根据这种对实践的理解，康德认为，"无条件的总体"是实践理性的公设，这种公设不是理论的教条，而是构成必然的实践关怀的先决条件。

康德对纯粹思辨理性的批判所包含的一个最为深刻的洞见就是：任何关于"事物本身"的理论认识都不具有绝对性与无条件性，或者用黑格尔批判康德的话语，任何关于"事物本身"的理论认识都是"主观思想"因而不具有"无条件"的"总体性"。这即是说，"无条件的总体"本身根本上不是理论认识的对象，任何理论认识都只是对"无条件总体"的"现象性"把握，"无条件总体"本身超出任何理论认识的能力，而具有对于理论认识的独立性与超越性。任何试图以一种理论方式去把握"无条件总体"的意图，其结果都将陷入独断与背反。要避免辩证法成为幻象的逻辑，必须超越理论理性的范畴，从实践哲学的角度重新思考辩证法的合法性根据。

正如前面已经指出的，在哲学史上，包括黑格尔在内的辩证法理论在实质上均属于理论哲学形态，其基本诉求是把理论理性神圣化与绝对化，试图以理论体系去囊括与关于"存在"的绝对真理。无疑，在理论哲学的大家族中，辩证法有其特殊甚至超越之处，它把其他理论哲学样式称为"知性形而上学"或"独断论"，认为它们是以"有限的知性规定"去把握"无限的总体性"，因此，辩证法要求超越有限规定性，为此，它要揭示有限规定的有限性与其无限总体性追求之间的矛盾性，并通过这种矛盾性的揭示，推动有限规定性超越自身，去趋向无限的总体性。在这里，"有限的知性规定性"实质就是指理论理性对于"世界"的规定性，很显然，相对于"世界"的"无限总体性"，理论理性的任何规定都是有限的，辩证

---

① 康德：《判断力批判》上卷，商务印书馆，2000年版，1964年版，第9页。
② 康德：《判断力批判》上卷，商务印书馆，2000年版，1964年版，第8页。
③ 康德：《判断力批判》上卷，商务印书馆，2000年版，1964年版，第9页。

法的重大使命就是超越理论理性的有限规定的自足性与绝对性。就此而言，辩证法已经内在地包含了一种超越有限的理论理性、趋向无限的具体的总体性的强烈意向。然而，正如我们前面已经论证过的，辩证法在这样做时，却仍然在以一种逻辑化的概念方式去把握"绝对的无限总体"，这使得辩证法如它试图克服的知性形而上学一样，仍然在以一种理论的方式去达到与知性形而上学同样的目标，它与后者实质上共享着共同的深层信念与基本前提，因而它与后者在根本属于同一个理论家族。辩证法的这一本性，使得辩证法必然陷入一个内在的矛盾，那就是辩证法对"无限总体性"的追求与辩证法作为一种"理论"所具有的"有限性"之间的矛盾：一方面，辩证法本身作为一种"理论"，它就是必然是有一种有限的立场，这是"理论"的本性与功能所决定的："在一个理论体系中，是不能允许两个相互矛盾的命题存在的。逻辑学告诉我们，若允许在一个理论体系中存在相互矛盾的命题，就能够推出任何结论，而这就使得该理论体系失去了任何确定性而变得毫无意义。显然，理论是排斥矛盾的。理论必须在抽象的有限性和无效的超越有限的具体性之间作出选择，只能或者选择抽象、有限、片面，但却具有确定性，或者选择全面、无限、具体，然而却因失去了确定性而无效。既然人类从事理论活动的目的是正确地把握世界，以便进而有效地生存，而不是制造一大堆自相矛盾的概念，那么确定从而有效的有限性便是不言而喻的事情了。正是对于确定性的追求这一点决定了理论对于矛盾的拒斥立场"，① 即使像黑格尔辩证法那样通过揭示一切知性概念的内在矛盾、通过概念的内在矛盾来推动概念的自我超越，最终达到"绝对"的努力，也因它终究是一种"理论"而必然不可避免地是一种"有限"的立场，前述的康德对"幻觉逻辑"的批判已经证明了这一点。但另一方面，辩证法又欲超越有限的知性规定追求无限，以无限的总体，即"绝对"的自我意识与自我认识为使命，在此意义上，它与知性形而上学一样，希望以概念的方式达到对"无条件总体"的绝对的把握，辩证法理论因此成为至上、无限、神圣和绝对的存在。辩证法理论这种"有限"与"无限"、"非至上性"与"至上性"的矛盾，恩格斯在《费尔巴哈

---

① 王南湜：《追寻哲学的精神》，北京师范大学出版社 2006 年版，第 132—133 页。

与德国古典哲学的终结》概括为"方法"与"体系"的矛盾：辩证的、矛盾的方法与封闭的、有限的、确定性的体系之间矛盾。这一矛盾一方面充分暴露了理论哲学与理论哲学范式之内的辩证法的内在困境，同时也告诉人们，只要固守理论哲学的解释原则与思维范式，这一矛盾与困境就不可克服。康德的思辨理性批判的重大贡献就在于充分揭示和暴露了这一矛盾与困境，他用"先验幻觉"指认这一矛盾与困境，并在此立下界碑：此路不通，请勿僭越，要克服这一困境，就必须走出理论哲学，转向实践哲学。

在充分肯定康德的重大贡献的同时，我们也不难看到，康德是从道德实践出发理解"实践概念"的，并从道德实践出发，把"无条件总体"理解为"宇宙总体"、"上帝存在"与"灵魂不朽"。从马克思哲学与现当代许多实践哲学家的观点来看，虽然康德把"无条件的总体"即"宇宙总体"、"上帝存在"与"灵魂不朽"理解为实践理性的设定，而不是把它们像以往哲学那样理解为理论理性予以捕捉的对象，但他对实践与"无条件总体"的理解仍然是狭隘与片面的。这种狭隘与片面性表明康德虽然强调实践理性优先于理论理性，但并没有真正能够实现从理论哲学向实践哲学的转向。康德虽然包含十分丰富的实践哲学思想，但仍很难说他是一个完全意义上的实践哲学家。康德的不足需要通过对实践的重新阐释予以克服与超越。

在哲学史上，马克思是第一个自觉地把"生活实践"扩展和丰富为具有"总体性"意义的范畴的哲学家。在马克思看来，实践在根本上是人的一种本源性的存在与活动方式：从人与世界的关系角度看，实践活动作为人对象性的感性活动，体现和构成了人与世界本体性的原初关系，拥有着优先于人与世界的抽象认知关系的基础性地位；从"世界"之为"世界"的角度看，实践作为人"本源性"的生命存在和活动方式，构成了人生存于其中的本源性的现实生活世界的"奥秘"和深层根据；从"人的存在"角度看，实践作为人"本源性"的生命存在和活动方式，意指它是人所"特有"的生存方式，它表明人是世间唯一感性的、对象性的存在物，人之存在就在于人的"生存"与"生活"，人是感性地和实践性地确证和展现自身的存在过程的，这是人的生命存在区别于动物最本源性的分界点，因而也构成了人之为人的"奥秘"和深层根据。因此，在马克思这里，生活实践不只具有道德实践的涵义，而是一个蕴含着人、人的世界与人与世界关系的、统摄"人生在世"全部生存关系的具有"生存论本体论"意义的范畴和只有从这种实践观出发，才能超越理论哲学，转向实践哲学。

从人与世界关系看，人与世界之间是一种实践的关系，这意味着，二者并非如传统哲学设想的那样，是一种主客二元分立然后再通过认知的途径来寻求统一的关系，而是一种在生存实践中本源性的否定性统一关系。这既体现在人与自然关系方面，也体现在人与人的关系方面。首先，感性实践活动是一种人与自然相互规定、相互作用、相互转化的活动，它既是造成主观性与客观性相互对立、发展其间矛盾性的一种分化世界的活动，又是消除主观性和客观性各自的片面性、使二者达到更高统一性的活动，它既体现着自然的本原作用又体现着人的能动作用的活动，它既使自然从属于人，又使人从属于自然，既使人向自然生成，又使自然向人生成，人与世界就在这种感性实践活动中最为本源地关联在一起，并在这种活动中，使人与世界结合为一种动态的否定性的统一关系。与此内在相关，人与自然的否定性统一关系只有通过与他人的"共在"才能得以实现，"自然界的人的本质只有对于社会的人来说才是存在的"，人的"活动和享受，自然界的人的本质只有对社会的人来说才是存在：因为只有在社会中，自然界对人说来才是人与人联系的纽带，才是他为别人的存在和别人为他的存在；只有在社会中，自然界才是人自己的人的存在的基础。只有在社会中，人的自然存在对他说来才是他的人的存在，而自然界对他说来才成为人。因此，社会是人同自然界的完成了的本质的统一，是自然界的真正复活，是人的实现了的自然主义和自然界的实现了的人道主义"。[①] 可见，实践活动是一种把人、自然、他人三者否定性的联为一体的活动，它使人既处于与自然的一体性的统一关系之中，又处于与他人一体性的统一关系之中，三者"三位一体"，共同组建成人"在世"的生存论结构。

从"世界"之为"世界"的角度看，实践作为人"本源性"的生命存在和活动方式，它构成了人生存于其中的本源性的现实生活世界的"奥

---

① 《马克思恩格斯全集》第 42 卷，第 121 页。

秘"和深层根据。按照马克思的观点，"世界"之为"世界"，不在于它是一个知性把握的现成对象和"存在者整体"，而是因为它与人的生存实践活动的内在关联："世界"是人的生存实践活动的内在环节，是在人的生存实践活动中"缘发构成"的"生活世界"，由于人的存在与活动的实践本性，"世界"的存在方式也发生了质的变化，它已不再是人产生之前的洪荒宇宙，而是通过人的活动所参与创造而成的、已经"二次生成"的世界。人来源于自然，就此而言，人属于世界，但是，人的实践活动通过把人的生命力量对象化，把自然界转化为自己的"无机身体"，把自然关系变换为"属人关系"，从而使整个世界"活化"起来而拥有了生命的光辉，在此意义上，世界又是属于人的。实践活动把"人属于世界"和"世界属于人"这两个方面内在地统一在一起，并由此而生成人的"现实生活世界"，正如马克思所说的："这种活动、这种连续不断的感性劳动和创造、这种生产，正是整个现存的感性世界的基础。"① 因此，实践活动是一种赋予世界以生命意义的生命活动，它构成了这个有生气、有活力、有意义的世界的最终根据和奥秘所在。

从"人的存在"角度看，实践作为人本源性的存在和活动方式，意指它是人所"特有"的生存方式，实践活动是人区别于动物最本源性的分界点，因而也构成了人之为人的"奥秘"和深层根据。对此，马克思明确指出：人"是什么样的，这同他们的生产是一致的——既和他们生产什么一致，又和他们怎样生产一致"②，"生产生活本来就是类生活。这是产生生命的生活。一个种的全部特性、种的类特性就在生命活动的性质，而人的类特性恰恰就是自由的、自觉的活动"③；他还说道："可以根据意识、宗教或随便别的什么来区别人和动物。一当人们开始生产自己的生活资料的时候，这一步是由他们的肉体组织所决定的，人本身就开始把自己和动物区别开来。"④ 所有这些论述，都表达着一个共同的旨趣，那就是只有人的特殊的"生存"本性和"生命活动的性质"，即实践活动本性，才是区别

---

① 《马克思恩格斯选集》第1卷，第77页。
② 《马克思恩格斯选集》第1卷，第68页。
③ 《马克思恩格斯选集》第1卷，第67页。
④ 《马克思恩格斯全集》第42卷，第96页。

人与动物的根本尺度，人是什么，是与他的生产相一致的，人的生命活动的性质是"自由自觉的活动"，他能"生产他所必需的生活资料"，这一点是动物这样一种"现成存在者"所不具备的，因而也就最深刻地构成了"人猿相揖别"的本源分界。

马克思对实践活动的上述理解大大扩展了康德实践范畴的内涵，它克服了康德哲学所存在的思辨哲学残余，在根本上转变了哲学史上把理论绝对化、神圣化的思想传统，为克服了理论哲学的内在困境提供了坚实的基础。

马克思实践观点意味着，在理论理性与实践理性、理论与实践的关系中，前者具有有限性与非根源性，后者构成了前者的本源性的尘世根基和现实基础，与前者相比，它是无限的、整体性的、大全性的，对于前者具有奠基性作用。因此，任何有限的理论都不能以这一"无限的总体"为对象，达到对它的终极的、彻底的把握。如果说在康德那里，这一"无限的总体"是"上帝"、"宇宙整体"与"灵魂不朽"等传统形而上学的对象，那么，在马克思这里，这一"无限的总体"就是"生活实践"。关于生活实践这一"无限的总体"，任何一种理论都不能获得一劳永逸的把握，如果企图从有限的理论出发，以"无限的总体"为认识对象，去实现对它的"总体性"规定，那么，就必然产生康德所批判的"先验幻象"和自相矛盾。

这就从根本上改变和颠倒了理论与实践的关系，从而也就克服和超越了前述理论哲学的内在困境。前面已经提到，理论哲学思维范式中辩证法的内在困境在于试图以一种理论的方式，在理论体系里超越"有限"并实现对"无限"的掌握，然而，任何理论体系本性上都是"有限"的，把理论体系神圣化、无限性与绝对化，然后从此出发去克服理论的有限性，去把握"无限"与"总体"，这是一种毫无希望与自相矛盾的幻觉。但是，从实践哲学出发，这一矛盾被转换为"有限"的理论与无限的"实践"之间的矛盾，这就彻底走出了理论理性的自我循环和自我缠绕，人们将不再以一种理论哲学的方式提出"有限"与"无限"等的矛盾，也不再以理论哲学的方式寻求对此矛盾的解决，而是从一个全新的地基，即生活实践的地基上重新理解"有限"与"无限"、"相对"与"绝对"、"非至上性"与

"至上性"等一系列矛盾关系并寻求新的解决方式，这就在根本上改变了问题的提法与解决问题的思路与视域。正是在此意义上，马克思实现了对康德和黑格尔的两重扬弃。对康德的扬弃所指的是：马克思充分继承了康德对理论理性有限性的批判立场，深化了它关于实践理性优先于理论理性的思想取向，但与康德完全在消极和否定意义上来看待辩证法不同，马克思通过赋予实践概念以新的更为丰富的内涵，用实践活动这一"无限性总体"代替了康德的"上帝"、"灵魂不朽"和"世界整体"等"无限性总体"，从而使"有限"与"无限"、"相对"与"绝对"、"非至上性"与"至上性"等一系列矛盾关系获得了全新的内涵，寻求对这些具有全新内涵的矛盾关系的理解和解决，构成了辩证法的主题，辩证法由此获得了"肯定性"和"积极性"的意义，就此而言，马克思与康德对辩证法的否定态度不同，他并不是简单地把辩证法视为"幻象逻辑"，而是要求在一个新的地基上来重新提出了辩证法的主题与任务：辩证法的"幻象"是因为它局限于理论哲学的立场，超越这一立场，在生活实践的地基上，辩证法将获得其不可替代的重大问题意识因而具有其重要的理论存在合法性。对黑格尔的扬弃所指的是：马克思又继承了黑格尔重建辩证法的基本信念，发挥了它对知性形而上学有限性与独断性的批判精神，但与此同时，马克思抛弃了黑格尔辩证法理论哲学的基本立场，批判性地分析了黑格尔由于其执著和迷恋于思辨的理论哲学的解释原则和思维方式而造成的内在缺陷和深层困境，明确提出了从思辨的观念世界和理论王国回到现实生活实践的观点，要求以生活实践为根据来重新阐释辩证法的思想内涵与存在形态，在马克思看来，黑格尔的"绝对精神"这一精神在自我否定、自我超越和自我回复中所达到的"无限总体性"不过是"形而上学地改装的、脱离了人的自然"和"形而上学地改了装的、脱离了自然的精神"，① 因而这种"无限的总体性"是抽象、独断和无根的，马克思用"生活实践"这一现实的"无限性总体"取代了"绝对精神"这一"逻辑化的总体"，辩证法于是实现了从理论哲学向实践哲学范式的重大转换，在此意义上，马克思又实现了对黑格尔辩证法的克服与超越。

---

① 《马克思恩格斯全集》第40卷，人民出版社1982年版，第177页。

（二）理论的"有限性"与生活实践的"无限性"：实践理性层面上辩证法的基本矛盾

随着"生活实践"取代"宇宙总体"、"灵魂不朽"与"上帝存在"成为"无条件的总体"，辩证法所要解决的基本矛盾或者说所要解决的基本问题发生了根本性的转换。

从前面的探讨中我们可以看到，在哲学史上，辩证法所要处理的基本矛盾或基本问题在根本上就是知性概念规定的有限性与绝对精神实体的"无限性"之间的矛盾。在黑格尔看来，辩证法的对象就是"自由、精神与上帝"，① 是"大全"，如"灵魂、世界、上帝，本身都是属于理性的理念，属于具体共相的思维范围的对象"。② 那么，对于这种特殊的对象，究竟如何才能把握？知性形而上学试图用有限的、孤立的思维规定认识"大全"和"真理"，认为"思维的规定即是事物的基本规定，并且根据这个前提，坚持思想可以认识一切存在，因而凡是思维所想的，本身就是被认识了的"，③ 其主要特点是："在于以抽象的有限的知性规定去把握理性的对象，并将抽象的同一性认作最高原则"。④ 黑格尔同意康德的判断：这种有限的知性思维是无法把握形而上学对象的，它们不适宜于表达无限的形而上学的实体等具有"无限丰富内容"的观念，而且是"决不足以穷尽其含义的"，因此，与康德的结论一样，如果按照有限知性规定的本性来把握无限的形而上学实体，其结果必然陷入抽象对立、自相矛盾的独断论：知性规定都把自身坚执为最后的规定，把它视为固定的真理，结果必然导致非此即彼的知性对立与外在冲突。在此意义上，"有限"的知性思想规定与"无限"的形而上学实体之间存在着一种深层的矛盾。如何解决这一矛盾，意味着回答超越知性形而上学和克服有限的理智知性思维的辩证法何以可能的问题，因而对于辩证法具有头等重要的意义。

黑格尔对于这一矛盾的解决方式与康德根本不同。正像前面已经讨论过的，康德洞察到了这一矛盾，并把这种矛盾视为幻觉逻辑的表现。黑格

---

① 黑格尔：《小逻辑》，商务印书馆 1980 年版，第 47 页。
② 黑格尔：《小逻辑》，商务印书馆 1980 年版，第 99 页。
③ 黑格尔：《小逻辑》，商务印书馆 1980 年版，第 95 页。
④ 黑格尔：《小逻辑》，商务印书馆 1980 年版，第 109 页。

尔对此评价道：康德"没有进一步达到对于理性矛盾有真正积极的意义的知识。理性矛盾的真正积极的意义，在于认识一切现实之物都包含着相反的规定于自身。因此认识甚或把握一个对象，正在于意识到这个对象作为相反的规定之具体的统一"，"康德为他的正题和反题所提出的证明，只能认作似是而非的证明"。① 黑格尔与耶可比、谢林等直觉主义者也有着根本的差别，后者试图超越概念规定，达到对无限性"真理"和"实体"的直观，实现与无限的形而上学总体的无中介的直接统一。黑格尔认为这实质上也是抽象的同一性、抽象的普遍性，它抽掉了一切具体的思维规定与中介，因此，"有限"与"无限"的统一是一种空虚与混沌的统一。黑格尔所要做的是要超越知性形而上学以"有限"求"无限"的独断，超越康德批判哲学在此问题上的"主观主义"与"二元论"立场，超越直觉主义"夜间观牛，其牛皆黑"的空虚性与抽象性，来寻求对这一矛盾的解决。面对这一问题，黑格尔的思路有两个关键要点。第一，他通过赋予"理性"以自我创造的能动性与自由性，来寻求超越和否定"有限知性规定"，以生成和实现"无限"的精神的大全的途径，在他看来，"理性之能为无条件的，只有由于理性不是为外来的异己的内容所决定，而是自己决定的，因此，在它的内容中即是在它自己本身内"，② 因此，理性既包含知性，同时又超越知性，既包括有限，同时又超越有限，因而它能实现"有限"与"无限"的内在统一。第二，黑格尔把绝对、大全、真理或"无限的总体"视为一个"具体的普遍性"和包含"差异"和"特殊性"的"具体的同一性"，"关于理念或绝对的科学，本质上应是一个体系，因为真理作为具体的，它必定是在自身中展开其自身，而且必定是联系在一起和保持在一起的统一体，换言之，真理就是全体。全体的自由性，与各个环节的必然性，只有通过对各环节加以区别和规定才有可能"，③ 这一体系是一个既包括各特殊环节同时又超越各环节把它们包含于自身之内的"大全"，因而它是有限与无限的内在统一。很显然，黑格尔这种实现"有限"与"无限"统一的方式，实际上就是"辩证法"的方式，"有限"与"无限"

---

① 黑格尔：《小逻辑》，商务印书馆 1980 年版，第 134 页。
② 黑格尔：《小逻辑》，商务印书馆 1980 年版，第 142 页。
③ 黑格尔：《小逻辑》，商务印书馆 1980 年版，第 56 页。

实现统一的过程，就是辩证法内容的展开过程。在这里，"全体的自由性"即是"绝对"和"无限总体"的存在方式与本性，"环节的必然性"即是有限的知性规定，在理性的自我超越、自我否定和自我创造过程中，二者内在地实现了"辩证的和解"。

具体而言，这一矛盾的统一与和解过程包括三个基本环节或三个基本方面和阶段。第一，抽象的知性（理智）方面。第二，辩证的或否定的理性的方面。第三，思辨的或肯定的理性的方式。① 在第一阶段，知性坚持着固定的规定性和各规定性之间彼此的差别，把有限的知性规定视为至终穷极的真理。在第二阶段，即辩证的阶段，这些有限的知性规定扬弃自身，向其反面过渡，从而实现了对自身的超越。在第三阶段，即思辨的阶段或肯定理性的阶段，它扬弃了前两个阶段的对立，自觉到了其中所包含的内在统一，达到了对"具体思想"的肯定，而"最具体的思想"无疑就是"绝对理念"或"绝对精神"。在黑格尔看来，经过这三个阶段或三个环节，有限的知性规定与无限的"具体思想"将克服外在的对立，实现内在沟通和统一。

如果把这一矛盾放到整个哲学史上，我们可以清楚地看到，辩证法所要解决的这一基本矛盾其实是贯穿于整个西方哲学史演变过程中的一个中心矛盾。传统形而上学的一个根本任务实质就是要回答与解决这一矛盾，哈贝马斯的概括颇为中肯："'一'和'多'一开始就是形而上学的主题"。② 从柏拉图、亚里士多德、笛卡尔、斯宾诺莎、莱布尼茨，到康德、费希特、谢林、黑格尔，都是在一种不同的方式回应这一根本课题。在这一进程中，康德与黑格尔的地位颇为特殊。康德通过对形而上学的批判，揭示出了在理论理性的视域中二者不可克服的冲突以及二者统一的不可能性。黑格尔继承了康德的批判，但不接受其"消极的主张"，而是试图通过"革新形而上学的同一性思想"，③ 把"普遍同一性概念真正付诸实现"，为此，他把"'一'理解为绝对主体"，把精神的自我否定、自我超越的历

---

① 黑格尔：《小逻辑》，商务印书馆 1980 年版，第 172 页。
② 哈贝马斯：《后形而上学思想》，译林出版社 2006 年版，第 137 页。
③ 哈贝马斯：《后形而上学思想》，译林出版社 2006 年版，第 151 页。

史运动"当做是调和'一'和'多'、无限和有限的中介",① 从而以一种"辩证"的方式实现对这一矛盾的解决。在此意义上,黑格尔既是传统形而上学的继承者,同时又是传统形而上学的变革者,继承的是其不变的主题,即"有限知性规定"与"无限实体"、"一"与"多"的如何实现内在统一,变革的是实现这种内在统一的方式,即从知性的方式转换为辩证的方式。

从上述简要回顾可以看出,辩证法所要处理不是一般的矛盾,而是贯穿于哲学发展史的最为深层的、对于全部哲学发展具有根本性意义的"有限"与"无限"、"一"与"多"的矛盾。

马克思的辩证法所要处理的同样是这一对核心的矛盾。但与黑格尔不同的是,马克思不是从理论哲学的范式出发理解这一矛盾的内涵和寻求对这一矛盾的解决之道,在他看来,"有限"与"无限"、"一"与"多"的矛盾不是理论哲学内部有限的知性环节与作为"绝对精神"这一无限实体之间的矛盾,而是理论观点的有限性与生活实践的无限性之间的矛盾。从马克思的观点看来,这才是"有限"与"无限"、"一"与"多"矛盾的真实内涵,这一内涵在理论哲学的范式中被深深地掩蔽起来,但以生活实践为基础,它挣脱了理论哲学范式的束缚并得以充分地显露出来。

在马克思看来,当康德与黑格尔批判知性形而上学的独断性与抽象性时,它们实质上揭示了一个真理,那就是一切"理论立场"与"理论视角"都是"有限"的,任何把自身绝对化与终极化的做法都必然陷入不可克服的自相矛盾和内在冲突。但理论立场和理论视角的有限性并不是相对于形而上学的实体和大全,而是相对于生活实践而言的。自古以来,哲学把寻求"无条件的总体性"作为目标,但在理论哲学的视域里,这一"无条件的总体性"是逻辑化、概念化的超感性实体。但在实践哲学范式里,超感性实体不过是无根的思辨幻象,生活实践才真正具有无限丰富与具体的"无条件的总体性"。因此,在实践哲学范式里,"有限"与"无限"、"一"与"多"的矛盾超越了理论哲学所固有的传统内涵,并转化为有限的理论视角与无限的生活实践之间的矛盾。

---

① 哈贝马斯:《后形而上学思想》,第 151 页。

　　这种矛盾首先体现为理论的"片面性"与生活实践的"全面性"之间的矛盾。任何一种理论认识都是带着认识者的"视角"所进行的认识，或者说任何一种认识都是"有我"的认识，带着认识者的"视角"和"自我"，它总是不可避免地带有"主观性"并渗透着认识者的立场与观点。这种主观性，这种立场和观点，在最深层的根据上，植根并内在于生活实践，马克思曾这样论述道："人的思维是否具有客观的真理性，这不是一个理论的问题，而是一个实践的问题，人应该在实践中证明自己思维的真理性，即自己思维的现实性和力量，自己思维的此岸性"，① 这即是说，理论不是生活实践之外以"上帝之眼"对于世界的"纯客观事实"的再现与掌握，而是植根于生活实践并对生活实践所提出的问题和挑战的回应，通过这种回应来推动生活实践的丰富与发展，是理论现实性和力量的来源和根据。另一方面，对于生活实践所提出的问题和挑战，不同的人们对它的意义的理解和解释是不尽相同的因而其作出回应的角度与方式也是各不相同的，因此，以生活实践为根据，理论的"客观性"不是如理论哲学范式那种试图彻底摆脱人的旨趣、主观性和利害关系的对"事实"的直观，它并不排斥人的"主观性"，相反，它是以发挥人的主观性与能动性为前提的。在此意义上，面对生活实践，人们总是从各种不同视角出发对之进行"解释"与"透视"，相对于生活实践这一总体，它们不可避免地"偏于一隅"因而具有"片面性"。对于理论所具有的这种性质，现当代许多哲学家已经从很多方面进行了阐发与论证。尼采明确否认存在那种脱离人的生命存在的对"自在之物"进行把握的"认识"，一切认识都体现着生命意志，是从主体出发的意义设置："什么可以单独成为认识？'阐述'，植入意义——不是'说明'。事实是没有的。我们这个见解历久而不衰"，② "实证主义者老是停留在'只有事实存在'的现象里。我要对它说，不！没有事实，只有解释！我们不能确定任何'自在的'事实，因为，作如此设想等于胡闹"，③ 无疑，尼采的这种观点完全是从权力意志这一形而上学立场出发得出的，它把认识的作用视为权力意志的工具，并以此为基础建立起

---

① 《马克思恩格斯选集》第 1 卷，人民出版社 1995 年版，第 55 页。
② 尼采：《权力意志》，商务印书馆 1991 年版，第 213 页。
③ 尼采：《权力意志》，商务印书馆 1991 年版，第 683 页。

了关于认识的"透视主义"观点，这与马克思有着重大的区别，但他对理论认识是关于"自在事实"的表象这种观点的解构，对于理论认识之"主观性"、"透视性"与"片面性"的自觉，是有着深刻的启示性的。韦伯的"理想类型"概念更为具体和系统地表达了理论认识所具有的这一性质，在他看来，理论概念与理论认识在根本上是一种"理想类型"，它具有如下特点：首先，理想类型不是对"现实"的简单描画或摹写，它是"指关于行动者与行动要素之间的关系的分类和陈述，亦即根据或参照行动者心中的思想和行动取向所依据的一个或几个准则所作出的分类和陈述，亦即根据或参照行动者心中的思想和行动取向所依据的一个或几个行为准则所作出的分类和陈述"，它是这样形成的："单方面地强调一个或几个观点，并将与这些单方面强调的观点相匹配的现象，亦即许多弥漫的、无联系的、或多或少存在和偶尔又不存在的个别现象，综合成为一个具有内在一致性的思维图像"，① 可见，"理想类型"具有这样几个最基本的特点。第一，它是认识者从自己的价值取向出发所进行的理论综合和建构；第二，它是对认识对象某些部分、某些特性和某些方面的集中表达。这二者意味着，由于生活实践所具有的无限丰富性与异质性，任何理论认识和理论概念都不可能穷尽生活实践的内容，理论作为理想类型的性质和功能就在于通过片面强调和凸显其中的某些方面，把它提升到纯粹理论的层次和高度。所有这些，都从不同角度表明这样一点：相对于生活实践的无限性与丰富性，理论总是具有"片面性"。这就产生了一个重大的矛盾："片面性"的理论如何把握"全面性"的生活实践？

与此内在相关，这种矛盾必然体现为理论的"同质性"或"同一性"与生活实践的"异质性"之间的矛盾。任何理论认识都必然是"同质性"和"同一性"的，这即是说，任何理论所提供的总是具有普遍性的知识，它在其体系内部必须遵循逻辑上"同一律"，保持思想的一贯性，为此目的，它必然要把现实生活的异质性成分予以祛除，把不符合理论一贯性需要的复杂和多样性因素悬置起来。恩格斯在批判黑格尔理论体系与其辩证方法之间的矛盾时，对于理论体系所具有的这一特点曾有过深刻的揭示：

---

① 参见韦伯：《社会科学方法论》，华夏出版社 1999 年版，第 90—103 页。

"黑格尔不得不去建立一个体系，而按照传统的要求，哲学体系是一定要以某种绝对真理来完成的。所以，黑格尔，特别是在《逻辑学》中，虽然如此强调这种永恒真理不过是逻辑的或历史的过程本身，但是他还是发现自己不得不给这个过程一个终点，因为他总得在某个地方结束他的体系。……这样一来，黑格尔体系的全部教条内容就被宣布为绝对真理，这同他那消除一切教条东西的辩证方法是矛盾的。"[①] 但与此不同，生活实践总是充满异质性和差异性，它是无限的差异性和异质性因素、力量和关系所构成的非逻辑的"总体性"，因而无法被囊括于任何一种理论体系中，甚至可以说，作为一个非逻辑的"总体"，它无法成为任何一种理论的对象。传统理论哲学的根本错误就在于试图以同一性和同质性的理论体系去实现对"无条件总体"一劳永逸地把握，结果导致了生活实践的抽象化与虚无化。超越理论哲学的立场，就是要自觉地意识到理论体系与生活实践的这种根本区别，自觉地意识到二者之间存在的重大矛盾并积极地寻求克服这种矛盾的妥当途径。

第三，这种矛盾必然体现为理论的"非历史性"与生活实践的"历史性"之间的矛盾。生活实践总是历史性的，它处于不断地自我创造和自我生成过程之中，正如狄尔泰所说的：生活的本性就是更多地生活，因此，生活实践是一条不断面向未来的"河流"，它不会静止在某个固定的点上而停滞不前。但与此不同，任何理论体系都是"共时性"的，正像列宁所指出的："如果不把不间断的东西割断，不使活生生的东西简单化、粗陋化，不加以划分，不使之僵化，那么我们就不能想象、表达、测量、描述运动。思想对运动的描述，总是粗陋化、僵化。不仅思想是这样，而且感觉也是这样；不仅对运动是这样，而且对任何概念也都是这样"，[②] 因此，相对于鲜活、流动的、创造性的生活实践，理论认识不可避免地具有"僵化"、"教条"的本性。这就必须产生了一个尖锐的问题：非历史性的、"僵化"和"教条"的理论如何把握历史性的、流动和鲜活的生活实践？很显然，这是一个具有根本性的矛盾。

第四，这种矛盾必然表现为理论的"封闭性"与"完备性"与生活实

---

① 《马克思恩格斯选集》，第4卷，人民出版社1972年版，第213—214页。
② 《列宁全集》第2版，第55卷，第219页。

践的开放性与关联性之间的矛盾。从前面所指出的理论体系所具有的那些特性实际上已经可以看出，任何理论都具有封闭性和完备性，这指的是它追求逻辑的融贯性和一致性，必然使得它把自身当做一个自足和充分的整体，并由此拒斥异质性与多样性因素的侵入，否则理论体系就会陷入自我悖谬与冲突。但与此根本不同，生活实践的一个特质恰恰就是向他者的开放性与他者的关联性，用海德格尔的说法，人的生存在世总是处于与他人、与他物的"因缘关系"之中，离开这种与他人、他物的"相对相关"性，生活实践就将成为空虚之物，因此，生活实践总是存在于与他人、与他物的关系网络之中，向他人开放，世界开放，在这种开放中不断实现自我超越和自我生成，是实践活动的内在要求。这清楚地表明，在理论的封闭性和完备性与生活实践的开放性与关联性之间存在着重大的矛盾。

以上四个方面，实质上从各个不同侧面分析和展示了有限的理论视角与无限的生活实践之间的矛盾。这就是实践哲学范式内辩证法所要面对、处理和解决的根本矛盾，它构成了实践哲学范式中辩证法最为基本的问题意识和思想主题。

把有限的理论视角与无限的生活实践之间的矛盾确立为实践哲学范式中辩证法的根本问题，使得辩证法彻底超越理论哲学范式中辩证法在解决"有限"与"无限"、"一"与"多"这一基本矛盾上所存在的内在困境。正如前面已经讨论的，在此问题上，理论哲学范式中辩证法一个无法克服的深层困境在于它试图在"辩证法的理论体系"里克服"有限"与"无限性"、"一"与"多"的矛盾，实现二者的统一，但它没有意识到，任何理论体系，包括辩证法的理论体系在内，在实质上都无法超越"有限"的立场，因此，在理论哲学的范式内来寻求这一矛盾的解决，实质上是把"有限"冒称为"无限"，它关于"有限"与"无限"、"一"与"多"的"辩证矛盾"实质上是虚假和无根的，马克思曾用"徒有其表"来描述和指称黑格尔辩证法的本性，可谓深中肯綮。理论哲学范式里的辩证法之所以陷入这一深层困境，根本原因就在于它不懂得真正的"无限"和"无条件的总体性"根本不是包括形而上学在内的任何理论体系可以最终捕获的"现成存在者"或"终极存在"，而是超越理论、而且作为理论本源性根基的生活实践。以生活实践为根据，上述理论哲学范式中辩证法的这一深层困境被充分地暴露出来，人们将自觉地意识到：要克服这一困境，就必须不再把"有限"与"无限"、"一"与"多"的矛盾看成"概念的知性规定"与"绝对精神"之间、"环节的必然性"与"全体的自由性"之间的矛盾，而是必须跳出理论哲学范式，在实践哲学的范式里，把有限的理论视角与无限的生活实践之间的矛盾，确立为辩证法的根本矛盾。

五、辩证法的"后形而上学"视野：未来研究展望

辩证法的实践哲学范式终结了辩证法的形而上学梦想，结束了辩证法成为关于"无条件总体"的绝对知识的幻觉。这一点决定了从实践哲学的范式中来阐发辩证法的理论内涵和探寻辩证法的理论形态，辩证法所呈现的思想视野必然是"后形而上学"的。

辩证法的"后形而上学"思想视野是辩证法从理论哲学范式向实践哲学范式转换的必然结果。理论哲学范式中的辩证法与形而上学视野中的辩证法实质是同一个问题的两种不同表述，前者所强调的是辩证法的理论性质、功能、主题与旨趣，后者所强调的是辩证法在思维方式与解释原则上的表现和特性。二者具有一种相互补充和相互为用的关系。实践哲学否定了理论哲学范式中辩证法在理论性质、功能、主题和旨趣上的自我理解与自我期待，这必然带来对辩证法所蕴含的、作为其前提的形而上学思维方式与解释原则的否定。因此，辩证法从理论哲学范式向实践哲学范式的转换，必然带来辩证法从形而上学视野向后形而上学视野的转换。

在实践哲学的范式里，传统辩证法理论的形而上学诉求完全是以否定与遗忘生活实践的本源性、无限性为前提的，这一点注定了传统辩证法理论的无根性与虚无性。如前所述，生活实践构成了人之存在、人的世界以及人与人、人与自然关系的根据，但按照形而上学的思维方式与解释原则，形而上学的终极实体才是这一切的原理与原因，辩证法的根本目标正是要以一种比知性形而上学更为"有效"和更为"深刻"的方式来达到与它的统一，一旦达到这一目标，哲学即成"神学"，辩证法即成"本体—逻辑学—神学"三位一体之"上帝之道"。马克思曾用"思辨神学"和"逻辑泛神论"来概括辩证法的这一特性，可谓极为准确。尤其值得重视

的是，我国思想家顾准曾富有洞见地指出：辩证法"需要有真正的宗教精神才发展得出来，黑格尔可以为证"，[①] 在《辩证法与神学》一文，他更对形而上学化的辩证法所具有的思辨神学本性进行了极为深刻的批判，并得出了"辩证法就是神学"[②] 的精辟结论。在此问题上，实践哲学的最为根本旨趣就是要否定辩证法的"神学"倾向，使之从"天国"回到生活实践的"尘世"基础上来。它表明着这样一种自觉意识的确立：形而上学的理论化、逻辑化的先验实体是纯粹理性的"幻相逻辑"的产物，它所迷恋的"真实世界"恰恰是以否定此岸的现实世界为代价和前提的，而此岸的现实世界，就是生活实践及其所彰显的世界，在此意义上，实践哲学范式具有鲜明的"后形而上学"取向。

正如前一节已经探讨的，在实践哲学范式里，辩证法所要处理的基本矛盾是有限的理论视角与无限的生活实践之间的矛盾。从生活实践的观点看，虽然形而上学视野中的辩证法理论把无限的终极实体视为"绝对"并把它作为概念辩证运动所要达到的终极目的，但任何理论，包括辩证法理论在内，实质上都是"有限"的，但沉浸于形而上学的幻觉中，这种"有限性"被深深地锁闭起来而无法自觉地意识到。生活实践击碎了形而上学的这种幻觉，暴露了包括形而上学在内的一切理论的有限性。于是，以生活实践为根基，传统辩证法所致力于解决的基本问题，即知性的有限规定与无限的绝对理念之间矛盾转换为有限的理论视角与无限的生活实践之间的矛盾。这一基本问题的转换，最为集中地体现了辩证法从形而上学视野向后形而上学视野的转变。

把有限的理论视角与无限的生活实践确立为辩证法的基本矛盾，使得辩证法企图成为超越"低级"的生活实践、成为关于终极实体的"真理"和"内涵逻辑"的观点成为幻觉。在处理和解决这一基本矛盾的过程中，辩证法超越了纯粹理论理性的立场与成为了内在于生活实践并推动生活实践的"实践理性"。

从生活实践的观点看，这里所谓"有限的理论视角"所指的是个体主观性或个人的主观理性，"个人的理论视角"并非传统形而上学和理论哲

---

① 顾准：《顾准文集》，贵州人民出版社 1994 年版，第 352 页。
② 顾准：《顾准文集》，贵州人民出版社 1994 年版，第 407 页。

学所宣称的那种高高在上、"不食人间烟火"的纯粹的深思与静观,而是对生活实践的领会与理解,对于每个人来说,他都拥有自己的思想、意志与情感,对于无论社会生活还是个人生活都有着自己的领会与理解,甚至通过经验与学习,形成自己的哲学、宗教、道德等观念。这些领会、理解和观念构成了个人的"世界观"和"意义世界",它既是个人生存于世的固有内涵,同时又是其指导个人生存于世的出发点和根据。

对于每个人来说,这种个人的主观性或个人的主观理性是"自足"和"完备"的,但是,相对于生活实践来说,它又是"有限"的。正如前面指出过的,生活实践不是任何一种"理论"的对象,它是无限的和总体性的,任何一种理论都无法实现对生活实践的整体性把握,在此意义上,个人的主观理性具有相对于生活实践的"非自足性"与"非完备性"。由此所带来的两个后果便是:第一,在对生活实践的领会与理解中,个人的主观理性总是呈现出多样性,社会生活中的每一个人都有自己的"世界观"、"人生观"与"价值观",这种多样性证明了每一个体生命个人主观理性的"有限性"与"相对性"。第二,个人主观理性所呈现的视野必须是充满差别甚至相互冲突的,它们带着不同的"自我",形成不同的自我意识与世界意识,没有两个是完全一样和可相互替代的,而且由于每个人的"成见"、在社会生活中所处位置等种种因素的影响,个人主观理性所形成的视域必然充满歧异并产生冲突,这种差异与冲突进一步说明了每一个体生命主观理性的"有限性"与"相对性"。第三,由于如上两个特点,决定了任何一种主观理性所代表的视角都不能取代其他主观理性的视角,充当普遍性和绝对性的"形而上学大全学说",成为对于所有人都具有普遍约束力与规范性的"神的视角"。

然而,生活实践在根本性质上却具有超越上述个人主观理性及其"有限视角"的无限性。正如前面所述的,生活实践构成了人的存在和世界以及人与世界关系的深层根据,它是一个具有无限丰富性的总体性范畴。对于人的存在与世界,人与世界关系,任何主观理性的有限视角都无法给予充分的把握,因为无论是人的存在与世界,还是人与世界的关系,都具有超越主观的知性规定的"无限性"与"总体性"。那么,个人主观理性及其有限视角如何来把握无限的、总体性的人的存在与世界以及人与人世界的关系？

很清楚，这是一个尖锐的矛盾。上一节所分析的理论的"片面性"与生活实践的"全面性"、理论的"同一性"与生活实践的"异质性"、理论的"非历史性"与生活实践的"历史性"、理论的"封闭性"与"完备性"与生活实践的"开放性"与"关联性"之间的矛盾，都是这一矛盾在各方面的具体表现。

那么，如何解决这一重大矛盾？从哲学史上看，前述传统形而上学与理论哲学范式辩证法的深层任务和重大主题就是为了解决这一重大矛盾。这一点，我们在前面已作过批判性的分析，并指出由于它对生活实践的遗忘和否定所产生的内在困境，这一内在困境表明了它对上述矛盾的解决与克服所具有的虚假和无根的本性。在我们看来，要切实解决这一矛盾，必须实现形而上学思维方式与理论哲学范式的双重克服。通过这种克服，辩证法的思维方式与实践哲学的理论范式二者将内在统一在一起，辩证法将因此成为内在于生活实践并推动生活实践的"实践理性"。

众所周知，在哲学史上，对"实践理性"问题最早进行探讨的是亚里士多德。亚里士多德虽然没有使用"实践理性"概念，但他第一个对理论活动相对的"实践智慧"进行了哲学的分析与阐释。亚里士多德把人的活动划分为理论、技术与实践三个基本类型。理论活动包括数学、物理和神学（形而上学或第一哲学）三门学术研究活动，其中物理学研究"可独立而非不动变的事物"，数学研究"不动变而包涵于物质之中不能脱离物质的事物"，而神学（形而上学或第一哲学）研究的是"永恒、不动变而可脱离物质的事物"，三者之中，神学（形而上学或第一哲学）具有最高的优先性。① "技术"属于"创制"而不是"实践"，它是为了某种"外在的目的"而进行的创制活动。② 实践与理论与技术都不一样，首先它与理论活动不同，后者以永恒、不变事物为对象，但实践则是以可变事物为对象，同时，它与技术活动也不同，后者是为了满足某种外在目的，而"实践则没有，良好实践自身即目的"。③ 由于实践活动区别于以永恒不变事物

---

① 亚里士多德：《形而上学》，商务印书馆 1959 年版，第 119—120 页。
② 亚里士多德：《尼各马科伦理学》，中国人民大学出版社 2003 年版，第 126—127 页。
③ 亚里士多德：《尼各马科伦理学》，中国人民大学出版社 2003 年版，第 127 页。

为对象的理论活动，因此，在实践活动中起主导作用的不是普遍性的、在任何时间和任何地点都适用的"终极真理"，而是此时此地什么是行得通的，什么是可能的以及什么是善的"实践智慧"。

在亚里士多德的描述中，我们可以发现，这种实践智慧具有如下主要特点。首先，实践智慧"不是对普遍的知识，而应该通晓个别事物"，① 因此，实践智慧与思辨智慧不同，它需要的不是关于"无条件总体"或形而上学实体的先验真理与普遍原则，而是一种对时间、地点和方式是否恰当的判断能力以及在恰当时间、地点和方式下做正当的事的能力，以异质性、多样性和个别性的现实生活中的特殊事物为关注中心。其二，它追求的是自身的"内在利益"而非"外在利益"，这一点麦金泰尔的概括是中肯的：实践的意思是："通过任何一种连贯的、复杂的、有着社会稳定性的人类协作活动方式，在力图达到那些卓越的标准——这些标准既适合于某种特定的活动方式，也对这种活动方式具有部分决定性——的过程中，这种活动方式的内在利益就可获得"，② "内在利益"相对于"外在利益"，后者指的是个人的财产和占有物，这是技术的"创制"的而前者则是指德性的拥有与获得，它"必然是对人的善，是以理性而实践的真品质"，③ 因此，实践智慧是一种通过实践活动培养与形成人的内在德性与品质的智慧，是一种"善于策划对自身的善以及有益之事"④ 的智慧。第三，实践智慧总是在人的具体的实践活动中体现和完成自身，通过具体的实践活动生成和培养人的德性，是实践智慧的宗旨："我们必须先进行实践活动，才能获得这些德性。我们必须制作才能学会。例如，建造房屋，才能成为营造师，弹奏竖琴，才能成为提琴手。同样，我们做公正的事情才能成为公正的，进行节制才能成为节制的，表现勇敢才能成为勇敢的"，⑤ 因此，实践智慧不是普遍原则的运用，而是与具体的情境相关联，能够在一定时间、地点和条件下作出明智选择与决策的智慧。第四，实践智慧是一种体现在个人生活整体中的智慧，它总是涉及到与他人、与社会共同体、与公

---

① 亚里士多德：《尼各马科伦理学》，中国人民大学出版社 2003 年版，第 130 页。
② 麦金泰尔：《德性之后》，中国社会科学出版社，第 237 页。
③ 亚里士多德：《尼各马科伦理学》，中国人民大学出版社 2003 年版，第 127 页。
④ 亚里士多德：《尼各马科伦理学》，中国人民大学出版社 2003 年版，第 126 页。
⑤ 亚里士多德：《尼各马科伦理学》，中国人民大学出版社 2003 年版，第 28 页。

共生活场景的关系，德性的实践是在城邦这个共同体中进行的，实践智慧就是一个人在城邦中如何形成和培养德性的智慧。麦金泰尔的概括十分中肯：亚里士多德"明确表述了一种隐含在一个受过教育的雅典人的思想、言论和行动中的论点。他寻求的是最好城邦中最好公民的理性声音，因为他认为城邦是人类生活的德性能得到真正而充分的展现的唯一政治形式。因此，一种德性的哲学理论是这样一种理论：其题材是那个时代最好的德性实践所隐含的，也以这种实践为先决条件的前哲学理论，这种理论当然并不必需那种实践，而隐含在实践中的前哲学理论是这种理论的标准，因为哲学必须有一个社会学，或者如亚里士多德所说的，政治学的出发点"，① 在此意义上，亚里士多德把"政治学"视为实践哲学的主要内容。

从亚里士多德的著述中，我们可以看到，他在讨论"思辨德性"与"伦理德性"、"理论智慧"与"实践智慧"的关系时，一个总的倾向仍是把前者看做高于后者。亚里士多德认为，思辨理性与理智德性是第一位的，它引向人通向"神性"，代表着最高的幸福，与之相比，"合乎其他德性的活动是第二位的"，与思辨德性相比，实践智慧的重要性与完美性相形见绌。很显然，亚里士多德的这种思想与其对形而上学无上地位的尊崇是内在关联的。就此而言，亚里士多德关于实践智慧的思想仅是其整体哲学思想中的一个局部。但是，从上述关于实践智慧的简要描述，我们可以发现这样几个深具启发性的思想。第一，实践智慧所体现的不是理论理性，而是实践理性，它所追求的不是普遍的形而上学知识，而是与特殊性、个别性与情境性事物相关的实践知识，这表明，实践智慧作为"知识"与实践行为不是一般总体性原理对异质和差异性因素的外在规范关系，而是内在于实践行为、体现在实践行为之中的实践之知。第二，与前者相关，实践智慧必然呈现为异质性、多样性的形态，而不是放之四海而皆准的普适性真理。第三，实践智慧既与个人的善、又与城邦的善内在相关，既与一个人成为一个好人、又与一个人成为一个好公民内在相关，它是一种追求个人之善与共同体之善内在统一的智慧。

当亚里士多德强调实践智慧既与个人的德性相关，又与共同体的善相

① 麦金泰尔：《德性之后》，中国社会科学出版社，第186页。

关时，今天的人们会提出的一个问题是：从个人角度看，实践智慧是异质性与差异性的，它总是适用于具体时间、地点和情境的"有限"的智慧，但从共同体的善的角度看，实践智慧又具有超越个人的普遍性与公共性，那么，这种个人性与公共性、有限性与无限性、特殊性与普遍性的矛盾如何解决？按照亚里士多德的思路，这是一个根本不需要证明的不是问题的问题，因为个人与城邦本身就是内在统一的。麦金泰尔对此曾作过精辟的分析，他认为，按照亚里士多德的观念，"我的生活故事是永远被包括在我得到我的身份的那些社会共同体的故事中"，①　个人的德性实践与城邦公民群体的善是不可分的，判断一个人的德性的根据，在于其具体时间地点和环境中的具体实践行为，而个人的实践行为与社会共同体是一种一体性的关系，德性与城邦不可分离，只有在依据后者，德性才可以得到明确的界定："做勇敢的事就不准脱离岗位、逃跑或抛弃武器。做节制的事就不准通奸和粗暴，做温和事就不准殴打和谩骂，对其他德性和恶行也是如此"，②　勇敢、节制、友谊、正义等德性都是政治共同体的组成部分，就此而言，实践智慧实质上就是根据社会共同体对个人角色的要求、对个人责任、义务与权利的规定，在特殊的、具体的条件下对"正确的"行为的选择与策划。因此，在亚里士多德那里，在实践活动中，个人智慧的有限性与社会整体德性的无限性，乃是不分轩轾、不可分离、处于源始的统一关系之中。

可以看到，当亚里士多德以个人智慧的有限性与社会共同体德性的无限性之间的关系视为一种源始的统一关系之时，他并没有真正以一种辩证的方式提出和探讨二者之间的矛盾关系问题。很显然，这是与传统社会结构的特性内在相关的。但是，在现代社会中，这种个人智慧的有限性与整体实践的无限性之间的"有机统一"不复存在，取而代之的是："现代把每个人的生活分隔成各种片段，每个片段都有它自己的准则和行为模式。工作与休息相分离，私人生活和公共生活相分离，团体则与个人相分离，人的童年和老年都被扭曲而从人的生活的其余部分分离出去，成了两个不同的领域。所有这些分离都已实现，所以个人所经历的，是这些相区别的

①　麦金泰尔：《德性之后》，中国社会科学出版社，第278页。
②　亚里士多德：《尼各马科伦理学》，中国人民大学出版社2003年版，第97页，

片段，而不是生活的统一体"。① 这就意味，有限的个人视角与无限的生活实践之间原始的统一性不复存在，二者之间的矛盾凸显为一个尖锐的课题。

康德对此有着清楚的意识。他对"幻觉逻辑"的批判表明，上述"有限"与"无限"、"一"与"多"的矛盾的解决，不能依靠理论理性颁布"法则"来解决，如果寄希望于理论理性来确立法则，其结果必然导致不可克服的相互冲突与内在矛盾。在康德看来，实践理性的道德法则是个人主体的善良意志的自我立法，虽然普遍道德法则以个人主体的自律意志为根据，但它具有超越一切经验偶然性和感性多样性的普遍性，因而是对于所有个人都具有约束力和公共性的"绝对命令"。康德说道："在世界之中，一般地，甚至在世界之外，除了善良意志，不可能设想一个无条件善的东西。……善良意志，并不因它所促成的事物而善，并不因它期望的事物而善，也不因它善于达到确定的目标而善，而仅是由于意愿而善，它是自在的善"。② 与此同时，这种"善良意志"所确立的道德法则具有无限的普遍性："行动所依从的准则必定是以自身成为普遍规律为目标的准则。这一原则也就是定言命令的公式，是道德的原则，从而自由意志和服从道德规律的意志，完全是一个东西"，③ 这即是说，康德试图以"道德主体性"及其"善良意志"为根据，沟通个人理性的有限性与社会理性的无限性，统一个人自我意识的相对性和公共生活及其意识的普遍性。

正如我们前面曾给予高度肯定的那样，康德对理论理性的批判以及对实践理性的优先性是哲学史上重大的贡献。但是，上述康德确立实践理性时处理个人主体的自由意志与普遍性、无限性的道德法则之间矛盾的方式却是独断的，他把后者奠基于个人自由意志的自我立法之上，以"普遍性原理"先验地断言了二者的统一性，认为无需对有限的个人主体性与无限的普遍道德法则之间的统一性进行论证。然而，正如当代哲学家们从各个角度所批判的那样，从个人主体性的视角为根据，得出无限性的普遍法则的有效性，这是康德哲学中主体形而上学立场的表现，它表明康德并没有

---

① 麦金泰尔：《德性之后》，中国社会科学出版社，第 257 页。
② 康德：《道德形而上学原理》，上海人民出版社 1986 年版，第 42～43 页。
③ 康德：《道德形而上学原理》，上海人民出版社 1986 年版，第 101 页。

真正彻底的摆脱和超越形而上学的思维方式与思想立场，并没有真正实现实践哲学的根本性转向。实际上，个人主体性视角的有限性与普遍法则的无限性之间是一对需要解决的"矛盾"，从前者是无法合理地推出后者来的。在我们看来，康德对理论理性领域"辩证幻象"的批判与否定是深刻的，但他因此而完全把"辩证法"视为一个消极的概念却是片面而狭隘的。在实践理性问题上所存在的独断性和抽象性，其根源正在于实践理性与辩证法的分离。

黑格尔看到了康德这一内在局限性。他力图克服康德哲学主观思想的缺陷，把实践哲学从个人有限的主体性视角中跳出来。黑格尔引入了主体间性的思想，哈贝马斯对此概括道："黑格尔用'爱和生命'中表现出来的主体间性的一体化力量，来反抗以主体为中心的理性的权威。主客体之间的反思关系，被（最广义的）主体间的交往中介所取代。生动的精神是建立一种共同性的媒介，在这种共同体当中，一个主体既懂得与其他主体取得一致，又能够保持其自我。主体的个性化是交往受到阻碍的动力，而这种交往的终极目的是重建伦理关系"，黑格尔试图通过主体间性的"伦理关系"来取代主观性的"道德"，从而克服康德实践哲学的独断性与抽象性。然而，正如我们在前面第二节曾分析过的那样，由于黑格尔根底上的理论哲学立场与形而上学思维方式，所以其关于实践理性的辩证思想最终让理论理性占据了上风并因此陷入了自我窒息。

从上述简要回顾可以看出，在哲学史上，哲学家们在阐发主观理性的有限视角与生活实践这一无限总体的矛盾时，辩证法与实践理性始终是相互分离的。辩证法，例如柏拉图和黑格尔的辩证法是以理论理性作为根据和旨归的，因此它对实践理性始终没有给予应有的优先地位。另一方面，对实践理性的探讨与阐发又是以缺乏辩证观点为前提的，这使得它对实践理性的理解最终难以彻底摆脱形而上学思维方式与理论哲学的范式。正是在此意义上，克服这种分离状态，实现二者的内在统一，使辩证法成为实现生活实践自我理解与自我规范的实践理性，是辩证法超越理论哲学范式和形而上学思维方式，推动辩证法理论形态的根本转换的根本途径。而在此方面，马克思与现、当代实践哲学家们作出了实质性的贡献。

我们认为，从当代哲学的视野出发，这种辩证法与实践理性的内在结合与统一主要体现在如下方面。

第一，辩证法成为引导社会生活中个人主观理性超越自身、生成社会公共理性的实践智慧。生活实践作为人的生存方式，一个重要的特性就是它的社会关系性质，正因如此，我们经常又把"生活实践"又称为"社会生活实践"，这就意味着，社会生活实践具有超个人的公共性与主体间性，它要求每个人与他人的"共在"，在人与人相互作用的"社会生活共同体"中筹划共同的生活和创造共同的生活世界。这是生活实践的内在要求和题中之义，正是在这个意义上，马克思才说"社会生活在本质上实践的"，才强调"正像社会本身生产作为人的人一样，社会也是由人生产的。活动与享受，无论就其内容或就其存在方式来说，都是社会的活动和社会的享受"①。离开社会生活的公共性与主体间性，社会生活实践将成为不可能。然而，另一方面，与生活实践的这种性质与内在要求不同，对于社会生活中的个人来说，他所代表的总是一有限的个体理性，作为"个体理性"，每一个体充满着异质性、多样性和差异性，但社会生活中人们之间的共在关系具有超越个人有限性视角的无限性，通过处理社会生活中个人有限性视角与人们共在关系的无限视角之间的矛盾关系，辩证法成为内在于社会生活的实践理性。

第二，辩证法成为理解与把握人的存在的内涵逻辑。如果说第一方面是从人与人的关系的角度凸显辩证法的实践理性内涵人的存在的角度显现辩证法作为实践理性的内涵，那么第二方面，因社会生活本质上是实践的，正如前面所述，在实践哲学的视角里，生活实践是人的存在的内在根据与本源性基础，这使得哲学超越了传统形而上学与理论哲学范式中关于人的实体化、知性化理解，人的存在成为在生活实践中生成自身的生存实践性存在。传统形而上学的思维方式和理论哲学的思维范式由于其对生活实践的疏离因而它对于这种人这种生存实践性存在也必然是疏离而陌生的，生存实践性的人的存在内在地需要一种与其存在方式相适应的理解与把握方式。辩证法正是这样一种理解与把握方式，通过对生存实践性的人的存在的自我理解，辩证法成为推动人不断自我丰富、自我发展的思想力

---

① 《马克思恩格斯全集》第 3 卷，第 301 页。

量并因此成为内在于生活实践并推动生活实践的实践理性。

第三，无论作为理解与把握人的存在的内涵逻辑、还是作为生成社会公共理性的实践智慧，辩证法的根本目标都在于推动"人的自由"与"社会的发展"，因此，"自由"与"发展"是辩证法作为实践理性的重要价值。在这里，"自由"与"发展"不再具有形而上学视野和理论哲学思维范式中所呈现的含义，而是在实践哲学思维范式与后形而上学视野中获得了新的内涵。

第四，通过如上三个方面，辩证法的根本性质，即"批判性"得到了充分的体现。在此，辩证法的批判性既是辩证法作为实践理性的重要表征，同时又是辩证法作为实践理性的题中固有之义。这种批判性彻底摆脱了传统形而上学与理论哲学思维的束缚和桎梏，并在后形而上学视野与实践哲学范式呈现出全新的意义。

以上四个方面，最为突出地展现了辩证法作为实践理性的内涵与旨趣。通过对它们的系统和深入的探讨，将使马克思哲学的辩证法呈现出崭新的面貌，马克思哲学辩证法将在一个更为广阔的思想视野中得到丰富与充实。[①]

---

① 对此所进行的系统探讨，请见即将出版的《实践理性与辩证法——后形而上学视野中的辩证法》一书。

第八章 马克思主义历史观研究

一、唯物主义历史观研究：问题、观点与思路

唯物主义历史观的创立使哲学以至整个社会科学发生了革命变革，它像一个巨大的引力场，吸引着一代又一代学者进行不懈的研究，各种论著可谓汗牛充栋。然而，唯物主义历史观研究又是一个问题的王国。面对各种折磨人的耐心的问题，学者们可谓仁者见仁，智者见智，各种观点不很一致甚至很不一致。这里，我拟就国内唯物主义历史观研究中的几个重要问题及其主要观点作一考察和审视，以期深化我们对唯物主义历史观的研究。

（一）关于社会的本质和存在方式

关于社会的本质问题，是唯物主义历史观首先要解决的问题，社会的存在式问题则是社会本质问题的深化和展开。

客观性是社会的本质，这是我国哲学界长期以来的共识。的确，社会是客观的，唯心主义历史观的重大缺陷之一，就是否定社会的客观性。但由此认为客观性是社会的本质，却未必正确。这是因为：（1）自然界也是客观的，客观性实际上是人类社会和自然界的共性，客观性是社会本质观点没有揭示出人类社会的本质特征；（2）否定社会的客观性当然是唯心主义历史观，但承认社会的客观性却未必就是唯物主义历史观，自然主义历史观就承认社会的客观性，而且从客观的自然规律导出所谓客观的历史规律。

506

20 世纪 80 年代以来，我国哲学界重新认识并进一步探讨了社会的本质问题，取得了较大的进展和突破。这种进展和突破集中体现在确认社会本质上是实践的。实际上，确认实践是社会的本质，这并非发现"新大陆"，是"重归"马克思。不是别人，正是马克思在《关于费尔巴哈的提纲》中，明确提出"全部社会生活在本质上是实践的。"马克思的这一论断准确而深刻地提示了社会的本质，表明实践的观点是历史唯物主义首要的基本的观点。

第一，从人类社会的起源来看，社会本质上是实践的。劳动是人"使自己和动物区分开来的第一个历史行动"，也是人类的"第一个历史活动"。① 这就是说，劳动是使人类社会从自然界独立出来的基础，又是人类社会区别于自然界的特殊本质的标志。正如马克思所说，"一当人开始生产自己的生活资料的时候……人本身就开始把自己和动物区别开来。"②

第二，从人类社会的基本内容来看，社会本质上是实践的。无疑，人是社会的主体，有生命的个人的存在是社会存在的第一个前提。但是，社会并不是个人的简单相加，而是人们之间各种关系的综合，人们之间的经济关系、政治关系和思想关系构成了社会的基本内容。实践是全部社会关系得以形成的基础。具体地说，实践是人类为了满足自身的需要而占有自然物的活动，是人以自身的活动来引起、调整和控制人与自然之间物质变换的过程。在这个过程中，人和人之间也要结成一定的关系（如劳动资料的占有和使用的关系，劳动的分工与协作的关系等等）才能实现这种"物质变换"。实践不仅生产人们生存和生活所必需的物质产品，而且同时也生产着人和人之间的经济关系，不仅建立了人和自然界之间的现实关系，而且建立了同这种关系相适应的人与人之间的社会关系。马克思指出："生命的生产，无论是通过劳动而达到的自己生命的生产，或是通过生育而达到的他人生命的生产，就立即表现为双重关系：一方面是自然关系，另一方面是社会关系。"③ 同时，实践还是人们有目的、有意识的自觉活动。正如马克思所说："劳动过程结束时得到的结果，在这个过程开始时

---

① 《马克思恩格斯选集》，第 1 卷，人民出版社 1995 年版，第 67、79 页。
② 《马克思恩格斯选集》，第 1 卷，人民出版社 1995 年版，第 67 页。
③ 《马克思恩格斯选集》，第 1 卷，人民出版社 1995 年版，第 79－80 页。

就已经在劳动者的表象中存在着，即已经观念的存在着。他不仅使自然物发生形式变化，同时他还在自然物中实现了自己的目的，这个目的是他所知道的，是作为规律决定着他的活动的方式和方法的。"① 这就是说，实践不仅包括人与自然，人与人的关系，而且体现着人与其意识的关系，实际上，它以萌芽的形式包含着一切社会关系，或者说，实践以浓缩的形式包含着全部社会关系。实践是全部社会关系的发源地。

第三，从人类社会变化和发展的基础来看，社会在本质上是实践的。社会发展规律不是存在于人的实践活动之外或凌驾于人的实践活动之上，而是形成、存在并实现于人的实践活动之中。在实践活动中，人不仅同自然界进行物质变换，人和人之间进行劳动互换，而且人们还同自然界进行观念和物质的转换，即物质存在反映到人的头脑中转换成观念存在和由观念转变为现实的客观存在。正是这种"物质变换"、"劳动互换"以及"物质和观念转换"的交织运动，构成了人类实践活动的内在规律，表现为一种最终决定人类行为结局的力量，即社会发展规律。社会发展规律也就是人类实践活动的内在规律，或者用恩格斯的话来说，就是人们社会行动的规律。

肯定社会的本质是实践并不是对社会客观性的否定。这是因为，实践本身就是一种客观活动，是人以自身的活动来引起、调整和控制人和自然之间的物质变换过程。肯定社会本质是实践的，实际上是在肯定客观性是自然和社会的共性的基础上，深入到社会领域的特殊矛盾，找出其特殊本质或根本性质，从而揭示出自然界与人类社会的本质区别，是对社会认识的深化。

从直接形态来看，社会就是由相互联系的人们所构成的总体，但是，把社会仅仅归结为人与人之间的关系又是不全面的，这只是对社会的"狭义"理解。实际上，人与人之间的只是社会主体内部的关系，而完全意义上的社会，不仅包括社会活动的主体，同时也包括社会活动的客体。即人类每天都面对着并对之进行改造的自然界。因此，对社会的"广义"的理解，应把社会看做是人与自然之间和人与人之间双重关系的统一。唯物主

---

① 《马克思恩格斯全集》，中文1版，第23卷，第202页。

义历史观正是从人与自然和人与人之间双重关系的统一中去把握人类社会，并把实践规定为社会的存在方式。

人与自然和人与人的双重关系是在人类实践活动中形成和发展的。唯物主义历史观首先从静态的角度把社会理解为人与自然之间和人与人之间双重关系的统一，然后又着眼于动态，进一步把这双重关系理解为活动，从实践的角度去观察人类社会的各种现象、关系和过程，确认实践是人类社会的存在方式。社会同人的实践具有直接的同一性，对社会中的一切存在物和关系，只有从实践的角度才能得到正确的理解，社会结构的改变和人本身发展的一致，只能被合理地理解为革命的实践；对于社会的发展，也只有从实践的角度才能得到正确的理解，一切历史发展都根源于生产力和生产关系的矛盾运动，而生产力和生产关系不过是物质生产实践的两个方面。生产力是人们的实践能力，而生产关系则"是他们的物质的和个体的活动所借以实现的必然形式"①。实践是人类社会的独特的存在方式。

（二）关于历史的主体和创造者

社会的主体性或历史的主体性问题是当代哲学争论的中心问题之一。为了全面而准确地把握历史唯物主义，近年来，我国哲学界对历史的主体性问题的探讨不断深入，并由此引发出关于历史创造者的讨论。

什么是历史主体？在批判唯心主义和一切旧唯物主义的过程中，马克思提出了"现实的人是历史主体"的科学命题。在《1844年经济学哲学手稿》中，马克思指出：人类历史不过是人通过人的劳动而诞生的过程，作为历史创造者的人，既"是生活在社会、世界和自然界中有眼睛、耳朵等的属人的自然的主体"，也是"可以被思考和被感知的社会之主体的自为的存在"。在《神圣家族》中，马克思认为，"人是全部人类活动和全部人类关系的本质和基础"，离开了这个基础就不可能理解现实的历史。正像人是历史的人一样，历史是人的历史，离开了人及其活动，我们无法理解历史，并可能走向唯心史观。在《关于费尔巴哈的提纲》中，马克思进一步指出，一切旧唯物主义陷入唯心史观的主要原因就是，"只是从客体的形式"，而"不是从主体的方面"，即"感性的人的活动"去理解"事

---

① 《马克思恩格斯选集》，第2版，第4卷，人民出版社1995年版，第532页。

物、现实、感性"。在《德意志意识形态》中，马克思认为，从事活动的、进行物质生产的人是人类历史的前提，是"一切历史的基本条件"，"只要描绘出这个能动的生活过程，历史就不再像那些本身还是抽象的经验论者所认为的那样，是一些僵死事实的搜集，也不再像唯心主义者所认为的那样，是想像的主体的想像的活动。"在《1857—1858年经济学手稿》中，马克思再次指出，"主体是人"，"社会本身，即处于社会关系中的人本身……而作为它的主体出现的只是个人，不过是处于相互关系中的个人"，人是"劳动的主体"，从而也是"社会联系的主体"。正像社会本身创造着作为人的人一样，人也创造着社会历史。

可见，肯定现实的人是历史的主体，确认历史无非是人类实践活动在时间中的展开，这是马克思的一贯思想。从《1844年经济学哲学手稿》到《资本论》，反映了马克思关于历史主体理论的前后一致性和一贯性。

"回到马克思"，确认从事实践活动的现实的人是历史的主体，这已成为我国哲学界的共识。对与此相关的是如何理解历史过程的主体性或历史唯物主义的主体性原则。在我看来，主体性即人的特性，它是历史主体在改造客体的对象性活动中体现出来的特性，表现为人总是从自己出发；即从自己的内在需要、利益、爱好、愿望出发，主体性的实现形式却是客观的，表现为占有和把握"物的形式"，以满足自己的需要，主体性的本质特征就是实践性。与此相应，主体性原则的特定含义是指人类是主体性存在物，而主体存在物把一切都当做人类的有用物，总是从自己的内在尺度出发来把握物的尺度，并以此改造和占有物。把这一特点贯穿一切领域、一切方面，就是主体性原则。这一原则对于历史观的重大意义就在于：不再把社会历史看做是某种脱离人、外在于人的运动过程，而是把它看做在人的实践活动过程中对人生成的，历史是人的实践活动在时间中的展开。唯物史观的主体性原则也就是实践原则，在其展开形式上，实践原则集中地体现了主体性原则。

但是，在对历史主体性的理解上仍存在着较大的分歧，主要有以下四种观点：

第一种观点认为，主体性原则就是主观能动性原则，在历史唯物主义中，客观性原则是首要原则，人的内在尺度有其客观物质根据并受外在尺度的制约。马克思既批评了只从客体出发把握事物的旧唯物主义，同时也批评了只从主体角度把握事物，否定客体对主体的制约性的唯心主义。实践原则既不是片面的主体性，也不是片面的客体性，而是以扬弃的形式包括这二者。

第二种观点认为，历史的主体性表现在四个方面：（1）历史运动的合目的性，即在实践中，目的这一主观的环节插入了客观的因果链条，作为客观运动的现实原因发挥着作用，构成了主体运动特有的合目的性联系，合目的性是历史的主体性的主要表现；（2）作为历史主体的人对历史发展多种可能的选择性，以及由这种能动选择所带来的满足人类生存和发展需要的合理性；（3）主体在实践活动中对现实社会的改造和对未来理想社会的追求而造成的对历史的不断超越性；（4）历史规律具有自为性，是主体运动的规律和组织规律，这就是说，历史规律具有主体性。

第三种观点认为，人的主体性即人作为历史活动主体的本质属性，它包括三个方面：（1）能动性，这种能动性实质上是对现实的选择；（2）创造性，这种创造性实质上是对现实的超越；（3）自主性，即自己支配自己的权力和可能。

第四种观点认为，历史的主体是人，人的主体性不同于主观性，也并非与客观性离异，其真正坐标位于自然性和神性之间。自然性即自在性、给定性，绝对必然性和偶然性是其存在的基本形式；神性即绝对自由、创造性和目的性的化身，它是理想化人性的对外投射，是人对永恒、完善的内在渴望的外化。从自然性角度看，人的历史活动是自由的，具有目的性和创造性，类似神的特征；从神性角度看，人在历史中永远受外物的束缚，这就决定人的悲剧命运，即人是有限的、不完善的，却渴求无限和完善，从而处于一种自我分裂中。这种双重导向，在具体历史过程中显示了主体性的双重内涵：一方面是人对自然控制增强，人与自然分化，人的本质力量不断拓展；另一方面是人的自我分裂，人的社会活动与社会关系的固定化、异己化，人的本质力量的弱化、丧失。

与历史主体问题密切相关的是历史创造者问题。我国所有的马克思主义哲学教科书都坚持人民群众是历史创造者的提法，并认为只有人民群众才是历史的创造者或动力，其论据是：（1）人民群众是社会物质财富的创造者；（2）人民群众是社会精神财富的创造者；（3）人民群众是社会制度变革的决定力量。与此同时，现行的历史唯物主义教科书又认为，伟大人物或历史人物是历史事件的当事人，是历史任务的发起者，是历史活动的组织者，是历史进程的影响者。由此产生一个无法回避的问题就是，作为历史事件的"当事人"，历史任务的"发起者"、历史活动的"组织者"和历史进程的"影响者"的伟大人物是否是历史的创造者？如果是，那就不能说"只有"人民群众"才是"历史的创造者，如果不是，那么，"当事人"、"发起者"、"组织者"，"影响者"与创造历史是什么关系？这是需要深入探讨和阐明的问题。

正因为如此，有的学者开始对"人民群众是历史的创造者"的命题提出质疑；有的学者明确指出："'人民群众是历史的主人'这种提法在马克思主义的经典著作里是没有根据的"；有的学者开始全面考察"人民群众是历史的创造者"和"人民群众是历史的主人"这两个命题的来龙去脉，认为这两个命题都具有一定的片面性，既缺乏马克思主义经典著作的依据，也不符合历史事实。按照这种观点，（1）人民群众创造历史的说法，起源于苏联哲学家对《联共（布）党史简明教程》某些观点的引申和附会，在马克思主义经典著作中找不到这样的观点，它是苏联哲学家尤金的首创。"人民群众是历史创造者"的观点值得怀疑。历史不是哪一部分人创造的，而是一切参与历史活动的人创造的。所有的人都参与了历史的创造活动，每一个人既是历史的"剧中人"，又是历史的"剧作者"。只讲英雄创造历史固然不对；只讲人民群众创造历史也是片面的。（2）尤金的这种提法传到我国，表述为"人民群众是历史的主人"，这一命题是在史学著作中首次提出和使用的。问题在于，并不是所有的历史都由人民群众唱主角，因而这种提法与历史事实不符，容易引起误解，似乎自古以来劳动人民就是主人了，就能够主宰自己的历史命运。在历史上，人民群众是作为被剥削者和被压迫者而从事活动的，他们的历史作用经常以曲折的、不显著的、有时甚至是被动的形式表现出来，只有在大规模地反对阶级剥削和压迫的斗争高涨时，劳动群众才可能成为历史舞台上的主角。

这一观点如巨石投水，在国内哲学界、史学界引起了激烈的争论、广泛的讨论。在讨论中大致形成了四种观点：第一种观点认为，人民群众是历史创造者的观点，不仅有"转述"中产生的错误，而且这个命题本身的逻辑推论也是错误的。这种错误表现在三方面：其一，这种观点把物质条件创造者和历史创造者完全等同起来，如果把创造社会物质条件的人民群众当做历史的唯一创造者，历史的许多现象就令人难解。其二，"人民群众是历史创造者"是与"英雄是历史创造者"相对立而产生的命题，二者各执一端，都有片面性。如果把人民群众当做历史的唯一创造者，实际上否定了英雄即个人的历史作用，与历史事实不符合。其三，"人民群众是历史创造者"不符合事实，不能正确说明历史。在长期的历史发展中，人民群众在黑暗中徘徊，无法认识社会发展规律和道路，不知道怎么去创造历史，他们的许多活动往往以失败告终。

　　第二种观点认为，创造历史的"人民群众"不是一个历史的或政治的范畴。马克思主义经典著作谈到历史创造者的问题时，没有用"人民"一词，而是用"人们"、"人们自己"等概念，此外还提出过"每一个人"这一概念。历史是社会的所有成员自己创造的，应该把"人民群众"这个概念作为"全社会全体成员"来解释，而不能理解为历史范畴和政治概念。无论在阶级社会中，还是无阶级社会中，都应该以社会全体成员来解释历史创造者问题。在阶级社会中，如果一部分人即人民是历史创造者，另一部分人即非人民不是历史创造者，那么历史的许多现象将无法得到解释，与历史事实不符合。如果把许多相互冲突的意志进行归类，就可以分出统治者、剥削者的意志和被统治者、被剥削者的意志。如果只承认人民群众是历史的创造者，就只能肯定人民的意志共同汇集成"合力"推动历史发展，而把反动统治阶级的意志排除了。实际上，反动统治阶级的意志也不等于零，也包含在总的历史"合力"之中，对创造历史起一定的作用。

　　第三种观点则认为，"人民群众是历史的创造者"和"人民群众是历史的主人"仍是应该坚持的正确命题，问题在于要对此作马克思主义的理解。这种观点认为，群众始终构成"人们"的大多数，马克思、恩格斯所说的"人们自己创造自己的历史"主要是指群众，不应把"人们"与群众对立起来，更不能由此断言。"人民群众是历史创造者"的提法不符合经典作家的原意。历史唯物主义讲人民群众创造历史，并不排斥个人作用，无论是英雄还是普通个人，都不能抹杀其创造历史的事实。在这个意义上说，所有的人，包括英雄都是历史的创造者。但马克思主义所说的"创造者"主要是指历史进步的推动者。那些妨碍或延缓历史客观进程的阶级、集团和个人，尽管他们也参加历史活动，甚至活动得很积极，给历史留下了很深的印记，但是，只要他们对历史进步没有起到推动作用，就不能赋予他们"历史的创造者"、"历史的主人"的美名。从总体上看，只有作为生产力的物质承担者的人民群众始终对历史起推动作用。在这个意义上，我们只能说人民群众是历史的创造者，而不能说所有的人都是历史的创造者。

第四种观点认为，"人民群众是历史的创造者"和"人们自己创造自己的历史"这两种提法是针对不同的问题，从不同的理论层次上回答人类"创造历史"的问题，在逻辑上并不存在矛盾。"人民群众是历史创造者"这一命题，不仅是在承认"人们自己创造自己的历史"这个总命题的前提下，从另一角度即"谁是历史的真正决定性力量"来回答人类创造历史的问题，而且"人民群众是历史的创造者"的命题是比"人们自己创造自己的历史"的命题更高的理论层次。这两种有关"创造历史"的提法，在含义上是存在差别的。"人们自己创造自己的历史"中的"历史"讲的是具体的历史，如中华民族的历史，而其中的"人们"也是具体的，既有领袖人物也包含着人民群众，这种具体的历史离开"人们"中的任何一部分都不可能构成完整的历史；而"人民群众是历史的创造者"所讲的"历史"，是社会发展史意义上的历史，它是抽象的，只反映人类社会发展的一般规律，并没有包括历史的全部内容。"人民群众是历史创造者"肯定了人民群众决定历史发展的大趋势、大方向，是站在哲学的高度，即在理论的最高层次上肯定人民群众的历史作用的。

（三）关于历史发展的规律及其实现机制

唯物主义历史观就是关于人类历史发展一般规律的科学，历史规律问题，因此是唯物主义历史观研究的重点。20世纪90年代以后，对历史规律的研究获得了较大的进展和突破，这集中体现在以下共识上，即历史规律并不是存在于人的活动之外或凌驾于人的活动之上的"绝对计划"，历史规律就形成、存在并实现于人的活动之中，表现为一种最终决定人类行为结局的力量。历史规律参与并制约着人的活动，决定着历史发展的趋势，从而使人的活动具有历史的性质，同时，人在其实践活动中能够认识、运用和驾驭历史规律。在我看来，历史规律形成并存在于人的活动之中，这是本体论意义的统一；人在实践活动中对历史规律的认知，这是认识论意义的统一。当然，在研究和讨论过程中还存在着较大的分歧，主要集中在关于历史规律的客观性历史规律的实现机制，以及历史发展的决定性与选择性关系这三个问题上。

一种观点认为，历史规律既有客观性、又有主观性或主体性。其主要论据是：历史规律是主体和客体、主观和客观辩证统一的规律，由人的需要、目的、意志和活动构成的历史规律内在地包含着主体的目的、意志和自觉性因素。从认识论的角度看，历史规律的客观性的涵义只能是：相对于构成历史规律的条件来说，历史规律是在人之外的客观存在，如这些条件不发生任何变化，历史规律就不以人的意志为转移。但是，没有人们的需要及反映需要的意识、目的，就没有历史规律，历史规律的变化性决定于社会条件的变化，而人类的需要、目的和意志就是重要的"主观"社会条件，它通过实践发挥作用必然导致客观社会条件的变化。因此，在一定程度上，历史规律的变化性取决于人的需要、目的、意志和活动的变化。同时，由于社会因素及其相互作用的复杂性，历史规律也有多种可能性，人们对于历史规律不仅有认识和遵循的义务，而且有选择、设计的权利。因此，应放弃"凡规律都不依人的意志为转移"的观点。

另一种观点认为，历史规律是主体运动的规律，这是因为：（1）历史主客体的相互作用形成历史规律，主客观关系是历史规律的本质和核心，即全部历史规律都渗透着主客观关系；（2）历史规律既不是机械的因果规律，也不能归结为统计规律，而是一种自为的规律，正是这种自为性，表明历史规律是主体的自由运动的规律，是主体的组织规律，或者说，自为性是历史规律的集中体现。

这两种观点有其合理性，即看到了历史规律的形成和实现都离不开人的活动，人是社会历史的主体，社会生活的确具有主体性，但我们不能由此认为历史规律具有主体性。这是因为：历史规律的形成和实现离不开人类的活动，不等于说人类活动就是历史规律，人的活动可以符合规律，也可以违背规律，历史规律是社会结构和各要素之间的本质的、必然的联系，并以社会结构及其要素为载体。如价值规律产生于人的经济活动之中，但其载体却不是人而是"物"，即商品，只要有商品生产就存在价值规律，这不以任何人或集团的意志为转移。我们应把活动本身和活动的规律区别开来，不能把构成活动的要素当成了构成规律的要素。这是其一。

其二，应正确把握历史规律与人的自觉性的关系。历史规律是主观的还是客观的，是由人的意志的决定还是相反，在这一层意义上，历史规律与自然规律没有区别，都不以人的意志，包括自觉性为转移；历史规律是自觉还是自发的实现，是在人的活动意志与活动结果的一致性中产生和起作用，还是相反，在这一层意义上，历史规律是否以人的意志或自觉性为转移，是由人们的实践水平决定的。

这就涉及到历史规律实现机制的问题。有的学者认为，历史规律实现机制就是历史活动的主体、客体、目的、手段、环境、结果等各种要素之间的相互制约、相互作用的过程、关系、功能、具体形式的体系，具体表现为两种形式：（1）客观机制，即历史规律通过社会环境对直接主体的影响，以及直接主体为追求自身利益和发展自己而进行的适应环境的行为方式；（2）主观机制，即主体依据其对基本社会关系及其发展规律的认识和价值选择，主观地设计出来的一套关于社会发展目标和道路、社会成员的地位和利益关系等规范化的法律、规章、政策、条例、惯例以及为制定、实施具体法规而设立的机构，采用的控制手段等相互制约的、具有特定功能的制度体系。两种机制在社会运行中各有其不可替代的功能。

探讨历史规律的实现机制必然涉及历史发展中的决定性和选择性的关系。所谓历史发展的决定性，是指历史运动具有规律性、必然性和因果制约性。具体地说，历史领域中具有普遍的因果关系，历史活动的每一个结果以及实际发生的历史事件都有其内在原因，历史中的主要因果关系形成历史必然性的序列，并使历史运动过程呈现出一定的轨迹、趋势。唯物主义历史观确认历史运动的规律性、必然性和因果关系的普遍性，并认为历史发展具有"终极原因"，即人与自然的相互作用以及生产力和生产关系的矛盾运动，因而是一种历史决定论。

就人类总体历史而言，唯物主义历史观确认历史发展是一个决定过程，表现为"五种社会形态"依次更替；就具体民族历史而论，历史运行并不是严格地按照"五种社会形态"的序列演进的。这里，历史选择性表现出重要作用。所谓历史选择，是指历史主体以一定的方式在可能性空间中，有意识、有目的地指向确定对象的活动。当一个民族的历史处在一个转折点时，历史发展往往显示出多种可能的途径，这多种可能性中的哪一种能够实现，则取决于这个民族的选择，取决于这个民族内部不同阶段或集团实践力量的对比。历史选择可以使一个民族跨越一种甚至几种社会形态，通过不同的道路走向较高级的形态。一个民族之所以作出这种或那种选择，有其特定的原因：（1）民族利益。民族的利益是一个民族进行历史选择的直接动机，从根本上规定着该民族历史选择的方向。（2）国际交往。国际交往常常为一个民族的历史选择提供"历史的启示"。正如马克思所说，"民族本身的整个内部结构也取决于自己的生产以及自己内部的交往的发展程度"。① （3）对历史必然性以及本民族特点把握的程度。一般说来，一个民族对历史必然性以及本民族特点的把握程度，直接制约着该民族历史选择的内容和方向。

历史的选择性并不是对历史决定性的否定。相反，二者具有内在的统一性。首先，历史选择的前提或对象——可能性空间是由人们不能自由选择的生产力所决定的；其次，人们通过历史选择而实现的"跨越"是有限度的，这个"限度"归根到底是由生产力决定的，而且"跨越"只是在所有制和政治制度上超越某种社会形态，而不可能跨越这种社会形态内所存在现实的生产力。例如，日耳曼人在征服了罗马帝国之后越过了奴隶制而直接走向封建制，但这种"跨越"归根到底，还是由生产力决定的。正如马克思所说，"封建制度决不是现成地从德国搬去的。它起源于征服者在进行征服时的军队的战时组织，而且这种组织只是在征服之后，由于在被征服国家内遇到的生产力的影响才发展成为真正的封建制度的。"②

在关于历史发展的决定性和选择性关系的讨论还有以下几种主要观点值得注意：

一是认为，唯物主义历史观既是历史决定论，又是历史选择论。唯物

---

① 《马克思恩格斯选集》，第2版，第1卷，人民出版社1995年版，第68页。
② 《马克思恩格斯选集》，第2版，第1卷，人民出版社1995年版，第126页。

史观的历史决定论，是基于实践的自我决定论或曰实践决定论。从实践观点出发，既可以引发出历史决定论，又可以推导出历史选择论，二者在历史唯物主义中达到有机统一。按照这种观点，社会物质条件和物质的社会关系，虽然不是人们随心所欲的产物，却是人们实践活动的结果；人们的能动性受着社会物质条件和物质的社会关系的制约，但并非是它们从属的附带的产品。生产力和生产关系的矛盾、冲突和解决，归根到底，只能是人们之间的利益和意志的矛盾、冲突和解决。整个人类历史是合乎规律的过程，也是人类为了自身的生存和发展进行选择、创造的过程。奴隶制、封建制、资本主义、社会主义都是人们根据自己的能力和利益对社会关系进行选择的结果。如果仅仅停留在生产力和生产关系、经济基础和上层建筑之间抽象的"决定作用"和"反作用"的层次上，把社会的物质条件、物质关系当做"主词"，把人类自身活动当做"宾词"，那在根本上就没有超出机械决定论的范围，实际上是类似自然决定论的东西。

二是认为，历史主体的任何活动都是选择性和非选择性的统一。这是因为：选择性普遍存在于一切生命活动中，其特点在于自觉性，它是主观能动性的体现，非选择性即主体活动具有不以主体的主观意志为转移的性质，即客观必然性，表明主体活动受到种种客观条件的制约，选择性与必然性虽为一对现实矛盾，但主体活动却是二者的统一，这种统一体现在人类能动活动的自我制约上，其客观依据是事物的根本性质和发展趋势，其主观根据则是主体自身的状况。

三是认为，唯物主义历史史观的历史决定论是以人的主体活动为基础的能动决定论。对历史规律的认识和揭示，正是为了使人们能以日益合乎规律的活动，自觉地创造自己的历史。按照这种观点，历史规律不一定是单值对应的线性因果关系，而往往是多值的非线性因果关系。因此，历史规律给人的活动所提供的并不是一种唯一的现实可能性，而往往是多种现实可能性，这多种可能性中哪一种能够实现，则决定于人的历史选择，而人们活动的历史环境以及认识或意识上的差异，又使一种可能性的实现具有多样的具体形式，同时，历史规律是非直接的、统计性的，只是作为一般趋势、一种平均数而存在，历史规律即历史必然性以偶然性为其表现形式。

（四）关于物质生产、人自身生产、精神生产的关系

物质生产、人自身生产、精神生产的关系及其历史地位的问题，本来与历史发展的规律问题密切相关，但由于这一问题在我国哲学界引起了较长时间的讨论，而且在讨论过程中出现了大起大落的现象，因此，我把这一问题单独加以介绍。

从总体上看，我国哲学界对物质生产、人自身生产、精神生产的关系及其历史地位的研究与讨论，大体经历了三个阶段：第一个阶段是 20 世纪 50—60 年代，这一阶段的研究和讨论受到苏联哲学界的影响，基本上否定了"两种生产"理论，即物质生产和人自身生产是历史发展中的决定性因素的观点，并认为把物质生产和人自身生产同等看待，是犯了"二元论"的错误；第二个阶段是 20 世纪 70 年代末到 80 年代初，这一阶段的研究和讨论则基本上肯定了"两种生产"理论，认为人类历史就是物质资料生产和人自身生产的历史，因而"两种生产"理论不是"二元论"，而是历史唯物主义的，即一元论直接生活的生产和再生产（包括人自身生产）是历史中的决定性因素；第三个阶段是 20 世纪 80 年代至今，这一阶段的研究和讨论充分肯定并深化了"两种生产"理论，同时提出了精神生产问题，并在此基础上全面展开了对"三种生产"——物质生产、人自身生产和精神生产之间关系的研究。问题的探讨还在不断地深入。

从历史上看，关于"两种生产"理论的争论始自对恩格斯一个著名论断的理解不同。在《家庭、私有制和国家的起源》第一版序言中，恩格斯指出："历史过程中的决定性因素归根结底是现实生活的生产和再生产。"①但是，生产本身又有两种。一方面是生活资料即食物、衣服，住房以及为此所必需的工具的生产，另一方面是人类自身的生产，即种的繁衍。一定历史时代和一定地区内的人们生活于其下的社会制度，受着两种生产的制约：一方面受劳动的发展阶段的制约，另一方面受家庭的发展阶段的制约。首先指责恩格斯这一观点的是"第二国际"的理论家亨利希·库诺夫，认为恩格斯的这一观点是"把性交同经济方式等量齐观"，否定了"社会制度和社会观点取决于经济发展水平"的唯物主义一元论，"完全破

---

① 《马克思恩格斯选集》第 4 卷，人民出版社 1995 年版，第 19 页。

坏了唯物主义历史观的统一性"。① 继而非难恩格斯这一观点的是俄国的米海洛夫斯基。在他看来，恩格斯"改变了最初的观点"，不得不承认在物质资料生产之旁还有"同等意义"的因素。苏联哲学界一度认为"两种生产"理论是不精确的提法，犯了"二元论"的错误。

对马克思主义哲学史的深入考察使我得知，"两种生产"理论从它形成的第一天起，就并非恩格斯个人的"独创"，而是马克思和恩格斯共同的思想结晶，是历史唯物主义的一贯的和基本的思想。具体的说，"两种生产"理论的制定经历了三个阶段：第一阶段是《德意志意识形态》时期，正是在这部著作中，马克思和恩格斯首次提出"两种生产"理论，即通过劳动而达到的"自己生命的生产"和通过生育而达到的"他人生命的生产"，这两种生产贯穿于人类历史的始终，决定着人类一切"自然关系"和"社会关系"；第二阶段是《资本论》时期。马克思从社会有机体再生产的角度探讨了"两种生产"的相互作用和历史地位，研究了人类自身再生产和社会机体总生产的关系，从而使"两种生产"理论获得了丰富性和具体性；第三阶段是《家庭、私有制和国家的起源》时期。这一时期，恩格斯根据马克思的人类史研究新成果和摩尔根的古代社会研究新成果，从总体上对"两种生产"作了高度的理论概括。

可见，恩格斯的"两种生产"理论固然凝结着恩格斯个人的智慧，但决不是对马克思思想的背离或改变了自己最初的观点。相反，恩格斯的《家庭、私有制和国家的起源》是马克思和恩格斯共同创立的"两种生产"理论在原始社会研究中的具体化，是马克思多年研究成果的理论概括和再现，用恩格斯自己的话来说，是对马克思"遗言"的完成。库诺夫、米海洛夫斯基对恩格斯的非难，充分显示出他们对马克思主义哲学史惊人的无知。

按照马克思的观点，"生产物质生活本身"，需要的满足和"新的需要的产生"，人自身的生产，即"每日都在重新生产自己生命的人们开始生产另外一些人"，这三者是不可分割的统一体，贯穿于人类历史的始终，并构成了人类的基本的历史活动。马克思特别指出："不应该把社会活动

---

① 亨利希·库诺夫：《马克思的历史、社会和国家学说》，中文 1 版，第 2 卷，商务印书馆 1988 年版，第 128、142 页。

的这三个方面看做是三个不同的阶段，而只应该看做是三个方面，或者……把它们看做是三个'因素'。从历史的最初时期起，从第一批人出现时，这三个方面就同时存在着，而且现在也还在历史上起着作用。"① 人类自身再生产，无论是自己生命的生产还是他人生命的生产，首先取决于物质生产的性质和水平，取决于物质生产所创造的"生活资料、享受资料和发展资料"的性质和水平。这是一方面。另一方面，离开了人类自身再生产，物质生产也就失去了能动的主体。从历史上看，人类最初的物质生产就是由人类自身生产的需要引起的，"这一步是由他们的肉体组织所决定的"，而且人们社会结合的最初动因也与人类自身再生产有关。因此，只有在物质生产和人自身生产的统一中，才有社会和历史。

物质生产和人自身生产不仅紧密相关，具有互补性，而且在不同的历史时期具有不同的地位和功能。物质生产对社会制度的形成和发展起主要的决定作用；这主要是指私有制产生之后，在原始社会，社会制度的性质主要不是直接取决于物质生产，而是取决于人类自身再生产，因为当时物质生产刚刚萌芽，它还不能完全地支配整个社会生活。正如马克思所说，家庭首先是人类自身再生产的组织形式，"家庭起初是唯一的社会关系。然而，当需要的增长产生了新的社会关系而人口的增多又产生了新的需要的时候，这种家庭便成为从属的关系了"。实际上，"劳动越不发展，劳动产品的数量从而社会的财富越受限制，社会制度就越在较大程度上受血族关系的支配。"恩格斯因此断言："亲属关系在一切蒙昧民族和野蛮民族的社会制度中起着决定作用。"② 换言之，随着文明史的诞生，亲属制度才退居次要地位，物质生产才成为社会发展的主要决定因素。

当然，有的学者不同意这种观点，认为不能否定原始社会也以物质生产为基础，理由是恩格斯在《家庭、私有制和国家的起源》中用"生活资料生产的进步"划分了"史前各文化阶段"，阐明了"家庭的发展是与此并行的"；恩格斯不仅阐明了亲属关系对氏族制度的决定作用，而且同时研究了它的"经济基础"。恩格斯的"两种生产"理论，反映的是人类历史发展的普遍规律，而不是某一历史阶段的特殊现象。

① 《马克思恩格斯选集》，第2版，第1卷，人民出版社1995年版，第80页。
② 《马克思恩格斯选集》，第2版，第4卷，人民出版社1995年版，第2、25页。

　　成熟的社会机体的发展不仅仅是物质生产运动的结果，而是多种生产运动的结果。这多种生产，在人类历史的野蛮时期，可以归结为两种生产，即物质生产本身生产；在人类历史的文明时期，可以归结为三种生产，即物质生产、人自身生产和精神生产。物质生产、人自身生产和精神生产相互适应、协调发展，社会才能得到正常发展，这是历史发展的基本规律。正因为如此，近年来，我国哲学界从"两种生产"的研究又上升到并展开为"三种生产"及其相互关系的探讨。

　　严格意义上的精神生产始自奴隶社会，始自脑力劳动和体力劳动的分工。从起源讲，精神生产是物质生产和人自身生产的产物；从历史过程和社会的"全面生产"来看，精神生产又是物质生产和人本身得以继续和提高的前提。这是一个只能在思维中而不能在实际中分开的过程。

　　就物质生产和精神生产的关系而言，物质生产是精神生产的基础，精神生产起初是物质生产的"直接产物"，继而是其"必然升华物"，"精神生产随着物质生产的改造而改造"，并受物质生产的内在规律支配。从总体上看，精神生产在其历史发展过程中与物质生产的具体历史形式是相适应的。同时，精神生产一旦从物质生活生产中分化出来，便具有相对独立性，有其自身独特的发展规律，它并不是在任何情况下都与物质生产保持同步，而是表现出某种不平衡。马克思指出：艺术等精神生产的"一定的繁盛时期决不是同社会的一般发展成比例的，因而也决不是同仿佛是社会组织的骨骼的物质基础的一般发展成比例的。"[①] 这是因为，艺术等意识形态的发展一般与社会矛盾的激化程度有关。社会矛盾越激化，社会生活越动荡，社会心理越起伏，对社会意识变革的要求也就越强烈，社会意识的发展速度因而也就越快。许多震撼人心、影响历史的精神产品正是在此时脱颖而出，并出现了"经济上落后的国家在哲学上仍然能够演奏第一提琴"的情况。

　　从关于精神生产与人自身生产的关系来看，人类自身生产是精神生产的自然前提，没有具有一定社会阅历和文化水平的人，也就没有精神生产及其主体；自精神生产相对独立化以后，人类自身生产也就直接或间接地

---

① 《马克思恩格斯选集》，第2版，第2卷，人民出版社1995年版，第28页。

处在精神生产的影响之下，人的肉体生产仅仅是人本身生产的自然基础，人类自身生产的实质，尤其是一代又一代新人的产生，不仅是肉体再生产，而且是智力和能力的再生产。在现代，要实现人的体力再生产，需要医学、优生学、遗传学等精神生产为它服务；要实现人的智力再生产，就需要系统的文化教育；要实现人的能力再生产，需要广泛的社会交往和各种智能的训练。人类自身再生产的性质和水平不仅取决于当时的物质生产状况，而且取决于当时的精神生产的性质和水平，离开了精神生产的一定发展，也就不可能有较高水平的人类自身生产。

关于"三种生产"的关系，有的学者认为：在人类社会中，人类自身生产是前提，物质生产是基础，精神生产是条件，三者相互适应，协调发展构成社会生产发展的基本规律。有的学者指出，在原始社会，人本身生产占主导地位；在阶级社会，物质生产占主导地位；在未来社会，精神生产将成为社会发展的主导因素。

还有的学者指出，从宏观上说，精神生产在整个社会生产中处于枢纽的地位，它受制于物质生产和人本身生产，同时又影响和驾驭物质生产和人本身生产，其功能具有全面性和辐射性，从而成为整个社会生活和社会机体再生产的控制系统。

总之，人类的生产是全面的生产，除了物质生产之外，还包括人本身生产和精神生产，这三种生产构成了社会生产系统和社会本身的整体活动。只有理解与把握这种生产系统和整体活动的内在结构及其运动规律，即把握"三种生产"的内在的、本质的关系，才能全面把握历史发展的一般规律。

（五）关于历史发展的进程

在《资本论》第一卷第一版序言中，马克思指出："我的观点是：社会经济形态的发展是一种自然历史过程。"长期以来，我国哲学界一直认为这一观点是唯物主义历史观的基石和总纲，并把这一观点理解为：（1）社会有机体尽管有其特殊性，但它和自然界一样，本质上是客观的物质体系；（2）人类社会由其内部固有的矛盾所推动，同自然历史一样，是一个合乎规律的辩证发展过程；（3）人们有可能像自然科学那样，用精确性的眼光来考察、研究人类社会。"自然历史过程"集中体现了人类历史的本质——客观性。现在看来,这种理解显然有片面性。当然,仍有一些学者坚持这一理解,并认为马克思的这一观点是在追寻人的活动动机、目的、意识背后的物质根源后而得出的,它与恩格斯的"合力论"是一致的。

就物质生产方式是社会发展的决定力量而言,社会发展无疑具有客观性。近代唯物主义和现代历史哲学的重大缺陷之一,就是制造"物质的自然"和"精神的历史"对立的神话,把自然过程和社会过程绝对对立起来,仿佛只有前者强调客观规律,而后者则以人的主观意志为转移。针对这种情况,强调社会发展的客观性以及社会过程和自然过程的共同性,本身无可非议。但是,仅仅看到或片面强调社会发展的自然历史过程,并把它看做是人类历史的本质和历史唯物主义的总纲与基石,却失之偏颇。因为这种理解,只看到人类历史和自然历史的共性,而没有真正理解人类历史的本质和特殊性,即全部社会历史在本质上是实践的,人既是历史的"剧中人",又是历史的剧作者。就实践是社会生活的本质和社会的存在方式而论,历史规律又具有特殊性,渗透着主体的作用,社会发展又是人的自觉创造过程,"历史不过是追求着自己目的的人的活动而已。"①

为了进一步理解问题,我们需要深入而全面考察"社会经济形态的发展是自然历史过程"这一命题的来龙去脉及其真正涵义。

根据马克思本人修订的法文版《资本论》可以看出,马克思并没有在等同的含义上用"自然历史过程"表述社会发展。马克思的本义是:"社会经济形态的发展是同自然的进程和自然的历史相似的。"② 然而,相似不等于相同,社会经济形态也不等于社会形态。这是其一。

其二,马克思当时所理解的"自然历史过程"指的是"自然界联系形式多样化的过程",即是在达尔文进化论的含义上理解这一过程,而不是泛指自然必然性。在马克思看来,自然历史过程是客观的、不以人的意志为转移的,具有内在规律性,但这种规律性是在动植物自组织活动中存在,并通过动植物本身"器官"的多样化体现出来。马克思当时所理解的自然规律性或必然性是指动植物自组织活动中多样化的必然趋势。

---

① 《马克思恩格斯全集》,中文1版,第2卷,第118—119页。
② 马克思:《资本论》(根据作者本人修订的法文版第1卷翻译),第4页。

其三，马克思是在两种意义上把社会经济规律看做自然规律的：（1）指资本主义社会（包括一切阶级社会）使经济规律采取与人对立的特殊形式出现，即当生产者丧失了对他们自己社会关系和自主活动的支配权时，"生产资料和产品的社会性反过来反对生产者本身，周期性地突破生产方式和交换方式，并且只是作为盲目起作用的自然规律强制性地和破坏性地为自己开辟道路"；① （2）指在"使用价值"的创造意义上，经济规律是一种体现人与物之间"物质变换"的自然规律，但是，这种"物质变换"既然是一切社会运动的基础，它就不能不具有"社会形式"。

其四，考察了社会经济形态的发展是同自然历史过程"相似"是指，社会经济形态的发展是立足于"社会人的生产器官"的形成和发展过程的，正如动植物的发展是立足于其自然器官的形成和发展一样。马克思并没有把社会发展的自然历史过程理解为超历史的必然性，理解为全人类都走同样的道路，而是把社会发展看做是人类自组织的过程，并认为它的具体道路是多样的。然而，当我们把目光转注于"社会人的生产器官"的形成和发展过程——"社会工艺"过程时，就可看出，社会经济形态的发展确实存在着一条不以人的意志为转移的由低级到高级的有序过程。在这一意义上，社会历史过程确实同自然历史过程具有"相似"性。

由此可见，马克思所理解的"社会经济形态的发展同自然的进程和自然的历史是相似的"与通常所说的"社会发展是一种自然历史过程"，这两种提法存在着较大的差异。

如果从所有制性质，进而从生产方式的角度来划分人类历史发展的一般进程，那么，人类历史可分为五个基本阶段，即原始社会、奴隶社会、封建社会、资本主义社会和共产主义社会（社会主义社会是其低级阶段）；如果从历史活动的主体——人的发展或人的关系的角度来划分人类历史发展的一般进程，那么，人类历史可分为三个基本阶段，这就是以人对人的直接依赖关系为特征的最初社会形态、以人对物的依赖关系为基础的人的独立性的第二大社会形态和以每个人的全面发展为特征并实现人的自由个性的第三大社会形态。马克思在《资本论》的手稿中指出："人的依赖关

---

① 《马克思恩格斯选集》，第 3 卷，人民出版社 1995 年版，第 629 页。

系（起初完全是自然发生的），是最初的社会形态，在这种形态下，人的生产能力只是在狭窄的范围内和孤立的地点上发展着；以物的依赖性为基础的人的独立性，是第二大形态，在这种形态下，才形成普遍的社会物质变换，全面的关系，多方面的需求以及全面的能力的体系；建立在个人全面发展和他们共同的社会生产能力成为他们的社会财富这一基础的自由个性，是第三个阶段。第二阶段为第三阶段创造条件。"①

马克思的"三大社会形态"理论及其意义已得到我国哲学界的认同，但对于"三形态"与"五形态"之间关系的理解，却有很大的分歧。

第一种观点认为，"五种社会形态"或"五种生产方式"理论不是真正的历史唯物主义理论，而是斯大林对历史唯物主义的附加和曲解，这一理论是从斯大林开始正式形成，并作为人类历史发展一般进程的模式固定化的。实际上，"五种社会形态"并不是人类历史发展的一般进程。纵观人类历史，看不到任何一个地区像上楼梯那样依次经历"五种社会形态"。亚细亚社会、西方古代的奴隶社会、农奴社会、资本主义社会，是各地区因流动、征服战争形成的相互作用的结果，而不是由生产力水平决定的。这种观点认为，"三大社会形态"才是一般进程。持这种观点的学者还对"三大社会形态"理论的依据和"三大社会形态"演变的制约因素作了论证。按照他们的观点，生产劳动的二重性形成生产关系的二重结构：（1）在各个经济单位内部参与具体劳动过程的人们所发生的生产关系；（2）在全社会范围内从事不同具体劳动、个别劳动的人们建立的生产关系。正是后者构成了划分"三大社会形态"的依据。正是因为"三大社会形态"是由生产力发展水平决定的，因而具有客观必然性，构成了人类历史发展的一般进程。

有的学者提出，"五种社会形态"依次演进的思想只是揭示了西欧的特殊发展道路，马克思研究人类历史发展一般进程的最后成就或最高成果就是在致查苏利奇的信中所作出的概括，人类历史发展是从古代公社所有制的"原生"形态，到以私有制为基础的"次生"形态，再到仿佛回归"古代"类型的以公有制为基础的"再生"形态。这一理论才真正地揭示

---

① 《马克思恩格斯选集》，中文1版，第46卷上册，第104页。

了人类历史发展的一般进程或普遍规律。

有的学者认为，"五种生产方式"理论有三大失误：（1）忽视了各民族、国家的横向的联系、影响、斗争对人类历史发展所起的巨大推动作用。人类历史既是在各个民族、国家纵向的生产力与生产关系的矛盾运动中发展起来的，也是在各个民族、国家横向的联系、影响、斗争中发展起来的。（2）忽视了在生产力基本相同的状况下可以形成不同的生产关系和社会制度，忽视了商品生产对社会发展的巨大作用。如果说随着生产力的发展，生产关系也"与此相适应而变更和发展"，并由此产生五种生产方式，那么，就应存在着五种不同的生产力。然而，在人类历史上却很难找出这五种不同的生产力。实际上，在同一水平的生产力基础上，可以形成不同的生产关系和社会制度。中国奴隶制与封建制分期问题之所以长期得不到解决，其根本原因就在于，没有注意到二者基本上是在同一种生产力水平上滋生出来的两种相近的生产关系和社会制度。（3）忽视了在一定条件下自然条件对社会发展可以起决定作用，斯大林对自然条件、地理环境对社会发展的影响的解释是片面的。

第二种观点认为，"五种社会形态"理论的确是马克思提出的，是马克思用社会生活条件分析历史得出的结果，但是，马克思到了晚年却对这一理论感到"困惑"和"动摇"了。理由是：（1）按照马克思先前的"世界历史"思想，一切民族和国家都将突破封闭状态，程度不同地卷入到世界历史之中，这就形成了一元化的历史观。而马克思晚年的东方社会理论却认为，人类世界从古至今就分为东方和西方两个世界，二者的具体历史特点不同，向新社会过渡的根据和途径也不同，东方社会自"原生"形态以来，没有明显的奴隶制度和封建制度的区别，还可能跳过资本主义阶段。在晚年马克思的心目中，"五种社会形态"只对西方才适用。这样，一元化的历史观被突破，多元化的历史观被提出来了。（2）按照"五种社会形态"理论，历史发展的机制是生产力和生产关系、经济基础和上层建筑的矛盾运动，这是衡量历史的根本尺度。然而，当马克思晚年断言东方社会可能超越"卡夫丁峡谷"时，人道主义却成了规划历史的尺度和出发点。这样，历史尺度由一元变成了多元。（3）按照"五种社会形态"理论，社会主义是资本主义的延伸，它的使命和性质是被资本主义内在矛盾严格规定了的。可是在马克思晚年的东方社会理论中，社会主义却不是发端于资本主义固有的矛盾，而是在前资本主义或资本主义没有充分发展的条件下，出于人道主义考虑而提出的。

第三种观点认为，"三形态"理论与"五形态"理论并不矛盾，相反，二者具有内在的一致性。有的学者指出，"三大社会形态"理论是在"五种社会经济形态"理论的基础上提出的，或者说，前者是对后者进一步的抽象。这是因为：（1）"三大社会形态"中第一阶段包括原始社会、奴隶社会和封建社会；第二阶段主要指资本主义社会；第三阶段则是指严格意义上的未来共产主义社会。（2）"社会经济形态"与"社会形态"不是同一概念，"五种社会经济形态"是从生产资料所有制性质，进而从经济结构或生产方式上进行划分的，而"三大社会形态"理论则趋向综合指标——人的发展或人的关系，从整体以及更高的层次、更广的视角来划分的，它包含着经济形态理论，又不等于经济形态理论，是对"五种社会经济形态"的进一步抽象。

有的学者指出，马克思是从"生产的国际关系"构成的角度，把各个民族和国家的生产力与生产关系的关系系统作为一个完整的单位来加以考察，并由此将人类历史发展的一般进程划分为"五个阶段"或"五种社会形态"。按照这种见解：（1）"五阶段"论所揭示的人类社会循序递进的方向具有不可逆性，一是其总方向的不可逆性，二是其阶段性方向的不可逆性。（2）世界上绝大多数民族和国家都未依次经历过独立的奴隶社会、封建社会和资本主义社会，但如果从"生产的国际关系"构成的角度看，上述事实不能作为推翻"五阶段"论的证明，因为在世界总体历史发展过程中并不存在"跨越"。（3）从"生产的国际关系"构成角度看，人类总体历史中不存在什么"跨越"，但却存在着"互补"关系。这种互补关系表现在两个方面，一是各民族、国家及其生产方式系统间的相互联系，相互作用，二是在奴隶、封建和资本主义时代中最能体现这三个时代的性质的、典型的、生产相对发达的民族或国家的存在及其发展，必须以生产相对落后的奴隶、封建和资本主义的民族或国家的存在为前提。（4）"五阶段"论的划分单位是世界历史时代，而不是民族或国家。

还有的学者认为，马克思晚年有关东方社会可以跨越资本主义阶段的理论与他早先的"五种社会形态"理论存在着尖锐的冲突，反映了马克思的某些"理论困惑"。但这里所说的"困惑"与第二种观点所理解"困惑"在内涵上有所不同：后者倾向于肯定马克思晚年的东方社会理论，前者则倾向于否定马克思东方社会理论。按照前者的观点，"五种社会形态"理论是马克思对西方社会的"冷静解剖"的结果，而东方社会理论则是马克思的一种"主观情绪的直接产物"。马克思在19世纪50年代就认真研究过东方社会，提出了东方社会的出路在于西方文明的输入，在于资本主义所有制的建构的理论断想。到了晚年，由于被对西方资本主义世界的忧心如焚的情绪所困扰，以及在某种程度上受到迫切的社会使命感的牵累，马克思放弃了早先的理论，而对东方社会的所谓原始生命力发生了兴趣，试图找到一条迥异于西方而又能将人类引向光明未来的大道，即"东方跨越说"。历史已经证明，这理论在许多地方是不完善的，是马克思一种"主观情绪的直接产物"。

在我看来，上述见解的确深化了马克思的历史进程理论，但"三大社会形态"与"五种社会形态"的关系却有待于进一步探讨。更重要的是，不能以"三大社会形态"理论否定"五种社会形态"理论。我以为，马克思的"五种社会形态"理论是难以否定的。这是因为：（1）尽管可以发现某种社会形态的"变种"，或两种社会形态扭曲的结合，但没有一种社会形态超出"五种社会形态"。（2）尽管不是每一个民族或国家都严格按照"五种社会形态"依次演进，但它的发展方向同人类总体历史总的顺序是一致的。从人类总体历史看，社会主义社会的产生晚于资本主义社会，资本主义制度的确立没有也不可能早于封建制度，而封建制度正是在奴隶制度的基础上形成的，原始社会则是所有民族在"人猿揖别"之后首先进入的"原生"社会形态。从奴隶社会"发展"到原始社会或封建社会在资本主义社会"母胎"中孕育成熟，这类事情既不可设想，也从来没有发生过。历史发展是曲折的，甚至会出现暂时的倒退，但发展的进程是定向的，一个民族或国家的历史可以超越某种社会形态，但其历史运行的线路，不可能是同人类总体历史相反的逆向运动。（3）"五种社会形态"理论的核心内容是揭示了生产力对生产关系的决定作用，以及由于生产力的发展最终导致一种社会形态过渡到另一种社会形态。某一民族或国家由于内外条件包括民族之间的交往越过某一社会形态，实际上是以一种特殊方式实现这一规律。某一或某种社会形态可以超越，但它所达到的生产力是不可超越的。不能设想在分散的手工劳动，即封建社会生产力水平的基础上能建立起巩固的社会主义社会。正如马克思所说，生产力的发展是社会主义社会"绝对必需的实际前提"，没有生产力的"巨大增长和高度发展"，"那就只会有贫穷、极端贫困的普遍化；而在极端贫困的情况下，必须重新开始争取必需品的斗争，全部陈腐污浊的东西又要死灰复燃"。① 社会主义的实践已完全证明了马克思这一观点的真理性及其巨大的超前性。

二、重新审视唯物主义的历史形态和
历史唯物主义的理论空间

历史常常出现这样一种奇特的现象，即一个伟大思想家的某一思想以至全部思想，往往在其身后，在经历了较长时间的历史运动之后，才真正显示出它的内在价值，重新引起人们的重视。马克思关于唯物主义哲学与"形而上学"关系思想的历史命运就是如此。马克思的这一思想在当时并未引起人们的关注。20 世纪的哲学运动及其困境，马克思主义哲学的发展及其自我反思，使马克思这一思想的内在价值凸显出来了。在我看来，这是一个新的思想地平线，它启示我们重新审视唯物主义的历史形态、历史唯物主义的理论空间以及唯物主义哲学与"形而上学"的关系。

（一）重新审视法国唯物主义及其派别

在西方哲学史研究中，18 世纪法国唯物主义（以下简称"法国唯物主义"）一直被称作机械唯物主义或形而上学唯物主义。实际上，在法国唯物主义中存在着两个派别，即机械唯物主义和人本唯物主义。正如马克思所说："法国唯物主义有两个派别：一派起源于笛卡尔，一派起源于洛克。后一派主要是法国有教养的分子，它直接导向社会主义。前一派是机械唯物主义，它成为真正的法国自然科学的财产。"②

---

① 《马克思恩格斯选集》，第 1 卷，人民出版社 1995 年版，第 86 页。
② 《马克思恩格斯全集》，中文 1 版，第 2 卷，人民出版社 1995 年版，第 160 页。

机械唯物主义派的代表人物是拉美特利，其哲学来源是本土的笛卡尔哲学。在笛卡尔哲学中，物质的本性是广延，运动的特征是位移。笛卡尔正是依靠这种抽象的物质和抽象的运动"构造出整个物理世界"，并一直主张用机械论的术语去解释自然现象。实际上，笛卡尔是以力学运动规律为基础，把由地上获得的力学原则应用于天体现象以至整个世界，从而把自然科学中的机械论观念移植到哲学中并造就了机械论的时代精神。拉美特利极为崇拜笛卡尔，认为"如果哲学的领域里没有笛卡尔，那就和科学领域里没有牛顿一样，也许还是一片荒原"[①]。马克思由此认为，"拉美特利利用了笛卡尔的物理学，甚至利用了它的每一个细节。他的'人是机器'一书是模仿笛卡尔的动物是机器写成的。"[②]

的确，笛卡尔的"世界是机器"、"动物是机器"观念引导着拉美特利走进了一个唯物的同时又是机械论的世界图景之中。拉美特利沿着笛卡尔的"动物是机器"的思路提出了"人是机器"的思想，同时又深化了笛卡尔的观点。拉美特利认为，物质也有感觉能力，并把感觉同广延和运动相提并论，一并作为物质的基本属性。由此出发，拉美特利认为，人和动物的基本单位都是原子，二者结构和发生作用的方式相仿，只有量的差异，没有质的区别。在《论幸福》一书中，拉美特利明确指出："原子的结构组成了人，原子的运动推动人前进，不依赖于人的条件决定他的性质并指引他的命运。"因此，"人是机器"。拉美特利实际上是把笛卡尔的动物结构学运用到人体上，并完全是从机械论的观点来考察人和人的本质的。

在我看来，"人是机器"的观点具有双重内涵：其背后是世界的物质统一性思想，同时具有反宗教神学的意义。从根本上说，"人是机器"这一观点强调的是自然的人，这是对人的一种自然科学的研究，同时又是一种意识形态，它要求承认人的尊严、价值和天赋权利。借助自然的人，拉美特利把人从宗教神学的纠缠中解放出来，使人获得了自然的独立性；同时，由于机械论束缚了拉美特利的视野，刚从神权的重压下解放出来的人，在此又变成了一架机器，人和人的主体性都不见了。

法国唯物主义的另一派是"现实的人道主义"，即人本唯物主义。从

---

①　北京大学哲学系编译：《十八世纪法国哲学》，商务印书馆 1963 年版，第 271 页。

②　《马克思恩格斯全集》，中文 1 版，第 2 卷，人民出版社 1995 年版，第 166 页。

理论上看，人本唯物主义起源于英国的洛克哲学，其代表人物是法国的爱尔维修。

如前所述，机械唯物主义派起源于本土的笛卡尔哲学。笛卡尔哲学有明显的局限性，这种局限性不仅体现在其二元论的体系中，更重要的，是表现为笛卡尔把反封建的斗争限制在思想范围内。笛卡尔明确指出：他"始终只求克服自己，不求克服命运，只求改变自己的欲望，不求改变世界的秩序。"① 显然，这种观点和作为法国政治变革先导的唯物主义哲学是很难相容的。因此，另一部分法国哲学家希望找到一个能够作为法国革命哲学依据的学说。恰逢此时，洛克哲学被引进到法国。在法国哲学家看来，从洛克哲学出发可以得出改造环境、变革社会的结论，洛克的唯物主义经验论因此可以作为法国革命的哲学基础。

按照洛克的观点，社会不是天然的，而是人们自己创造的；人的趋乐避苦的自然倾向指向人的利益，而人的利益的实现需要社会以及作为维系社会纽带的道德原则。所以，人是根据利益需要创造社会和道德原则的。可以看出，反宗教神学，肯定人的感性，这是洛克对"天赋观念论"批判的意义所在。它表明，洛克的唯物主义经验论具有双重含义：既有重要的认识论意义，又有重要的政治内涵。洛克唯物主义经验论的双重含义深深触动了爱尔维修的心灵，直接成为爱尔维修唯物主义的出发点和先导。正如马克思所说，"爱尔维修也是以洛克的学说为出发点的"，并把"唯物主义运用到社会生活方面"。②

爱尔维修以洛克哲学为出发点，首先是从洛克的唯物主义经验论中提取"感觉"这一概念，并把感觉看做是人的存在方式，即"我感觉，所以我存在"。依据洛克的观点，爱尔维修认为，感觉是连接意识与客观外界的桥梁，通过感觉，人一方面不断地认识外在世界，形成和发展自己的感觉和认识；另一方面把存在于内心的关于自由的欲望和要求变为外在的争取自由的活动。根据第一方面，爱尔维修得出了"人是环境的产物"的结论；根据第二方面，爱尔维修又提出了"意见支配环境"的命题。爱尔维修提出这两个命题的宗旨在于证明这样一个道理，即人的智力天然平等，

---

① 北京大学哲学系编译：《十六—十八世纪西欧各国哲学》，商务印书馆1975年版，第146页。
② 《马克思恩格斯全集》，中文1版，第2卷，人民出版社1995年版，第165页。

人的性格受制于外在环境，所以，要改造人，首先必须改造外在的社会环境。马克思指出："既然人的性格是由环境造成的，那就必须使环境成为合乎人性的环境。"① 这样，爱尔维修就为法国革命找到了哲学依据。

通常认为，爱尔维修同时提出这两个命题，即"人是环境的产物"和"意见支配环境"是一种逻辑矛盾、循环论证，陷入"二律背反"之中。实际上这是一种误解。人和环境的确处在一种相互作用之中，"人创造环境，同样，环境也创造人"。② 爱尔维修同时提出"人是环境的产物"和"意见支配环境"这两个命题，实际上揭示了人与环境之间的相互作用，是一种朴素的相互作用观点。相互作用存在于社会生活的一切方面。"只有从这种普遍的相互作用出发，我们才能达到现实的因果关系。"③ 历史唯物主义绝不排除相互作用，而是要求对相互作用作出合理的解释；绝不取消相互作用，而是要求寻找相互作用的基础。在我看来，爱尔维修的失误并不在于同时提出了"人是环境的产物"和"意见支配环境"这两个命题，而是仅仅停留在人与环境的相互作用上，没有去进一步探寻既决定社会环境发展又决定意见发展，引起人与环境相互作用的现实基础。这个现实基础就是人的实践活动。

在唯物主义发展史上，爱尔维修是一个转折点，以其"现实的人道主义"为标志，自然唯物主义开始衰落，人本唯物主义开始兴起。由此启示我们应重新考察唯物主义的历史形态。

（二）重新审视唯物主义的历史形态及其特征

按照传统的观点，朴素或自发唯物主义、机械或形而上学唯物主义和辩证唯物主义是唯物主义发展的三种历史形态。这三种历史形态在研究主题或理论视角上并没有什么根本性的变化，即三者都以"整个世界"为研究对象，只不过朴素唯物主义把世界看成是一个混沌的整体；形而上学唯物主义把世界理解为一个静止、孤立的事物；辩证唯物主义则把世界理解为普遍联系和永恒发展的物质体系，而历史唯物主义不过是辩证唯物主义

---

① 《马克思恩格斯全集》，中文1版，第2卷，人民出版社1995年版，第167页。
② 《马克思恩格斯选集》，第2版，第1卷，人民出版社1995年版，第92页。
③ 《马克思恩格斯选集》，第2版，第4卷，人民出版社1995年版，第328页。

在社会历史领域中的推广和应用。这种观点有其合理因素，但它又把这种合理因素溶解于不合理的理解之中。在这里，唯物主义发展进程中的主题转换不见了，历史唯物主义的划时代贡献在相当大的程度上被抛弃了。

随着自然科学划时代的发现，唯物主义必然要改变自己的形式。实际上，随着自然科学的重大发展和社会生活的巨大变化，唯物主义不但要改变自己的形式，而且要转换自己的主题。从研究主题的历史转换这一根本点上看，唯物主义的发展经历了三个历史阶段，形成了三种历史形态，即自然唯物主义、人本唯物主义和历史唯物主义。

自然唯物主义始自古希腊哲学，后在霍布斯那里达到系统化的程度，并一直延伸到法国唯物主义中的机械唯物主义派。它或者在直接断言世界本身的意义上去寻求"万物的统一性"，把万物的本原归结为自然物质的某种形态，或者以经验科学对自然现象的实证研究为基础，在"认识论转向"过程中去探讨人与自然的统一性，并把物质世界以及人本身归结为自然物质的某一层次。从总体上看，自然唯物主义根据"时间在先"的原则，把整个世界还原为自然物质，人则成了自然物质的一种表现形态。在自然唯物主义那里，"物质是一切变化的主体"，"人和自然都服从于同样的规律"。"人的一切情欲都是正在结束或正在开始的机械运动。"自然唯物主义确认了世界的物质统一性，却一笔抹杀了人的能动性、主体性和历史性。换言之，在自然唯物主义体系中，存在着"人学空场"。正是在这个意义上，马克思认为，"唯物主义在以后的发展中变得片面了"，而到了霍布斯那里，"唯物主义变得敌视人了"。①

人本唯物主义起源于法国唯物主义中的另一派，即"现实的人道主义"，并在费尔巴哈那里达到了典型的形态。费尔巴哈哲学"将人连同作为人的基础的"自然作为其"唯一的、最高的对象"，它"借助人，把一切超自然的东西归结为自然，又借助自然，把一切超人的东西归结为人"，②并力图通过对思辨哲学以及神学的批判而"建立人的哲学批判"。这是一个以自然为基础，以人为核心和出发点的人本唯物主义体系。按照费尔巴哈的观点，自然界是第一性的实体，但人在地位上是更重要的实

---

① 《马克思恩格斯全集》，中文1版，第2卷，第163、164页。
② 《费尔巴哈哲学著作选集》，中文新1版，上卷，商务印书馆1984年版，第294页。

体，"人是自然界最高级的生物"，因而是理解自然的钥匙。因此，要"弄清楚自然的起源和进程"，"必须从人的本质出发"。① 所以，费尔巴哈把人看做是思维与存在相统一的基础，力图以"现实的人"为基本原则来理解世界并构造哲学体系，从而建构了一种"新哲学"，即人本唯物主义。

"费尔巴哈比'纯粹的'唯物主义者有很大的优点：他承认人也是'感性对象'，但是，他把人只看做是'感性对象'，而不是'感性活动'"，② 换言之，费尔巴哈不理解实践是人的存在方式，"从来没有把感性世界理解为构成这一世界的个人的全部活生生的感性活动"。③ 所以，费尔巴哈最终得到的仍是抽象的人，忽视的仍是人的能动性、主体性和历史性。他所理解的感性世界因此只能是一个脱离了人及其实践活动，脱离了社会历史的抽象的自然界。"当费尔巴哈是一个唯物主义者的时候，历史在他的视野之外；当他去探讨历史的时候，他不是一个唯物主义者。在他那里，唯物主义和历史是彼此完全脱离的。"④ 因此，超越人本唯物主义，建立和"历史"相结合的唯物主义即历史唯物主义是理论和历史的双重要求。

按照马克思的观点，物质生产是历史的发源地。人们为了能够生存和生活，必须进行物质实践，实现人和自然之间的物质变换；为了实现人和自然之间的物质变换，人和人之间必须互换其活动，并必然结成一定的社会关系。这就是说，人们的生存实践活动和"实际日常生活"自始至终包含着并展现为人与自然的关系和人与人的关系，或者说，包含着并展现为人与自然的矛盾和人与人的矛盾。而在马克思看来，共产主义就"是人和自然之间，人和人之间的矛盾的真正解决"。⑤ 因此，作为"共产主义的唯物主义"，历史唯物主义所关注和所要解决的基本问题，就是人们的生存实践活动、"实际日常生活"所包含和展现出来的人与自然的关系和人与人的关系问题。社会生活在本质上是实践的，历史不过是人的实践活动在时间中的展开，正如马克思所说："历史不过是追求着自己目的的人的活

---

① 《费尔巴哈哲学著作选集》，中文新 1 版，上卷，第 284 页。
② 《马克思恩格斯选集》，第 2 版，第 1 卷，人民出版社 1995 年版，第 77—78 页。
③ 《马克思恩格斯选集》，第 2 版，第 1 卷，人民出版社 1995 年版，第 78 页。
④ 《马克思恩格斯选集》，第 2 版，第 1 卷，人民出版社 1995 年版，第 78 页。
⑤ 《马克思恩格斯全集》，中文 1 版，第 42 卷，第 120 页。

动而已。"① 因此，"历史唯物主义"概念中的"历史"是人的活动及其内在矛盾得以展开的境域。

从形式上看，历史唯物主义研究的仅仅是人类社会或人类历史，似乎与自然无关。但问题在于，社会是在人与自然之间的物质变换过程中形成和发展起来的，人和自然之间的物质变换构成了社会存在和发展的"永恒的自然必然性"。"社会是人同自然界的完成了的本质的统一"，而历史不外是"自然界对人说来的生成过程"。② 因此，"把人与自然界的理论关系和实践关系"从历史中排除出去，必然使社会历史虚无化，从而走向唯心主义历史观。马克思指出："实物是为人的存在，是人的实物存在，同时也就是人为他人的存在，是他对他人的人的关系，是人对人的社会关系。"③ 这就是说，作为物质实践对象化的劳动产品，即"实物"与"实物"关系的背后是人与人的关系，是人与人之间活动互换的关系，或者说，"实物"不仅体现着人与自然的关系，而且体现着人与人的关系。历史唯物主义正是把人与自然之间的实践关系，即"工业和生活本身的生产方式"作为历史的基础，力图通过对人与自然关系的改变来改变人与人的关系，通过人对物的占有关系（私有制）的扬弃来改变人与人之间的关系，从而"把人的世界和人的关系还给人自己"。④

"只有物（diesache）按人的方式同人发生关系时，我才能在实践（praktisch）上按人的方式同物发生关系。"⑤ 具体地说，在实践中，人是以物的方式去活动并同自然发生关系的，得到的却是自然或物以人的方式而存在，从而使自然与人的关系成为"为我而存在"的关系。这种"为我而存在"的关系是一种否定性的矛盾关系。人类要维持自身的存在，即肯定自身，就要对自然界进行否定性的活动，即改变自然界的原生形态并在其中注入人的目的，使之成为"人化自然"、"为我之物"。与动物不同，人总是在不断制造与自然的对立关系中去获得与自然的统一关系的，对自然客体的否定正是对主体自身的肯定。这种肯定、否定的辩证法使人和自

---

① 《马克思恩格斯全集》，中文1版，第2卷，人民出版社1972年版，第118—119页。
② 《马克思恩格斯全集》，中文1版，第42卷，第122、131页。
③ 《马克思恩格斯全集》，中文1版，第2卷，第52页。
④ 《马克思恩格斯全集》，中文1版，第1卷，第443页。
⑤ 《马克思恩格斯全集》，中文1版，第42卷，第124页。

然处于双向运动中：实践不断地改造、创造着自然界，在自然界中打上社会的烙印，使自然成为"社会的自然"，同时又不断地改造、创造着人本身，包括他的社会关系，不断地把自然转化为社会的要素，使社会成为"自然的社会"。"自然的社会"和"社会的自然"构成了"感性世界"，使世界二重化为自在世界和属人世界。

可以看出，人与自然之间这种"为我而存在"的否定性关系是最深刻、最复杂的矛盾关系。马克思之前的众多哲学大师都没有意识到这种矛盾关系及其基础地位，致使唯物论和辩证法遥遥相对。"沧海横流，方显出英雄本色。"马克思高出一筹的地方就在于：通过对人的实践活动及其历史发展深入而全面的剖析，创立了历史唯物主义，科学地解答了人与自然的关系问题，这同时就实现了唯物论与辩证法的统一。这就是说，历史唯物主义创立之日，也就是辩证唯物主义形成之时。无论从历史上看，还是从逻辑上说，历史唯物主义都不是所谓的辩证唯物主义在历史领域里的"推广和应用"。在马克思主义哲学体系中，不存在一个独立的作为理论基础的辩证唯物主义，也不存在一个独立的具有应用性质的历史唯物主义。相反，那种"排除历史过程"，脱离了历史唯物主义的所谓辩证唯物主义不是马克思的辩证唯物主义。就其实质而言，它只能是自然唯物主义在现代条件下的"复辟"。"那种排除历史过程的、抽象的自然科学的唯物主义的缺点，每当它的代表越出自己的专业范围时，就在他们的抽象的和唯心主义的观念中立刻显露出来。"①

在我看来，"辩证唯物主义"和"历史唯物主义"不是两个主义，而是同一个主义即马克思的唯物主义。马克思的唯物主义就是历史唯物主义，辩证唯物主义不过是历史唯物主义的代名词。全部社会生活在本质上是实践的，而实践活动本身就是一种"否定性的辩证法"。因此，作为"全部社会生活"哲学反映的历史唯物主义本身就蕴含着"否定性的辩证法"，本身就是唯物主义和辩证法的统一。辩证法在本质上是批判的和革命的。把辩证唯物主义看做是历史唯物主义的代名词，是为了凸显历史唯物主义所内涵的辩证法维度及其批判性和革命性。以"现实的、活生生的

---

① 《马克思恩格斯全集》，中文 1 版，第 23 卷，人民出版社 1972 年版，第 410 页。

人"，即"使用实践力量的人"为思维坐标，以实践为出发点范畴和建构原则，去探讨人与自然的关系和人与人的关系即人与世界的关系，使历史唯物主义展现出一个新的理论空间，即一个自足而又完整、唯物而又辩证的世界图景。这就是说，历史唯物主义不仅是一种历史观，更重要的是一种"唯物主义世界观"。由于历史唯物主义内涵着"否定性的辩证法"，所以它是一种"真正批判的世界观"。

（三）重新审视唯物主义哲学与"形而上学"的关系

我在这里所说的"形而上学"，不是指与辩证法相对立意义的思维方式，而是指传统的哲学形态，即关于超验存在之本性的理论，它力图从一种永恒不变的"终极存在"或"初始本原"中去理解和把握事物的本性以及人的本性和行为依据。从起源上看，"形而上学"形成于亚里士多德的《形而上学》一书。按照亚里士多德的观点，"形而上学"就是"第一哲学"，即关于存在之存在的学说，或者说是研究超感觉的、经验以外对象的学说。概而言之，"形而上学"所追求的是一切实在对象背后的那种终极的存在。正是在这个意义上，亚里士多德认为，哲学以"寻求最高原因的基本原理"为宗旨，因而是一切智慧中的"最高的智慧"。从内容上看，"形而上学"与本体论密切相关。作为一个哲学概念，本体论是由高克兰纽斯在 1613 年首先使用的。按其原义，本体论就是关于存在本身的学说。由于存在本身属于超感觉的对象，所以，"形而上学"与本体论两个概念往往混同使用，或者说，本体论是"形而上学"的基础或核心。

在《形而上学》中，亚里士多德对"形而上学"这种哲学形态的研究对象、内容范围、概念术语都作了完整的论述，从而开创了理论形态的哲学。这无疑具有积极意义。然而，亚里士多德之后，哲学家们不仅把"形而上学"中的存在日益引向脱离现实事物、超越人的存在，成为一种完全抽象化的本体，而且使"形而上学"中的存在逐渐成为一种君临人与世界之上的神秘的主宰力量。"形而上学"由此与宗教神学同流合污了，失去了自身的积极意义。因此，法国唯物主义一开始就反对"形而上学"。"18世纪的法国启蒙运动，特别是法国唯物主义，不仅是反对现存政治制度的斗争，同时是反对现存宗教和神学的斗争，而且还是反对 17 世纪的形而上学和反对一切形而上学,特别是反对笛卡尔、马勒伯朗士、斯宾诺莎和莱布尼茨的形而上学的公开而鲜明的斗争。"①

法国唯物主义之所以反对"形而上学",归根到底是由"当时法国生活的实践性质"决定的。具体地说,在 18 世纪,自然科学已经独立化,从"形而上学"中分化出去了。正如马克思所说,"实证科学脱离了形而上学,给自己划定了单独的活动范围"。② 而此时,牛顿经典力学也获得了巨大的成功。经过伏尔泰的系统介绍,牛顿的科学思想和哲学观念在 18 世纪的法国已经享有隆名盛誉,它造就的一种强烈的科学主义情绪刺激着相当一部分科学家、哲学家反对"形而上学"。这是其一。

其二,在 18 世纪,随着反封建、反宗教斗争的发展,人本身再次觉醒,开始注意自己了。正如马克思所说,"实在的本质和尘世的事物开始把人们的全部注意力集中到自己身上",③ 而"形而上学"所忽视的恰恰是人本身。马克思由此认为,在 18 世纪,"形而上学的全部财富只剩下想象的本质和神灵的事物了","形而上学变得枯燥乏味了"。它首先"在实践上已经威信扫地",继而"在理论上威信扫地"。④ 取而代之的是"反神学、反形而上学的唯物主义理论",即法国唯物主义。从总体上看,法国唯物主义关注的正是人本身。它或者从人与自然的关系中去研究人,或者从人与社会的关系中去研究人,并把"唯物主义运用到社会生活方面"。⑤ 实际上,"当时法国生活的实践性质"必然促使哲学"趋向于直接的现实,趋向于尘世的享乐和尘世的利益,趋向于尘世的世界"。⑥

按照马克思的观点,首先在理论上反对"形而上学"并使其"在理论上威信扫地"的是培尔。"对宗教的怀疑引起了培尔对作为这种信仰的支柱的形而上学的怀疑。"于是,培尔从笛卡尔的怀疑论出发去批判"形而上学",而笛卡尔哲学本身就是一种"形而上学"。所以,马克思认为,培

① 《马克思恩格斯全集》,中文 1 版,第 2 卷,第 159 页。
② 《马克思恩格斯全集》,中文 1 版,第 2 卷,第 161 页。
③ 《马克思恩格斯全集》,中文 1 版,第 2 卷,第 161—162 页。
④ 《马克思恩格斯全集》,中文 1 版,第 2 卷,第 161—162 页。
⑤ 《马克思恩格斯全集》,中文 1 版,第 2 卷,第 165 页。
⑥ 《马克思恩格斯全集》,中文 1 版,第 2 卷,第 161 页。

尔批判"形而上学"的"武器是用形而上学本身的符咒铸成的怀疑论"。①
这种批判可谓以毒攻毒。

接着是孔狄亚克"用洛克的感觉论去反对 17 世纪的形而上学",② 并
集中批判了其中最具代表性的笛卡尔、斯宾诺莎、莱布尼茨和马勒伯朗士
的"形而上学"体系。在孔狄亚克时代,存在着各种各样的"形而上学",
它们汇集在一起,在消极的意义上蔚然成风。其中,笛卡尔、马勒伯朗
士、斯宾诺莎和莱布尼茨的哲学是 17 世纪"形而上学"的典型形态,它
们以天赋观念论为理论支撑点,运用演绎法编织了一个思辨之网,或者以
神为核心构造了一个神学"形而上学",或者是"提高到思想中的绝对泛
神论和一神论"。从中,我们可以看出一种"神韵"。黑格尔认为,"这个
时代的研究就是以这种方式进行的"。

孔狄亚克从两个方面批判了"形而上学":一是依据洛克的唯物主义
经验论,以感觉为出发点,围绕经验而展开认识论探讨,力图根据任何人
都不能否认的事实进行推理;二是依据牛顿经典力学,以观察为基础,力
图以牛顿力学倡导的自然科学的精确性来把握人类认识活动及其基本原
则。由此,孔狄亚克提出了一系列重要的观点:感觉是经验的基本要素,
一切经验都可以化为感觉;感觉是物质、外部事物、外部环境作用于感官
的结果,"人的全部发展都取决于教育和外部环境";③ 经验包含着观察,
通过观察获得的认识具有客观性;语言符号产生于人们的交往之中,同时
符号又"使人们交往更加自由,范围更加广阔"等等。对"形而上学"的
批判,对唯物主义经验论的探讨,使孔狄亚克得出一个明确的结论:"形
而上学不是科学",并"证明法国人完全有权把这种形而上学当做幻想和
神学的偏见的不成功的结果而予以抛弃"。④

孔狄亚克及其后继者对"形而上学"展开了猛烈的攻势,充分展示了
法国唯物主义的理论风采,并在哲学史上留下了浓墨重彩的一章。但在这
个理论批判和哲学探讨的过程中,孔狄亚克又把经验主义推向极端。在这

---

① 《马克思恩格斯全集》,中文 1 版,第 2 卷,第 162 页。
② 《马克思恩格斯全集》,中文 1 版,第 2 卷,第 165 页。
③ 《马克思恩格斯全集》,中文 1 版,第 2 卷,第 165 页。
④ 《马克思恩格斯全集》,中文 1 版,第 2 卷,第 165 页。

里，人的认识仅仅成了被动接受信息的机械运动，只是在狭窄的经验范围内进行安排感觉材料的活动，人及其认识的能动性、创造性、主体性都不见了。实际上，这是整个法国唯物主义的缺陷。这就势必导致认识论研究的转向，即探讨认识主体的能动性，并突出自我意识的作用。执行、完成这一"转向"任务并因此声名显赫的是康德和黑格尔，而且黑格尔又建立起一个庞大的、包罗万象的"形而上学"王国。

这表明，从孔狄亚克以至整个法国启蒙哲学到康德以至整个德国古典哲学的发展，从"形而上学"的衰败到"形而上学"的再度兴起，是历史和逻辑的必然。换言之，法国唯物主义举起了反"形而上学"的大旗，但它并未完成反"形而上学"的任务，或者说，它没有从根本上摧毁"形而上学"。所以，"形而上学"后来在 19 世纪又重新登上了哲学的王座。"黑格尔天才地把 17 世纪的形而上学同后来的一切形而上学及德国唯心主义结合起来并建立了一个形而上学的包罗万象的王国"，从而使"形而上学""在德国哲学中，特别是在 19 世纪的德国思辨哲学中，曾有过胜利的和富有内容的复辟"。①

在我看来，"形而上学"这次"复辟"之所以是"胜利的复辟"，是因为黑格尔在自己的"形而上学"体系中"以最宏伟的方式概括了哲学的全部发展"，产生了巨大的影响。正如恩格斯所说："这是一次胜利进军，它延续了几十年，而且决没有随着黑格尔的逝世而停止。相反，正是从 1830 年到 1840 年，'黑格尔主义'取得了独占的统治。"② 之所以是"富有内容的复辟"，是因为黑格尔使"形而上学"与概念辩证法融为一体了，整个世界被描述为处在不断运动、变化和发展的过程之中，而且黑格尔的辩证法力图揭示这种运动和发展的内在联系，从而不自觉地"给我们指出了一条走出这些体系的迷宫而达到真正地切实地认识世界的道路"。③ 然而，在黑格尔的辩证法中，人仅仅是绝对理性自我实现的工具，人的能动性、创造性和主体性从根本上被剥夺了。这就是说，在黑格尔的"形而上学"体系中，不仅"本体"成为一种抽象的存在，人也成为一种抽象的存

① 《马克思恩格斯全集》，中文 1 版，第 2 卷，第 159 页。
② 《马克思恩格斯选集》，第 2 版，第 4 卷，人民出版社 1995 年版，第 220 页。
③ 《马克思恩格斯选集》，第 2 版，第 4 卷，人民出版社 1995 年版，第 220 页。

在，人和人的主体性失落了。

因此，到了 19 世纪中叶，西方哲学再次掀起反"形而上学"的浪潮。"对思辨的形而上学和一切形而上学的进攻，就像在 18 世纪那样，又跟对神学的进攻再次配合起来。"① 首先是费尔巴哈。"费尔巴哈把形而上学的绝对精神归结为'以自然为基础的现实的人'，从而完成了对宗教的批判。同时也巧妙地拟定了对黑格尔的思辨以及一切形而上学的批判的基本要点。"② 接着是孔德和马克思。如果说费尔巴哈"巧妙地"拟定了批判"形而上学"的基本要点，那么，孔德和马克思则从根本上摧毁了"形而上学"。孔德从自然科学的可证实原则出发批判了"形而上学"。马克思则从人类世界的现实基础——人的实践活动出发批判了"形而上学"。这是现代精神对近代精神和古代精神的批判。这次批判及其胜利是永久性的胜利，"形而上学"从此不可能东山再起了。"这种形而上学将永远屈服于现在为思辨本身的活动所完善化并和人道主义相吻合的唯物主义。"③

从本质上看，这种"为思辨本身的活动所完善化并和人道主义相吻合的唯物主义"，是指批判地继承了黑格尔的辩证法并高扬人的主体性的历史唯物主义。这实际上是马克思对新的哲学形态的基本规定。马克思当时认为，费尔巴哈在理论方面体现了这种"和人道主义相吻合的唯物主义"。实际上，费尔巴哈哲学并未达到这种高度。如前所述，费尔巴哈的人本唯物主义在总体上仍属于旧唯物主义范畴。真正创立这种高扬人的主体性并包含着辩证法的历史唯物主义，同时又终结"形而上学"的，实际上是马克思本人。海德格尔公正地指出："形而上学就是柏拉图主义。尼采把他自己的哲学标示为颠倒了的柏拉图主义。随着这一已经由卡尔·马克思完成了的对形而上学的颠倒，哲学达到了最极端的可能性。哲学进入其终结阶段了。"④

三、重新审视社会的本质及其发展过程的特殊性

如何理解社会的本质、整体性及其规律的特殊性，这是历史观的核心

---

① 《马克思恩格斯全集》，中文 1 版，第 2 卷，第 159 页。
② 《马克思恩格斯全集》，中文 1 版，第 2 卷，第 177 页。
③ 《马克思恩格斯全集》，中文 1 版，第 2 卷，第 159—160 页。
④ ［德］海德格尔：《面向思的事情》，商务印书馆 1996 年版，第 59—60 页。

问题，也常常是历史哲学争论的焦点问题。科学地解决这一问题，正是唯物主义历史观对人类思想史的贡献，然而，历史唯物论的社会本质观、整体观和规律观在现代又受到了种种的误解、曲解和挑战。这里，我拟就社会的本质和整体性以及客观过程的两种形式作一考察和审视，以深化我们对唯物史观的研究。

（一）社会的实践本质

人类思想史表明，人们在认识自然的过程中，也力求认识社会及其本质。然而，认识自然，难；认识社会，更难。不仅在唯物史观之前人们没有真正地把握社会的本质，就是今天也有一些人或者用自然环境来解释社会的本质以及社会制度的变迁，或者用社会的主体——人的有意识活动来否定社会发展的规律性或客观性，从而重归自然主义历史观或唯心主义历史观。从认识论的角度看，造成这种状况的根本原因，乃在于社会本身的特殊性以及实践活动在社会生活中的特殊地位。

社会离不开自然，因为社会所需要的一切归根到底来自自然，自然环境构成了社会存在和发展的"永恒的自然必然性"。但社会又不同于自然。在自然中，一切都处在无意识的相互作用之中，任何事件的发生都不是预期的、有目的的；而在社会中进行活动的，都是有意识的、经过思虑或凭激情行动的、追求某种目的的人，任何历史事件的发生都蕴含着人的意识、意志和目的。自然现象仅仅是现象，它的背后没有思想；历史现象不仅仅是现象，它的背后还有思想。一场地震可以毁灭许多城市和众多人口，但地震只是自然现象，其中并无思想而言；一场战争也可以毁灭许多城市和众多人口，但战争不仅仅是现象，它从头至尾贯穿着人的思想，是思想的行动。社会的这种特殊性造成了物质的自然与精神的历史对立的神话，并形成了自然主义历史观与唯心主义历史观的对立。

自然主义历史观看到了自然环境对社会的影响和制约作用，但它又夸大了这种作用，把社会的本质还原为自然物质，从而夸大了社会与自然的同一性。正如恩格斯所说："自然主义的历史观……是片面的，它认为只是自然界作用于人，只是自然条件到处决定人的历史发展，它忘记了人也反作用于自然界，改变自然界，为自己创造新的生存条件。"①

唯心主义历史观看到了历史事件所蕴含的人的思想，但它没有进一步探究思想动机背后的客观动因，因而把社会的本质归结于人的意识活动，或者认为社会历史是"绝对理性"在时间中的展开。唯心主义历史观夸大了社会的特殊性。社会的特殊性犹如横跨在自然和社会之间的"活动翻板"，即使一些坚定的唯物主义者，当他们的视线由自然转向社会，开始探讨社会的本质时，几乎都被这块"活动翻板"翻向了唯心主义的深渊。

唯物史观确认社会的自然基础，认为"任何历史记载都应当从这些自然基础以及它们在历史进程中由于人们的活动而发生的变更出发"②。但它同时又确认人是社会的主体，社会历史不过是追求着自己目的的人的活动而已。按照唯物史观，人类社会对自然物质具有不可还原性，相反，自然物质只有通过人的实践活动才能转化为社会的内在要素从而对社会发生影响和作用，而且这种影响和作用的程度与广度又是由人的实践，尤其是物质实践状况决定的；同时，也不能把社会的本质归结为人的意识活动，意识一开始就是物质实践的"直接产物"，而后又成为物质实践的"必然升华物"，思维的"格"不过是实践的"格"的内化和升华。正因为如此，唯物史观对人的实践活动及其与社会的关系进行了深入而全面的探讨，并得出了一个极为明确的结论：全部社会生活本质上是实践的。

实践之所以构成了社会的本质，首先是因为实践是社会关系的发源地。

实践，尤其是物质实践是人以自身的活动来引起、调整和控制人与自然之间物质变换的过程。在这个过程中，人是以物的方式去活动并同自然发生关系的，得到的却是自然以人的方式而存在，自然之物转化为社会的"物"，"自在之物"转化为"为我之物"。为了实现人与自然之间的物质变换，人和人之间必须互换其活动，并必然结成一定的社会关系。"他们只有以一定的方式共同活动和互相交换其活动，才能进行生产。为了进行生产，人们相互之间便发生一定的联系和关系；只有在这些社会联系和社会

---

① 《马克思恩格斯选集》，第 2 版，第 4 卷，人民出版社 1995 年版，第 329 页。
② 《马克思恩格斯选集》，第 2 版，第 1 卷，人民出版社 1995 年版，第 67 页。

关系的范围内，才会有他们对自然界的影响，才会有生产。"① 人与自然的关系和人与人的关系相互制约，共生于人的实践活动中，或者说，人的实践一开始就表现为双重关系，即人与自然的关系和人与人的关系。同时，人与其意识的关系也形成于实践活动之中。具体地说，观念的东西不过是在实践活动中被人的头脑所反映并转换为思想形式的物质的东西，而实践结束时得到的结果，在这个过程开始时就已经在实践者头脑中作为目的以观念的形式存在着，"这个目的是他所知道的，是作为规律决定着他的活动的方式和方法的，他必须使他的意志服从于这个目的"②。

这就是说，实践内在地包含着三重关系：人与自然的关系、人与人的关系以及人与其意识的关系。正是这三种关系构成了基本的社会关系，即物质的社会关系和思想的社会关系。实践活动构成了社会关系的发源地。正如马克思所说，"以一定的方式进行生产活动的一定的个人，发生一定的社会关系和政治关系"。从根本上说，社会关系是实践的静态表现。以社会关系为内容的社会结构是实践活动的对象化，社会结构的运行绝不是一个"无主体的过程"。"社会结构和国家经常是从一定个人的生活过程中产生的。"

实践之所以构成了社会的本质，还因为实践构成了社会发展的动力之源。

人们自己创造自己的历史，从根本上说，社会发展是人的物质实践活动在时间中的展开，"整个所谓世界历史不外是人通过人的劳动而诞生的过程"③。社会发展的动力不可能产生在人的实践活动之外，只能形成于人的实践活动之中。生产关系和生产力的矛盾运动构成了社会发展的根本动力，而生产关系和生产力就是在物质实践活动中形成的人与人的经济关系和人与自然的现实关系。在马克思看来，生产关系是人们的"物质的和个体的活动所借以实现的必然形式"，④ 生产关系和生产力的关系"就是交往形式与个人的行动或活动的关系"。⑤ 换言之，生产关系和生产力的矛盾运

---

① 《马克思恩格斯选集》，第2版，第1卷，人民出版社1995年版，第344页。
② 《马克思恩格斯全集》，中文1版，第23卷，第202页。
③ 《马克思恩格斯全集》，中文1版，第42卷，第131页。
④ 《马克思恩格斯选集》，第4卷，人民出版社1995年版，第532页。
⑤ 《马克思恩格斯选集》，第1卷，人民出版社1995年版，第123页。

动形成于人的物质实践活动之中。

即使是社会发展的最终决定力量——生产力，也不是纯粹的外部自然力。从根本上说，生产力是"人们的实践能力的结果"，[①]，体现着人的本质力量。生产力是在人的劳动中形成的，并且只有在人的交往活动中，才能成为社会力量。"受分工制约的不同个人的共同活动产生了一种社会力量，即扩大了的生产力。"[②] 生产力绝不是超历史的预成的实体，而是人们实践活动的产物，它是在人们改造自然的过程，即人与自然之间物质变换过程中形成的物质力量。正是在这个意义上，马克思把生产力称为"物质生产力"。

确认社会的本质是实践，并不是否定社会的物质性。如前所述，实践首先是人与自然之间的物质变换过程，社会就建立在这种物质变换的基础之上。因此，当唯物史观确认社会的实践本质时，也就确认了社会的物质性及其特殊性。确认人与自然之间的物质变换构成了社会的基础，这正是唯物主义历史观的"唯物"之所在。唯物主义历史观比自然主义历史观以及唯心主义历史观高出一筹的地方就在于：它看到了社会中的物所体现、承担的社会关系，从直接呈现在人们面前的物与物的关系中透视出隐藏其后的人与自然的关系和人与人的社会关系，进而又发现人与自然的关系和人与人的社会关系共生于实践活动中。

（二）社会的整体性及其与实践的关系

社会的整体性体现为社会是一个"一切关系在其中同时存在而又互相依存的社会机体"[③]。在唯物史观中，社会有机体是囊括全部社会生活及其关系的总体性范畴，指社会是以物质实践为基础的各种社会因素和社会关系相互制约、有机联系所构成的整体。

"社会不是由个人构成，而是表示这些个人彼此发生的那些联系和关系的总和。"[④] 确认社会是一个有机体，就是要求对个别社会现象、领域和过程的研究上升到对社会总体的研究。个别社会现象、领域和过程只有被

---

① 《马克思恩格斯选集》，第 4 卷，人民出版社 1995 年版，第 532 页。
② 《马克思恩格斯选集》，第 1 卷，人民出版社 1995 年版，第 85 页。
③ 《马克思恩格斯选集》，第 1 卷，人民出版社 1995 年版，第 143 页。
④ 《马克思恩格斯全集》，中文 1 版，第 46 卷上，第 220 页。

放到社会总体中，才能得到正确的理解和说明。马克思指出：社会"这种有机体制本身作为一个总体有自己的各种前提，而它向总体的发展过程就在于：使社会的一切要素从属于自己，或者把自己还缺乏的器官从社会中创造出来。"①

社会有机体不同于生物有机体，它不是根源于物种规定的本能活动，而是根源于人的实践活动，尤其是物质实践活动。与动物的活动不同，人的实践是使用工具的活动。工具执行着人的身体器官的功能，同时，它又是由自然材料构成，属于人的身外器官。这种身外器官具有超个体的特征，即它不是生长在人身上的器官，不会随着个体的死亡而消亡，因而能够不断被复制，能够在不同的个体之间转换。工具因此成为个人之间相互联系的中介。一个人掌握了他人制造的工具，也就等于掌握了他人的能力；他把工具作为活动手段，实际上是把他人的能力作为自己活动的手段，这就形成了人们之间的社会联系。个人的活动实际上是在使用社会的能力，使用工具的活动使人们联合成为一个有机整体，即社会有机体。

社会的整体性、有机性根源于物质实践，直接形成于人们之间的交往活动中。社会的存在和发展离不开人们的交互作用。人们之间的交互作用就是个人之间的交往。个人之间的交往必须借助一定的规范才能进行，交往的规范化、制度化形成了交往的秩序和结构，从而形成了社会制度体系。人们之间经济交往、政治交往和精神交往及其规范化，构成了社会的经济制度、政治制度和思想制度。这是一个以物质资料生产方式为基础逐层整合而成的总体协调的体系。正是由于这种总体协调性才使社会成为一种有机体。个人之间交往的规范化、制度化是使社会成为有机体不可缺少的条件。可以说，人们之间的交往结构是社会有机体的隐结构，社会制度结构则是社会有机体的显结构。

社会有机体是一种具有自我意识的有机体。与生物有机体不同，社会有机体的自组织、自调节过程在一定程度上是被自身意识到的，是以某种自觉的形式进行的。人是社会的主体。人和动物不同的地方在于："他的意识代替了他的本能，或者说他的本能是被意识到了的本能。"②

---

① 《马克思恩格斯全集》，中文1版，第46卷上，第235—236页。
② 《马克思恩格斯选集》，第1卷，人民出版社1995年版，第82页。

具有自我意识，这是社会有机体异于并优于生物有机体的地方。各种社会意识形态都是社会的自我意识。意识形态再生产的目的，就在于调节和控制各种社会力量，形成自觉的集体行为。各种社会制度都是通过社会意识而形成的，实际上是意识到自己交往活动的社会主体自觉建立起来的社会规范系统，以协调个体活动，使社会作为一个整体而存在和运行。这是社会有机体自组织、自调节过程自觉性的集中体现。

社会有机体再生和更新的内在机制是物质生产、精神生产和人本身生产的统一。任何一种有机体要维持自己的存在，必须和周围的环境进行物质变换。社会有机体要存在下去也必须不间断地进行社会与自然之间的物质变换。为此，就要不间断地进行物质生产。物质生产犹如一个转换器，它使社会在自然中注入了自己的目的，使之成为社会的自然；同时，自然由此进入社会，转化为社会中的一个恒定的因素，使社会成为自然的社会。正是在这种双向运动中，社会有机体不断地得以扩大和发展。

社会有机体要维持自己的存在和发展，还必须进行精神生产。精神生产就是"思想、观念、意识的生产"，是创造系统化、理论化、实物化的精神产品的生产。其中，意识形态的再生产是为了调节和控制社会力量；自然科学的再生产，则是为了调节和控制自然力。精神生产一开始是与物质生产交织在一起的，而后又成为物质生产的"必然升华物"，成为具有相对独立性的领域。精神生产在整个社会生产中处于枢纽地位，是社会有机体维系各种关系的控制器。

人是社会的主体。社会有机体维持自己的存在，还必须进行人本身的生产。马克思认为，一开始就纳入到社会发展过程的重要因素就是，"每日都在重新生产自己生命的人们开始生产另外一些人，即增殖"[①]。从历史上看，最初的社会关系就是在人本身生产的过程中形成的。"家庭起初是唯一的社会关系"，后来随着新的社会关系的逐渐增长，"家庭便成为从属的关系了"[②]。人本身生产不仅是生物遗传过程，同时又是"社会遗传"过程。人本身生产受制于精神生产和物质生产，其状况首先取决于物质生产及其创造的"生活资料、享受资料和发展资料"的性质和水平。

[①] 《马克思恩格斯选集》，第1卷，人民出版社1995年版，第80页。
[②] 《马克思恩格斯选集》，第1卷，人民出版社1995年版，第80页。

物质生产、精神生产和人本身生产的过程同时就是社会关系再生产的过程。"生命的生产，无论是通过劳动而达到的自己生命的生产，或是通过生育而达到的他人生命的生产，就立即表现为双重关系：一方面是自然关系，另一方面是社会关系"①；社会的经济关系、政治关系、思想关系、伦理关系、亲属关系等等正是在物质生产、精神生产和人本身生产的过程中形成的。物质生产、精神生产和人本身生产是社会生活的基本方面，三者在历史上同时存在、相互制约，始终对社会发生作用。正是在这三种生产过程中，社会成为"一切关系同时存在又互相依存的社会机体"。物质生产、精神生产和人本身生产的不断进行，其水平的不断提高，使社会需要不断地得到满足、更新、再满足……从而使社会有机体不断地复制和更新自己。

（三）客观过程的两种形式及其区别

"客观过程的两个形式：自然界（机械的和化学的）和人的有目的的活动。"② 列宁的这一论述实际上说明，自然运动和社会运动属于两个不同系列的发展形式：自然运动是一种自在形式，社会运动属于自为形式。自然运动，从机械运动、物理运动、化学运动到生物运动，都以一种自发的、无目的的方式存在着，发展的必然性通过一种自发的、无目的的活动为自己开辟道路；而社会运动的主体是人，人们总是按照自己设定的目标从事社会活动的，任何社会规律的实现都离不开人的有意识、有目的的活动。

从发展的源泉和发展规律的形成机制看，自然发展是自然界各种因素自发、无目的交互作用的结果，而社会发展则是有意识、有目的的人们交互作用的结果；自然发展规律形成于自然界诸因素盲目的交互作用过程，而社会发展规律形成于人与自然之间的物质变换以及物质和观念变换的过程。如前所述，物质实践不仅包含着人与自然之间的物质变换，而且包含着人与自然之间物质和观念的变换，即通常所说的"物质变精神、精神变物质"。物质变换是人的活动和自然运动共同具有的，自然事物相互作用

---

① 《马克思恩格斯选集》，第 1 卷，人民出版社 1995 年版，第 80 页。
② 《列宁全集》，中文 2 版，第 55 卷，人民出版社 1984 年版，第 158 页。

的过程就是物质变换过程，而物质和观念的变换仅仅为人的实践活动所具有。实践活动包括物质变换表明，人的活动也必须遵循物质运动的共同规律；同时这种物质变换又是在一定的观念指导下进行的，即同物质和观念之间的变换交织在一起的，因此，人的实践活动又体现出新的、为自然运动所不具有的特殊运动规律，这就是体现主体活动特点，包括物质运动在内的人的实践活动规律。全部社会生活在本质上是实践的。人的实践活动规律实际上就是社会发展规律。社会发展规律是在人的实践活动以及个体之间的交互作用中形成的，它是"人们自己的社会行动的规律"①。

从发展规律起作用的方式看，自然规律发生作用的条件是在自然界各种因素盲目相互作用的过程中自发形成的，自然规律也是通过这种盲目的相互作用实现出来的，而社会规律得以存在并发生作用的必不可少的条件则是有目的、有意识的社会活动，它也只有通过人的有目的、有意识的活动才能实现出来。离开了人们的实践活动以及个体之间的相互作用，社会发展规律就失去了赖以存在的载体和发挥作用的场所。

从发展规律的表现形式看，自然规律更多地表现为动力学规律，而社会规律主要表现为统计学规律。一般说来，动力学规律揭示的事物之间的规律性关系是一种一一对应的确定联系，它指明一种事物的存在必定导致另一种确定事物的发生；同时，在动力学规律作用下，偶然现象可以忽略不计。统计学规律揭示的不是事物之间简单的一一对应关系，它揭示的是一种必然性和多种随机现象之间的规律性关系。对于统计学规律来说，大量的偶然现象、随机现象不但不能忽视，相反，正是在大量的偶然现象、随机现象中才能表现出规律性。社会事件的发生大多具有随机性。在社会运动中，事物、现象如果不是"大量"发生，它们之间就表现为一种非确定的联系；如果"大量"发生，它们之间就表现为一种确定的联系。这就像抛掷同一个质量均匀的硬币，出现正面或反面都是随机的，但在大量抛掷的情况下，出现正面和反面的概率大体上是 $1/2$。正因为自然规律更多地表现为动力学规律，社会发展规律主要表现为统计学规律，所以自然科学可以准确地预见自然事件的发生，而社会科学只能预见社会发展的趋

---

① 《马克思恩格斯选集》，第 2 版，第 3 卷，人民出版社 1995 年版，第 634 页。

势，很难准确地预见社会事件的发生。

社会发展的自为性并不能否定社会发展的客观性，二者的关系并非如同冰炭，难以相容。相反，它们是同一过程的两个方面。恩格斯指出：

"历史是这样创造的：最终的结果总是从许多单个的意志的相互冲突中产生出来的，而其中每一个意志，又是由于许多特殊的生活条件，才成为它所成为的那样。这样就有无数互相交错的力量，有无数个力的平行四边形，而由此就产生出一个总的结果，即历史事变，这个结果又可以看做一个作为整体的、不自觉地和不自主地起着作用的力量的产物。因为任何一个人的愿望都会受到任何另一个人的妨碍，而最后出现的结果就是谁都没有希望过的事物。所以以往的历史总是像一种自然过程一样地进行。"①

个人愿望、个人行动的冲突之所以构成社会发展的"合力"，使社会发展呈现出客观性，是因为：他人活动制约某人活动，他人活动就是制约某人活动的客观条件；前人活动制约后人活动，前人活动就是制约后人活动的客观条件；他人活动在某人活动之外，前人活动在后人活动之外，因而它们都具有非选择性，即不以某人、后人的主观意志为转移。他人活动对某人活动的制约就是生产关系对个人活动的制约，前人活动对后人活动的制约就是作为人们"以往活动产物"的生产力对后人活动及其关系的制约；在前人活动中，个人活动又是相互制约的。社会发展客观性的特殊性就在于，它不是存在于人的活动之外，不可能脱离人的有意识、有目的的活动而独立自存，但社会发展的趋势和方向又不以人的意识、意志为转移。这的确是一个自相缠绕的哥德尔式的怪圈。在人类思想史上，只有唯物史观才打破了这一怪圈。其秘密就在于，唯物史观"把人们当成他们本身历史的剧中人物和剧作者"，从人的实践活动出发来理解社会以及社会和个人关系，从而达到了历史研究的"真正的出发点"。②

（四）人类总体历史的发展进程与民族历史发展的"跨越"现象

把人类历史作为一个整体来考察，可以发现，五种社会形态的确是依次更替的，具有不可超越性，"无论哪一个社会形态，它所能容纳的全部

---

① 《马克思恩格斯选集》，第 2 版，第 4 卷，人民出版社 1995 年版，第 697 页。
② 《马克思恩格斯选集》，第 2 版，第 1 卷，人民出版社 1995 年版，第 147 页。

生产力发挥出来以前，是决不会灭亡的；而新的更高的生产关系，它的物质存在条件在旧社会的胎胞里成熟以前，是决不会出现的"①。原始社会→奴隶社会→封建社会→资本主义社会→社会主义社会，这是人类总体历史发展的道路，是人类总体历史的"自然的发展阶段"。从人类总体历史来看，社会主义制度的出现没有也不可能早于资本主义制度，资本主义社会的产生没有也不可能先于封建社会，封建社会的形成没有也不可能早于奴隶社会，奴隶社会的出现更不可能先于原始社会，原始社会是人类社会的"原生形态"和出发点，所有民族在"人猿相揖别"之后，首先进入的都是原始社会。

确认人类总体历史进程的不可超越性，并不否定某一民族在一定的历史条件下能够逾越一定的社会形态而直接走向更高级的社会形态；确认人类总体历史发展的道路的存在，并不是说，一切民族，不管他们所处的历史环境如何都注定要走五种社会形态依次更替的历史轨道。纵览历史可以看出，西欧的日耳曼民族在征服罗马帝国之后，越过奴隶制，从原始社会直接走向封建社会，东欧的一些斯拉夫民族以及亚洲的蒙古族走着类似的道路；北美洲在欧洲移民到来之前仍处于原始社会，但随着欧洲移民的到来，北美洲迅速建立起资本主义制度，所以马克思认为，在美国，"资产阶级社会不是在封建制度的基础上发展起来的，而是从自身开始的"，② 大洋洲也走着类似的道路；而在非洲，有的民族从原始社会，有的从奴隶制，直接走上了资本主义道路。马克思在概括资本主义社会产生的途径时指出："在现实的历史上，雇佣劳动是从奴隶制和农奴制的解体中产生的，或者像在东方和斯拉夫各民族中那样是从公有制的崩溃中产生的，而在其最恰当的、划时代的、囊括了劳动的全部社会存在的形式中，雇佣劳动是从行会制度、等级制度、劳役和实物收入、作为农村副业的工业、仍为封建的小农业等等的衰亡中产生的。"③ 马克思在这里实际上指出了资本主义制度产生的三条道路：（1）从封建制度的"衰亡"中产生，这是西欧资本主义制度产生的道路，也是资本主义社会产生的典型道路；（2）从奴隶制

① 《马克思恩格斯选集》，第 2 版，第 2 卷，人民出版社 1995 年版，第 33 页。
② 《马克思恩格斯全集》，中文 1 版，第 46 卷上，第 4 页。
③ 《马克思恩格斯全集》，中文 1 版，第 46 卷上，第 14 页。

或农奴制的"解体"中产生；（3）从原始公有制的"崩溃"中产生。

马克思关于资本主义制度产生道路的论述以及上述的历史事实足以表明：某个民族在一定的历史条件下可以超越一定的社会形态，奴隶社会、封建社会以及后来的资本主义社会在不同的时期、不同的地区都被不同的民族跨越过，因而"跨越"本身是普遍存在的，具有重复性，是历史发展的常规现象。

某一民族之所以能够跨越一定的社会形态，"跨越"本身之所以能够成为历史发展的常规现象，与民族之间的交往密切相关，又以几种社会形态在空间上的并存为前提。

社会形态的更替在不同的民族那里具有不同步性，当有的民族已经进入封建社会甚至资本主义社会时，有的民族还停留在奴隶社会甚至原始社会，从而在空间上呈现出几种社会形态同时并存的局面。同时，从原始社会起，民族之间就有了一定的交往。随着生产力的发展，民族之间的交往经历了一个从毗邻地区交往到地域性交往再到世界性交往的发展过程，这同时是一个交往层次、交往形式不断产生和发展的过程。交往使不同的民族之间产生相关性，即进入到交往过程中的民族之间会产生相互作用、相互影响、相互渗透、相互补充。当处于不同社会形态的民族进行交往时，就会产生三种"跨越"现象：

第一，落后的民族征服了较为先进的民族之后，就会自觉或不自觉地适应被征服民族较高的生产力水平，"重新形成一种社会结构"，从而自觉或不自觉地跨越某种社会形态。日耳曼人征服了罗马帝国之后就是如此。

第二，先进的民族征服了落后的民族之后，把自己较高的生产力、社会关系"导入"到落后的民族之中，从而促进落后的民族跨越一定的社会形态而进入更高级的社会形态。此时，先进的民族"充当了历史的不自觉的工具"。

第三，当一个民族处在历史的转折点时，先进的社会形态对该民族具有更大的吸引力。在先进民族的"历史启示"下，较为落后的民族能够有意识地利用先进民族的经验和成果，并在先进的社会形态的框架中选择和设计自己的发展形式，从而自觉地跨越某种社会形态。

马克思指出："这个民族本身的整个内部结构也取决于自己的生产以

及自己内部和外部的交往的发展程度。"① 交往及其产生的相关性形成了历史发展的"跨越"现象。尽管不同民族"跨越"的对象及其途径都是特殊的，但是，只要在同一时代存在着不同的社会形态，只要处于不同社会形态的民族之间进行交往，那么，在相关性的作用下，"跨越"现象就会不断发生，重复可见，成为历史发展的常规现象。

某些民族跨越某种社会形态而直接进入更高级的社会形态并不是对人类总体历史发展顺序的否定。某一民族可以跨越一定的历史阶段，但它们历史运行的线路不可能是同人类历史总进程逆向的，相反，"跨越"的方向同人类总体历史及其规律运行的方向是一致的。在我看来，民族历史发展的"跨越"性是以人类历史总进程的不可跨越性为前提的，实际存在的社会形态规定着"跨越"的限度。迄今为止，任何一个民族跨越一定的社会形态，都是在世界上，尤其是在周围国家已经存在着更先进的社会形态的条件下实现的。没有罗马帝国的存在，日耳曼人就不可能跨越奴隶制而从原始社会直接进入封建社会；没有资本主义制度的存在及其发展，一些民族就不可能跨越封建社会制或奴隶制直接从奴隶社会或原始社会走上资本主义道路，东方一些较为落后的民族也就不可能跨越资本主义的历史阶段而直接跨入社会主义。所以马克思认为，某些民族跨越后达到的较为先进的社会关系并不是从它们之中"自然发生"的，而是"转移来的"、"带来的"、"导入的"。在几种不同的社会形态同时存在的情况下，现实存在的较为先进的社会形态或时代发展所指向的更为先进的社会形态，对落后民族的"跨越"具有导向作用。

马克思在分析古代某些民族"跨越"现象时曾指出："定居下来的征服者所采纳的社会制度形式，应当适应于他们面临的生产力发展水平，如果起初没有这种适应，那么社会制度形式就应当按照生产力而发生变化。""封建主义决不是现成地从德国搬去的；它起源于蛮人在进行侵略时的军事组织中，而且这种组织只是在征服之后，由于被征服国家内遇到的生产力的影响才发展为现在的封建主义的。"② 这表明，"跨越"现象的产生并不违反历史运动的一般规律，相反，它本身就是历史发展的一般规律，尤

---

① 《马克思恩格斯选集》，第 1 卷，人民出版社 1995 年版，第 68 页。
② 《马克思恩格斯选集》，第 1 卷，人民出版社 1995 年版，第 126 页。

其是生产关系一定要适应生产力状况规律的体现。先进民族较为发达的生产力及其"转移"或"导入"到落后民族的程度,在一定意义上决定着较为落后民族"跨越"的限度。经济必然性从根本上决定着全部人类历史的进程,也是一条能使我们从根本上理解"跨越"现象的指导性线索。

四、重新审视社会发展的"自然历史过程"

长期以来,马克思主义哲学教科书一直把"社会形态的发展是一个自然历史过程"看做是唯物主义历史观的基石和总纲。其实,这是对马克思社会发展理论的误解。马克思从来没有在等同的含义上用"自然历史过程"来表述社会历史过程,他只是指出社会经济形态的发展同自然历史具有"相似"的一面。然而,相似不等于相同。这里,我拟对社会形态的发展是自然历史过程的观点作一新的考察和审视,以深化我们对社会历史过程的研究。

(一)问题的提出

"社会形态的发展是自然历史过程"是马克思在《资本论》第一卷第一版序言中提出的。为了弄清问题,我们先来考察一下德文原文以及中译本。

在德文版《资本论》中,马克思的原话是:Mein Standpunkt, der die Entuicklung der ökonomischen Gesellschaftsformation als einen naturgeschichtlichen Prozeß auffaßt。这段话应译为:我的观点是把社会经济形态的发展理解为自然史的过程。郭大力、王亚南的译本把这段话译为:"我的观点,是把经济社会形态的发展,理解为一个自然史的过程。"[①] 中央编译局的译本把这段话译为:"我的观点是:社会经济形态的发展是一种自然历史过程。"[②] 对照德文原文,我们认为,郭大力、王亚南的译法较为准确。这是因为,把社会经济形态的发展"理解为"自然历史的过程,并不是说社会经济形态的发展"就是"自然历史的过程。为了进一步明确

---

① 马克思:《资本论》第1卷,郭大力、王亚南译,人民出版社1963年版,第12页。
② 马克思:《资本论》第1卷,中共中央编译局译,人民出版社1975年版,第12页。

问题，我们再考察一下 1983 年中央编译局根据马克思本人修订的法文版《资本论》（第一卷）翻译的中译本。在这里，马克思明确指出："我的观点是：社会经济形态的发展同自然的进程和自然的历史是相似的。"① 显然，马克思把社会经济形态的发展理解为自然历史的过程，并不是说社会经济形态的发展本身就是一种自然历史过程，而是说社会经济形态的发展与自然史具有相似的一面。正是在这个意义上，马克思在法文版《资本论》第一卷中把具有"相似"的一面这层含义说得更明确、更突出了。

由此，我们不难作出判断：马克思本人从来没有说过社会形态发展是自然历史过程，而且把社会经济形态的发展看做是自然历史过程，也不是马克思的本意；马克思的本意是指，社会经济形态的发展可以从"自然的进程和自然的历史"方面来理解，因为社会经济结构、运行机制，特别是社会工艺过程同自然进程、自然历史有相似之处。显然，把社会发展说成是"自然历史过程"是一种误解，这里至少发生了这样几个思维上的跳跃：

第一，把马克思所说的社会经济形态跳跃为社会形态，而马克思所说的社会经济形态是特指"社会人的生产器官"构成形态，② 即社会的经济活动结构，这与我们现在理解的作为经济基础与上层建筑统一体的社会形态不是一个概念。

第二，把社会经济形态的发展同"自然历史过程"的"相似"性跳跃为二者的相同性。社会发展作为现实的人的主体行为过程，它与自然过程是无法等同的。严肃的思考应该是，社会经济形态在何种意义上与自然历史过程"相似"，又在何种意义上与自然历史过程不相似。

第三，更为重要的是，马克思在《资本论》中重点说明的不是历史唯物主义，而是解剖资本主义的经济形态以及与它们相适应的交往关系、生产关系，即分析社会运动的一个特殊阶段和特殊方面。毫无疑问，这一特殊阶段和特殊方面是十分重要的。但是用这一方面来取代并跳跃为唯物主义历史观的总观点，理由是不充分的。唯物主义历史观的基本思想在

---

① 马克思：《资本论》（根据作者修订的法文版第 1 卷翻译），中国社会科学出版社 1983 年版，第 4 页。

② 马克思：《资本论》，第 374 页。

《1844年经济学哲学手稿》中开始形成，在《德意志意识形态》中第一次得到全面阐述。马克思尔后的思想，应该说在《政治经济学批判》、《资本论》以及其他哲学、政治经济学、科学社会主义的论著和晚年的人类学手稿中作了全面的阐发。我们研究问题不能仅仅停留于一个方面。

（二）何谓"自然历史过程"

为了把问题弄清楚，我们首先要弄清什么是"历史过程"和什么是"自然历史过程"。

"历史过程"简称历史，这一概念在马克思那里具有极其重要的意义。马克思赋予历史以内在变化和发展的含义，他经常用"排除历史过程"、"没有历史的要素"来批判那种"抽象的"观点，其中不仅包括各种唯心主义、形而上学的唯物主义、自然科学的唯物主义，也包括费尔巴哈的直观唯物主义。马克思认为："联系不断采取新的形式，因而就表现为'历史'。"[1]而"没有发展"，也就"没有历史"。在马克思看来，历史就是变化，就是联系的新形式不断产生的过程，也就是发展过程。同一的重复，没有形式和内容的变化，尽管存在着也没有历史。譬如在谈到亚细亚生产方式的典型——印度时，马克思说："印度社会根本没有历史，至少是没有为人所知的历史"，[2]并指出"没有历史"本质上是指"不发生变化"、"不变性"。亚细亚生产方式中的"公社自给自足，不断地按照同一形式把自己再生产出来，当它们偶然遭到破坏时，会在同一地点以同一名称再建立起来，这种公社的生产机体的简单性，为我们提供了一把理解亚洲社会不发生变化的钥匙。"[3]所以，马克思认为，"我们仅仅知道一门唯一的科学，即历史科学。历史可以从两方面来考察，可以把它划分为自然史和人类史"，即历史可以区分为自然历史过程与社会历史过程。在人类实践活动中，在"现存世界"中，人类史与自然史是不可分离的，"只要有人存在，自然史和人类史就彼此相互制约"。但为了分析方便，我们暂且把二者分离开来。

---

① 参见《马克思恩格斯选集》第1卷，人民出版社1972年版，第81页。
② 《马克思恩格斯选集》，第2版，第1卷，人民出版社1995年版，第767页。
③ 马克思：《资本论》，第361页。

马克思当时所理解的"自然历史过程"是指自然界联系形式多样化的过程。依据马克思所处时代的科学条件，马克思是在达尔文进化论的含义上理解这一过程的，可以把马克思的这一理解表述为"生物进化过程"，马克思指出，"达尔文注意到自然工艺史，即注意到在动植物的生活中作为生产资料的动植物器官是怎样形成的"。[①] 因此，马克思所说的"自然历史过程"不是泛指一种"自然必然性"，而是指动植物"器官"的"形成史"、"生成史"。只不过这种"形成史"、"生成史"具有如下特点：（1）它是动植物在其生活中，与周围的环境相互作用的过程中自组织地生成的；（2）这种生成的过程表现为动植物"器官"不断多样化的发生过程，其本质是动植物自身的发展史；（3）这一过程又是动植物盲目地、无意识地进行的。然而，在这盲目的过程中，一条发展的道路、形式多样化的过程却显现出来。可以说，马克思所说的"自然历史过程"与现行马克思主义哲学教科书所理解的"自然历史过程"具有较大的差异。在马克思看来，自然历史过程是客观的、不以人的意志为转移的，它具有内在的规律性，但这种规律性是在动植物的自组织活动中存在，并通过动植物本身"器官"的多样化体现出来；自然规律性、必然性是指动植物自组织活动中多样化的必然趋势。

我注意到，马克思对"自然历史过程"的理解已深入到地质学中，"正像地质的形成一样，在这些历史的形成中，有一系列原生的、次生的、再次生的等等类型"[②]。但也应当指出，马克思对"自然历史过程"的理解还没有也不可能深入到自然界的机械、物理、化学过程中去。马克思那个时代的科学还没有发展到这一步。当时，以热力学第二定律为基础的自然界发展的"熵增加"原理，只是证明着自然界的物理过程自发地走向"无序"，为此，恩格斯批判了把"熵增加"原理推广到整个宇宙中去的"热寂说"。但是，物理、化学过程是如何实现其"历史发展"的，这一问题在马克思、恩格斯的时代并没有被证明，至多只是哲学上的逻辑推导。直到 20 世纪 70 年代，普里戈金的"非平衡态热力学"以及哈肯的"协同学"才完成了对物理运动和化学运动的"历史过程"的证明。普里戈金在

---

① 马克思：《资本论》，第 374 页。
② 《马克思恩格斯全集》，中文 1 版，第 19 卷，第 432 页。

研究耗散结构演化时指出："分岔在一定意义上把'历史'引进物理学中来了……这样，我们在物理学和化学中引入了历史因素，而这一点似乎向来是专属于研究生物、社会和文化现象的各门学科的。"① 只是到了这个时候，我们才获得了"自然历史过程"全面含义的理解："自然历史过程"无非是指自然界的发展是自然界自身运动的自组织过程，它的发展表现为自然界本身形式越来越多样化、复杂化的生成过程。自然的"历史过程"是自然本身在盲目的运动中形成的，不存在一个预成的发展过程，但它却表现为不可逆的有箭头的运动过程。这一运动过程大致是这样的：自然界最早产生的是低级的平衡结构，它自发地趋向"无序"和"熵增加"；由于特定的涨落条件，形成远离平衡状态，于是平衡结构否定自身形成的自组织的耗散结构。从此以后，自然的历史过程表现为耗散结构自组织进行的由简单到复杂的多样化的过程，特别是在动植物系统中表现为"器官"不断复杂化、高级化的过程。自然界的整个运动过程符合马克思所说的"历史"概念，即联系不断采取新的形式。

（三）社会经济规律在何种意义上是自然规律

把社会发展看做是自然历史过程这一思维跳跃，是以把社会经济规律看做是自然规律的观点为前提的。马克思确实在许多地方谈到社会经济规律是自然规律，比如在《资本论》中，他一再提到"资本主义生产的自然规律"，"一个社会即使探索到了本身运动的自然规律，——本书的最终目的就是揭示现代社会经济运动的规律"。② 列宁指出："马克思谈到社会的经济运动规律，并把这个规律叫作 Naturgesetz——自然规律。"③ 然而，问题的关键在于，马克思在何种意义上认为社会经济规律是自然规律。

社会经济规律是人们经济活动的规律，它是最主要、最本质的社会规律，最深刻地体现出人的活动的社会性、历史性、时代性。社会经济规律本质上不同于自然规律：（1）社会经济规律通过人与自然的交换关系贯穿着人与人的关系；（2）社会经济规律是以人的形式、人的内在尺度来占有

---

① ［比利时］普里戈金：《时间、结构和涨落》，载《1977年诺贝尔奖演讲集》，第42页。

② 《马克思恩格斯选集》第2卷，人民出版社1995年版，第101页。

③ 《列宁全集》，中文2版，第1卷，人民出版社1984年版，第105页。

"物质交换"的过程；（3）社会经济规律本质上是一个实践问题，它是人在经济实践中的活动规律，随着人们经济实践格局的变化而不断变化，而且它的实现与否也取决于人的实践。自然规律却是自然界的机械、物理、化学、生物规律，它以自在的盲目的形式存在着，当人们没有认识它们时，自然规律就以与人对立的形式出现；当这些规律一经被发现，人们便可以利用它，用科学来征服自然力。自然规律与社会规律显然是两种本质不同的规律。

马克思是从两重意义上把社会经济规律看做是自然规律的：一是资本主义社会经济规律的特殊性；二是整个经济规律的基础的特殊性。

在马克思看来，资本主义的经济运动是一种典型的社会运动。"在土地所有制处于支配地位的一切社会形式中，自然联系还占优势。在资本处于支配地位的社会形式中，社会、历史所创造的因素占优势。"① 资本主义是社会历史因素占优势的社会形态，但它又是对抗性的社会形态。正是由于这种对抗性，使社会经济规律采取以与人对立的自然规律的特殊形式出现，这也就是说，当生产者丧失了对他们自己社会关系和自主活动的支配权时，"生产资料和产品的社会性反过来反对生产者本身，周期性地突破生产方式和交换方式，并且只是作为盲目起作用的自然规律强制性地和破坏性地为自己开辟道路"。② "我们应当怎样理解这个只有通过周期性的革命才能为自己开辟道路的规律呢？这是一个以当事人的盲目活动为基础的自然规律。"③ 可见，社会经济规律以与人对立的自然规律的形式出现，本质上是资本主义社会的"社会性"的体现，是资本主义及其以前社会形态中的对抗性的体现。换言之，人与人对抗的社会形式，使社会规律不得不以自然规律的形式出现。这是其一。

其二，马克思认为，经济规律有它永恒的基础，这就是人与自然之间的"物质变换"过程。马克思指出："劳动作为使用价值的创造者，作为有用劳动，是不以一切社会形式为转移的人类生存条件，是人和自然之间

---

① 《马克思恩格斯全集》，中文 1 版，第 46 卷上，第 45 页。
② 《马克思恩格斯选集》第 3 卷，人民出版社 1995 年版，第 629 页。
③ 《马克思恩格斯全集》，中文 1 版，第 23 卷，第 92 页。

的物质变换即人类生活得以实现的永恒的自然必然性。"① 只有在这个 "一般" 意义上，即从 "使用价值" 的创造意义上，社会经济规律才是一种体现人与物之间 "物质变换" 的自然规律。但是，这种 "物质变换" 既然是一切社会运动的基础，那么，在特定的社会中，这种 "物质变换" 也就不得不具有社会形式。因此，社会经济规律不会以纯粹的 "自然规律" 形式出现，社会经济规律的运动始终是以人与自然之间 "物质变换" 的自然规律为基础而展开的社会运动过程。

马克思在《资本论》第三卷中，更透彻地表达了这个思想。马克思认为，人与自然之间的 "物质变换" 是自然必然性的王国，是 "一切社会形态"、"一切可能的生产方式" 的基础，人类未来产生的只是 "合理地调节他们和自然之间的物质变换"，"在最无愧于和最适合于他们的人类本性的条件下来进行这种物质变换"。② 显然，马克思是在经济活动规律的基础——人与自然之间的物质变换过程，在抽象掉一切可能的生产方式的意义下，承认经济规律的自然过程。

但是，只要一进入任何具体社会形式，马克思立即用社会的眼光来看待经济规律。按照马克思的观点，区分社会阶段的标志，不是生产什么，而是怎样生产。马克思坚决反对用自然规律来说明社会发展。在致库格曼的信中，马克思批判了朗格把社会规律自然化的方式，认为：朗格先生有一个伟大的发现：全部历史可以纳入一个唯一的伟大的自然规律。这个自然规律就是 "struggle for life"，即 "生存斗争" 这一句话（达尔文的说法这样应用就变成了一句空话），而这句话的内容就是马尔萨斯的人口律，或者更确切些说，人口过剩律。这样一来，就可以不去分析 "生存斗争" 如何在各种不同的社会形态中历史地表现出来，而只要把每一个具体的斗争都变成 "生存斗争" 这句话，并且把这句话变成马尔萨斯关于 "人口的狂想" 就行了。③

这里，马克思关心的是 "不同的社会形态中历史地表现出来" 的东西，马克思始终用 "历史" 的方法来说明社会。更为重要的是，马克思认

① 《马克思恩格斯全集》，中文 1 版，第 23 卷，第 56 页。
② 《马克思恩格斯全集》，中文 1 版，第 25 卷，第 926、927 页。
③ 《马克思恩格斯全集》，中文 1 版，第 32 卷，人民出版社 1975 年版，第 671—672 页。

为，经济规律不是预成的，而是在人们的"物质实践"中生成的，是在历史中生成的；在人们面前绝没有一个现存的、一成不变的经济规律可供认识，经济规律同样具有历史性。对社会规律（包括经济规律）的把握是历史地变化的，"对社会生活形式的思索，从而对它的科学分析，遵循着一条同实际运动完全相反的道路。这种思索是从事后开始的，是从已经完全确定的材料、发展的结果开始的。"① 因此，企图想事先预见一条社会发展的道路，认为有一条社会经济规律预先存在着，这不是马克思主义对社会规律的看法。就经济规律制约人类历史行程而言，我承认社会发展有一个大概趋势；就全部社会生活（包括经济生活）在本质是实践的意义上来说，我认为经济规律的实现也是一个历史的过程，是"物质实践"和人类自主活动的过程。社会规律根本不同于自然规律，它是"人们自己的社会行动的规律"②。把社会经济规律等同于自然规律，其结果只能把社会经济规律抽象化、逻辑化、预成化，其实质是回归黑格尔的"绝对计划"。

（四）社会经济形态的发展在何种意义上与自然历史过程相似

如同"物质变换"是社会经济规律与自然规律一致的中介一样，社会经济形态的发展与自然历史过程的相似，则是以社会经济工艺学为中介关系的。换言之，这里是这样一种关系：社会经济规律——物质转换——自然规律；社会经济形态——社会经济工艺学——自然历史过程。在这里，社会经济工艺学与物质转换之间又有着直接关系。然而，现行的历史唯物主义体系是不讲物质转换、社会经济工艺学等概念的；传统的见解又把社会经济形态直接等同于生产关系，等同于经济基础，以至等同于社会形态。这是把社会经济形态与自然历史过程"相似"上升到"社会形态是一个自然历史过程"的认识根源。

应当指出，把社会经济形态、社会工艺学从社会发展中抽象出来，这是马克思对社会认识的巨大深化。在《德意志意识形态》中，马克思已经把分工看做是生产力与所有制之间的中介关系，"分工和私有制是相等的

---

① 马克思：《资本论》，第55页。
② 《马克思恩格斯选集》，第2版，第3卷，634页。

表达方式，对同一件事情，一个是就活动而言，另一个是就活动的产品而言"。① 但是，社会经济形态概念当时还没有从"活动"中剥离出来，马克思当时对所有制的关系更感兴趣。因此，他以所有制作为划分历史阶段的标准，即"部落所有制"、"古代公社所有制或国家所有制"、"封建的或等级的所有制"、"资本主义所有制"。直到 1859 年的《〈政治经济学批判〉序言》，马克思才第一次提出"经济的社会形态"的概念。从此以后，他始终以经济形态的观念来考察社会。

在《〈政治经济学批判〉序言》中，马克思作出两项推进：

第一，用社会经济形态划分历史来取代以所有制划分历史，马克思指出："大体说来，亚细亚的、古代的、封建的和现代资产阶级的生产方式可以看做是经济的社会形态演进的几个时代。"② 这里，考察历史的坐标转换了。

第二，给社会经济形态下了一个定义，即"社会的经济结构"。《资本论》对社会经济形态概念的内容更深化了，马克思分析了社会经济运动中的工具发展史，并把人的生产工具同动植物的器官进行了比较，认为达尔文的进化论揭示了"自然工艺学"——动植物的器官作为动植物生活的生产工具怎样形成的历史，而社会工艺学——"社会人的生产器官"怎样形成的历史具有同样重要意义。"工艺学揭示出人对自然的活动方式，人的物质生活的生产过程，从而揭示出社会关系以及由此产生的精神观念的起源。"③ 由此看来，社会经济形态概念应该是以社会工艺为基础的社会经济结构。

因此，马克思所说的社会经济形态的发展与自然历史过程"相似"是指，如同自然界动植物的发展是立足于自身器官的形成和发展过程一样，社会经济形态的发展也是立足于"社会人的生产器官"的形成和发展过程。任何夸大这方面的意思，把"自然历史过程"上升为社会发展的预成性、单线性，认为一切民族的发展都必须经过一条唯一的道路，将会对社会和人类发展带来灾难性的后果。

---

① 《马克思恩格斯选集》第 1 卷，人民出版社 1995 年版，第 84 页。
② 《马克思恩格斯选集》第 2 卷，人民出版社 1995 年版，第 33 页。
③ 马克思：《资本论》，第 374 页。

社会工艺发展表现为一个有序的经济结构的演化过程，这条演化道路可以通过各种不同途径来达到。其中有"自然发生的"、"派生的"、"中间的"、"典型的"等各种形态。这里，我们必须把如下几个方面区分开来：

第一，马克思所说的社会经济形态的几个时代，即亚细亚的、古代的、封建的和现代资产阶级的，并不是所有民族的共同的发展道路。这一条道路是有特定坐标系统、特定条件的。具体地说，马克思是立足于欧洲资本主义的发展来考察这一问题的，换言之，这条道路是以欧洲为坐标系的，是相对于欧洲资本主义的典型道路而言的。正如马克思所说，他研究的对象是资本主义生产方式，他研究的典型是英国。在做这样的研究时，必须把其他社会形态和生产方式作为背景和历史条件。马克思绝没有要求所有民族都走同样的道路，恰恰相反，他坚决反对这一点。在给俄国《祖国纪事》编辑部的信中，马克思指出："他一定要把我关于西欧资本主义起源的历史概述彻底变成一般发展道路的历史哲学理论，一切民族，不管他们所处的历史环境如何，都注定要走这条道路……他这样做，会给我过多的荣誉，同时也会给我过多的侮辱。"① 在分析社会发展时，马克思常常指出，"这不适用于例如东方"、"这仅仅是从欧洲的观点来看的"等等。

我注意到马克思的下述论述，即："工业最发达的国家向那些就工业规模来说跟在后面的国家所显示的，只是后者未来的景象。"② 但是，只要认真仔细地分析这句话的上下文，就可以看出，马克思在这里指的是欧洲资产阶级国家，如德国、西欧大陆其他国家。这表明，马克思并没有把"自然历史过程"理解为亚细亚的、古代的、封建的、资本主义的、社会主义的这样一条发展道路，并没有把这样一条发展道路看成是预成的，所有民族的一般发展道路。把"自然历史过程"理解为一种超历史的"必然性"，理解为所有民族的发展都必须经过原始的、奴隶的、封建的、资本主义的、社会主义社会这样一条唯一的道路，不过是把欧洲的发展道路强加给所有民族罢了，不过是把历史必然性抽象化、预成化罢了。

第二，马克思把社会发展看做是人类自组织的过程，认为它的具体道路是多样化的。马克思从来不以单线的方式考察历史，除了关心"典型

① 《马克思恩格斯全集》，中文1版，第19卷，第130页。
② 马克思：《资本论》，第2—3页。

的"、"原生的"生产关系外，马克思还经常向自己提问："第二级的和第三级的东西，总之，派生的、转移来的、非原生的生产关系。国际关系在这里的影响。"① 显然，这里有一个更宏大的社会发展道路问题。按照马克思的观点，资本主义形成的途径和道路是多样的，如美国的"资产阶级社会不是在封建制度的基础上发展起来的，而是从自身开始的"②。此外，马克思还指出了其他三种形式："在现实的历史上，雇佣劳动是从奴隶制和农奴制的解体中产生的，或者像在东方和斯拉夫各民族中那样是从公有制的崩溃中产生的，而在其最恰当的、划时代的、囊括了劳动的全部社会存在的形式中，雇佣劳动是从行会制度、等级制度、劳役和实物收入、作为农村副业的工业、仍为封建的小农业等等的衰亡中产生的。"③ 在马克思看来，这里不存在固定的模式和一种超历史的必然性，也没有一条所谓的"自然历史过程"。

第三，如果我们把眼光专注于社会工艺过程，即社会生产的经济活动的具体构成模式，那么，在它们之中确实存在着一条由低级到高级的有序的历史过程。这一过程也确实"可以用自然科学的精确性"表示出来，因为社会工艺标志着人与自然界之间以何种具体方式进行物质变换与定型过程，它确实不以人的意志、情感、需要、选择为转移。社会工艺发展的这种不可逆性表现为不再重复历史上曾经走过的路，它是在人类自主活动中进行的，是不断以时代发展的最高水平为"普照光"的"变形"过程。比如，我们今天来设计中国社会的发展，当然不必要再经过一个自然形成的资本主义阶段。但是，要从落后的自然经济的工艺水平跳跃到现代水平，也是不可能的。为此，必须从工艺学过程来确认商品经济阶段的必然性和合理性，这是一个无法逾越的"自然历史过程"。当然，我们可以立足现代世界格局和工艺格局，使这一进程缩短，走得更快一些。这里，显然存在着工艺学发展中的"派生的"、"转移来的"、"非原生的"过程，存在着世界交往和国际关系的影响作用。不管怎样，要以原有的社会工艺过程到现代的社会工艺过程，确实同"自然历史过程"有"相似"的一面。

---

① 《马克思恩格斯全集》，中文1版，第46卷上，第47页。

② 《马克思恩格斯全集》，中文1版，第46卷上，第4页。

③ 《马克思恩格斯全集》，中文1版，第46卷上，第14页。

历史的曲折发展使我反思到这样一个问题，即以前我们把社会形态的发展看做是一个自然历史过程，由于这样一种思维方式的局限，使我们产生了许多偏差，其中主要之点是：把原始、奴隶、封建、资本主义、社会主义的社会发展看做是所有民族发展的唯一道路；把社会形态的发展归结为生产关系的发展，把生产关系的核心归结为静态的所有制关系，又把静态的所有制关系归结为生产力水平。这样一来，我们完全忽视了动态的社会经济工艺学过程，其结果是把生产力与所有制的中介环节——"社会人的生产器官"的形成过程抽象掉了。于是，历史规律被抽象化、预成化，历史被片面化，社会人的发展也就从唯物主义历史观中被悄悄地抹掉了。现在应彻底改变这种思维方式了，我们应把更多的注意力投入到动态的社会工艺过程，关心"社会人的生产器官"的形成过程，只有把握住这一环节，才能真正把握社会经济形态的发展与自然历史过程"相似"的真谛，从而才能真正意识到人类社会只是人类自身实践活动的产物，社会规律只是人们的社会行动的规律。这一规律当然具有客观性、必然性，但这一客观性、必然性不是预成的，更不是凌驾于人类实践活动之上的。社会及其全部发展只能在人类实践活动中生成并得到展现。

五、重新审视历史必然性观念

自维科创立历史哲学以来，历史必然性问题一直是西方历史哲学关注的中心问题，至今仍是当代西方历史哲学争论的焦点；全面而科学地解决历史必然性问题是唯物主义历史观对人类思想史的巨大贡献，然而，唯物史观的历史必然性观念在当代又受到种种的曲解、非难和挑战。这里，我拟就西方历史哲学中的历史必然性观念及其演变做一新的考察和审视，以深化我们对历史必然性的研究。

（一）历史必然性观念的确立

在人类思想史上，率先探讨历史必然性的，是意大利思想家维科。在历史哲学的开山作——《关于民族共同性的新科学原理》中，维科着重考察了民族的"共同性"，即历史必然性，并提出了两个重要观点：（1）人类的历史是由人类自己创造的；（2）历史发展具有必然性，各民族的历史都必然经历神权、英雄和人权三个阶段。在维科之前，神学历史观占据统治地位，人们确信"人的历史是神定的一种秩序"。维科则把人类历史的中心从神移向人类本身，并从人本主义的角度肯定了历史必然性的存在，这是维科历史哲学的独特之处，也是它对人类思想史的贡献。然而，当维科宣布"人类创造历史"时，他又同时提出"上帝创造自然"。这就以一种新的形式制造了自然和历史对立的神话，并开启了人本主义和科学主义对立的先河。

法国启蒙哲学进一步探讨了历史必然性。卢梭认为，历史具有内在联系，生产和技术的发展是历史发展的主要动因；历史进程不可逆转，而历史正是在对抗和矛盾中向着自己的对立面过渡。卢梭已经用相互作用的观点来研究历史及其必然性了，由此而显示了出乎他的时代意料之外的历史主义敏感，"几乎是堂而皇之地把自己的辩证起源的印记展示出来"[1]。

卢梭的辩证方法为法国空想社会主义者所接受，圣西门、傅利叶把历史必然性观念大大地向前推进了一步。首先，历史发展具有内在的必然性。傅利叶断言："社会运动……有规则地进行着"，"这些社会运动的规律已经由我识破"。[2] 圣西门把人类历史划分为五个时期，即开化期、奴隶制度、神学——封建制度、"新封建制度"（资本主义制度）和未来"实业制度"，并认为，这五种制度的产生都是必然的；傅利叶则把人类历史划分为五个时代，即蒙昧时代、宗法时代、野蛮时代、文明时代和未来的"傅利叶"时代，并认为，这五种社会的产生都具有必然性，是"经济上命定"的。其次，社会的内在矛盾运动构成了历史必然性。按照傅利叶的观点，人的内在情欲和外在的物质财富之间的矛盾运动构成了历史必然性，"社会的变革依生活的和经济的行为而转移"。[3] 圣西门则把历史分为现象和本质两个形态，并认为前者受制于后者；政权的更迭只是历史的表面现象，是形式，历史的本质是财产的分配和经济的安排。

可以看出，法国空想社会主义的历史哲学已经向着唯物主义地理解历史必然性的方向迈出了极其重要的一步，而且它还包含着丰富的辩证法思

---

① 《马克思恩格斯全集》，中文 1 版，第 20 卷，人民出版社 1971 年版，第 152 页。

② 《傅利叶选集》第 1 卷，商务印书馆 1982 年版，第 35 页。

③ 《傅利叶选集》第 1 卷，第 29 页。

想，这不能不说是一个历史的进步。当然，从总体上看，法国空想社会主义的历史哲学是一种科学主义的历史观，它按照自然必然性的特点去理解历史必然性，并没有真正理解历史必然性。圣西门把自己的历史观称为"社会物理学"。傅利叶断言：历史规律"在各个方面都符合由牛顿和莱布尼茨所阐明的物质引力规律。物质世界和精神世界在运动体系上具有统一性。"① 之所以如此，这是因为，牛顿经典力学的成功，构成了18－19世纪初历史哲学变革的一般理论背景，并为众多的法国思想家所接受。它造成了一种强烈的科学主义情绪，刺激着圣西门和傅利叶企图把历史理论变为像自然科学一样精确的科学，并按照自然必然性的特征去理解历史必然性。如果说维科是人本主义历史哲学的奠基者，那么，圣西门、傅利叶则是科学主义历史哲学的开拓者。孔德的实证主义历史哲学正是从法国空想社会主义历史哲学的解体中产生的。

"黑格尔第一次——这是他的巨大功绩——把整个自然的、历史的和精神的世界描写为一个过程，即把它描写为处在不断的运动、变化、转变和发展中，并企图揭示这种运动和发展的内在联系。"② 同时，由于意识到自然与历史存在着某种形式的区别，黑格尔提出了一种解释历史必然性的独特方式。

首先，历史必然性是"绝对理性"在时间中的展开，体现为"自由意识的进展"。在黑格尔看来，这是一个从东方到西方，从希腊到日耳曼的不可逆的过程。世界历史的四个时期，即东方国家、希腊国家、罗马国家和日耳曼国家分别在自己的历史中体现着历史必然性的特殊原则。

其次，历史必然性只有通过人的活动才能实现，绝对理性和人的活动"交织成为世界历史的经纬线"。③ 在黑格尔看来，没有人的活动，世界上任何伟大的事业都不可能成功。但他同时又认为，历史必然性又是先于历史而预成的"绝对计划"，人只是实现这种超历史"计划"的"活的工具"。

再次，历史必然性有"自己的绝对的最后目的"，而达到这个目的的

---

① 《傅利叶选集》第 1 卷，第 57、12 页。
② 《马克思恩格斯选集》第 3 卷，人民出版社 1995 年版，第 736－737 页。
③ 黑格尔：《历史哲学》，第 62 页。

坚定不移的意向就构成了历史的内在联系。因此，历史必然性是在历时性的单线过程中表现其决定作用的。它君临一个民族的机会只有一次，在它的轨迹之外或在已经经历过它的一定原则的民族那里，就没有历史了。这就是说，历史必然性只有合目的性、历时性或单线性的特征，而不具备重复性和常规性。由于历史必然性不具备重复性、常规性的特征，而且它是在无数个人追求自己特殊目的非精确限定的条件下显示其存在的，因而无法用自然科学的精确性来把握。在黑格尔看来，只有哲学的思辨才能透过历史表面的喧嚣去领悟历史的本质，把握历史的必然性。

黑格尔把维科以后的历史必然性观念系统化了，但也神秘化了。可以说，在黑格尔的历史必然性观念中，卓越与贻害是双生子。一方面，黑格尔敢于对历史作总的思考，全面而深刻地探讨了历史必然性，"形式尽管是那么抽象和唯心，他的思想发展却总是与世界历史的发展平行着"[1]。作为一种"宏伟的历史观"、"划时代的历史观"，黑格尔的历史必然性观念产生了巨大的影响，在18世纪末到19世纪初独占统治地位，"它甚至或多或少地感染了自己的敌人"。[2] 黑格尔开创了历史哲学史上"绝对理性"的时代，从而在客观唯心主义的基础上确立了历史必然性的权威。另一方面，黑格尔又把历史必然性归结于超历史的"绝对计划"、"绝对理性"，犯了一种从历史的外面把必然性输入历史的错误。黑格尔历史必然性观念的起点和终点都是历史与人的分离，他只是在形式上肯定了人的能动性，实际上彻底剥夺了历史属人的性质。剥去黑格尔历史必然性观念的神秘外衣，从历史的真正主体——人的活动中去揭示历史必然性，这是历史哲学进一步发展的"绝对命令"。

（二）历史必然性观念的革命变革

在历史必然性观念上实现革命变革的是马克思的历史哲学。历史唯物主义认为，历史不同于自然，自然界所发生的一切都是盲目作用的结果，"在社会历史领域内进行活动的，是具有意识的、经过思虑或凭激情行动的、追求某种目的的人；任何事情的发生都不是没有自觉的意图，没有预

---

① 《马克思恩格斯选集》第2卷，人民出版社1995年版，第42页。
② 《马克思恩格斯选集》第4卷，人民出版社1995年版，第220页。

期的目的的"。^① 但历史又离不开自然，社会实际上是人与自然和人与人双重关系的统一，"整个所谓世界历史不外是人通过人的劳动而诞生的过程，是自然界对人说来的生成过程"。^② 离开了人与自然的关系，社会只能建立在虚无之上；把人对自然的关系从历史中排除出去，只能走向唯心史观。^③

在马克思看来，把历史与自然区别开来同时又把它们联系起来的是人的物质实践。物质实践，即劳动首先是人以自身的活动来引起、调整和控制人与自然之间物质、能量变换的过程；在这个过程中，人和人之间又必然要结成一定的关系并互换其活动；同时，劳动结束时得到的结果，在这个过程开始时就已经在劳动者的头脑中作为目的以观念的形式存在着。这就是说，实践内在地包含着三重关系，即人与自然的关系、人与人的关系以及人与意识的关系；而这些关系的总和又构成了基本的社会关系。可以说，实践以浓缩的形式包含着全部社会关系，它是全部社会关系的发源地和整个人类历史的现实基础，因而构成了历史的本质。从根本上说，历史不过是人的实践活动在时间中的展开。所以，马克思指出："只要描绘出这个能动的生活过程，历史就不再像那些本身还是抽象的经验论者所认为的那样，是一些僵死的事实的搜集，也不再像唯心主义者所认为的那样，是想象的主体的想象活动。"^④ 正是以此为前提，历史唯物主义确立了科学的历史必然性观念。

历史唯物主义首先把历史必然性归结于物质实践过程，认为历史必然性不但实现于人的活动中，而且形成于人的活动之中。如前所述，实践内在地包含着三种转换，即人与自然之间的物质转换、能量转换以及物质和观念的转换。前两种转换是人的活动和自然运动共同具有的，后一种转换仅仅为人的物质实践活动所具有。在这种转化中，双方都增添了新的内容，形成"历史的自然"和"自然的历史"。实践活动包括物质、能量的转换，表明人的活动也必须遵循物质运动的共同规律；其特殊的物质与观念的转换又体现出新的、为其他自然物体所不具有的特殊运动规律，这就

① 《马克思恩格斯选集》第 4 卷，人民出版社 1995 年版，第 247 页。
② 《马克思恩格斯全集》，中文 1 版，第 42 卷，第 131 页。
③ 参见《马克思恩格斯选集》第 1 卷，人民出版社 1995 年版，第 92 页。
④ 《马克思恩格斯选集》第 1 卷，人民出版社 1995 年版，第 73 页。

是体现主体活动的特点，包括物质运动在内的人的实践活动规律。社会生活在本质上是实践的。因此，人的实践活动的规律实际上就是历史运动的规律，即历史必然性。

历史是人的实践活动在时间中的展开，历史必然性就形成并实现于人的活动之中。这里，我们碰到了"自由是对必然的认识"这一命题。在唯物史观看来，这绝不意味着在人们从事某种历史活动之前有一个现成的历史必然性或规律可供认识，相反，"对人类生活形式的思索，从而对它的科学分析，总是采取同实际发展相反的道路。这种思索是从事后开始的，就是说，是从发展过程的完成的结果开始的"。① 这是因为：

第一，不存在任何一种预成的、纯粹的、永恒不变的历史必然性或规律，任何一种具体的历史必然性都形成于一定的历史活动和社会形态中；当这种特定的历史活动和社会形态结束时，这种特定的历史必然性也就不复存在。

第二，以往的历史传统和既定的历史条件为新一代的历史活动提供了前提，并决定了新的一代历史活动的大概方向；但这些历史条件又在新一代的历史活动中不断被改变，正是在这种改变以往条件的活动过程中，决定着新一代命运的新的历史必然性才形成。

第三，只有当某种历史活动和社会关系达到充分发展、充分展示时，某种历史必然性才能真正全面地形成；只有在此时，人们才能理解、把握这种历史必然性。

正是在这种意义上，马克思、恩格斯认为，在"从后思索"的过程中抽象出来的历史的一般规律，绝不提供可以适用于各个历史时代的药方或公式，相反，这些抽象出来的规律离开了现实的历史就没有任何价值。人的自由和历史必然性的关系本质上是一个实践问题，而不仅仅是认识的问题。

按照历史唯物主义的观点，历史必然性具有总体性。从根本上说，历史必然性就是经济运动对人类历史行程的制约性，生产力和生产关系的矛盾运动决定着历史运行的大概趋势，构成了历史运动的"中轴线"。但我

---

① 《马克思恩格斯全集》，中文 1 版，第 23 卷，第 92 页。

们又不能把历史必然性等同于经济必然性。在整个历史中，没有一个重大历史事件的起源不能用经济必然性来说明；同时，没有一个重大历史事件不为一定的政治状况和意识形态所引导、所伴同、所追随。历史的演变在任何时候都不是在一种经济的平面上进行的。经济必然性既不可能脱离人们的物质实践活动成为独立的实体，也不可能脱离政治、文化等社会要素而纯粹地发生作用。经济必然性本身就具有社会性、历史性，以经济必然性为基础的历史必然性因此具有总体性，即经济、政治、文化等社会要素交互作用的产物。

按照历史唯物主义的观点，历史必然性同样具有重复性、常规性，即在一定条件下，某种历史必然性会反复发生作用，成为一种常规现象。以此为前提，马克思制定了"五种社会形态"理论，认为在不同的历史时期、不同的民族那里，可以产生相同的经济形态、政治形态和社会形态。

在马克思看来，分析经济、政治和社会形式，把握历史必然性及其重复性、常规性，既不能用显微镜，也不能用化学试剂，二者只能用抽象力来代替。同时，由于把社会关系归结于生产关系，把生产关系归结于生产力——人对自然的关系，唯物史观不但发现了历史必然性的重复性、常规性及其秘密，而且能够以"自然科学的精确性"指明社会的物质变革。这表明，唯物史观也在一定程度上包含着自然科学的实证性。正是在这个意义上，马克思、恩格斯把唯物史观称为"真正实证的科学"。①"重复性"、"常规性"和"精确性"概念的出现，使历史唯物主义成为一门成熟的科学。就这样，历史唯物主义消除了物质的自然和精神的历史对立的神话，自然科学和历史科学在这里达到了真正的和解。

承认历史必然性也就是历史决定论，但马克思的历史决定论是辩证的决定论，它确认人是历史的主体，承认经济必然性也会在政治、文化等社会要素的反作用下发生某种程度的"变形"，并且认为历史必然性要通过偶然性才能实现。"如果'偶然性'不起任何作用的话，那么世界历史就会带有非常神秘的性质。这些偶然性本身自然纳入总的发展过程中，并且为其他偶然性所补偿。"②历史必然性只是社会发展中不可避免的趋势，这

① 《马克思恩格斯选集》，第2版，第1卷，人民出版社1995年版，第73页。
② 《马克思恩格斯选集》，第2版，第4卷，人民出版社1995年版，第393页。

种趋势只有在一定条件的作用下才能实现。但历史必然性本身又不能自由地选择这些条件，它遇到什么条件只能是一种"机遇"或"遭遇"，即偶然性。所以，确定的历史必然性只有通过非确定的偶然性才能实现出来。偶然性因此成为历史必然性的实现形式并使同一必然性的表现形式带上了不同特征的烙印。

当代马克思主义的批评者们一般都把马克思的历史决定论混同于机械决定论，然后大加讨伐。这一方面说明他们不理解马克思的历史决定论同机械决定论的本质区别，另一方面，这又不是误认风车为妖魔的堂吉诃德式的战斗，而是实实在在的两种历史观，即唯心主义历史观和唯物主义历史观的对立。

（三）反历史必然性观念泛起的原因和环节

从维科到黑格尔再到马克思，可以说是历史必然性观念凯歌行进的时代，越来越多的思想家确认历史必然性的存在。然而，从 19 世纪晚期开始，许多思想家又开始怀疑、否定甚至抛弃了历史必然性观念。如果说历史必然性观念在近代西方历史哲学中占据统治地位，那么，否定历史必然性的观念则是现代西方历史哲学中的主导思潮。造成这种认识逆转的原因主要有三个方面：

首先，对黑格尔历史哲学的反叛。如前所述，黑格尔的历史必然性观念是卓越的，它曾产生了巨大的影响。但黑格尔却把一切都理性化了，理性成了一种新的迷信。为了证实自己的理性主义历史观。黑格尔常常不惜对历史施以粗暴的剪裁和歪曲，并把历史学降到了哲学婢女的地位。对于历史学来说，黑格尔的历史必然性观念扮演的是一种专断的角色。这种非分的要求和蛮横的做法激起史学家的强烈不满和本能反抗。反叛黑格尔的历史哲学成为 19 世纪下半叶西方历史学的一个鲜明特征。

其次，孔德实证主义的影响。按照孔德实证主义的观点，科学只能叙述事实，而不能说明事实。"探索那些所谓始因或目的因，对于我们来说，乃是绝对办不到的，也是毫无意义的"[1]；所谓必然性不过是经验中或感觉之间某种"不变的先后关系和相似关系"。孔德的实证主义在 19 世纪下半

---

① 《西方现代资产阶级哲学论著选辑》，商务印书馆 1982 年版，第 30 页。

叶获得了一定的成功，被当时的史学家、哲学家看做是对黑格尔历史哲学的"解毒剂"。正是在孔德实证主义的影响下，19世纪下半叶的西方历史学走上了实证主义的道路，成为"实证主义历史编纂学"。这一时期的大多数历史学家对确定新的事实非常热衷，而对发现规律却很少有人问津。

再次，对历史唯物主义的恐惧。唯物史观的历史必然性观念在对现存社会肯定的理解中，同时包含着对其否定的理解，即对现存社会必然灭亡的理解。"凡是现实的都是合理的"并不是马克思的思考方式。在唯物史观看来，资本主义的产生是历史的必然，资本主义的灭亡和社会主义的胜利同样是不可避免的历史趋势，即历史必然性。这一科学的历史必然性观念的确立犹如给资本主义社会下达了死亡通知书。资产阶级思想家们战栗了，他们由此从承认历史必然性转向否定历史必然性。

从历史必然性观念的确立到反历史必然性观念的盛行，这一转变在西方历史哲学中大体经历了三个环节：

第一，兰克的历史客观主义。兰克历史客观主义的宗旨就是"秉笔直书"，即只描述历史是这样而不探究历史为何是这样。兰克是一个转折点。兰克之前的历史理论以探求历史必然性为重心，兰克之后的历史理论则以描述历史现象为己任。

第二，狄尔泰的历史理解理论。在狄尔泰看来，历史是已经逝去的东西，无法用客观主义的方法和自然科学的精确性来研究和把握，历史科学唯一可行的方法只能是"体验"、"理解"，不存在客观历史及其必然性，至少是不能认识客观历史及其必然性。狄尔泰的历史理解理论从根本上摧毁了历史客观主义，并孕育了新的历史哲学——批判的历史哲学。

第三，克罗齐的历史主观主义。克罗齐是通过对历史知识、历史资料的分析来否定历史必然性的。在克罗齐看来，历史知识、历史资料并不是客观的，而是主观的，每一代人总是从自己时代的需要和价值观念出发去研究过去的历史；在这个过程中，历史学家不可避免地把自己的当代意识和需要介入到历史事件中。因此，一切历史都是当代史。既然不存在客观历史，那么，探求历史必然性也就成了无意义的废话。克罗齐的这一观点对西方历史哲学以至整个学术界产生了广泛的影响。从此，否定历史必然性的观念成为现代西方哲学的主导思潮，几乎成为一种"流行病"。

（四）现代西方历史哲学对历史必然性的否定及其失误

从总体上看，现代西方历史哲学从四个方面否定历史必然性。

第一，以历史事件的单一性否定历史必然性。

按照现代西方历史哲学的见解，只有反复出现的东西才能形成必然性或规律性，在自然界中，相同的事件反复出现，因而存在着必然性；在历史中，一切都是"单纯的一次性东西"，历史事件都是个别的、不重复的，因而不存在历史必然性。文德尔班指出："在自然研究中，思维是从确认特殊关系进而掌握一般关系；在历史中，思维则始终是对特殊事物进行亲切的摹写。""前者追求的是规律，后者追求的是形态。"[①] 李凯尔特断言："'历史规律'这个概念是……用语的矛盾。"[②]

历史不同于自然，历史事件的确都是独一无二的，法国大革命、明治维新、戊戌变法、西安事变等都是非重复性的存在。但由此否定历史必然性却是不能接受的。戊戌变法是"一"，但改良、改革作为历史现象在古今中外并不罕见，是"多"；法国大革命是"一"，但资产阶级革命作为历史现象在近、现代历史上却重复可见，是"多"……这表明，要把历史事件、历史现象和历史必然性三个概念加以区分。历史事件是"一"，历史现象是"多"，在这"多"的背后存在着只要具备一定的条件就会重复起作用的历史必然性。

历史必然性是历史的深层结构，隐藏在历史事件单一性的后面；而自然事件的差异性却深藏在其相似性的后面。在观察自然时，应从事件的相似中看到相异；在研究历史时，应从事件的相异中看到相同，从事件的单一性中透视出必然性。这样，才能走向历史的深处。而当代西方哲学却恰恰停留在历史的表层结构，并且混淆了历史事件、历史现象和历史规律的区别。

历史必然性的重复性不等于历史事件的重复性。任何一个历史事件的产生都是必然性和偶然性共同作用的结果，正是其中的偶然性使历史事件各具特色，不可重复，必然性重复的只是同类历史事件中的共同的本质的

---

① 《西方现代资产阶级哲学论著选辑》，第 59 页。
② ［英］李凯尔特：《文化科学和自然科学》，商务印书馆 2000 年版，第 9 页。

东西，它不是也不可能是重复其中的偶然因素。因此，历史必然性的重复性正是在一个个不可重复的历史事件中体现出来的。1640 年的英国革命、1789 年的法国大革命、1911 年的中国辛亥革命……这一个个不可重复的历史事件的出现，不正是体现了资产阶级革命的历史必然性吗？

实际上，任何事件，包括自然事件都是必然性和偶然性共同作用的结果，因而在严格的意义上说，自然事件也是不可重复的，自然必然性也是在一个个不可重复的自然事件中体现出来的。现代西方哲学夸大了自然事件与历史事件的差异，并把历史必然性的重复性等同于历史事件的重复性。当他们用历史事件的不可重复性来否定历史必然性时，恰恰说明他们并不真正理解必然性和偶然性的关系，不理解可重复的历史必然性和不可重复的历史事件之间的内在联系。

第二，以历史选择性否定历史必然性。

现代西方历史哲学否定历史必然性的又一论据就是，人的历史活动具有选择性，不同的民族根据自己的需要选择了不同的社会制度，从而使历史发展具有多线性，因而不存在历史必然性。在萨特看来，"任何一件事情都是可能的"，关键在于人的自由选择。胡克认为，全部人类历史就是人们不断选择的结果，这种选择表现的并不是客观必然性而是人的自由，"是他自己本质的一个独特的和不可还原的表现"。①

选择是人类创造历史活动的重要一环，尤其是当一个民族的历史处在一个转折点时，历史的进一步发展往往显示出多种可能的途径；在这多种可能性中，哪一种可能性能够成为现实，则取决于这个民族的自觉选择及其内部的阶级力量的对比。但是，由此把历史选择性同历史必然性对立起来，以前者的存在否定后者的存在却是错误的。这是因为：

历史选择的前提——"可能性空间"的形成具有必然性。历史选择的对象只能存在于既定的"可能性空间"中，一定的"可能性空间"的形成是人们历史选择的前提；而一定的"可能性空间"的形成却是由人们不能自由选择的生产力所决定的，生产力的状况从根本上决定着"可能性空间"的状况。人们在原始社会不可能选择资本主义社会。如果人们能够自

---

① 〔美〕胡克：《对卡尔·马克思的理解》，重庆出版社 1989 年版，第 153 页。

由选择，那么，西方为什么曾经选择一个"黑暗的中世纪"？西方社会和东方社会都走过专制主义道路这一事实，说明人们的历史选择是有既定前提并受历史必然性制约的。

更重要的是，历史选择不能改变人类历史的总体进程。历史选择可以使一个民族超越某种社会形态，以"跳跃"的发展形式进入到人类历史的先进行列，从而使历史发展呈现出多样性。但是，这种选择性、多样性并不能改变人类历史的总进程及其一元性——经济必然性。从人类总体历史来看，"五种社会形态"的确是依次更替的，资本主义制度的产生没有也不可能早于封建制度，社会主义社会的出现没有也不可能先于资本主义社会，相反，前者的产生正是后者内在矛盾运动的必然结果。社会主义制度在东方某些较为落后的国家首先建立，正是资本主义社会的内在矛盾通过资本主义开创的"世界历史"对东方社会冲突、影响和渗透的必然结果。

第三，以历史认识的相对性否定历史必然性。

以历史认识的相对性来否定历史必然性，这是现代西方历史哲学的一个显著特征。这一特征在克罗齐的历史哲学中得到了集中体现。按照克罗齐的观点，只有现实生活的兴趣才能促使人们去研究过去，人们又总是根据当代意识去认识、评价历史的，因此，"当代性"是一切历史的内在特征。克罗齐由此认为，这种"当代性"使得人们只能知道与现实生活有关的有限的、特定的历史，"那种'下余的'历史是关于'物自体'的永恒幻想，它既不是'物'，也不是'自体'，它只是我们的行动与知识的无限性的想象的具体化而已"。① 这就是说，在打上了"当代性"烙印的有限的、特定的历史中去寻找"普遍史""永远不会成功"，历史"无任何规律可循"，必须抛弃历史必然性观念。

克罗齐的确提出一个重要问题，这就是人们认识历史的特殊性问题。"一切历史都是当代史"的合理之处就在于，它揭示了历史认识总是从现在出发，由后向前追溯的逆向过程。如前所述，马克思也认为，对人类生活形式的思索，从而对它的科学分析，总是从事后开始，从发展过程的完成的结果开始。但克罗齐毕竟走得太远了，他把一切都相对化、主观化

---

① ［意］克罗齐：《历史学的理论和实际》，商务印书馆1982年版，第38页。

了，以至否定了客观历史及其必然性。

从认识论的角度看，克罗齐至少犯了两个错误：

一是割裂了现实与历史的关系。系统是过程的集合，历史往往平铺在一个社会截面上。这就是说，历史虽属过去，但它并没有消失，而是以一个浓缩或萎缩的形式存在于现实社会中；现实社会是历史的延续、缩影，因而提供了认识历史的钥匙。正是在这个意义上，马克思认为，通过对资本主义社会结构的理解，"同时也能使我们透视一切已经覆灭的社会形式的结构和生产关系。资产阶级社会借这些社会形式的残片和因素建立起来，其中一部分是还未克服的遗物，继续在这里存留着，一部分原来只是征兆的东西，发展到具有充分意义，等等。"① 这是一方面。另一方面，又不能抹杀现实社会形式与过去社会形式的历史差别，不应当把它们等同起来。"资产阶级社会本身只是发展的一种对立的形式，所以，那些早期形式的各种关系，在它里面常常只以十分萎缩的或者完全歪曲的形式出现。"② 按照马克思的观点，只有在现实的社会形式"能够进行自我批判"时，才能对过去的社会形式"作客观的理解"，否则只能"作片面的理解"。从时间上说，马克思的"从后思索法"先于克罗齐的"以当代出发思索法"而产生；从逻辑上看，马克思的"从后思索法"高出克罗齐一筹的地方就在于，它借助一种辩证的思维方式，揭示了现实与历史的内在联系，既说明了从现实出发认识历史的可能性，又指出了达到"客观理解"历史的必要条件——现实社会"进行自我批判"。

二是割裂了有限和无限的关系，只要具备一定的条件，必然性就可以在无限的事物中发挥作用，重复出现。在这个意义上说，必然性的确是无限的形式，但必然性的这种无限性却不需要它现实地在无限多的事件中得到证明，在一定的有限事件中证明了必然性也就是在无限的同类事件中证明了必然性的存在及其重复有效性。要求从无限的历史事件去验证历史必然性实际上是一种形而上学的要求。它表明，克罗齐割裂了有限和无限的内在联系，重归黑格尔早已批判过的"恶无限"观念，并在这条道路上走到了逻辑终点。

---

① 《马克思恩格斯选集》第 2 卷，人民出版社 1995 年版，第 23 页。
② 《马克思恩格斯选集》第 2 卷，人民出版社 1995 年版，第 23 页。

第四，以历史事件的不可预测性来否定历史必然性。

按照波普尔的观点，历史决定论的核心就是根据所谓的历史必然性来预测人类历史的未来进程。但问题在于，历史并不存在必然性，历史运动没有所谓的客观规律所循。这是因为，人类社会的进化是一个单独的历史进程，对这一进程的描述只是一个单称的历史命题而不是普遍的历史规律；从连续的历史事件中可以发现社会变迁的趋势，但趋势不是规律，人们可以根据规律作科学预测，但不能根据趋势来作科学预测，换言之，历史是不可预测的；预测是人的认识活动，而人又是历史的主体，如果历史可预测的话，那么，这种预测本身就参与并将影响历史进程。在历史中，某一个预测甚至可以引起它所预测的历史事件的产生，如果没有这个预测，这个历史事件也许根本不会发生；反过来，对某个行将到来的历史事件的预测，又可以防止这个事件的发生。因此，历史必然性不存在，科学的历史预测不可能，历史决定论不成立。

波普尔在这里至少犯了一个认识论的错误，即混淆了预报与预见。预报是对某一事物在确定时空范围必然或可能出现的判断，而预见则是以规律为依据的关于发展趋势的判断，或者说，是一种只涉及发展趋势的规律性的判断。自然科学既能预见又能预报，社会科学只能预见而不能预报。面对客观事实，波普尔不得不承认，"马克思的预言可能也能实现"，现代资本主义的发展"证实了马克思的预言，即贸易循环必然是造成无约束的资本主义制度崩溃的因素之一"。但他又"自我解嘲"，认为导致马克思历史预言成功的"并不是他的历史主义的方法，而一直是制度学分析的方法"。① 实际上，在马克思那里，无论是历史主义方法，还是制度学分析方法，预见都是以发现和把握历史必然性为前提的。

波普尔的结论是错误的，但他的思考却是深刻的，留下的问题是有价值的：（1）历史规律与历史趋势的关系。具体地说，趋势的逐渐强化最终会成为一种必然性，从而转化为规律，而有的趋势本身就包含着某种必然性；反过来，随着条件的变化，规律的作用有可能弱化，最后转化为趋势，如此等等。（2）历史预测与历史进程的关系，即历史预测能否影响、

---

① ［英］波普尔：《开放社会及其敌人》第 2 卷，中国社会科学出版社 1999 年版，第 303 页。

如何影响历史进程、历史事件和历史规律，以及历史进程与历史认识主体的关系问题。

对历史必然性的否定，使现代西方历史哲学陷入泥潭并在其中辗转，无法自拔。这种理论失误从反面昭示了这样一个真理，即马克思主义的历史必然性观念是我们时代的真理，回到马克思，并在现代实践和科学的基础上深化、重构和发展唯物史观的历史必然性观念，这才是现代西方历史哲学的真正出路。

六、历史认识中的"从后思索法"：原则、内容和意义

历史是已经过去的存在，因而在认识历史的活动中，认识主体不可能直接接触认识客体。认识对象的这种特殊性造成了历史认识的特殊性，并使历史认识论的研究遇到了一系列特殊的困难。正因为如此，能否认识历史以及如何认识历史的问题似乎成了现代历史哲学中的"哥德巴赫猜想"。然而，马克思的"从后思索法"已经为我们走出这一理论迷宫提供了一条切实可行的思路。这里，我拟就马克思的"从后思索法"作一考察和审视，以深化我们对历史认识论以至整个认识论的研究。

（一）"从后思索法"的提出及其基本原则

历史认识中的"从后思索法"，是马克思在《资本论》中分析商品拜物教的性质及其秘密时提出来的。按照马克思的观点，商品早在古亚细亚和古希腊罗马的生产方式下就已经存在了，并"取得了社会生活的自然形式的固定性"，但是，人们对商品的科学认识却是在"后来"，即资本主义生产方式下才获得的。究其原因，这是因为，商品生产在古亚细亚和古希腊罗马社会中"处于从属地位"，而在资本主义社会中却占统治地位，并达到了"典型的形式"。由此，马克思明确地提出了他的"从后思索法"，即"对人类生活形式的思索，从而对它的科学分析，总是采取同实际发展相反的道路。这种思索是从事后开始的，就是说，是从发展过程的完成的结果开始的。"① 当《资本论》译成法文时，马克思又亲自对这段话作了修

---

① 《马克思恩格斯全集》，第 23 卷，第 92 页。

订："对社会生活形式的思索，从而对它的科学分析，遵循着一条同实际运动完全相反的道路。这种思索是从事后开始的，是从已经完全确定的材料、发展的结果开始的。"① 这两段话没有本质的区别，只是法文版的论述更精确了，并在思索的出发点上增加了"已经完全确定的材料"这一内容。

"从后思索法"虽然是在分析商品拜物教的性质及其秘密时提出来的，但它却是马克思一贯主张的思维方法。

在《博士论文》中，马克思就采取了"从后思索法"来分析古希腊哲学，即"从伊壁鸠鲁哲学追溯希腊哲学"。之所以如此，这是因为，在马克思看来，古希腊晚期的自我意识哲学是古希腊哲学发展的最高形态，"在伊壁鸠鲁派、斯多葛派和怀疑派那里自我意识的一切环节都得到了充分表述，不过每个环节都被表述为一个特殊的存在，而且这些体系合在一起看正形成了对自我意识的完备的结构"，所以，"这些体系是理解希腊哲学的真正的历史的钥匙"。② 正因为如此，马克思在《博士论文》中不是把伊壁鸠鲁之前的这种或那种哲学放在"首位"，而是相反，"从伊壁鸠鲁哲学追溯希腊哲学"。③

在《〈黑格尔法哲学批判〉导言》中，马克思认为，1843 年的德国社会制度低于当时世界历史水平，因为"在法国和英国行将完结的事物，在德国现在才刚刚开始"。"那里，正在解决问题；这里，矛盾才被提出。"④ 因此，如果"从德国的现状本身出发"去否定当时的德国制度，依然要犯时代错误。为了正确而全面地把握德国的历史发展，必须从"在法国和英国行将完结的事物"，即当时的先进实践出发反过来思索。这同样是一种"从后思索"的方法，即从时代的先进实践出发来理解较为落后民族的历史发展。

在《1857—1858 年经济学手稿》中，马克思明确指出，"作为生产过程的历史形式的资产阶级经济，包含着超越自己的、对早先的历史生产方

---

① 马克思：《资本论》（根据作者修订的法文版第 1 卷翻译），第 55 页。
② 马克思：《博士论文》，第 3、2 页。
③ 《马克思恩格斯全集》，中文 1 版，第 40 卷，第 138 页。
④ 《马克思恩格斯选集》，第 1 卷，人民出版社 1995 年版，第 6 页。

式加以说明之点","这些启示连同对现代的正确理解,也给我们提供了一把理解过去的钥匙"。① 按照马克思的观点,早期社会形式的各种关系往往以萎缩或发展的形式存在于现实中,或者说,现实社会"总是在有本质区别的形式上,包含着这些社会形式";② 同时,资本主义社会又是历史上最发达的和最复杂的生产组织,"社会、历史所创造的因素占优势",社会关系得到了充分发展、充分展现。因此,透过资本主义社会,可以看到早期社会形式的结构和关系。"不懂资本便不能懂地租。不懂地租却完全可以懂资本。"③ 正是在这个意义上,马克思认为,"资产阶级经济为古代经济等等提供了钥匙",并把"从后思索法"概括为"人体解剖对于猴体解剖是一把钥匙"。这就形象地说明了对历史的科学认识是从"事后"、从"完成的结果"开始的原因所在。

可见,马克思始终认为,只有从现实出发才能找到正确理解历史的"钥匙",换言之,"从后思索法"是马克思一贯主张的思维方法,是马克思历史认识论的核心;对于历史科学来说,"从后思索法"具有普遍的意义。正因为如此,马克思指出:对于历史认识来说,"从后思索"是"更为重要"的方法,"也是我们希望做的一项独立的工作"。④

对于历史认识来说,"从后思索"之所以可能,其客观依据在于:历史虽已过去,但它并没有消失,化为无,而是以浓缩、变形的方式,或者以萎缩、发展的形式被包含在现实社会中。现实是历史的延伸,历史往往平铺在一个社会截面上。透过现实社会,我们便可以看到过去的历史。按照马克思的观点,资本主义社会是在过去社会形式的"残片"和"因素"的基础上建立起来的,其中一部分"残片"、"因素"是还未克服的"遗物",继续在资本主义社会中存在着;一部分"因素"在过去的社会形式中只是"征兆的东西",在资本主义社会中却"发展到具有充分意义",等等。因此,那些表现资本主义社会的"各种关系的范畴以及对于它的结构的理解,同时也能使我们透视一切已经覆灭的社会形式的结构和生产关

---

① 《马克思恩格斯全集》,中文1版,第46卷上,第458页。
② 《马克思恩格斯全集》,中文1版,第46卷上,第43页。
③ 《马克思恩格斯全集》,中文1版,第46卷上,第45页。
④ 《马克思恩格斯全集》,中文1版,第46卷上,第458页。

系"①。对于历史认识来说，"从后思索"也就是从现实社会中"透视"以往的历史。

对于历史认识来说，"从后思索"之所以必要，这是因为：（1）社会发展是从过去到现在，从低级到高级，然而，历史已经过去，人们也无法重新模拟过去的历史，因而对历史的认识也就不能从过去到现在，从低级到高级。相反，只能采取"同实际运动完全相反的道路"，反过来思索，即从高级到低级，从现在到过去，逆向溯因。这是认识历史必须遵循的方法。（2）历史中的各种因素和关系，只有在其充分发展、充分展现后才能被充分认识，而其充分展现后又已经否定了自身，转化为高级的东西了，所以，考察过去的、低级的社会形式反而要以现实的、高级的社会形式为参照系。"人体解剖对于猴体解剖是一把钥匙。"低等动物身上表露的高等动物的征兆，反而只有在高等动物本身已经被认识之后才能理解。

在人类历史上存在着和古生物学中一样的情形。由于某种判断的盲目，甚至最杰出的人物也会根本看不到眼前的事物。后来，到了一定的时候，人们就惊奇地发现，从前没有看到的东西现在到处都露出自己的痕迹。②

"从后思索"就是从"发展过程的完成的结果"出发，通过对历史的"透视"和由结果到原因的反归来把握历史运动的内在逻辑。这里，必须注意以下基本原则：

第一，从社会存在出发。社会存在也就是社会的物质生产方式。马克思认为，生产方式的内在结构是整个社会的"母结构"，只有从生产方式出发，我们才能理解历史何以沿着这一方向而不沿着那一方向发展，才能理解重大历史事件的性质和秘密，才能理解各种历史观念的兴衰盛亡，才能把握历史知识。从社会存在出发为我们"透视"历史，理解历史和解释历史提供了一种客观尺度，这是马克思"从后思索法"的唯物主义精神所在。

第二，"客观的理解"。"从后思索"不是任意的猜测，而是从现实社会"透视"以往历史。当然，这种"透视"自始至终受着历史进程的制

①　《马克思恩格斯全集》，中文1版，第46卷上，第43页。
②　《马克思恩格斯〈资本论〉书信集》，人民出版社1976年版，第258页。

约，具有较大的相对性。但是，我们绝不能放弃客观性原则，放弃对历史的"客观的理解"。在马克思看来，要达到对历史的"客观的理解"，首先要有"对现代的正确理解"，进行现实社会的"自我批判"。"基督教只有在它的自我批判在一定程度上，可说是在可能范围内准备好时，才有助于对早期神话作客观的理解。同样，资产阶级经济只有在资产阶级社会的自我批判已经开始时，才能理解封建的、古代的和东方经济。"① 其次要以"已经完全确定的材料"为基础，在对现实社会的考察中得出"一些原始的方程式，——就像例如自然科学的经验数据一样，——这些方程式会说明在这个制度以前存在的过去。这样，这些启示连同对现代的正确理解，也给我们提供了一把理解过去的钥匙"。②

第三，逻辑方法和历史方法相统一。从现实社会中去"透视"、追溯、反思过去的社会形式，绝不意味着"抹杀一切历史差别"，把现在的各种关系等同于"早期形式的各种关系"。这是因为，"早期形式的各种关系"在现实社会中往往是以"发展了的、萎缩了的、漫画式的种种形式"出现的，现实社会"总是在有本质区别的形式上"包含着过去的社会形式。正因为如此，马克思认为，"从后思索法"本身就包含着历史考察之点。"从后思索法"不仅是逻辑的，也是历史的，是逻辑方法和历史方法的统一。

（二）"从后思索法"的基本内容

"从后思索法"包含着丰富而具体的内容，它本身就是一个方法系统。

首先是典型分析。"从后思索法"的第一个要求就是选择思索的出发点。"物理学家是在自然过程表现得最确实、最少受干扰的地方考察自然过程的，或者，如有可能，是在保证过程以其纯粹形态进行的条件下，从事实验的。"③ 这种"以其纯粹形态进行的条件下"所从事的实验法是自然科学的基本方法。问题在于，这种实验法在历史科学中无法实现，因为不存在一种"纯粹形态"的社会，哲学家、历史学家不可能在"纯粹形态进行的条件下从事实验"，但是，历史中的各种社会关系、社会形态都有其

---

① 《马克思恩格斯全集》，中文1版，第46卷上，第44页。
② 《马克思恩格斯全集》，中文1版，第46卷上，第458页。
③ 《马克思恩格斯全集》，中文1版，第23卷，第8页。

"典型"形态，因而哲学家、历史学家可以在某种社会关系表现得最充分，某些经验事实全面展开的社会单位——社会典型中考察历史过程。这就是马克思的典型分析法。《资本论》就是以资本主义生产方式的典型——英国为对象考察资本主义发展的历史过程的。典型分析是"从后思索法"的出发点。

作为"从后思索法"出发点的"典型"的选择和确定，主要是由现实实践所激发和规定的，而"典型"本身处在变化之中，不存在一个一成不变的"典型"。马克思的典型分析法本身就贯穿着发展的、批判的原则。典型分析是历史研究中的"科学实验法"。正如自然科学的实验方法不断深化人们对自然过程的认识一样，历史研究中的典型分析也不断地深化着人们对历史过程的认识。

其次是"普照光"分析。社会总体运动是以物质生产方式为基础和中轴的总体运动，其中占主导地位的生产方式使各种社会要素和社会关系从属于自己，并决定着各种社会要素之间的比例和社会的整体结构。在马克思看来，这种占主导地位的生产方式就是该社会的"普照的光"。"在一切社会形式中都有一种一定的生产决定其他一切生产的地位和影响，因而它的关系也决定其他一切关系的地位和影响。这是一种普照的光，它掩盖了一切其他色彩，改变着它们的特点。这是一种特殊的以太，它决定着它里面显露出来的一切存在的比重。"① 这就是马克思的独特的总体分析法，即"普照光"分析法。"普照光"分析法要求人们在"从后思索"时，必须首先捕捉现实社会的"普照光"，即占主导地位的生产方式，从而把握该社会的总体结构，理解在该社会中存在的"发展了的"或"萎缩了的"各种社会要素和社会关系。

"普照光"本身又是历史的、发展的。随着时代的变迁，新的"普照光"又会在生产方式的运动中产生出来，并会形成新的社会要素、社会关系和社会器官及其总体结构，这同时又是过去的社会要素、社会关系和社会器官发展起来或萎缩下去的过程。因此，马克思的"普照光"分析法内在地包含着历史性的特点，捕捉现实社会以及过去社会形式的"普照光"，

① 《马克思恩格斯全集》，中文1版，第46卷上，第44页。

就能使我们从根本上和总体上把握现实社会以及过去的历史。"普照光"分析是马克思"从后思索法"的"中轴原理"。

再次是逆向溯因。历史研究的一个重要特征，就是它把发现历史过程、历史事件的原因看做是自己始终不懈的任务。研究历史就是要科学地解释历史，而解释历史首先要发现历史事件、历史过程的原因。"探赜索隐"这是古代历史学家的共同要求，也是当代历史学家、哲学家的共识。"研究历史就是研究原因。""每一有关历史的争论都是围绕着什么是主要原因这一问题来进行的。"① 当代著名历史哲学家卡尔的这句话很有见地，它道出了历史研究的一个重要特征。唯物主义历史观就是"一种关于历史过程的观点"，其重要的任务就在于，发现历史运动以及"一切重要历史事件的终极原因和伟大动力"；而马克思的伟大也就在于，他发现了人类历史运动的"终极原因和伟大动力"。"从后思索"的目标就是要发现历史运动以及历史事件的原因。

但是，人们在实际认识历史时，却不可能从原因推出结果。这是因为：（1）历史已经过去，产生历史事件、历史过程的原因已经不复存在。（2）人们也无法像自然科学那样，在实验中重新模拟这些原因。因此，要真正认识社会发展的原因只能走一条"同实际运动完全相反的道路"，即从"发展的结果开始"，逆向溯因。逆向溯因并不是按照今天——昨天——前天的严格倒向次序进行的，而是首先对现实社会进行分析，在"完全确定的材料"的基础上，寻找"一些原始的方程式，——例如就像自然科学的经验数据一样，——这些方程式会说明在这个制度以前存在的过去"②；然后从现实社会出发，一下子飞跃到被考察的对象上，运用逻辑与历史相统一的方法分析对象，"把可见的仅仅表面上运动，还原为内部的现实的运动"③。这样，就能发现历史事件、历史过程的原因所在。

最后是科学抽象。对于整个历史科学来说，科学抽象法具有普遍的意义。在"从后思索"的过程中，无论是典型分析、"普照光"分析，还是逆向溯因，都必须使用科学抽象法，科学抽象是"唯一可以当做分析工具

---

① ［英］卡尔：《历史是什么》，商务印书馆 2007 年版，第 93、97 页。
② 《马克思恩格斯全集》，中文 1 版，第 46 卷上，第 458 页。
③ 《马克思恩格斯全集》，中文 1 版，第 46 卷上，第 348 页。

的力量"。按照马克思的观点,科学抽象是一条有序发展的过程,它沿着两条道路进行,即"在第一条道路上,完整的表象蒸发为抽象的规定;在第二条道路上,抽象的规定在思维行程中导致具体的再现"①。应该说,这里存在着两个问题:(1)就认识过程而言,认识从"完整的表象"开始,借助于"抽象力",达到一些"最简单的规定";(2)就理论体系的形成来说,理论体系却是从"抽象的规定"开始,换言之,理论不是以各种"表象"作为自己的要素,而是以各种"抽象的规定"作为自己的要素。在马克思看来,只有借助于"抽象的规定",理论思维才能运转起来;只有借助于"抽象力",才能在现实社会中找到理解过去的"原始的方程式",才能"指出历史资料各个层次间的连贯性",从而"复活死去的东西",使过去的历史资料重新"开口说话"。这样,就会使"材料的生命""观念地反映出来"。正是在这个意义上,马克思认为,从抽象上升到具体的方法是科学上正确的方法。

"从抽象上升到具体的方法,只是思维用来掌握具体并把它当做一个精神上的具体再现出来的方式。"② 这里,关键在于如何安排范畴体系以使具体的历史在理论上"再现出来"。如果严格地按照历史发展的顺序来安排范畴体系,即从"前面"往"后面"思索,那么,思维就会局限于"前面"所遵循的"较简单范畴"和"较不发展的整体"之内,无法在这一"思维圈"内上升到"较具体的范畴"。正是在这个意义上,马克思认为:"把经济范畴按它们在历史上起决定作用的先后次序来安排是不行的,错误的。它们的次序倒是由它们在现代资产阶级社会中的相互关系决定的,这种关系同表现出来的它们的自然次序或者符合历史发展的次序恰好相反。"③ 所以,范畴的次序要"倒过来"安排,从"较具体的范畴"到"较简单的范畴"。这样,才能深刻而准确地在理论上"再现"客观历史,并形成一种"反思"、"批判"的功能,使原有的"范畴结构"变形。

(三)"从后思索法"的现代意义

历史常常出现这样一种情况,即一个伟大思想家的学说和方法往往在

---

① 《马克思恩格斯全集》,中文1版,第46卷上,第38页。
② 《马克思恩格斯全集》,中文1版,第46卷上,第38页。
③ 《马克思恩格斯全集》,中文1版,第46卷上,第45页。

其身后，在经历了较长时间的历史运动之后，才充分展现出它的内在意义。马克思的"从后思索法"就是如此。马克思的"从后思索法"产生于19世纪中叶，然而它在当时并未引起人们的注意。20世纪的历史运动以及现代批判历史哲学的长处与短处、成功与失败、盛与衰，使人们不由自主地想起了马克思的"从后思索法"，确认"今天仍保留着生命力和内在潜力的唯一的历史哲学，当然是马克思主义"①。马克思的"从后思索法"为我们正确认识扑朔迷离的历史运动，提供了一把金钥匙。

与近代历史哲学不同，现代历史哲学注意的中心已不是历史本体论问题，而是历史认识论问题。柯林武德认为，历史哲学就是对历史思维的前提和含义的一种批判性的探讨，其本质就是"反思历史思维"，从而确定历史学努力的界限和特有价值。克罗齐断言：历史哲学就是"有关历史认识论的研究。"② 研究重心的这一转移完全符合人类认识规律：认识外部世界的任何一种努力一旦持续下去，就会在某一时刻转变为对这种认识活动本身的反思与批判。因此，批判历史哲学的产生以及现代历史哲学研究重心的转换，即从历史本体论转移到历史认识论，绝不意味着西方历史哲学的没落，相反，却表明它的成熟。它促使人们自觉地意识到认识能力的相对性，并在这种自我批判的基础上更审慎、更清醒地去认识客观历史。历史本体论如果脱离了历史认识论，其结论必然是独断的、不可靠的。历史本体论的真正确立和发展有赖于历史认识论的探讨和发展。但是，批判历史哲学是在脱离历史本体论、否定客观历史存在的基础上考察历史认识的内容和结果的。按照柯林武德的观点，一切历史都是思想史，过去历史同现代生活的"对流"只是以史学家的主观精神为媒介。批判的历史哲学在探讨历史认识论时，竟把其前提——客观历史一笔勾销了，结果是犯了一场"演丹麦王子而没有哈姆雷特"的错误。

在现代西方历史哲学中，克罗齐的观点引人瞩目，即一切历史都是当代史。具体地说，历史已经过去，人们只能从当代出发，并依据当代的知识结构和价值观念认识历史。这里，有一个很难回避的问题，即马克思的"从后思索法"和克罗齐的"一切历史都是当代史"的观点是什么关系？

---

① ［英］巴勒克拉夫：《当代史学主要趋势》，上海译文出版社1987年版，第261页。
② ［意］克罗齐：《历史学的理论和实际》，商务印书馆1982年版，第60—61页。

马克思的"从后思索法"和克罗齐的"一切历史都是当代史"的观点，都是对历史认识特殊性反思的产物。如前所述，历史是已经过去的存在，因而在认识历史的活动中，认识主体不可能直接接触认识客体。认识对象的这种特殊性造成了历史认识的特殊性，并使历史认识论的研究遇到了一系列特殊的困难。马克思的"从后思索法"和克罗齐的"一切历史都是当代史"就是对这一特殊困难的不同解答，二者都属于现代历史哲学的观念。

但是，马克思的"从后思索法"和克罗齐的"一切历史都是当代史"观念又有本质的区别。这一区别表现在三个方面：

首先，马克思认为，历史虽已过去，但它并没有化为"无"，而是以浓缩或萎缩、发展的形式被包含在现实社会中，"从后思索"就是从现实社会中"透视"以往的社会形式、社会关系；克罗齐则认为，历史研究仅仅是活着的人而且为了其活着的人的现实利益去重建死者的生活，不存在"客观历史"。

其次，马克思认为，现实实践是过去历史向现实社会过渡的"转换器"和"显示尺度"，"从后思索"的广度和深度取决于现实实践的"格"以及由实践的"格"升华的思维的"格"；克罗齐则认为，过去历史同当代生活的"对流"只是以史学家或哲学家的主观精神为媒介。

再次，马克思认为，"从后思索"是通过由结果到原因的反归来把握历史运动的一般规律；克罗齐则认为，在打上了"当代性"烙印的有限的、特定的历史中寻找"普遍史"，永远不会成功，社会历史"无任何规律可循"。

克罗齐以至整个现代西方历史哲学看到了历史认识论的特殊性和重要性，并提出了建构现代历史认识论的问题，但它却无力科学地解决历史认识论问题。出路在于：重归马克思的"从后思索法"。马克思的"从后思索法"是以确认客观史的存在为前提的，以现实的实践为出发点，马克思"从后思索"，发现了人类历史的本质及其运动的一般规律，即全部社会生活在本质上是实践的，而历史不过是人的实践活动在时间中的展开；马克思的"从后思索法"确认历史认识的特殊性，认为在历史认识活动中，既不存在一个抽象的"反映"或"摹写"过程，也不存在一个纯粹"自我意识"建构的过程，人们认识历史是以现实实践为中介的。马克思的"从后思索法"的高明之处就在于：它把认识活动归结于实践活动，把现实社会看做是过去历史的延伸和拓展，把实践看做是过去历史向现实社会过渡的"转换尺度"和"显示尺度"，从而以现实的实践为出发点去探讨过去的历史以及人们认识历史的过程和规律。这就为建构现代科学的历史认识论奠定了可靠的基础。马克思的"从后思索法"深刻地体现着历史本体论和历史认识论的内在统一，它以"超前的意识"预示了 20 世纪历史哲学"合流"的趋势——在"复活"历史本体论的基础上深化历史认识论的研究。

从形式上看，马克思的"从后思索法"是从结果向原因的回逆，从现实向历史的"透视"，仿佛是面向过去，但它的目的和意义却在相反的方面，即面向未来，用未来引导现实社会的发展。这是因为，马克思的"从后思索法"既"包含着超越自己的、对早先的历史生产方式加以说明之点"，又包含着"预示着未来的先兆"之点，以"未来"引导现实社会的发展。换言之，马克思的"从后思索法"具有双重功能，即说明历史和预示未来的统一。正如马克思所说的那样："如果说资产阶级前的阶段表现为仅仅是历史的，即已经被扬弃的前提，那么，现代的生产条件就表现为正在扬弃的前提，那么，现代生产条件就表现为正在扬弃自身，从而正在为新社会制度创造历史前提的生产条件。"因而，从现实社会出发去考察过去历史，"这种正确的考察同样会得出预示着生产关系的现代形式被扬弃之点，从而预示着未来的先兆，变易的运动"①。的确如此，正是以资本主义社会为中介，马克思"透视"出"一切已经覆灭的社会形式的结构和生产关系"，从而正确地认识了历史，正确地把握了历史规律，并发现"工业较发达国家向工业较不发达的国家所显示的，只是后者未来的景象"。②

这里，我不禁想起了波普尔的反历史决定论的观点。在波普尔看来，历史进程受到人类知识进步的强烈影响，而知识增长本身无规律可言，因而在历史领域预见是不可能的；历史决定论必然要作预言，然而预言本身就参与并影响着历史进程，以其自身对历史的作用取消了历史规律的客观

---

① 《马克思恩格斯全集》，中文 1 版，第 46 卷上，第 458 页。
② 《马克思恩格斯全集》，中文 1 版，第 23 卷，第 8 页。

性。波普尔根本不理解历史并非只是知识的运行，而是以生产方式为基础的总体运动，根本不理解现实既是过去的延伸和拓展，又是未来的起点，它以浓缩的形式包含着过去，又以萌芽或胚胎的形式包含着未来，因而，对现实的正确理解不仅能合理地说明过去，而且能够科学地预见未来。从认识论的角度看，波普尔混淆了预报与预见。预报是对某一事物在确定时空范围必然或可能出现的判断，而预见则是以规律为依据的关于发展趋势的规律性的判断。自然科学既能预见又能预报，历史科学只能预见不能预报。社会生活的特殊性、复杂性使得具体历史事件发生的时间及其参加者不可能被预报，但人们可以预见发展趋势。无疑，这种预见正是以发现和把握历史规律为前提的。实际上，任何一门科学都以发现和把握某种规律为己任。正是以资本主义社会为中介，在"从后思索"的过程中，马克思发现了"以铁的必然性发生作用并且正在实现的趋势"，从而对未来作出了科学的预见。我断然拒绝波普尔的反历史决定论的观点。真正体现现时代特征的不是波普尔的观点，而是马克思的观点。马克思的"从后思索法"把过去、现实和未来联结在一起，是一种超前的、预示着现代社会运动特征并体现着现时代精神的科学方法。

<table>
<tr><td>第九章</td><td># 马克思主义价值观研究</td></tr>
</table>

第九章 **马克思主义价值观研究**

一、研究状况综述

价值问题作为人类实际生活和现实实践中普遍存在的问题，人类对它的意识在很早就产生了。按照恩格斯的说法，人类最初出现的是关于一定对象的效用的意识，此后才出现了关于制约这些效用的规律的意识。关于价值问题的讨论，也一直渗透和贯穿在人类整个思想发展史过程中，并且，将价值判断与事实判断混淆在一起，成为出现诸多思维混乱的一个重要原因（罗素语）。如果说，从休谟提出从以"是"为连接词的判断能否合理地推出以"应当"为连接词的判断，意味着人类开始自觉意识到区分价值判断和事实判断，那么此后的哲学家们，特别那些建立了或试图建立自己的哲学体系的哲学家们，就很难绕开这个棘手的问题，无论是康德还是黑格尔，都是如此。而从哲学的角度集中研究价值问题，将"价值"作为哲学的一个核心概念和一个普遍概念，一个概括了复杂多样的价值现象的共同本质、揭示了各种价值现象的共同特征的概念，并使之提升到哲学世界观和方法论的高度，作为认识和理解人与世界的关系、理解人的存在及活动的目的性和意义性的重要维度，一句话，现代价值哲学（或哲学价值论）的兴起，则还是19世纪末20世纪初的事情。这就是所谓"价值王国"的发现。价值王国或意义世界的发现，对整个西方哲学的影响是巨大的，有人甚至称为与近代哲学的"认识论转向"相对应的现代哲学的"意义论转向"，而人们通常说的"语言学转向"则不过是一种比较表层的现象，而且是服务于揭示意义这个目的的。

马克思主义哲学本质上属于现代哲学的范畴，马克思所实现的"实践论转向"开辟了哲学发展的新路向。从现实的人和人的现实实践出发，主张对对象、现实、存在、感性都要从主体的角度当做人的实践活动去理解，不仅暴露或敞亮了价值问题在人的生存和实践过程中的重要地位，而且为深入理解价值的本质澄清价值领域的迷雾提供了重要的方法论。然而不幸的是，在一个相当长的时期内，马克思主义哲学研究中盛行的依然是一种认识论中心主义或科学主义的思路，也就是马克思曾批评的对对象、现实只是从客体角度理解的直观唯物主义的思路，整个哲学理论体系变成了对各种所谓"一般规律"的陈述的集成，其前提预设是人只要掌握了规律就能实现自己的目的，取得实践的成功，至于目的如何确立、围绕实现目的的计划和方案如何选择，似乎都是自明的无需讨论的事情。很显然，这种思路和理论之所以能够盛行并成为主流，除了理论方面的原因，现实原因或根据就是计划体制下集权决策的需要，具体的个人乃至各种社会组织和机构都是执行中央决策的工具性存在，没有必要也没有权力进行选择，只要能正确地理解中央决策的正确性、自觉而坚定地执行这些决策就足够了。由此也就可以明白，在原苏联和中国的马克思主义哲学研究中，价值问题不仅是一个盲区，甚至可以说就是一个禁区。

中国的改革开放是以恢复解放思想实事求是的思想路线为契机，是以思想解放运动为重要动力的。在这场伟大的思想解放运动中，哲学起了非常重要的先导作用。改革开放 30 年来，中国的马克思主义哲学研究有了长足的进展，其中价值哲学研究或价值观领域的研究构成了一个很重要的方面，并对哲学研究的其他领域产生了重大影响。与中国 30 年来的巨大社会结构变化以及人们的价值观念的变化相适应相伴随，价值哲学或价值观研究的影响已经远远超出了哲学理论发展本身，成为国家决策层、其他学科和各个阶层的人们认识和理解各种社会现象的一种重要的思维视角。在改革开放进入"而立之年"之际，回顾我国价值哲学或价值观研究的发展历程，总结经验，展望前途，对于促使我国哲学社会科学事业的繁荣发展，进一步促进当代中国人的文化觉醒，无疑具有重要的意义。

（一）中国价值哲学兴起的背景

当代中国的价值哲学研究，是伴随着实践标准讨论和思想解放运动的深入而兴起的。实践是检验认识真理性的唯一标准，原本就是经典作家和包括毛泽东在内的革命领袖多次强调的一个重要观点，是马克思主义哲学的基本原理，但在取得了革命胜利，共产党成为执政党之后，一方面是对于如何理解社会主义如何建设社会主义都缺乏现实实践经验可以借鉴和总结，另一方面由于掌握了国家权力，可以动员和组织社会力量按照执政党自己的意志和"规划"来改造和变革社会关系，制造出一种新的"现实"。计划经济体制在相当程度上就是按照革命导师的某些设想，同时更是因袭了自己国家集权主义的历史传统而建造起来的，无论在苏联还是中国都是如此。在这种计划经济体制和以集权为基本特征的政治体制下，人民群众的社会实践变成了一种按照上级指示来组织和进行的操作行为，实践的作用似乎就是把中央的政策和设想变成现实。很显然，为了有效地组织实践活动，统一思想加强团结是必不可少的条件，于是，中央方针和政策的正确性不仅不容怀疑而且成为全党全国人民思想统一的基础，而为了论证这些方针和政策的正确性，只能诉诸经典作家的论述的权威性。这就为本本主义、教条主义的存在提供了气候和土壤，把实践标准推向后台甚至整个地被遗忘。我国在社会主义建设的一个很长时期内，以本本主义、教条主义为主要特征的左倾路线占了上风，经典作家和领袖的语录成为一种理论观点和政策是否正确的根本依据，成为衡量人们言行是否对错的标准，实在可以说具有着历史的必然性。这种倾向在文革中达到了登峰造极的地步，现代造神运动使整个民族陷入了一种空前的疯狂和愚昧状态，造成了一场空前的民族浩劫。持续十年的文化大革命造成了极大的社会混乱和经济衰败，残酷的现实无情地拷问着文化大革命"完全必要非常及时"的理论神话，各种社会矛盾积聚到将要爆炸的程度。1976 年爆发的天安门事件就是这种标志。文革结束之后，当时的党中央主要领导人针对党内外普遍存在的要求否定文革错误的思潮，特别是为批邓反击右倾翻案风和天安门事件彻底平反的强烈诉求，提出了"两个凡是"观点，将矛盾进一步尖锐化。实践标准的重新提起及引起的大讨论，以理论话语的形式揭示了中国的现实政治矛盾及其思想根源，在长期以集中统一为旗号的思想僵化观念禁锢的大堤上打开了第一个缺口，为颠覆教条主义统治恢复实事求是的思想路线奠定了坚实基础。应该说，实践标准讨论的初期，其政治意义是远大于其理论意义的，但随着讨论的深入，思想解放的大潮在冲毁"两个凡是"的教条之后，向一切束缚和禁锢人们思想的教条、特别是向作为各种教条的基础和根源发起了冲击。在这场空前规模的思想解放运动中，哲学的反思批判功能得到比较充分的发挥，哲学家们成为思想解放运动的排头兵。

哲学批判是一种前提性的批判，一种超越日常经验意识的深刻的理论批判。当许多人还停留在确立实践标准是最高权威这个层次的时候，哲学家们开始探讨实践标准本身的内涵、结构和意义的问题，思考这个基本原理为什么会被长期遗忘长期违背的原因，进一步反思受苏联影响很大的"正统的"马克思主义哲学体系即教科书体系存在的重大理论缺陷。实践是检验认识真理性的标准，实践成功证明指导实践的理论或认识是正确的，失败则表明理论或认识是错误的，可实践的成功和失败并不是自明的，那么这成功和失败该如何判定？判断的根据又是什么？当时哲学理论界围绕王若水提出的"实践目的是检验实践成败的标准"展开了讨论和争论，而王若水的文章"认识论不要忘了人"，虽然是直接论证实践目的是检验实践成败的标准的，但其中更深一层的含义，则可以看做是对"忘了人"、"目中无人"的哲学的一种批评，由此开辟了关于人的问题的研究和主体性问题研究的先河。关于人道主义和异化问题的讨论，不仅应直接看做是思想解放运动带来的冲破禁区的一种表现，更应该看做是从整体上和更深层次上检视和反思改革开放前二十多年的社会主义建设实践的合理性的伟大尝试，尽管其中也掺杂了一些情绪化的因素，但它在实质上提出了"如何理解社会主义"的历史性课题，开启了理性反思社会主义实践的任务。当代中国价值哲学研究就是在这种背景下兴起的。

（二）中国价值哲学研究的大体进程

一般认为，中国政法大学杜汝楫教授 1980 年在《学术月刊》第 10 期发表的《马克思主义论事实认识和价值认识及其联系》是国内第一篇提出和研究价值问题的作品。何祚榕在 1981 年 8 月 8 日《光明日报》发表《一个值得研究的问题》，郑重介绍和推荐杜汝楫的文章，引起理论界的广泛注意。1982 年 9 月 18 日，刘奔、李连科在《光明日报》发表《略论真理观和价值观的统一》，提出主客观的矛盾是认识过程中的基本矛盾，而主客体的矛盾则是贯穿实践过程的基本矛盾，后者包含了前者，真理与价值问题就是在这个基础上发生的。经过一段时间的预热，价值论方面的文章逐渐增多。1985 年 5 月在黄山召开的全国真理问题讨论会上，围绕价值认识的真理性和价值真理概念的合法性问题，与会者们展开了激烈的讨论。此后，《哲学研究》1985 年第 9 期发表袁贵仁《论价值真理概念的科学性》，并对价值真理问题专门开辟了栏目进行争论。李德顺在《中国社会科学》1985 年第 3 期发表《真理与价值的统一是马克思主义的重要原则》，从人类实践中"两个尺度"有机统一的存在论高度，分析了真理与价值的辩证关系，将研究视野越出认识论范围，提出了一个崭新的视角，即一种郑重从主体角度进行思考的视角。可以说，20 世纪 80 年代关于主体性问题和实践唯物主义的讨论，都与价值论研究兴起有着内在的关联，并相互阐发相互促进，极大地促进了哲学理论的发展。

1985 年 10 月，李连科的《世界的意义——价值论》出版，这是当代中国第一部价值哲学专著。该书刚一问世便反响强烈，一年内连续印刷三次，发行 5 万多册，由此可见社会的需求和欢迎程度。1986 年，李德顺以《价值、真理、自由——马克思主义价值论引论》的论文通过博士论文答辩，翌年以《价值论——一种主体性的研究》为名出版，该书入选"人大丛书"，获中国出版界最高奖"中国图书奖"。1989 年，李德顺主编的《价值论译丛》面世，分别选取了欧美、苏联和日本的价值论著作，开阔了国内学者的眼界。同年出版的还有王玉樑的《价值哲学》，王克千的《价值之探求——现代西方哲学文化价值观》等。1991 年后出版的价值论著作，通论性的主要有李连科的《哲学价值论》（1991）、袁贵仁的《价值学引论》（1991）、马志政的《哲学价值论纲要》（1991）、王克千的《价值是什么——价值哲学引论》（1992）、王玉樑的《价值哲学新探》（1993）、门忠民的《价值学概论》（1993）、李德顺的《价值新论》、李德顺、马俊峰的《价值论原理》等；专论性的著作，评价论方面主要有马俊峰的《评价活动论》（1994）、冯平的《评价论》（1995）、陈新汉的《评价论导论》（1995）、《社会评价论》（1997）、何萍的《生存与评价》（1998）、张理海的《社会评价论》（1999）等；价值思想史方面主要有赵馥洁的《中国传统哲学价值论》（1991）、江畅的《现代西方价值理论研究》（1993）、江畅、戴茂堂的《西方价值观念与当代中国》（1997）、《传统价值观念与当代中国》（2001）、张书琛的《西方价值哲学思想简史》（1998）等；关于价值观方面的有冯景源主编的《西方价值观透视》（1993）、李嗣水、刘森林的《现代价值观念的追求》（1995）漆玲、赵兴的《价值观导论》（1998）、胡振平的《市场经济与价值观》（1998）、兰久富的《社会转型时期的价值观念》（1999）等；关于价值基础理论方面的有孙伟平的《事实与价值》（2000）、牟永生的《走向价值的深处》（2000）、刘永富的《价值哲学的新视野》（2002）、邬琨、李建群的《价值哲学问题研究》（2002）等；关于审美价值方面的有黄海澄的《艺术价值论》（1993）、杨曾宪的《审美价值系统》（1998）等；关于邓小平价值思想方面的有王玉樑的《邓小平的价值观》（1995）、袁贵仁、方军的《邓小平价值观研究》（1998）、李德顺的《邓小平人民主体价值观思想研究》（2004）等。除这些个人专著之外，还有王玉樑主编的《价值与价值观》等多部论文集、冯平主编的《价值之思》论文集、漆玲主编的《价值与评价》论文集等。特别值得一提的是李德顺主编的《价值学大词典》（1995）、《人生价值丛书》（11本，1996）《实践价值丛书》（8本，2005），而袁贵仁领导的北京师范大学价值与文化中心主编的《价值与文化》丛书，江畅领导的湖北大学伦理学研究所主编的《价值论与伦理学论丛》，都是开放性的丛书系列，至今仍在不断推出新的专著和论文集。据不完全统计，20多年来，我国出版的价值哲学著作，包括翻译的著作和论文集，已达百部之数，发表的论文有好几百篇。尽管其中难免良莠不齐和低水平重复的现象，但这样的爆发力度和庞大的规模，实在是世界各国都很少见的，它从一个侧面反映了整个社会对价值哲学的思想需求和理论界的关注程度。

自20世纪90年代始，新编的马克思主义哲学教科书，大都增加了价值论方面的内容；中国人民大学、北京师范大学、中山大学等全国著名大学还开设了价值哲学课程，并招收价值论方向的硕士研究生和博士研究生，后来许多高校如湖北大学、上海大学、复旦大学、西安交大、西北政法大学以及中国社科院哲学所、上海社科院等都招收价值哲学方向的研究生；继中国社科院成立了"价值理论研究室"之后，北京师范大学成立了

"价值与文化研究中心"，并成为教育部重点科研基地。这些组织的成立和措施的实施，不仅为价值哲学研究提供了组织的和人才的支持，也为优化研究选题和合理配置研究力量提供了条件。中国价值哲学之所以能够持续地保持强劲发展的势头，与此都有着密切的关系。同时，《哲学研究》、《人文杂志》等杂志也都为开展价值哲学起到了非常重要的作用。从 1986 年《哲学研究》编辑部召开 "价值与认识" 研讨会开始，已连续十次召开全国性价值问题研讨会，2006 年全国价值哲学学会成立之后，由以前的不定期召开会议变为每年召开一届价值哲学年会。另外，中日价值理论研讨会开过四次，其中有一次在日本举行，世界价值哲学研讨会在国内召开过三次，多人多次参加世界哲学大会价值哲学圆桌会议和 "世界价值探索学会" 在美国和西班牙组织召开的国际研讨会。这些情况表明，中国的价值哲学研究已经成为全世界价值哲学研究中的重要力量，一些重要观点都为国际同行所认可，产生了国际性的影响。还值得一提的是，最近在以美国为基地的国际价值哲学研究会换届选举中，我国学者江畅被推举为新一届会长。

回顾当代中国价值哲学的发展历程，大致可以划分为如下几个阶段：第一阶段，从 1980 年到 1985 年，是酝酿、准备或发轫阶段，初步提出了价值问题研究的重要性，引起了理论界的关注；第二阶段，从 1985 年到 1989 年，围绕价值本质和价值真理问题展开激烈争论，提出了 "价值是一种主体性现象"、"价值是主客体之间的一种特殊关系，是一种客观的社会现象"、"价值与真理的统一是马克思主义一个重要原则" 等重要命题，基本确立了价值论是马克思主义哲学的一个重要领域，哲学价值论研究具有重要的方法论意义等重要观点，解决了马克思主义价值论的合法性问题。第三阶段，从 1991 年到 1995 年，陆续推出了一批价值论和价值思想研究史的专著，同时开始从整体性通论性研究转向专题性研究，从注重评价问题在价值论中的重要地位、评价活动与认知活动的差别开始，试图突破传统哲学认识论中心主义的局限，确立价值论研究的独特视角。第四阶段，1995 年至今，价值观念一直是人们研究的重点，围绕价值观和价值观念、价值观念的结构、价值观念与文化的关系、西方价值观念在中国的传播和影响、价值观的多元性与统一性、价值观念冲突和普世价值问题、社会转型时期的价值观念变革等，发表了大量的论文和著作。对于邓小平的价值观，社会主义核心价值体系，也进行了大量的研究。党中央关于科学发展观、构建和谐社会和建立社会主义核心价值体系的决定，在很大程度上都与价值观念转变有着密切的联系，也为研究价值观念提出了新的任务。同时，关于价值论研究方法问题，关于价值论在马克思主义哲学体系中的地位及其对整个哲学的影响，也进行了持久的争论。

（三）中国价值哲学研究的基本特点

综观当代中国价值哲学研究，总体上呈现出这么一些特点：

第一，它是反思文化大革命的整体性错误及其哲学思想根源的产物，是实践标准讨论引发的思想解放运动的结果。文化大革命虽然表面上要求实现与传统观念的彻底决裂，反对封、资、修的一切东西，建立全新的社会主义文化，为造就所谓社会主义"新人"，大搞"斗私批修"、"灵魂深处闹革命"、"政治挂帅思想领先"、"三忠于四无限"、"早请示晚汇报"，这些形式和仪式都属于现代造神运动和现代迷信，是根深蒂固的封建主义的表现，实质上是否定个人的主体地位、公民权利和物质需要的合理性。所以，价值哲学研究在一开始就比较注重现实的人的需要，特别是个人需要在价值理论中的重要地位和作用，与中国传统的重义轻利、重集体轻个人、重统一轻差异的价值观念相比，显示出明显的重利益、重个人、重价值和价值观多元性的特点。也正是由于这一点，在 20 世纪 80 年代后期左倾思潮甚嚣尘上之时被一些人指认为"资产阶级自由化的哲学思想根源"。

第二，它主要是在马克思主义哲学理论的范围内展开的，属于马克思主义价值哲学。到目前为止，从事价值哲学研究的也主要是或大多是属于马克思主义哲学研究的学者，由此决定了它一方面一直以马克思主义哲学的基本立场和方法作为指导思想，比如坚持价值的客观性，坚持评价是对现实价值运动的反映，坚持社会存在决定人们的社会意识的观点，自觉地对各种主观价值论进行批判，另一方面又力图将价值哲学研究与马克思主义哲学体系创新结合起来，寻求价值理论在哲学基本原理中的合理定位，力图提高马克思主义哲学的说服力和吸引力。

第三，与当代中国正处在社会转型时期、各种价值观都在极力表现自己、社会价值观念比较庞杂混乱这一现实情况相联系并受之规定，当代中国价值哲学研究表现出很强的关注现实的理论旨趣和倾向，并自觉意识到自己的历史使命，直接参与到促进价值观念转变和文化变革的过程当中。正因为这个缘故，其受到社会关注的程度、其社会影响、社会作用也就更为明显和突出。价值哲学研究在理论上极大地促进了对实践、主体性等重要哲学问题的认识，极大地促进了思想解放运动的深入，促进了整个社会的思维方式和价值观念的转变。作为一个哲学研究领域，能够得到持续地繁荣和发展，与这一点是分不开的。

二、马克思主义价值观讨论和争论的主要问题

任何一门学科的发展，都有赖于不同观点之间的争论和相互辩驳，正是这种争论，激发了新的思想，促进了研究的深入。价值哲学发展也不例外。下面仅就这些年来讨论和争论的主要问题作一简要述评。

众所周知，我国传统的马克思主义哲学教科书受原苏联哲学体系的影响，其内容基本上是由对各种规律的叙述或论述构成的。在这种哲学理论结构中，虽然并不一般地否认人的主体地位，但受近代以来认识论中心主义和科学主义思维方式的规约，人的主体地位是被隐藏或遮蔽起来的。其代表性的信念是：只要人把握了客观世界的规律，一切按照规律办事，就自然地能够实现自己的目的。这种理论和信念整个地忽视了"意义世界"的存在，确切地说，只是直观地单向地看待客观事物与人的认识论关系，而没有看到事物存在对于人的意义即价值关系，更没有看到人的能动性在构建"意义世界"中的重大作用，忘记了现实的人们正是根据这种意义来确立自己的目的，忽视了人在实践和社会生活过程中是作为具体的人而存在以及由此而产生的利益冲突、观念冲突等主体间的博弈性关系，实际上仍然是坚持（尽管是不自觉的）从抽象的人出发的结果。19世纪末现代价值论的兴起，即所谓"价值王国"的发现，表现出西方哲学对科学主义思维方式的反思以及向生活世界回归的倾向。但由于长期未能理解学科与学说的合理关系，价值问题的研究在传到东方之后，却遭到了前苏联正统的马克思主义哲学的傲慢的"摈弃"，将之简单地划归为"资产阶级的主

观主义学说"，从而也使得价值问题的研究长期成为马克思主义哲学的一个禁区或"盲区"，极大地影响了马克思主义哲学与现实生活的联系。当代中国价值哲学的研究，首要的贡献就是突破这个禁区或盲区，由之开辟了一个新的哲学领域，提供了一种观察世界观察问题的新的视角。

（一）价值与实践和现实生活的关系问题

如前所述，与当年兴起存在主义热等不同，中国价值论研究的兴起，主要是内源性因素引起的，译介国外的价值论思想还是比较后来的事情。但也不可否认，存在主义对个人选择问题的高度重视和强调，传入中国后在青年人中引起了极大的共鸣，为关注价值问题提供了重要的受众基础。价值问题原本就是实践和现实生活过程中主体必然要接触要处理的基本问题，是任何个人、任何形式的主体包括群体主体如家庭、集体、民族、国家等进行选择时不可避免地要考虑和进行权衡的问题。由实践标准讨论引起的对现实实践活动的关注和深入思考，由此引起的对现实实践过程中的多元主体或主体多元性、不同主体间利益差别和冲突问题的理性审视，对任何主体在现实生活中都无法回避的选择问题的重视，必然地引起人们对价值问题的探索。这本身也就是对长期被遗忘的实践活动主体性的解蔽和澄明，是对马克思最强调的从现实的人出发的基本立场的回归。这是总的倾向，在具体观点方面当然也还存在一定分歧和争论。

第一，对于价值与实践的关系。一种观点认为，过去我们把人的活动分为两类，认识和实践，前者处理的人与事物的认识与被认识的关系，后者则涉及的改造与被改造的关系，价值的发现，意义王国的发现，表明还存在第三种关系，这就是价值关系。在一些文章甚至教科书中都有这样的观点：主客体关系体现为认识关系、实践关系和价值关系。还有人把审美关系独立于价值关系之外，认为存在四种关系，即认识关系、实践关系、价值关系和审美关系。更多的价值哲学研究者则不同意这种观点。他们认为，这种把价值关系当做是认识与实践之外并与之并列的观点是直观地理解价值问题的结果。价值是主体与客体之间的一种特殊关系，但这种特殊性不是相对认识和实践来说的，而是就它作为认识活动和实践活动的特殊内容方面而言的，是指客体的功能属性可能或现实地满足主体需要的关系。价值属于认识活动和实践活动中的普遍性内容，而不是一种与它们相外在的形式。即是说，无论在任何认识和实践活动中，都必然地存在着这种价值内容，它们构成了主体活动的目的性的要素，同时也是围绕目的而形成的方案计划和方法之合理性有效性的依据。价值是主体以自身的尺度、人的尺度对待和度量客体，"有价值"表明客体对主体尺度（需要、能力等）的趋近、一致和适应，有利于、有益于、有助于或不利于、无益于、无助于都是作为价值词表现着这种价值关系的。认识活动中是如此，实践活动中更是必须如此，离开了主体的尺度和价值，就只能直观地现成地理解主体和客体的存在，而无法历史地具体地理解主客体关系的完整内容、演进机制和多样性形态。这些论者认为，审美关系本身就是一种价值关系，没有理由将之置放在价值关系之外，更没有必要将之当做与认识和实践相并列的一种特殊关系。

第二，对于人的活动的目的问题。在关于目的能否作为检验实践成功与否的标准的争论中，反对者认为，目的虽然是实践中的一个因素，但目的本质上属于主观形态的东西，是主观性观念性的存在，而实践则是社会性的客观物质性活动，只能以实践结果来检验目的是否合理是否正确，而不能用目的来检验实践。如果以目的作为检验实践成败的标准，就会与唯心主义划不清界限。支持者则认为，在现实生活中，我们说一个实践成功了或失败了，本来就是以是否实现了实践主体预期的目的为标志或标准，或者说，成功和失败原本就是以是否实现了预期目的来定义的。离开了目的性来讨论实践和实践的成败，实际上是脱离了实践的主体性来抽象地理解实践本身，是一种"伪实践"或对于实践的"伪概念"，这也正是长期以来在实践问题上陷入误区的根本原因。价值哲学研究兴起后，许多论者指认了主体需要和价值的客观性品格，分析了主观性和主体性的差别，认为目的作为行动结果的超前反映形式，其形成既取决于主体对客观规律的认识程度，更取决于主体对自身需要和能力的自觉或不自觉的把握。目的的形成本质上就是一种价值选择的结果，既是基于主体性对客体进行改造的要求，是实践结果的一种观念把握，也是主观性和客观性的统一。从主体需要和满足需要的能力、可能的综合中形成了目的，目的又转化为动机，才有现实的实践活动。在实践过程中主体根据需要被满足的情况和目的的实现程度对实践目标和实践手段等进行不断的调节修正，力图实现主体性与客体性的一致。这本身就是实践不断发展的过程，是实践过程自身的各种因素和环节既相互差别又相互衔接相互适应的过程。因此，简单地划分主观客观，机械地坚持客观决定主观的模式势必无法合理理解这种现实生活和实践的复杂过程。

第三，现实生活的过程，不但是人们根据自己的需要进行价值选择的过程，也是人们不断地创造价值、分配价值和享受价值的过程。许多论者都指出，我们过去多强调实践是认识的最终目的，认识要回到实践中去，这固然不能说是错误的，但由于我们缺乏从价值的角度来理解问题，只是从认识论角度展开论述，这实际就把现实生活过程简单化抽象化了。比如说，认识的目的是实践，可实践又为了什么呢？我们把人类活动分为认识活动和实践活动，那么用认识这个范畴能否概括所有的观念活动？马克思曾经把人类把握世界的观念方式区分为艺术的、宗教的、理论的和实践—精神的，能否把这些观念活动都压缩到一个认识论层面上来理解？是不是所有的观念活动都要以实践为目的，都要回到实践中去，因此它们只具有工具性价值而没有自身的相对独立的价值？实践活动不仅有成功和失败的区别，还有合理与不合理的差别，它们之间构成了复杂的匹配关系，成功的可能是不合理的，合理的可能又是没成功的，如果说成功与否更多地属于功利价值的范畴，那么合理不合理则显然不能仅仅从功利价值角度来考量。即使从成败角度看也有很复杂的情况，社会生活中大量存在的博弈性实践，对赢者的一方是成功，对输者一方则是失败；还有许多实践，从一方面说是成功从另一方面说则是失败。实践的成功固然能够证明其指导思想、理论认识、方法措施是对的，可实践过程中的诸多因素中，任何一个方面的错误、任何一个环节的缺失都可能导致失败，所以，面对失败需要具体地分析造成失败的原因，而不能简单地归结为理论认识的错误。

（二）价值与真理以及"价值认识""价值真理"问题

实践、主体、客体、真理等范畴，在传统哲学教科书中都被看做是认识论范畴，由于这种历史原因，最初讨论价值问题也多是从认识论角度着眼的。既然承认存在价值现象，也就存在着对价值现象的认识，自然也就引出关于价值认识是否具有真理性问题的讨论，价值真理的概念大致就是沿着这个思路提出的。关于价值真理概念是否合法或有无必要性的争论，成为我国价值哲学研究的第一次全国范围的争论。这场争论之所以必要，还有一点背景需要交代，就是在文革中盛行的不同阶级有不同的真理、真理具有阶级性的理论，关于价值与真理关系的讨论也包含着对阶级真理论的批判性反思。

第一，关于价值真理。对价值真理持支持意见的同志认为，马克思主义哲学认识论是反映论，价值认识既然是对价值现象的反映，就有一个反映得对不对的问题，真正符合价值的真实情况和运动规律的价值认识，就是价值真理，反之就是谬误。在他们看来，以往的真理概念，只涉及到对事实的认识，是不全面的，还应该用价值真理概念来进行补充。提出价值真理概念的意义，就是要提醒人们，在价值认识中，同事实认识科学认识中一样，也要坚持实事求是的原则，也要有坚持真理修正错误的科学态度。否则，就会导致价值认识问题上的相对主义和多元论，造成理论研究和观念上的混乱。而反对意见则有两种，一种认为，同一客体对不同主体具有不同的价值，价值认识本身就是不一致的甚至是冲突的，而不同主体各自都确信自己的价值认识是正确的，并据此来进行选择和实践。如果承认价值真理，就必然否定真理的客观性，导致真理多元论和阶级真理论，滑入实用主义的泥潭。这是坚决反对价值真理概念的学者的意见。第二种则认为，价值作为一种关系范畴，表现的是主客体之间的特殊关系，同一客体对不同主体具有不同的价值，这本身就是两种不同的价值关系，所以对这两种不同的价值关系的认识相互冲突，但实际上可以同真，也可能同假，因为他们说的不是一回事，指陈的不是一个对象。只有针对同一个价值关系事实，如果出现了不同的且冲突的认识，那只能有一个是真理，这仍然是真理一元论。由此可见上述的反对意见其实不能成立。但真理作为一个认识论的最高范畴，对一切现象无论是自然现象还是社会现象的认识都适合，对事实认识和价值认识也都适合，因此就没有必要再提出什么价值真理的概念，正如没必要区分社会科学真理和自然科学真理一样。文革中流行的阶级真理论，认为社会科学领域真理有阶级性，实际是不懂得同一真理对不同阶级有不同价值这个道理，把真理的价值的主体性（阶级

性不过是主体性的一种具体表现）和真理的客观性这两种不同的性质简单
并列起来并相互否定的结果。在这种观点看来，提出价值真理这个概念，
并不是完全不对，而是没有什么意义，倒是平添了许多不必要的麻烦甚至
混乱，不符合经济性的原则。

第二，在如何理解真理与价值的关系上也出现过不同意见。一种意见
认为，价值是客观的社会现象，属于主客体关系或人与对象矛盾的存在论
范畴，主体与客体统一是其基本原则，真理则属于认识论范畴，主观与客
观的矛盾是主要矛盾，主观符合客观是其基本原则。对价值现象的认识存
在着真理与谬误的问题，真理也对不同的主体有不同的价值，不同的价值
观和立场对认识达到真理有重大影响，不同的真理观也会影响真理价值的
实现，但不能将不同层次的问题放在一起来讨论，否则必然会造成理论的
混乱。马克思主义哲学坚持的是真理观和价值观的统一，但不能简单地说
真理与价值是统一的。在实际生活中，之所以人们有时候不能坚持真理，
甚至不能说真话，恰恰是因为坚持真理、说真话会给自己带来不利的影响
的结果，这就证明它们之间是会有冲突的。另一种意见则认为，以往我们
都把真理看做一个认识论范畴，这当然有一定道理，但不能只把真理当做
是认识论范畴，对于马克思主义哲学来说更是如此，还应同时从实践论的
角度理解真理范畴。马克思把思维的真理性看做是思维的现实性和力量，
就是这个意思。真理标志着通过实践—认识而实现的主观向客观的不断
"接近"。就主客体关系来说，真理是客体在主体中实现自己、映现自己的
一个结果。价值则标志着在实践—认识中，客体的存在、属性和合乎规律
的运动变化结果向主体接近的可能性和现实性。在主客体关系中，价值是
主体对客体发挥能动作用，并在客体中映现自己、实现自己的一种表现。
人的活动的根本特点是合目的性和合规律性的统一，是主体尺度即人的尺
度与客体尺度即物的尺度的统一，也就是说，在实践—认识活动中，真理
原则和价值原则是必须坚持的两个基本原则，坚持真理原则意味着必须按
照对象自身的规律办事，坚持价值原则则意味着改造对象以适合人的需
要，任何一个方面的缺失都会导致活动的失败。马克思主义者一贯坚持真
理与人民利益一致，为人民的利益探索真理和坚持真理，为人民的利益修
正错误，所以，在马克思主义哲学理论中，不仅要大力宣传真理观和价值

观的统一，更需要深入地揭示其统一的基础，即真理和价值的统一。真理与价值的统一是马克思主义的一个基本原则。

第三，关于价值认识问题。一种观点认为，价值认识就是对价值这种特殊现象的认识，是一种有别于科学认识或事实认识的认识类型。价值本质上作为一种属人的现象，一种主体性现象，所以价值认识中存在着突出的明显的自我相关效应，即主体同时把自己也当做认识客体或认识客体的一部分来加以理解和把握。价值认识与事实认识相比，尽管有自己的特点，但本质上仍然是反映，是对价值现象这种特殊对象的反映，因此也服从从感性到理性的认识发展路线，价值认识是否正确，是否是真理，同样也要受实践的检验。实践既是检验科学认识的真理性的标准，也是检验价值认识的真理性的标准。另一种观点则认为，上述观点明显地是从认识论角度着眼的，甚至可以说也是近代哲学认识论中心主义的一种表现。我们知道，马克思曾经把人类观念地把握世界的方式分为艺术的、宗教的、理论的和实践—精神的几种形式，我们以往哲学认识论中讲的认识，基本上属于理论的把握方式，也就是科学的方式。科学认识是人类认识世界的一种典型的形式，但毕竟只是一种方式，不能代替其他的方式。如果将所有的观念活动、观念把握方式都压缩到一个平面上，即科学的平面上，必然会导致理论的片面性。对于价值这种属人的现象，与人的需要和能力直接关联并以之作为标准的特殊现象，当然可以从科学的角度去认识，揭示其本质和运动的规律，但不能把这种方式当做唯一的把握价值的方式，甚至不能当做是主要的把握方式。价值论或价值哲学研究的一个重要任务，就是要在比较全面地了解人类把握价值的多种方式的基础上，分析这多种形式之间错综复杂的辩证关系，为人们合理地把握价值提供一种合理的方法论。持这种观点的同志还认为，沿着认识论中心主义的思路，自然也就用真理和谬误的对立来看待价值观和价值认识的差别，必然把某种价值认识当做是真理，也是唯一的价值真理，把与自己的价值观不同的价值观都当做是谬误来对待，根本容不得不同的价值观，也根本容不得价值观多元性的观念。中世纪宗教教廷对所谓"异端"思想的残酷镇压，封建专制下大搞"文字狱"对思想言论治罪，国际共产主义运动中以及中国左倾路线猖獗时期对所谓"错误思想"的无情批判，包括人身消灭，之所以总还能够理直气壮，还能迷惑不少人，其深层的和作为集体无意识的根据，就是这种真理与谬误不能两立不共戴天的逻辑。

（三）马克思主义价值论的合法性问题

对马克思主义哲学包括不包括价值论，或者马克思主义哲学应该不应该有自己的价值论，人们的意见其实是不一致的。这不仅因为长期以来包括苏联哲学在内，一直把价值论看做是资产阶级唯心主义哲学，也还在于在马克思那里，价值概念主要是在政治经济学意义上使用的，而且，是否承认价值概念的科学性成为区分科学的政治经济学与庸俗经济学的一个标志。所以，尽管当时没有人公开质疑马克思主义价值论的合法性，但持观望或怀疑态度的也不在少数。这方面的讨论或争论主要集中在如下问题上，一个是如何理解马克思关于价值概念的一段话，怎样看待哲学意义上的价值概念与经济学意义上的价值概念的关系，再一个是如何看待价值论在马克思主义哲学体系中的地位。

在早期的价值论文章和著作中，许多论者都曾以讹传讹地引用马克思的一段话"'价值'这个普遍的概念是从人们对满足他们需要的外界物的关系中产生的"，以之作为马克思主义哲学关于价值定义的经典依据。1987年1月5日的《光明日报》发表郝晓光的文章《对所谓普遍价值定义的否证》，作者指出，如果结合马克思的这段话的上下文语境，就可以明显看出，马克思的这句话是讽刺瓦格纳的，而不是马克思本人的意思，恰恰倒是马克思所反对的。也就是说，以这段话作为马克思主义关于价值定义的经典依据，是根本站不住脚的。在作者看来，整个马克思主义中只有一个价值概念，这就是经济学的价值概念；要研究马克思主义价值论，这就是商品价值论。只有商品才有价值，其他存在物都没有价值，而且都不存在有没有价值的问题。该文发表后，引起了较大的关注和争论。许多论者都认为，马克思批评瓦格纳混淆价值与使用价值的差别，是在澄清经济学意义的价值概念，并不意味着否认哲学意义上的价值问题。这些论者们通过马克思恩格斯的文本举例说明，事实上马克思、恩格斯、列宁等都在非经济学的意义上使用过价值这个词这个概念，并指出，即使马克思没有使用过哲学意义上的价值概念，也不等于我们就不能研究哲学价值。马克思主义哲学要根据实践的发展而发展，就包括增加一些新的概念新的命题。只要我们坚持马克思主义的基本立场和方法，遵循马克思主义的基本思路，这些新的概念命题就仍然是马克思主义的。马克思主义美学、马克思主义伦理学、马克思主义政治学、马克思主义社会学等等，基本都是按照这个原则构建的，因此，马克思主义哲学的价值论同样有其合法性。

关于价值论在马克思主义哲学体系中的地位，虽然没有出现大的争论，可在具体的理解上并不相同。主要是三种观点，一种是将价值论隶属于认识论，或者说将价值当做是一个新的认识对象领域，主张按照认识论的思路研究价值问题。上述坚持价值认识和价值真理的观点就是其代表。第二种观点则认为，把价值论隶属于认识论，这样的理解不仅降低了而且可以说是歪曲了价值论的地位。价值是人类生活和各种活动中普遍存在的一个重要问题，是人与世界关系的重要方面，也是世界观和人生观的重要内容，放在认识论中根本就是不能容纳。在马克思主义哲学理论中，现在通行的按照自然观、历史观、辩证法和认识论这种结构是存在相当的问题的，应该按照存在论、认识论、价值论、方法论来安排才能如实表达其相应的理论地位。第三种观点则认为应该从当代哲学转向的角度来理解价值论的重要地位，把价值哲学看做是当代哲学的总体形态。在他们看来，西方哲学在实现了语言学转向之后，现在开始了向价值论的转向，马克思主义哲学也需要认清这种趋势，主动地适应这种变化，以价值论为哲学的中心问题，积极探索人类解放的新路径。

三、厘清马克思主义价值观的基本问题和概念

厘清基本问题和概念，对于任何一门新建立的学科分支或门类都是很重要的基础性工作，在这一方面，学者们讨论了如下的一些问题。

（一）哲学意义上的价值与经济学中价值概念的关系

如前所述，在马克思主义哲学中之所以长期对价值问题采取一种摈弃或回避的态度，其中一个重要原因，就是马克思在政治经济学中已经确立了科学的价值概念，并得到了极大的普及和认同。因此，要建立马克思主义哲学价值论，一个重要工作就是辨析清楚哲学意义上的价值与经济学意

义上的价值的关系。但这个工作又非常烦难，国内学者主要采取了两种不同的策略。

第一种是比较简便的合理限定的策略，就是将二者区分或隔离开来，只要人们不把它们混同就算达到了目标。论者们认为，经济学的价值概念有其特定的范围、角度和功能，就是为解释和理解商品及其交换提供一种统一的尺度，这里所谓的价值就是商品的价值，是商品中凝结的人类抽象劳动。经济学意义的价值概念，从发生学的角度看，虽然也是汲取提炼了日常语言的结果，但经过科学的抽象，集中锁定和揭示劳动与其产品的关系，确切地说是进行交换的各种商品与其所包含的社会性劳动的关系，是在商品这种物中所包含的人与人的关系。严格地说，劳动价值论并非马克思的首创，从洛克到斯密和李嘉图，都是在劳动创造价值（财富）从而确定了一定财富的所有权的意义上来考察商品的交换的。古典经济学家们实际上已经看到商品交换是物的交换，同时也是物的使用权的一种交换，即是说，他们也朦朦胧胧地意识到了商品交换背后所隐藏的人与人的关系，是人们的劳动之间的关系。马克思的贡献，是把这种比较朦胧混沌的东西明确化，进一步区分了具体劳动和抽象劳动，从而找到和确立了规定商品交换何以可能的原因和一般尺度。经济学意义上的价值概念是具体学科的具体概念，其特定的规定与其具体要解决的任务是联系在一起的。哲学意义上的价值则立足于主客体关系这种人类实践生活中最普遍的关系，着重要说明人的自主选择的根据问题。二者是完全不同的两个概念，各有自己适用的范围，没有必要非把它们统一起来。强求统一，就会给自己设置很多麻烦，比如，马克思明确反对将（经济学的）价值与使用价值两个概念相混淆，认为不能从使用价值中抽象出价值概念，因为使用价值并不是一个经济学的范畴，并明确指出"政治经济学不研究使用价值"；而在哲学上，使用价值（有用）与道德价值、审美价值等一样，"利弊、善恶、美丑"等都是具体的价值类型，它们最终都需要从人的主体尺度的角度来理解和把握。

第二种则是试图打通它们之间的关系，进行一种统一的界说。这些论者不满意仅仅将二者分开就完事的做法，认为这是一种理论不彻底性的表现，他们认为，劳动创造价值的原理不仅对经济学价值适用，对哲学价值也同样适用；货币作为商品交换的媒介，作为一般财富的代表，同时又作为货币拥有者的一种权力，已经远远超出了经济学的范畴，具有着更为广泛的社会意义。在他们看来，不仅商品有使用价值，各种事物对人来讲都具有"使用价值"，它们与哲学的价值构成了一种个别和一般的关系，就是商品的价值与哲学的价值也可能间接地解释为个别和一般的关系，因为商品的价值是对交换价值的抽象，是交换价值的根据，而交换价值说到底就是能够进行交换的价值，这是一种特殊的"使用价值"，就像货币具有作为支付手段、储存手段等多样的"使用价值"一样。但到目前为止，随着哲学意义上的价值概念为许多人所认同，随着马克思主义价值论作为一个分支学科获得了广泛承认，这种统一两个价值概念的工作已经不再具有很大的必要。

　　（二）价值的本质特点与价值标准

　　现代价值论在西方兴起之后，对价值现象的本质到底如何规定，形成了明显的差别和对立。一种是价值的主观论或主观主义价值论，认为一种事物有没有价值有什么价值是因人而异、因时而异的，一个时代、一个民族所珍视、推崇的东西，在另一个时代另一个民族那里就视若平常，文明观、道德观在不同时代不同民族那里的差别是如此之大，根本找不到像科学规律那样的普遍有效性，这些都说明价值是一种主观的东西。一些学者论证说，价值作为一种意义，只存在于把握它懂得它的心灵之中，存在于评价之中，这与事实是根本相反的，所以价值是主观的，甚至只是主体的情感和偏好的表现。另一种是价值客观论或客观主义价值论，认为价值是与人的意识和意志不相干的独立的客观存在现象。但在理解上也有不同，一些人认为价值是事物本身的一种超自然的属性，如善或恶、高尚还是卑鄙就是一定行为自身的属性，美是一定对象或艺术品自身的属性，与人们对它们的评价和认识无关；另一些人则认为，尽管价值存在于评价着的心灵之中，人们从各自立场和利益出发，对事物的价值评价不同，具体选择也相差很远，但存在着一种客观的价值秩序，只有当个人的选择与这种秩序相合时，才是正确和正当的。国内学界对价值本质问题的研究，既受着西方这些思想的影响，也力图解决他们久争不息的问题，将价值本质的认识推进一步。

国内绝大多数论者都坚持价值是客观的观点，反对价值主观论，但与西方的客观论不同，第一，我们说的客观性不是那种独立于人、与人无关的自然客观性，而是与人的实践生活紧密联系可又不以人的意识为转移的社会的历史的客观性；认为把自然科学揭示的自然规律那种客观性当做是客观性一般或客观性的标准，在方法论上就是有问题的。第二，批评把价值当做客体自身的属性的观点，认为价值本质上是主客体之间的一种特殊关系，这种关系是社会的历史的决定的，也是可以通过感性经验来确认的。比如说，一定事物作为价值客体是客观存在的，人的需要也是由其身体状况和精神状况所规定的，与社会经济和文化发展水平大致适应，并非人想有什么需要就能产生什么需要，它们之间的关系当然就是一种客观的关系。第三，价值因人而异、因时而异，表现的不是价值的主观性，而是价值的主体性。价值的主体性构成了价值区别于事实的本质特征，也是理解价值现象特殊性的深层根据，是理解价值客观性、社会历史性、相对性和绝对性的枢纽。第四，从价值是一种主体性现象出发，区分了价值标准和评价标准，认为价值标准是一定事物、现象对一定主体到底有没有价值有什么价值的客观标准，评价标准则是人们认为一定事物有没有价值的标准，是主观的标准或观念的标准。价值的客观性，从最一般的意义上说，就是价值并不以主体的评价为转移，而是以是否满足了主体的需要为转移，无论这个主体是个人还是群体，也无论价值客体是物质性的存在还是精神性的存在。

上述几点可以说国内学者基本都认同的，有争论的是如何规定价值和价值标准。李德顺论证了主体（包括需要和能力等在内）的存在和尺度是客观的价值标准，但多数观点将其简化为以人的需要为价值标准，认为凡是能够满足主体的生存和发展需要的，就是有价值的。这种观点被概括为需要价值论。有的学者对此持批评意见，第一种意见是不能以需要作为价值标准，理由是需要有健康不健康正当不正当之分，并非所有满足需要的都是有价值的。在这种观点看来，需要作为人的需要，总受着精神因素的制约，有一定的主观性，以之作为价值标准，就难以与主观价值论划清界限。所以不能一般地笼统地以需要作为价值标准，而应该以客体满足主体需要而形成的积极效应为价值标准。第二种意见则认为以需要作为价值标准，使得价值概念缺失了本质性的超越性维度，只有超越需要价值论所体现的那种世俗性和经验性色彩，才能真正彰显价值作为意义的那种提升人的精神境界的作用。而坚持需要价值论的论者则认为，需要是人的本性，与人的能力相互规定相互激发，是人的本质力量生成和发展的动力机制，是人的目的和一切实践活动最深刻的根源，同时也是人的本质力量的发展水平的确证；人的需要不单是物质需要或肉体需要，也包括了精神需要和各种社会性需要，不单是个人需要，也包括了群体需要和社会需要，它们构成了一个非常复杂的多层次多维度的体系，其中个人需要和社会需要、物质需要和精神需要、生存需要和发展需要、长远需要和眼前需要、整体需要和局部需要构成了把握需要体系的几个重要关节点，也是主体衡量一种需要是否合理是否健康是否正当的重要依据。上述的两种反对意见，都是没有真正理解需要的本质以及需要的体系性和复杂性的表现。需要本身就具有超越性，是对当下状态和条件的超越性的表现，同时精神需要对物质需要、整体需要对个别需要、长远需要对眼前需要都具有超越性。反对以需要作为价值标准主张以效应为标准的论者的缺点在于他们不懂得，效应并非是自明的东西，更不是终极的东西，一种效应是正效应还是负效应，是积极效应还是消极效应，从其自身并不能得到说明，只有借助于是否真正满足了人和社会发展的需要，才能得到解释。至于说需要有健康和非健康、正当与非正当的区分，当然不错，但健康和正当本身就是一种价值概念，而作为这种区分的标准和根据，还是整个的需要体系，是一种需要及其满足的结果在整个需要体系中的地位和作用。总之，只要对需要体系达到了科学的理解和认识，这些问题都是不难解决的。

也有一些学者，他们赞同价值是客体的存在和功能对主体需要的满足，但不赞同仅仅把主体理解为人，或者说不能仅仅把人理解为主体。在他们看来，主体可以是任何系统，至少是有机体系统；这些系统在自己的存在和发展过程中，与环境和其他系统之间产生物质、信息和能量的交换，也具有维持自己的存在和发展的需要，任何能够满足这种需要的，就都是有价值的。与此相适应，一些学者主张应该超越人的眼光，从整个宇宙发展和系统进化的角度来规定价值，价值就是负熵，即一切有利于系统进化的东西。在他们看来，只有这样，才能为坚持客观价值论奠定坚实的基础，并有效超越人类中心主义的狭隘性。因为在出现人之前，在人的活动之外的广袤的宇宙进化过程中，就普遍地存在着价值问题，有了人之后，只是把价值问题更集中突出地展示了出来。这种观点也遭到许多学者的反对，认为这种泛化论的价值定义，表面上看似乎是扩大了价值概念的普遍性，论证了价值的客观性，但实质上却仍是沿着科学主义理解客观性的路子进行的，也并未超出科学主义的界限。价值概念的提出和价值哲学的研究，从一开始就是为了弥补科学主义或认知主义在人文社会学科中的不足和缺失的，是为了更合理地理解人的选择活动的，把价值当做宇宙进化中普遍存在的东西，当做是负熵，不仅消解了价值概念和从价值维度思考的意义，而且对于自然科学研究的概念系统、对于人家已经解释得很好的理论体系来讲，又增加了一个新概念，无异于叠床架屋，不仅不符合经济性原则，也不会得到科学研究者的认同。

（三）价值分类和价值体系

在价值分类方面，一种观点认为，价值是多元的，具体存在形式多种多样，可以从多种角度进行分类。从人的需要出发，需要可分为物质需要、精神需要、综合性需要，价值就可分为物质价值、精神价值和综合价值；从价值主体的层次分别出发，有对个人的价值、对家庭的价值、对民族的价值，对国家的价值、对人类的价值等；从价值客体有人与物的区别出发，可以分为人的价值与物的价值；从人的活动领域着眼，可分为经济价值、政治价值、文化价值、环境价值等；从人的活动的性质方面，则可分为世俗价值和神圣价值；从价值的具体性质特点方面看，则可分为功利价值、道德价值、审美价值、学术价值等。并认为，多种分类都具有自己的意义，有自己的合理性。另一种观点则认为，分类不单是要明确不同价值的差别，更还需要标明不同价值的高低秩序，中国传统认为义高于利、公利高于私利，甚至义的价值高于生命的价值，所以才有舍生取义、杀身成仁之说，仁和义的具体含义可因时代而不同，但这个位置关系则是确定不变的。在持这种观点的论者看来，圣、美、善、真、利，大致可以看做是价值的基本秩序。这种基本秩序是不能颠倒的，因此表现出一种客观性的品格，人们的价值选择虽然依着具体的情势而定，多种多样且可能相互冲突，但只有那些符合这种顺序的选择才是正确的，才是合理的正当的。这种观点也反对价值多元论而主张价值一元论，理由就是存在着一元的客观的价值等级秩序，人们的价值观可以是多元的，但不等于说这些价值观都有合理性，真正合理的具有真理性的价值观只有一种，这就是符合客观价值秩序的那种价值观。

关于价值体系或价值系统。论者们都认为，价值具有多种形式，它们之间不是离散的偶然堆积的关系，而是存在着内在联系，形成了一个体系或系统。之所以如此，是因为人的各种需要具有着内在联系，从各个方面服从着也体现着人的发展。分歧在于，第一，一些论者把价值体系理解为价值观念体系，或价值（评价）标准的体系；另一些学者则认为需要把价值观念与这些观念所反映的作为现实主客体关系的价值严格区分开来，前者是价值观念体系，后者才是价值体系，前者只是后者的一种反映。忽视这一点，把价值观念体系当做是价值体系就会陷入主观价值论的泥潭。还有的学者主张，区分价值观念和价值是必要的。价值观念无论是作为一个社会的价值观念还是一个人的价值观念，都表现出一种体系性的形式，但如果僵硬地坚持这样的切分，把价值体系和价值观念体系当做是平行的两种体系，就不符合现实生活的实际了，是机械唯物论的表现。因为价值的现实运动本来就是与人们的价值观念和评价密切联系在一起的，是通过人们的价值选择活动、价值创造活动和价值消费活动来进行的，因此，价值体系就应该把这些因素和环节都包括在内，是价值观念、社会价值规范和具体的多种多样的价值运动的统一。换句话说，价值作为人的活动中的普遍内容，作为人们进行选择的根据，其存在和运动从来都与人们的价值观念、价值评价和价值创造结合在一起，与社会的价值规范联系在一起。尽管我们在研究中需要对它们进行区别，分为不同的方面或环节，而在现实生活中它们是无法切分的，有机地统一在一个过程中的。因此，我们必须坚持从抽象到具体的辩证思维原则，形成对价值体系的"多样性统一"的"具体概念"。

第二，对于价值体系的结构，由于对价值体系本身理解的不同，看法也就很不一样。在把价值体系理解为价值观念体系的论者看来，这个结构就是各种价值观念的结合方式，是对各种价值的重要性或优先性（观念）的排列顺序。而在把价值观念体系与价值体系进行区别的论者，就坚决反对把价值观念体系的结构当做是价值体系结构，在他们看来，价值观念的结构是对实际的价值体系结构的反映，价值体系结构根本上是与主体的需要结构相适应的，无论是个人主体还是社会主体，其需要都可分为生存需要、享受需要和发展需要，满足生存需要构成了生存价值，这是最基本的价值，是整个价值体系的基础，在其之上是享乐价值和发展价值。至于哪种价值应该优先或更为重要，一定要结合主体的具体发展阶段和当时的具体情景来确定，否则就成为一个抽象的问题。一些理论家、道德家试图脱离这些具体主体和具体情景而确立一个永恒不变的价值秩序或顺序，这种思想观念作为一种意识形态，整合和统一人们的思想及行为，维护着统治阶级希望的社会秩序。马克思主义价值论研究应该揭露这种意识形态的虚假性和欺骗性。把价值体系理解为价值观念与价值规范和现实价值运动统一的论者，则认为对于价值体系不能作狭隘的随意的理解，价值体系作为历史形成的有机的综合的系统，应该是一定民族的价值体系、一定时代的价值体系，价值体系也只能在民族差别和时代差别的角度来着眼进行比较。从这个角度看价值体系，它包括了价值原则、价值本位和价值顺序几个层次，不同的价值体系的区别，主要不在于要素层面，而在于价值原则所规定的价值本位和价值顺序方面。无论是价值本位还是价值顺序，都不单是观念性的东西，更主要的还是社会价值规范，制度作为最主要的规范，对整个社会的价值创造、分配和消费起着关键性的作用，也制约着无数个人主体的价值选择活动。

第三，对于一个社会是否存在或是否应该存在多种价值体系，论者们之间也有分歧和争论。一种观点认为，任何社会都存在着多样的价值体系，但合理的正确的价值（观念）体系只有一个，正如在认识过程中尽管存在着多种理论体系，但真理性的理论体系只有一个一样。意识形态领域的斗争，就是用正确的价值观反对和批判错误的价值观的斗争。另一种观点认为，价值作为一种主体性现象，不单意味着它是一种属人的现象，更意味着同一事物对于不同主体有不同的价值关系。社会上之所以会存在不同的价值体系，恰恰是因为人们分为不同的阶级、阶层和民族的缘故，是因为存在着多种主体的缘故。任何一种价值观念体系都有不同的信众，不同的阶级和民族都通过一定的价值观念表达着自己的利益诉求，因此不同的价值体系之间，不同的价值观念之间，就不是一个简单的谁对谁错的关系，更多的是一种历史合理性和历史优越性的比较关系。真正决定一定的价值体系兴衰的，是它的持有者或拥护者的历史地位和发展趋势。一种价值体系之所以能成为社会主导价值体系，为更多的人们所认同的价值体系，直接原因是由于它的拥护者成为社会统治阶级。价值体系的对峙和更替，只有结合不同主体的历史地位的变化，才能得到合理的理解。

（四）人的价值及其在价值体系中的地位

人的价值问题是所有价值问题中最为复杂最为繁难的问题，也是研究过程中分歧最多争论最大的问题。论者们大都认为人的价值是所有价值中最高的价值，也是最核心的价值，因为一切价值归根结底都是对人的价值，各种意义说到底也都是对人的意义，对人的价值实现的意义。但在如何理解人的价值，如何看待人的价值的本质特点和地位方面都存在着严重的分歧和争论。

第一，关于人的价值的定义或规定。一种观点认为，人的价值是一种特殊的价值，是价值的一种特殊形式，因此，对人的价值的规定也就应该服从规定价值的一般原则。既然价值是一定客体的存在及功能对人的需要的满足关系，人的价值也就是指作为客体的人的存在、活动及其结果对于作为主体的人的生存和发展需要的满足关系。人作为客体，与作为主体一样，有多种层次和形式，如人类、民族、阶级、个人等等，这样相互之间就形成了很复杂的相互关系，多种多样的价值关系，比如一个民族，其价值就既有对人类的价值，也有对自己所属的国家的价值，对其他民族的价值，对本民族成员的价值，等等；一个人的价值，也包括他对其他人的价值，对他的家庭的价值，对他所属的阶级和民族的价值，对人类的价值，如此等等。总之，人的价值只能从人与人的关系中去理解，从人的存在、活动及其结果对其他人（民族、社会等）的需要的满足关系中去看待。反对意见则认为，上述对人的价值的定义或规定有严重的缺陷，它把人首先作了客体化的处理，先得把人置放在客体的位格上才能考虑和谈论人的价值，似乎人作为主体就没有价值，这样一来，人的价值就只能是或主要是工具性价值，而不是目的性价值；这种思路暴露了按照主客体关系模式处理人的价值的局限性。在如何规定人的价值方面，他们认为，人的价值就是人自身，最根本的就是人道价值，如生命、尊严、自由等，这是人自身固有的，是内在的、目的性的价值，不能用满足需要的模式来说明。这种反对意见也遇到了第一种观点的反驳，认为如不从主客体关系规定价值的思路来理解人的价值，那就会陷入价值属性说；说人的价值是人本身内在的固有的价值，恰恰就是把人的价值当做是人的一种属性，这正是价值属性论的观点，而这又是这些论者所反对的，于是就陷入了自相矛盾的境地。

第二，关于人的价值的具体内容。论者们普遍认为，人的价值是价值的一种特殊存在形式，与之相区别相对应的是"物的价值"。物的价值只能是物对人的价值，一物有没有价值、有什么价值、有多大价值，都是相对于人而言的，价值的尺度在人而不在物，物只是价值客体，是价值关系的承担者之一。物不可能成为主体，因此不存在物对自己的价值问题。人则是主客体的统一，无论在哪一个层次的主体，作为客体时同时也作为主体而存在，而且首先要作为主体才能成为客体，既是别人的客体也是自己的客体，因此无论在哪个层次，都有一个自己（存在、活动及其结果）对自己的价值即自我价值的问题，个人、阶级、民族都是如此。这就是人的价值的自返性或自为性。这构成了人的价值与物的价值的根本区别之一。物虽然也有变化，但无论处在变化的哪个阶段，都只是以其现成的固有的方式形成对人的价值；即使如动物，也永远不能超出自己的物种界限。而人是主动的创造性的存在，能够在把握各种物的物种尺度即规律的基础上将之用来服从自己的目的，满足自己的需要，人的超越性首先就在于能够实现了物种的提升，超越了人作为一个生物物种的物种尺度的局限，不断地产生出新的需要并通过实践不断创造出新的满足需要的客体及其有利于人发展的各种条件。从这个意义上说，人的价值根本上就是能够创造价值的价值，这是人的价值与物的价值的本质性不同。既然是创造，就有一个为什么创造、为谁创造的问题。针对 80 年代初胡乔木把人的价值规定为个人对社会的贡献和社会对个人的尊重这种权威观点，论者们提出了一些不同的看法。一种观点认为，人的价值作为与物的价值相区别的一类价值现象，就不能只局限于个人的价值问题，还包括阶级的价值、民族的价值等等形式，当然个人的价值在人的价值中处于最关键的地位，也是理解其他形式的人的价值的基础。就把个人的价值当做一定典型来说，如果把个人的活动对其他人（民族、社会等）的作用归并，叫做个人的社会价值，那么他的活动对自己的生存发展具有的意义就是自我价值。人的价值就是创造价值的价值，或说能够创造价值的价值，是社会价值与自我价值的统一。这个道理对于理解阶级的价值，民族的价值都同样适用。总之，除了人类主体，任何一个层次的主体，在创造价值的时候，都得既考虑这种创造性活动及其结果对社会对人类的意义，也得考虑对自己的意义，是在这两个维度的统一中进行自己的选择和活动的。但在社会分裂为统治阶级和被统治阶级之后，创造价值和享受价值的责任和权利被割裂了，一些人不劳而获，只是占有和享受别人创造的价值，另一些人则劳而不获，所得仅能勉强维持生命而已，因此也就极大地阻碍了人们创造价值的积极性。很显然，只强调和突出个人对社会的贡献，把这当做个人的价值的表现形式，实际上是社会统治阶级的价值观，是以社会整体的名义把自己当做是价值主体，要人们都把创造的成果奉献给自己，由自己代表社会对人们进行评价和封赏。在这种条件下，整个社会盛行的就是以占有和享受价值为荣、为人生价值得到实现的价值观念。另一种观点则认为，强调创造和奉献，突出和重视的都是功利价值的一面，是工具性价值的一面，而人的价值根本上是一种目的性价值，是超越了功利层面的价值。人的人格尊严、自由和平等等才是人的价值的根本所在。在他们看来，从人的贡献大小的角度评价人的价值，必然把人分成不同的等级，这与人的生命、尊严、自由等权利方面的平等是直接悖反的。第三种观点认为，人的价值是很复杂的，这不仅因为人作为主体和客体，其相互关系和具体形式都是多种多样的，而且因为人的活动涉及到多个层面，各个层面都存在价值问题。区别物的价值与人的价值是必要的，可也要看到，尤其是在人工物的领域，物的价值就直接体现着创造这些物的人的价值。而人的生命、尊严、自由等作为一种价值，既是因为宣扬和维护了这些价值才能为人们实现创造价值和享受价值的统一从而创造更多的价值提供一个必要的条件，同时也是为实现人的超越和提升开辟更高的境界和空间。他们认为，对于人的价值的具体内容，除了社会价值和自我价值的统一这个角度，还需要从实在性价值和规范性价值的统一的角度来理解。也就是说，既需要从主客体关系角度来进行规定和理解，还需要从主体间关系和文化的角度来理解。从实在性价值角度看，人的价值是创造价值的价值，无论是社会价值还是自我价值，都有大小高低之分，是不平等不等值的，但在规范性价值的角度看，人的价值或作为人道价值就应该是平等的，生命、尊严、自由等人道价值实际上都是规范性价值，不能从实在性价值的角度去获得合理的理解。但这些价值也不是人内在固有的，恰恰是在历史和文化发展的一定阶段才提出来并作为一种价值观念价值规范为人们所认可和接受的。

第三，关于人的自我价值和社会价值的关系。在过去很长一段时间内，我们是缺乏自我和自我价值之类的概念的，与之关联，一些人把人的价值分为个人价值与社会价值。价值哲学兴起之后，论者们经过辨析，认为个人价值与社会价值这两个概念都是从价值主体角度立意的，实际说的某种存在或现象对个人的价值和对社会的价值，所以将它们相并列对比来说明人的价值是不妥当的。人的价值既以人为客体也以人为主体，个人的存在和活动及其结果对自己的价值只能叫自我价值，而不是个人价值。在自我价值与社会价值的关系上，一种观点认为，人作为一种社会存在物，个人只有在集体中才能成为个人，只有通过社会承认才能合理地进行自我定位，也才能实现自己的价值，所以，人的价值虽然可以说是社会价值与自我价值的统一，但社会价值高于自我价值，或优先于自我价值。自我价值的存在和提升都是通过个人的社会价值来实现的。传统价值观认为义高于利，公利高于私利，就是这个道理。过分强调自我价值的重要性，强调自我奋斗自我设计自我实现，实际上是个人主义价值观的表现，也是价值相对主义的根源。另一种观点则认为，社会价值和自我价值作为人的价值的两个维度，不存在谁高谁低的问题；作为人的价值实现过程中的两个环节，它们先行继起彼此衔接相互作用，也不存在绝对的谁先谁后的排序问题。按照马克思的一贯思想，社会并不是人之外的某种存在，社会就是无数个人的交往活动的总和，把个人与社会对立起来，是出现了阶级对立集体成为虚假集体的产物，也是经验地直观地看待和理解社会与个人关系的结果。人的社会价值与自我价值，表现的是人的社会性与为我性的辩证统一。个人的行为无论其动机如何都会产生社会影响和社会作用，这是一个客观的谁也无法逃避的现实，而个人之所以能够自觉地把为社会做贡献为自己的目的，恰恰是因为这个社会是包括了他自己的利益在内的共同利益的代表。自我价值与社会价值的关系，许多人往往只把它看做是一个价值观念的问题，是一个道德问题，侧重的是谁先谁后谁主谁次的排列次序，这样就容易陷入非此即彼的各执一端且难以化解的境地。而造成这种结果的根源则在于现实生活中虚假集体的存在。在真实的集体中，在真实的集体的社会制度安排中，社会保障个人的各种基本权利，为无数个人的健康成长、按照自己的特殊才能和兴趣进行创造活动提供了良好条件，个人为社会创造了价值，又能够及时地获得社会承认和合理回报，就既能为个人创造价值提供精神动力也是为他进一步创造价值提供客观条件，既是其社会价值的实现也是其自我价值的实现。因此，这种制度就是一种合理的能够获得人们普遍拥护的公正的制度，这种社会就是一个充满活力和生命力的社会。持这种观点的论者还认为，针对我国传统价值观以"存天理灭人欲"为基本导向的贬抑个人、贬抑为己、把利己视作天然的恶的弊端，强调个人需要、人的自我价值的合理性是有重要的现实意义的，也是与发展社会主义市场经济的要求相一致的。中国要实现从传统农业文明向现代文明的社会转型，必须以塑造独立自主的个人主体、培育现代公民为其基础，如果仍然沿着贬抑个人贬抑人的自我价值的路子来进行价值观教育，似乎重视和强调自己的需要、维护自己的权益就是自私自利，强调自我设计自我奋斗实现自己的价值就是个人主义，这些都需要坚决批判，这种思路实际是与市场经济和现代文明的要求背道而驰的，也是与人的自由发展的要求背道而驰的。个人主义的价值观有其历史的积极意义，它的错误不在于强调个人利益和权利，而在于把个人利益和权利当做是唯一真实的东西，夸大了个人的优先性到了绝对化的地步。

（五）价值与评价的关系，评价与价值认识

价值与评价的关系是价值哲学中的一个基本问题，价值客观论和主观论的分歧实际就是根据如何回答这个问题而形成的。如承认评价是对价值的反映，价值不以评价为转移，就这样那样承认了价值的客观性，无论这些价值是物质价值还是精神价值，是道德价值还是功利价值。相反，如果认为价值是评价的结果，以如何评价为转移，就是价值主观论。国内学者在评价问题上大都坚持评价是对价值的反映的观点。存在争论的是：

第一，价值能不能离开评价而存在？一些人认为，既然价值是客观的，那就意味着价值能够离开评价而独立存在，即使无人评价，或者说主体对某些价值一无所知，这些价值也是存在的。比如，放射线对人的健康有负价值，即使人们没有意识到这种危险，这种危险也是存在的。同样道理，一个无知无识的文盲欣赏不了芭蕾舞和交响乐，但并不能减少芭蕾舞和交响乐的价值一分一毫，这些都说明价值是可以独立于评价而存在的。另一些人则认为，价值作为一种意义，总是以一定的价值意识和评价为存在的条件，在评价活动中价值才能被把握和被显现出来，如无价值意识和评价，就意味着人们与事物的价值之间建立不起对象性关系，自然也就不存在这种价值。再好的音乐对于不懂得音乐的人来讲也没有意义，就是这个道理。但这里我们必须对人的个体性存在与类存在，对个人意识和类意识进行必要的区分，一个文盲欣赏不了交响乐，交响乐对他来说就没有价值，听一场交响乐就不是享受而是受折磨，而交响乐作为人类文明的一部分，其在人类发展中的价值并不会因此而减少。但这是两种不同的价值关系，是不应混为一谈的。至于说放射线对人的健康的影响，这首先是作为一种生物学事实而存在，不仅对人如此，对一切生物体都如此，因此没有必要借助于价值概念来进行说明和解释。

第二，评价标准与价值标准的关系。一种意见认为，评价标准是意识到了的需要，归根结底是主体的需要，因此，评价标准与价值标准是内在统一的，评价标准本质上还是以需要为标准，所以，没有必要非要对评价标准和价值标准进行区分。另一种意见则认为，人的需要是价值标准，一种事物对人到底有没有价值，是以是否确实满足了需要为转移的，而这些需要的产生和变化，需要体系的结构状态，尽管以人的感性肉体存在为基础，同时也与社会物质生产和精神生产的发展水平相适应，本质上是一种社会性的或社会化了的具有客观品格的东西。评价标准则是人们评估价值的观念标准，或者说是一种主观的标准。从直接的意义上看，一个人进行评价时的主观标准，总这样那样地与自己的肉体需要和精神需要联系在一起，也以自己实际具有的能力为基础，也就是说，一个人的"想要"与他的需要之间似乎是一致或重合的。但即使在一致或重合的情况下，在逻辑层次上它们也不是一回事，最多也只能说这些"想要"如实恰切地反映了需要。人们在现实生活中的评价和选择之所以时常发生"错误"，之所以出现"后悔"，有些是因为对对象的实际情况和作用认识不清，有些则是由于"想要"与实际需要之间出现了背离，评价标准没有真正反映自己的价值标准。更应该注意到这种复杂情况，一方面，作为个人主体，其评价标准的形成本质上是以社会文化为中介的，社会通行的价值观念在相当程度上影响和制约着个人的价值观念，规定着个人的评价标准，这就使得主观标准与客观标准之间容易也经常出现一些背离或扭曲；另一方面，作为非个人的主体，如集团、政党、民族、国家等，在进行评价和决策的时候，总是以其领导人为代表和人格化的表现，这些领导人对其所代表的群体主体的需要的理解和把握，就远不如个人对自己的需要的理解和把握来得真切，其所持评价标准是否能够真实地反映了集团、民族和国家的需要，其所认为的轻重缓急顺序是否与这些需要的重要程度迫切程度的顺序一致？即使进行民意调查甚至全民公决，这些"民意"是否就真正表现了"公意"？无论在理论上还是在现实中，都是一个真正的"问题"。而作为社会文化之核心的价值观念，与社会意识形态密切联系在一起，既担负着提供一套经过论证的具有形式的合理性和权威性从而整合社会大众价值观念提升主体性的任务，同时也自然地包含以整体利益压制个体利益、以共同需要贬抑个别需要的倾向，而且越是在远离实际感性物质生活的思想领域，价值观念背离实际需要的可能性就越大。在存在阶级和阶级斗争的社会，占统治地位的思想从来都是统治阶级的思想，社会意识形态中流行的是维护统治阶级和集团利益的价值观念，但由于其系统性的规训作用，作为被统治阶级的社会大众，往往也以这些价值观念作为自己的评价标准。由于这些复杂的情况，且不说个人在对一定事件的社会意义社会价值进行评价时其评价标准会与价值标准发生偏离，即使在对一定事物对自己有无价值进行评价的时候，他对自己的需要的观念把握，比如对眼前需要、直接需要和长远需要、整体需要的合理关系的理解，对自己的最大利益的理解，也经常会与这些需要和利益的本然情况存在一定的差距，甚至可能会形成很大的歪曲，如在不合理的社会意识形态和社会时尚的影响下，把虚假需要当做是真实需要，把某种畸形需要当做是最重要的需要等。总之，区分评价标准和价值标准，不仅在理论上是重要的，在实践中对于个人和政党都是极其必要的。我们过去总结经验反对教条主义，主要是在认识论角度着眼，主要关注客观外在情况的变化，而忽略了还存在着一个价值论角度的问题，忘记了主体及其需要不断发展变化的问题，所以屡反屡犯，学费交了不少，本事却没有多少长进。懂得了这种区分，有利于我们经常地冷静地反思其所抱有的价值观念是否合理，进行评价的标准是否真正反映了实际需要，力求使评价标准符合价值标准，不断地对评价标准进行调整，谨慎地进行评价和选择。

第三，评价与价值判断的关系。在许多人看来，评价就是价值判断，所谓评价无非就是对一定事物有没有价值有什么价值作出评判和判断。而在另一些人看来，强调评价是价值判断，突出的是评价过程中理性因素知识性因素的作用，这恰恰不符合评价的特点。评价的最突出的特点，是信念、情感和偏好等非理性因素在其中起着关键性的作用。这些因素不仅构成了评价标准，而且对于侧重于对象的哪些方面也起着极大的作用，从总体上制约着评价活动。在我们看来，这两种观点都具有一定的片面性，是不懂得评价的复杂性的表现。评价的外延不仅比价值判断要大得多，而且性质也不相同。评价是一般，价值判断则是评价的一种具体形式，是理性层面的评价形式。在情感层面甚至下意识层面，都存在评价活动，这些评价形式就不能称为价值判断。在理性层面的评价中，尽管情感等非理性因素也起着相当的作用，但理性因素还是主导性的因素，而在情感层面的评价中，虽也存在着知识和理性因素的作用，但就不再占有主导性的地位了。对于评价的这些复杂情况，必须进行具体的分析，绝不能用一个统一的模式去套。

第四，评价是不是价值认识？一种意见认为，评价就是对价值的认识，是对价值这种特殊现象的观念把握，他们所说的价值认识就是指评价这种特殊的认识形式，因此认识论中关于感性、理性关系的规律在评价中也都是适用的，评价的最终目的也就是要掌握价值真理。另一种意见认为，传统的认识论本质上只是认知论或知识论，它以科学认知活动为原型，是对人类认知过程的一般规律的研究。但由于它僭越了合理的界限，把人类复杂多样的精神活动都当做认知活动，都压缩到一个平面来处理，因此就歪曲了精神活动的实际情况。如果说对价值的理论探索属于价值认识或认知，那么评价则与认知有着本质的区别。对于评价与认识（认知）的区别，可以从如下几个方面来理解：认识的目的是把握对象的本质和规律，评价的目的则在于把握对象对主体的意义；认识活动中主体不能先存成见，而评价活动则以主体明确的评价标准为前提，否则评价就无法进行；认识活动以获得真理为最高境界，评价活动则直接服务于人的选择，以合理恰当为最高境界。把评价混同于认知，等同于价值认识，实际就取消了价值论的独立地位。不仅如此，忽视了评价和认知的差别，往往也就容易把不同价值观念、不同评价的差别当做是真理与谬误的问题，为一些人在真理的名义下利用自己的权力，对不同的审美观或文艺主张、不同的道德观、甚至对一定政策的不同观点，进行排斥和打击压制，提供了理由。我国"文革"中和"文革"前政治生活中的许多悲剧，可以说都是与此有着一定关联的。

（六）价值观念及其结构

对价值观念的研究是价值哲学与现实生活直接相互作用的一个重要途径，也是参与人数最多争论最为激烈的一个领域。这方面的主要争论有：

（1）关于价值观和价值观念的概念。一种观点认为，二者是一回事，价值观就是价值观念的简称或通俗称谓，就是人们对价值的基本观点。另一种观点则认为，不能将价值观与价值观念等同视之，价值观主要是指理论上对于价值问题的基本观点，如价值是主观的还是客观的，价值与事实是什么关系，价值观念则是人们在实际评价过程中持有的关于好坏、利弊、善恶、美丑、应该不应该、正当不正当的标准或理由，简言之是价值评价的标准的总和。二者不是一个层次，性质也不相同。虽然在世俗的用法中，可以把价值观看做是价值观念的简称，但在理论研究中必须将二者区分开来，否则就会在理论研究中造成不必要的混乱，正如把事实与价值混同会造成思想的混乱一样。第三种观点认为，价值问题与事实问题之间的一个最重要的区别，就是它存在着明显的主体自相关效应。因此，虽然从理论研究的角度说应该将价值观与价值观念区分开来，但在实际研究中二者总是纠缠在一起，对价值的理论探讨、概念规定总与整个对价值的态度分不开，我们不能无视这个基本事实。他们认为，价值观可以看做是人们对价值的基本观点和对基本价值及其优先顺序或高低等级的看法。

（2）关于价值观念的定位。一种观点认为，价值观念就是人们的价值意识，是人的意识中关于价值或与价值有关的内容。相应地，说价值观念的变化也就是价值意识的变化。另一种观点则认为，价值意识的内涵和外延都要更广泛一些，价值观念只是价值意识的一个组成部分，是理智层面的价值意识或价值意识的理智层面的内容。在这种观点看来，人们的价值心理也是价值意识的重要组成部分，甚至无意识层面都有价值意识存在。人们的情感、兴趣、偏好等都属于价值意识，但要说它们是价值观念就很牵强。他们认为，把价值观念定位为价值意识的理智层面的内容，区分价值观念和价值意识价值心理，有很重要的意义。比如在思想道德教育中，我们过去更多地关注道德观念，注重于把道理讲清楚，把道德教育等同于一种知识教育或知识灌输，而对于道德情感的培育、道德习惯的养成相对就关注较少，甚至把道德观念与道德心理割裂开来，结果自然就很不如人意。许多人讲起大道理都很明白，可由于缺乏相应的道德情感的内在支撑，因此就缺乏了一种切己的体验，这些道理就难以内化，始终只是一种外在的东西。在进行不同时代和不同民族的文化比较的时候，懂得这个区别也具有非常重要的意义。

（3）关于价值观念的本质和形成特点。国内学者基本都坚持能动反映论的基本观点，认为价值观念是在实践和社会生活的过程中生成的，是对现实的价值运动状况的反映，随着社会生产方式和生活方式的变化，价值观念必然发生相应的变化，价值观念受社会生活的制约，同时又给予后者以积极的反作用。但具体看法又有不同。一种观点认为，价值观念的形成，以实践和生活阅历为基础，同样符合从感性认识到理性认识发展的规律，同时文化传统和教育在其中起着十分重要的作用。因此坚持正确的价值导向和舆论导向、对错误的价值观念进行批判斗争是十分必要的。在他们看来，价值观念的本质的核心的东西是理想和信仰，树立正确的价值观最根本的就是要树立理想和信仰。另一种观点认为，价值观念的产生与知识的产生过程具有不同的特点。价值观念作为价值意识的一部分，需要以一定的教育和知识为基础，个体的体验在其中具有最重要的作用，而文化环境和背景总是与一定的价值心理价值意识联系在一起，对个体的精神起着重要的形塑作用。因此，有必要区分社会价值观念与个人价值观念，区分社会的价值导向与人们实际生活中的价值取向，价值导向更多地由文化教育、宣传等来执行，而价值取向直接与社会制度安排相关联并受其规定，个人的生活阅历和生活经验、家庭和社会环境的熏陶，对个人形成自己的价值意识和价值观念有着更为根本的作用。在这种观点看来，价值观的最基础的东西，最具有决定意义的东西，是现实的利益问题，任何理想都是与利益相联系并建立在一定利益的基础上的，也是对根本利益长远整体利益的超前的反映，离开了利益和基于现实利益基础上人们的实际觉悟程度，理想就成了空的假的和骗人的东西。

（4）关于价值观念的结构，论者们都认为价值观念是一种体系性的存在，各种要素按照一定的结构形成一种整体，分析价值观念的差别，不能简单地只从要素的角度进行比较，更主要地还得从价值观念体系的角度进行。但对于价值观念的结构，论者们的意见又不相同，大致有这么几种观点：第一种观点认为，价值观念由价值原则、价值理想、价值评价标准三个层次构成，价值原则规定了价值的起源、根据和最终尺度，价值理想是对最高价值的信念和信仰，价值评价标准则是由理想和最终尺度所规定的遍布于生活各个方面的评估各种价值的理由和根据。第二种观点认为，价值观念是一个复杂的系统，可以划分为四个子系统，这就是目的系统、手段系统、规则系统和制约系统，它们共同起作用，形成人们判断、选择、追求价值的范型和定势，对个人成为什么样的人起决定性的作用。第三种观点认为，对于价值观念不仅有必要区分社会的和个人的价值观念，也不仅要区分社会主导性价值观念和非主导性价值观念，还应进一步区分价值观念的深层结构和表层结构，或者叫核心和外围。表层结构由各种评价标准构成，适应社会生活复杂性的需要，为各个方面的生活提供了一种观念尺度，深层结构则由主体自我定位和自我意识、对社会秩序的理想、对规范的态度、价值本位意识和实践心理模式等内容构成，比较不同性质的价值观念不能仅仅限于具体规范层面，更需要深入到核心层面，从深层结构上进行分析。

（七）价值哲学研究方法

对价值哲学研究方法的讨论和争论是自觉反思和研究深化的一种表现。当代中国价值哲学研究，由于多种原因，是从主客体关系入手开始进行对价值现象的分析的，而且显示了强大的解释力，比如将价值理解为客体属性功能满足主体需要的关系，价值是一种主体性现象，因而主客体方法就成为主导性的研究方法和研究角度。到了上世纪 90 年代，一些论者对主客体方法提出了质疑，主要理由有：（1）主客二分的方法是西方近代哲学以来的方法，也是知识论研究的主要方法，至现代哲学语言学转向之后，受到很多批评，已经变得过时；（2）运用主客体方法研究物的价值还可以应付，而对于人的价值则明显暴露出不足之处，比如需要首先将人作为客体化的处理才能进行，因此无法解释生命、尊严、自由等人道价值的问题；（3）价值现象是人文学科研究的重要内容，再沿用以主客体二分的科学认知主义方法，势必难以适合价值现象的特殊性，应该运用主体间方法、解释学方法，才能获得更好的效果。应该说，这些质疑对于方法论方面的反思，都具有积极的意义，但对于如何使用解释学方法等研究价值，并提出新的观点，这些论者并没有给出相应的成果，因此也遭到了不少人的反驳。主要是认为主客体二分方法虽然是近代哲学兴起的，但这与马克思主义哲学的主客体关系有着很大不同，不能将二者相提并论。在马克思主义哲学看来，主客体是人类实践的基本结构因素，主客体关系作为是人与世界关系的哲学抽象，作为人类的对象性活动结构的哲学抽象，具有着非常普遍的意义和适用性，不能简单地予以否定，对于理解价值现象不仅需要坚持这种方法，更还需要予以创新。还有一种意见认为，我们不能像西方许多思想家那样，把主客体方法和主体间性方法看做是一种彼此对立的关系，而应理解为相互发明相互补充的关系。主体间关系理论的提出，确实丰富了对实践和现实生活过程的认识，解释学方法对于理解文化传承和传播的复杂性也具有非常积极的意义，都可以成为研究价值问题的重要方法。这种意见还认为，价值论不同于认识论的一个重要特点，在于认识论以探索人类认识的基本规律为基本任务，把主体设想为单一主体，以主客体关系为核心关系，而价值论则以承认多元主体的存在为基本前提，这就为主体间方法的运用提供了广阔的空间。与之相联系，在价值观念的研究方法，解释学方法也大有用场。但这些方法的使用，并不以排斥主客体方法为前提，倒是各有长处，应该相互配合起来，才能对价值现象获得更好的理解和认识。

（八）价值思想发展史的研究

价值思想发展史的研究在不长的时间内，取得了斐然的成绩。据不完全统计，伦理思想史、美学思想史、政治思想史方面的不算，仅明确以价值思想史为题的著作就出版了九部，国外价值论方面的翻译著作不下十几种，讨论价值思想史的文章也有几十篇。对于中国各家各派的价值思想，西方国家的著名哲学理论流派和哲学家的思想，基本都涉及到并作了梳理。这些研究成果的出版，为我国价值论研究提供了重要的文献资料基础，增强了理论研究的历史厚重感。相对说来，这个领域的研究中争论不多，即使对于历史上同一思想家的评价有较大差别，也是各说各话，没有引起什么争论。

特别值得指出的是，一些研究者贯彻"古为今用"、"洋为中用"的思想，将价值思想史的研究与当代中国价值观念的研究结合起来，江畅、戴茂堂的《西方价值观念与当代中国》、《传统价值观念与当代中国》就是这方面的代表。

四、马克思主义价值观关注的时代热点和焦点问题

关注现实问题，特别是时代的热点和焦点问题，是我国价值哲学研究的一个重要特点，也是它能保持持久繁荣的一个重要原因。这方面讨论的问题有：

（一）价值理论研究与哲学体系改革

哲学体系改革是 20 世纪 80 年代中期就提出来的一项重大战略性任务。随着改革开放的全面展开，受前苏联影响的传统马克思主义哲学教科

书的那种思路和哲学观明显地已经不能适合时代发展的需要，因此都受到了普遍的质疑和挑战。我国价值哲学研究的兴起实际就是反思这种哲学体系的一个结果，本身就直接具有着促进哲学体系改革的意蕴和作用。

第一，众所周知，马克思实现哲学的变革，最为关键的一点就是抓住了现实的人的现实实践活动，以此为出发点来进行分析，从而从根本上超越了传统哲学那种或是抽象地从物质出发（唯物主义）或是抽象地从精神出发（唯心主义）解释一切存在的思维方式。但在传统的哲学教科书中，活生生的实践活动被抽象为一个苍白的概念，而且被纳入到物质运动概念之下，整个世界被看做是一个由各种必然性构成的体系，一切主动和选择似乎都成了多余，只要按照规律办事就可以了。传统哲学教科书实际上就是各种普遍规律的罗列，目中无人成为其最突出的特征，也是最大的缺陷，最大的对马克思本真精神的背弃。现实的人们的实践活动，都是怀着一定的具体目的的人在具体的条件下来发动和进行的，因此具有着很突出的主体性和博弈性，也具有明显的不可重复性，绝不能照搬自然科学研究的那种思路和方法来进行解释和说明，不能用研究物质运动的那种思维方式来对待。对价值问题的研究促进了对实践概念的深入全面的理解，揭示了人们进行实践的内在动力、实践观念形成的基本根据和出现相互冲突的实践的根本原因，开辟了认识人与世界关系的一个新领域，提供了一种新的视角和新的思维方式。

第二，在深入全面理解实践活动的基础上，提出了主体性概念、主体性原则、主体性现象等一系列新的范畴，澄清了主观性和主体性的区别，对于克服机械的、自然的和直观的唯物主义思维方式的缺陷，深刻把握马克思哲学革命的实质，具有重要的推动作用。可以这么说，20世纪80年代的实践唯物主义讨论与价值哲学的研究互为表里相得益彰，成为中国学者立足于第一手文献面对当代实践提出的现实问题，重新理解马克思主义哲学重建当代马克思主义哲学新形态的伟大尝试。

第三，与新时期反思极左路线统治时期忽视人甚至蔑视人的弊端相联系，与蓬勃兴起的人学理论研究相呼应，价值哲学研究中特别突出了人的需要是人的本性这一观念，对人的价值尤其是对自我价值的讨论，为恢复和重视人在哲学中的地位以及物质利益在现实生活中的作用起了重要作用。

第四，对价值主体性及其多元性的揭示，对评价和价值观念的研究及争论，突破了知识论或认识论中心主义的局限，为哲学回归现实生活并积极作用于人们的价值观念转变和自主选择活动开辟了重要途径。

如前所说，价值哲学研究的学者多是从事马克思主义哲学原理研究的，他们都坚持了马克思主义哲学的基本立场和方法，一方面自觉地为构建马克思主义价值论或价值哲学而努力，另一方面也自然地力图将这些新成果新观点融入新的哲学体系之中。关于马克思主义哲学是实践唯物主义的新论断新思路，在很大程度上就与价值哲学研究的影响分不开，并以之为自己的重要内容和坚实基础。但由此也刺激了一些人的僵化的观念，引起了很大反弹。在20世纪80年代后期，有人就曾指责价值论研究为个人主义泛滥提供了理论基础，是自由化思潮的思想根源等等，但并未影响价值哲学研究的发展。90年代以来从实践唯物主义讨论中孽生出来的诸多哲学理论，如生存哲学、文化哲学以及社会哲学、政治哲学和管理哲学等，在相当程度上也都汲取了价值哲学的养分。

（二）当代中国价值观念的变革

到20世纪90年代初，在邓小平南方讲话精神的推动下，掀起第二次思想解放运动，社会主义市场经济成为改革开放的目标指向，各个方面的改革都大大提速，相应地也引起了整个社会价值观念的极大转变。价值观念研究持续地成为价值论研究的热点领域，相关的文章和著作大批涌现，也引起了很多激烈的争论。

第一，关于价值观念多元性与一元性的争论。相比于改革开放前与计划经济体制相适应的国家意识形态层面强力推行一种价值观念、把各种非主流的价值观念都归结为封资修观念、都是谬误的反动的属于必须批判和消灭的东西而言，以市场化为取向的改革开放促进了社会阶层分化和多元主体的出现，整个社会的集中统一的决策模式为分散多元的决策模式所代替，生产方式、交往方式和生活方式都发生了巨大变化，在这种条件下，社会价值观念的多样性、复杂性就极大地突出和明显化了，不同的价值观念都在为自己争夺生存的权利和合法地位，都具有着自己的信众和拥护者。面对这种现实，在哲学价值理论层面如何理解价值观念的多样性与多元性的关系、多元性和一元性的关系就成为一个突出的问题，也是一个与理论导向和政策导向有关联的重大的现实性问题。大多数论者都承认价值观念具有多样性，但对于这种多样性是否就是多元性或多元化，则有很大分歧。一种观点认为，价值观念的多样性是一种现象形态，并不说明多样的价值观念都是合理的正确的。尽管社会上存在种种价值观念，但正确的真理性的价值观念只能有一种，而不能是多种，即不承认价值观念多元化的合理性。在这种观点看来，承认价值观念的多元性，实质上就是承认多种价值观念的合法性，这就为各种错误观念的侵入和泛滥洞开了大门，是自由化和放弃思想战线斗争性的表现。许多论者不同意这种观点，认为价值观念不同于理论认识，真理是一元的，多元真理论实际上是主观真理论，必须坚决反对，但对于价值观念就不能简单这么理解。价值的主体性和主体的多元性，决定了价值必然是多元的，价值观念也必然是多元的。在他们看来，"多元性"与"多样性"不同，多样性是同一个本质、原因等在不同条件下的多种表现形式，因此可以统一，能够找到一个共同的根源和根据，多元性则意味着从根源上就是异质性的，所以不能相互归结或还原，只能通过对话协商而相互妥协相互限制。承认价值和价值观念的多元性，从理论上说符合价值和价值观念的本质，可以合理地解释和理解不同价值、不同价值观念的关系，从实践上说，则意味着尊重不同主体的基本生存和发展的权利，也是思想自由、言论自由的理论基础。第三种观点认为，讨论价值和价值观念的一元和多元的问题，绝不能脱离主体而抽象地去争论。对于不同主体，由于其需要不同，与同一客体所形成的价值关系当然不同，各自的价值观念也就不同。焦大不爱林妹妹，就是这个道理。对于不同主体来说，价值观念必然是多元的，不能统一，也无须统一，强求统一，正如强迫使所有人都穿同一号码的鞋一样的荒唐。但对于同一主体，其价值观念则具有统一性或一元性，同一主体不能自己与自己打架。这就是虽然不同质的价值无法比较，可人们在无法两全的选择困境中总能根据自己的最大需要最迫切的需要找到一种差强人意的解决办法的缘故。因此，社会生活中，价值观念多元化是合理的，在国家主导价值观念方面，则不能多元化，必须有一个统一的核心和方向。在现代民主法制

当代中国 马克思主义 哲学专题研究

国家，需要在国家主导价值观念的一元性与社会大众的价值观念的多元性之间保持必要的张力，法制作为社会秩序的基本框架，其所服从的原则并不是某种先验统一的东西，而是在不同社会阶层民主协商过程中形成的公意或基本同意的共同性的东西，同时又为社会大众的自由选择留有足够的空间，为不同价值观念的存在及保持合理的相互关系设立一定的原则界限。

第二，关于价值观念转变的历史定位，"道德滑坡"和"道德爬坡"的争论。这与前一点直接联系，也是不同理论观点在现实应用层面的争论。主张价值观念应该一元的论者，对于现实的价值观念的多元化以及引起的各种纷争，就持严厉批评的态度。在他们看来，目前出现的人际关系冷漠、社会秩序混乱、贪污腐败盛行等，就是由于思想混乱和价值观念混乱引起的，是容忍了价值观念多元化的结果。他们怀念50年代的社会思想状况和社会生活秩序，认为相比于那个时代，现在简直可以说是道德沦丧、荣耻颠倒，是一次民族道德状况的大滑坡。道德滑坡论提出后，获得了不少人的认同，"滑坡"一时成为一个使用率很高的词汇。与此同时，也有不少论者不同意这种观点并奋力反驳。他们认为，对于改革开放以来的价值观念的多元化的现象，要进行严肃的理论分析。市场经济作为多主体化的分散决策多元决策的经济形式，也作为一种不同于农耕文明的现代文明的基础性建制或社会运行方式，为主体意识的普遍觉醒提供了坚实基础。在市场经济条件下，利益多元化和价值观念多元化是必然的，各种主体都有权利在法律允许的范围内按照自己对"好生活"的理解来进行自己的选择，恰恰为人的独立自由的发展提供了条件。至于当前出现的社会秩序混乱等现象，是各个国家经济转轨、社会转型时期的普遍现象，也是我国社会走向现代化过程中难以避免的现象。针对人们的思想混乱，强调加强思想教育工作、加强精神文明建设，毫无疑问是正确和必要的，但不能简单地以50年代的道德状况为标本，认为现在人们的道德水平出现了下降或滑坡。滑坡论是典型的今不如昔厚古薄今的历史退化论的表现，也是不尊重广大思想教育和宣传工作者的工作的表现，实质是用前现代的道德观念反对和否定以市场经济为目标的改革，是用自己推崇的那种道德标准否定别人有选择自己的价值观念的权利的表现，具有极大的危害性。在他们看来，我们现在正处在一个艰难的道德爬坡的过程中，处在一个用新型的文明和道德观念代替传统文明的过程中，五四新文化运动所揭橥的启蒙的任务并未彻底完成，作为理论研究者和思想工作者，应该积极投入到社会实践中去，把握社会进步的脉搏，深入研究现实生活中出现的一些问题及其原因，提出一些切实有效的"主意"，积极促使社会主义市场经济以及相应的各种制度进一步完善，促使社会现代化和人的现代化同步进行相互促进，而不能总是以那种"向后看"的厚古薄今的心态，以那种理想化的田园牧歌式的传统秩序和人际关系作为标尺，厌恶和指责市场经济带来的各种新变化新观念。

第三，关于价值冲突和价值观念冲突的争论。一种意见是把经济秩序社会秩序的混乱看做价值观念多元化的结果，也是价值观念多元化和冲突的具体表现，因此，需要加强思想教育和管制，以防止前苏联的教训在中国重演。另一种意见则认为，对于具体问题要进行具体分析，特别需要将价值观念冲突和价值冲突区分开来，更不能把价值冲突简单地看做是价值观念多元化及其冲突的结果，这是一种唯心主义的观点。改革开放进入深水区，各种深层次的矛盾都暴露了出来，有些矛盾直接或根本就是利益矛盾，是价值冲突而不是价值观念冲突。价值观念多元化是客观的普遍的现象，利益差别导致的立场差别也具有必然性，这是现代市场分工社会分化和主体多元化的必然结果。我们不能与这些东西较劲，而是应该着眼于深化改革和体制创新，为各种主体的合理利益诉求和观念意见建立一种顺畅表达的机制，以便于矛盾各方相互理解通过协商和对话机制而达到矛盾的暂时解决。那种一遇见思想观念冲突就认为是正确思想与错误思想的斗争、一碰到矛盾就想通过消灭对方从而彻底解决矛盾的思路，明显已经过时并且是非常有害的，在实践中也只能激化社会矛盾，妨碍改革开放的深入进行。

第四，关于社会公正或正义问题。社会公正或正义问题可以说是一个社会学、法学、经济学、管理学等多学科都密切关注和引起激烈争论的问题，也是伦理学、政治哲学中的一个核心性的问题。中国的改革运动是从反对平均主义开始的，"让一部分人先富起来"的理念成为改革政策的直接切入口。随着改革开放的深入进行，特别是1992年邓小平南方讲话之后，建立社会主义市场经济成为经济体制改革的目标，实现"两个转变"成为改革战略决策的重要内容，极大地解放了人们的思想，激发了全社会各个层次的活力和加速经济发展的动力，但与此同时，一些深层次的矛盾暴露了出来。如果说分配不公、两级分化的直接现实造成了诸多方面社会关系的紧张和社会冲突的增加，尤其是群体性事件的大面积发生使得国家政府的威信形成很大流失，那么制度安排和改革设计的公正性问题则构成了理论界的深层疑问，以致不少人产生了对改革合法性的普遍质疑。从发展理念的演进角度看，我们先是把发展等同于经济发展和经济增长，所谓把"蛋糕做大"，再到可持续发展，再到科学发展观的提出，其中也都涉及到社会公正的问题，不仅包括对于资源利用的代内公正和代际公正的问题，更直接地包括着改革的成果如何让全民共享、代价如何合理分担的问题。从价值观念变革的角度看，公民意识的觉醒和法制观念的增强无疑是改革开放以来中国社会大众价值观念转变的最突出的标志和最重要的变动倾向，与此相联系，民众普遍改变了以往的对于政府和各种社会管理机构只能仰视、只须服从的观念，代之而起的是对各种改革政策和措施都进行审视评头论足的态度，对许多社会事件形成不同于官方的意见，并通过各种渠道来表达自己的观点，而其中最主要的一个评价维度就是是否公正，是否公平？如果说，在改革开放之前的计划经济体制时期，虽然生产效率低下社会财富短缺，但因为以国家为主体进行统一分配，相对说来尺度比较一致，贫富差距不大，而在改革开放之后，特别是全面进行市场经济转型之后，随着主体的多元化和分配方式的多元化以及交往方式的变化，人们之间的差距明显扩大，尽管人们的财富积累和生活水平普遍得到了提高，但相对或相比之下的落差却以非常直观的形式表现出来，城乡之间、地区之间、行业之间的差距都以一种刺眼的方式横亘在人们面前，基尼系数已经超过了国际公认的警戒线，富裕阶层和社会弱势群体之间形成了明显的鸿沟，相当一部分人们的剥夺感在加剧，对社会不公正的感觉和怨气在积聚。这种种原因耦合在一起，使得社会公正问题成为最突出的实际问题和理论界普遍关注的问题。新世纪之初关于改革的反思和争论就是在这个背景下形成的，新自由主义思潮和新左派的争论也与这个问题直接关联着甚至可以说是一个争论的核心问题。中国学界讨论这个问题最先是由辨析公平和效率的关系开始的，"效率优先兼顾公平"一时成为主流性观点，也成为决策层所赞同和采纳的话语，后来又经过修正，变成了"初次分配重效率，二次分配重公平"。在这个过程中，西方一些思想家的理论相继被介绍和引用，其中主要有奥肯、罗尔斯、诺奇克、哈耶克、麦金泰尔等，新自由主义与社群主义的学理性争论引入中国后被注入了非常现实的内容。与此同时，英美国家"分析的马克思主义"关于马克思理论中有无正义内容、如何确定正义的争论也引起一些学者的关注。

在价值哲学研究界，许多学者都认为公正或正义是一个典型的价值概念，尽管它具有多种具体形式和不同的面相，可以从不同的学科比如伦理学、经济学、法学、政治学、管理学等的角度进行研究，但却不能将之简单地归属于某个学科的问题，也不是某个学科专有或能够垄断的问题。强调公正作为一个价值哲学的概念，不仅意味着公正是一种重要的价值，首先是制度的价值，同时也是人们评价一种制度是否具有合理性的主要标准，更还在于它意味着不能再沿着以往流行的认识论中心主义的思路来考察，似乎存在着一种"真正的""公正状态"，问题只在于如何找到或发现对这种真正的公正状态的"真理性认识"，以作为唯一的最终的尺度。从价值哲学的角度理解公正问题，以承认多元主体的存在为前提，很自然地，不同的公正观以及人们对同一制度是否公正的不同评价，都与各自的实际利益为基础，是不同主体的利益诉求的反映。因此，无论是不同时代的还是同一时代的不同公正观之间，就不是一种此真彼假或谁对谁错的关系，更不可能存在永恒的正确的公正观，公正和公正观都是历史的具体的，必须结合当时的各种具体主体之间的经济关系、政治力量对比情况，才能得到合理的说明和理解。论者们认为，在现代社会条件下讨论公正问题，不能绕开作为现代宪政基础的公民权利的平等和自由的关系问题。公正与平等有内在关联，意味着公民基本权利的平等性，但公正又不等于平等，更不能归结为平等，因为它默认公民的各种能力的差别即不平等，并以此作为一种前提；自由作为公民的一种基本权利，需要平等地赋予每一个公民，并受到法律的无差别的一视同仁的保护，但自由权利行使的结果必然造成一定的不平等，所以又需要对之进行一定的限制。公正作为自由和平等的合题，是自由和平等出现矛盾时的暂时性解决机制，是在二者之间寻求平衡的一个过程。同时，在形式平等与实质平等之间、作为基本权利的自由和行使自由权利的能力之间，在群体的整体利益、共同利益和局部利益个别利益之间，都可能会出现一定的矛盾，都需要通过制度的形式进行一定的调节，从这个意义上，公正又是作为不同价值之间出现矛盾时的一种调节原则而存在的。从这个角度理解社会公正，就不能把它理解为一种理想化状态，而应该看做是一种植根于现实主体的利益矛盾而力求合理地解决这些矛盾的一个过程，在这里，无论是哪一种公正，如一国主权之内的司法公正、经济公正、教育公正等，或国际争端中公正合理的解决方案，都不能简单地理解为一条线，而应该理解为一个范围，其上限是相关各方都比较满意，下限则是各方还能够接受，从而对解决矛盾的方式都能予以认同。一定制度的合法性合理性实际上就是这样达成的，也正因为相关各方或各个阶层都予以认同，才形成了自愿遵守的可能。也有学者对这种理解社会公正的思路表示反对，认为这种思路过分强调了现实性、具体性的一面，而对其本应具有的超越性、理想性的特征关注不够，甚至容易沦为公正问题上的相对主义或虚无主义。在他们看来，尽管在实际的制度建构过程中，在处理各种矛盾的过程中，由于受到多种因素的限制，难以达到绝对公正，但并不妨碍人们在观念上建构一种理想化的公正状态作为追求的目标和评价现实制度的标准，理论家们对这种理想性终极性目标的论证和探寻，为合理的制度设计和建构提供了指导性原则，为使人们从具体利益的纠葛和争夺中超拔出来，都具有重要的意义。他们认为，公正作为一个具有终极性的伦理价值，从来都是立足于应然的层面的，也正是这种应然或应该，不断地提升着人们的道德境界，并为批判现实制度的不合理性提供了一个标准，促进其不断改进和完善。

第五，全球化浪潮与文化安全问题。冷战结束之后，市场经济体制几乎为所有国家所认同，作为新的科技革命成果的信息技术为全球性交往提供了条件，全球经济一体化已经成为一种潮流，也带动了政治和文化的全球性对话和交流，在为中国提供发展机遇的同时也带来了很大的风险。面对这种全球化浪潮，一种观点认为，不能简单笼统地理解和宣传全球化这个概念和这种理念，而要对之进行分析，不仅要看到绝大多数国家都实行了市场经济体制，还要看到社会主义市场经济与资本主义市场经济的本质区别，不仅要看到国际市场可以使生产要素在世界范围内自由流动，还要看到"资本流向世界而利润流向西方"的本质，对于政治和文化，更不能简单地使用全球化这个概念。必须严肃地看到，苏联解体东欧剧变使国际社会主义运动陷入空前的低潮和困境，社会主义意识形态和价值观念正受到严重冲击，受到国际反共势力有组织有计划的侵蚀和破坏，中国作为仅存的几个社会主义国家之一，而且作为西方反共势力集中精力加以对付的国家，我们不仅存在经济安全、金融安全和军事安全的问题，也存在严重的文化安全的问题，对此绝不能掉以轻心。这就要求我们对于文化事业要与经济开放区别对待，要自觉地把握好文化开放的闸门和力度，把握好文化市场化文化产业化的界限，绝不能把暂时的经济效益当做是主要目标，而必须从文化安全的战略高度来思考问题，制定我们的长远文化发展战略。另一种观点认为，全球化是全面的，而不仅仅是经济全球化，作为落后国家，全面积极地参与这种全球化进程，主动与国际惯例接轨，是实现跨越式发展的战略性选择。在全球化时代要有民族文化安全的自觉意识，但真正的安全是自己的发展和强大，是积极进行文化体制改革和创新，解放思想鼓励创作，用足用好各种文化资源包括传统文化资源，解放和提高文化生产力，生产出大量的优质的精神产品，积极主动地占领文化市场，在满足人们的精神享受需要的同时提升人们的思想境界，而不在于消极防御，处处设禁区。多年来的经验证明，越是处处设置界限和禁区，就越是不利于文化生产力的提高和文化事业的发展。中国作为社会主义国家，当然要坚持社会主义意识形态和价值观念，但这种坚持必须是通过积极创新和改革而实现的坚持，必须破除过去长期形成的一些僵化的愚蠢的教条主义观念和各种思想枷锁。

第六，社会主义核心价值体系研究。进入新世纪以来，党中央因应时变审时度势，先后提出科学发展观、构建社会主义和谐社会、建设社会主义核心价值体系等一系列的战略方针，理论界热烈拥护积极响应，从各方面进行了深入研究，发表了大量的文章和著作。围绕对社会主义核心价值体系的理解，也存在着一些不同观点。一种意见认为，这里所说的价值体系就是价值观念体系，核心价值就是核心价值理念，建设社会主义核心价值体系，是当前理论研究部门、宣传部门和教育部门的中心工作之一，也是加强精神文明建设、维护我国文化安全的重要措施和行动纲领。另一种意见则认为，价值体系是由价值观念（理念、理想）、社会价值规范、实际的价值运动构成的整体，它们相互制约相互配合相互作用，价值体系的现实运动和历史变迁都是由这三个方面或层次构成的。无庸讳言，在当今中国，实际存在着多种价值体系，尽管它们的地位和作用范围有很大不同，社会主义核心价值体系本质上是社会主义理念为核心的价值体系，是在全社会居于主导或主流地位的价值体系。因此，建设社会主义核心价值体系，既要充分考虑到它的时代性和先进性要求，还得顾及到它的民族性和包容性问题，既要注重核心理念的开掘和升华，更要注重它在社会规范层面的具体体现、注重这些理念、规范与实际的价值创造、价值分配、价值享受活动相匹配相适应的问题。建设社会主义核心价值体系，绝不仅是理论宣传和教育部门的任务，而是全党全社会都要积极参与认真负责的事情，其中制度和机制创新最为关键，规范建设最为基础，价值观念层面也绝不是越理想越先进越好，更重要的是切合实际，管用，能收到实效。

五、有待深入研究的问题

当代中国价值理论研究取得了长足的进展，但与社会发展和人的发展的要求相比，还存在着一定的差距，理论研究本身也存在着继续深化的必要。我们认为，下面这些问题都还需要下大力气进行深入研究。

1. 中国特色社会主义的价值体系与核心价值

这是一个总体性战略性的大题目，也是具有目标性指向的题目，其他的研究，在一定意义上说，都是为了建设中国特色社会主义的价值体系服务的，也是为了实现核心价值服务的。中央关于社会主义核心价值体系的规定只是确定了一个框架，如何充实提高仍有许多工作所做。比如，在"社会主义核心价值体系"这个提法中，究竟是说核心主体（指中国共产党，因为她是领导我们事业的核心力量）的价值观念，还是指一个（社会主义）价值体系中的核心理念？这两者之间是有所不同的，不应该加以混淆。又如，以马克思主义为指导，这是一个基本方法论原则和基本立场，如何将之贯彻到具体的研究工作中，为确立符合实际的价值规范、合理公正的制度安排、切实有效的改革措施提出一些管用的"主意"？如何理清社会主义核心价值体系内部各个方面各个环节的合理关系，尽量减少相互冲突相互抵消造成的副作用，最大限度地发挥其在促进人的全面发展方面的优势？如何使社会主义核心价值体系获得广大人民群众的自觉认同并落实到实际行动中？社会主义核心价值体系与社会主义制度的优越性是什么关系？如何分析现存的其他价值体系的合理性并促使其与社会主义现代化事业相适应，为维护社会稳定民族团结服务？如何缓解和化解各种价值体系之间的紧张，使之成为改革开放的助力而不是阻力，成为维护社会稳定和促进人的全面发展的条件？等等，这些都需要进行大量艰苦细致的研究，离开了这些研究以及提出的具体"主意"和建设性意见，建设社会主义核心价值体系就可能沦为一句口号，就仅仅是一种良好的愿望，最多也只是一种号召。

2. 科学发展观的价值结构和逻辑

从价值哲学的角度对科学发展观进行观照，应该说科学发展观只是一个简称，以人为本的科学发展观才是全称。这不仅是一个称谓问题，而是涉及到对其所包含的价值结构和内在逻辑的理解问题，以人为本是科学发展观的核心所在，科学发展或科学的发展，属于工具理性的范畴，只解决了怎么发展的问题，还有一个为什么而发展的问题，前者是手段问题，后者才是目的问题，前者是具体的操作的层面，后者才是形上的抽象的层面。科学发展观与构建和谐社会是什么关系，与建设社会主义核心价值体系又是什么关系？在社会主义核心价值体系中人的自由全面发展是否是最核心的理念？以人为本不仅直观地要解决以"什么人"为本，还要更深层地解决以"人的什么"为本，能否说以人的价值的全面实现为根本才是以人为本的真义所在？经济发展、社会发展、环境发展和人的发展之间存在着怎样的内在逻辑？造成这几个发展之间相互对立彼此抵消的深层原因和制度机制是什么？这些问题都需要进行深入系统的研究才能真正"想明白"，也才能在宣传和教育方面"说清楚"，有效地避免长期存在的口号化、表面化、肤浅化的弊端。

3. 当代中国价值观念变革的实证研究

改革开放以来，尤其是进入 20 世纪 90 年代以来，社会经济快速发展,社会关系迅速变化,社会大众的价值观念发生了巨大的变化,而且仍然处在急剧变化的过程中,代沟现象从来没有像今天这么明显和突出,"80后"作为一个"代"概念刚刚提出,就又遇到了"90后"的挑战。整个社会的各个方面都真正遭遇到了急速变化永不安定的状况。正像马克思当年所说的那样,"生产的不断变革,一切社会状况不停的动荡,永远的不安定和变动","一切固定的僵化的关系以及与之相适应的素被尊重的观念和见解都被消除了,一切形成的关系等不到固定下来就陈旧了,一切等级的和固定的东西都烟消云散了,一切神圣的东西都被亵渎了",人们普遍遭遇到的是紧张、焦虑、杂乱、不确定的体验,这是大家都公认的。但是,人们的价值观念到底发生哪些变动?哪些属于表层的哪些又属于深层的?不同阶层的变动速率和变动方向有哪些不同?不同地区人们价值观念的变化又有哪些差异?这些差异是否会形成断裂和冲突?形成这些差异的具体原因有哪些?如何对这些不同的价值观念进行合理的整合?如此等等,都不是坐在书斋里能够搞清楚的,而迫切需要大量的实证调查,需要有调查的数据资料来作证明。不客气地说,这是国内价值哲学研究的一块"短板",也是整个哲学理论研究的一个薄弱环节。我们需要积极开展独立的大规模的调查工作,或与有关部门联合,或借助于社会学、经济学、民族学积累的数据资料,尽快地改变这种状况。

4. 普世价值与价值观念的民族性、时代性

这是全球化时代必然遭遇的问题,也是当前急需在理论上说明的问题。这类问题包括:普世价值是一个严格的学术概念还是一种意识形态?如果存在普世价值,应该如何定义或规定和理解这种价值的普世性?普世价值只具有形式意义还是也具有实质意义?普世价值与人类共同价值是什么关系?谁有权力颁布、解释和说明哪些是普世价值,哪些不是普世价值,抑或说普世价值只是人们在一定问题一定领域形成的价值共识?价值观念的民族性与时代性是什么关系?价值观念的民族性时代性与民族文化的发展又是什么关系?世界各个民族文化的多元化、价值观念多元化与世界历史进步的方向之间是什么关系?普世价值是世界上所有民族价值观念中的共性部分,还是发达民族先进民族所持有所认同的哪些"先进的"价值观念?先进民族与落后民族在经济发达程度方面具有可比性,在文化和

价值观念方面也具有可比性吗？如果不具有可比性，先进落后的区分怎么确定？如果具有可比性，比较的统一标准又是什么？如果具有统一的可比标准，是否意味着否定了价值观念的多元性？为什么许多民族国家都在对外和对内实行双重价值标准双重策略，其深刻的历史原因和现实原因是什么？等等。

5. 价值思维和价值（优选）逻辑的问题

这方面的研究也属于国内价值哲学研究的一个薄弱环节，所面临的困难和难题也很多。价值思维是否是一种独立的思维方式，还是与一般的认知活动或理性思维或科学思维服从着同样的逻辑？价值思维的逻辑与情感、直觉等非理性因素是排斥性关系还是包容性关系，抑或本身就是关于情感、偏好运行的逻辑规则？价值思维是作为单个主体（或是具体的单个主体或是抽象的单个主体）把握价值现象的思维过程，还是作为交往理性或复数理性进行对话商谈的过程？已有的价值（优选）逻辑主要是将主体设定而专门讨论作为客体属性或功能的好如何比较如何选优的问题，在一定程度上说仍是属于客体主义的但也是比较具有操作性意义的，即使讨论主体的偏好也是讨论对不同客体的偏好如何比较、排队的问题，价值工程或价值分析基本上也是按照这个思路来进行，如何借鉴多主体认知逻辑的研究成果和交往理性理论引入多元主体变量作为研究对象，探索建立新的价值（优选）逻辑，肯定也是一个非常具有意义的课题。

6. 交往和主体间性与价值规范的关系

这方面的研究既具有方法论的意义，也具有实质性的意义。交往活动是人的重要社会存在方式，人作为社会存在物从来就是在交往活动存在着的，社会就是一定人们交往的产物，如果说主客体关系研究方法侧重于从单一主体角度揭示价值的本质的话，那么从交往关系即多主体交往的角度才能更好地揭示价值和价值规范的社会本质和文化规定性。这方面需要研究的问题也很多，比如，规范都有哪些类型？各种规范是否都是价值规范，都具有价值规定的意义？规范仅仅是评价标准还是同时也是价值标准，是多主体规定的或商定的共同价值标准？价值规范与价值共识是什么关系？共同的理想是否也是一种价值共识？理想是价值标准还是仅仅是评价标准？各种规范对主体性的发展和提升具有什么样的意义？对于维护社会秩序有什么意义？对于暂时地解决人作为个体存在和类存在的矛盾有什么意义？规范意识、规则意识与法制意识、权利意识是什么关系？规范意识是如何形成的？规范价值包括哪些内容？等等。

7. 人的价值及其实现的条件

人的价值在各种价值中处于一种目的性和最高的地位，也是最为困难分歧最大的一个问题。不仅应该从概念方面对人的价值进行理论研究，还需要把人的价值实现、实现的各种条件都纳入研究的范围。这方面需要深入研究的问题有：人的价值与物的价值的本质区别究竟是什么？能否把人的价值区分为实在性价值和规范性价值两个维度两种类型？人格价值或人道价值的本质是什么？人的多种存在方式与人的价值的多样性是什么关系？人的自由全面发展或自由个性的描述性意义和规范性意义是什么关系？人的价值与人生的价值、人生的意义是否可以等同？人的理想、信仰对实现人的价值具有怎样的作用？等等。

8. 价值创造、价值分配的社会制度安排方面的问题

任何社会为了不至于在其成员的相互冲突中毁灭，都需要一定的制度来界定各个成员的权利和责任，从而维持必要的秩序，但只有到了社会主义社会，制度安排不仅是为了社会秩序，更还是为了让每个成员更好地进行价值创造、实现每个成员的人生价值、实现每个人的自由全面的发展。从价值哲学的角度研究制度问题，区别于政治学、经济学的地方，就在于它不单注意一定制度的功利价值，同时特别注重一定制度的对人的价值实现的作用，注重一定制度的历史合理性和人类正义性，并为之提供一套评价标准。另外，这方面的研究工作还需要紧密联系改革开放制度创新的实践经验，根据中国国情和人民大众的主体性意识的实际发展水平，使制度设计制度安排与社会经济发展和人的发展的具体情况具体要求相适应，研究制度建设基本原则的统一性和具体制度多样性的合理关系，同一制度在不同地区的本质同一性与形式多样性的合理关系，维护制度的刚性和权威性与执行过程中适当变通和灵活性的合理关系，为制度创新和机制创新提供必要的智力支持。

9. 不同民族不同时代的价值观比较方面的研究

在当今信息、人才和各种资源出现全球化范围内流动的条件下，一方

面是时空压缩，世界好像是成为一个村，所谓的地球村，另一方面则是因价值观、价值思维的不同而出现的误解误读，导致了许多本可避免的显在或潜在的悲剧。冷战时代结束之后，在社会主义和资本主义为主的意识形态分野日渐淡化的同时，民族矛盾却正成为世界交往中的主要问题，而民族主义作为一种新的意识形态形式，总是借助于对自己的历史文化传统的重新形塑和再造，以期突出其特殊性和优越感来强化民族内部的凝聚力，但同时也助长着某些不利于民族间交往的因素。深入进行不同民族不同时代的价值观的比较性研究，对于人们真实地而不是抽象地理解文化和价值观的多元性，了解其他民族对于彼此共同面对的一些问题的看法，减少和消解一些不应有的误解，实在是益处多多。但进行这种比较性研究，也存在着诸多问题，比如无论是对于本民族的价值观还是其他民族的价值观，都必须区分思想家们在著作中表现出来的比较理想化的观念与大众在实际生活中作为评价标准的东西，切不可把一些思想家设计设想的观念当做是人们实际奉行的观念，更要注意到一定民族在不同时代的观念之间的历史性差别，否则就会出现比较时段不对位的错误。再如，比较需要有一定的尺度或原则，而价值观历时性维度的先进与落后与同时态下的民族特殊性又纠缠夹结在一起，同一民族不同阶层价值观的先进和落后与不同民族价值观的先进和落后也不在一个层面上，价值观体系的整体的先进和落后也不同于个别要素的先进和落后。还有，价值观有的方面可以分出先进和落后，有的则不能分出先进和落后，只是一种习惯或适合的问题；先进与落后也不是绝对的而是相对的，整体上先进不等于一切方面都先进，整体落后也不是一切方面都落后。所有这些，都需要进行全面细致的分析的基础上才能得到说明和澄清，也才能获得有益的启示。

10. 价值哲学研究需要与各门社会科学研究结合起来，相得益彰，共同发展

价值问题渗入到社会生活的各个方面，是任何社会科学门类的研究都必须涉及而无法回避的重要问题。而各门社会科学研究在立场和方法论方面遇到的最大问题，就是如何处理好事实描述与价值评价的关系，处理好学术性与政治性（意识形态性）的关系。价值哲学研究要获得丰厚的养料和发挥其作用，需要深入了解和吸取社会科学研究的最新成果，获得对各

种具体价值问题的深刻认识和理解，在这个基础上，对于具体社会科学中那些引起重大争论的问题，引起这些争论的前提性问题，从价值观和方法论层面进行一些透彻的分析和批判，提出一些有益的建议。在这些方面，价值哲学的研究大有可为，这也是哲学发挥其方法论作用的重要通道和途径。不客气地说，这个方面是当前价值哲学研究整体上比较薄弱比较缺乏的，是亟待需要开展和加强的。

11. 以价值理论研究成果积极推进哲学体系改革

价值哲学研究开辟了哲学研究的一个新领域，也提供了思考和认识各种现象历史发展的一种新的视野和方式，对我国哲学体系改革产生了重大影响，但也遇到了很大的阻力。我国的哲学体系改革已经进行了二十多年了，但到目前为止，可以说仍是困难重重步履艰难，探索性的多，成正果的少。需要解放思想深入研究的问题仍还有很多，比如，如何实现哲学观的转变、真正体现马克思主义哲学变革的实质？如何有效地克服许多人仍然把世界观当做是世界图景的知识论观念的影响，把真理与价值统一的原则贯彻到整个哲学体系之中？理论立场与价值立场之间究竟是一种什么样的关系？马克思主义哲学的当代价值究竟应该怎么体现？如何科学地理解和摆正马克思主义哲学理论的社会价值与学术价值之间的合理关系？世界观、历史观与人生观、价值观的关系到底是怎样的？价值论与实践论的关系及其在哲学体系中到底应处于什么地位？实践思维方式或实践观点的思维方式应包括哪些内容哪些原则？马克思主义哲学的思想体系与叙述体系（教科书体系）是什么关系？思想体系的本质统一性与现实面相的多样性之间是什么关系？如何通过深度耕犁来挖掘马克思等经典作家的价值运思逻辑？等等。

12. 价值观、人生观教育方面的问题

价值哲学研究要发挥应有的社会作用，必须重视价值观人生观教育的问题，而这方面的研究工作目前还是一个薄弱环节，需要结合教育学、传播学、心理学等学科的理论和实践认真予以加强。价值观、人生观教育不同于知识教育，既需要可信还需要可亲可乐，所谓知之者不如善之者，善之者不如乐之者，就是这个道理。我们需要把深刻的道理寓于感性直观的生动活泼的形式之中，需要调动受众的情感因素和积极参与的热情，需要家庭、单位、社会、舆论各个方面的有机配合，需要思想教育、榜样引导与制度规范的共同作用。在市场经济体制和全球化交流的今天，价值观念多元化已成为基本的事实，如何以多元的价值观念为基础找到最大的公约数，明确道德底线，培育公共精神，维护法制的权威性和神圣性，将市民意识提升为公民意识，应成为目前的一个研究重点。一定要改变传统的灌输主义力求高调不管实效的教育宣传理念，一定得改变简单生硬机械重复的形式主义宣传方式，注重基础教育、养成教育、启发教育、力行教育，利用好新的传媒工具，充分尊重受众的主体性和各种权利，在平等对话双向交流的过程中形成共同信念和理想。

第十章 马克思主义社会发展理论研究

一、发展理论研究的发展

"发展研究"作为一个新的研究领域，是从 20 世纪 60 年代开始的。它最初出现在欧美，而后逐渐扩展到世界各国，以致形成了全球性的"发展研究"热。20 世纪 80 年代以来，我国的经济发展开始步出了原来的困境，进入了前所未有的快车道；与此同时，社会发展理论研究也进入了空前活跃的时期。社会发展理论研究以其巨大的理论含量和强大的凝聚力，吸引和激发了众多学科对发展的研究兴趣，发展问题已成为哲学社会科学与现实紧密结合的一大焦点。特别是进入 90 年代以来，中国快速发展过程中提出了许多新的课题与问题，促使人们对发展问题进一步反省与重新认识；西方学界有关全球化、现代化等问题的发展研究，对中国来说也是现实的、严峻的课题。这一切，均把发展研究的理论价值和实践意义凸显出来。总体来看，社会发展理论研究在我国主要呈现出这样一些基本走向：

（一）理论研究逐渐走出原来的视野，拓宽了新的领域

以往对社会发展理论的研究，基本上是在原有的研究范式下进行的，主要侧重于对社会发展问题的宏观性理解和说明，很少对具体发展问题进行分析和研究，因而对当代社会发展缺少较强的解释力和穿透力。20 世纪 90 年代以来，这种状况开始逐步扭转。国外发展理论的传入，新的发展问题的接触，使社会发展理论的研究遇到了许多新的课题，迫切需要作

出新的解释和回答。于是，社会发展理论研究开始步出原来的视域，扩大了新的视野，这主要表现在研究不再仅仅停留于原有的那些老话题上，而是重点放到对社会发展进程中所提出的有关重大理论问题和现实问题进行具体的探讨上，使研究更加具有现实针对性和可操作性。

（二）理论探讨从译介性转向研究性

发展理论虽然在国外已经历了数代嬗变与转换，但在中国则是从 20 世纪 80 年代中后期才开始兴起的。由于对这一理论还比较陌生，缺乏具体的了解，所以当时的工作主要是介绍性的，许多学科均从本学科的角度翻译了许多西方发展理论的专著，介绍了西方发展理论的研究动向，提出了一些有关发展的重要问题。尽管这时也不乏研究性的著述，但总的说来，译介性的工作居于主流。真正进入研究则是 90 年代以来的事情。经过前一阶段的接触、交流，许多学者对发展理论有了较为深入的了解，研究兴趣逐渐浓厚，同时结合中国的实际开始了独立的理论反思；中国特色社会主义理论和科学发展观的提出，给发展研究注入了新的活力；90 年代以来中国经济与社会的快速发展以及由此产生的各种问题，使发展研究迅速走向前台并具更大的吸引力。所有这些，都使发展理论研究日益走向深入。

（三）理论研究日益具有明显的实践性

当代西方发展理论主要是以战后第三世界发展中国家的发展为对象，来探讨这些国家如何通过有计划的经济技术发展和社会改造来加速现代化进程，因而它直接担负着为这些国家的现代化发展制定理论模式、选择发展战略乃至确定具体发展道路的职责。然而，这些发展理论只能作为参考，并不能成为解决发展中国家发展问题的良方，因为每一个国家的情况都是特殊的，不可能有一种抽象的理论"普适"于各个国家。像中国现代化进程中的许多发展问题，如"三农"问题、就业问题、地区差距问题、城乡二元经济结构问题、经济发展与资源环境问题等，或是西方发达国家和其他发展中国家未曾遇到过的，或是虽然遇到但其程度、规模和性质都无法与中国的情况相比拟的。这些问题中的任何一个都举足轻重，而西方的发展理论不可能对这些问题给出符合中国实际的确切回答。因此，发展研究必须立足于中国实际。正是适应这一要求，发展研究一经兴起，便直接指向中国现实。尤其是经济发展步伐的加快，使研究更加集中于发展过程中的一些重大理论问题和热点、焦点问题上，力求为发展的决策提供理论支持。正是这种强烈的实践性，使发展研究表现出旺盛的活力，同时受到理论界和社会上的高度关注。

（四）研究方法逐渐趋于综合性

发展理论是一种泛称，它从兴起之时起，基本上是分学科研究的理论，而且这些研究主要是在比较具体的经验层次上展开的，如发展经济学对资本积累、二元经济结构、人口经济结构和人力资本的研究，对国际分工和国际贸易的研究；发展社会学对城市化、社会组织和管理、人口和教育的研究，对援助和发展政策的研究等等，主要是描述性、局部性的。20世纪80年代后，发展研究开始向整体性的方向发展，综合性的问题受到重视，因为当今社会发展中任何一个比较重大的现实问题，都不是单靠一个学科所能把握和解决的，必须依靠各学科通力合作，联合攻关。因此，从单一、分化走向统一、综合，这是发展理论的必然趋势。正是适应这一趋势，我国的发展研究逐渐趋于综合性，如经济学正在加强对政治、文化、伦理等非经济因素的研究，制度经济学已经与社会学、法学相当接近，社会学已把经济、文化、历史、法律等因素纳入视野之中，哲学也把上述各种因素作为研究的对象。随着综合趋势的形成，发展研究的层次自然也在上升，这就突出了发展哲学的地位，因为许多综合性、宏观性的问题需要从哲学观上予以审视和理解。

总的说来，伴随我国社会的快速发展，发展研究经过多年的努力探索，已取得了比较可喜的成绩。随着学术交流的扩大、知识结构的更新以及新的研究方法的采借，发展理论研究在许多方面都有新的突破，获得了较大进展。如社会发展理论的历史演进得到了基本清理，发展理论的各种流派和观点得到了初步梳理，理论视野进一步拓宽，研究领域大大扩展，研究的程度逐渐深化，新的发展观念和思路正在形成。这些成果的取得，说明发展理论研究已经适应新形势的需要上到一个新的台阶，尤其是发展哲学在新的历史条件下通过研究视域的调整，正走出传统的研究范式，获得新的活力。

应当看到，由于发展研究在我国起步的时间并不长，研究的问题比较特殊、复杂，因而从整体来看，研究还较薄弱。尤其是从发展哲学的角度来审视的话，研究中存在的问题更为明显：一是研究比较平面化。不少著述往往是介绍性的内容多，各种观点、争论罗列的多，评价性的意见与结论多，而对发展问题深层次的理论探讨较为欠缺，因而所提出的观点与意见缺乏历史深度感，缺乏哲学上的领悟与洞察。二是研究的问题抓得不太准确。有些著述也讲发展哲学，但实际研究的问题并不属于真正的哲学，与其他学科的发展研究很难区别开来。近年来，国内外一批新兴发展学科的兴起，为发展研究提供了大量的新信息和广阔的知识背景，这客观上使得哲学的研究有了全面综合和高度抽象的可能。但一些著述只是注重对相关学科研究成果的吸纳，而并没有对这些成果加以认真的消化、提炼和概括，甚至对这些学科所采用的分析方法和概念范畴也是简单地移植、借用，因而其研究并没有多少发展哲学的特色。三是研究缺乏准确的理论定位。一些著述要么是停留于发展政策、发展战略的理论诠释，要么是热衷于发展方案的提出和制定，而很少进行深入的理论探讨，因而理论研究名不副实。发展哲学无疑是研究发展的，问题是，发展哲学究竟要研究发展的"什么"？发展的问题很多，并不是所有的问题都是哲学要研究的问题。哲学作为一种批判的反思的学问，应该有其特殊的视域。也就是说，发展哲学要研究的问题必须是发展哲学的真问题，而不仅仅是政策解释、方案制定。找到了真问题，在理论上定好位，发展哲学的研究才会步入健康的轨道，同时不断走向深入。所有这些问题，都要求加强发展哲学的研究。

特别需要指出的是，包括我国在内的发展中国家大多存在着这样一种情况：由于发展的理论准备并不足，而且研究的起步较晚，因而较多流行的是西方发展理论的话语，还没有真正形成自己的研究特色。应当说，西方发展理论的引介和传播虽然对于启动发展中国家的发展研究起了重要的作用，但其理论本身与这些国家的发展实际存有不同程度的错位，所以很难用来具体指导实践。这就客观上要求我们建立具有中国特色、适于中国发展的理论。而要建立这样的发展理论，又必须突出马克思主义社会发展理论，特别是马克思社会发展理论的研究。之所以如此，主要是源于如下基本事实：

其一，西方发展理论不可能真正站在非西方立场上来说话。西方发展理论由其基本立场、观点所决定，不可能真正担负起为发展中国家的发展合理制定理论、战略、目标与道路的任务。诚如有的西方学者所说：西方发展学是战后西方当局为着避免第三世界广大地区"陷入共产主义"，从而失去投资机会、失去市场与原料来源地的国际政治背景下产生和兴旺起来的，因此发展经济学的家谱，读起来就是"出自政治权术的殖民经济学"。当然，西方发展理论研究也不是铁板一块的，其间也有比较公正客观而且对发展中国家赋予同情心理的学者。但是，就其整体、主流而言，这种发展论是有利于西方发达国家而不利于发展中国家的。显然，发展中国家要寻求发展，不能指望从西方发展理论中寻找出路，而且也没有理由向其提出这样的要求。发展中国家的发展是自己的事业，自己的事业需要自己的发展理论，这样的理论无疑不能离开马克思的社会发展理论。

其二，西方发展理论所提出的问题也不完全是发展中国家真正存在和需要解决的问题。西方发展理论一般是按照西方的眼光来观照非西方世界的发展，因而它所关注的问题往往带有明显的西方化色彩，其问题本身也往往与现实有一定的距离。如西方发展理论一般认为，非西方不发达国家在现代化的发展进程和发展道路上与西方发达国家大体上是一致的，非西方不发达国家目前所处的状态相当于西方发达国家实现现代化以前的某一阶段，并由此推论说非西方不发达国家在现代化进程中所面临的问题均是一样的，只不过出现的迟早而已。这是一种似是而非的观点。西方发达国家从未受过殖民掠夺和殖民统治，这是其他国家无法比拟的；而且，非西方不发达国家在开始现代化的时候，绝不可能像西方发达国家现代化开始之初那样随心所欲地侵占别国市场、掠夺别国资源。因此，所谓面临同样的问题实际上是一个假问题。既然西方发展理论所指出的问题并不完全是发展中国家真正存在需要解决的问题，那么，由此所开出的"药方"也就很难适用。

其三，西方发展理论不足以解释发展中国家的实际情况。具有经验科学性的发展理论，在很大程度上受制于它所要解释的经验。而源于西方发达国家实践的发展理论是难以说清发展中国家的发展问题的。应当看到，发展中国家在现代化进程中，历史给予它的时间是非常有限的：在较短的时期，不仅要走完西方发达国家过去几百年所走过的路程，而且要迎头赶上今天现代化的潮流。这种急速完成的方式，极易使发展过程中的问题集中和放大，因而包含着巨大的社会风险。社会发展过程中的风险性和复杂性，要求人们对其发展不能仅仅停留于经验层面的认识上，而必须具有高度的理论自觉，这就需要理论上能够提供正确的观念引导。然而，远离发展中国家实际的西方发展理论是难以担当这一重任的。它可能有一个清晰明了、自圆其说的解释框架，但不足以应对发展中国家的复杂矛盾；它可能对某些方面的说明有所启示，但它不能用来作为这些国家发展的指南。对于发展中国家来说，自己的事情自己最有发言权，自己的问题也只有靠自己来解决。

总之，建立适合于发展中国家尤其是中国发展实际的马克思主义发展理论，是时代的呼唤、实践的需要。如何才能成功地建立这样一种发展理论呢？这当然是一个复杂的课题，需要作具体的研究，但从理论建设的需要来看，必须注意如下方面的工作：一是拓展原有马克思主义社会发展理论研究的视野。这就不仅在研究维度上要注意全面把握，而且对于马克思思想在当代社会发展中的许多重要生长点应予以高度重视和研究。二是吸收国外发展理论的研究成果。我们不能照抄照搬西方发展理论，但无论如何不能排斥它的有益成果或合理因素，盲目排外不是明智之举。建立马克思主义的发展理论与充分吸收西方发展理论的研究成果并不是矛盾的。三是加强对社会实际发展过程的研究。对于发展中国家来说，加强发展过程性的研究比起发展目标性的研究更为重要。因为与西方那种似"自然性"的现代化过程相比，发展中国家现代化过程有其明显的特殊性，这种特殊性是用一般现代化理论解释不了的，需要进行专门研究；另外，发展中国家在推进现代化的过程中，无论规模还是力度都是空前的，能否正确认识和解决各种矛盾，事关现代化的成败。为防止现代化的宏伟目标被现代化过程所葬送，必须对现代化过程的具体推进问题予以高度关注。特别应当注意的是，中国作为一个发展中大国，目前正处于社会发展的关键时期，面对现代化过程中出现的各种新矛盾、新问题，急需有一个明确的解决思路与方向。因此，加强发展过程的具体研究，对于顺利推进我国发展进程，加快马克思主义发展理论的建设，意义非常重大。

二、发展实践呼唤新的发展理念

发展是当代世界的主题，也是当代中国的主题。发展的实践需要发展的理论。有没有理论自觉，或者自觉的程度如何，对于发展实践能否顺利推进至关重要。为了减少发展的代价，使发展少走弯路，必须增强理论自觉，以正确的发展理论引导发展实践。

（一）发展理念的确立与把握

增强理论自觉，最根本的是树立明确的发展理念。所谓发展理念，主要是对发展本质与意义的最基本的认识和体悟。一定的发展理念是与其相应的整个发展理论的内核所在，它支撑和影响着某种发展理论的形成和建构，同时又直接影响到整个社会发展实践。因为一种发展理念反映了一种时代精神、实践理性和价值取向，它引导着一个国家、民族的发展潮流，对社会发展产生重大而深远的影响。从历史上来看，欧洲中世纪的神学发展理念曾经使整个社会生活置于封建蒙昧状态，因而导致上千年的社会发展缓慢；近代以来理性观念的确立和弘扬，则创建了一种新的文明，使社会生活充满了生机与活力，欧洲社会由此迈入现代化行列。因此，研究发展，不能仅仅满足于具体对策的研究，同时必须对发展理念予以高度关注。只有"立其大者"，明确其发展的目标与思路，才能顺利推进发展进程。

发展理念作为对发展实践的一种理解与反映，是随着社会历史的发展而不断发展变化的。不同历史时期、不同历史阶段，有着不同的发展理念。如现在人们都在讲发展，实际上发展的内涵已经在潜移默化地发生了变化。改革开放以来所讲的发展远不同于新中国建立后的发展，今天所讲的发展也不同于改革开放初期的发展。尤其是全面建设小康社会目标的提出，发展已经有了更为全面的新的内涵，这在发展的方针、政策和发展战略上均有具体的体现，在发展的各种指数和参照标准上都有明显的反应。自觉把握发展观上的这些变化，对于形成新的发展理念并用以引导发展，无疑是重要的一环。

强调合理把握并牢固树立新的发展理念，这是由国际国内的发展现实提出来的。

从国际来看，发展实践主要是伴随世界性的民族独立、解放而展开的。这一浪潮最初在拉美国家兴起，而后逐渐扩展到世界范围，以致形成包括所有发展中国家在内的全球性现代化浪潮。尽管发展中国家经过长期努力取得了重大成就，但其发展实践并不是那么顺利的，而是经历了种种磨难与曲折。这在一些拉美国家尤为典型。在获得民族独立、解放后，这些国家迫于民族振兴的压力，都把经济发展作为当务之急，因而经济增长成为发展的要义与首要目标。但这样做的结果，虽然经济总量增加了，但并没有带来整个经济的普遍繁荣，也没有带来社会生活的根本改变，反之，贫富悬殊、两极分化、社会腐败、债务累累等现象愈演愈烈。正是这种有增长而无发展的客观现实，促使一些拉美学者认识到，发展并不纯粹是一种经济现象，而是涉及包括经济在内的政治、文化、社会等的全面变革过程，由此形成了综合的发展观。但是，综合发展只是提出了发展的全面性，解决了各个领域发展相互制约的问题，而并没有最后回答发展为了什么、为了谁的问题。在现实发展过程中，人的生活处境与人的发展仍然是一个悬而未决的问题。这样，在综合发展观的基础上又形成了以人为中心的发展观，并逐渐得到世界各国的首肯。所以，从经济发展观到综合发展观再到以人为中心的发展观这样一个思想进程，实际上是从这些国家发展的经验教训中摸索出来的，它反映了现代化进程的客观要求和内在逻辑。正是现代化实践的曲折发展，迫使人们确立起这种新的发展理念。

从国内来看，历经 30 年的改革发展，我国现已进入到全面建设小康社会的阶段。如果说，以前我们讲发展还基本上指的是追求经济的快速增长，那么，今天讲发展，其含义就大不一样了。小康社会的全面建设，对发展提出了新的更高的要求。除了到 2020 年使我国的经济总量和人均收入达到一个更高的水平外，还提出了这样一些新的要求：一是全面的要求。即不仅要求经济上快速发展，而且要求社会生活各方面都得到明显发展。这种"全面"，体现在经济领域，就是使生产力大力提高，人民生活更加殷实；体现在政治领域，就是使民主更加健全、法制更加完善；体现在精神文化领域，就是使科教更加进步、文化更加繁荣、社会更加和谐。

二是平衡的要求。这就是既要使我国目前明显存在的工农差别、城乡差别、地区差别和社会阶层差别等不断扩大的趋势得到扭转并逐步缩小，逐渐实现共同富裕，又要使生态环境得到改善，资源利用率明显提高，促进人与自然的和谐，推动整个社会走上生产发展、生活富裕、生态良好的文明发展道路。三是质量的要求。这就是要使人们在解决温饱的基础上，获得充分的发展资料和享受资料，获得优美的生态环境和有利的社会生活条件，使生活质量显著提高。从人类发展指数即人类生活质量来看，就是要使人口平均预期寿命、总入学率和人口平均受教育年限、人均绿地面积、空气质量状况等反映人类生活质量的卫生指数、教育指数和环境指数大幅度提高，进入中等发达国家行列。四是人的全面发展的要求。这就是要明确发展必须包括人的全面发展，促进人的全面发展同推进经济、政治、文化的发展是互为前提和基础的。促进人的全面发展，最主要的是提高人的综合素质，使人的个性和能力得到自由而全面的发展，这就需要形成比较完善的现代国民教育体系、科技和文化创新体系，使人民享有接受良好教育的机会，形成学习型社会。总的说来，新世纪新阶段新的发展实践，已经赋予发展以新的内涵，不可能仅用一个经济发展就能涵盖整个发展。

因此，面对国内外新的发展实践，必须加强发展理念即发展观的研究。应在现实研究的基础上有一种前瞻性的目光，自觉站在发展的前沿，准确地把握发展的潮头，用新的发展理念引导发展实践。

（二）发展的哲学反思

要树立正确的发展观，有必要对发展本身加以理论上的严格审视和透彻的把握，以廓清"发展"理解上的迷雾，达到理论上的高度自觉。而要做到这一点，具体的分学科的研究固然是必要的，但更为重要的是需要一种哲学理解方式，以达到总体性的、深层次的思考和把握。

"发展"是一个历史发展起来的概念。在古代，并没有"发展"一词，发展大致与运动、变化同义。像古希腊哲学的集大成者亚里士多德就是在这种意义上谈论问题的。在他看来，自然界的一切事物都是运动变化的（广义上运动与变化没有区别，狭义上运动不同于变化），运动就是能运动物潜能的实现，一旦把这种能力实现出来，变成现实，就是运动。他把运动分为三类：一类是数量方面的运动，即增加和减少；一类是性质方面的运动，即质变；还有一类是空间方面的运动，即位置的移动。发展就属于数量、性质方面运动、变化的范畴。应当说，发展无疑是一种运动、变化，但不能反过来说运动、变化就是发展；尤其在社会历史领域内，发展决不是一般的运动、变化所能涵盖得了的，它有着丰富而独特的内涵。

在中世纪，发展基本上是在神学的框架下来理解和体现的。由于上帝是自然界和人间的造物主，因而世界万事万物的运动、发展莫不源于上帝。按照基督教，人是生而有罪的，只有信奉上帝，接受末日审判，才能获得上帝的恩赐和救赎，重返千年王国。因此，所谓发展，不外是人自觉地反省自己的原罪，善于忍耐、节欲，以求上帝救赎的过程，是人通过努力力求抵达来世的彼岸的过程。这一过程无论就其发展目标、发展方式，还是就其发展动因、发展结局来说，都是预定的、无可更改的，人不过是执行上帝旨意的工具。

到了近代，发展才开始真正走出神学的藩篱走向现实生活。随着文艺复兴、启蒙运动的兴起以及科学技术的进步，发展不仅成了时代的最强音，而且具有了新的内涵。发展不光是对宏观世界运动、变化的表达与描述，同时具有了进步的含义。发展就意味着生产力水平的提高、知识的增长和人性的自由解放，人类进步成为发展的一个重要方面。不过，限于当时思想文化条件的限制，"发展"的理解基本上还是受传统进化论的影响，自然进化成为发展的基本含义。在传统进化论的视野里，发展与进化基本上是同义语。"进化"的概念来源于拉丁文 evolutio，原义为"展开"，一般用以指事物的逐渐变化、发展，由一种状态过渡到另一种状态。生物进化论最先将此词用于生物学研究中，认为一切生命形态都有其发生、发展的演变过程，生物最初就是从非生物发展过来的，现代生存的各种生物，有其共同的祖先，在进化过程中，通过变异、遗传和自然选择，生物逐渐由低级到高级，从简单到复杂，种类由少到多。受生物进化论的影响，许多社会学家也用这种思维方式来解释社会发展，认为社会发展的过程在性质上与生物进化的过程是相同的，只不过更为复杂罢了。他们把社会发展看做是一个趋向理想社会状态的进化过程，它表现为一种满足社会功能分化需要的结构分化，即人口的增长引起社会复合性的增加，社会复合性的增加又引起劳动分工的细密，从而导致社会从同质性向异质性、从强制性合作向自愿性合作、从军事组织向工业组织的发展，而这种发展所遵循的也是自由竞争、自然淘汰的法则。因此，近代社会的发展论基本上是用自然科学方法来研究社会发展、研究人类生活，进化论也就是发展论。

应当说，进化论相对于神创论和物种不变论来说，无疑是一大进步。但是，用进化论来解释发展尤其是社会发展，显然是片面的。且不说社会历史的研究无法支持这样的解释，就是现代进化论也对传统进化观提出了强烈质疑。进化论发展到分子生物学阶段，已经不再突出生物进化由低到高的方向性，而是强调生物发展的随机性、多方向性和选择性。因为基因的突变和环境的选择在生物进化中起着非常重要的作用，基因的突变和重组可能引起物种的质变，环境的选择不仅具有保存作用，而且具有新的创造作用，导致新的进化方向和路线。所以，生物进化的道路是曲折的，呈现出种种特殊的复杂情况。除进步性发展外，生物界中还存在特化和退化现象。特化不同于全面的生物学的完善化，它是生物对于某种环境条件的特异适应，这种进化方向有利于一个方面的发展却减少了其他方面的适应性；退化则明显地是对低级到高级发展方向的逆转，根本无法代表进步的方向。这样，进步性并不成为进化的基本特征，也不是进化的本质。与进化相反，发展总是体现着从低级到高级的前进上升运动，代表着进步的方向，不能把退化、下降也叫做发展。特别在谈及社会发展时，谁也不会把社会的停滞、倒退看做是正常的社会发展（当然，社会发展是在曲折中前进的，并不总是直线发展的，这是另外一个问题）。因此，进化不等于发展，不等于进步。不能用进化观来代替发展观。

讲发展是一种进步，除了突出发展的前进、上升方向之外，还有更为重要的一层含义，这就是它所包含的价值论意蕴。在一定历史时期内，人们认为社会是发展还是不发展，发展得好还是坏，实际上就赋予发展以价值内涵了。为什么不把衰退、下降叫做发展？为什么不把单纯的经济增长叫做发展？这实际上已经不是一个事实判断，而是一个价值判断了。所谓发展不发展，并不仅仅是从客体自身发展的程度来界定的，而更主要地是从客体对主体，亦即发展的结果对发展主体的满足程度来确定的。当社会历史活动的结果对人的发展是有益的，对社会进步是有利的，那么，这样的社会历史活动就是发展的，否则就是不发展的。所以，发展理论所讲的发展，不是一种纯客观的发展，而是同人的发展及其价值实现直接相关的社会发展。发展本身就包含着价值选择，因而是一个与价值密切相关的范畴。不能离开价值观来谈论发展和进步。这样讲，决不意味着发展只是价值观的范畴，而是旨在强调研究发展不能忽略其价值内涵。实际上，发展既具有规律性，又具有价值性，因而是事实与价值的统一；相应的，发展观也必然是历史观与价值观的统一。只有按照这样的观点确立起来的发展理念，才是完整的发展理念。

为什么发展观必须包含价值观？这主要是由人的活动的特点决定的，或者进一步说，是由人的本性决定的。人既是一种历史性的存在，又是一种超越性的存在。作为一种历史性的存在，他必须面对现实，适应现实；作为一种超越性的存在，他又不会仅仅满足于现实，被动地适应现实，而是力求改变现实，使现实符合于自己的理想。人就是在这种理想与现实的矛盾关系中生活和发展的。在实际生活过程中，人不仅要适应和改造现实，同时又总是把某种理想赋予现实。从现实出发而又否定了现实，超越了现实，便是理想的实现；理想一旦变成了现实，同时也就否定了自身，即理想不再成为理想，而是成为新的理想据以超越的出发点。如此循环往复、交互作用，现实既得到了改造，人的价值与理想也得到了不断提升和实现。因此，发展就意味着理想与现实的统一。理想的追求与实现的过程，也就是现实的发展过程。这样，价值并非是外在于发展的东西，而就内在于发展之中。所谓社会发展是合规律性与合目的性的统一，实际上就内含着价值观与历史观的统一。离开价值观，无法说清发展观。

由此说来，发展具有丰富的内涵，不可作偏狭的理解。这就要求我们注意研究方法或研究范式的调整与转换，给发展以更多的人文关注和文化审思，对发展加以综合性的研究，从而树立起新的发展理念。

（三）发展的新阐释

要全面、准确地理解发展，除了要正确地理解发展的深刻内涵外，还要正确地把握发展的本质特征。这就是要对发展的基本特点要有新认识，对发展的一般状况要有新阐释。

发展，就其一般意义来说，是指在一定的起点上"发"与"展"的结合，前者指的是纵向的发育，后者指的是横向的扩展。但是，发展理论所讲的发展又不能仅仅停留于这种一般理解上，必须从历史观的高度上加以新的认识。在社会历史领域内，真正意义上的发展并不是原有发展的简单延续与扩展，而是有其新的特殊的内容与形式，因而本质上属于新的创造。

首先，发展是一种新的重组。发展总是在一定的起点上起步的，不可能离开原有的基础任意推进。就此而言，发展确实具有"似自然性"。但是，社会发展毕竟不同于自然界的发展，它是人的活动的产物、人的创造的产物。真正称得上"发展"的发展不是仅仅在原有的轨道上按照原有的方式、方法和原有的价值目标向前延伸的，而是在遵循发展规律的基础上，按照新的目标、要求对发展的方式和形式加以重组，从而形成新的发展范式或发展模式，使发展快速推进的。诚如列宁所说，"发展显然不是简单的、普遍的和永恒的生长、增多（或减少）"。[①] 重组尽管涉及的内容很多，但主要牵涉到这样一些基本的方面：一是运作方式的重组。发展速度的快慢、发展结果的好坏，很大程度上取决于发展过程中的具体运作方式或运作机制。不同的运作方式，造成不同的发展结局，带来不同的发展后果。现代社会的发展之所以不同于传统农业社会的发展，我国改革开放后的发展之所以不同于此前的发展，主要的原因就在于运作方式的不同。正是经济运作方式的重组即市场机制的确立，才使我国的发展得到了重新转轨定向，步入了前所未有的快车道。要推进发展，必须重视对发展机制的研究。二是发展规则的重组。发展总是按照一定的规则进行的，不同时期、不同性质的发展，有着不同的规则。从一定意义上说，发展就是各种规则的一种新组合。像计划经济条件下的发展就是计划生产规则、平均分配规则、资源统一调拨规则、垂直管理规则等的耦合，而市场经济条件下的发展则是市场规则、平等竞争规则、利益激励规则、按劳动和生产要素分配规则等新规则的组合。正是这种新的组合，构成了新的发展模式和发展阶段。适时地调整和重组发展的规则，正是发展的内在要求。三是发展

---

① 《列宁全集》，第 2 版，第 55 卷，第 215 页。

中各种关系的重组。发展离不开各种社会关系，发展就是各种关系交互作用的产物。发展的程度越高，其关系也就越复杂。各种关系处理得好坏，直接制约着发展。因此，发展就意味着各种关系的调整，意味着新的关系体系的建立。像今天我们讲发展，就是要将其置于全球化的大背景下，注意处理好国际国内各种复杂的关系，清除各种不利于发展的社会障碍，为发展营造一种有利的国际环境和社会环境。总的说来，发展要求方方面面的重组，而重组就是发展的一种新的平台和空间。正是借助于这种平台和空间，发展才跃到一个新的台阶。

其次，发展是一种创新。发展不是一种简单的量的扩张，更重要的是一种新质的形成。尤其在科学技术迅猛发展以及国际竞争日趋激烈的今天，仅仅延续原有的量的扩张的老路，固守原有的发展模式，发展没有多大的指望。在新的历史条件下，必须在发展观上确立起创新的理念，用创新引导发展。这里讲的创新，并不是一般的技术创新、管理创新等，而主要是指发展整体思路、总体内容的创新。这样的创新性发展，不仅是原有发展水平的重大提升，而且是原有发展方式的重大变革；不仅是新的发展因素的增加，而且是发展内容新的调整；不仅是原来未被关注的东西得以彰显，而且是在原有的基础上创造出大量的新东西以影响和控制发展；不仅是原有发展格局的某种变动，而且是在更高层次上的整体跃迁。这样的发展本质上是创新，发展与创新难舍难分。事实上，面对新世纪，面对激烈的国际竞争，离开了创新，很难谈论什么发展。而且，创新也不能被简单地理解为发展的手段，同时要把它看做是发展的基本规定，或者说，发展就是创新。只有在发展的目标、发展的战略、发展的方法和措施等基本方面都得到新的变革和完善并得到有效整合之后，才有发展新的起色。

既然说发展是一种重组，是一种创新，那么，究竟如何理解不同时期、不同阶段发展之间的关系呢？进而言之，各种不同的发展观之间究竟是一种什么样的关系呢？实际上，突出发展是一种重组和创新，并不意味着不同发展之间是一种断裂。发展是连续性与间断性的统一。发展是一个链条，每一阶段的发展都是这一链条上的一个环节。既然是链条，就不管是什么阶段上的发展都有一以贯之的东西存在，都要遵循发展的一般规律或准则；既然是环节，那就表明一定阶段上的发展确实有别于其他阶段的发展，不同的发展阶段和发展形态有其明显的特殊性。不过，应当指出的是，这里讲的链条关系不同于物理学上的链条关系。物理学链条上不同环节之间的联系是一种纯粹机械性的联结，而社会发展链条上不同环节之间的联系则是一种发展中的有机联系。也就是说，尽管不同阶段的发展各有其特殊性，但后一阶段的发展并不是完全独立于前一阶段的发展，而是在前一阶段的基础上产生并充分吸收继承前一阶段的成果而发展起来的，是一种滚动式的发展。所谓发展是重组和创新，并不是脱离原有的基础的随意创造，而是在现有基础上的重大变革与调整。任何重组和创新都不能没有前提和条件。发展观也是如此。在今天谈到发展问题时，我们都主张用新的发展观来代替的发展观。这样讲，原则上肯定没有错，但在具体理解上，又要辩证地看待。传统发展观把发展只看做为经济增长确实是片面的，但确立新的发展观并不是要完全抛弃、否定经济增长的重要性，强调经济增长、强调生产力的大力发展，永远是发展的主题，是发展最基本的内容。离开了经济发展，其他一切都谈不上。传统发展观的错误不在于它强调了经济增长，而主要在于它把经济增长推到了极致，以致对发展作出了以偏概全的理解。因此，新发展观对传统发展观并不是一种简单的替代，而是将其合理成分包含于其中并加以新的融合、改造，形成了新的发展观念。就此说来，发展观也是连续性与间断性的统一。在这方面，切忌极端化的思维，不能为了强调新的发展观而对以往的发展观全盘否定。任何发展形态和发展观都是"暂时的和历史的"，每一种形态和观念"对它发生的那个时代和那些条件说来，都有它存在的理由；但是对它自己内部逐渐发展起来的新的、更高的条件来说，它就变成过时的和没有存在的理由了；它不得不让位于更高的阶段"。① 正确地看待新旧发展观之间的批判继承关系，应是我们树立合理的发展理念的基本态度。

近年来，有感于发展中出现的环境破坏、生态危机以及单纯追求经济增长、科技发展而带来的人文失落、价值失衡等问题，对传统发展观的批判不绝于耳。应当说，这样的批判所揭露的问题、所明示的方向、所倡导的理念确实是对的，延用传统的发展观显然无法适应和指导当代的发展实

---

① 《马克思恩格斯选集》，第 4 卷，人民出版社 1995 年版，第 217 页。

践。但是，在进行批判的同时，切莫制造新的人文与科技的对立、人文与经济的对立。一方面，人文与科技、经济并不是天然对立的，不能讲人文就讳言功利，真正的人文是建基于功利而又超越功利的。另一方面，发展中出现的问题归根到底还是要靠发展来解决，发展才是硬道理。不能因为发展中出现了问题就怀疑发展。对于当代中国的发展来说，确立新的发展观决不是要轻视经济发展，而是要使经济发展有一个明确的方向、目标。也就是说，新的发展观所要考虑的问题，不在于要不要经济发展，而在于为"什么"发展、为"谁"发展。只要把人作为发展的目标和中心，经济发展当然越快越好。全面建设小康社会，就是要在促进人的全面发展这一总的目标下，加快经济发展和社会全面进步。所以，正确地处理好经济发展与人的全面发展和社会全面进步的关系，就是发展的新理念。

三、马克思社会发展理论的当代价值

"理论在一个国家实现的程度，总是决定于理论满足这个国家的需要的程度。"① 近年来，马克思的社会发展理论之所以受到学界的高度关注，根本原因就是由当代社会发展实践引起的。站在时代发展新的起点上来重新审视马克思的社会发展理论，已是社会发展的迫切要求，也是发展理论自身发展的内在需要。马克思的社会发展理论究竟在多大程度上能与现代社会发展相对接？其当代价值究竟有多大？如何看待和把握其当代价值？这些都是研究中需要首先澄清的问题。

（一）马克思社会发展理论的历史命运与当代价值

马克思主义自创立以来，在其一个半世纪的发展中走过了一条不平凡的道路。同马克思主义的总体发展情况一样，马克思的社会发展理论也经历了坎坷的发展。一方面，随着发展理论的深入研究，众多学者都对马克思的社会发展理论抱以极大的兴趣，并给以特别的关注，尤其是马克思关于社会发展的一些原则性意见以及关于非西方国家发展的观点等，受到了高度重视和深入研究。可以说，一个真正严谨的学者，在其研究中都不敢

---

① 《马克思恩格斯选集》第1卷，人民出版社1995年版，第11页。

轻易否定马克思的理论地位，尽管评价不一。另一方面，马克思的社会发展理论在其研究过程中也确实遇到不少质疑。在西方学界，有的观点认为，马克思的社会发展理论是 19 世纪资本主义自由竞争时代的产物，而在今天后资本主义时代和全球化时代，这一理论很难解释当代发展现实，因而只能作为一种理论参照；有的观点认为，马克思的社会发展理论主要侧重的是对社会发展的宏观说明，而不是对发展问题的微观分析，用这样的解释框架难以回答今天的具体发展问题；还有的观点认为，马克思的社会发展理论完全是一种现代性的宏大叙事，这样的宏大叙事对于当代社会的多样化发展来说，没有什么解释力和穿透力。类似的观点还可以罗列很多。但不管什么样的观点，都实际上提出了一个严肃的问题，即马克思社会发展理论的当代命运问题。也就是说，马克思社会发展理论在今天究竟是否还有生命力？

对于这样一个严肃的问题，不能靠简单的评判，也不能靠意识形态性的认定，而必须从实际情况出发，用事实来回答。为此，与马克思社会发展理论直接相关的这样几个基本问题必须加以理论上的澄清：一是时代的性质是否发生了根本变化？二是时代发展的内在逻辑是否发生了根本改变？三是时代存在的主要问题是否得到了解决。

应当看到，自马克思去世后，资本主义历经自由竞争、私人垄断、国家垄断，现在已经发展到国际垄断阶段，世界局势确实发生了重大变化。但是，这些变化只不过反映的是资本主义具体形式的变化，而不是其实质的变化。只要时代的性质没有发生根本性的改变，那么，产生于这种时代并直接用于分析这种时代的马克思社会发展理论就没有过时。对此，美国学者凯尔纳明确地指出："我们仍然生活在资本主义社会，并且，只要我们还生活在资本主义社会，那么马克思主义将仍然是合乎时宜的。"① 美国学者卡西迪也这样认为："不管他（指马克思——引者）有什么错误，他确实是一个通晓我们的经济制度的人。只要资本主义继续存在，他的作品

---

① 道格拉斯·凯尔纳：《正统马克思主义的终结》，载《全球化时代的"马克思主义"》，中央编译出版社 1998 年版，第 35 页。

就值得拜读。"① 既然时代的性质未变，那么决定这种性质的内在逻辑就没有改变。就总体而言，现代社会依然是按照资本的逻辑行进着，各种社会现象仍是受资本的逻辑支配和制约的。要说变化，只不过与马克思所处的时代环境不同，资本的逻辑已不再局限于一个个国家、民族，而是扩展和贯彻到整个世界。只要资本逻辑没有被超越，围绕这种逻辑所阐发的各种发展思想也就很难被超越。诚如美国学者德里达所说，只要资本的逻辑继续发挥作用，"只要资本主义的生产方式继续存在，马克思主义就还有意义，无论是否存在马克思主义学者。"② 至于时代存在的主要问题，也很难说得到了有效解决。马克思当时所着重分析的资本主义社会发展的基本矛盾及其各种主要表现，在今天依然存在，只不过是以新的方式在产生影响。德里达在其《马克思的幽灵》一书中曾经指出当代资本主义有十大无法愈合的伤口："经济战争、民族战争、少数民族间的战争、种族主义和排外现象的泛滥、种族冲突、文化和宗教冲突，正在撕裂号称民主的欧洲和今天的世界。"③ 伴随着财富的巨大增长，资本主义世界矛盾、冲突的势头也在进一步发展。

正由于马克思社会发展理论所面对的时代性质和所存在的基本问题没有什么实质性的改变，因而作为对这种社会生产方式内在矛盾及其发展规律的理论表现，马克思的社会发展理论既产生于 19 世纪中叶而又超越了这一特定的时代，它对当代资本主义社会的分析仍具有重大的穿透力。不能依据它创立的时间来判断它是否"过时"，是否具有合理性。有效性与时间性毕竟是两回事。

马克思社会发展理论的当代意义不仅体现在它所直面的时代与问题仍在"当代"之中，而且体现在它自身所特有的理论价值中。这种价值是从多方面得以展现的。

首先是体现在对人类社会发展一般规律的正确揭示和把握上。马克思不是用观念来解释历史，而是从现实的社会生活出发来研究历史，因而马

---

① 道格拉斯·凯尔纳：《正统马克思主义的终结》，载《全球化时代的"马克思主义"》，中央编译出版社 1998 年版，第 10 页。

② 道格拉斯·凯尔纳：《正统马克思主义的终结》，载《全球化时代的"马克思主义"》，中央编译出版社 1998 年版，第 216 页。

③ 德里达：《马克思的幽灵》，中国人民大学出版社 1999 年版，第 112、115 页。

克思的社会历史哲学与以往的"客观历史编纂学"不同，它是建立在事实分析基础之上的，是对历史规律的深刻揭示和科学把握。对此，法国当代著名历史学家费尔南·布罗代尔就曾经这样评价过："马克思的天才，马克思的影响经久不衰的秘密，正是他首先从历史长时段出发，制造出真正的社会模式……马克思主义是上个世纪中最有影响力的社会分析；它只能在长时段中恢复和焕发青春。"① 正因为马克思社会发展理论是对历史长时段的揭示并是在长时段中发生影响的，所以它不仅为分析以往历史的发展，而且为分析当代社会的发展都具有理论基础的作用。

其次是体现在马克思在考察社会发展问题时所具有的批判精神上。马克思的社会发展理论以至他的整个哲学，不是仅仅局限于解释世界，而目的是要改变世界，所以它对社会发展问题的研究，不是一般性的诠释、理解，而更重要的是突出批判性的考察。尤其在对资本主义社会发展的分析上，其批判精神得到了充分的发挥和展现。因此，凯尔纳认为："马克思主义包含着发展现时代的一种批判理论的源泉。"② 值得注意的是，马克思不仅具有深刻的批判精神，而且具有高度的自我批判精神。德里达曾经说过："要想继续从马克思主义的精神中汲取灵感，就必须忠实于总是在原则上构成马克思主义而且首要地是构成马克思主义的一种激进的批判的东西，那就是随时准备进行自我批判的步骤。这种批判在原则上显然是自愿接受它自身的变革、价值重估和自我再解释的。"③ 今天，强调马克思的这种自我批判精神，对于深入推进马克思社会发展理论的研究和创新也是非常重要和必要的。

再次是体现在社会发展研究的科学方法上。马克思始终是以严谨的态度和方法来研究社会历史发展，而不是随意演绎社会历史发展，因而所作出的分析和所得出的结论基本上是经得住推敲的，是经得住实践检验的，尽管在新的形势下有的需要修正和发展。对于这种严谨的研究方法，许多西方学者都给予高度评价。西方马克思主义的创始人卢卡奇就曾经指出："我觉得，在马克思出现以后的时代，认真研究马克思应当是每个抱严肃

① 参见费尔南·布罗代尔：《资本主义论丛》，中央编译出版社 1997 年版，第 202—203 页。
② 引自俞可平编：《全球化时代的"马克思主义"》，中央编译出版社 1998 年版，第 30 页。
③ 雅克·德里达：《马克思的幽灵》，中国人民大学出版社 1999 年版，第 124 页。

态度的思想家的中心问题，掌握马克思的方法和成果的方式和程度决定着他在人类发展中的地位。"① 实际上，只要是"抱严肃态度"的思想家都不会否认马克思研究方法的价值。

马克思社会发展理论的当代意义或当代价值不仅仅表现在上述基本方面，同时也体现在对有关具体问题的分析之中。西方一些学者把马克思的发展论只看做是对社会发展的宏观说明，而缺少对发展问题的微观分析；只解释成是一种现代性的宏大叙事，而缺少对现代性的细微解剖，借此来贬抑其当代价值。这样的理解并不是客观的、中肯的。综观马克思的文本，确实可以发现马克思对社会发展的宏观说明较多，微观分析较少，但这种研究的特点和方式与其理论的价值并无必然的联系。马克思当时所要着力解决的问题，主要是驱除历史发展观上的迷雾，揭示社会发展的本质及其内在联系，尤其是揭示资本主义社会的内在矛盾及其发展规律，为未来社会的发展指明方向。由这样的主旨所决定，研究的重点必然要放在社会发展的宏观考察上，这是非常自然的事情。但是，马克思在对社会发展宏观说明的同时，也并没有轻视对社会发展的微观分析。如在对资本主义社会发展的研究上，实际上就是交替运用宏观与微观两种分析方法，既注意对社会经济的宏观考察，又注意"显微镜下的解剖所要做的那种琐事"②，二者相互依存，相得益彰。这样的研究方法不仅对于研究资本主义社会是适用的，而且对于研究任何社会都是有益的。因为整体与要素总是不可分割地联系在一起的，对于具体问题的研究来说，如果只是孤立地进行，而不从更大的视野、不从它与其他问题的联系来考察，那么对于具体问题也无法获得真正科学的认识和理解。管中窥豹，其实是连一斑也不能得到真正认识的。所以，不能完全用发展学上的实证方法来排斥马克思宏观与微观相结合的分析方法。

总的说来，尽管历史条件已经发生了较大变化，但马克思社会发展理论并没有失去其当代价值。随着时间的推移，马克思被重新发现；随着问题研究的逐步深入，马克思社会发展理论被重新得到关注和开掘。当然，指出这一点，并不等于这一理论不需要有新的发展。应当看到，自这一理

① 《卢卡奇自传》，社会科学文献出版社1986年版，第215页。
② 《马克思恩格斯全集》，中文1版，第23卷，第8页。

论创立以来，毕竟是一个半世纪过去了，其间世界历史发生了重大变化，社会发展也出现了前所未有的新情况、新问题。所有这些，都给马克思社会发展理论提出了新课题、新挑战。对于当代社会发展出现的许多新情况、新问题，不可能仅仅从原有的经典理论中来寻求解释。新的实践必须有新的理论探索。因此，必须结合新的发展现实正确地认识、理解和推进马克思的社会发展理论。

（二）马克思社会发展理论的内在关联

要正确认识马克思社会发展理论的当代价值，必须全面、准确地理解和把握这一理论，还其原貌。

马克思的社会发展理论是其社会历史哲学的基本内容，而其社会历史哲学又是整个马克思哲学最为重要的组成部分。有鉴于此，不能把马克思的社会发展论仅仅看做他的哲学的一个组成部分，而应当看做是其整个哲学中理论含量最大且具有决定性意义的基本理论。因为离开了对社会历史发展的考察和研究，马克思的哲学里还有多少"纯哲学"的内容？马克思从来无意于建立一个形而上学的哲学体系，其研究对象就是人的现实生活世界，研究的目标就在于给人类社会的发展探寻出一条正确的出路。所以，社会发展始终是马克思哲学的基本论域。当然，把马克思的哲学完全归结为历史唯物主义、历史辩证法还值得进一步研究，但这确实反映了一定的事实，因而其意图是可以理解的。

马克思关于社会发展的理论涉及的问题非常广泛，但就其基本内容而言，主要包括两大层次：一是一般的社会发展理论，即历史观意义上的社会发展理论，主要阐述社会历史发展的一些最基本的观点，如对社会历史的前提与基础、社会发展与人的活动、社会发展的主客体关系、社会发展的根本动力、社会发展的内在矛盾及其运动规律、社会形态的划分与演进等问题的基本看法，着重揭示的是社会发展的本质及其规律。二是具体的社会发展理论，即以特定社会为对象的发展理论，主要研究某种社会形态的起源、发展和未来走向，同时研究社会发展的前提、条件、环境、方法、途径、机制等问题，为分析社会发展提供具体性的意见。这样的发展论又主要涵盖两个方面的内容：一个是关于现代社会即资本主义社会发展问题的理论，另一个是关于非西方国家社会发展问题的理论。

这两个层次的社会发展理论并不是彼此分离、相互独立的，而是内在地联系在一起的。一方面，只有社会发展一般理论的科学制定，才使各种具体社会发展理论得以正确阐发。正是借助于唯物史观和科学的历史分析方法，马克思才对资本主义社会作了成功的解剖，才对非西方社会的发展作了深入的有益的探索。可以说，没有唯物史观的确立，就没有对资本主义社会内在矛盾及其发展规律的深刻揭示，就没有对非西方社会发展的正确说明。另一方面，各种具体社会发展理论的阐发又使一般社会发展理论得以深化和完善。马克思最初创立的唯物史观只是在对社会历史一般考察的基础上形成的，其思想和观点也主要是对社会历史的一般性说明；而随着对资本主义社会的深入研究以及对非西方社会的具体考察，马克思不断深化了对原有问题的认识，从而使唯物史观或社会发展一般理论无论在内容上还是在范围上都得到了新的充实和发展。如关于资本主义社会"有机体"理论和"自然历史过程"理论的深入阐释以及关于东方社会发展特殊性问题的深入思考，不仅对唯物史观是一个有力的验证或说明，而且是一个重大的深化和发展。因此，这两种层次上的社会发展理论并不是彼此游离的，而是相互影响、相互渗透、相互促进的。正是在这种相互作用的过程中，各种社会发展理论不断得到新的发展和创新。

对于这两个层次的社会发展理论，理论界长期以来较为关注的是前者，而对后者缺乏应有的重视。谈到马克思关于现代资本主义社会发展的研究，似乎主要是经济学上的事情，哲学上除了《资本论》的方法论研究以及历史观研究之外，很少有什么事情可做；即便是论及资本主义社会本身的一些发展问题，也没有超出一般历史观的视域，较少涉及其他新的领域。谈到马克思关于非西方社会发展的研究，较多谈论的是马克思关于亚细亚生产方式的理论以及俄国公社"跨越"的理论，而对东方社会其他发展问题以及古代社会的形成与发展问题的理论则基本没有涉及，以致马克思晚年思想的研究非常狭窄、干瘪和空泛。其实，无论是马克思关于现代社会发展的研究还是关于非西方社会发展的研究，其理论内容是非常丰富的，研究的空间也是很大的。就其现代社会的发展研究来看，马克思主要以资本主义社会为对象，对现代社会的形成和发展作了详尽的考察，从中阐发了许多有关现代社会发展的重要思想。这些思想一方面表现在对现代社会发展的总体性或一般性研究中，如关于现代社会基本特点和运动规律的分析；关于现代社会的起因、动力及其发展过程，传统社会迈向现代社会的必由之路，现代资本主义社会发展的内在机制、资本主义现代化过程的不同道路和模式的考察；关于西方资本主义发展对非西方社会发展的影响、工业革命的发展进程及其所引起的世界性影响等的探析。另一方面表现在对现代社会发展所需的各种条件及其相互关系的具体研究之中，如关于内外因关系、经济因素与非经济因素关系的分析；关于社会发展的经济问题（如经济前提、经济结构、经济形式、劳动组织、社会分工等）、政治问题（如政权组织形式、政治体制的运行方式、社会管理、控制与调节等）、文化问题（如宗教、文化、传统、人的素质等）以及其他社会学问题（如社会结构、生活方式和行为方式、社会开放程度、社会应变能力等）等的探讨。就其非西方社会的发展研究来看，马克思主要以资本主义社会为参照系，对西方之外的大部分国家、地区的社会发展问题均作了程度不同的研究，提出了许多独特的思想和见解。如对东方社会一直比较关注，专门研究了东方社会长期发展迟滞的原因，对东方社会的经济结构、政治结构、文化与宗教结构、劳动组织、社会运行等作了详细的分析与评价，并指出了该社会发展的出路与方向。在晚年又进一步扩展了东方社会的研究，对俄国公社的命运作了深入的考察，提出了许多有见地的设想。与此同时，还对史前社会作了大量的实证研究，为揭开原始社会之谜作出了重要贡献。所有这些思想，共同构成了马克思的具体社会发展理论。

由于过去对这些具体的社会发展理论缺少深入研究，未能结合当代实践加以新的探索，因而在回答现代社会发展的许多问题上，往往是隔靴搔痒，力不从心。如在对社会发展加以理论分析时，不是对发展过程的实际问题进行具体分析，而是远离实践进行理论演绎或一般说明，因而得出的不是一些具体的、明确的意见和观点，而是一些大而无当的抽象的"规律"和"原则"，使得活生生的社会发展理论变成了僵化的"一般历史哲学"。面对现代化建设的丰富实践，这样的发展理论日益显得苍白无力。实践对其提出了尖锐挑战。

要使社会发展理论走出"困境"，一条基本的出路就是要拓宽这一理论研究的视野。这就要求我们在坚持唯物史观基本立场的前提下，把社会发展理论的研究重点从一般性研究转向具体性研究上来，将社会发展的一般理论具体化、应用化，具体回答发展进程中所提出的各种问题，使理论具有较强的实用性和操作性。为此，必须加强对马克思有关具体社会发展理论的研究。

　　要加强这一理论的研究，重点是要关注马克思关于现代社会的理论探讨。综观马克思一生对社会发展的研究，大致上经历了这样几个发展阶段：青年时期主要以揭示社会发展的本质和规律为主，其理论成果是唯物史观的创立，具体体现在《关于费尔巴哈的提纲》、《德意志意识形态》、《共产党宣言》、《哲学的贫困》等著作中；中年时期重点是剖析资本主义社会，揭示现代社会的内在矛盾及其发展规律，其理论成果集中体现在《资本论》及其各个手稿中；晚年时期则在继续研究现代资本主义社会的同时，把视野扩展到非西方世界，对东方社会和古代社会进行了详细探讨，其理论成果主要体现在马克思的晚年笔记和书信中。尽管马克思在研究社会发展问题时，涵盖的范围几乎涉及人类社会的所有历史阶段，但其研究的中心还是现代社会。马克思毕其大半生的心血所剖析的就是这样的现代社会，但为了达到剖析的目的，其考察的范围又需大大超过这种社会本身。正因如此，马克思在《资本论》创作中，对前资本主义社会（如亚细亚所有制、古代所有制、日耳曼所有制）和现代西方社会并存的东方社会（如印度社会、中国社会、俄国社会等）进行了认真研究，同时对资本主义起源前1700多年的历史进行了一般考察。马克思晚年对俄国公社以及其他公社的发展之所以抱有较大的兴趣，固然与回答国外学者的提问与自己弄清问题有关，更为重要的是同研究现代社会的土地所有制、地租等问题直接相关；而且对于俄国公社的发展能否实现跨越等问题的研究，也不是游离于现代社会之外，而是将其纳入近代以来世界整体联系之中来进行的，即用"世界历史"的眼光来考察的。所以，从一定意义上来说，对以往社会和非西方社会的研究正是服从于对现代社会研究的。这样的研究，不仅深化了对现代社会的认识，而且丰富和发展了唯物史观。

马克思所讲的"现代社会",主要是指资本主义社会。^①在马克思的众多著述中,"现代社会"常常作为"资本主义社会"的同义语来使用。由于资本主义社会主要是由现代大工业和现代商业造成的,因而马克思所讲的"现代社会"又通常指商业社会和工业社会。在这方面,恩格斯把马克思的思想讲得更明确:"我们建议用'资产阶级社会'和'工业和商业社会'这样的说法来表示同一个社会发展阶段,虽然前一种说法更多地是指这样一个事实,即资产阶级是统治阶级,……而'商业和工业社会'这个说法更多地是专门指这个社会历史阶段所特有的生产和分配方式。"^②这些提法尽管各不相同,但所反映的是同一个内容,即对现代社会不同侧面的理论概括。

按照马克思的观点,现代社会是从16世纪开始的。"虽然在14和15世纪,在地中海沿岸的某些城市已经稀疏地出现了资本主义生产的最初萌芽,但是资本主义时代是从16世纪开始的。在这个时代来到的地方,农奴制早已废除,中世纪的顶点——主权城市也早已衰落。"^③马克思所讲的"现代",绝不仅仅是一个时间上的概念,更重要的是一个具有深刻社会内涵的概念。"现代"及其"现代社会"是以地理大发现为契机,以新兴工业为龙头,以科技革命和产业革命为动力而形成和发展起来的。现代社会与传统社会相比,其明显的特征是从手工业到机器大工业、从以农村为中心到以城市为中心、从自然经济到商品经济、从传统的生产一体化到生产的专业化、从生产的分散化到生产资料的集中和劳动的社会化、从社会生活的凝固化到社会生活的流动化。正是随着新的生产方式的出现,产生了新的发展环境、新的发展机制、新的发展手段,从而促进了现代社会的形成和发展。

马克思对于现代社会的研究是非常广泛而深入的。通过研究,不仅得出了第二个伟大发现——剩余价值论,而且揭示了现代社会的奥秘,阐发了一系列有关现代社会发展的重要思想、观点。像这样一些理论就是具有

---

① 当然,严格说来,马克思的现代社会发展理论比关于资本主义发展的论述涵盖的内容更广,更具普遍性。

② 《马克思恩格斯〈资本论〉书信集》,人民出版社1976年版,第74页。

③ 《马克思恩格斯全集》第23卷,第784页。

重要的当代意义的：一是社会转型的理论，即以当时的西方社会为典型，研究其如何从传统农业社会转变到现代工业社会，转变的前提、基础、社会条件、制度保障是什么等；二是社会运行的理论，即通过传统社会与现代社会发展上的比较，阐明其运行方式、运行机制的主要区别以及社会调节、控制与管理的不同，从而揭示现代社会运行的一般规律与要求；三是现代性与全球化的理论，即将现代化放到全球化过程中来考察，不是把现代化看做是一个孤立的民族的事情，而是看做一项世界性的事业，用"世界历史"的眼光来看待和审视现代社会的发展；四是现代社会批判的理论，即通过社会异化、物化等现象的分析，揭露现代社会在进步中所包藏的深刻矛盾，指出现代社会的发展方向和变革出路。这些理论、观点尽管所针对的对象、所依据的背景和材料已经发生了很大的变化，但依然有其重要的当代价值，因而是我们今天进行发展研究不可或缺的重要理论资源和宝贵的理论财富。

需要说明的是，突出马克思现代社会发展理论的重要意义，不是要淡化作为唯物史观的一般社会发展理论。离开了唯物史观来孤立地谈论具体发展问题，既不可能把问题讲清楚，也不符合马克思的基本研究方法。马克思始终是以唯物史观来指导和统领发展研究的。所以，必须把马克思的历史观与其关于现代社会发展的理论作为一个不可分割的整体来把握，不能仅仅为了满足某种需要，将这一理论研究片面化、肢解化。

（三）寻求马克思社会发展理论当代价值的基本途径

重视马克思社会发展理论的当代价值，并不是一个抽象的原则，也不是一个空洞的口号，而是需要将其落实到具体的研究之中，以形成新的理论成果，引导发展现实。这就要求我们寻求发挥马克思社会发展理论当代价值的有效途径。

说到寻求途径，这也是一个比较复杂的大问题。在以往的研究中，不乏有成功的探索，但也有值得吸取的教训。常常看到的是这样一些寻求方式：或者是原理加例证，即从现成的原理出发去说明发展的问题与现象（此即外推法）；或者是在解释和说明具体的发展问题时，只注重从经典原著中寻找理论根据，以求解释上的"合理性"和"合法性"（此即内推法）；或者是为了凸显当代价值，更多关注的是话语系统，而不注重内容本身的阐发；或者是用现代解释框架来理解经典理论，把马克思"现代化"，等等。这些都不是正确的寻求方式。如果按照这些方式来研究，很难使马克思社会发展理论的当代价值得到真正的凸显与提升，最后的结果只能是徒有"现代"的外观，实则是一个更为怪异的理论产物。用这样的理论产物去考察和指导实践，其结果可想而知。

实际上，马克思社会发展理论的当代价值尽管体现在诸多方面，但就其实质而言，主要体现在理论与现实的结合点上，要寻找当代价值也只能由此来切入，并由此来实现。这就自然要求突出"问题意识"。谈到"问题意识"，似乎没有多大歧异，但实际的贯彻落实并不理想。反观我们的发展研究，不难发现：马克思社会发展理论的当代价值讲得很响，扎扎实实的研究却很薄弱；一般性的论述非常之多，具体深入的问题研究则非常之少；追求体系新颖、话语新颖的热情很高，结合新的实践进行专题性的研究则比较疲软。这样的研究，显然不利于马克思社会发展理论走向"当代"。其实，今天讲马克思社会发展理论的当代性，不在于翻新什么概念、术语，也不在于急于建立什么新的理论体系，而在于真正面向社会生活实践，用马克思的基本立场、观点研究现实生活中的重大问题，为社会发展提供有益的理论参考。从最根本的意义上来说，马克思社会发展理论的当代价值就是在分析和解决发展中的重大实践课题和理论课题中加以显现和实现的，或者说，这是其当代价值最重要的存在形式和实现形式。当然，这并不是说引入新的概念和范畴、尝试建立新的体系毫无意义，而是旨在强调应突出问题的研究，以此来带动基本理论的研究。如果对事关发展成败的重大现实问题麻木不仁、漠不关心，而一味追求话语的翻新和体系的建构，这样的努力又有何实际意义？

由"体系意识"转向"问题意识"，事实上就要求研究范式或研究方法加以新的转换。这就是说，不能把马克思社会发展理论仅仅看做是一个知识系统，而要看到它的重要的方法论功能、实践功能。马克思有关社会发展的所有论述在最终意义上都是直接指向现实的，是为现实社会服务的，因而对其理论的研究也不能仅仅停留在"解释世界"上，更重要的是放到关心"改变世界"上。在实际研究中，就是不光要注意回答社会发展

"是什么"，更要注意回答"如何发展"。这就要使发展研究更加切近现实，通过具体考察，以提出切合实际的新的发展思路和发展对策，真正发挥马克思社会发展理论的方法论功能。

要增强"问题意识"，加强研究的方法论功能，重要的一点，就是要强化提出问题的能力。发展研究不是一般的"做学问"，而是要经世致用。离开问题的探讨和解决，理论研究也就成了无的之矢。无论是领悟经典文本的当代意义，还是将理论用于指导实践，都应以提出问题、把握问题为前提。正是问题的提出，展现了一个新的视域，使研究获得了新的生机、新的意义。不断提出问题、不断进行新的探索，恰好是研究的动力和活力之所在。所以，就某种意义上说，提出问题比解决问题更为重要。诚如爱因斯坦所说："提出新的问题、新的可能性，从新的角度去看旧的问题，都需要创造性的想像力，而且标志着科学的真正进步。"[1]

马克思实际上就是这样从事研究的。凡是"在前人认为已有答案的地方，他却认为只是问题所在。"[2] 为此，真正要研究分析的不是答案，而是问题。问题就是那种"公开的、无畏的、左右一切个人的时代声音。问题就是时代的口号，是它表现自己精神状态的最实际的呼声。"[3] 正是在问题的不断提出、不断解决过程中，一方面是世界得到了改造，另一方面是哲学得到了解放和改造，这就是所谓的哲学的世界化同时也就是世界的哲学化。[4] 马克思从早期开始所确立的这种研究方式，贯穿于其一生的研究之中。

这种研究方式在西方哲学研究中也有一定的传统。如苏格拉底就首开了这种方法之先河，其"对话"就是试图去清除蒙蔽而不制造真理。后来的一些哲学发展曾经偏离了这一轨道，"体系哲学"的盛行成了主流与时尚。到了 20 世纪，这种状况开始得到扭转，一些哲学家重新关注这一方法。海德格尔在《存在与时间》、《形而上学导论》等著作中，对什么是"值得追问的"以及如何"把它作为问题制定下来"进行了深入分析，并

---

① A. 爱因斯坦、L. 英费尔德：《物理学的进化》，上海科学技术出版社 1982 年版，第 59 页。
② 恩格斯：《〈资本论〉德文版序言》，《马克思恩格斯全集》，中文 1 版，第 24 卷，第 21 页。
③ 《马克思恩格斯全集》，中文 1 版，第 40 卷，第 289 页。
④ 《马克思恩格斯全集》，中文 1 版，第 40 卷，第 258 页。

且在"哲学追问"上作了较大努力,认为"把自身生活和决定性的实施置于问题之中。这是所有的和最彻底的澄清活动的基本概念。"① 伽达默尔在其《真理与方法》中也强调了"问题"在诠释学中的优先地位,把问题探索看做是"精神科学的逻辑",并具体探讨了提问的辩证法。阿尔都塞更是明确提出了"理论总问题"的研究范式,把它看做是思想逻辑中的支配性构架、哲学的产生方式。这些思想家尽管思考的角度不同,但他们有一点是共同的,这就是突出了问题研究在哲学研究中的重要地位。哲学作为智慧之学,就意味它总是活跃于智力的前沿,意味着它总是在对知识、真理探索的"途中"而非"终点",不能简单地宣布对真理的占有。因此,问题的提出比答案更有意义,探索的过程比得到的结论更值得重视。

然而,问题的提出并不是一件容易的事情。一个真实的、有意义的问题的提出,决不是闭门思索所能做到的。提出问题必须面向现实、面向生活,对社会实际发展过程的矛盾和问题予以及时的发现和准确的把握,并将其转变为哲学上的研究课题。离开了社会现实,"问题研究"只能是一句空话。

要增强"问题意识"和研究的方法论功能,还必须强化探索问题、解决问题的能力。我们并不是一般性地强调"问题意识",而是要确实通过对社会发展实践中重大问题的探索、研究,提出解决问题的思路和办法,引导社会健康发展。因而我们所讲的"问题研究",又不能仅仅局限于问题的提出和理论的追问上,应该将提出问题与解决问题有机地结合起来,并最终落脚到问题的解决上。这样,加强研究的方法论功能,事实上就是由恰当地提出问题、深入地探索问题、合理地寻求问题的解决共同组成的。按照这样的方法论要求,研究应力求从当代中国社会发展实践出发,进入到马克思的理论视野,然后再从这种理论视野回到发展的现实,尤其是目前中国发展的现实。这样的互动,可能是寻求马克思社会发展理论当代价值最为基本的途径和方法。

---

① 海德格尔:《对亚里士多德的现象学解释》,引自吕迪格尔·萨弗兰斯基:《海德格尔传》,商务印书馆 1999 年版,第 154 页。

四、马克思现代性思想的当代解读

(一) 马克思现代性思想的理论基点

在现代性问题的讨论中，马克思的现代性思想受到了非常具有戏剧性的、截然不同的解读，以至马克思在现代性问题上扮演了不同的角色，成了不同观点的化身：在其基本立场上，马克思一方面被看做是现代性的维护者，认为马克思思想中存在着大量与现代性的主导性价值完全相契合的观念，如赞扬理性、启蒙、自由、解放，肯定科学技术的重大社会进步意义，对现代社会的未来发展充满了激情与希望；另一方面又被看做是现代性的批判者，认为马克思从来没有为现代社会唱赞歌，他一生从事的工作就是批判现代资本主义社会、批判资本主义的现代性，所以马克思思想活的生命力就在于它的批判性和否定的辩证法。在其哲学性质上，马克思的哲学一方面被看做是现代主义的，认为马克思哲学同西方近代以来其他哲学一样，追求的是一种本质主义、理性主义、中心主义等，热衷于"元叙事"或"宏大叙事"，主张进化论式的历史进步论，因而尽管马克思对以往哲学进行过深刻的揭露批判，但实际上并没有超出现代主义的体统和范畴；另一方面又被看做是后现代主义的，认为反现代性是马克思哲学革命变革的实质，拒斥形而上学是马克思哲学的显著特点，因此马克思的理论与历史上各种现代性学说有着本质的区别，其思想和价值取向与后现代主义具有高度的一致性。

值得指出的是，上述不同观点都能从马克思的文本中找到大量根据，经过解读和发挥之后，形成了马克思思想的自相冲突、自我矛盾，以至马克思的现代性思想变得扑朔迷离，难以辨认。

现代性固然可以从不同角度、不同层面加以描述和解释，但它最终还是不能靠某一方面的理解所能概括得了的。现代性作为现代社会发展过程的基本特征与表现，体现在社会生活的方方面面，因而是一个涉及经济、政治、文化、社会等多方面的总体性概念。

马克思虽然没有明确提出"现代性"的概念，但是基于对社会历史发展的深入考察，还是具体阐发了有关现代性的重要思想，并对现代性作出了新的实质性的理解。① 在这里，必须注意到马克思现代性理论的一个显著特征，这就是它并非是一般意义上的现代性的哲学，而主要是一种现代性的社会理论。关于现代性理论的阐发是同对现代社会的研究紧紧联在一起的。他所讲的"现代社会"，就是特指资本主义社会。因为资本主义社会的出现，使人类社会的发展划了一个时代，它同以往社会相比，无论在何种方面都有着巨大差别，以致整个社会生活呈现出前所未有的"现代"色彩。正因如此，马克思在很多地方谈到"资本主义社会"时，往往在其前边冠以"现代"二字，称为"现代资本主义社会"，或者干脆称为"现代社会"。既然整个社会变为现代社会，那么由此产生的现代性就不是表现在社会的某一方面，而是体现在社会生活的所有方面；不仅是现代社会的某些外部特征，更重要的是现代社会区别于传统社会的内在规定性和本质特征。所以，在马克思的视野里，现代性不是某一领域、某一方面的问题，而是一个具有整体性的社会问题，正如吉登斯所言："在其最简单的形式中，现代性是现代社会或工业社会的缩略语。"②

对此，列宁曾经敏锐地看到并予以深刻地提示。在谈到《资本论》第一版序言中关于"现代社会"的提法时，列宁颇有兴趣地提出了这样一个问题："既然马克思以前的所有经济学家都谈论一般社会，为什么马克思却说'现代（modern）'社会呢？他在什么意义上使用'现代'一词，按什么标志来特别划出这个现代社会呢？"③ 尽管列宁没有直截了当地回答这一问题，但从其接下来对社会经济形态发展的深入分析来看，他是把现代生产作为现代社会的基本标志的。

强调现代生产对现代性的决定性意义，并不意味着仅仅用经济来解释现代性的产生和发展，排斥以至否定其他因素的作用。马克思只是强调了现代生产对于现代性的"基础"作用，而不是说它是"唯一"作用。因为从现代性的深刻起因和原初动力来看，确实是现代生产的出现起了决定性

---

① 判断马克思在现代性研究领域是否拥有自己的地位，或者说有没有现代性的理论，主要不在于他是否提出和使用过与现在完全相同的"现代性"术语及相关概念，而是要看他是否对现代性理论关注的基本问题提供了独特的、实质性的理解。

② 安东尼·吉登斯、克里斯多弗·皮尔森：《现代性——吉登斯访谈录》，新华出版社 2001 年版，第69页。

③ 《列宁选集》，第3版，第1卷，第4页。

的作用，没有生产方式的急剧变革，也就没有对现代性的呼唤；但在现代性的逐渐发育、演化过程中，就很难讲仅仅是经济因素的推动，而实际上是包括经济因素在内的各种因素的相互作用。正是各种因素的相互激荡、相互影响，促成了现代性的形成和发展。

（二）对现代性的多维透视

要研究马克思的现代性理论，必须充分注意到它的历史语境。因为马克思所讲的现代性毕竟不同于今天我们所谈论的现代性，无论是针对的对象、研究的主题，还是关注的焦点、研究的方式等，都发生了重大变化，只有进入马克思的论域，才能真正理解和把握其现代性理论。由于马克思的现代性理论主要渗透和体现在对"现代社会"的解剖过程中，所以透过对现代社会的分析，不难看到马克思关于现代性的基本观点以及考察问题的方法论。这些基本观点和方法论突出地体现在马克思对现代性的这样一些主要看法上：

1. 用资本逻辑来看待现代性逻辑

利奥塔曾经指出："资本主义是现代性的名称之一。"[①] 资本主义社会中所出现的众多方面的现代性，不仅是资本逻辑的外在表现与结果，同时也是资本逻辑的内在条件和内在机理。离开了这些现代性，资本运动就不可能正常进行。可以说，现代性的各种因素并不是外在于资本逻辑的东西，而就内涵于资本逻辑之中。

马克思的现代性理论正是紧紧围绕资本逻辑的分析来展开的。在马克思看来，现代性说到底是在现代生产基础上资本运动的产物，是随资本运动兴起和发展起来的。资本逻辑就是不断追求最大限度的利润，利润的驱使必然使资产阶级不停地变革、创新。"资产阶级除非对生产工具，从而对生产关系，从而对全部社会关系不断地进行革命，否则就不能生存下去。"[②] 正是资本的内在本性，刺激了现代性的生成和发展。

值得指出的是，如同资本的运动有它的内在逻辑一样，现代性的发展

① 利奥塔：《后现代性与公正游戏——利奥塔访谈、书信录》，上海人民出版社 1997 年版，第 147 页。

② 《马克思恩格斯选集》第 1 卷，人民出版社 1995 年版，第 275 页。

也有其自身的逻辑。所谓现代性逻辑，就是现代性运动的内在联系和内在演化趋向，它以一种规律或趋势的形式贯穿于现代性的发展过程之中。现代性逻辑是怎样形成的？这里不排除现代性本身各种因素的相互关联、相互影响，但最根本的还是由资本逻辑决定的。或者说，资本的逻辑决定着现代性的逻辑。马克思所剖析的资本逻辑发展史，也就是现代性逻辑发展史。同近代以来众多学者的看法相近，马克思也认为现代性的出现是以巨大的思想解放开始的，理性成为当时衡量社会事物的准绳；而后现代性由理性、启蒙发展到政治上的民主、自由；再由政治上的民主、自由发展到经济上的自由、平等；经济上的自由、平等又在社会生活的各个方面提出新的公平、合理、正义以及全面发展的要求。现代性基本上就是按着这样的逻辑发展过来的。为什么现代性会表现为这样一种逻辑发展呢？说到底是由资本逻辑支配的。资本来到世上，面临的首要问题是如何摆脱宗教统治的束缚，铲除封建专制制度的障碍，以求快速发展。为此，必然要以理性的确立为突破口，冲决思想牢笼，突出个性、主体性和自我意识；而后以此为先导，在政治上提出民主、自由、人权等新的要求和主张。思想、政治的束缚解除之后，牢固确立适应资本发展的市场原则便成为资本逻辑的客观要求，因而实现经济上的自由、平等便势在必然，因为资本的运动与增值总是离不开市场交换，而市场交换必然要求自由、平等。资本运动要能得到顺利进行，不光要求经济上平等、自由的确立，而且要求各种相关法律的调整、新的政治关系和社会关系的建立，因而政治上、法律上的平等、自由相伴而生。这样，"作为在法律的、政治的、社会的关系上发展了的东西，平等和自由不过是另一次方的这种基础而已。"① 这里所讲的"另一次方"，显然是指经济上的平等、自由在政治、社会领域中的放大与扩展。随着资本的扩张与发展，这种放大与扩展还会进一步影响到人们的精神生活，由此产生出新的民主意识、法治意识、社会参与意识等等。因此，现代性的这种发展逻辑正是由资本逻辑推动造成的；现代性逻辑所反映的深刻内容和所内含的深层动因，正是资本运作的逻辑，商品生产和消费的逻辑。

---

① 《马克思恩格斯全集》，中文 1 版，第 46 卷（上），第 197 页。

如果说，现代性是资本逻辑发展的产物，那么，今天出现的后现代性和后现代主义所依赖的基础是否还是资本逻辑？进而言之，"后现代社会"是对资本逻辑的根本瓦解，还是以一种不同于现代性的方式表现了资本的逻辑？这是一个引起众多学者高度关注的问题。鲍德里亚认为，伴随消费社会的出现，支配和控制社会生活的已不是马克思所讲的资本主义生产的逻辑，而是消费的符号作用。哈贝马斯和吉登斯虽然没有完全否定用资本主义生产逻辑来解释现代资本主义社会，但又对这一逻辑的作用范围严加限制，认为用这样的理论来分析社会的局部系统和早期资本主义社会可能是有用的，而要用来分析整个社会系统和现代资本主义社会则是苍白的。与之相反，詹姆逊通过对晚期资本主义文化的分析，认为后现代主义的发展并没有摆脱资本逻辑的支配，它并不是一种外在于资本主义的文化，而恰恰是晚期资本主义的文化逻辑。应当说，詹姆逊的分析还是比较中肯的。从资本逻辑的总体进程来看，资本主义社会大致经历了自由竞争资本主义、垄断资本主义以及晚期资本主义这样几个重要发展阶段，尽管每一阶段各有其特点，资本的表现形式和运作方式也不尽相同，但它们都没有离开马克思所分析的资本逻辑。就实际情况来看，晚期资本主义与以前阶段相比，社会生活各个领域均发生了重要变化，如在生产及其组织方面，从过去的大企业生产转向灵活多样的小企业生产；在消费方面，小批量的生产既促进了消费的快速变化，又满足了个性化的需求，消费体系在社会经济发展中日益发挥着重要作用；在资源配置和资本运作方面，全球化的推行冲破了原有的模式，使得资源、资本在全球范围快速流动并加以重组。所有这些，都明显突出了差异的重要性以及现代生活新颖、变动不居、偶然性的特征，并打破了福特生产时期以特定地域为中心的状态，这在观念形态上，必然体现为去中心、异质性、反本质主义、反基础主义、流动化的特征，从而导致后现代主义思维的产生。所以，总体来说，正是资本逻辑的现代发展，才产生出后现代主义所表达的那些观念，后现代主义不过是资本逻辑在当代发展的另一种表现方式而已。

2. 用历史的观点来看待现代性的流变

现代性目前受到的种种质疑与批判，很大程度上源于对现代性僵化、片面的理解。反对者之所以反对，就在于认定现代性只是一种固化的模式、一种特定的形态，它是特定时代的产物。则马克思是用历史的观点来看待现代性和现代社会的流变和发展的。

在马克思看来，现代社会尽管是历史上迄今为止最为发达的社会，但现代社会也是从传统社会中内在地生长、发育起来的，不可能是一个毫无历史积淀的突发现象。现代文明就是建立在传统文明积累基础之上的，这种积累一方面表现为物质基础的积累，另一方面表现为技术与知识的积累，因而现代社会"赖以形成的生产资料和交换手段，是在封建社会里造成的"①。可以说，现代社会就是原有社会矛盾的解决形式和新的社会矛盾的运动形式，其出现并不是什么纯粹的社会"断裂"，而是社会发展连续性与非连续性的统一。

对于现代性和现代社会本身的发展，应当充分注意马克思现代社会"有机体"的思想。在剖析现代资本主义社会时，马克思明确提出这样一个看法："现在的社会不是坚实的结晶体，而是一个能够变化并且经常处于变化过程中的机体。"② 这可以看做是马克思观察现代社会的一个总体观点。"有机体"与"结晶体"的分野，就在于突出了现代社会的动态发展，突出了现代性的流变和演化。对于现代社会机体的自身建构和动态演化，马克思在《1857－1858 年经济学手稿》中又曾经作过这样的基本概括："这种有机体制本身作为一个总体有自己的各种前提，而它向总体的发展过程就在于：使社会的一切要素从属于自己，或者把自己还缺乏的器官从社会中创造出来。有机体制在历史上就是这样向总体发展的。它变成这种总体是它的过程即它的发展的一个要素。"③ 这里主要阐发了这样三个基本的观点：一是现代社会发展是一种"总体性"过程；二是现代社会发展是一个"内生"过程；三是现代社会发展是一个"自组织"过程。这些过程既是社会机体发展的过程，同时又是现代性生长、发育的过程。

现代性在现代社会中所经历的变化与发展情况当然是复杂的，但总体来看，大致有这样几种情形：一是在不同的历史时期，现代性有其不同的重点。文艺复兴时期的现代性不同于资产阶级革命时期的现代性，资产阶

---

① 《马克思恩格斯选集》，第 2 版，第 1 卷，人民出版社 1995 年版，第 277 页。
② 《马克思恩格斯全集》，中文 1 版，第 23 卷，第 12 页。
③ 《马克思恩格斯全集》，中文 1 版，第 46 卷上，第 235－236 页。

级革命时期的现代性不同于工业革命时期的现代性，而工业革命时期的现代性又不同于晚期资本主义的现代性，现代性重点的转移就是由现代社会在不同时期的发展要求引起的。不同的时期有不同的主题，社会的现代性自然也就有其不同的重点。二是同一种现代性因素在不同时期在其性质、作用、特点上会发生不同的变化。如理性在近代是作为宗教蒙昧的对立物而出现的，它体现了人的自我意识、自我觉醒，对于推动社会启蒙、促进科学技术以至整个社会的发展都起了重大的作用。但是，理性在其后来的发展过程中逐渐偏离了它的原有本性，由于受到不合理的操纵，它在使世界"祛魅"化，引导社会经济、技术向合理化方向发展的同时，又使人的生活价值和精神家园陷入危机，以致韦伯发出这样的感叹：随着理性化和理智化的发展，"那些终极的、最高贵的价值，已从公共生活中销声匿迹"。[1] 三是在不同时期，各种现代性因素在现代性总体结构中所处的地位不同。由于社会现代化在每一历史时期都有它需要突出解决的主要问题，因而在其现代性体系中，各种因素的地位和作用不是固定的，而是变动的，其中有些因素逐渐走向衰落，有些因素则不断发展壮大；有些因素暂且退向幕后，有些因素则走向前台。像过去常常被轻视的差异性、多元性和异质性等现在日益受到关注，并在实践中日益突显。这样，现代性的发展可以说是一个不断的重组过程，是一个结构不断创新的过程。

强调现代性的动态性，并不意味着轻视它的相对稳定性。由于历史本身就是连续性与间断性的统一，因而生发于历史之中的现代性也必然是这样的统一，或动态与静态的统一。现代性尽管处于不断发展、变化之中，但它作为现代文明的一种深蕴与表征，自有它的基本内涵与规定，撇开了这些起码的规定与要求，现代性则无法判定。像现代社会所倡导和弘扬的科学、理性精神，民主、自由、平等的精神，追求个性解放和人的自由全面发展的精神等，都是现代性的基本特质和共性，具有相对稳定性。离开了这些基本精神和基本内涵，现代性就无从谈及。为此，应当对现代性的基本精神、基本特质与其特定条件下的具体表现形式加以适当区分，因为后者是易变的，是需要根据历史条件的变化加以适时调整的，而前者则是

---

① 韦伯：《学术与政治》，生活·读书·新知三联书店 1998 年版，第 48 页。

相对稳定的,是现代社会发展必须始终坚持的。这正是马克思历史辩证法的基本立场。对于这一点,波德莱尔从艺术的立场上也表露过类似的而且是更为明确的看法,认为现代性就意味着某种瞬间性和流动性,但这种瞬间性和流动性中包含着永恒性和不变性:"现代性就是过渡、短暂、偶然,就是艺术的一半,另一半是永恒和不变。"① 这样的理解应当说是符合辩证法的实际的。

3. 用矛盾的观点来看待现代性的内在裂变

在马克思看来,现代性是随着现代社会的发展而发展起来的,但现代性的发展并不是一个轻松愉快的文明发育与传播过程,而是一个充满曲折与冲突的历史过程,因而现代性包含着深刻的内在矛盾。一方面,现代性的发展确实给人类带来了前所未有的文明成果,另一方面,现代性又是在血与火中发展出来的。"资本来到世间,从头到脚,每个毛孔都滴着血和肮脏的东西。"② 可以说,现代性的确存在着一个发展上的悖论,它既是一种进步,又是一种退步。现代性就是在这样的矛盾过程中行进的。对于现代性所产生的积极成果,马克思无疑给予充分的肯定,并对"资本的伟大文明"给以高度评价;对于现代性所导致的社会裂变以及各种异化现象,则给予无情的揭露。这两个方面的工作并不是孤立进行的,而是交织在马克思的批判理论之中并通过这一理论而得以展开的。正是通过批判性的诊断与考察,对现代性的内在裂变及其根源作出了深刻的分析和说明。

马克思对资本主义现代性的批判考察主要集中在两个时期:一个是前期的意识形态批判,另一个是后期的政治经济学批判。虽然前后两个时期所谈论的话题、所指向的目标各异,但基本上都是围绕现代社会问题展开的,因而所作的批判考察是对现代性矛盾不同角度、不同层面的揭示。

马克思早期的意识形态批判,主要是围绕着国家、法以及社会意识等问题进行的。就市民社会与国家的关系来说,二者的分离是现代社会发展的必然结果,这无疑是一种历史进步,因为它使人开始走出政治动物世界,获得了起码的人身自由和活动自由。但是,这样的分离和新型政治国

① 波德莱尔:《现代生活的画家》,载《波德莱尔美学论文选》,人民文学出版社 1987 年版,第 485 页。

② 《马克思恩格斯全集》,中文 1 版,第 23 卷,第 829 页。

家的确立，并没有对人的实际生活有多少实质性的改变。所谓政治国家，不过是一个"虚幻的共同体"，是政治生活中的宗教领域。所谓法律，也不是什么维护人的正当权利和自由的手段，不过是一部分人压迫另一部分人自由的工具。同国家与法一样，现代社会产生的其他意识形式均存在着内在的分裂。虽然这些意识形态反映了现代生产关系和政治关系的要求，从总体上有助于资本主义社会的发展，但其产生伊始，就带有明显的虚假性，这种虚假性往往是通过其所谓的合理性、普遍性、永恒性等特征体现出来的。对于这些"虚假的意识"及其表现形式，马克思给予了深刻的揭露，并明确提出："意识的一切形式和产物不是可以用精神的批判来消灭的，也不是可以通过把它们消融在'自我意识'中或化为'幽灵'、'怪影'、'怪想'等来消灭的，而只有实际地推翻这一切唯心主义谬论所由产生的现实的社会关系，才能把它们消灭。"①

19世纪40年代后，马克思对现代性所作的经济学批判主要体现为对资本的批判或对资本主义商品社会的揭露、批判。关于资本主义商品社会的理论就是资本主义现代性的病理学。按照马克思的观点，商品社会的出现将人类历史带入一个新的社会形态，它一方面使社会生活得到了重大变革和快速发展，另一方面又使社会发展与人的发展遭至一系列的严重扭曲：一是社会关系的物化。商品交换使人们之间的相互关系"表现为对他们本身来说是异己的、无关的东西，表现为一种物。在交换价值上，人的社会关系转化为物的社会关系；人的能力转化为物的能力。"② 这样的物化，不仅使人本身及其人格等都变成一种物品或商品，而且形成了各种拜物教的基础。二是"抽象"的统治。在资本主义社会中，"货币从它表现为单纯流通手段这样一种奴仆身份，一跃而成为商品世界中的统治者和上帝"③。谁占有了货币这种抽象的一般财富，谁就能支配世界，因而"个人现在受抽象统治"④。抽象之所以能够成为统治，就在于它代表的是财富与权力。三是形式化的控制。资本主义商品生产是同机器大生产联在一起

---

① 《马克思恩格斯全集》，中文1版，第3卷，第43页。
② 《马克思恩格斯全集》，中文1版，第46卷上，第103—104页。
③ 《马克思恩格斯全集》，中文1版，第46卷上，第171页。
④ 《马克思恩格斯全集》，中文1版，第46卷上，第111页。

的，机器生产和科学技术的发展，必然造成"形式化"的产生，因为唯有形式化、程序化，才能保证机器生产的正常运行和科学技术的具体运用。形式化不仅完全控制了生产过程和人手，而且控制了人脑和人的心灵。四是合理化的蒙蔽。在资本主义商品社会，一切经济行为都似乎是自觉自愿，没有外在的超经济强制，而且经济生活奉行的是等价交换的原则，因而"合理化"成为一个显明特点。然而，这样的"合理性"并不是真正合理的，形式上的合理掩盖着实质上的不合理。五是异化的灾难性影响。资本主义现代性的种种负面价值和消极后果，最终集中体现为人的全面异化。资本主义生产方式不仅给工人制造出贫困、剥削、压迫，而且给"人的世界"带来严重的摧残和贬值，因而是人的生命和文化价值的双重毁灭过程。

总的说来，现代性的内在分裂是由资本主义的内在矛盾造成的。资本主义由于自身不可克服的矛盾，其发展既是促进现代文明进步的积极力量，同时又是阻碍现代文明健康发展的消极力量。正是这样一种矛盾性，使得马克思对于现代性常常既持肯定的态度又持否定的态度，由此出现了两个马克思的化身。其实，不能抽象地讲马克思是现代性的维护者还是现代性的批判者，必须明确马克思对现代性究竟肯定的是什么，否定的又是什么。如果切近马克思思想原意的话，不难看到，马克思所肯定的是现代性所创造的文明成果，所否定的是现代文明所特有的社会形式和所包含的社会对抗关系。明确这一点，对于正确把握马克思关于现代性的立场是非常重要的。

4. 用全球性来看待现代性

马克思关于现代性问题的分析，不只是在"传统与现代"的框架下进行的，而且是置于"全球性与现代性"这一更大的视域中来展开的。之所以要从全球性来考察现代性，主要的原因在于，全球化或世界历史已成为现代社会发展的一个重要背景和内在要素，研究社会发展的现代性，根本不可能离开全球性这一新的参照系。这样，通过全球性来寻求现代性，便是现代性发展的必然要求。这种要求的内在机理就在于：

其一，现代性生来具有国际性。如果说，"传统"至少还可以在一个国家、民族孤立的环境里世世代代传承、延续的话，那么，"现代性"则自始至终很难在这样的环境里生存发展。从其产生和起源来看，现代性正是伴随着民族历史转变为世界历史而形成、发展起来的。地理上的大发现、世界市场的发育，使得现代文明在世界各地得到快速而广泛的传播，现代性也由此在全球范围内得到滋生和确立。从其发展和演进来看，现代性也是在各个国家相互影响、相互作用中向前推进的。世界历史的形成，使得各个国家的经济活动联为一体，走向总体发展，其最典型的形式是建立起"以国际分工为基础的商品生产"①。在这种总体发展过程中，各个国家的生产和消费相互需要、相互满足，从而大大促进了社会现代性的提高。不管从起源来看还是从发展来看，现代性的国际性，最根本的动力还是来自资本。资本要创造和实现剩余价值，必然要"夺得整个地球作为它的市场"②。

其二，现代性反映了现代文明的共性。虽说现代性在不同的国家、民族具有不同的特点和表现形式，因而具有明显的民族性，但强调民族性并不意味着否定其普遍性。现代性作为现代文明的特质与标志，有其明显的共通性和普适性。现代性之所以具有普遍性，主要源于社会实践的普遍性。任何一个民族，不管其所处的环境、所具有的文化习俗如何特殊，都必须首先以一定的方式解决其生存与发展的问题，因而必须发展生产以满足自身的需要。而为了解决生产实践中的各种矛盾，又不能不发展其内部的和外部的交往关系，以相互学习借鉴。随着生产共通性的提高和交往的扩大，原来孤立、分散的共同体通过冲突与融合而形成新的更大的共同体，原来地域性的文化通过交流与碰撞而形成新的文化。文明的普遍性品格就是这样随着交往的扩大而发展起来的。正是借助交往，"各民族的精神产品成了公共的财产。民族的片面性和局限性日益成为不可能，于是由许多种民族的和地方的文学形成了一种世界的文学。"③

其三，现代性具有明显的开放性。野蛮、愚昧一般是同孤立联系在一起的，文明、现代则是同开放共生共存的。正是在这种意义上，马克思有

① 《马克思恩格斯全集》，中文1版，第49卷，第311页。
② 《马克思恩格斯全集》，中文1版，第46卷下，第33页。
③ 《马克思恩格斯选集》第1卷，人民出版社1995年版，第276页。

时将那些未开化和半开化的民族称为"野蛮的"民族,① 而把进入资本主义生产方式的民族称为"文明的"民族。在这里,马克思绝非是站在殖民主义的立场上来粉饰资本主义,而只是从人类文明发展的角度道出了一个事实,并未涉及价值评价。因为在世界历史条件下,拒绝开放就等于排斥文明、排斥现代化;关起门来谈论现代文明与现代性,无异于天方夜谭。由于开放与封闭同时反映出先进与落后的差异,因而在其发展上必然导致这样的结果,即如马克思所说,资产阶级"正像它使农村从属于城市一样,它使未开化和半开化的国家从属于文明的国家,使农民的民族从属于资产阶级的民族,使东方从属于西方"。② 这里讲的三个"从属于"确实揭示了近代以来世界历史的基本特征,同时也反映了现代性与开放性之间的真实关系。正因为现代性总是与开放性紧紧联系在一起的,所以,一个国家要想增强自己的现代性,必须打开门户,自觉走向世界。"一个国家应该而且可以向其他国家学习。"③

既然寻求现代性不能离开全球性,那么,全球性又是一种什么样的状况呢?或者说,它对现代性的发展究竟有何重要影响呢?实际上,全球性的形成和发展史,并不是一部田园式的和谐发展史,而是一部充满矛盾、冲突的历史。近代以来的全球化,就是一种严重不平衡的格局。这种不平衡的格局对于不同国家的发展来说,显然是差异甚大的:中心国在全球化的过程中得到的是更多的利益,而卫星国则在追求利益的过程中付出的是更大的代价。同样是全球化的参与者,所获得的现代性成果是大为不同的。

（三）摆脱现代性困境的出路

由于现代性从其诞生之日起就含有深刻的内在矛盾,因而随着社会的快速发展,逐渐酿成了今天特有的现代性困境或危机。如何摆脱这样的困境与危机?众多学派和学者都予以批判性的检视,并提出了相应的解决思路与方案。像活跃在 20 世纪西方哲坛上的主要流派,包括胡塞尔的先验

---

① 参见《马克思恩格斯选集》第 1 卷,人民出版社 1995 年版,第 765-766 页。
② 《马克思恩格斯选集》第 1 卷,人民出版社 1995 年版,第 277 页。
③ 《马克思恩格斯全集》,中文 1 版,第 23 卷,第 11 页。

现象学、舍勒的价值现象学，雅斯贝尔斯、海德格尔的存在主义，伽达默尔的解释学，马尔库塞、哈贝马斯等法兰克福学派的社会批判理论，以至利奥塔、德里达等后现代主义等，都是现代性的主要批判者，都对现代性危机提出了各自的解决意见。在这些意见中，较有影响和代表性的是哈贝马斯、吉登斯和罗尔斯等现代主义思想家等提出的修正批判。哈贝马斯对于现代性危机提出的解决方案是建立新的"交往理性"。认为现代性的事业未竟，需要通过克服其缺陷来继续加以推进，因而反对全盘否定理性的作法，主张在揭露和认识"主体中心理性"错误实质之后，从原来的"意识哲学"范式中解放出来，来实现一种新的范式的转换，即用"交往理性"来作为现代性重构的理论基础。吉登斯把突出"自反性"（reflectivi-ty）作为摆脱现代性困境的出路。认为现在谈论现代性的终结还为时过早，因为在当代社会中，现代化的土壤依然存在，现在迫切需要的是"必须重新审视现代性本身的特征"[①]，用"自反的现代性"和"自反的现代化"来超越那种"早期的现代性"和"简单的现代化"。罗尔斯则从政治哲学的角度提出一种"公共理性"来补充传统的个人理性观念，并作为摆脱现代性困境的出路。认为现代社会是一种具有不同思想观念、不同利益的个人和群体所组成的多元社会，社会成员由于其所信奉的各自不同的宗教、哲学和道德而产生了深刻的分化，要使这样的多元社会达到长治久安，必须在公民中实现一种"重叠共识"，即对基本的社会正义理念达到某种共识，而这种共识形成的基础就是"公共理性"。

应当看到，上述意见对现代性病症的诊断是有益的，但其所提出的解决思路则是理想主义和浪漫主义的，因而是大可质疑的。这些意见的共同特点是把现代性危机的根源归结于现代性本身，尤其是文化价值观念本身，试图从这些文化观念的重建和重整过程中来寻求摆脱现代性困境的出路。这是一种典型的泛文化主义立场。

马克思也对现代性危机的解决作过深入的思考，但其所持的基本立场是："要对现存的一切进行无情的批判"，并在"批判旧世界中发现新世界"[②]。这里实际上包含着双重批判：一是理论批判，二是实践批判。就二

---

① 吉登斯：《现代性的后果》，译林出版社 2000 年版，第 2 页。

② 《马克思恩格斯全集》，中文 1 版，第 1 卷，人民出版社 1995 年版，第 416 页。

者的关系来说，理论的"批判已经不再是目的本身，而只是一种手段"，①真正的目的是要改变世界，建立新的"人类社会或社会化的人类"。所以，马克思主要不是从观念中而是从现实中来寻求摆脱现代性危机的出路。这一鲜明特征决定了马克思对现代性的批判和超越有别于上述其他观点：

其一，不是停留于文化批判，而是侧重于根基性批判、整体性批判。文化观念本身并不是自足的，文化观念尽管存在种种现代性矛盾并对社会生活产生重大影响，但它本身无力承担起现代性危机这样重大的历史责任。文化观念总是通过在总体性的社会结构中与其他社会因素的结合、互动，并通过人的实践活动来发挥作用和实现自己的。文化观念危机的根源在于社会制度和社会关系出现了危机，因而现代性危机问题的解决，不能仅仅从文化观念上去寻找，而应当从根基上去寻找。也就是说，解决现代性危机，首要的不是推翻资本主义社会的文化逻辑，而是改变资本的逻辑。只要资本的逻辑在强势地推行，现代性发展过程中的种种矛盾、问题就不可避免地存在和蔓延。马克思之所以把现代性批判的矛头主要指向资本，原因就在于此。事实上，从今天的发展情况来看，在资本追求利益最大化的逻辑没有根本改变、社会经济不平等现实依然存在、国际剥削关系仍在加剧的条件下，仅仅强调批判的文化向度是软弱无力的。而且，仅仅一般地否定和批判现代性，其结果可能是对现实的一种粉饰。对于这一点，詹姆逊也讲得非常明快："在当前的语境中，'现代性'这一个令人困惑的术语，恰恰是作为对于某种缺失的遮盖而被运用着，这种缺失指的是在社会主义丧失了人们的信任之后，不存在任何伟大的集体性的社会理想或目的。因为资本主义本身是没有社会目的的。宣扬'现代性'一词，以取代'资本主义'，使政客、政府与政治科学家们得以混淆是非，面对如此可怕的缺失而依然可以蒙混过关。"②

其二，不是停留于自反、内省，而是突出现实的批判与改造。对现代性的自反、内省，体现了对"流动的"现代性的一种理性自觉。鲍曼曾经作过这样的比喻和解释：工业化社会或早期资本主义是一种"沉重的"现

---

① 《马克思恩格斯全集》，中文 1 版，第 1 卷，人民出版社 1995 年版，第 455 页。

② 詹姆逊：《全球化与政治策略》，载复旦大学当代国外马克思主义研究中心《当代国外马克思主义评论》第二辑，复旦大学出版社 2001 年版，第 285－286 页。

代性，"沉重的现代性把资本与劳动放在了一个谁都无法逃脱的铁笼之中"；而在后工业化社会或信息社会，资本却能够借着公文包、移动电话和电子网络四处流动。在这种"液态的"现代性中，劳动依然被沉重的现代性牢牢地控制在固定的地方，而资本都能够脱离铁笼。对现代性的自反、内省，就是在流动的现代性之中试图寻找一种慰藉人的心灵、校正人的思维误区的途径。应当说，注意对现代性的体悟、内省确实是必要的，这有利于现代性的理解和把握，但是，仅仅诉诸体悟、内省，并不是摆脱现代性困境的出路。所谓体悟、内省、自反等等，不过是感到现代性危机而又无力摆脱的一种情绪反映，并不能够真正提供人类生存与发展的环境。人类生存发展问题或现代性问题，始终是一个现实历史问题，而不是一个抽象的玄学问题，它不能靠海德格尔那种内省体验式的领悟来解决，只能通过现实的社会改造和具体的社会实践来解决。所以，马克思在现代性出路的看法上，不是主张回到内心、诉诸领悟，而是要依靠现实生活的实际改造。"要消灭私有财产的思想，有共产主义思想就完全够了。而要消灭现实的私有财产，则必须有现实的共产主义行动。"① 这一观点用在现代性问题上也是非常适用：要在观念上摆脱现代性危机，有新的现代性意识就够了；而要消除现实的现代性危机，则必须有现实的社会改造活动。就此意义而言，马克思所追求的现代性，不是纯粹观念上的现代性，更重要的是社会的现代性。

其三，不是外在超越，而是内在超越。摆脱现代性危机，必须超越既有的现代性。如何超越？采用后现代主义的思路，对现代性予以整体的颠覆和彻底的解构无疑是一种超越，但这绝对不是一种可取的办法，因为现代性并未走到尽头，并不在彻底废除之列。真正可行的办法是批判地审视现代性的发展，走向内在超越。所谓内在超越，就是正视现代性的内在矛盾，并通过矛盾的合理解决，以求现代性的正常发展，使之更有利于人类与社会的进步。马克思就是按照这一进路来思考和探索现代性问题的。他认为，资本主义的发展因其深刻的内在矛盾，必然成为资本进一步增殖的障碍和极限，因而资本主义发展本身就孕育着超越资本主义的可能性；而

---

① 《马克思恩格斯全集》，中文 1 版，第 42 卷，第 140 页。

要使这种可能性变为现实性，就必须有共产主义的实现。因为只有在这样的社会中，才能从根本上解决资本主义现代性所内含的深刻矛盾和剧烈冲突，使现代性由一种盲目的奴役人的力量转变为人类自觉控制的并为人类服务的力量。"共产主义和所有过去的运动不同的地方在于：它推翻一切旧的生产关系和交往关系的基础，并且第一次自觉地把一切自发形成的前提看做是前人的创造，消除这些前提的自发性，使它们受联合起来的个人的支配。"① 在这里，共产主义既没有割断历史的联系，否定前人的创造，又是一种新的社会关系和新的社会形态的建构，因而真正体现了现代性的内在超越。

当然，强调马克思在现代性问题上制度批判与现实改造的重要，并不表明文化批判无足轻重。这里旨在说明的问题是：现代性问题的探讨不在于要不要进行文化研究，而关键在于把文化研究放到什么样的基点上。就文化谈文化，就文化谈现代性，可能谈不出什么结果来，也不可能指出一条摆脱现代性危机的实际道路来。

当我们从今天中国的语境中来谈论现代性问题时，应当看到，马克思与我们所处的社会环境和历史条件已不可同日而语，但是，这又不是两个截然不同的时代。只要时代性质没有实质性的改变，只要原有社会基本矛盾依然存在，马克思与我们就可以说是处于"同时代"，或者说，都生活在"现代化"过程之中，只不过马克思生活于现代社会的早期阶段，而我们则是处于现代社会比较成熟的阶段，或晚期阶段。因此，尽管马克思关于现代社会的一些具体看法不一定适用于今天的发展现实，但其有关现代性的基本立场和基本观点对于当代中国现代性建构仍有着重要的方法论意义。

五、关于社会发展的代价问题

社会发展具有进步的意蕴，但又不简单等于进步。发展与进步之间的差异，主要涉及到一个"代价"。虽然代价的问题自有人类社会发展之后就已产生，但在以前相当长的历史时期内，它很少作为问题被提出来；只

---

① 《马克思恩格斯选集》，第 2 版，第 1 卷，人民出版社 1995 年版，第 122 页。

是伴随现代社会经济的快速增长和社会生活的剧烈变化，这一问题才日益凸显出来，以致现在谈到发展时，不能不考虑代价。尤其值得注意的是，在目前市场经济浪潮冲击之下，代价已成为发展过程中无法回避的问题。为了使社会发展能够顺利推进，必须对之作出认真的审视与反省。

（一）代价的内涵

现在人们都在谈论代价，但什么叫做"代价"，歧义重重，且不说常人讲的代价五花八门，就是不同学科中讲的代价也无统一意见。从严格的理论意义说来，代价并不属于一般的社会学、经济学范畴，而是属于价值哲学范畴。它是与社会发展的价值取向直接相关的概念，其基本含义是指人类为社会进步所作出的牺牲、付出，以及为实现这种进步所承担的消极后果。

由于社会发展是通过人的活动实现的，因而对代价的考察也必须放到人的活动过程中来进行。按照这一总的原则，衡量代价可以有这么几个参数：一是活动的结局是否与人的价值需求相悖。二是活动结果是否对活动主体带来灾难。三是活动过程中某种价值目标的实现是否抑制和阻碍其他价值目标的实现。总的说来，代价的内涵和深蕴应当从价值哲学的高度上去把握。

按照这一标准，与代价有关的这样几个问题应当搞清楚：

1. 代价与成本

这是经常见到的并且相互替代使用的两个概念。在讨论中，有的学者将成本与代价不作任何区分，直接作为同义语来使用；也有的学者将成本视为代价最基本的含义。这样一来，成本与代价的含义和界限就非常含混，从而增加了代价理解上的难度。应当指出，成本与代价尽管在内容上有其相近的一面，但终归分属不同的理论层次：成本是经济学意义上的概念，而代价则是价值哲学意义上的概念，二者各有所指，不能相互替代。将成本与代价作为等值的概念来使用，也只能限于经济学领域，一旦越出这一领域而上升到高层次的哲学领域，这一做法就难以继续通行。把成本与代价等价看待，这就等于把代价降低为一个经济学概念了。从实际情况来看，无论是经济发展还是社会发展，都需要消耗一定的成本，没有支出就没有收益，但成本的大小，只反映生产率的高低、效益的好坏，并不反映发展的结果进步与否、消极与否。一旦涉及进步与否、消极与否的问题，实际上就进入价值哲学的领域，因为这些问题的回答直接涉及到"评价"、"意义"等价值关系。因此，成本的消耗本身不能算作代价，而成本怎样消耗即消耗的合理与否则属于代价问题。由是观之，成本作为一个经济学概念，主要讲的是合算不合算问题，而代价作为一个价值论概念，则主要讲的是合理不合理问题，二者有联系，但不能混同。假如把任何成本都算作代价的话，那么，所有的发展都要付出代价了。因而，也就谈不上发展要不要付出代价了。成本是一个事实问题，而代价则是一个价值问题，二者的界限应该严格区别。

2. 代价与风险

风险的出现，使人类遭受到各种各样的损失，以致人们常常将风险作为重大代价来看待，而风险也由此获得了一种代价的规定。其实，这种通常性的看法在理论上并不是那么严谨的。风险的内容非常宽泛，并不是任何风险都属于代价。一般说来，风险主要分为两大类：一类是自然风险，一类是社会风险。自然风险顾名思义，是由自然原因引起的，像来势凶猛、难以抵御的地震、风暴、洪灾、雹灾、雪灾等自然灾害，是人们常常遇到的自然风险，这些自然风险无论给人类带来多大伤害与灾难，但因其是由纯粹的不可抗拒的自然力造成的，而不是由人的活动引起的，故不能称之为代价。但是，有些自然灾害并不完全是由自然造成的，而主要是人为造成的，像土地沙化、酸雨侵蚀、气温升高、城市地面沉降等，均不是严格意义上的"自然灾害"，而是真正的人为灾害，这样的灾害当然不能简单算作自然风险，而应属于"代价"之列，因为这样的"灾害"完全是由人自身的行为引起并对人所作的回报。因此，只有由主体活动所造成的风险，即在主体有目的的活动中新作出的同主体的价值、目的直接相关联的付出与牺牲，才是代价。纯粹的自然风险是无所谓代价的。与自然风险相反，社会风险无可置疑地属于代价范畴，因为它是主体活动的直接后果。尽管这种风险在社会发展中是不可避免的，但就其实质来说，则是一种代价。对于这种代价，不是要不要付的问题；而是付多付少的问题。尤其在社会转型和社会急剧变革时期，由社会风险所引发的代价问题更为突出，以致无视社会风险，就会导致社会发展的重大挫折。既然风险的性质与种类不同，那么，对于代价与风险的关系，应当具体看待，简单的等同不利于代价问题的准确说明和深入研究。

3. 代价与否定

在讨论中，代价常常被看做是发展中的否定环节或否定形态，认为发展就是通过付出代价并扬弃代价的方式来实现的。这样讲原则上没有错，但要仔细推敲起来，似有进一步说明的必要。这里关键涉及到对"否定"的理解问题。相对于发展进步来说，代价无疑是一种否定因素，但这种否定并不同于哲学上通常所讲的否定，即否定之否定规律中的否定，而是一种价值意义上的否定。这两种否定的区别主要在于：其一，否定之否定规律中的否定对于原有的肯定来说，是一种新战胜旧的关系，而代价则很难说是一种发展中的新因素，代表着发展的方向，恰恰相反，它是同历史进步的价值取向直接相违背的付出与牺牲。其二，代价不像辩证的否定那样，是由事物肯定因素中发展出的否定因素，是一种自我否定，而是事物各种因素综合作用的产物，是事物整体在发展中所产生的负面效应，是向价值目标的偏离。在否定之否定过程中，否定的结果是新的肯定，而代价的结果可能是新的丧失。因此，发展固然是通过付出代价而后扬弃代价的方式来进行的，但"发展—代价—发展"的公式与"肯定—否定—肯定"的公式所蕴含的意义并不一样，二者不能简单类比。也就是说，并不是发展中的任何否定因素、否定环节都是代价，而只有那些同价值取向直接相关的否定因素才是代价。

（二）代价产生的必然性与必要性

代价的产生是否具有必然性，这是目前理论讨论中一个比较关注的重要问题。对于这一问题，简单的肯定或简单的否定都是不可取的，正确的办法是应当具体分析。

从一般历史观的角度来考察，代价的产生具有明显的辩证性。就人类社会总体发展来讲，代价的付出是不可避免的。之所以如此，原因就在于：（1）人类发展的需要与满足之间总是存在一定的距离，越是在生产力不发达的阶段，人类的发展越会付出较大的代价，因为该阶段上的社会发展状况仅能满足人的最基本的生活需要，而不得不放弃其他方面的需要。（2）无论是社会发展还是人的全面发展，都是一个过程，不可能一步就位，也不可能全面推开，在一定历史时期内，某一方面的突出发展必然抑制和延缓其他方面的发展，从而使得社会发展和人的发展片面化、孤立化，由此付出代价。（3）合理的发展应当是合规律性与合目的性的有机统一，但在现实发展过程中，由于活动主体认识上的局限性和价值选择上的盲目性，最后活动的结果很难达到这种统一，难免付出代价。由此说来，要想不付出代价来求得社会发展与进步，这只能是幻想。

那么，社会发展与进步是否在任何历史条件下都必须付出代价呢？并不一定。人固然不能完全摆脱历史的局限性，但这种局限性并不是一个不可突破的界限，并不意味着发展在任何时候、任何情况下都必须付出代价。在特定的历史条件下，只要活动主体所制定的发展战略目标正确，所采取的手段合理，所运用的防范措施得当，那么，发展就可以少付代价甚至不付代价。把发展与代价看做是相生相随、亦步亦趋的孪生弟兄，并非真正辩证的历史观点。马克思当年在谈到物质生产领域发展上的"自由"时就认为，自由的实现并不是不可能的："社会化的人，联合起来的生产者，将合理地调节他们和自然之间的物质变换，把它置于他们的共同控制之下，而不让它作为盲目的力量来统治自己；靠消耗最小的力量，在最无愧于和最适合于他们的人类本性的条件下进行这种物质变换。"① 马克思所讲的情况固然主要指的是未来社会，但不管指向何时，它还是昭示了一个基本道理：社会发展并不是在任何历史条件下都必须付出代价的，只要条件具备，行动合理，其代价的付出是完全可以避免的。当然，我们所讲的代价总是历史的，用一种绝对理想化的进步标准来量度代价，那这样的代价付出在任何时候都将是难以避免的。

因此，我们是主张代价"不可免论"与"可免论"的统一论者。抽象议论，偏执一端，只会导入代价认识上的误区。

由上分析可以发现，代价要不要付出固然与客观条件有关，但在很大程度上源于主体自身的认识、行为，这样，便自然产生了一个代价的必要

---

① 《马克思恩格斯全集》，中文 1 版，第 25 卷，第 926—927 页。

性问题。因为，不要说代价的可免性表示无需代价的付出，就是一定代价的不可避免性也不说明任何代价的付出都是必要的和合理的。代价的必然性并不等于代价的必要性。因此，要深入探讨代价，应当进一步弄清什么是必要的代价，什么是不必要的代价。

衡量一定代价的付出是否必要，必须注意以下几点：

1. 在某项改革、发展方案出台前，是否有过一个周密的论证，是否对可能出现的问题作过预测与考虑，是否研究过前人的经验教训。否则，由此付出的代价很难说是必要的。

2. 在具体实施发展战略时，是否有与发展目标相适应的完善的方法、手段，人们的发展愿望可能是良好的，但良好愿望的实现必须有良好的方法、手段；假如没有这些方法、手段，再良好的愿望也会落空或部分落空。当然，发展战略不能等到各种条件、手段都成熟和完备的时候才实施，但必要的条件、手段的具备无论如何是不能缺少的，盲目冒进的结果必然遭致惨重的代价，而这样的代价决不能说是必要的。另外，如果明知发展肯定会有负效应的产生，而不预先采取相应的防范、挽救措施，由此得出的代价也很难说是必要的。

3. 当发展过程中问题出现之后，是否及时加以解决。如果任其自流，积重难返，以致酿成大祸，这样的代价无论如何不能说是必要的。不容否认，发展过程会出现某种摩擦、偏离、失衡甚至挫折，因而一定代价的付出是难免的，但是，代价究竟付多付少，这是完全可以控制的；不加控制的代价决非必要的代价。

总之，代价的付出与主体的行为密切相关，把不必要代价付出的责任完全推到发展的必然性、代价的必然性身上，这是自欺欺人，瞒天过海。当年马克思在评论 1848 年欧洲革命期间的波拿巴主义现象时就曾批评过蒲鲁东的客观主义分析方法，认为蒲鲁东把政变的全部结局统统描述成是以往历史发展的必然结果，是法国社会发展的合乎规律的和不可抗拒的产物，结果将对这次政变所作的历史的说明变成了对政变主人公的历史辩护，"这样，他就陷入了我们的那些所谓客观历史编纂学家所犯的错误"。①

---

① 《马克思恩格斯选集》第 1 卷，人民出版社 1995 年版，第 580 页。

马克思对于蒲鲁东所作的批评，实际上也是对代价必要性问题上的糊涂认识的一个深刻分析。把什么都推到"必然性"身上，这并不是实事求是的科学态度。我们不能离开客观条件的制约来谈论代价的必要性，但也不能在"代价必然性"的名义下为自己开脱责任。

为此，在对待代价必要性的问题上，必须反对两种错误的倾向：一是浪漫主义的倾向。这种倾向的突出表现是只重发展，无视代价，把任何代价的付出都看做自然而然的事情。如若提醒，便有少见多怪之嫌。如有人讲．精神文明建设根本不必提，市场经济发展到一定时候，自然会解决。言外之意，在市场经济的一定发展过程中，精神文明的牺牲是完全应该付出的。这样的观点"浪漫"得未免有些过分了。推进市场经济确实为的是加快发展，"发展才是硬道理"，但是，发展的含义并不是偏狭的，它除了所必然包含的社会经济发展的应有之义外，还包含精神文明的发展；发展非但不能以牺牲社会精神生活过程为代价，反而应当强调"两手抓"，唯此才能使发展获得完整的意义。实际上，就是在西方资本主义国家，其发展也不能离开它的精神文明的支撑，何况我们是社会主义国家！二是悲观主义的倾向。这种倾向主要表现是面对代价，尤其是比较大的代价，感到悲观、沮丧甚至无奈、迷惘，不求进。像人们所讲的"恋旧情结"就是如此。这种"情结"反映的是这样一种情况：社会活动主体（集体和个人）一方面强烈要求自主活动、自由发展，但一旦遇到"麻烦"和风险，便又自觉不自觉地转而求助于政府，怀恋旧体制下一切由国家包下来的做法。他们的显意识是"求新"，但潜意识则是"恋旧"；求新是求得新体制所带来的好处，恋旧则是企望保留旧体制的好处。在能给自己带来利益的时候欢迎新体制，在既得利益受到威胁的时候怀恋旧体制。这正是某些改革十分艰难，发展步伐难以加快的一个重要原因。[①] 这两种倾向都不利于发展，因而必须加以克服。

（三）代价付出的合理限度

发展既不能不付出代价，又不能付出过大，这里的关键问题是要把握住代价付出的合理的"度"。在度内才能保证社会健康发展，促进社会进

① 参见《经济研究》，1993 年第 8 期，第 57 页。

步，超过了度就会抵消发展的积极成果，甚至引起事与愿违的消极后果。残局一旦出现，再来折腾，可能付出的代价更大，有时甚至付出的是成倍的代价。因此，发展的推进应当充分考虑到这样一点，即在合理的限度内，发展宜快则快，宜慢则慢，善于把握时机。如果光想到会付出代价而错过时机，可能酿成大错；而不看时机盲目蛮干也会铤而走险，带来灾难。

度的把握比较困难。一方面，度的界限难以准确划定；另一方面，度是随历史条件的变化而不断变化的。这样，在对度的具体把握上就不是那么简单，尤其是在社会发生重大转折时期更是如此。但是，尽管这样，在一定时期、一定历史条件下，合理的度的确定还是有其基本标准的。具体说来，度的确定和把握应当充分考虑到如下因素，并以这些因素为准绳：

1. 社会和民众对代价的承受能力

代价从一定意义上说，就是各种矛盾、问题所造成的社会发展压力。压力越大，要求承受能力越强；反过来，承受能力越强，代价越易于顺利付出。代价的承受能力主要涉及到社会与民众，因而承受能力分为社会承受能力和民众承受能力。社会承受能力主要是由社会经济状况、各种社会体制状况、社会权力运作状况等决定的；而民众承受力则主要是由经济收入、社会地位、声望、权力拥有、心理倾向等因素决定的。相对说来，社会承受能力略强一些，而民众承受能力较为脆弱，研究代价承受能力应当对后一种承受能力予以高度重视。

2. 大多数人利益的维护

代价大小与利益得失有着内在联系。一般说来，利益损失越大，代价的付出就越大，社会发展也就越艰难。若社会成员在发展过程中得到的多于付出的，那发展将会是顺利，因为这时的发展属于经济学上所讲的"帕累托改进"。但是实际情况并不总是这样：发展就意味着改革，而改革的实质就是要改变人们之间的利益关系，为此，总会有人受到一定的损失，而不光是只有人获益而无人受损。如果一个人失去了原有的利益，又不可能在新体制中获得相应的替代物，发生实际利益的绝对下降，他就会反对改革。这里遇到了一个矛盾：要改革、发展，就必须进行利益调整；难免伤害到某些人的利益，造成改革、发展的阻力。对这一难题的解决，关键是在对利益调整的把握上应有一个合理的限度，即不使大多数人的利益受到损害。在此前提下，各项改革、发展计划才可顺利得到实施，同时避免太大的代价。如果无视这种代价的后果而盲目调整，最后的结果可能造成更大的代价。

3. 社会的稳定与正常运行

代价的付出并不仅仅是一个利益损失多寡的问题，而更重要的是涉及到社会的稳定与运行。在保证社会稳定与正常运行的限度内，一定代价的付出还是可以由社会消解、吸收的；一旦超出这个限度，社会将无能为力，冲突与动乱势在必然。这些年，我们反复强调改革、发展、稳定，事实上已经把这一问题突出出来了。因此，把握涉及社会稳定与正常运行的代价付出的限度，对于发展来讲是至关重要的。

既然代价的付出总是有度的，那么，发展的推进就必须考虑条件，因势利导。从现实情况来看，发展的顺利推进必须注意如下条件：

1. 初始条件。所谓初始条件，简单说来就是国情，这是发展的基本出发点。可是，就是在这一出发点上，许多发展中国家相继出现了重大偏差，以致在发展中付出了重大代价。因此，在具体的发展上，必须从现有条件出发，正确把握经济增长的度，这个度上限是资源条件、技术条件以及体制条件所允许的最大可能增长率，其下限是资源、技术、体制等因素所允许的增长率的最低限。所谓适度增长就是在这一域值范围内波动进行的持续增长。没有这种持续的适度经济增长，就不可能形成国民经济的跳跃式发展。

2. 补偿条件。发展需要付出一定代价，但代价的持续付出能否保证社会的持续发展呢？这要看发展能否对已付的代价作适当的补偿。补偿的能力越大，发展的力度就会越强，代价的承受能力也就会越强。在向现代社会转变的过程中，由于社会急剧的变化发展，由此产生的代价日益增多，这就使代价的补偿问题日益突出出来。补偿的形式很多，但主要有两种：一种是通过家庭收入或国家财政而提供的"收入补偿"，另一种是较为直接的"机会补偿"，即为人们提供新的获利机会，特别是新的就业机会，使其在利益损失后能够找到充分发挥自己作用的新职位和活动空间。当然，代价的补偿也是有度的，太高了会使改革、发展失去本来意义，而且国家的财力也不允许，太低了又会使社会经济的持续发展失去后劲，补偿的力度应与国家的力量和改革、发展的正常需要相适应。

3. 新因素成长的条件。这里所讲的新因素，主要是指新体制因素。由于社会发展总是在一定的体制下进行的，因而研究发展与代价必须考虑体制变革的状况、新体制因素成长的状况。因为经济中新体制因素的成长可以为旧体制的深入改革创造有利条件，从而有助于推动改革、发展。新体制因素的成长对于改革、发展所起的作用主要表现在：一是示范效应，即新体制因素所展示的效果有助于克服改革的思想阻力，强化人们的改革动机；二是补偿效应，即新体制因素的成长可以提供不断增长的"收益"来为旧体制的改革提供必要的补偿．以增加改革的动力；三是拉动效应，即新体制因素的成长有助于吸引和拉动旧体制成分迅速变革，以减少长时间的摩擦。所有这些效应都有利于降低发展的代价，加速发展的进程。

4. 衔接条件。发展的代价和阻力也常常来自发展过程的衔接上。如果在发展轨道上出现了某种"断裂"或者新旧轨道没有衔接的话，那么，发展必然是坎坷的；另外，衔接力式的优劣也直接影响到发展的进程。像改革中新旧体制关系就是突出的表现。由于目前依然处于新旧体制相互交替过程中，在这两种体制之间往往会出现许多空档，这些空档又不可能保持真空，因而难免泥沙俱下。无视这些衔接条件而盲目推进，其发展非常有可能坠入"陷阱"甚至"搁浅"。

总之，发展的推进必须考虑条件，防止大起大落，避免不必要的代价。当然，注意考虑条件不是坐等条件，而是要积极利用条件，善于创造条件，将尊重客观规律性与发挥主体能动性有机地结合起来。

（四）代价付出的基本原则

社会发展能否顺利进行，同时涉及到一个代价支付方式的重要问题，因为同样的代价付出，支付的方式不同，其产生的后果会不同。代价的具体支付方式当然多种多样，但不管采取何种方式，其所遵循的基本原则应当是这样的：

1. 该付的必须付，不该付的绝对不能付。这是代价付出的基本立场。该付的之所以必须付，原因就在于没有一定的付出，就无一定的发展，即使这些代价是比较高的，但为了谋求发展，这也是必须付出的。不该付的之所以绝对不能付，原因就在于这种付出纯属无谓的牺牲和丧失，像牺牲精神文明换取物质文明、牺牲公平换取效率、牺牲农业换取工业、牺牲生态环境换取眼前利益等等，均是这样的牺牲和丧失。这些代价一旦付出，后患无穷。因此，何种代价应该付出，何种代价不应该付出，界限一定要划清，力求防止代价付出离开自己的"界碑"，闯入误区。

2. 该谁付的谁要付，不该付的不能让其付。这是就代价付出的主体而言的。我们讲社会发展需要付出代价，这是就一般意义来讲的，并非指任何代价都是由社会付出或政府付出。由于社会活动的主体是多元的，既有国家，又有集体，还有个人，因而各种主体活动所造成的代价也必须由相应的主体来付。否则，就会造成一种不正常现象即代价主体错位。这种错位极为不利于对主体行为形成有效的约束，反而助长一种野性的滥觞。在这种不问代价的野性状态下，社会发展、进步自然有如泡影。

3. 该付的时候要适时付，不该付的时候不能盲目付。这主要讲的是代价付出的时机。代价付出的时机实际上就是发展的时机。在现实的发展过程中，如果推进发展的许多条件都具备了，但由于时机选择不当，结果会错过合适的机遇，延误发展进程，因为时机一旦错过，会使以后具体操作的难度越来越大，原先可能可以通过较简单的办法加以解决的矛盾变得越来越复杂，由此造成的发展代价越来越大。相反的事实也表明，许多问题和矛盾解决的条件尚未具备，仅仅出于某种特殊考虑，便匆匆出台发展方案，结果在实施过程中又被许多具体问题所制约，形成事倍功半，甚至给下一步的发展造成重大障碍。所以，时机的把握对于社会发展是非常重要的。

4. 该集中付的要集中付，不该集中付的要分开付。这主要讲的是代价支付的策略。在改革和发展的目标明确之后，采取什么样的发展策略和代价支付策略，对于目标的实现关系甚大。如代价相对集中的付出有可能使发展获得1＋1＞2的叠加效应，也有可能使发展置于停滞、崩溃的境地。究竟是相对集中支付好还是相对分散支付好，这要根据具体情况而定。当各种条件都比较成熟或具备时，代价相对集中的支付可能对发展有利，因为这可以降低过多的摩擦成本；当某些条件还不太成熟或具备时，代价分开支付可能对发展更有利，因为它可以避免发展中元气大伤，得以调整、修补。

六、研究趋势及展望

近年来，随着社会发展实践的深化以及科学发展观的提出，马克思主义的社会发展理论受到学界的高度关注，其研究的广度和深度都是前所未有的。重视马克思主义关于现代社会发展理论的研究，其意义不在于这一理论对今天的发展问题作了多少现成的回答，给今天的发展实践提供了多少现成的解释，而在于它能够引发我们深入思考，指导我们用一种新的眼光和思路来观察、思考今天的社会发展。因此，站在时代发展新的起点上来重新审视马克思的社会发展理论，既是社会发展的迫切要求，也是发展理论自身发展的内在需要。

马克思主义社会发展理论对于我们的发展来说无疑具有重要价值，但这种价值并不是自然显现出来的，而是需要人们的自觉把握。把握的程度如何，其价值也就体现得如何。这决不是要倡导解释学方法，而是旨在突出研究的主体作用。因为马克思主义社会发展理论的当代价值无论如何与研究主体的开掘、利用有关，纯粹的文本内容无所谓"当代"价值可言。如何把握马克思主义社会发展理论的当代价值？如何推进马克思社会发展理论的研究并切实用以指导实践？这是一个复杂的问题，需要多方面的共同努力，但从研究的角度来看，重要的是加强如下方面的工作：

（一）深入挖掘马克思主义社会发展理论的思想资源

马克思一生的理论创作，主要集中于社会历史领域的研究，其理论分析蕴藏着丰富的有关社会发展的思想资源。这些思想资源不仅直接体现在唯物史观的具体阐发中，同时也反映在对有关社会形态的演变以及有关国家、民族实际发展进程的考察和说明中；不仅体现在对社会历史的哲学分析中，而且体现在对社会生活、社会关系的经济学探讨中；不仅体现在对社会发展的一般阐释中，而且体现在对社会发展的个案分析中。这些思想资源有的是作为简洁明了的观点直接呈现出来的，有的则是作为内含的思想潜藏于各种分析之中。因此，要研究马克思的社会发展理论，必须注意对潜藏的思想资源予以深入开掘。只有这样，才能达到对马克思社会发展理论深入的、全面的理解。另外，重视恩格斯、列宁等经典作家以及其他马克思主义理论家、思想家关于社会发展尤其是落后国家社会发展的思想研究，也是加强这一研究不可或缺的方面。这些经典作家和思想家、理论家都从不同方面对社会发展研究作出了自己独特的贡献，其思想无疑是发展研究的重要财富。尽管有些资源不一定能够直接用于今天的社会发展，但其分析所具有的方法论意义对于现在的社会发展研究仍是重要的。可以说，加强对这些思想资源的深入开掘，是发展理论研究的一项基础性工作。

（二）突出"问题"的研究

马克思主义社会发展理论作为一种实践哲学，其理论价值就在于能够分析和回答发展中的重大理论问题与现实问题。从问题出发来寻求马克思主义的合理解释，正是把握和实现马克思社会发展理论当代价值的重要方式。因此，不能泛泛谈论马克思社会发展理论的当代价值，应当通过问题的审视与考察，使其理论价值能够得到真正的彰显。

应当看到，同所有的发展中国家一样，我们在推进现代化的过程中，无论其规模还是力度都是空前的，由此引发的问题也是空前的。与那些西方早发的现代化国家相比，由于我们在发展的背景、发展的起点、所处的国际位置、发展的导因、推进的方式上不尽相同，因而导致的发展逻辑不同，引发的矛盾和问题也颇为特殊。这些矛盾和问题之所以特殊，原因就在于这些矛盾和问题在一般现代化的过程中，尤其在发达国家现代化过程中是不曾遇到或很少出现的，因而都具有"悖论"的性质，以致常常被称之为"两难困境"。这些"悖论"性的矛盾和问题主要表现为浓缩与循序的矛盾、滞后与超前的矛盾、机会与压力的矛盾、解构与重建的矛盾、民族化与世界化的矛盾等。所有这些矛盾，对于发展中国家的发展来说都举足轻重。如何克服和解决这些矛盾？简单地搬用西方的现代化理论显然不行，必须结合实际情况用马克思主义的立场、观点对这些矛盾、问题予以深刻的分析，以形成新的认识和解决办法。这样的分析、研究，既促进了问题的理解和解决，又促进了马克思主义社会发展理论的深化与发展。

如果说上述问题还是发展中国家发展中所具有的共性问题，那么，我国在其发展中还有着自身更为特殊的问题。我国的人口如此之多，人均资源占有量如此之少，城乡差异、地区差异如此之大，发展如此之不平衡，这在世界上是极为罕见的。随便拿出哪一个问题，都是"天字第一号"的难题；再将这些问题叠加在一起，可谓难上之难。如何在这样的条件下既加快经济增长，又实现全面、协调、可持续的发展，这是面对的严峻课题。对于这些问题，当然不是要从马克思主义社会发展理论中寻求答案，但确实需要用其基本的理论观点加以具体分析、探索，以形成新的解决思路与办法。这种分析、探索的过程，自然也是提升马克思主义社会发展理论当代价值的过程。所以，马克思主义社会发展理论的当代价值就在于契合着当代社会发展所面临着的重大问题，能够启发人们对问题的思考，并给科学解决这些问题以正确的理论指导。

（三）与发展经验教训的总结与反思密切结合

要减少失误，顺利推进发展，必须善于总结经验教训；要总结好经验教训，必须对发展不断加以认真反思；而要做到成功的反思，又必须具有正确的认识论和方法论。这就要求对马克思主义社会发展理论予以深入研究，一方面从中获取思想资源，吸取灵感、方法，另一方面又促使其自我反思，升华其理论价值。

虽说现代化的推进没有统一的模式，但许多国家在发展过程中所积累的经验教训，还是值得我们认真借鉴的。"二战"以后，众多发展中国家开始了现代化建设，半个多世纪过去了，有些国家的现代化取得了明显的进展，有些国家的现代化则基本没有启动，还有一些国家的现代化虽然取得了一定的成绩，但没过多久，又出现了夭折。总的说来，发展中国家的发展不乏成功的经验，但也有着大量沉痛的教训，如盲目模仿甚至照搬发达国家的发展模式，急功近利、急于求成、片面追求增长速度，对于发达国家和以发达国家为主导的世界市场的过分依赖等。发展中国家发展的经验教训确实给我们的发展研究尤其是马克思主义社会发展理论的研究，提出了崭新的课题，通过这些课题的研究，不仅有助于经验教训的总结，而且有助于理论上的深入探索。

要顺利推进发展，不仅要善于总结国际上发展的经验教训，同时要特别注意总结我国自己发展的经验教训。我国的现代化历经坎坷，可谓"九死一生"。且不说中国近代以来发展的磨难与艰辛，就是新中国建立以来也是走过了一条艰难曲折的发展道路。改革开放之后，我们党重新转轨定向，使现代化建设真正步入了健康发展的轨道。短短30年，我国经济社会发展取得了历史性的伟大成就，胜利实现了现代化建设"三步走"战略的第一步和第二步目标，人民生活总体上达到了小康水平。对此，国际社会都给以充分的肯定和高度的评价。不过，应当看到，多年来，我国在经济快速发展的同时，也积累了不少矛盾和问题，比较突出的是城乡差距、地区差距、居民收入差距继续扩大，就业和社会保障压力增加，教育、卫生、文化等社会事业发展滞后，人口增长、经济发展同生态环境、自然资源的矛盾加剧，经济增长方式落后，经济整体素质不高和竞争力不强等。这些问题如果长期得不到重视和解决，必然严重制约今后的发展。而且，还要看到，我国人均国内生产总值已超过1 000美元，按既定的部署，到2020年将达到3 000美元。这是整个现代化进程中一个非常关键的阶段，也是整个社会结构、社会生活发生深刻变化的重要阶段。在此阶段，有可能出现两种截然不同的发展结果：一种是搞得好，经济社会继续向前发展，顺利实现工业化和现代化；另一种是搞得不好，贫富悬殊加大、失业人口增多、城乡差距拉大、社会矛盾加剧、生态环境恶化，导致经济社会发展严重失衡，甚至出现社会动荡。正反两方面的经验教训告诉我们，能否处理好经济与社会发展中的各种关系，对于发展至关重要。正是基于这样严峻的现实，现在才提出要树立和落实科学发展观。要正确理解科学发展观，必须对其理论基础——马克思主义社会发展理论有一个全面、准确的把握。在有关科学发展方面，马克思主义的社会发展理论有着丰富的思想资源，尤其在以人为本、克服异化、避免两极分化、注意经济政治文化的协调、实现人的全面发展等方面，有着极为重要的思想财富，值得我们今天认真消化、吸收。这种研究和消化、吸收，既对科学发展观是一种丰富和深化，又给马克思主义社会发展理论注入了新的活力，使其更具有当代意义。

（四）加强与国外不同发展理论的对话与交流

国外发展理论并不等于西方发展理论，它除了包括西方发展理论之外，同时也包括各种非西方发展理论。非西方发展理论固然更符合于发展中国家的实际，更有利于指导这些国家的发展实践，但西方发展理论也并非毫无价值可言，尽在排斥之列。西方发展理论的基本立场我们是无法苟同的，但其所提出的某些问题、所阐发的某些观点还是值得我们重视的。西方学者对发展问题的研究毕竟比我们早几十年，研究的广度和深度也较为领先，尤其是在总结和概括发达国家与发展中国家实现现代化的经验教训方面提供了丰富的素材和理论分析，因而他们的研究成果、研究方法需要认真借鉴、吸收。如经济学中各种发展理论对经济发展不同方面的具体研究、定性与定量的分析、增长与发展的辨析；社会学中关于现代化和文明的发育与传播关系的考察、对发展中国家发展原因、出路的不同理解和强调；政治学中关于政治发展与政治制度化两种思路的提出；未来学中关于技术进步与经济增长关系不同观点的争论；新马克思主义对当代资本主义社会发展的批判和后现代主义对现代社会的揭露等，都从某些方面作出了有益的探索，提出了不少值得借鉴的意见与思想。这对马克思主义社会发展理论研究也是一个有力的推动。我们不能照抄照搬西方发展理论，但对其有益成果或合理因素不能盲目排斥。就此而言，加强马克思主义发展理论研究与充分吸收西方发展理论的研究成果并不是矛盾的。

应当看到，随着现代化进程的不断加快和全球化趋势的不断增强，无论是西方发展理论还是非西方发展理论，在一些较为重要问题的看法上均有不少共识。像在发展观，可持续发展，生态、资源与环境的协调发展，经济发展与人的全面发展等重要问题上，具有许多一致的看法。这些看法无疑应当受到所有国家的珍视，同时应当成为发展中国家发展理论的有机组成部分。

总的说来，面对今天发展的现实，马克思主义社会发展理论研究应当具有鲜明的时代性、针对性，使其迸发出巨大的生机活力，确实能够引领社会发展。事实上，马克思主义社会发展理论作为对社会发展的科学理解和说明，是随着社会生活实践发展而不断发展的。正由于马克思主义的社会发展理论始终没有离开"现实的历史",总是根据社会实践的发展不断研究新情况、新问题,并随时修正原有不合时宜的观点与结论,所以它才体现出鲜明的当代性或当代价值。

今天要推进马克思主义社会发展理论研究,并自觉为社会发展实践服务,必须充分注意到这一理论的基本特质和内在品格。这就要求我们结合新的实际情况正确地辨析、理解和把握马克思主义的社会发展理论。为此,应当区别这样几种情况来加以看待:第一,对于社会发展的一些最基本的原理,必须毫不动摇地加以坚持,但应结合新的情况深化其研究和认识,讲出新内容,提升其当代意义,从而以新的思想、见解继承其基本原理。第二,对于一些原本就属于社会发展的基本原理,但过去没有给予重视或者被遗忘的观点,应结合新的实践需要加以深入开掘、深刻理解。如马克思关于交往的理论、创新的理论、世界历史的理论、跨越的理论、社会进步的理论、人的自由全面发展的理论等,都是需要引起高度重视并予以深入研究的。第三,对于一些经典文本中已经提及并有所论述,但未深入探讨、充分展开,而当代社会实践的发展又日益突出这些问题的思想和观点,应结合新的情况和问题加以认真研究、详尽论证,使之逐渐完善成熟,上升为社会发展的基本观点或基本原理。像马克思关于交往与社会发展的思想、竞争与社会进步关系的思想、对抗与文明关系的思想、利用资本消灭资本的思想、生态环境、人力资源等思想,都是既有重要理论意义又有重大现实意义的问题,值得深入探讨和研究。第四,对于一些曾经被看做是社会发展的基本原理,但随着历史条件的变化,已不可能再具有基本原理意义的观点,应当适时加以突破和修正。像社会主义社会应实行计划经济等观点,绝对不能作为基本原理再继续坚持。总之,应当区别不同的情况对马克思主义社会发展理论加以具体看待,以充分发挥其巨大的理论潜力和理论功能。

后　记

中华人民共和国成立 60 年来，特别是新时期改革开放 30 年来，我国的马克思主义哲学研究取得了丰硕的研究成果，并以理论的方式表征和推进了中国特色社会主义事业。总结和概括当代中国马克思主义哲学研究的历史与逻辑，提出和探索马克思主义哲学研究中的重大理论问题，思考和展望马克思主义哲学研究的趋势与走向，是理论界、学术界的一项重要使命。为此，我们合作撰写了《当代中国马克思主义哲学专题研究》一书。

参加撰写本书的有马俊峰、王南湜、丰子义、孙正聿、孙利天、吴晓明、汪信砚、张盾、杨耕、贺来，最后由孙正聿统稿。具体分工如下：

导　论：孙正聿（吉林大学）

第一章：王南湜（南开大学）

第二章：吴晓明（复旦大学）

第三章：张　盾（吉林大学）

第四章：汪信砚（武汉大学）

第五章：孙利天（吉林大学）

第六章：孙正聿（吉林大学）

第七章：贺　来（吉林大学）

第八章：杨　耕（北京师范大学）

第九章：马俊峰（中国人民大学）

第十章：丰子义（北京大学）

合著此书，我深切地感受到朋友们的深厚情谊。他们根据本书的主旨和体例，以其广博的学识梳理了相关论题的研究状况，以其丰厚的成果展开了相关论题的论证，并以其睿智的目光展望了相关论题的研究趋向。本书的主旨在于提出和探索当代中国马克思主义哲学研究中的重大理论问题，各章内容均表达了作者自己的独立见解，因此具有专题研究性质。本书的主要内容曾在《中国社会科学》、《哲学研究》等刊物公开发表并产生了重要影响，体现了当代中国马克思主义哲学研究的历史与逻辑，展示了当代中国马克思主义哲学研究所取得的重要成果。

　　本书是由吉林人民出版社申报的国家"十一·五"重点图书，并得到出版社的鼎力支持和精心编辑。作为新中国的马克思主义哲学工作者，我们谨以这部集体合作的成果向建国 60 周年献礼！

孙正聿

2009 年 7 月 30 日于长春阳光城寓所